Public Finance and Public Policy:
Responsibilities and Limitations of Government

入門 財政・公共政策
政府の責任と限界

アリエ・L・ヒルマン *Arye L. Hillman*

井堀利宏 監訳

Public Finance and Public Policy:
Responsibilities and Limitations of Government
by Arye L. Hillman

Copyright©2003 by Arye L. Hillman
Japanese translation rights arranged with Arye L. Hillman
through Japan UNI Agency, Inc., Tokyo

日本語版に向けての序文

　人間の本性は，すべての社会に当てはまる，経済政策と政治的意思決定の基本原理の基礎となるものである．人々は，他者から何をすべきかを指示されることなく所得を得る方法を選択する個人的自由を望み，得た所得を，市場での自由な意思決定に基づいて，自分自身の選好に従って支出したいと望む．しかし政府は，税の支払いを強制し，経済活動を統制し規制することによって，この個人的自由を妨げる権限をもつ．たとえば，汚染された空気が人々の健康に悪影響を及ぼしたり，海水の汚染により，人々を死に至らしめる水銀のような毒が魚に含まれる場合には，政府による統制と規制は有益である．しかし，私たちはまた，救済的な公共政策が実施されるまで，なぜ政治的意思決定者は，人々が苦しまなければならなくなるほど空気や水の汚染が進行するのを許したのかと，疑問を感じるかもしれない．なぜ政府は，あるいは政治家は，すばやく予防的な公共政策を選択しなかったのだろうか．

　政府はまた，とくに過去においては，電気通信のようなサービスの独占的供給者だった．あるいは政府は郵便制度の占有によって独占者になることもできるし，貯蓄のかなりの部分を統括することもできる．しかし，すべての場合について政府による独占に当初から経済的正当性があったかどうかを問うことは可能だが，民主主義国家においては，もはや正当化されない政府による独占は持続しない．政府による独占は，政治的目的や政治的利益が理由で存在したのだろうか．

　政府が税を課し，政府予算を通じて税を支出し，経済活動を統制・規制し，所得を社会のある集団から他の集団に移転することについては，社会的に正当な理由があるかもしれない．市場における個人の自由な決定にとって代わる政府活動の正当性は，(1) 効率性と，(2) 社会正義という2つの観点を通して求められてきた．たとえば，個人が彼らの経済活動がどのように環境に影響するかについて考慮しないときに，政府が環境に関する費用を計算に入れるとすれば，効率性が達成されるかもしれない．あるいは政府は，所得をある人々

から他の人々に再分配することによって，市場によって決定される所得分布よりも社会的に公平な結果を達成するかもしれない．もちろん，政府による決定と比較したいもう1つの選択肢は，競争市場による決定である．そこでは独占は存在せず，生産者も労働者も非公式なカルテルを形成するために結託することはない．また，資産市場における相互所有を通じた結託によって，経営者が，企業の資源をもっと効率的に活用できる他の人々にとって代わられることから，保護されたりしない．

したがって私たちが政府による決定と比較したいのは，競争市場，あるいは競争原理が存在する市場で取引を行う人々や企業による決定である．本書はいつ，またどのように，競争市場による結果が政府による決定によって改善されうるかを示している．しかし，財政や公共政策は，我々が特定するある状況においては市場による結果を改善するかもしれないが，政府の権限が，市民の利益のためにいつも使用されるかどうかは確かではない．政府の限界は，財政や公共政策の決定を通して望ましい結果を達成するために必要な，十分な情報を政府が持たないことによるかもしれない．しかしまた，再選や政治的権力といった個人的目的を追求する政治家は，個人的な利益をもたらすが，社会全体の利益に適わないような決定をするかもしれない．民主主義が実現されず，政府がすべてのもの，すべての人々をコントロールし，特権を持つ少数の人々が幸せに暮らし，他の多くの人々が苦しんでいるような国々においては，政府の限界はより明白である．このように不幸な状況においては，政府は特権階級を豊かにし，一般の人々を抑圧するために使用される．反対に日本のような民主主義国家には，政治的競争が存在する．日本では，選挙民が自分たちを代表する政治家を選び，政府を統制し，財政や公共政策に関する決定を行う権限をもつ政治家を，多数決投票によって選出する．日本のような民主主義国家では，政府は人々に対して説明責任があり，政府の権限を個人的利益のために利用することに制限が加えられる．

政治的行動の文化や規範も，政府が生み出す便益に影響する．幸運な国々では，政治家や政府官僚は財政や公共政策を人々の利益のために活用するよう動機づけられる．不運な国々では，支配者は政府の権限を自らの利益のために利用する．

本書は，民主主義国家の財政や公共政策について考察している．本書で提起される基本的な問いは，(1) 政府に財政と公共政策に関する責任を付与する

のが望ましいのはどういうときか，(2) 政府が財政と公共政策を通じて統制力を行使することを許されるとき，何が起こるのか，というものである．もし民主主義的政治制度や集合的意思決定システムが人々の意思を完全に反映するならば，これらの2つの問いに対する答えは同じであり，「望ましい状態が実際に観察されるだろう」である．しかし，民主主義国家においてでさえ，社会的に望ましい結果がいつも達成されるかどうかについて，私たちは確信をもつことができない．また，民主主義国家では，異なる人々は，何が公共の利益にかなうか，政府の役割はどうあるべきかについて，異なる考えをもっているかもしれない．したがって数多くの問いがあり，問いに対して複数の答えが提示されることがよくある．本書の目的は，さまざまな問いと解答を通じて，系統的で安定した進路を指し示すことである．

　本書のテーマである，(1) どのような場合に，政府は自由市場の結果を改善する責任を付与されるべきかを検討し，(2) 政府が達成できることの限界を明確にすることは，日本にとっても，一般的にすべての民主主義社会にとっても有意義である．本書が日本語版として日本の学生の皆さんに読まれることを大変うれしく思っている．本書によって，学生の皆さんが，民主主義社会における，財政と公共政策を通じた政府の責任について，また投票と政治過程による意思決定の限界について，理解を深めることができることを希望する．本書の監訳者である東京大学井堀利宏教授と，翻訳者である寺井公子教授と他の諸教授に心から感謝申し上げる．

アリエ・L・ヒルマン

原著序文

　本書は，財政と，財政に関連する公共政策の基本的問題について詳しく述べている．これらの問題は，所得を得るための労働やその支出に関する市場での個人的意思決定と，政府による課税や支出に関する集合的意思決定の，どちらを選択するかという問題を共通して含んでいる．
　本書では，財政学や公共経済学の授業のためのテーマが網羅されており，さらに，公共選択の理論によって経済学に導入された，投票や政治的プリンシパル・エージェント問題といった政治経済学的アプローチも含まれている．
　本書は以下のような異なるレベルで使用できるように構成されている．

(1) 需要と供給に関して基礎的な知識しかもっていない学生のためのテキストとして．
(2) より進んだ知識をもっている学部学生のためのテキストとして．
(3) 大学院生や研究者に対しては，財政と公共政策に関する基本的なテーマと関連文献を提供する．

　本書は 10 章で構成されている．第 1 章「市場と所有権」では競争市場を概観し，効率性と社会正義を考える際の基準を提示し，なぜ政府は財政責任を付与されながら同時に限界もあるのかについて指摘する．また，市場を機能させ，法による支配がなければ生じうる非効率で改善可能な無政府状態を防ぐことができる所有権の役割についても考える．最大化された政府がどのようなものかを述べた後で最小の政府との比較を行い，政府に任せることができる範囲を設定する．
　第 2 章「集団の利益」では，さまざまな公共財の財源を自発的に調達させるときどのような結果が生じるかを述べ，公共財の財源を調達するために政府が果たすことのできる役割を明確にする．公共財への公共支出を計画する際に政府が直面する情報の問題を明らかにし，費用・便益分析，真の選好を表明さ

せる方法，居住地選択などの話題に触れながら，解決方法を考える．また，課税や政府借入による財源調達についても考える．

　第3章「投票と公共財」では，多数決投票や政治的競争によって行われる公共支出の決定を考える．また，政府官僚制による集合的意思決定の実施についても考察する．

　第4章「市場の補正」では，私的手段，あるいは公共政策による外部性の解決を考察し，市場取引を抑制したり禁止したりする公共政策についても触れる．

　第5章「社会正義」では，社会保険の提供者としての政府の役割を考察し，政府によって付与される受給資格が人々のインセンティブに与える影響や，政府がなくても民間の慈善的行為や社会移動によって社会正義が達成される可能性について考える．

　第6章「政治と再分配」では，多数決投票による所得再分配とその限界，公共政策において利益団体が果たす役割，特殊利益に便宜を図る政治的インセンティブ，公共政策とレントシーキング行動の関係について述べる．

　第7章「課税」では，さまざまな税の特質を述べたうえで理想的な税制度を設計することが可能かどうかを考察し，租税回避や地下経済の問題についても触れる．

　第8章「利用者料金」では公共財の財源調達の手段として，課税の代わりに利用者料金を考える．自然独占に対する公共政策についても考察する．

　第9章「政府はどのくらいの規模であるべきなのか」では，政府の連邦構造や政府間の租税競争について考察し，多層構造の政府をもつことの便益と費用を評価する．また，人々の間の信頼や自発的な協力が，政府の必要性をどの程度低下させるかについても述べる．政府の規模が拡大している理由について考察し，政府に対して置かれている憲法上の制約の意味を考える．

　第10章「健康，教育，退職」では，それぞれの分野における公共政策を考察する．どの分野についても，市場を通じた民間による供給決定，支出決定が可能であるにもかかわらず，一般的には，財政活動と公共政策を通じて政府が関与している．

学生の皆さんからみた政府

　皆さんは学生でありながら，勉強とともに労働もし，税を支払ったことがあ

るかもしれない．しかしおそらく，みなさんの所得のかなりの部分を税として支払わなければならなかったというわけではないだろう．人々が個人所得のかなりの部分を納税しなければならなくなるとき，税は果たして公正で正当なものなのか，という疑問が生じるかもしれない．

　政府は税収入をもっとも有効な使途に支出しているのだろうか，という問いも生じるだろう．異なったレベルの政府に財政を任せることに賛成するか，過去の政府の借金のために税を支払うのは妥当なことなのか，と自問自答するかもしれない．ひょっとしたら退職後の自分を十分に助けてくれないかもしれない社会保障制度に税を支払わなければならないことの社会正義について考えるかもしれないし，福祉政策は社会的な目的を達成することと人々に自立心を促すこととの適切なバランスを実現できているのかと考えるかもしれない．教育における政府の役割，医療サービスの質や健康保険の適用される範囲に関心をもつようになるだろうし，より良いサービスのために政府にどんなことができるだろうかと考えるようになるだろう．あるいは市民や投票者として，課税や公共支出に影響を与える政治的決定を十分にコントロールできているかと問うかもしれない．

　もっとも基本的な問いは，所得のうちどれくらいを自分自身で支出し，どれくらいを公共支出をまかなうための税として政府に納めたいと思うかというものである．このような問いが，この本の至るところで発せられている．経済学を学ぶ学生は，自分たちの学習の一部として，このような問題を考察することができる．経済学になじみのない学生は，税を支払うとき，あるいは税やどのように税収が使われるかに関する意思決定を含む公共政策が，どうように自分たちの生活や，自分たちが生活する社会に影響を与えているかを考えるとき，おそらく初めてこれらの問題に直面するだろう．

目　次

日本語版に向けての序文
原著序文

第 1 章　市場と所有権 …………………………………………… 3
　1.1　はじめに　3
　1.2　私的所有権と法の支配　28
　1.3　肥大化した政府下での生活　59

第 2 章　集団の利益 ……………………………………………… 69
　2.1　公　共　財　69
　2.2　情報と公共財　101
　2.3　公共財のための公共支出　132

第 3 章　投票と公共財 …………………………………………… 163
　3.1　多数決原理と公共財　163
　3.2　政治的競争と公共支出　190
　3.3　政府官僚制による集合的意思決定の実施　218

第 4 章　市場の補正 ……………………………………………… 231
　4.1　外部性に対する私的な解決　231
　4.2　公共政策と外部性　265
　4.3　市場取引の禁止　302

第 5 章　社会正義 ………………………………………………… 315
　5.1　社会厚生と社会保険　315
　5.2　受給資格とインセンティブ　349

5.3 政府の不在と社会正義 364

第6章 政治と再分配 381
6.1 投票と再分配 381
6.2 政治行動と公共政策 403
6.3 公共政策とレントシーキング行動 431

第7章 課税 445
7.1 個人課税 445
7.2 何に課税すべきか 487
7.3 納税拒否 510

第8章 利用者料金 521
8.1 公共財に対する利用者料金 521
8.2 利用者料金と混雑 540
8.3 利用者料金と自然独占 546

第9章 政府はどのくらいの規模であるべきなのか 559
9.1 さまざまな政府 559
9.2 政府に替わるものとしての協力と信頼 575
9.3 政府の拡大と憲法上の制約 589

第10章 健康，教育，退職 601
10.1 健康保険と医療サービス 601
10.2 教育 615
10.3 退職への備え 632

訳者あとがき 657

索引 661

入門財政・公共政策
政府の責任と限界

第1章
市場と所有権

1.1 はじめに

おそらく経済学におけるもっとも重要な問題は，次のようなものであろう．すなわち，私たちはどのように所得を稼ぎそれをどう使うかという市場における個人の意思決定の代わりに，どんな場合に政府の意思決定に身を委ねるべきか，というものである．この本は，この根本的な問題を取り扱う．

私たちの研究の背景には，市場の存在がある．市場では，人々は，自由に売買ができる．政府に責任を付与するということは，一般に課税を必要とし，それは，自発的のものではない．

もし，(1) 効率性と，(2) 社会正義という，2つの基本的な目的（これらの2つの目的については，後にもっと正確に定義するつもりであるが）を市場が達成してくれるなら，私たちは市場で満足するであろう．もし市場がこれらの目的を達成できない場合，私たちは市場における個人の意思決定を，政府を通じて行われる財政や公共政策といった集団による意思決定に変える必要がある．

まず，財政や公共政策の存在しない市場の研究から始める．この政府が存在しないという状態を出発点として，私的，個人的になされる市場での意思決定の結果を，財政や公共政策が改善できるかどうか，またそれはどのようにしてかを調べてみる．

1.1.1 市場と効率性

政府介入のない私的市場経済が望ましいとする議論は，少なくともアダム・スミス（Adam Smith, 1723-90）の著作にまでさかのぼることができる．道徳哲

学の教授であったスミスは，折に触れ，個人の私的利益を，社会全体を益する結果に導く見えざる手について言及している[1]．

市場での自発的な意思決定は，必然的にその個人に利益を与えるものである．なぜなら，市場の意思決定が自分の利益に合わないと考えられる場合には，購入しないことや，売却しないことを選べるからである．アダム・スミスによれば，見えざる手によって，個人に利益を与えるような市場の決定は，また，社会的にも有益であることが保証される，という[2]．見えざる手のもたらす社会的便益とは，効率性のことであると考えられる．しかし，見えざる手は社会正義を約束するわけではない．

アダム・スミスは，次のように述べている．見えざる手は，有徳の人々に，罪の意識をもたせずに市場を通じて私的利益を追求すること可能にしてくれる，と．私たちは，この提言の中に道徳哲学の要素を見出すことができる．市場を通して私的利益を追求する人々は，もっと広い社会的目的をもたなかったことに対して罪の意識を感じるべきではない．なぜなら，見えざる手が人々の個人の私的利益を社会全体にとっての善へ導いてくれるからである．すなわち，市場を通して人々は個人的に自分にとって良いことをすることで社会的な善を実現しているのである．

アダム・スミスは，また見えざる手によって達成される社会的善は意図的になされるものではないことを指摘している．人々は，私利に基づく市場での意思決定がなされるとき，意図的に社会的善をなそうとしているのではない．社会的善をなそうという意図がないということは，アダム・スミスには1つの

---

1) アダム・スミスは最初スコットランドのグラスゴー大学で学び，それからイングランドのオックスフォード大学に移った．学業を終えて後，グラスゴーに戻り，論理学の教授となり，後に道徳哲学の教授となった．

2) 見えざる手という思想は，1759年に出版された『道徳感情の理論』に見られるし，また，1776年に出版された『国富論』にも見られる．見えざる手は経済学における民間伝承の1つとなった．見えざる手の概念を使用した場合のスミスの意図については，Macafie, A. L., "Adam Smith's Moral Sentiments as foundation for his Wealth of Nations," *Oxford Economic Papers* 2, 1959, 209-28, Rothschild, E., "Adam Smith and the invisible hand," *American Economic Review, Papers and Proceedings* 84, 1994, 319-22, Grammy, W. D., "What did Smith mean by the invisible hand?" *Journal of Political Economiy* 108, 2000, 441-65 などを参照されたい．スミスの著作や思想について概観を得るには，Reisman, D. A., *Adam Smith's Sociological Economics*, Croon Helm, London and Barnes & Noble, New York, 1975, Tribe, K., "Adam Smith: Critical theorist," *Journal of Economic Literature* 37, 1999, 609-32 などを見られたい．

美徳であるように思われた．なぜなら，市場の意思決定に偽善が存在することがないからである．スミスは次のように書いている．

> 私は，公共善をかざして取引をするような人々によって善が成されたというようなことは聞いたことがない．

このようにして，アダム・スミスなら，売買の取引時に個人の私的利益以外の目的を主張する人々には十分慎重であるように忠告するであろう．売買の申し出が，利他的な動機によるものだというような主張をともなう場合，私たちは，用心すべきである．「贈り物の馬の口の中を見るな」という諺にあるように[3]，頂いた贈り物の場合は，その品質をあまり詳細に調べないほうがよい．しかしながら，市場では，財は贈られるものではない．むしろ，財は貨幣と交換される．アダム・スミスは，市場での贈り物や特価品には注意するように忠告している．私的善と社会的善とを両方とも達成するためには，売買の取引時に人々は自分自身の個人の利益だけしか求めないということをはっきり言いさえすればよい．

完全競争における効率性

市場を通して表される私的利益が社会に便益を及ぼすということの形式的な証明は，アダム・スミスの著作物には存在しない．スミスの著作が現れてから数世紀たって，市場の社会的便益性をもっと形式的に追認するさまざまな方法が利用可能となった．もっとも単純な証明法は，図1.1のように単一の競争市場を見ることである．そこでは，市場需要は支払意思による買い手の限界便益を表し，市場供給は売り手の限界費用を表している．完全競争市場では，個々の買い手や売り手は市場価格に影響を与えない．買い手は自分の個人的限界便益 MB が市場価格に等しくなるように購入数量を選ぶ．売り手は，供給のための自分の限界費用 MC が市場価格に等しくなるように販売数量を決める．市場価格はすべての買い手にとって等しいので，すべての買い手がそれぞれの購入量を決めることによって，それぞれの個人の限界便益は同じ大きさになる．このようにして，図1.1の市場需要は，すべての買い手の均等化された個

---

[3] 馬の歯の状態を調べることで，馬の年齢や健康状態がわかる．

図 1.1　競争市場の効率性

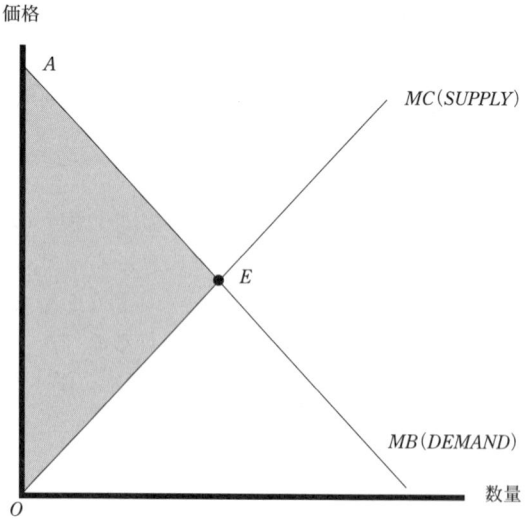

人的便益を表している．同様に市場供給関数も売り手の共通の限界費用を表している．図 1.1 の点 E において，買い手の総需要量は，売り手の総供給量に等しく，買い手が支払ってもよいと考えている価格は，売り手が財を供給するために必要とする価格に等しくなる．もし点 E で表される市場の結果が効率的であることが示されるならば，私たちは，市場での個人の意思決定が社会的な便益をもたらすというアダム・スミスの主張を確認することができる．もちろん，その場合には，社会の便益として効率性を考えていることになる．

効率性を次のように定義しよう．すなわち，純社会便益

$$W = B - C \tag{1.1}$$

が最大化されるとき，効率的であるという．ただし，B は総便益を表し，C は総費用を表す．最大の純社会便益 W を求める際，私たちは総便益 B と総費用 C が人々の間でどのように分配されているかは問うていない．すなわち，便益を受けるか，または，損失をこうむる人々が貧乏であるか，金持ちであるかを問題にしていない．そのような問題は，分配の問題である．社会正義という目的を探求する際に，分配の問題を考える．

図 1.1 で示される市場においては，B は市場におけるすべての買い手の総便

益であり，C はすべての売り手の総費用である．W は市場が存在することによる，社会のとっての純便益である．

効率性，すなわち，$W = B - C$ の最大化は，

$$MB = MC \tag{1.2}$$

となるような財の数量が売買されることを必要とする．買い手の MB は需要関数で示され，売り手の MC は供給関数で示されるので，$MB = MC$ となる生産量は，需要と供給が等しくなる点 E である．したがって，図1.1の点 E は，効率的であり，さらに唯一の効率的な結果である．影の部分 AEO は市場が提供することができる $W = B - C$ の最大値である[4]．

もし市場が効率的な点 E ではなく，どこかほかの点にあるならば，競争による調整過程によって市場は点 E に戻る．一旦，点 E にたどり着くと，市場はそこにとどまる．競争による調整過程は，図1.2によって説明される．買い手が追加1単位の生産物に支払ってもよいと考える価格は P_B で示される．この価格は需要関数から得られる．売り手が追加1単位の生産物を供給するのに要する価格は P_S である．この価格は供給関数から得られる．図1.2の Q_1 の生産量においては，買い手が追加1単位の生産物を得るのに支払ってもよいと考える価格 P_B は，売り手が追加1単位の生産物を供給するのに要する価格 P_S より大きい．売り手が生産量を増やすために求めている価格より，買い手は高い価格を支払ってもよいと考えているので，生産物の供給量は，Q_1 より増える．点 E の効率的な生産量 Q_E が達成されるまで，供給量は増え続ける．Q_E の産出量の水準で，買い手が支払ってもよいと考える価格 P_B と，売り手が生産物を供給するのに要する価格 P_S とが価格 P_E に等しくなる．いまや，産出量は変化しなくなる．それゆえ，E は市場均衡点である．

もともとの市場供給量が，図1.2に示される数量 Q_2 であったとすると，追加単位当たりの生産物に対して買い手が支払ってもよいと考えている価格

---

[4] それぞれの産出量から生じる MB を足し合わせることで，需要関数の下側の面積は，買い手の購入量の総便益 B を表す．MC を足し合わせることで，供給関数の下側の面積は，供給量の総費用を表す．したがって，$W = B - C$ は需要関数の下側の面積と供給関数の下側の面積の差となる．この差は，点 E で最大値をとる．需要関数の下側の面積や供給関数の下側の面積は，しばしば，総便益や総費用を測るのに使われる．需要関数の下側の面積は，総便益の1つの近似値である．この近似値は，一般に理にかなったものである．Willig, R. D., "Consumer's surplus without apology," *American Economic Review* 66, 1976, 589-97 を見よ．

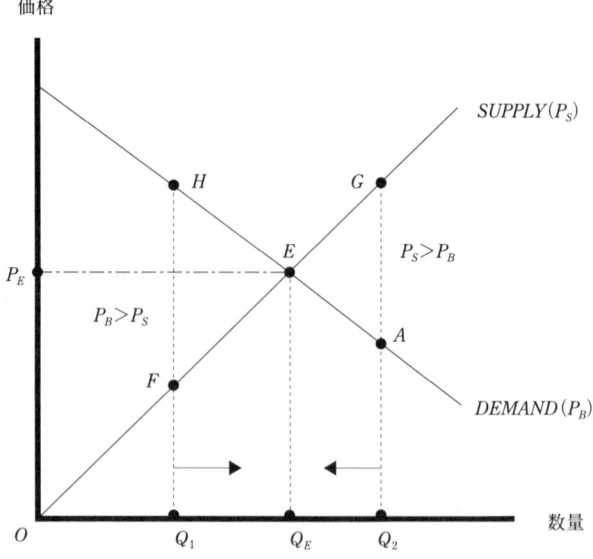

図 1.2 競争市場における調節過程

P_B（需要関数から得られる）は，売り手が生産量を増やすのに必要な価格 P_S（供給関数から得られる）より小さい．したがって，買い手は，売り手が Q_2 の水準の生産量を供給し続けるのに必要な価格を支払おうとはしない．その結果，供給量は減少する．産出量の減少は，点 E の均衡産出量 Q_E で止まる．

このようにして，市場が Q_1 のような Q_E より小さい産出量から出発しようと，Q_2 のような Q_E より大きい産出量から出発しようと，売り手と買い手との間の競争による調整過程を経て，市場は均衡点 E の効率的な産出量 Q_E に到達する[5]．

私たちは，いまや，完全競争市場の均衡が効率的であることを示したことになる．ここでの市場は，消費用の財・サービス市場でもよいし，生産要素市場でもよい．買い手と売り手は，自己の利益だけを求め（買い手は，$P = MB$ となるように購入量を選び，売り手は，$P = MC$ となるように供給量を選ぶ），もしすでに均衡でなければ，市場が調節して効率的な均衡に到達する．

---

5) 図 1.2 から，Q_1 や Q_2 のような産出量は効率的な産出量でないこともわかる．Q_1 の生産量においては，市場が効率的な生産量 Q_E にないことから，HEF だけの損失が生じ，Q_2 の生産量においては，GEA の損失が生じる．

したがって，私たちは，アダム・スミスの次のような主張を，立証したことになる．すなわち，あたかも見えざる手によって導かれるかのように，個人の私的利益によって市場の効率性が達成されるということ，また，その意思決定が競争市場下で行われ，社会の目的が効率性である限り，買い手や売り手は，私的利益を個人的に追求することに罪の意識を感じる理由は何もないということである[6]．

政府の最初の責務：競争

市場によって効率性が達成されるためには，市場が競争的であることが必要である．このようにして，政府の最初の責務は，市場が競争的であるように保護し，維持することである．政府がこの責務を果たすためには，競争を確保するための公共政策を遂行する，独占禁止局，または反トラスト局が必要である[7]．政府の反トラスト局に雇用される人々の所得は公的資金でまかなわれる．したがって，反トラスト局によって公共政策を実現するためには，税や公

---

[6] アダム・スミスはこの市場の美徳に対する擁護論において，需要と供給という概念を用いなかった．かなり後になって，アルフレッド・マーシャル（Alfred Marshall, 1842-1924）が市場の需要と供給という概念をとりいれた．マーシャルは何世紀もの間論争の的となってきた問題を解決した．その問題というのは，財の価格（あるいは，価値）は，生産費によって決まるのか，それとも人々の支払意思によって表される個人の便益によるのか，というものである．マーシャルは，費用も便益もそれだけでは価値を生み出さないこと，むしろ，市場価格（または，市場価値）は市場の需要と供給の相互作用によって決定されることを示した．

[7] 競争市場を確保するという政府の責務には微妙な点がある．売り手が1人であるということは，必ずしも独占を意味しない．独占であるかどうかを決めるのは，新規の売り手の参入を阻止するような人為的な障壁があるかどうかに依存している．相対的に良い品質の財を提供したり，相対的に低い価格で財を提供したりしたために，1人の売り手だけが市場を支配した場合には，それは独占とはいわず，競争の結果であると考えられる．たとえば，1960年代の著名な事例で，アメリカ合衆国政府が，コンピュータ市場で独占を形成しているとしてIBMを告発した例がある．この告発に対して，IBMが市場で成功を収めたのは，市場に参入しようとする潜在的な競争相手に直面して絶えず品質を改良し，価格を引き下げてきたことによるのだと弁護して難をのがれた．当時，IBMは（大型の）汎用機を生産していた．1990年代までには，デスクトップコンピュータやラップトップコンピュータが，それまでの汎用機の計算力をもつようになり，IBMは新しい競争にさらされ，政府が市場介入せずとも，IBMはコンピュータ市場でのこれまでの支配力を失うこととなった．したがって，市場の競争性を確保するために政府の介入を必要とする場合でも，次のような留保条件が必要である．すなわち，成功は罰されるべきでなく，技術競争の結果，技術革新を行った企業が一時的に市場を支配するといった事情は斟酌されるべきである．また，技術革新や，新知識の創造を促進するために，政府は特許を保護することによって技術革新企業に合法的な独占の地位を与えるべきである．

共支出が必要となる．

1.1.2　個人の自由

　競争的市場は個人的自由の基盤である．市場における売り手が1人の場合には，売りたくなければ売らないことで，また，市場における買い手が1人の場合には，買いたくなければ買わないことで，個人の自由を制限することができる．競争市場においては，売り手や買い手の特性，信念，社会的または人種的背景は，売買の機会に影響を及ぼさない．買い手や売り手が多数存在するために，競争市場は匿名性をもち人格をもたないので，不利な差別をもたらさない．

　市場における意思決定は強制や義務をともなわないという点でも，また，個人の自由が存在する．だれも他のだれかにどうすべきかを命じることはない．

1.1.3　自然に生じた秩序

　個人の自由は，自然発生的な秩序という考え方に関連している．自然に生じた秩序は，だれかが他のだれかに押しつけた秩序とは異なる．売り手と買い手の自発的な意思決定によって市場の効率性が達成されるので，競争市場の秩序は自然に形成される．市場における自発的な意思決定による自然発生的な秩序という考え方は，ときどき1つの謎とされてきたし，また，懐疑の目も向けられてきた．というのも，市場の機能の仕方が（まして，見えざる手についても），人間の目にはすぐには明らかにならないからである．人々の中には，市場の意思決定の結果が市場均衡に調整されるのではなく，むしろ，なぜ混沌の状態にならないのか，と訝る者もいた．

　市場で独立に意思決定がなされることに対する懐疑の念が，ときどき次のような提言を生み出した．すなわち，政府の見える手によって秩序を課し，市場の無秩序が認められるときにはあらかじめそれを阻止すべきであると．しかし，市場は無秩序ではない．秩序は，それぞれの個人の独立した意思決定によって自然に生じる．他人の意思決定を支配しようとする人々によって押しつけられた，どのような秩序も必要とはしない．

　たとえば，青果市場には自然に生み出された秩序が存在する．農夫たちは生

産物を売るために市場にやってくる．農夫たちは，市場にもってくる生産物の自分の供給量を独立に決め，個々人の意思決定を調整することはない．政府が，市場にもってくるべき生産物の種類や数量を指令することもない．買い手も，また，買い物をするために市場にやってくる．1日の間に，農夫と買い手の間に多数の取引が行われる．1日の終わりには，農夫たちは，彼らの農産物を売り，屋台を立ち去る．翌日には，新しい生産物をもって戻ってくる．買い手も，また，翌日自分たちの求める生産物を購入するために戻ってくる．ここには，自然の秩序が存在する．どの買い手も売り手も，他人に指示されなくても自分のなすべきことがわかっているのである．

自然の秩序は，異なる財の市場の間にも形成される．生産者は，消費者ばかりでなく，他の生産者にも財を供給する．財を購入した生産者は，その財を自分自身の生産活動に投入する．相互に依存している市場間の網の目の中では，外国の生産者は輸入財を供給し，国内で生産された財は外国で売られる．外国の生産者は，それらの財を投入して財を生産し，それらはまた輸出されて消費されるか，または，国内の生産者に使用される．

市場で自然に秩序が成立することが可能となるのは，市場価格によって明らかにされた価値についての情報によるものである．すべての個々の買い手が彼ら個人の MB を市場で示された価格に等しくし，また，同様に，すべての個々の売り手が自分の MC を市場価格に等しくするとき，需給が等しくなる価格のもとでは，

$$MB = P_E = MC \tag{1.3}$$

となる．これによって，純社会便益 $W = B - C$ が最大となることが保証される．個人の独立した自発的な意思決定によって，市場の効率性に必要な $MB = MC$ が成立し，自然の秩序が生まれる．さらに，自分自身の利益を求めて市場に参加するためには，それぞれの個人は，自分自身の MB や MC を知っておりさえすればよい．

1.1.4 政府の責任：なぜ市場だけでは不十分なのか？

政府は法の支配によって私的所有権を保障し，生命と財産を護る責務がある．1.2節において，政府のこの責務について詳述するつもりである．競争市

場を監督し，法の支配を確実なものにするという，2つの責務だけを担うものが最小の政府である．

このような最小の政府では，通常十分ではない．市場は効率性を達成しそこねるかもしれない．その場合には，政府はその非効率を正すべき責務がある．以下の章では，いくつかの事例から市場の効率性を確認しよう．公共支出が同時に多くの人々を益する場合，市場は非効率であり，有効性を失う．そのような共同の便益は多くの事例で生じ，道路への支出，国防，防疫などがある．また，個人の市場での意思決定が，良くも悪くも他人に影響を及ぼす場合にも，市場は効率性を確保できない．たとえば，環境に被害をもたらす場合や，社会が特定の市場を禁止する場合などがそれである．また，社会正義に関する問題も生じる．もし市場が社会正義を保証できないなら，課税や所得の再分配により政府が責任をもって市場の結果を修正することが社会的に求められるかもしれない．

1.1.5 規範的な問題と実証的な問題

政府の責務を調べるにつれて，私たちは規範的な問題や実証的な問題を考える必要が出てくる．規範的な問題とは，公共政策が市場をより良いものにするかどうか，あるいは，財政が社会を益するかどうかを問うことである．実証的な問題とは，政策や結果が望ましいかどうかの価値判断を差し控えて，説明と予測を行うことである．規範的な問題と実証的な問題の区別は，所得を再分配する政治過程を研究する際に特に重要である．私たちは財政や公共政策についての政治的意思決定が，規範的に正当化される目的と整合性をもつかどうかを考える必要がある．

規範的な問題と実証的な問題の区別は，また，課税の問題の場合にも重要である．規範的な問題としては，税が課されるべきか否かを問うことである．実証的な問題としては，なぜ異なった種類の税が課されるのか，異なる税の効果はどうか，さらに，税はなぜときどき支払われないのか，などがある．

規範的な問題を提示し，また，それに答えるには，1つの結果や1つの変化が効率的であるかどうかを，また，それが社会的に正しいかどうかを判断するための価値判断基準が必要である．

1.1.6 パレート効率性

効率性を満たすかどうかの規範的な問題は，純社会厚生 $W = B - C$ が最大化されるならば効率的であるという基準によって判断される．これは，私たちが競争市場の効率性を問題にしたときにとった手続きである．私たちは，また，効率性のもう1つの定義を使用することもできる．それは，ヴィルフレート・パレート（Vilfredo Pareto, 1848-1923）の名前にちなんで，パレート効率性と呼ばれる．

他の別の財の生産量のいくばくかを断念しなければ，どの財の生産量をもそれ以上増やすことができないときに，生産のパレート効率性は達成される．人々の間で財や所得を配分するときに，他のだれかの状態を悪化させずには，だれかの状態を改善することができないとき，消費のパレート効率性が達成される．

したがって，パレート効率性は，無駄がないということを定義したものである．何かを断念せずには，それ以上生産を増やすことができない．他のだれかを犠牲にせずには，社会のだれの状態も改善できない．

競争市場における売買の意思決定は，パレート効率的である．競争市場は $W=B-C$ を最大化する結果をもたらすことはすでに見たとおりである．同時に，個人の売買の意思決定は自発的なものであるので，市場の個人的な意思決定の結果，だれの状態も悪化することはない．利益を得るものしか存在しないのであるから，$W=B-C$ を最大化するという市場によって達成される効率性は，また，パレート効率的でもある．

市場でなされる個人の意思決定はパレート効率性を満たすが，公共政策の意思決定については，このことは必ずしもあてはまらない．公共政策は純社会便益を増加させるが，それは必ずしもあらゆる人の利益となるわけではない．たとえば，多くの人々を益する道路がだれかの家を通り抜けるということが考えられる．道路をつくるという公共政策の意思決定の結果，この家の持ち主が以前より悪い状態になるならば，たとえ道路のもたらす総便益が家を失う人々に生じる費用をも含めた総費用を上回るとしても，これはパレート効率性を満たさない．

もし総便益が総費用を上回り，$W=B-C>0$ であるならば，道路を建設することによって利益を受ける人々の総便益が損失をこうむる人々の総損失を上

回っている．便益を受けた者は，損失をこうむった者の損失を補償し，なおかつその状態を改善できる．損失をこうむった者への損失が補償された後には，以前より状態が改善した人々がいる一方でだれの状態も以前より悪化していないので，パレート効率性が満たされることになる．

　$W=B-C$ を増加させるどのような公共政策も，その公共政策によって損失をこうむる者を補償することでパレート効率性を実現できる．しかしながら，そのような補償は原理としては可能かもしれないが，実際に実行することは可能でないかもしれない．道路の建設によって住居が取り壊されるような場合には，私たちは損失をこうむった人間を特定できる．しかし，損失をこうむった人間を特定することが不可能な場合もあるかもしれない．例をあげよう．船の推進力の手段として，帆の代わりに19世紀に導入された蒸気という科学技術の場合を考えてみよう．この科学技術の変化のために，帆を張ったり巻き上げたりする，あるは，それに関連する技術や知識をもつ者は所得を失った．新しい蒸気という科学技術によって生じた，このような技術者のすべての損失を補償することは大変困難であったであろう．蒸気という科学技術は損失をこうむったものへの補償がなされずに市場に導入された．それにもかかわらず，科学技術の変化は社会の総所得を増加させたので，原理のうえでは，損失をこうむった者は補償されて，なおかつ便益を受けた者が以前より良い状態になることは可能であったであろう．このような補償が実際になされることを要求するならば，それは新しい科学技術の導入の妨げとなったであろう．というのも，補償されるものを特定し，確認し，補償金額を確定することは行政上非常に複雑であったであろうからである．問題の複雑さは次のようである．すなわち，それは，損失をこうむった者を特定し，損失額を決定するばかりでなく，便益を受けた者をも特定し，各々の受益者が損失をこうむった者に対する補償基金に拠出する金額をも決定しなければならない，ということである．新科学技術の将来の受益者はまだ生まれていないということから，さらに複雑さは増すことになる．

　パーソナル・コンピュータが登場したときにも，利益を受けた者と損失をこうむった者とがいた．パーソナル・コンピュータが登場する以前には，タイプを打つ技術は専門的な技能であり，自分でタイプを打てる人はほとんどいなかった．パーソナル・コンピュータの登場によって，タイピストは不利益をこうむった．なぜなら，多くの人々が自分でタイプを打つことを学ぶようにな

ったからである．損失を受けたものを実際に補償することにこだわるならば，パーソナル・コンピュータが受け入れられるためには，すべての受益者（すなわち，パーソナル・コンピュタを使用することで利益を受けるすべての人々）を特定し，各人がどれほどの便益を受けたかを決定しなければならない．また，パーソナル・コンピュータの登場の結果，所得を失ったすべての人々を特定し，どれほど損失をこうむったかを確定する必要がある．便益を受けた者から損失を受けた者へ補償所得の移転を行おうとすれば，そのための行政事務局が必要とされただろう．もしこのような補償が必要とされたならば，パーソナル・コンピュータは，決して受け入れられなかったであろう．

これらの例から，補償支払いを行うための行政費用や情報費用はかなり高くなりうるので，被害を受けた者の補償は実現不可能であることがわかる．しかしながら，だれが受益者でだれが損失者であるかが明確であり，便益の価値と損失の価値が明らかである場合には，受益者が損失をこうむった者を補償するよう主張できるであろう．損失を受けたものへの補償は，受益者に代わって政府が支払ってもよいであろう．たとえば，道路の事例を考えて見る．各々の受益者が個別に家の所有者を補償するとは考えられない．そのような個人による補償には，莫大な行政費用がかかる．その家のあったところに家の所有者が料金所や監視装置を設置するということも期待できない．政府が，課税によって調達された所得を移転することによって家の所有者の補償を行うであろう．

このような補償は効率性を確保するために企てられたものではない．原理上は，受益者が損失をこうむった者を補償して，なおかつ以前より良い状態にあるならば，公共政策は効率的である．すなわち，公共政策は，社会全体として $W=B-C$ を最大にしているならば，効率的である．実際に補償を与えたいと望むのは社会正義に対する関心からである．補償は社会正義に適っているかもしれない．効率的政策のために損失をこうむる人々がいたり，補償が不可能であったり，きわめて費用がかかる場合には，効率性という目的と社会正義という目的との間の対立という問題に社会は直面する．

損失をこうむった者に実際に補償を行うべきであると主張するならば，結果として蒸気技術や，パーソナル・コンピュータや，概して社会に利益を及ぼした他の多くの科学技術を禁止する公共政策がとられることになっただろう．もう1つ例を挙げる．環境に被害を及ぼしていることが新たにわかれば，湖を汚染している工場を閉鎖するという意思決定がなされよう．というのも，もし

一旦環境に対する被害が生産費用に算入されるならば，その工場が現行の生産量を生産し続けることはできないからである．すなわち，環境に対する被害が生産費用に算入されるならば，その工場の生産から得られる総便益が総費用よりも小さいということである．もしその工場が公害に対する社会的関心が生じる前に建設されたとするならば，公害によって新たに被害が生じた結果，工場が閉鎖されたという理由で，その工場の所有者は補償を受けるべきであろうか．大半の人々は，社会の環境基準の変化によりその工場の所有者が損失をこうむるならば，工場の所有者は補償を受けるべきであるということには同意するであろう．

　職を失った従業員もまた補償されるべきであろうか．工場の閉鎖により住宅に対する需要が減少してしまったために住宅の価値が低下したことから損失をこうむった者を補償すべきであろうか．その工場が使用していた生産要素を提供していた供給者を補償すべきであろうか．その工場と取引のあった広告代理店は補償されるべきであろうか．その工場の製品を特に好む消費者は補償されるべきだろうか．

　効率性を求める社会は，変化によってだれも損失をこうむることがないというパレート基準を満たすのに必要な補償を実際に行うことを，損失者の一覧表のあるところまでしか行わないよう決めるかもしれない．たとえば，工場が閉鎖されたからといって，広告代理店を補償すべきではないという判断がなされるかもしれない．そのような判断は社会正義の考え方から生じる．工場が閉鎖されるのは，社会にとって工場が存在することによる費用 C のほうがその便益 B を上回るからである．工場の閉鎖によって失われた便益には，その工場の生産物を取り扱った広告代理店の過去の利得が含まれる．

　効率性を重視する社会ならば，$W=B-C>0$ が増加する限り，公共政策の意思決定は正当化されるという一般的な規則が採用されるかもしれない．そのような社会では，人々の間での便益 B と費用 C の配分は問題にならない．このような社会で意図されるものは次のようである．すなわち，$W=B-C>0$ を増加させる公共政策を続けていけば，ある場合に損失をこうむる者がいたとしても，時間の経過とともにすべての人々が便益を受けるようになるということである．

1.1.7 社会正義

 効率性という社会的目的については，2つのきわめて正確な方法，すなわち，純社会便益 $W=B-C$ という基準とパレート効率性で表すことができた．社会が探求すべきもう1つの目的である，社会正義は効率性に比べると相対的にわかりにくい概念である．

補償を実際に行うことによる社会正義

 社会正義を表す1つの方法は，公共政策によってだれかが損失をこうむった場合，実際に補償を行うことを主張することである．経済学や政治学における根本的な意見の不一致の多くは次のような立場の相違に帰着するといえる．すなわち，政府が効率的な公共政策を続行する前に，社会正義の観点から損失を受けた者を実際に補償することが必要かどうかという点に関する立場である．

競争市場という手段による社会正義

 競争市場は，社会正義にかなった所得水準を生み出すだろうか．競争市場では，個々人はそれぞれが個人的に生産に貢献した価値に応じて所得を得る[8]．その結果，次のような場合には競争市場で稼得された個人の所得は社会正義にかなう．すなわち，社会において個人が生産に貢献した価値に応じて報酬を受け取るべきであるという判断を人々がなした場合である．このような判断がなされるならば，競争市場は効率的であり，かつ，社会正義にかなうことになる．しかしながら，個人の報酬が生産への個人の貢献による価値によって決められるならば，能力のない者には所得はないか，低所得しか受け取れない．さらに，生得の能力には運の要素もあるという理由で，個人の能力が所得を決定するということに反対する者もいるだろう．また，両親から受ける勉学のための励ましと支えによって生じる所得稼得能力も運に左右される．したがって，

---

8) 競争市場の企業の利潤は，$P \cdot Q(L) - wL$ で表される．ここで，P は競争市場で決定される市場価格であり，Q は生産量である．また，w は競争市場で労働に支払われる賃金であり，L は雇用量である．雇用量 L が増加すると，生産量 Q も増加する．企業は，$P\partial Q/\partial L = w$ なる条件が満たされるまで労働を雇用することで利潤が最大となる．その結果，労働の受け取る賃金は労働の限界生産物の価値に等しい．この労働の限界生産物の価値が労働の生産への限界的な貢献度である．

市場競争の結果生じる不平等を不正なものと考え，むしろ社会正義には平等が必要であるという者もいる．

平等としての社会正義

3 人の人がそれぞれ 1,000 ドルの所得をもち，そのお金を使ったときには，同じ便益が得られるものとしよう．提案された公共政策によって個人 1 は 1,200 ドル，個人 2 は 1,300 ドル，個人 3 は 1,400 ドルという結果になったとする．公共政策によるこの変化は，$W = B - C > 0$ という効率性の条件を満たす．3 人ともすべて以前より良い状態になった（そして，だれも以前より悪い状態にはなっていない）ので，この公共政策によってパレートの意味での改善がなされている．しかしながら，所得はもはや等しくないので，平等としての社会正義からは乖離することになる．したがって，平等であることを社会正義と定義し，どんな公共政策も不平等であってはならないと主張することは，効率性と矛盾する可能性がある．この例では，この 3 人が彼らの利得を平等に分配できない場合，または，この利得が 3 人の間で移転可能でない場合には，平等としての社会正義にこだわる限り，個人 2 は 100 ドルの利得を廃棄し，個人 3 は 200 ドルの利得を廃棄しなければならない．

砂漠の中の水

効率性と，平等という社会正義との間の対立は，2 人の人間が砂漠の中におり，どちらか一方だけが生き残るのに十分な水しか所有していないという状況で示される．このような状況に関する議論はタルムード（訳者注：タルムードとはユダヤの立法とその解説を述べたもの）に見られる．タルムードは次のように述べている．

> 2 人の人間が旅をしていた．そのうちの 1 人が水を入れた水筒をもっていた．もし 2 人とも水を飲むならば，2 人とも死ぬ．しかし，もし 1 人だけが飲むならば，その人間は人の居住する所にたどり着くことができる．

水は旅人のうちの 1 人のものである．そこで問題となるのは水を所有している旅人がもう 1 人の旅人と水を分かち合うべきか否かということである．タルムードでは通常そうであるように，答えはただ 1 つではない．1 つの答えは

平等としての正義と合致し，もう1つの答えはパレート効率性と合致する．

　平等としての正義の観点からは，水は分かち合うべきである．たとえどちらの旅人にも生き残るのに十分な水がないとしても，この結果は平等である[9]．

　これに替わる考え方は，水を所有している者がその水を飲むべきであるというものである．1人でも生存しているほうがだれも生存していないより良いので，その場合にはパレート効率性が達成される[10]．

　問題はもう1人の人間のために自分自身の命を断念すべきかどうかということではないことに注意されたい．水を分かち合うことはだれの命も救うことにならない．むしろ，問題は，平等の原理を満たすことが唯一の目的であるときに水を所有している人間が自分の命を断念すべきかどうか，ということである[11]．

社会正義と機会の平等

　社会正義を機会の平等として定義することもできる．機会を平等に与えるという意味では，くじ引きでだれがその水を飲むのかを決めることは社会正義にかなう．ただし，そのくじ引きでは水を得る確率はすべて等しくなければならない．くじ引きの結果がわかったあとでは，1人の人間が水をすべて所有することになるが，それは効率的である．

　水を割り当てるためにくじ引きが使用できるのは，まず，第1にだれもその水を所有していないということが前提となる．もし旅人のうちの1人が水を所有しているならば，くじ引きが可能であるためにはその水の所有者がくじ引きの賞品としてその水を寄贈しなければならない．砂漠の中の2人の旅人

---

9) このような考え方をする理由は，次のようなものである．すなわち，2人の旅人が両方とも水を飲んで死ぬほうが，仲間の死を目撃するよりも良いと考えられるからである．これは，ベン-ペチュラ（Ben-Petura）の考え方であった．

10) これは R. アキバ（R. Akiva, c.50-135）の考え方であった．もちろん，パレート効率性という用語は使われていなかった．これは，パレートの時代より以前のことである．

11) ベン-ペチュラを支持する者は，こう反論するだろう．すなわち，水を分かち合うことにより，共通の運命を共有する感情を個人の便益の中に含めるべきであると．アキバの立場は次のようであろう．この種の自殺は望ましい行動ではないし，自分の命は仲間の命よりも優先されるべきであるということ，したがって，もし水を所有し，その水が自分の命だけしか救えないならば，その水を自分のために使うべきであると．アキバは，貧しい者の窮状に敏感であった．彼は羊飼いであったが，金持ちの娘と結婚した．その娘は，家族の社会的地位より低い者と結婚したために勘当された．40歳で自分の息子と一緒にアルファベットを学ぶことから勉強を始め，しまいにはもっとも卓越した学者のひとりとなった．

のような状況では，片方の旅人が水を所有しており，その水をくじ引きの賞品として提出することを義務付けることは所有権という権利と相容れない．くじ引きが水を割り当てるための社会的に正しい方法であるのは，その水の所有者を特定できない場合のみである．

社会正義と「適者生存」

　砂漠の中で水をもたない2人を考えてみよう．自分たちの前に水筒があるのが見えたとすると，2人ともどっと駆け出し最初にその水筒を手に入れようとする．足の速いほうの人間がその水筒を手に入れ，水は自分のものだと主張するだろう．その水筒の中には，1人の人間が生き残れるだけの水しか入っていないので，1人の人間が水をすべて所有することは効率的である．しかしながら，足の速いほうの人間が水の所有を主張できるということは，公平で，社会的に正しいことであろうか．あるいは，もし2人の旅人のうちの1人がもう一方の旅人より視力が良く，天性的に知覚が鋭いならば，もう一方の旅人が水に気づく前に水を見つけ，それを要求するであろう．相対的に敏捷な人間や視力の良い人間が水を獲得するということは公平で，社会的に正しいことであろうか．

　能力の相違によってだれが水を所有するかが決まる場合，適者生存の原理が支配していることになる．生来の能力の差異によってだれが水を獲得するのに成功するかが異なってくるので，くじ引きの場合のような機会の平等は存在しない．

　一方の人間は，元々の所有権に基づいて，または，くじに当たって，水を保有するとしよう．もう1人の人間は，その水を盗むか，または，力づくでその水を自分のものにするものとしよう．この結果は，再び適者生存の原理によって決められるのであって，やはり，効率的である．いまや，水を手に入れる手段は，明らかに社会正義に適わない．しかしながら，適者生存の原理は，社会正義を斟酌しようとしたものではない．

所有権としての社会正義

　社会正義のもう1つの定義は人が当然権利のあるものを所有する権利である．砂漠の中の水の事例では，水を所有する人間が水を使用することは，この定義によれば社会的に正しく，また，効率的でもある．

一方，当然権利のあるものに対する所有については論争がある．このような論争の一例としては，3000年前のイスラエルの王ソロモンの直面した問題をあげることができる．エルサレムの彼の法廷で，ソロモンは，どちらも同じ赤ん坊の母親であると主張する2人の母親に向かい合った．どちらの女も同じ頃に出産をしたが，赤ん坊は1人しか生き残らなかった．この事例の場合にも，砂漠の中の水の場合と同様に不可分性がある．すなわち，赤ん坊を分割することはできない．生き残った赤ん坊の母親であるという，どちらの母親の主張にも明白な証拠はなかった．ソロモンは非対称情報の問題に直面したわけである．つまり，ソロモンは真の母親がだれであるか知らないが，2人の女のどちらも真の母親がだれであるかを知っているということである．ソロモンは次のように決定した．すなわち，2人の女のうちどちらかが赤ん坊を断念しない限り，赤ん坊を2つに切り，それを2人の女に分け与えると．真の母親はただちに要求を放棄したが，偽の母親はそうしなかった．ソロモンは，子供の命を救うために要求を放棄した母親に子供を与えるべきであると裁決した．その裁決によって，子供は真の母親に渡された．この結果は，赤ん坊が2つに切られなかったので，効率的であり，正義が平等な分割ではなく真の所有者による所有権として定義される場合には，正義にもかなう．

　同じ赤ん坊を要求した2人の女は，売春婦であった．読者は，なぜこのように身元を確認することが必要であり，重要なことなのかと訝るかもしれない．その答えはこうである．売春婦は社会的身分が低かったので，社会的身分にかかわらず，すべての人間が等しく正義の対象となることが示されたということである．売春婦を受け入れその事件を裁くことで，ソロモンは法のもとにおける万人平等の原理を示したことになる．

嫉　妬

　隣人のよく飼育された牛を見たときの，異なった社会の2人の農夫の逸話を見てみよう．一方の社会の農夫はこう考えた．「なんとすばらしい牛だ．私もあのような牛がほしいものだ．私も一生懸命働こう．そうすれば，私もあのような牛を買うことができるようになるだろう．」もう一方の社会の農夫は，隣人のよく飼育された牛を見て，こう考えた．「あんな牛は死んでしまえばいい．」この2番目の農夫は，隣人の牛を殺すことで平等を達成しようとしているのかもしれない．あるいは，さらに，この農夫は考えを進めて，牛の個人所

有を認めるべきではないと考えるかもしれない．ここでは，不平等に対する2つの異なった反応を見ることができる．最初の事例では，不平等に対して寛容であり，今日たとえ不利な立場にあったとしても明日には事態を改善できると，この農夫は信じている．隣人の牛を妬んでいる農夫のほうは，個人の努力では同じような牛を手に入れようとしてもそのような機会のない社会に，おそらく住んでいるのであろう．

　最初の農夫の反応は効率性を満たすが，2番目の農夫の反応はそうではない．最初の農夫の反応は他のだれの状態をも悪化せずに自分の状態を改善しようとしている．2番目の農夫のほうは，自分の所有物は増えず，しかし，（隣人の牛を殺すことによって）隣人の状態を悪化させるであろう．

　先ほどの赤ん坊の事例では，偽の母親は，隣人の牛が死ぬという非効率な結果を願う農夫と同じ妬みの感情で行動していた．もし偽の母親が真の母親と同じように，子供が生きているのが見られるならいっそ子供を諦めるといったなら，2人の母親を区別する手段はなくなったであろう．しかしながら，偽の母親は，妬みから，すべてを駄目にし，非効率な結果を受け入れようとした．妬み深い農夫の事例と同様に相手が何も所有しない限り，自分も何も所有していないことに満足したのである．

動機付けと社会正義

　社会正義と効率性との間の対立は，行動を促すインセンティブに及ぼす影響を通じて見ることができる．例をあげよう．社会正義の観点からは，生活手段をもたない10代の母親には生活保護費を支給すべきである．社会的良心のある社会では，母親と赤ん坊を路上で困窮させたままにしておかない．しかし，生活保護費があるために，母親であるための個人的な費用が減少し，10代の妊娠を増やすかもしれない．10代の妊娠は非効率である．というのも，母親の教育を中断することは，将来の自立した生活を困難にする可能性が高く，また，現在の，そして，おそらく将来の生活保護費をまかなうために一層多くの税金が必要となるからである．したがって，政府が，困窮している10代の母親に生活保護費を支払わないことが擁護される場合が考えられよう．そのような場合がもしあるとすれば，それは，効率性の基準に基づくものであり，生活保護費が，子供の生まれる前の母親の行動と動機に，及ぼす効果が問題となる場合である．生活保護費を支給してよい場合は，子供が生まれてしまってから

後のことで，社会正義に基づいている．

　ある将来の時点以降，もはやだれにも所得扶助が行われないという政策を発表することもできよう．しかしながら，このような声明はほとんど信憑性をもたないかもしれない．というのも，人々は自分たちが生活していけないならば，飢餓の状態のままにしておかれるとは信じないだろうからである．所得扶助を与えないということは，社会が人間は独立独行でなければならないと望んでいることを明らかにしている．しかし，そのような政策は社会正義にはふさわしくないと考えられるかもしれない．独立独行を促す要因と社会正義の認識との間には対立があるのが見てとれる．

1.1.8　政府活動の限界

　私たちは，いまや，効率性と社会正義の規範的な基準について述べた．また，効率性の目的と社会正義，あるいは，社会の良心という目的の間には対立が生じうることも見てきた．市場の失敗があって，効率性が達成されない場合や，社会正義を定義するものとして選ばれた条件を満たさない場合には，政府に責務が生じうる．また，政府は効率性と社会正義との間の選択をもなさなければならない．政府のさまざまな責務については，後の章で詳しく述べよう．

　政府に頼るにも，また限界がある．そのような限界とは次のようなものである．

(1) 政府が十分な情報をもたない．後に見るように，政府は指示された責務を達成するのに十分な情報を単にもっていないだけなのかもしれない．
(2) 政府はすべての人々を満足させることはできないかもしれない．多数決で意思決定がなされた場合，多数は満足するであろうが，不満をもつ少数が残る．
(3) 政府に頼る場合，投票者や納税者は，プリンシパル‐エージェント問題に直面する可能性がある．プリンシパル‐エージェント問題は次のような場合に生じる．すなわち，プリンシパル（依頼人）のために忠実に行動すべきであるエージェント（代理人）がプリンシパルの不利益となるような，しかし，エージェントにとっては利益となるような行動をとることができる場合である．私たちの事例では，政府がエージェントになり，投票者

や納税者がプリンシパルである．政府は投票者や納税者のために忠実に，また，慈悲深く行動しなければならない．しかし，選挙で選ばれた議員や政府の官僚は，自己の利益をはかり，公共の利益に反する財政や公共政策についての意思決定を行う可能性があるかもしれない．プリンシパル‐エージェントの問題を解決するには，プリンシパル（投票者や納税者）が，エージェント（政府）にプリンシパルの利益にかなうように行動するインセンティブを与える仕組みを設計できればよい．プリンシパル‐エージェント問題は，つねに容易に解けるわけではない．

プリンシパル‐エージェント問題

　プリンシパル‐エージェント問題について，簡潔に敷衍しておこう．というのも，政府の責務と限界とを考究するにつれて，プリンシパル‐エージェント問題の考え方が今後何度も出てくるからである．プリンシパル‐エージェント問題は，非対称情報と関連がある．すなわち，他の人々が知らないことを知っている人々がいるということである．特に，納税者や投票者は政府における自分たちの代表者の意思決定について不完全な情報しかもたない．公共支出に関する意思決定や公共政策によって得られる個人の便益は，しばしば納税者にとって不確実であり，迂回的である．人々が自分自身のお金を直接使う場合には，一般に，個人の費用と便益との間の関係について十分な知識をもっている．公共支出をまかなうために支払われる税金については，通常，個人の便益と費用についてと同程度の知識をもっていることはない[12]．

　納税者は，課税と公共支出から得られる個人の便益と費用を見出そうとはしないかもしれない．むしろ，**無知のままでいるほうが合理的である**として，それを選ぶかもしれない．人々が，無知のままでいるほうが合理的であるとして，それを選ぶのは，次の事情による．すなわち，税金の使途についての情報を得ることは，個人にとっては非常に費用のかかる活動であり，税金の使途についての情報によって得られる個人の便益は，その情報を得るためにかかる費用に比べると小さいかもしれないということである．情報を得るための費用が情報から得られる個人の便益を上回るならば，無知のままでいること，すなわ

---

12) この知識の欠如は，政府が指示された目的を達成するのに十分な知識をもっていないために生ずる政府の限界とは異なる．ここで問題となるのは，政府が十分な知識をもっていないことではなく，納税者や投票者が政府の行動について十分な情報をもっていないことにある．

ち知らないままでいることを選択することは合理的である．

それでも，なお，納税者の中には，公刊された政府の予算案を見て税金の使途を知ろうと精を出す者もいるであろう．財政の情報を捜し求める納税者がそのとき見出すことは，政府の予算案は公共支出についての大まかな概要のみであり，納税者の費用と便益を体系的に評価するのに必要な公共支出の詳細な説明ではないということである．たとえば，政府の役人が3人の秘書を必要としているのか，それとも4人なのかということは，政府の予算案では明らかにされないのである．

企業統治

プリンシパル‐エージェント問題は，民間企業部門でもまた生じる．それは企業統治の問題といわれている．企業の所有者である株主のほうは，利潤，あるは，企業の長期市場価値を最大化したいと思うが，企業の経営者は株主の利益と相容れない個人の目的をもっているかもしれない．民間企業の経営者は，企業が利潤最大化を図った場合に必要とされるよりも多くの個人秘書をもつことが可能であるし，不必要な娯楽費の予算を計上するかもしれない．

プリンシパル‐エージェント問題を解決するためには，監視と動機付けの仕組みが民間企業部門に必要とされる．民間企業では，経営の効率化の動機付けとしてストック・オプションの仕組みが利用される．ストック・オプションとは，経営者の所得や富と企業の株式の価値とを結びつける仕組みである．ストック・オプションは，経営者に企業の株式の価値を最大化するよう動機付けすることで（もっとも，経営者に過度の報酬を与えて株主に不利益をもたらすようにストック・オプションを使うことも可能である），プリンシパル・エージェントの問題を解決しようとするものである．また，民間企業の経営者は，企業の所有者に監視され，業績が振るわない場合には首を挿げ替えられることで規制されている．企業の株を多数所有している者のいない大企業においては，会計事務所の会計監査や投資銀行のフィナンシャル・アナリストによって経営者の業績が監視される．もし経営業績が不十分であることがわかったならば，フィナンシャル・アナリストはその企業の株式の市場評価を格下げし，その企業の株価は下がる．これは，市場が経営者を解雇するよう合図を送っていることになる．新しい所有者が現れて，その企業の株を下落した価格で購入し，経営者を新しく入れ替えるかもしれない．企業は，また，需要の下落や新しい競

争のために倒産を余儀なくされるかもしれない．利潤を維持する能力がないために企業は倒産する．倒産やその後の企業の再構築によって，損失は消滅する．

民間部門で見られる監視と業績による動機付けは，政府の行政機関では利用されない．政府の行政機関を規制するような，企業の所有者にあたるものも存在しないし，資産市場による評価も行われないからである．政府の行政機関は最終的な資金の制約によって，また，利潤や損失を報告することによって律せられることがない．税金でまかなわれる政府の行政機関が倒産することはありえない．

汚　　職

汚職はときどき政府の中で生じる．例をあげよう．公衆衛生査察官はレストランの違反を報告しないよう賄賂を受け取りうる．公衆の健康を犠牲にすることで，査察官とレストランの所有者は個人的な利益を得る．腐敗した公衆衛生査察官は，また，違反を捏造して，それを報告しないように賄賂を要求するかもしれない．この場合には，査察官はレストランの所有者に個人的に税を課そうとしていることになる．査察官によって課された税はゆすりであり，レストランの所有者が正規に納めている税に上乗せされる．このような汚職の可能性のために政府に頼ることにはさらなる限界が生じる．

民間部門においては，経営者の行動に不正がありうるし，また，株主が自分たちの利益を守り，情報を得るために頼りにする会計監査会社やアナリストの行動にも過誤がありうる．経営者は収入や収入の成長の低下についての情報を株主には隠して内部情報から個人的に利益を得るかもしれず，一方，そのような情報をもたぬ者は，最終的には価値が暴落するような株を買い続けることになる．これらの場合には，情報の非対称性が存在し，プリンシパル - エージェント問題が再び生ずる．なぜなら，プリンシパル（株主）は，エージェント（経営者）の行動を監視し，支配することができないからである．

しかしながら，経営者の不正や会計監査の過誤の帰結は限られたものである．情報を偽って伝えることや，会計上の不正によっては，最終的には損失をもはや隠すことができなくなり，経営者や会計監査人や投資銀行やアナリストの行動が適正でないことが明らかにされるのである．不正な行動をした者には個人的に費用が生じる（刑務所に入れられる者もいれば，罰金を支払わされる

者もいる)．情報が開示され，その結果企業は倒産し，経営者や会計監査人の悪事はやむ．政府内部の汚職を抑制する，これと同じような市場の規律は存在しない．

金融市場のもたらす規律

　ここでは，マクロ経済政策に関連する政府の責務と限界については取り扱わない．マクロ経済政策は，経済の集計量を取り扱うものであり，財政政策，金融政策，外国為替率，中央銀行の役割などが問題とされる．しかし，マクロ経済政策にはここで触れるべき，興味深い点が1つある．私たちは，倒産のありえない政府行政機関は市場が規制できないことを見てきた．しかし，マクロ経済の観点から見ると，市場は公共政策を規制する．政府のマクロ経済政策が不適当な場合には，金融市場によって政府の行動は規制される．もし政府支出や，インフレーションが過大である場合，金融市場で政府の支払う借り入れ金利が上昇したり，外国為替市場で，自国通貨の価値が低下したりする．

1.1.9　財政の私的費用

　市場と財政はそれぞれ私的支出と公的支出とで区別される．公的支出は税収や政府借り入れや国債の売却によってまかなわれる．また，政府がインフレを誘発することによって（すなわち，単に貨幣を増刷することによって），公的支出をまかなう場合もある．時には，宝くじもまた政府に収入をもたらす．政府財源の調達の仕方に違いはあっても，すべて，最終的には個人の負担となり，個人がその代価を支払う．税金は現在時点で政府に個人が金を支払う義務である．国債の場合は，将来個人に課税をすることによって，過去の借り入れの返済をし，国民からの負債の利息を支払うことを意味する．インフレ誘発による財源調達は，個人が保有する貨幣や他の名目資産の価値を減じることによる，課税の一形態である．宝くじは，人々の無限の楽天主義や客観的確率についての理解の欠如などを利用することで，政府に収入をもたらす．私的支出にしろ，公的支出にしろ，支払うのは個人である．ミルトン・フリードマン (Milton Friedman, 1976年ノーベル経済学賞受賞者) の言葉を借りれば，「ただのランチはない」ということである．たとえ政府が無償で何かを提供するとしても，個人はつねにその代価を支払わなければならない．

1.2 私的所有権と法の支配

いかに競争市場が効率性を達成するかを示したとき,法の支配の存在を前提としていた.法の支配のお陰で,所有権が保障され,護られる.法の支配を保証することは,政府の責務である.

1.2.1 法の支配の原理

法の支配によって,基本的な人権と同様に,所有権についても明確な規定がなされる.そのような基本的人権とは,強要されて他人に服従しない権利,誘拐されたり,奴隷にされたり,強姦されたりされない権利,生きる権利などである.法の支配のない無秩序な状態では,強者が弱者を支配し,生命も財産も安全ではない.

法の支配と政府とは同じものではない.法の支配の存在しない場合でも,政府による統治はありうる.法の支配によって保護されない場合には,政府を支配する人々の恣意的で気まぐれな統治によって法律は守られることがなく,その結果,法律は,基本的人権を保障する手段というよりはむしろ抑圧と私的流用の手段となる.

法の支配は,過去にさかのぼることが可能な法律や規則とは相容れない.昨日は犯罪とされていなかったものを昨日犯した罪で人々が今日告発されるのは,法の支配と矛盾している.もし法律が過去に遡及できるのであれば,人が過去に行ったどんなことも合法から非合法に変えることができる.法律に過去遡及の性質を認めないことで,財産が自発的に売られたり贈与されたりしない限り,法の支配によって昨日だれかが所有していた財産は,今日も同じ人間の所有物となる.

市場と法の支配

1.1 節で概説した市場から得られる便益は,法の支配に基づいている.3つの異なった型の市場を考えることができる.すなわち,(1) 財とサービスの市場,(2) 労働のような生産要素の市場,(3) 資産市場とそれに関連する金融・信用市場,である.法の支配が所有権を保障することによって,種々の市

場は機能するようになる．

　財市場や資産市場においては，買い手は売り手が売る権利をもっていることを知っている．買い手は，また，支払いがなされた後では，所有権が買い手に売られることによって新しい所有権が成立することを知っている．

　労働市場においては，法の支配によって人がつくり出したものの価値に対する所有権を保障する．自分のつくり出したものが，自分のものにならないならば，人々は生産する意欲を失う．

　資産市場では，投資資源を結集し，所得の源泉を多様化することによって投資家の危険を分散することが可能となる．法の支配によって財産権が保障されないならば，資産を取引することはできない．たとえば，ある家族は自分の家を他の家と交換することができないとしよう．さらに，この家族は自分の建てた家に住んでいるが，法による所有権が認められず，法の支配によって保護されていないとしよう．この場合には，家を売ることができないばかりか，家を建てるための費用をまかなうために家を抵当に入れて借り入れをすることもできない．また，その家はローンの担保としても使えない．また，家にかける保険も購入することはできない．なぜなら，その家には，保険契約を結ぶ法的に明確な所有者がいないからである．財産権が保障されていないときには，家は住まいを提供するが，金融資産の実質的な裏打ちとなる追加的な機能を提供することができない．一般に，財産権が保障されないならば，信用市場は限定的なものとなる．なぜなら，所有者が明確でない限り，ローンの担保を付与することはできないからである．たとえば，法の支配が確立し財産権を保障されれば容易となる，抵当の商取引が可能でなければ，家は抵当のポートフォリオの一部とはなりえない．なぜなら抵当の所有者が所有権を保障することがその家の価値の一部となっているからである．同様に，法の支配によって財産権が保障されなければ，企業は工場を所有することができない．また，企業そのものも異なった種類の株式を保有することで資産を多様化し，危険を分散するさまざまな株主に所有されている．法の支配が存在しなくとも，物理的な財産は存在しうるが，財産権が保障されることに依存している資産市場や金融サービスの恩恵を，社会は受けることができない．

資源の生産的利用と法の支配

　放浪する，狩猟家の放牧民の場合には，土地は十分に存在するので，土地に

対する所有権を必要としないであろう．自然資源に対する競争が野生の動物や飼いならした動物の飼料を求める人々によって十分に激しくなると，放牧をする土地に対する私有財産権は貴重なものとなる．同様に，財産権が貴重となるのは，土地に作物がつくられる場合，家が建てられる場合，生産要素の投入と労力とによってつくられたどのような生産物も，それが他人によって盗まれた場合などである．法の支配によって財産権が保障されなければ，これらの貴重な所有物は力によって争われる．横領，ゆすり，窃盗などは他人の富や財を市場によらずに獲得する手段である．このような場合には，人は自分で守ることができたものだけが自分の財産となる．

　横領，ゆすり，窃盗，防衛などの行動は資源や個人の時間や独創力を社会的に見れば浪費していることになる．すでに存在している富や所有物を盗んだり，守ったりするのに使用するのではなく，むしろ資源と時間を社会の生産や富を増やすように生産的に使用することができよう．法の支配が私的財産権を保証する場合に，人々の時間や独創力は生産的な目的のために使用することができる．

法の支配から得られる便益

　それゆえ，法の支配から得られる，2種類の便益を考えることができる．

(1) 法の支配がなければ，市場は存在しえず，社会は，それが財市場であれ，労働市場であれ，資産や金融サービスの市場であれ，市場交換の便益を受け取ることができない．
(2) 市場がなくとも，人々は自給自足が可能であるし，自分自身の能力や資源を使って生活の必要物を供給して生きていくことができる．それにもかかわらず，法の支配が存在しない場合には，もう1つの社会的損失が生じる．それは，所有物を盗むために資源を使おうとするからである．

法の支配が生命を救った事例

　囚人はかつて法によって保障された私的財産であった．ブルーノ・フレイとハインツ・ブフォー (Bruno Frey and Heinz Buhofer)[13]は，1356年のポワテ

---

13) Frey, B. S. and H. Buhoferm, "Prisoners and property rights," *Journal of Law and Economics* 31, 1988, 19-46.

ィエの戦いから次のような事例を記している．当時，囚人は私的所有物であった．捕縛者がほかの者を捕虜にした後で，最初の捕虜の所有権を棄権した．新しい捕縛者が現れて，その囚人を自分のものにした．囚人の法的な所有権は競い合うことができて，囚人は身代金のためや奴隷として貴重であった．最初の捕縛者がその囚人を取り戻そうとして告訴した．しかし，判決は囚人に対する権利を放棄した場合には，法的な所有権を失う，というものであった．囚人に対する財産権が消滅した後，囚人は，国家の共同所有となった．国家には囚人を生かしておくインセンティブはなく，戦争における大量殺戮が始まった．それゆえ，囚人に対する個人の権利が保障されなくなった結果，私的所有権が保障されていれば救えたはずの生命が失われた．

正義と効率性

　財産権のない場合でも，財産を盗むことは不正でありうる．法の支配のもとでは，他のだれかの財産を力づくで得ることはできなく，他人の財産を得るには市場での自主的交換や，または，真に自発的な贈与が必要となる．

　しかしながら，金持ちから奪いその収益を貧乏人に配った，イギリスの伝説的な泥棒，ロビン・フッドの場合はどうであろうか．ロビン・フッドは，金持ちの財産権を尊重しなかった．ロビン・フッドの観点からすれば，そもそも金持ちは貧乏人の財産を不正に盗んだのであり，それゆえに，自分の行動は社会正義にかなうと考えた．社会正義をどのように考えようと，ロビン・フッドの行動は社会的には非効率である．ロビン・フッドの時代の社会は，もしロビン・フッドが強盗に時間を費やさず，生産的労働に従事するならば，もっと良い状態になったであろう．

　しかし，ロビン・フッドが窃盗よりも生産的な活動を選ぶようにするためには，彼自身の財産権が保障され，自身の生産活動から得られる利益が守られなければならない．もし政府が（この場合は，ノッティンガム州の長官であるが）すべての人々の財産を保護したなら，ロビン・フッドは生産に従事することはあっても，泥棒になる理由はないであろう．州長官が人々の財産権を重んじようとしなかったので，ロビン・フッドは州長官や州長官がその代表として出ている貴族の所有権を尊重する必要を一切感じなかった．したがって，ロビン・フッドは森の中におさまって非生産的な時を過ごし，ときどき森から出てきては強奪を働き，奪ったものを正当な持ち主に返したのであった．

奪ったものを正当な持ち主に返すという倫理的な美点は別にして，生産しないでむしろ窃盗を働いたために，ロビン・フッドの生活は実りのないものであった．それは，そもそも貧しい人間から強奪した州長官やその取り巻きたちの生活がちょうどそうであったのと同様である．

1.2.2　無法状態の非効率性

　囚人のジレンマとして知られる状況が，法の支配によって財産権が守られない場合に盗みによって生じる社会的な損失を説明してくれる．まず，最初に囚人という名称はさておき，ジレンマについて説明しよう．その後で，どうして囚人と関係があるのか，また，なぜこのジレンマがそのような名前をもつにいたったかを説明しよう．

　法の支配のない無秩序の状況にある，2人の同質的な人間を考える．この2人の人間は社会全体を代表しており，得られる結論は人数が増えても成り立つ．それぞれの人間は同じ戦略をもっており，それは時間と資源を生産的に使用するか，それとも，もう一方の人間から盗むか，のどちらかである[14]．

　盗むという意思決定は無法な社会の中で考えられている．そのような社会では，私的所有を保障するための，法や裁判の制度が存在せず，したがって窃盗は厳密な意味では非合法ではない．それにもかかわらず，所有の自然権という概念は存在しうる．たとえば，人々が原野を開墾し作物を植え作物の世話をするときには，所有の自然権が存在する．収穫物は当然，原野を開墾し作物を植え作物の世話をする人々のものである．なぜなら，これらの人々の努力がなければその収穫物は存在しなかったのだから．もっと一般的にいうと，自分の努力によってなにものかをつくり出したとき，所有の自然権が存在するという．すなわち，生産物や富はそれをつくり出す努力をした者のものであることは当然なことである．ただし，そのことが，ほかのだれかの所有の自然権をも侵害しないという条件を付け加えておかなければならない．したがって，無法状態における盗みは次のように定義できる．すなわち，所有の自然権によって他人

---

[14] 一方の人間の意思決定によって得られる利益が他の人間の意思決定に依存しているとき，その意思決定は戦略的である．競争市場では，意思決定は戦略的ではない．なぜなら，人々は市場価格で売買を行い，人々の意思決定が，他の買い手や売り手の意思決定によって影響を受けたり，他の買い手や売り手の意思決定に影響を及ぼしたりしないからである．

表 1.1　法の支配のない場合の囚人のジレンマ

	個人 2 が盗まないで生産する	個人 2 が盗む
個人 1 が盗まないで生産する	3, 3	1, 4
個人 1 が盗む	4, 1	2, 2

の財産であるものを奪うことである．

　表1.1には，2人の人間がそれぞれ生産的努力をするか，それとも盗みを働くかに応じて，4つの可能な結果が示されている．それぞれの人間はもっぱら生産に専念するか，または，時間と労力を使ってもう一方の人間から盗むか，のどちらかを選ぶことができる．盗難を防止することは効果がないので，そのために資源は使われない．盗むという意思決定は必ず利益を生む．

　表のそれぞれの結果の，最初の数字は個人1の利益を表し，2番目の数字は個人2の利益を表す．2人からなる社会を考えているので，2人の利益の和は社会の総利益となる．2人の個人の利益の和が最大になるとき，その結果は社会的に効率的である．

　表1.1の数字によって，それぞれの個人の各々の結果についての順序付けも知ることができる．2人が2人とも自分の資源を生産的に使用するときには，それぞれの個人の利益として3を得る．2人が2人とも自分の資源を盗みに使用するときには，それぞれは2の個人的利益を得る．(3,3) と (2,2) という結果は，対称的である．2人は，意思決定をする前に同質的な人間であったから，2人が同じ意思決定をした後では，同じ利益を得る．

　(4,1) と (1,4) という結果は非対称の利益である．これらの2つの場合には，盗む人間は4の利益を得，資源を生産的にのみ使用する人間は1の利益を得る．個人にとって最良の結果4は，相手が盗みを働かない場合に，自分が盗みを行うことで得られる．最低の利益1は，相手は盗むが，自分は盗まないで生産する場合に生じる．

　社会にとって効率的な結果は，(3,3) であり，2人とも資源を生産的に使用しており，相手から生産物を盗むというような資源の無駄遣いをしていない．(3,3) においては，総利益は $(3+3) = 6$ であり，これはありうる総利益の中で最大のものである．

　社会全体にとってセカンドベストの結果は非対称的な結果，(4,1) と (1,4) であり，総利益は5である．社会にとって最悪の結果は，(2,2) であり，2人とも（時間や独創力を含めて）その資源を盗みの目的のために使用する場合で

ある．この場合には，社会の総利益は最小値4となる．

均衡点

表1.1はゲームの状況を示している．なぜなら2人とも互いに戦略的に影響を及ぼしあい，一方の人間の利益は他方の人間の行動に依存しているからである．表1.1のゲームは非協力ゲームである．なぜなら2人とも自分の意思決定をなす場合に互いに協力しないからである．つまり，ゲームが非協力的であるのは，相手と相談したり，調整したりせずに，各々の人間が独立に意思決定を行うからである．

各々の人間が私的利益に基づいて行動するとするならば，どの結果が生じるだろうか．2人の人間が同時に意思決定を行うゲームの均衡点を求めたい．

均衡においては，それ以外の結果に移ろうとする傾向が見られない．均衡の概念としてこれから使用するものはナッシュ均衡と呼ばれる[15]．ナッシュ均衡では，相手が選んだ決定が変わらない限り，自分の決定を変えることで自分の利得を増やすことができない．つまり，決定を変えようと思えば，変えることができるのだが，だれもそうはしない状態である．

表1.1においては，唯一のナッシュ均衡点が存在し，2人とも「盗む」を選ぶ，(2, 2) という結果である．(2, 2) という結果においては，相手の選択が変わらない限り，どちらも自分だけ選択を変えても利得を増やすことはできない．相手が「盗む」を選択している限り，どちらの人間も「盗まないで生産する」ことに心変わりしても，その利得は2から1に減少するだけである．

効率的な結果 (3, 3) はナッシュ均衡ではない．(3, 3) においては，どちらの人間も「盗む」ために資源を使わない．相手が「盗まないで生産する」を選択している限り，「盗む」に選択を変えることで自分の利得を増やすことができる．相手が「盗まないで生産する」ときに，自分が「盗む」と，利得は3

---

15) ナッシュ均衡はジョン・ナッシュ（John Nash）にちなんで名づけられた．ナッシュは1995年にノーベル経済学賞を受賞した（Nash, J. F., "Non-cooperative games," *Annals of Mathematics* 54, 1951, 286-95 を見よ）．この均衡概念はまたクールノー・ナッシュ均衡とも呼ばれる．クールノーは19世紀のフランスの経済学者にして技術者オーギュスタン・クールノー（Augustin Cournot, 1801-77）を指す．クールノーも同じような概念を定式化した（Cournot, A., 1838. *Recherches sur les Principes Mathematiques de la Theorie des Richesses.* English edition: 1897. *Researches into the Mathematical Principles of the Theory of Wealth*, N. Bacon (ed.), Macmillan, London）．

から4に変わる．このように，一方の人間が決定を変えると利得を増やすことができるので，この結果はナッシュ均衡ではない．ここでは，2人とも同質的な人間であるので，2人とも同じように自分の決定を変え，その結果，非効率な結果 (2,2) が得られるが，そこでは2人とも「盗む」を選択している．

支配戦略

表1.1のゲームでは，どちらの人間も支配戦略をもっている．ここで，戦略とは意思決定と同じである．支配戦略とは，相手の意思決定の如何にかかわらず，最良の利得を与えてくれる戦略である．表1.1における支配戦略は「盗む」である．すなわち，相手が「盗む」を選択しようがしまいが，自分にとって「盗む」は最良の意思決定である．

表1.1の個人の利得構造を調べることで，「盗む」が支配戦略であることを確認することができる．個人1の意思決定を考えてみよう．個人1はこう自問する．個人2が「盗まないで生産する」を選んだとき，自分はどうすべきであろうかと．個人2が「盗まないで生産する」とき，個人1の利得は表の1列目で表され，個人1が「盗まないで生産する」ならば，3の利得であり，個人1が「盗む」ならば，4の利得である．したがって，個人2が「盗まないで生産する」を選ぶならば，個人1の最適な反応は「盗む」である．

それから個人1はこう自問するであろう．しかし，もし個人2が「盗む」を選んだときには，自分はどうすべきであろうかと．個人2が「盗む」を選んだときには，個人1は表の2列目から選ぶことになり，「盗まないで生産する」を選ぶならば，1の利得を得，「盗む」を選ぶならば2の利得を得る．したがって，もし個人2が「盗む」を選ぶならば，個人1の最適な反応は再び「盗む」である．

すなわち，個人2の意思決定がどのようなものであれ，個人1の最適な反応は「盗む」である．それゆえ，「盗む」は個人1の支配戦略である．

表1.1の2人は同質的であるから，個人1の最適反応はまた個人2の最適反応でもある．したがって，「盗む」が個人2にとっても同様に支配戦略となる．

個人が独立に私益を追求することの非効率性

2人の支配戦略は「盗む」なので，これが2人が実際に行うことである．2

人は，自分たちの労力と資源をもっぱら生産的には使用せず，むしろ盗みを働くのである．それゆえ，社会において非効率的なナッシュ均衡点 (2,2) が達成される[16]．

このナッシュ均衡点 (2,2) は社会全体としてみると最悪の結果である．というのも，総利得 $(2+2=4)$ は可能な結果の中でもっとも低いからである．また，ナッシュ均衡点 (2,2) は明らかにパレート非効率でもある．(2,2) の状態から (3,3) の状態へ移るならば，2 人のどちらの状態も以前より良くなる．2 人からなる社会では，(2,2) の状態から (3,3) の状態へ移る方法を見出すことは十分に価値のあることであることは疑いない．

約束と信憑性

その 2 人が，互いに相手から盗むことはしないと約束して，(2,2) の状態から (3,3) の状態へ移ることに同意したとしよう．約束は，人々がその約束を最後まで守りとおすことで利益が得られる場合にのみ信憑性をもつ．(3,3) においては，各人はその状態を保つ行動から離反するインセンティブが存在することをすでに見た．つまり，(3,3) はナッシュ均衡ではない．盗まないという約束を守ることはどちらの人間にとっても自分の利益とならないし，また，法の支配のないところでは，約束を強制的に守らせるどんな手段も存在しないので，どちらの人間も相手の約束を信じる理由がない．協力するという約束に信憑性がなければ，唯一の均衡点は (2,2) であり，そこでは個々人の意思決定は独立に，また，非協力的になされる[17]．

[16) 人々が支配戦略をもっているときにはいつでも，その支配戦略を採用して得られる結果は，ナッシュ均衡である．

[17) 「囚人のジレンマ」という名前は，次のような状況に由来している．警察には 2 人の囚人を軽犯罪で有罪とする証拠はある．しかし，この 2 人が重犯罪を犯している疑いがあるのに，有罪を立証する証拠がない．囚人たちは重罪のほうに関しては証拠がないが，2 人のうちどちらかが自白をし，もう一方の囚人の共犯を認めた場合にのみ，有罪が確定するということを知っている．警察は囚人たちを別々の取調室に連行し，それぞれの囚人に独立に次のいずれかを選択するように求める．すなわち，(1) どちらの囚人も重犯罪について自白しなければ，軽犯罪のみで有罪となり，どちらも軽い刑（たとえば，懲役 2 年）ですむ．(2) もし 2 人のうちのどちらかが重犯罪を自白し，残りの一方の囚人が黙秘した場合には，自白したほうの囚人は比較的寛大な刑（たとえば，懲役 1 年）ですみ，黙秘したほうの囚人は大変過酷な処罰（たとえば，懲役 10 年）を受ける．(3) 2 人とも自白した場合には，2 人ともそれぞれ厳しい処罰（たとえば，懲役 7 年）を受けるが，それは相手が自白して，自分が黙秘した場合の処罰（懲役 10 年）ほど過酷ではない．囚人たちは次のようなジレンマに直面する．もし 2 人とも自白しなければ，重犯罪の証拠はないが，

同時意思決定と逐次意思決定

　これまで，2人の人間は同時に意思決定を行うものと考えてきた（もし必ずしも同時でないとしても，それぞれの人間は相手がどのような意思決定を行ったかを知らずに自分の意思決定を行う）．2人の人間はそれぞれの行動の選択の組み合わせがどのような結果をもたらすかについて十分な知識をもっている．各々は，支配戦略が「盗む」であることを知っている．このようにして，各個人は「盗む」という戦略を同時に選択する．その結果，非効率的な結果 $(2,2)$ が得られる．

　意思決定は，また，逐次的になされることも可能である．例をあげよう．個人1が最初に意思決定をする．個人1の支配戦略は，個人2がどのような戦略をとろうとも，「盗む」である．個人2が意思決定をする番になると，個人2もまた「盗む」を選ぶであろう．なぜなら，それが個人2の支配戦略であるからである．個人1は，最初に戦略を選択するとき個人2は「盗む」を選ぶことを知っており，したがって，最初の選択では「盗む」を選ぶ．2番目に選択する個人2は，個人1の「盗む」という選択に対して，同じように「盗む」を選択する．このような逐次的に意思決定がなされた場合にも，再び非効率な結果 $(2,2)$ が得られる．

小集団と大集団におけるゲームの繰り返し

　これまでは，2人の人間はたった1回限りしか出会わないと考えてきた．もしこの2人が繰り返し出会い，同じゲームを行うとしたら，協力することは可能になるだろうか．$(2,2)$ の代わりに，互いに協力することで $(3,3)$ を得るならば，2人とも利益を得る．もしこの2人が協力をする人間であるという名声を獲得し，その結果，それぞれが相手は協力してくれると信じるならば，それぞれは「盗まないで生産する」を選び，$(3,3)$ を得ることができるだろう．つまり，もしこの2人に相手を信用して，相手から盗まないという約束を尊

　　支配戦略は証拠のない重犯罪を自白することである．それぞれの囚人は次のように考える．すなわち，「相手は自白するか，しないかだ．もし相手が自白するなら，自分の最適な意思決定もまた自白をすることだ（懲役7年のほうが懲役10年より良い）．もし相手が自白をしないなら，自分の最適な意思決定は，再び自白をすることだ（懲役1年のほうが懲役2年より良い）．」したがって，相手がどのような意思決定をなそうとも，それぞれの囚人の最適反応は重犯罪を自白することである．この状況には潜在的に不正な側面が見られ，それは，ナッシュ均衡においては，2人の囚人は，実際にその犯罪を犯したのかどうかにかかわらず，重犯罪を自白することである．

重する理由があるならば，ここでの問題，すなわち，ジレンマは解決できるであろう．

このような相互作用の繰り返し（すなわち，繰り返しゲーム）については，後の章で再び取り扱う．ここでは，次の点に注意しておきたい．すなわち，もし繰り返しの数が前もって知られており，また有限であるときには，囚人のジレンマの状況を繰り返しても，だれも協力する気にはならないということである．なぜそうなるかを知るために，10回繰り返しを行うことを知っている，2人の人間を考えてみよう．2人とも第10回目には，協力のできるたぐいの人間であるという名声には何の価値もないということを知っている．なぜなら，このような名声は，相手の将来の行動に影響を及ぼすことができるところに価値があるのに，10回目が最後だとわかっているならば，それより先は存在しないことになるからである．

したがって，最後の10回目には名声は何の価値ももたないので，だれも「盗まないで生産する」を選ぶ気にはならない．しかし，この2人は，また，第9回目にも，協力できる人間という名声は何の価値ももたないことを知っている．なぜなら，この2人が第9回目にいるとき，第10回目には協力は行われないことを知っているからである．同様にして，第8回目も，それ以前のどの回も名声は価値をもたない．後ろ向き帰納法（backward induction）により繰り返し回数が既知で有限の場合，名声は決して価値をもつことはなく，第1回目から，協力するインセンティブは存在しない．

もし繰り返しが永遠に続くか，または，不確実な長期の期間にわたるならば，そして，2人にとって将来が十分に重要であるならば[18]，協力的であるという名声は持続する価値をもつ．そのときには，2人は協力し合い，効率的な結果 (3, 3) が繰り返し達成されるだろう．

しかし，多人数の集団では，ゲームを繰り返して協力を確保することが困難になる．2人の人間が互いに知り合いであるときには，協力的であるとの個人の名声には価値がある．人々が匿名性をもっているような多人数の集団では，個人の名声は少しも価値をもたない．なぜなら，自分たちの出会う他の人々の名声をだれも知らないのであるから．したがって，協力することには何の意味

[18) 将来が重要であるのは，名声から得られる利益は将来にあるからである．将来が十分に重要でなければならないということを別の言い方でいえば，将来の利益の割引率が十分に低いということである．

も見出せない.

外部からの強制による個人の利益

　繰り返しゲームによってもたらされる協調行動に頼らないで，むしろ法の支配を確立することによって，効率的な結果 (3,3) を達成することも可能である．法の支配を確立するためには，外部からの強制によって人々が盗みを働かないことを保証する必要がある．外部からの強制によって法の支配を確立することは，政府の責務のひとつである．なぜなら，政府は法を強制することに独占力を有しているからである．

　法の支配を確立するために法的強制力を行使することによって，政府は，すべての資源が生産的に使用される効率的な結果を保証することができる．いまや，私たちは見かけ上のパラドックスに遭遇する．このパラドックスは，通常人々は強制されることから利益を得ることは期待できない，というものである．しかし，囚人のジレンマの状況では，人々は強制されることから利益を得，また，実際に強制されたいと願っている．というのも，政府によって盗みを働かないことを強制されることによって，人々は個人的に以前の状態より良くなるからである．

市場と囚人のジレンマ

　競争市場において，個々人が独立に私益を追求することで，どのようにして社会全体の効率性が達成されるのかを，アダム・スミスの見えざる手は明らかにしている．囚人のジレンマで表されるような，無法な状態では，人々が私益を求めて独立に行う意思決定の結果は非効率なナッシュ均衡となるので，見えざる手は機能しない．

法による抑止

　表1.2は法の支配を確立することで得られる法の抑止力がどのようにして効率性を達成するかを示している．窃盗に対する刑罰として利得に換算して2単位の罰金を科すことにする．「盗む」を選んだ場合には，いつでもこの罰金を個人の利得から差し引くことにする[19]．この罰金によって，支配戦略が変

---

19) 相手がそうしないのに，自分が盗んだ場合の利得は，$(4-2)=2$ である．どちらも盗む場合は，$(2-2)=0$ がそれぞれの利得である．

表 1.2　盗みには刑罰を

	個人 2 が盗まないで生産する	個人 2 が盗む
個人 1 が盗まないで生産する	3, 3	1, 2
個人 1 が盗む	2, 1	0, 0

わり，新しい支配戦略は「盗まないで生産する」になる．再び，個人 1 の意思決定を見てみよう．表 1.2 おいては，もし個人 2 が「盗まないで生産する」ならば，3 > 2 であるので，個人 1 の最適反応もまた「盗まないで生産する」である．もし個人 2 が「盗む」であっても，1 > 0 であるので，個人 1 の最適反応は相変わらず「盗まないで生産する」である．同様にして，個人 2 の支配戦略も「盗まないで生産する」である．

　表 1.2 においては，実際に刑罰を科する必要はないことに注意されたい．というのも表 1.2 においては個人の合理的な行動は「盗まないで生産する」であるからである．したがって，法の支配によって，処罰するのではなく，合理的に抑止するのである．

　法の支配によって政府が財産権を保障するのではなく，個々人が自分の財産を自分の行動で守ることもできよう．しかしながら，法の支配によって政府が与えてくれる保障には，次のような利点がある．すなわち，動機付けを変えることで，政府は共同の利益を一度に全国民に与えることができるということである．社会を効率的な結果 (3,3) に導くように人々の動機を変化させることによってすべての人間が利益をこうむるのである．

刑罰という信憑性のある脅し
　刑罰という脅しに信憑性がある場合にのみ，個人の動機を変化させ，抑止力が働く．信憑性をもたせるためには，必要な場合には，刑罰の脅しが実際に実行に移されなければならない．刑罰の脅しが有効な抑止力となるためには，その刑罰を実行する手段が存在しなければならない．したがって，資源は刑罰の脅しを信憑性のあるものにするために使用されねばならない．そういうわけで信憑性のある抑止力には費用がかかる．司法制度や警察などを含めて，法の支配を確立するためには，公的支出が必要である．それゆえ，刑罰によって動機付けを変えられたとき，処罰が実際に必要でなくなるのは，盗むことが合理的でなくなるからではなく，刑罰という脅しが信憑性をもつからである．

私的費用と公的支出

　政府が法の支配により信憑性のある抑止力を働かせる場合のほうが，個々人が個人的に防御するために使用する場合より，使われる総資源量は少ないと思われる．個々人による私的防御より政府による法の支配のほうが望ましいと思われるもう1つの理由は，私的防御の有効性は個人のそれに対する支払い能力の大きさに依存しているという点である．したがって，私的支出による財産権の保護は，法の支配が確立した場合よりは，無法状態の場合に似ている．なぜなら，無法状態では，他の人々に比べて個人がどの程度力をもっているかが人々の所有物を決定する．人々が法のもとで平等であることが法の支配の原理である．したがって，法の支配は個人の能力や個人の支出額に基づくことはできないし，また，法の支配の原理である，法のもとでの平等を得るために，個人の能力や個人の支出額に頼ることもできない．

1.2.3　倫理的な行動

　これまで，人々が盗むことと盗まぬこととから得られる物質的な利益に基づいて意思決定を行う場合を考えてきた．このような意思決定を行う人々が直面する囚人のジレンマを，政府は法の支配を確立し，刑罰の脅しには信憑性があると告げることで解決する．集団の利益を考えると，政府による法の支配の確立のほうが，個人の防御のために個人の資源を費やす場合より効率的（安上がり）である．さらに，個人による防御は法のもとでの平等の原理と相容れぬものであることも見た．これらのことは，政府が法の支配を確立し，それを施行することを支持する根拠となる．しかし，道徳の原理に導かれる人々は，他人の財産を奪わないよう政府に抑制される必要はない．表1.3は，個人1は他人の財産を盗んではならないという道徳律をもっている状況を表している．個人2の利得については，囚人のジレンマで記述された状況のままである．

　個人1の利得は，だれも盗みをしないときにもっとも大きい（このとき，個人1の利得は5である）．個人1にとってもっとも利得が低い（すなわち，利得は1）場合は，相手は盗まないのに自分が盗む場合である．通常の囚人のジレンマの場合には，この場合のほうが個人1の利得がもっとも大きかった[20]．

　個人1の支配戦略は「盗まないで生産する」である．すなわち，個人2が

表 1.3　道徳による抑制

	個人 2 が盗まないで生産する	個人 2 が盗む
個人 1 が盗まないで生産する	5, 3	3, 4
個人 1 が盗む	1, 1	2, 2

どのような意思決定をしようとも，自分は「盗まないで生産する」を選ぶときに利得が高い．それゆえ，個人 1 は「盗まないで生産する」を選ぶ．個人 1 が「盗まないで生産する」ときに，個人 2 の最適な反応は，「盗む」を選ぶことである．その結果，(3, 4) が達成され，そこでは，個人 2 は個人 1 から盗み，個人 1 は個人 2 から盗むことはない．この結果は，ナッシュ均衡である[21]．

個人 2 は個人 1 から盗み，個人 1 は正直者で盗まないで生産を行っている場合の結果 (3, 4) は，互いに盗み合うことで資源を浪費している場合の結果 (2, 2) より，社会全体として見ると望ましい．しかしながら，個人 1 の道徳的な行動には利得で見ると費用がかかっており，個人 2 の略奪的な行為の犠牲となっている．

表 1.3 においては，社会にとって効率的な結果は (5, 3) であり，そこでは，盗みのために資源が浪費されることはない[22]．(5, 3) という結果はナッシュ均衡ではない．なぜなら，個人 2 は戦略を「盗む」に切り替えることで，利得を増やすことができ，その結果は (3, 4) になる．

したがって，効率的な結果 (5, 3) を達成し維持するためには，再び，法の支配によって（個人 2 の）動機付けを変える必要がある．盗みに対して 2 単位の罰金を科すことで，個人 2 の支配戦略を「盗まないで生産する」に変えることができ，効率的な結果 (5, 3) が達成される．

それゆえ，効率性は法の支配によって達成される．と同時に，社会正義も達成される．なぜなら，法の支配は正直者が犠牲者になることを防ぐからである．

囚人のジレンマにおいては，法の支配によって 2 人とも以前より良い状態

---

20)　個人 1 は，相手が盗んでも自分は盗まない場合（利得が 3）のほうを自分も相手も盗む場合（利得が 2）よりも好む．

21)　個人 1 が戦略を「盗む」に変更すると，個人 1 の利得は 3 から 2 に減少する．個人 2 が戦略を「盗まないで生産する」に変更すると，個人 2 の利得は 4 から 3 に減少する．

22)　総計 (5 + 3) は総計 (3 + 4) より大きい．

になるので，2人とも法の支配を導入することに票を投じるだろう．一方の人間が道徳的に振る舞う場合は，法の支配の導入について，同じような合意形成はなされないであろう．法の支配が導入されると，道徳的な個人1の状態は改善されるが，略奪的な個人2にとっては不利な状態となる．

法の支配を実行することによって効率性が得られるので，法の支配が導入された後には，利益を得た者（正直者の個人1）は，損失をこうむった者（略奪的な個人2）を補償し，なおかつ以前より良い状態になることができる[23]．しかしながら，正直な個人1は，法の支配を実施するために略奪的な個人2を補償すべきであろうか．この問題は規範的であることに注意されたい．法の支配を確立するために，個人2が補償を要求することはゆすりであり，これ自体，法の支配と相容れない．

もちろん，もし個人2もまた正直者であれば，政府による法の支配の確立という外部による強制を必要とはしない．もし個人2もまた他人の財産権を尊重するならば，効率的な（そして社会正義にかなう）結果が，政府に依らず，自発的な行動によって得られる[24]．

1.2.4 強者と弱者

ある者は正直であり，他の者は正直でない場合，人々の間には非対称性がある．ある者は強く，ある者は弱い場合にも非対称性は存在し，弱者は強者から身を守る手段をもたない．

表1.4は，法の支配の存在しない場合に弱者と強者がそれぞれ意思決定を行った場合の利得の組み合わせを表している．それぞれの利得の組み合わせの最初の数字は，弱者である個人1の利得を表し，2番目の数字は強者である個人

表 1.4 弱者と強者

	強者が収奪する	強者が収奪しないで働く
弱者が生存水準以上に働く	2, 27	12, 20
弱者が生存水準以上には働かない	4, 17	4, 20

---

23) 効率的な利得の組み合わせ $(5,3)$ においては，総計8単位の利得があるが，ナッシュ均衡 $(3,4)$ では，総計7単位の利得しかない．

24) 表1.3で個人2の利得を，個人1の利得で置き換える．このとき，効率的な利得の組み合わせ $(5,5)$ は唯一のナッシュ均衡である．

2の利得を表す．弱者は働くか，働かないかを決める．強者は，すべての資源を使って生産するか，または，いくばくかの資源を使って弱者から生産物を収奪するか，のどちらかを選ぶ．強者が直面している状況は囚人のジレンマの場合と似ている．しかし，弱者は強者から収奪することはできず，この点で相互的ではない．

表1.4で描かれている社会には，非効率の2つの源泉がある．

(1) 強者が弱者の生産物を収奪するのに資源を使用することは資源の浪費である．その資源を生産量の増大ために生産的に使用することもできるであろう．
(2) 弱者が，強者の収奪を恐れて，働くことをやめてしまうなら，これは非効率である．

表1.4によれば，すべての資源が生産に投入されるならば，強者は20単位を生産し，弱者は12単位を生産する．社会にとって効率的な利得の組み合わせは$(12, 20)$である．総和$(12+20)=32$は，他のどんな利得の組み合わせから得られる総和の値より大きい．

そこで，ナッシュ均衡を探してみよう．効率的な結果$(12, 20)$はナッシュ均衡ではない．なぜなら，強者は弱者を収奪することによって以前より良い状態$(2, 27)$に到達する．このとき，強者は20単位ではなく27単位を獲得する．

利得の組み合わせ$(2, 27)$の数字は，次のようにして得られる．

(1) 収奪は強者にとって費用がかかり，弱者から生産物を収奪するために資源が必要であり，それは生産物に換算して3単位の損失である．
(2) 弱者は（餓死することのないよう）生存のために2単位必要であり，強者は弱者にこの生存のための消費量を残してやる．それゆえ，弱者は2単位の生産物をもつ．
(3) 強者は弱者から$10=(12-2)$単位を収奪する（弱者は12単位生産しているので）．そして，強者は収奪の費用として3単位必要なので，強者は$20+10-3=27$単位の生産物をもつ．

$(2, 27)$の利得の組み合わせにおいては，弱者は「働く」を選ぶが，生存水

準を超える生産物は強者に収奪され，この結果も，また，ナッシュ均衡ではない．弱者は生存水準以上には生産しないことで，もっと良い状態になれる．その結果，$(4, 17)$ の利得の組み合わせが得られる．これらの数字は，次のようにして得られる．

(1) 弱者の4単位の利得は，生存水準の消費量2単位と次のようにして得られる2単位との和である．すなわち，その2単位は，余暇から得られる利得であるか，または，そうではなく，強者が弱者の耕作地に来ても何も収奪するものがないということから生じる満足感による利得2単位である．弱者が最低限しか働かないときに得られる利得4単位は収奪されることがない．
(2) 強者は17単位の利得をもつ．なぜならば，強者が弱者の耕作地に来ても弱者は自分の生存水準以上には働いておらず，収奪しようとする試みに失敗し，3単位の費用だけをこうむるからである．この収奪費用の3単位は，強者がすべての資源を生産に振り向けた場合の生産量20単位から差し引かれ，強者には，17単位だけが残される．

この $(4, 17)$ の利得の組み合わせも，ナッシュ均衡ではない．なぜなら，強者は，再び，収奪のために資源を使わないことでもっと良い状態になれるからである．すなわち，もし弱者が働かないので収奪する物が何もないならば，強者には収奪のために資源を使う理由はない．その結果，利得の組み合わせは，$(4, 20)$ に移る．この利得の組み合わせは，強者がすべての資源を生産に使用し，弱者は生存水準以上には働かない場合に得られる．

この利得の組み合わせ $(4, 20)$ も，またナッシュ均衡ではない．もし強者が収奪を行わないのであれば，弱者は「働く」を選ぶことで利得を増やすことができる．この弱者の選択によって，利得の組み合わせは $(12, 20)$ に戻る．

私たちは利得の組み合わせ $(12, 20)$ から始めて再びこの結果に戻ってきたわけであるが，ナッシュ均衡を見出すことはできなかった．異なった利得の組み合わせの間での循環が再び始まることになる．囚人のジレンマの場合と異なって，唯一のナッシュ均衡は存在しない．その理由は，いずれの結果の場合にも，弱者，または，強者が，自ら行った意思決定を変更したいと思うからである．

支配戦略が存在しないということ

通常は，支配戦略を見つけることでナッシュ均衡を見出すことができる．しかしながら，強者にも弱者にも支配戦略は存在しないことが分かる．もし弱者が「働く」を選ぶならば，強者の最適な反応は「収奪する」である．もし弱者が「働かない」を選ぶならば，強者の最適な反応は「収奪しない」である．もし強者が「収奪する」ならば，弱者の最適な反応は「働かない」である．もし強者が「収奪しない」を選ぶならば，弱者の最適な反応は「働く」である．弱者と強者の最適反応は，相手がどのような行動をするかにに依存しており，したがって，どちらにも支配戦略は存在しない．

弱者と強者が直面する不確実性

弱者も強者もどちらも不確実性に直面している．弱者の直面している不確実性は，もし彼らが働いた場合，その生産物が収奪されるかどうかにある．強者にとっての不確実性は，弱者が収奪するのに十分なほど生産を行うかどうかにある．

混合戦略

ナッシュ均衡を見出すことができなかった理由は，私たちが確実になされる意思決定のみを見ていたからである．強者と弱者が異なる行動に確率を付与して意思決定を行うならば，均衡を見出すことができる．人々が確実性下で意思決定を行って得られる均衡を純粋戦略均衡と呼ぶ．確率に基づいて人々が意思決定を行って得られる均衡は，混合戦略均衡と呼ばれる[25]．

もし強者が弱者が生産的であることを確信するならば，強者が収奪することは確実である．もし強者が弱者は働かないことを確信するならば，強者が収奪のために資源を使用しないことは確実である．強者は弱者がどのような行動をとるのかわからないので，収奪のための資源を使用するか否かを確率的に，あるいは，混合して決めることになる．

---

[25] 混合戦略の例として次のものを考えてみる．2つの同じ密閉した箱があるとしよう．1つの箱にはダイヤモンドが入っており，もう一方の箱には鉛筆が入っているので，どちらかを選ぶようにといわれたとしよう．ダイヤモンドがどちらの箱に入っているか知る手段がないとすると，あてずっぽうで選ぶより仕方がない．つまり，硬貨を投げて決めるのである．硬貨を投げて決めるということは，それぞれの箱が選ばれる確率が50％ずつであるということである．これが混合戦略である．どちらの箱を選ぶ確率も50％とした混合戦略を考えているのである．

同様に，もし弱者が強者の収奪を確信しているならば，弱者は生存水準以上の生産を行わないことは確実であろう．もし弱者が強者は収奪するつもりのないことを確信しているならば，弱者は資源を生産的に使用するであろうことは確実である．弱者も，また，強者がどのような行動をとるのかわからないので，働くか否かを確率的に，あるいは，混合して決めることになる．

相手の確率化した行動の選択を所与としたとき，自分の確率化した行動の選択を変更するインセンティブの存在しないとき，混合戦略はナッシュ均衡である．弱者と強者の均衡の混合戦略は，一般にはそれぞれの行動に50%ずつの確率を付与するものではない．つまり，硬貨を投げて決めるのは，一般には最良の方法ではない．表1.4のようなゲームについては，混合戦略均衡を確定する正確な確率を見出さなければならない．

表1.4のゲームの混合戦略の解は次のようである．すなわち，弱者は30%の確率で「働く」を選び，70%の確率で「働かない」を選ぶ，強者は80%の確率で弱者の耕作地まで出向いて収奪を行い，20%の確率で家にとどまり，自分の耕作地の耕作に精を出す，というものである．つまり，もしP_Wで弱者が働く確率を表し，P_Sで強者が盗む確率を表すならば，混合戦略による表1.4のナッシュ均衡は，$P_W = 0.3$と$P_S = 0.8$である．もし表1.4の数字を変えるならば，もちろん，強者と弱者のそれぞれの行動をとる確率は異なってくる．

混合戦略均衡を得るには，弱者と強者とがそれぞれ，各々の行動について無差別になる確率を求めればよい．まず，強者の場合から見てみよう．

強　　者

表1.4の強者は，収奪のために資源を使わないで生産することが確実ならば，20単位の利得を得る．したがって，収奪の選択肢が不確実な場合，もしそれを選択して（不確実であるので）平均して20単位より少ない利得しかないなら，そして，強者が合理的ならば，それを選択することはない．

もし強者が弱者の耕作地に赴いて弱者が収奪されるに十分なほど働いているのがわかったなら，強者は27単位の利得を得る．もし弱者が十分に働かないことを選ぶなら，強者は17単位の利得を得る．したがって，収奪を選んだ場合の強者の期待利得（強者にとっての平均利得）は，次のようになる．すなわち，

$$27P_W + 17(1 - P_W)$$

ただし，P_W は弱者が収奪されるに十分なほど働く確率である．均衡においては，強者が収奪することから得られる期待利得が，強者が生産のみを行うことが確実な場合に得られる利得 20 単位に等しくなければならない．すなわち，

$$27P_W + 17(1 - P_W) = 20$$

である．このとき，強者は自分の 2 つの選択肢，もっぱら生産を行うことと弱者から収奪を行うこととのどちらについても無差別になる．この式から，$P_W = 0.3$ が得られる．すなわち，もし弱者が 30% の確率で耕作地において収奪されるに十分なほど働くならば，強者にとって自分の 2 つの選択肢は無差別となる．

弱　者

　弱者が直面している選択肢についても同様に考えることができる．弱者は，働かないことを選ぶことで，つねに 4 単位の利得を得る．弱者が生存水準以上に働く場合の利得は，確率 P_S に依存している．確率 P_S は，強者が弱者の耕作地に出向いてその生産物を収奪する確率である．

　もし弱者が生存水準以上に働いて強者がそれを収奪するならば，弱者には 2 単位の生存水準の利得が残される．もし強者が収奪しに来なければ，弱者の利得は 12 単位である．したがって，弱者が生存水準以上に働く場合の期待利得は，

$$2P_S + 12(1 - P_S)$$

となる．弱者は，生存水準以上に働かないことが確実な場合には，つねに 4 単位の利得を得ることができるので，弱者にとって「働く」ことと「働かない」こととが無差別になるためには，

$$2P_S + 12(1 - P_S) = 4$$

でなければならない．したがって，弱者は，$P_S = 0.8$ のとき，「働く」ことと「働かない」こととが無差別になる．そして，$P_S = 0.8$ のときには，強者が収奪する確率が 80% である．

異なる結果

　強者と弱者の均衡は混合戦略に基づいており，そこでは強者と弱者は，それぞれの戦略の決定を，すでに見てきたように確率化している．均衡の混合戦略によれば，強者は 80％ の確率で弱者の耕作地に出向いて収奪し，弱者は 30％ の確率で働くことを選ぶ．

　表 1.4 には，4 つの異なる結果が示されている．これらの異なる結果の各々がどの程度起こりやすいかを見るためには，これらの結果の結合確率を求める必要がある[26]．この結合確率は表 1.5 に記されている．この 4 つの結果のそれぞれの結合確率の総和はもちろん 1 となる．

表 1.5　弱者と強者のゲームの結果の結合確率

	強者が収奪する	強者が収奪しないで働く
弱者が生存水準以上に働く	$(0.3)\cdot(0.8) = 24\%$	$(0.3)\cdot(0.2) = 6\%$
弱者が生存水準以上には働かない	$(0.7)\cdot(0.8) = 56\%$	$(0.7)\cdot(0.2) = 14\%$

　もっとも起こる可能性の高い結果は，もっとも効率的でないことが見て取れる．そこでは，56％ の確率で，強者は収奪を働くために資源を使用し，弱者は働かないことを選ぶ．すべての資源が生産的に使用される効率的な結果が起こる確率はわずかに 6％ である．また，24％ の確率で弱者は働くことを選び，強者は収奪に成功することや，14％ の確率で弱者は働かないことを選び，強者は収奪を行わないこともわかる．強者が収奪を行い，および（または），弱者が生存水準以上には働かないような結果は，すべて非効率である．

非効率性の重荷

　混合戦略均衡においては，強者は，20 単位の利得を獲得する．というのも，これが，強者が収奪を行わないですべての資源を生産に振り向けた場合に確実に得られる利得であるからである．強者はつねにすべての資源を生産に振り向けた場合と同等の利得を得ることができる．

　弱者は生存水準以上には働かないことで確実に 4 単位の利得を得ることができる．そして，また，混合戦略均衡においても平均して 4 単位の利得を得る．したがって，弱者は生存水準以上には働かない場合に得られる利得と同等

---

[26]　1 つの結果が起こる確率（結合確率）は，その結果を生じさせるのに必要な強者の行動を強者がとる確率と，その結果を生じさせるのに必要な弱者の行動を弱者がとる確率とを乗じて得られる．

のものを得ることができる．

　混合戦略における総利得の平均は 24 = (20 + 4) 単位である．これは，すべての資源を生産に振り向けた場合の総利得 32 = (12 + 20) より少ない．それゆえ，法の支配が存在しないことから生じる効率性の損失は 8 = (32 − 24) 単位である．

　強者の行動がこの非効率性の生じる理由である．もし強者が弱者の所有権を尊重するならば，この非効率性は生じないだろう．強者は制御され，自分自身を害するような行動は決してとらないだろう．混合戦略均衡においては，強者が 20 単位の利得，弱者が 4 単位の利得をそれぞれ得，平均して総利得は 24 = (20 + 4) 単位となるので，この非効率性の重荷はすべて弱者が負うことがわかる．

弱者の怠惰

　弱者の行動を観察する者の中には，弱者はつねに生存水準を超えては働かないので，彼らを怠惰であると考える者もいるかもしれない．しかし，弱者は怠惰などではない．弱者は，強者が収奪にやって来るかもしれないという可能性に合理的に反応しているだけである．

弱者が一層生産的でなくなるにつれて効率性が増すということ

　さて，表 1.4 の数字の 1 つを変えて弱者が働いた場合には，12 の利得ではなく，10 の利得が得られる社会を考えてみよう．この社会の混合戦略均衡を再計算してみると，$P_S = 0.75, P_W = 0.375$ であることがわかる[27]．つまり，強者は 80％の確率で収奪に出かける代わりに，出かける確率を 75％にするのである．弱者は，30％の確率で働くこと選ぶ代わりに，37.5％の確率でそうするのである．

　混合戦略均衡においては，平均総利得は以前と同様で (20 + 4) = 24 単位である[28]．生産性の低い弱者のいるこの社会の潜在的な総生産量は，(20 +

---

27) 強者の場合，$20 = P_W 25 + (1 − P_W)17$ となるので，$P_W = 0.375$ である．弱者の場合，$4 = P_S 2 + (1 − P_S)10$ となるので，$P_S = 0.75$ となる．

28) 弱者が最大働いた場合の生産量を 12 から 10 に減少させても，強者が最大限働いた場合の生産量 20 も，弱者が生存水準を超えては生産しない場合の生産量 4 も変化しない．この強者にとっての 20 単位と弱者にとっての 4 単位が混合戦略でそれぞれが獲得する利得を決定する．なぜなら，これらの値が弱者と強者が確実に自分自身に保証できる値であるからである．

10)＝30単位である．強者の略奪行動から生じる効率性の損失は，$(30-24)=6$単位であって，以前のように8単位ではない．

したがって，社会が以前と同じ資源を保有しているとすれば，生産性の低い弱者のいる社会のほうが効率性が高い．

生産性の低い弱者のいる社会のほうが効率性が高い（社会の潜在的な最大の生産量にもっと近づいている）理由は，この社会においては，強者は収奪のために資源を使う可能性が相対的に減少し，弱者のほうは生存水準以上に働く可能性が増大するからである．弱者は，略奪的な強者にとってそれほど魅力的獲物ではなくなる．なぜなら，もし強者が弱者の耕作地に赴いて弱者が十分に働いているのを見出したとしても，強者が収奪できる量は少なくなるからである．それゆえ，強者が弱者の耕作地に出向いて収奪する確率は低下し，弱者の生存水準以上に働く確率は高くなる．

法の支配の利益

これまで見てきたような社会では，弱者は，法の支配によって略奪的な強者から保護されていない．しかし，もし法の支配によって所有権が保障されるならば，社会にとって効率的な結果が達成され，そこでは，資源がいつも有効に使用されよう．

最初の事例では，法の支配は存在せず，効率的な結果は（表1.5に見られるように）わずか6％の確率でしか達成されなかった．つまり，非効率な結果が生じる確率が94％であるということである．もっとも非効率な結果（そこでは，強者は収奪のために資源を使い，同時に，弱者は生存水準以上には生産しない）がもっとも起こりやすかった（56％の確率であった）．法の支配が確立されれば，非効率性の生じる可能性は低下する．強者の略奪行為がやむので，これはまた社会正義にもかなう．

ニーチェの非倫理的な世界

法の支配の存在しないところでの強者の振る舞いに関して私たちが記述してきたことは，ドイツの哲学者フリードリッヒ・ニーチェ（Friedrich Nietzsche, 1846-1900）の描く倫理の存在しない社会に対応している．ニーチェは，倫理とか良心とかいうものは強者から自分の身を守るために弱者のつくり出したものであって，世界が自然の状態にあるときには，強者は自分のしたいように弱

者を扱うのだと，信じていた．ちょうど自然界においては強い動物が弱い動物を食べるように，人間の世界においても強い者が自分の意思を弱い者に押しつけるのである．ニーチェを解釈する場合には，そうであってほしいと願う規範的な世界観と行動を説明し予測する実証的言明との間の区別を思い出すべきである．ニーチェは強者による非人道的な行動を規範的に望ましいものとして推奨したわけではなかった．彼は単に道徳や良心は強者から弱者を守っているということを観察し，道徳や良心のない世界では，強者は自分の意思を弱者に押しつけるということを予測したのである[29]．

奴隷制度と封建制度

これまで，強者が弱者の自由を奪い弱者を強制的に働かせるという可能性については考えてこなかった．奴隷制度は歴史上世界のいろいろな場所で顕著に見られたが，いくつかの場所では21世紀に入ってからも見られる．封建制度はほぼ奴隷制度に似たものであった．封建制度のもとでは，貴族が土地を所有し，その土地は農奴によって耕された．農奴は，封建領主によって所有され，一般には農奴であることを辞める自由をもたなかった．

1.2.5 流浪する盗賊と定住した盗賊

もし強者を盗賊と考えるならば，盗賊には定住した盗賊と流浪する盗賊との区別が可能である[30]．流浪する盗賊は弱者の明日について気にかける理由は何もない．というのも，明日になれば，この盗賊はどこかよそに行ってほかの弱者を餌食にしているからである．しかし定住した盗賊は，今日自分たちの餌食であった弱者は明日も自分たちの餌食になることを知っている．定住した盗賊は未来を気にかけるが，流浪する盗賊はそうではないので，定住した盗賊のほうが流浪する盗賊よりも弱者に対して情け深い行動をとることが予想される．

---

[29] ニーチェは自分の著作の論理的帰結を考察する頃には，正気ではなかったかもしれない．彼は，自分は悪魔であると信じて，人生の最後を精神病院で過ごした．

[30] この区別は，マンカー・オルソン (Mancur Olson, 1932-98) によってなされた．オルソンはメリーランド大学の教授であった．Olson, M., *Power and Prosperity*, Basic Books, New York, 2000 を見よ．

1回限りのゲームと繰り返しゲーム

弱者と強者との間の1回限りのゲームから，混合戦略均衡を導き出すことができる．1回限りのゲームでは，繰り返し弱者と出会うことはないので，強者は流浪する盗賊のように振る舞うだろう．強者と弱者とが繰り返し出会う場合には，強者が将来を十分重要であると考えるならば，強者は定住した盗賊と同じように行動するだろう．したがって，繰り返し出会うことで流浪する盗賊の行動は定住した盗賊の行動に変化する．

定住した盗賊の相対的に効率的な行動

定住した盗賊には，混合戦略均衡で示された確率化の方法を採用するよりももっと良い方法がある．定住した盗賊に利用できる行動の可能性のお陰で，弱者の結果も改善される．こうして，弱者も強者も以前より状態が良くなるので，定住した盗賊の行動は，流浪する盗賊の行動よりもパレートの意味で改善をもたらす．

表1.4の例では，強者は1回限りのゲームの流浪する盗賊として振る舞い，80%の確率で収奪を行い，弱者は30%の確率で「働く」を選んだ．そこで弱者と強者が繰り返し出会うとしよう．繰り返しゲームにおける，流浪する盗賊の行動の解釈としては，弱者が繰り返し回数の30%で「働く」を選ぶとき，強者は繰り返し回数の80%で「収奪を行う」と考えることができる．

もし弱者がつねに「働く」を選ぶよう動機付けられるならば，強者と弱者は弱者がつくり出す追加生産物を分かち合うことができよう．これが有用であるのは，強者が将来に亘って存在し続けて弱者が作り出した追加的な生産物を分かち合うことを享受できる場合のみである．すなわち，将来の追加的な生産物の利益を受け取るためには，強者は定住した盗賊でなければならない．

定住した盗賊としての強者は，弱者が繰り返し回数の30%ではなく，つねに「働く」を選ぶならば，それは効率的であるとわかっている．それゆえ，強者は，弱者を絶えず働かせる工夫に興味をもつだろう．もし弱者の生産物の収奪が，均衡における流浪する盗賊（すなわち，混合戦略均衡）ほどに強欲でなければ，弱者はつねに働き続けようとするだろう，ということを強者は知っている．つまり，流浪する盗賊の均衡では弱者は4単位の利得を得るので，強者が弱者に毎回4単位よりも大きい利得を保証するならば，弱者は絶えず働き続けるであろう．4単位よりも大きい利得が保証されれば，弱者にとって

「働く」ことと「働かない」こととは無差別ではなくなり，弱者は「働く」ことを選ぶであろう．

強者には，弱者に全体として平均して4単位よりも大きい利得を齎す，多くの異なった行動が考えられる．そのうちの1つは，強者が弱者に次のように告げるものである．すなわち，繰り返しの80%は収奪を行うが，収奪を行うときには，表 1.4 に見られるように 10 単位を収奪するのではなく，わずかに 7 単位を収奪すると．したがって，（12 単位を生産している）弱者は，強者に収奪された場合には 5 単位が手元に残る．「働く」ことを選んだ弱者の期待利得は，いまや，4 単位の利得を超える．4 単位の利得のもとで，「働く」ことと「働かない」こととが無差別となるので，弱者は（確率 30% で「働く」を選ぶのではなく）つねに「働く」を選ぶ[31]．

表 1.6　定住した盗賊との 100 回繰り返しゲーム

	強者	弱者
強者が定住した盗賊であるときの生産量	+2,000	+1,200
収奪費用による損失	−240	
強者が弱者から収奪する量	+560	−560
強者が定住した盗賊であるときの利得	2,320	640
強者が流浪する盗賊であるときの利得	2,000	400
強者が流浪する盗賊である場合と比べて，定住した盗賊である場合の利得の増加	320	240

表 1.6 は定住した盗賊の行動から得られる利得を表している．弱者と強者は 100 回繰り返し出会うものとする．強者は，毎回出会うたびに，流浪する盗賊として行動するか，定住した盗賊として行動するかを選ぶものとする．流浪する盗賊として行動する場合には，混合戦略均衡にしたがい出会いのうち 80 回は収奪を行い 10 単位を収奪するものとする．定住した盗賊として行動する場合には，出会いのうち 80 回は収奪を行うが，わずか 7 単位を収奪するものとする．弱者の反応は，流浪する盗賊に対してと定住した盗賊に対してとでは異なる．流浪する盗賊に出会った場合には，弱者は繰り返し回数の 30% を働く．定住した盗賊に出会った場合は，弱者はつねに働くことを選ぶ[32]．

---

31) もし強者が 80% の確率で収奪し，収奪したときには 7 単位をとる（その結果，弱者には 5 単位が残る）とするとき，弱者がつねに働く場合の弱者の期待利得は $(0.8)5 + (0.2)12 = 6.4$ であり，これは 4 より大きい．

32) 表 1.4 において，強者が定住した盗賊として 100 回繰り返しゲームを行うと，強者が生産す

表1.6から，強者が定住した盗賊である場合，強者の利得は2,320単位[33]であり，弱者の利得は640単位[34]であることがわかる．強者が流浪する盗賊である場合，強者の利得は2,000単位であり，弱者の利得は400単位である[35]．

したがって，定住した盗賊の行動は，流浪する盗賊の行動に比べると効率的である．強者も弱者も，強者が定住した盗賊として行動した場合に，以前の状態より良くなる．流浪する盗賊から定住した盗賊に変化することで，強者は320単位の追加利得があり，弱者は240単位の追加利得がある．

表1.6の例は，強者が定住した盗賊として行動することで弱者も強者もともに利益を得ることができる，無限に多くある例の1つである．このような利益は，強者が弱者に4単位以上のものを残してやるときには，つねに存在し，それを分かち合うことが可能である．というのも，そのときには，弱者はつねに働き続けるからである．そのような利益はいろいろな方法で分かち合うことができる．

表1.6の例では，定住した盗賊の行動は，出会い回数の80%で収奪を行い，もし収奪するときには7単位を収奪するというものである．強者はそれほど寛容ではなく，出会い回数の80%で収奪を行い，もし収奪するときには毎回8単位を収奪すると相手に告げることもできるかもしれない．強者が収奪するとき，それが10単位より小さい限り，弱者は依然つねに働くことを選び，弱者の追加的な生産物が生じて，それを（収奪という形で）強者と分かち合うことができる．

また，定住した盗賊は，たとえば，次のように相手に告げることもできる．すなわち，収奪するときはいつも10単位を収奪するが，出会い回数の（80%ではなく）70%でしか収奪しないと．弱者がつねに「働く」を選んだときの利得は再び4より大きいので，弱者はつねに「働く」を選び，弱者が生み出す

ることを選んだときの利得は2,000単位（毎回20単位の生産×100回）であり，収奪のための費用は240単位（収奪のたびごとに3単位の費用×80回の収奪）である．強者が定住した盗賊として行動するとき，弱者は絶えず働いて1,200単位（毎回12単位の生産×100回）を生産するが，強者に収奪されて560単位（収奪のたびごとに7単位失う×収奪回数80回）を失う．表1.6の計算では，割引率はゼロとしている．もしそうでなく，割引率が正の値をとる場合には，将来の利得を割引率で割り引く必要があり，これはどの時点においても現在の利得に比して将来の利得を低く評価していることを意味する．割引率については第2章で取り扱う．

33) 定住した盗賊の利得は，2,000−収奪の費用240+弱者から収奪した560単位，で得られる．
34) 弱者は1,200単位生産し，そのうち強者に収奪されて560単位を失う．
35) すなわち，1回限りの混合戦略均衡の結果を100倍したものである．

追加的な生産物によって弱者の状態も強者の状態も両方とも以前より良くなる[36]．

政府の強制によらない自発的に結ばれる契約

　契約は，通常，政府による法の支配のもとで意味をもつ[37]．しかしながら，定住した盗賊の行動によって得られる利益は，自発的に結ばれる契約として実現可能であり，それは政府の法の支配による強制を必要としない．

　強者と弱者との間でなされる自発的な契約は，そうすることが契約当事者の利益にかなっており，暗黙のものであって明示的なものではない．弱者は，自分が「働く」ことを選ぶ場合，生産物の一部分は強者に収奪されることを知っている．強者が定住した盗賊として行動する場合，弱者はつねに「働く」ことを選び，生産物の一部分を強者に奪われることを我慢する．なぜなら，流浪する盗賊としての混合戦略均衡の結果は弱者にもっと少ない利得しか与えないからである．強者のほうもまた定住した盗賊から，混合戦略均衡の流浪する盗賊に変わることで利得が減少する．それゆえ，強者が定住した盗賊として行動するとき，弱者と強者の間には暗黙の契約が存在し，それは強請されることのない自発的なものである．なぜなら，強者も弱者もその契約を守り続ける個人的な動機をもっているからである．

　強制されることのない自発的な契約は，名声に基づいている．強者は，望めばいつでも弱者の利得を4より小さくできる．そのとき，弱者は次回にどうするかを決めなければならない．弱者はもはや強者を信用しようとはせず，次回には混合戦略に戻り，30%の確率で「働く」を選ぶということはありうる話である．そうすると，強者は損失をこうむる（表1.6を見よ）．したがって，(流浪するのではなく，定住する盗賊として) 行動するという名声を保つこと

---

36)　これは，繰り返しゲームのフォーク定理として知られているものの応用である．フォーク定理とは，繰り返し出会う人々が将来を十分重要視するならば，繰り返しゲームには無限に多くの解が存在するというものである．この結論がフォーク（人々の）定理として知られており，その名前の由来は，形式的な分析がなされる前から，その結論が知られていたことによる．

37)　契約の必要性は，取引が偶発的な出来事に依存している場合に生じる．契約はしばしば次のような市場取引の場合に必要となる．すなわち，買い手と売り手との間の取引が完了する前に，売り手と買い手との間で一連の手続きが行われる場合である（たとえば，支払期日や生産物の配送が契約書に明記され，支払いや配送が遅れた場合には，罰則をあらかじめ決めておくというようなことである）．

は，強者にとって利益となる．同様に，弱者もつねに「働く」を選ぶという名
声を維持することから利益を得ることができる．もしこの暗黙の契約が破棄さ
れるならば，弱者も強者も，流浪する盗賊の混合戦略均衡に立ち戻り，両者と
も以前の状態より悪くなる．

どうしてすべての盗賊が定住した盗賊ではないのか

　流浪する盗賊の行動に比べると定住した盗賊の行動のほうが弱者にとっても
強者にとっても利益をもたらすとするなら，なぜすべての盗賊は定住した盗賊
ではないのだろうか．繰り返し出会うということが期待できる状況にない盗賊
は，自分の収奪行為を控える気にはならないだろう．なぜなら，自分の収奪行
為を控えることで利益が得られるのは，強者のもつ名声が弱者の将来の行動に
影響を及ぼすことによるからである．

法の支配

　強者が定住した盗賊として行動する場合には，弱者はつねに「働く」を選ぶ
ので，弱者が「働かない」を選ぶことから生じる効率性の損失は存在しない．
しかしながら，強者の収奪行為による資源の浪費から生じる効率性の損失は相
変わらず存在する．

　流浪する盗賊であれ，定住した盗賊であれ，弱者の収奪は行われるので，社
会的な不正義もまた存在する．このような非効率や社会的な不正義は，法の支
配によって財産権が保障されれば，消滅する．

1.2.6　法の支配の失敗に対する個人の反応

　これまで法の支配の存在しない3つの場合について述べてきた．すなわち，
(1) 囚人のジレンマの対称な条件下の場合．そこでは，個人の意思決定は物
質的利益にのみ基づいている．(2) ある人々は正直である，すなわち，道徳
に規制されて他人の財産を奪うことをしない場合．(3) 強者が何の道徳にも
縛られず，弱者から強奪する場合．いずれの場合にも，法の支配によって効率
的な結果が保証される．また，後者の2つの場合には，法の支配によって社
会正義も実現される．

　実際には，政府は法の支配によって財産や生命の保護を保証するわけではな

い．たとえば，犯罪の犠牲者が，犯罪者から自分たちを護らなかったからといって，そのことで政府を訴えてもうまくいくわけではない．

法の支配の失敗は無政府状態とは異なる．なぜなら，政府は存在して法の支配を実行しているが，犯罪の防止が必ずしもうまくいっていないからである．弱者と強者の例でいえば，強者のうちのある者は法を守らず，絶えず弱者を餌食にするのである．

法の支配によって財産や生命がうまく保護されない場合，潜在的な犯罪の犠牲者は，個人で問題を解決しようとするであろう．そのような解決方法の1つは，保険である．人々は，略奪者による財産の損失を我慢し，保険によって危険を分散しようとするかもしれない．保険のお陰で個人の損失に関わる不確実性を取り除くことができる．各々の被保険者はあらかじめ定められた金額を保険会社に支払い，もはや危険に耐えようとはしない．例をあげよう．もしすべての車のうち2%が盗難にあうとした場合，車の所有者は，盗難の可能性を車を保有することの費用の一部と考え，盗まれた車の損失を補うような保険によって危険を回避することができる．また，保険を補うために，または保険の代わりに，個人で防犯のための支出をすることも可能である．保険や防犯のための個人の支出は，法の支配のために政府が行う支出をまかなうのに支払われる税金のほかに必要とされるものである．

危害を加えることを目的とする略奪者

平和を好む人々が次のような略奪者に直面する可能性がある．そのような略奪者は，その個人の目的が物質的な利益ではなく，その悪意のゆえに最大限の危害を人々に加えようとするのである．(生命の危険にさらされるような) 略奪者が加える危害があまりに大きいと，その危険は保険によって分散することができず，また，有効な個人による防衛も利用できないかもしれない．社会の中の個人が犠牲者となる可能性があり，また，自己防衛が利用できない場合，そのような個人は，政府の施行する法の支配によってのみ保護されうる．

1.2.7 私的財産権に対する批判的な見方

これまで，財産権のもたらす便益について述べてきた．しかし，財産権に好意的でない見方もときどき見られる．そのような批判的な見方の1つは，私

有財産権のせいで人々は度量が深く愉快であるどころかむしろ貪欲になるというものである．なぜなら，財産権が存在するために人々は飽く事なく私的富を蓄積しようとするからである．

また，財産権は富の再分配に対する限界のゆえに批判されてきた．たとえば，財産権が保持される限り，封建社会は永久に封建社会であり続ける．すなわち，王族や貴族が土地のすべて，または，多くを保有する農業社会においては，富の分配は不平等のままである．土地は，遺言によって世襲の王や女王や貴族に譲られ，法の支配によって財産権が保障されているために，不平等が維持される．革命が起こって，世襲制による君主や貴族の不平等は終わりを告げた．しかし，本書では革命についてはこれ以上立ち入らない．また，富の大半の部分が土地からなるような社会についても本書では取り扱わない．本書での財産権の議論は，財産権が，無法の状態や，または，法の支配の原理によらず人々が他の人々を支配するような状態を改善し便益をもたらすものという文脈の中でなされてきた．

この章の最後の節では，私有財産を制限したり，禁じたりすることで，不平等や貪欲さをなくそうとする社会について見る予定である．そこでわかることは，法の支配によって私有財産権が保障されている社会に比べると，そのような社会はうまく機能していないということである．さらに，事が社会の全財産の支配という事柄に及ぶと，貪欲さはますます肥大したのである．

1.3 肥大化した政府下での生活

前節までで明らかにした政府の責務は，(1) 競争市場を確保すること，(2) 法の支配を確立すること，の2つであり，これが政府の最小限の機能である．これらの責務を達成するために，政府はただ単に監視だけをすればよく，後は私有財産を保有する個人の市場での意思決定にまかせればよい．この節では，市場や私有財産の存在しない，機能が最大限に肥大化した政府について考察する．実際の政府は，この極限的な事例である最大限に肥大化した政府と最小限の機能しかもたない政府との中間にあると一般には思われる．

1.3.1 集団による所有

最大限にまで肥大した政府は，しばしば王や女王や独裁者による支配という形態をとる．それらの為政者は個人の利益や少数の特権的な追従者の利益のための統治を行う．もう1つの肥大化政府への道は，集団所有制による．集団所有制のもとでは，資源と生産された財は，いくつかの個人の所有物という例外を除けば，個人に所有されるのではなくて，社会が全体として所有する[38]．集団所有制を選ぶもっとも基本的な理由は，社会の平等や社会正義にある．集団所有財産が私有財産にとって代わるときには，個人の富はもはや社会の不平等の源泉とはなりえない．集団所有制が導入されると，機能が最大限に肥大化した政府が成立する．というのも，このとき，政府は集団の財産を監視し支配するので，社会全体の資源を支配することになるからである．

市場は集団所有制とは共存できない．なぜなら，1.2節で見たように，市場では，個人間の交換や売買のために私有財産が必要とされるからである．集団所有制のもとでは，計画部門の官僚の意思決定が市場の代わりをする．計画部門の官僚は，集団財産を支配する政治的支配者に説明責任がある．

集団所有制下の最大限に肥大化した政府のもとでの生活がどのような特徴をもっているかについて，ここでは理論を立てたり，推測したりする必要はない．私たちは，20世紀の大半を通じて集団所有制をもっていた社会がどのような経験を経てきたかを見ることができる．このような社会の経験を次の3つの基準によって調べてみよう．すなわち，(1) 個人の自由，(2) 社会正義，(3) 効率性の3つである．

---

38) 集団所有はまた共同財産，あるいは社会財産とも呼ばれる．1.2節の終わりに記したように，私有財産が不平等に分配されて世襲の王や王女や貴族の手にあるとき，それを不公平と感じる気持ちが反乱や革命を招くのである．もし革命が成功するならば，財産は通常再分配されるが，それは私有財産のままであった．1917年のロシア革命は，カール・マルクス (Karl Marx, 1818-83) とフレデリック・エンゲルス (Frederick Engels, 1820-95) の思想の影響を受けている．マルクスとエンゲルスは1847年に『共産党宣言』を著し，社会や経済の不平等の問題の解決策として集団所有制を提唱した．1917年のロシア革命では集団所有制が導入され，世界の集団所有制の先駆けとなったが，1990年頃には限られた例外を除いて集団所有制は崩壊した．

1.3.2 個人の自由

フリードリッヒ・フォン・ハイエク（Friedrich von Hayek, 1899-1992，1974年にノーベル経済学賞受賞）は，1944年に書かれた著作，『隷属への道』[39] の中で，集団所有制によって，どのようにして他の人々に対する個人の支配力が生み出されるかを示した．社会の集団財産を支配する者は，社会そのものをも支配するのである．ハイエクは次のように書いている．

> 集産主義者たちは権力――人を支配する力――をつくり出さなければならない．そして集産主義者たちが成功するかどうかはそのような権力をどの程度つくり出したかに依存している（p.144）.

市場や私有財産の存在する社会でも，また，政治的な成功や政治権力から利益を得ることができる．しかし，私有財産制によって政治権力は制限される．私有財産制の場合には，税や公共支出については政治的に決められるが，社会全体の富をどのように配分するか，または，割り当てるかについてはそのようなことはない．ハイエクの述べるところによればこうである．法の支配が私有財産を保証している社会では，個人の支配力は「決して人間の生活のすべてにまでは及ばない」が，集団所有制の社会では，集団の財産に対する個人の支配力によって，「ほとんど奴隷制と異ならない状態をつくり出すのである.」
アダム・スミスの観察によれば，市場の働きによって，個人の権力の集中を防ぐことができるということである．また，アダム・スミスは，市場交換のための機会が限られている社会では，人々は自分の富を使用して，私兵を雇い，他の人々の財産や生命を奪い，個人の支配力を強めるとも述べている．一方，市場では，個人の富は，人々を支配するためというよりはむしろ財を購入したり，個人の所有物を獲得したりするために使われる．アダム・スミスの著作は集団所有制に基づく社会が出現（そして消滅）する以前のものであるが，彼の観察は，市場が存在せず，個人の成功の尺度が集団の財産に対する支配力の，したがって，人々に対する支配力の，大きさで測られる社会にもあてはま

---

39) Hayek, von F. A., *The Road to Serfdom*. University of Chicago Press, Chicago, 1944. Reprinted 1972.

る[40].

1.3.3 情報と効率

　レーニン（Lenin, 1870-1924）は，1917年のロシア革命を指導した人物であるが，集団所有制によってどのようにして社会が平等な1つの拡大された企業兼家族となるかを描いている．レーニンは次のような日の来ることを心に描いた．

> 社会全体が1つの事務所となり，1つの工場となるのであり，そこでは，仕事は平等になされ，受け取る給与も平等である．

　効率的な意思決定をなすためには，「1つの事務所と1つの工場」では経済全体の情報が必要とされる．これと対照的に，市場では個人が意思決定を行うためには，その意思決定を行うのに必要なだけの限られた情報があればよい．したがって，市場経済では，だれも経済全体の情報を収集する必要などないのである．
　市場の代わりを務める官僚は，生産要素や生産物の価値に関する情報を捜し求めるという，不可能な仕事に直面する．というのも，そのような情報を与えてくれる市場が存在しないからである．このような情報の問題があるので，集団所有制下の経済計画局の官僚たちは，経済的な決定を行うために単純な規則に頼る．官僚たちは，みな同一の要求をもっているものとして人民を取り扱うのである．また，官僚たちは，経済全般にわたって，前の生産を繰り返すようにという指示を与えるという，単純な規則を用いる．このような単純な規則なら，必要な情報は最小限ですむ．すべての人々は，あたかも同一の生産物を望

---

40) レオン・トロツキー（Leon Trotsky, 1937）の観察によれば，「国家が唯一の雇用主である場合には，抵抗は緩慢な飢餓による死を意味する．働かざる者食うべからずという旧い原則は，したがわざる者食うべからずという新しい原則にとって代わられた」（Hayek, 1944, p.119 より引用）ということである．トロツキー（1879-1940）は 1917 年のロシア革命に参加したが，1929 年にロシアを逃げ出し，身の安全を求めてメキシコへ渡った．1940 年に，暗殺された．ハイエクもまた自分の母国を脱出したが，トロツキーよりは幸運であった．オーストリアがドイツに併合された 1938 年に，オーストリアを去り，ロンドン・スクール・オブ・エコノミックス，そして，シカゴ大学に職を得，ノーベル経済学賞を受賞するまでになった．

んでいるかのように取り扱われ，その生産物は，過去に生産されたのと同じだけ生産される．

生産者が昨日の生産技術を使い昨日と同じ生産物をつくるよう指示される場合には，技術革新や製品の改良などは行われない[41]．計画官僚はチェルノブイリに原子炉を設計し建設したが，1986年にその原子炉が爆発し環境に大きな被害をもたらした．計画官僚は，次のような点でも環境の問題にまったく注意を払わなかった．すなわち，公害による健康被害や天から与えられた恵み深き自然の持続可能性などにはほとんど関心をもたなかった．人民のためには，計画官僚は小さくて狭苦しい住宅を提供しただけで，そのような住宅では，数家族が台所や浴室を共有した．生産物は粗末であり，もっと品質の良い製品を選ぶことを可能にする，市場競争が存在しなかった．計画局は生産物の供給について，さらには，あらゆるものについて公的独占を形成していた[42]．

個人が市場で意思決定を行う代わりに政府官僚がそれを行うならば，経済的災厄が生じるだろう，とアダム・スミスは予言していた．アダム・スミスの言葉によればこうである．

> 個々人に彼らの資本の使い方を指示しようとする政治家は，次のような権力をほしいままにしているのである．すなわち，そのような権力は，ただ1人の個人にばかりではなく，議会や評議員会やそのほかどんなものにであれ，安心して委ねられないものであり，また，そのような権力を自分が行使することができると考えるほど，愚かでうぬぼれの強い人間の手に委ねることが何にもまして危険であるような権力のことである[43]．

---

41) 現場の経営者や労働者にとって最良の個人的戦略はまさに計画局に指示されるとおりに行動することであった．もし経営者が独自の判断によって生産費を減少させたり，品質を改良させたなら，それによって得られる利益は個人のものではなく，集団のものであった．ところが，経営者が技術革新や品質の改良に失敗するならば，その経営者は処罰された．個人による技術革新は非合法であるばかりでなく，合理的でもなかった．また，国際貿易によっても，もっと品質の良い財を手に入れる見込みはほとんどなかった．国内市場が存在しないような経済では，外国市場もまた存在しえなかった．

42) 成功するかどうかが，唯一の目的のために資源を動員できるかどうかに依存しているような場合には，必ずしも技術が停滞するわけではない．計画官僚は宇宙に最初の人間を送り込んだし，彼らの軍事的技術はしばしば私有財産制下の市場経済に匹敵するものであったし，場合によっては，それを凌駕する場合もあった．

アダム・スミスは，ここでは，次のような人々の虚栄心と社会にとっての危険性について述べているのである．そのような人々は，他人になり代わって意思決定をなし，自分自身に必要なものを自分で選ぶことのできる市場での個人の意思決定より，自己の能力のほうが優れていると信じている．

1.3.4　きわめて重大な欺瞞

　財産が集団で所有される場合には，どのように動機を与えて人々を生産的にするかという問題が生じる．というのも，集団所有制のもとでは，個人が生産したものはどんなものでも，原則として皆のものであるからである．このような問題を解決しようとする試みとして，集団所有制にともなって，新しい行動規範が導入された．この行動規範によれば，人々には能力に応じて働き，必要に応じて消費することが要求された．計画局が人々の「必要なもの」を決定し，このようにして，個人の必要なものが決定されているときには，人々の生産への貢献度と人々の所得や消費との間には何ら結びつきがなくなる．

　能力に応じて生産し（他人に決められた）必要に応じて消費するという，新しい行動規範は，アダム・スミスの市場行動の規範とはまったく矛盾する．1.1 節ですでに見たように，スミスは市場における個人の利益と社会にとっての利益とを調和させようとした．しかしながら，この新しい行動規範では，個人の利益という動機付けなくして，人々に社会善を追及させようとした．

　ハイエクは，個人の利益を顧慮せずに人々を働かせるという新しい行動規範によって，人間の本性を改造しようという試みを，きわめて重大な欺瞞であるとした．ハイエクはこう指摘している．市場と私有財産制は，歴史を通じて一貫して富と個人の幸せを与える唯一の手段であり続けたと．ハイエクが私有財産制に対して好意的であるのは，それが歴史を通じて生き残ってきたからである．市場や私有財産制や個人の動機付けは，時間の経過とともに進化して経済行動を組織化する，もっとも有効な手段となったのである．私有財産制や市場のもとでは，人々は裕福になろうという自然な性向にしたがうことができたが，新しい行動規範のもとでは，自己の利益を顧みずに他人の利益に奉仕する

---

43) Smith, A., *An Enquiry into the Nature and Causes of the Wealth of Nations*, E. Cannan (ed.), Modern Library Edition, Random House, New York, (1776) 1937, p.423.

ことが要求されるという点で不自然であった．ハイエクは，このような新しい行動規範に基づく経済の組織化の試みは失敗するだろうと予言した．

ハイエクの予言は多くの人々に受け入れられなかった．そのような人々は，市場と私有財産制が社会正義にかなわぬことを確信しており，個人の新しい行動規範が成功することを願っていた．ハイエクは，高潔な個人の行動規範に異議を唱えたことで非難された．そのような行動規範のもとでは，人々は他人のために身を捧げ，共同体と共有財産の意識が，市場と私有財産制のもつ自己利益と個人主義（と貪欲さ）にとって代わるというのである．集団所有制の思想は多くの人々の心をとらえ，人間の本性を改造したいと願う人々の欺瞞についての，ハイエクの警告は，その時分には，多くの人々にとって政治的公正さを欠くものであった．

1.3.5 特権と社会正義

財産の集団所有制のもとでは，個人の生産への貢献度と個人の報酬の間には何ら結びつきがないので，個人の暮らし向きは往々にして特権によって決定される．市場では，人々は（もし資力が許せば）自分の望むものを購入する．市場が存在しないと，個人の知識や能力よりも，個人の縁故や情実を得る能力のほうが重要になってくる．したがって，個人の努力は，人脈を形成し特権的な愛顧が得られるような対人関係を構築することに向けられる．集団所有制下の計画経済社会は，勤勉で一生懸命働いた者が報われる実力主義の社会ではないのである．そのような社会は，むしろ，特権という砦群からなっており，それらは，今度は，共有財産を支配することから引き出される個人の利益に基づいている．

集団所有制の基礎となっている考え方は，私有財産を無くすことによって妬みが取り除かれるだろうということであった．しかし，集団所有制のもとで，もしだれかが自分たち以上のものを所有しているならば，それは十中八九，特権が関わっているということを人々は知っていた．集団所有制のもとでも妬みは存続し，おそらく，市場や私有財産制の存在する場合よりも，その程度は大きかったであろう．特権は人々の受け取るものに影響を与えるので，社会による所有の狙いであった，平等による社会正義は達成されなかった[44]．

消費の機会が，個人の努力や生産への貢献度にではなく，むしろ，特権や情

実に依存している場合には，人々は皮肉な態度をとるようになる．共有の財産を支配することによって特権的愛顧を与えてくれる立場にいる人々を喜ばせることが個人のもっとも貴重な資産となるときには，社会正義や平等はかなえられない[45]．

1.3.6 ソフトな予算制約

　市場は私有財産制を必要とするが，市場と集団所有制とを結びつけようとする試みもなされてきた．集団所有制と市場とが共存するときには，（私有財産は存在しないので）人々は自分の所有物でないものを売買することになる．

　ヤーノシュ・コルナイ（János Kornai）[46]によれば，市場と集団所有制との結合は「矛盾とジレンマ」に陥る傾向があると述べた．コルナイは特にソフトな予算制約の場合を問題視した．「ハード」な予算制約は拘束力があり，また，信憑性をもっている．ハードな予算制約のもとでは，予算は予算であり，その予算額が使い尽くされた場合には，もはやそれ以上使うことはできない．ソフトな予算制約の場合には，その予算額が使い尽くされた場合にも，まだそれ以上に使うことが可能である．したがって，ソフトな予算ではその支出に対して歯止めがきかない．それゆえ，ソフトな予算制約の場合には，もはや支出は許されないという脅しは信憑性をもたない．その場合には，共同財産である工場は，政府から資金を受け取る省・庁のようなものであり，どんなことを行おうと倒産することはない．ソフトな予算制約のゆえに，資源を効率的に使おうと

---

44) すべての人々が平等でなければならないということが原則であった．Engels, F., *The Origin of the Family, Private Property and the State*, Pathfinder Press, New York, (1884) 1972 の主張によれば，女性は，私有財産制や家族制度に基づく社会より，部族の共同社会のほうが幸せであったという．エンゲルスにしたがえば，私有財産制や家族制度は男性が女性を従属させるためにつくり出した手段であるという．

45) 特権的な愛顧に応じて分配する人間は，たとえば，不足している財に優先順序をつけて配分するスーパーの経営者のようなものであろう．多くの財が不足し，集団所有制の経済は，物不足の経済としても知られていた．市場価格の上昇によって物不足は解消するはずであるが，価格の上昇に応じて売り手に供給量を増加させることを可能とする市場そのものが存在しなかった．供給量が限られ，供給されるとしても，それがしばしば散発的であり，品質にもばらつきのある場合，スーパーの経営者はいつ次の品物が手に入るかを知っており，もっとも品質の良いものは個人の特権的な割り当て用としてとっておかれた．

46) Kornai, J., *Contradictions and Dilemmas: Studies on the Socialist Economy and Society*, Corvina, Budapest and MIT Press, Cambridge, Massachusetts, 1983.

するインセンティブは働かない[47].

牛と牛乳

社会における異なる所有形態について説明するために，牛と牛乳の例を使うことができる．私有財産制下の市場経済では，牛も牛乳も個人によって所有される．計画官僚が市場に取って代わる集団所有制下の経済では，牛も牛乳も共同で所有されるが，特権的な情実を利用して牛乳を分配する立場にいるならば，私的な利益を得ることができる．第3の形態は，集団所有制と市場を結びつけることである．すなわち，牛は共同の財産であって売買することができないが，牛乳を売る市場は存在する，というものである．人々は，牛乳を売る立場にいるという特権から個人的な利益を引き出すことができる．政府は共同財産に対して責任があるので，共同財産としての牛はソフトな予算の便益をこうむる．したがって，牛に対する支出は非効率的である．一方，何人かの人々は市場で牛乳を売ることを許されている．牛乳を売る人間は，計画当局にも個人の所有者に対しても責任をもとうとはしない．国家の所有する牛の牛乳を売ることから生じる私的利益があるために，牛乳の分配が社会正義にかなう保証は何もない．

1.3.7 結論

1.1節と1.2節において，市場と私有財産制は効率性をもたらすと述べたとき，私有財産制と市場のみが効率性をもたらすとは主張しなかった．しかし，これまで見てきたように，私有財産制や市場を放棄することは，非効率を招き，個人の自由が失われ，社会正義も保証されない，ということを意味した．

私有財産制と市場を放棄したことから生じる肥大化した政府は，競争市場を確保し法の支配を保障するという限られた責務しかもたない最小の政府と対照的である．最小の政府においては，個々人は自分の財産を所有し，市場において自分自身で意思決定を行うことが可能であり，また，市場では個人の労力と

---

47) ソフトな予算の例は，次のようなものである．週の始めに，その週全体の昼食代をもらう子供を考える．週の半ばに，その子供が明日の昼食代がないと親に告げたとする．親は通常子供を餓死させようとはしないだろうから，子供の予算制約はソフトである．予算制約がソフトであることを知っている子供は，週の半ばまでにその週の昼食代を安心して使うことができる．

個人の報酬とが結びつけられる．

　肥大化した政府や，集団所有制については，本章以降言及することはない．今後，私有財産制と市場が経済社会組織の基礎となっている場合の財政と公共政策について見ていく予定である．

　しかしながら，議論を進めるにつれて，時折り，肥大化した政府の場合に生じるのと同じような問題が存在することを示唆する場合があろう．財政をまかなうために税を課することで，人々の生産への貢献度の価値と人々が受け取る報酬との間には隔たりが生じる．高い税負担のもとで個人が労働意欲を失わないよう試みることは，報酬にかかわらず人々に個人の能力に応じて働くよう求めることと似ている．政府の官僚は，財政についての意思決定を行う場合には情報の問題に直面し，政治的な意思決定者は，公共政策から恩恵を受ける者がだれであるかを決める際にかなりの裁量をきかせることができる．政府官僚も政府機関もソフトな予算をもっているといってよい．というのも，どちらも財政収入でまかなわれるのであり，市場からの収入によってまかなわれるのではないからである．政府の財産と収入は共同所有の財産である．

第2章
集団の利益

 この章では，公共財，すなわち誰が費用を支払うかに関係なく，同時に多くの人々に便益を与える性質をもつ財について考察する．公共財への自発的費用分担のもたらす帰結や，効率的な公共財供給を求めるときに生ずる情報の問題や，課税による公共支出による公共財の供給などの問題について取り上げる．

2.1 公 共 財

2.1.1 私的利益から集団利益へ

 ダニエル・デフォー (Daniel Defoe) の有名な物語 (1719年初版) において，主人公クルーソーは難破し，ただ1人だけで孤島に流れ着いた．まったく1人であったので，クルーソーは外部の人たちと接点をもたなかった．なんであれ，消費する物は彼自身のためであった．彼が他の誰かから便益を受けるような財はそこには存在せず，他の人たちとの間で費用分担について問題が生じることもなかった．
 もし，彼がその島に1人で住んでいたのでなければ，集団の利益や費用負担の問題が生じていたであろう．彼が家庭生活をしていたとしよう．すると，住宅が風雨から家族全員を守るという意味で集団の利益をもたらすことになる．家族が1つの集団として，住宅の大きさや部屋の割り振りなどを決めていくことが必要になる．夕食のメニューを決める必要もある．もしその島に電気が通じているとすると，冷蔵庫や食洗機や洗濯機などが集団の利益のために提供されることになる．これらの集団の利益を提供するための支出計画は家族が集団として行うことになる．この島の人口が増え，住居が2つ，3つと増えると，別の財が集団の利益を提供するようになる．たとえば，道路などのイン

フラ，通り過ぎていく船を監視するための灯台などであり，それらをつくるための費用負担といった問題も生ずる．これらが，島全体の人々に便益をもたらす公共財と呼ばれる財である．

　公共財は公共政策によって供給されるために，そう呼ばれるのではない．公によって費用が負担されるために公共財といわれるわけでもない．公共財が公共財であるといわれる理由は個人が費用を負担するか公共が費用を負担するかに関わっているのではない．そうではなくて，1人の個人のみがその財から便益を受けるか，多くの人々がその財から同時に便益を受けるかに関わっている．私的財からは一度に1人の人が便益を受けるにすぎないが，公共財からはたくさんの人が便益を受ける．

　島の人口が増えるにしたがって多くの公共財が出現するであろう．島を自衛するための軍隊，法治国家に必要な警察や裁判所，競争を維持するため独占禁止を受け持つ部署もつくられる．小道は広げられ，大きな道路やハイウェイも建設される．橋が建設され，国立公園などもつくられる．テレビやラジオ放送も始まる．電話などのコミュニケーション設備もつくられるであろうし，ファックスやインターネットの設備もつくられる．伝染病などの予防システムがつくられる．公共交通もつくられるだろう．これらが公共財といわれるのは公共によってつくられるからではなく，多くの人々が同時に利用できるからである．天気予報も公共財である．教育は，教育された人たちを増やすことによりその他の人々にも便益を与えるという意味で，公共財である．博物館，図書館，動物園なども集団の利益を提供する．国外につくられる大使館や領事館も同じである．

　発明や発見による知識は公共財であり，新しい知識を多くの人々のために使うことができる．たとえば，ある種の消費行動が健康に悪い影響を与えることがわかると，人々は，行動改善のための努力をする．

　公共財の形態としては，財やサービスを利用するという形をとることもある．たとえば，多くの人が同時に救急車サービスを利用し，病院を利用できる．だれも救急車で運ばれたり，入院したりすることは望まないであろうが，（病院の新生児セクションのように例外はあるが）このようなサービスはすべての人々に公共財としての便益を与える．同様に遊泳を監視するライフガードや，消防士なども何も仕事がなければそれに越したことはない．しかしながら，ライフガードも消防士もいざというときにはそこにいてほしい人々であろ

う．

純粋公共財と純粋でない公共財

　公共財は純粋であったり，純粋でなかったりする．純粋公共財はユーザーの数に関係なくある一定のサービスをだれにでも供給できる財である．したがって個人は他の人の便益を犠牲にすることなく公共財から便益を得られる．

　図 2.1a がこのような関係を示している．個人の便益はその財を使う人の数によらず一定である．純粋公共財は時には地方公共財の形をとることもある．地方公共財とは便益がある限られた地域の人々に供給される公共財である．混雑のない地域の道路や，地域警察によるサービス，地域の医療サービスなどは地域内では純粋公共財であり，その地域の住人のみが便益を受ける．

　純粋でない公共財から得られる便益は，使用者数が多くなると，混雑現象を起こすため，低下する．ある特定の公共財を考えると，時間によって純粋であったり，純粋でなくなったりする．午前 3 時の道路は純粋公共財であろうが，午前 8 時になればピーク時の交通が道路をふさいでしまい，同じ道路といえども純粋公共財ではなくなる．図 2.1b がこのようなケースを図示している．使用する人数が n_1 までは純粋公共財であり，そのあとは混雑が始まるので利用者便益は利用者の数が増えるにしたがって減少する．利用者の数が n_2 に達したあとには，この公共財は負の便益を生ずることになる．混雑するハイウェイにおいて車がまったく動かない状況，このようなケースが負の便益であり，

図 **2.1a**　純粋公共財の場合には個人の利益は使用者数から独立である

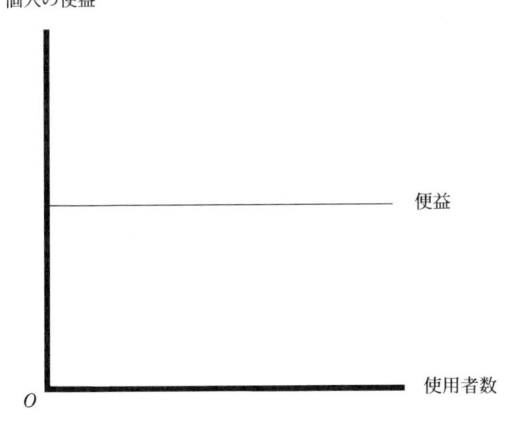

図 2.1b　混雑現象が起こる公共財

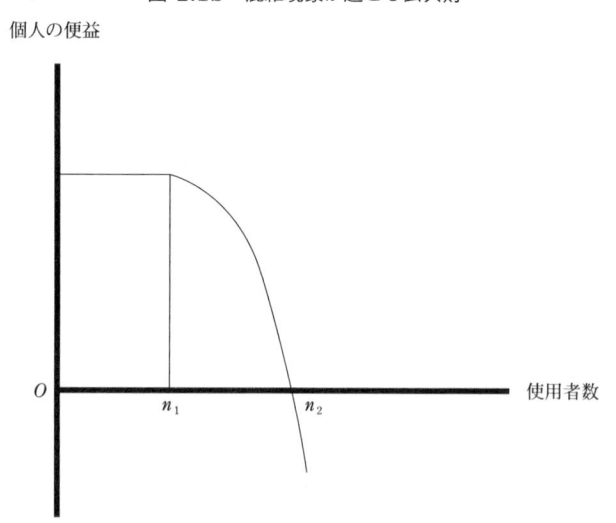

個人の便益／使用者数（縦軸：個人の便益，横軸：使用者数，n_1，n_2）

それは n_2 以上の車がハイウェイに入り込んだために起こる．そしてこのようなときには人々はお金を払ってもよいからその道路から出たいと思うだろう．

私たちが公共財というときには，純粋公共財または混雑していない状況を指すことにする．もちろん例外もあるが，そのときにはそのように明記する．

排除性とフリーライド

往々にして人々を公共財の便益から排除することは不可能である．たとえば法律はだれをも無政府状況から守る．公衆衛生のプログラムは伝染病の蔓延を防ぐ．このように便益を受ける人々を排除できないならば，人は他のだれかが供給した公共財から利益を受けることができる．このように自分自身が支払うことなく便益を受ける行為をフリーライド行為ということにする．フリーライド行為を説明するために，クルーソーの島の多くの人々が釣り船をもっており，クルーソーが灯台をつくろうと提案したとしよう．釣り船のオーナーの幾人かは，灯台がなくてもよいと思っているので，灯台をつくるために何も貢献をしなくてよいと考えるかもしれない．灯台がつくられた後には，彼らも灯台による安全性の向上によって便益を受ける．

彼らが便益を得られないようにする方法も考えられる．だれかが灯台の中に駐在し，彼らの船が近くに寄ってきたならばライトを消すといった方法であ

る．しかしながら灯台が一旦つくられると，彼らを排除することは大変非効率的である．純粋公共財から人々を排除するのはパレート非効率である．なぜならば，使用人数を増やしても，だれにも害を及ぼさないからである．彼らを排除するためには労働力を使わなくてはならず，灯台の中でフリーライドか否かをずっと監視している人の労働力は，他のより生産的なところに使うことができる．

その島のすべての人々がフリーライドしたいと考えるならば，もちろん灯台は建設されない．建設されないならフリーライドはできない．すべての人々がフリーライドしようとするときには，公共財は供給されることはないので，フリーライドされることもない．

公共財と自然独占

灯台は純粋公共財の典型的な例であり，すべての船のオーナーが灯台から便益を受ける．灯台は港への入り口や危ない岩礁を示す．昔は灯台は船乗りたちが沿岸を航海するための重要な情報を提供した．ある地点に存在する灯台は自然独占といえる．他の灯台が同じ場所で提供されるとするとそれは無駄になる．2つ目の灯台からは何ら追加的便益はもたらされない．このようなとき，独占者からのサービス提供は自然である．競争的な供給はこのようなケースには二重投資となり，不必要なコスト増を発生させ，1ヵ所に複数の灯台が建っていると，船乗りはどの灯台から便益を受けているかがわからなくなる．そして，港に入るためにお金を支払わなくてはいけないような場合に，どの灯台のサービスに対してお金を払うか識別できなくなる．

ロナルド・コース (Ronald Coase)[1]は，19世紀のイギリスの灯台を研究し，灯台が私的に建設され，政府は便益を受ける船がその対価を支払うよう監視したという事実を発見した．その後政府が最終的には灯台を買い取り，公共財の私的供給が政府による公共財への供給へと変わった．

灯台の例はすべての純粋公共財は自然独占であるという事実を示している．しかしながら逆は真ではなく，すべての自然独占が公共財であるということではない．たとえば，家計への送電は自然独占である．なぜならば，そのような送電線網を二重につくることは無駄であるからである．しかし電気は私的財と

---

[1] Coase, R. H., "The lighthouse in econommics," *Journal of Law and Economics* 17, 1974, 357-76.

して家庭へ便益をもたらす．

公共投入財

正確にいえば灯台は公共投入物であり，公共財ではない．灯台による便益は釣り船や海上の輸送のための投入物であり，最終消費のための財ではない．道路や橋は同じく公共投入財である．公共財の多くは公共投入財である．私たちは時として公共財と公共投入財を区別する．が，一般的には公共財に成立するものは公共投入財にも成立する．

集団への危害

時として公共財は集団への危害をもたらす．たとえば，環境汚染はすべての人に危害を与える．私たちは公共「財」という言葉を集団への損害を与えるような財についても使うことにする．

私的財と公共財

n 人の人々が総量 X の私的財を使うとき，1人1人の消費量の総和は，X に等しくなる．いま個人 i が x_i という量の私的財を消費しているとすると，次式が成立する．

$$\sum_{j=1}^{n} x_j = X \tag{2.1}$$

n 人が総量 G の公共財から便益を受けているときはその同じ G の量の公共財がすべての人々に使われる．したがって，G_i を個人 i の公共財の消費量とすると，次式が成立する．

$$G_1 = G_2 = \cdots = G_n = G \tag{2.2}$$

(2.2) 式は公共財が，純粋であってもなくても成立する．公共財に混雑現象が起こるときは，ユーザーの数が増すとともに，公共財から得られるサービス量が減少する（図 2.1b のときにユーザー数が n_1 以上の場合）．しかしながら，それを利用することはだれにも可能である．ハイウェイでの交通渋滞に巻き込まれたときに，人々は渋滞したハイウェイから他の人々と同じ量の公共財の供給を受け取る．このようなケースでは，便益が少なくなってはいるが，すべての人々が同じ便益を受ける．同じ量の公共財はすべての人の公共財への評価が

同じであることを意味せず，1人1人の評価は違うと考えられる．モーツアルトの交響曲が部屋で演奏されているときに（音楽は公共財である）ある人にはその音楽は大変好ましいが，他の人には好ましくないかもしれない．ジャズやハードロックのほうを好む人もあるだろう．モーツアルトが好きな人々は，音楽を聴くためにお金を払ってもよいと思うであろうが，そのような音楽を好ましいと思っていない人々は，音楽を止めるためにお金を支払ってもよいと思うだろう．

2.1.2 公共財の自発的負担

音楽の例は，人々が公共財に対して私的財と同様，さまざまに異なった需要をもっていることを示している（そのために支払ってもよいと思う額も異なっている）．

図 2.2 は個人 1 と個人 2 の需要 MB_1 と MB_2 の和として私的財の市場需要曲線が $\sum MB$ であることを示している．私的財の市場需要 $\sum MB$ は次のような質問をすると得られる．任意の価格において，総需要量はどのくらいであろうか．図 2.2 において，価格が P^* であると個人 1 は数量 x_1^* を購入し，個人 2 は数量 x_2^* を購入する．したがって P^* のときの市場需要量は $X^* = (x_1^* + x_2^*)$ となる．同じことをすべての価格において行うことにより，私たちは私的財の完全な需要関数 $\sum MB$ を得ることができる．

私的財の均衡においては，各消費者は同じ価格に直面するが，異なった数量を消費する．しかし，公共財の場合は人々は定義により同じ数量を供給される．ある人が使用できる量は他のすべての人々も使用できる．図 2.3 において公共財 G^* は異なった需要 MB_1 と MB_2 をもった個人に共通して供給される．個人 1 は G^* の価値を P_1^* と評価し，個人 2 は同じ数量の G^* を P_2^* と評

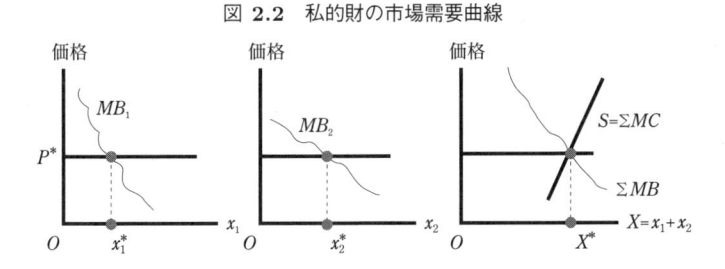

図 **2.2** 私的財の市場需要曲線

価する.

2人の消費者の支払意思額を足し合わせてみると数量 G^* において $P^* = (P_1^* + P_2^*)$ となり，図においては点 E となる．そしてすべての数量についてこのように個人の評価を足し合わせると，市場における公共財の総合評価として $\sum MB$ を得る．したがって公共財の需要曲線を得るためには個人の評価を垂直に足し合わせる必要がある．私的財においては個々の需要曲線を水平に足し合わせることになる．

私的財でも公共財でも総需要は個々の需要を足し合わせ，$\sum MB$ をつくればよいが，足し合わせる方向が違っている．この違いは，私的財と公共財では発せられる質問が違っているからである．私的財においては価格がすべての人にとって共通であり，問題は個々の人々がどれだけの数量を購入するかということであった．しかし，公共財では数量は個人の間で共通であるが個々の人々がそれぞれその数量に対してどのくらい支払ってもよいかということを問題にした．

私的財の市場においては，図2.2で表されるように，個人は価格 P^* を自主的に支払うから，支払わない人はその財から便益を受けることはできない．公共財については図2.3に示されているように，だれも便益を得ることから排除されないのであれば，便益を得るためにこれだけ支払う必要はない．私的財では支払わなければそのサービスや財から便益を受けられないが，公共財では同じようなインセンティブは働かない．というのは，他人が支払う公共財によって便益を得ることができるからである．

公共財について，あたかも人々が私的財に対して支払いをするかのように自発的に支払うことを仮定するならば公共財の市場はどのような形になるだろうか．市場が機能するには需要と供給が必要である．図2.3には公共財の需要曲線が示されている．そこでは個人の公共財の評価を垂直に足し合わせている．

公共財の供給曲線は原則として私的財の供給曲線と同じである．公共財をつくるために必要な投入物は市場で調達可能であり，競争的に供給されていると考えられる．たとえば，警察官がパトロールカーで巡回する場合，警察官のサービスは労働市場から調達され，パトロールカーは自動車市場を通して提供される．この公共財の限界費用 MC は車を調達する費用とそこに乗り合わせる労働力を加えた総費用となる．他の公共財についても原理は同じである．国防であっても，人件費や機材などへの支払いも同様に市場で決定される．在外

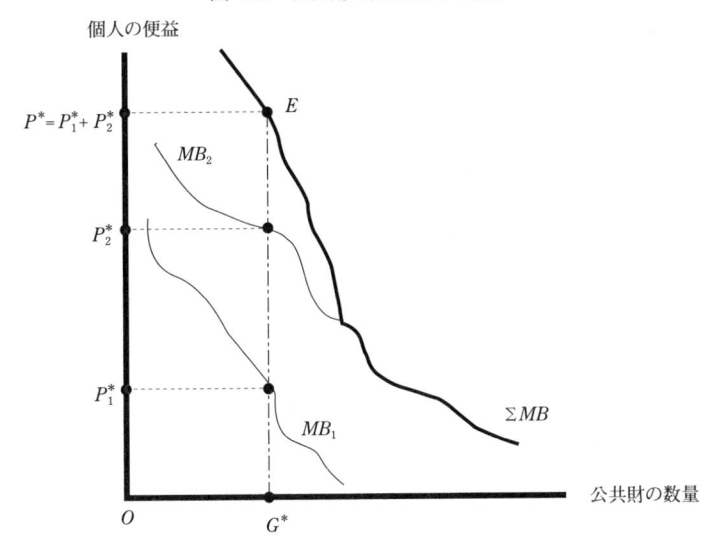

図 2.3 公共財の限界効用の総和

公館で働く人々,外交官やそれをサポートするスタッフの給料,建物や家具などへの支出が限界費用 MC となる.したがって競争的な市場における供給曲線は,競争的な供給者の限界費用曲線 MC を水平に足し合わせたものであり,それは私的財のケースとまったく同じである.私的財と公共財の違いは需要サイドのみであり,異なったやり方で個人の MB が足し合わされて総需要になる.

図 2.4 は競争的供給曲線 S が描かれており,そして総需要曲線 $\sum MB$ が描かれている.図 2.4 において需要と供給は点 E において等しく,そのときの数量 G^* であり,価格は P^* である.

図 2.4 において私たちは点 E において需要と供給が一致しているのを見てとることができる.

$$\sum_{j=1}^{n} MB_j = MC \tag{2.3}$$

このときに供給関数は MC であり,市場需要関数は個人の需要関数を垂直に足し合わせた $\sum MB$ である.点 E においては需要と供給が一致し,$\sum MB$ が MC と一致している.

点 E においては公共財の費用は個人間で分担されている.個人 1 は P_1^* を

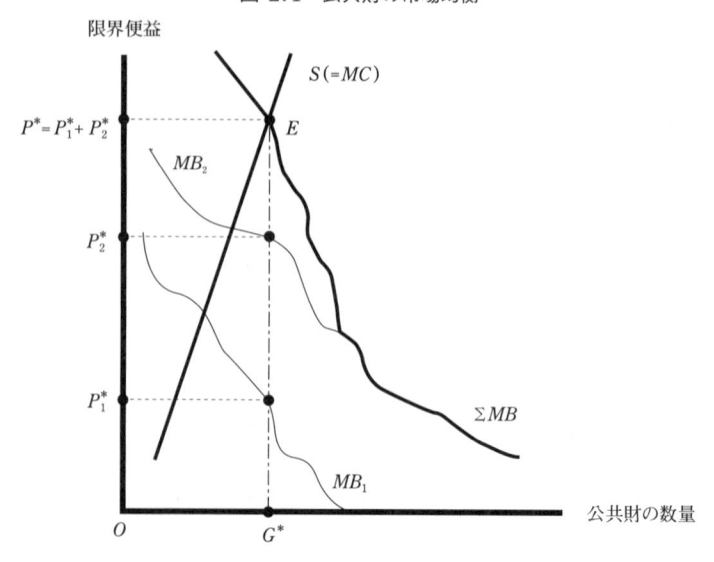

図 2.4 公共財の市場均衡

支払い個人 2 は P_2^* を支払う．個人が支払う額はそれぞれの個人の便益を反映して次のように決定されている．

$$P_1^* = MB_1, \quad P_2^* = MB_2 \tag{2.4}$$

個々の支払う額を足し合わせたものが公共財の価格になっている．

$$P^* = P_1^* + P_2^* \tag{2.5}$$

これは個々の人々が公共財の一部分を負担しており，2 人が同時に便益を得ることと矛盾しない．

ここまで私たちは公共財市場の性格を明らかにしてきた．人々が自発的に公共財費用を分担すると仮定すると，そのような自発的な支払いをともなう公共財市場の効率性を考えることができる．

この問題に対して私的財の競争市場の効率性と同じ基準を使ってこの問題に答えることができる．ただし，公共財ではすべての人が便益を同時に受けることを考慮に入れる必要がある．n 人の人々が公共財からの利益を得ていると仮定し，効率性は次の数量を最大化することによって得られる．

$$W = \sum_{j=1}^{n} B_j - C \qquad (2.6)$$

(2.6) 式は公共財から得られる便益をすべて足し合わせ，そこから総費用を引いた形になっている．(2.6) 式は，次のような関係が成立したときに公共財の供給が効率的であることを示している．

$$\sum_{j=1}^{n} MB_j = MC \qquad (2.7)$$

(2.7) 式は効率的な公共財の供給を描写しておりそれは，(2.3) 式とまったく同じである．(2.3) 式は図 2.4 で示された市場均衡条件を示している．したがって (2.4) 式で仮定される自発的な支払いがなされるのであれば，それは効率的な供給になることがわかる．

　自発的に公共財の費用分担をすると，結果が非効率となると断言する理由はない．私的財市場は効率的である．公共財との唯一の違いは個人の評価を示す需要曲線を垂直に足し合わせたことであり，その結果が総需要曲線となっているということだけである．

　しかしながら公共財の市場を機能させることは，不可能である．私的財市場では各個人は同じ価格に直面し，そしてそれぞれ異なった数量を選ぶ．公共財市場では各個人は同じ数量に直面し，そのもとで各個人が違った価格を支払うことを要請される．(2.4) 式に示されたように，それぞれの人々が支払ってもよいと思う額が主観的な便益 MB を示している．それはその個人だけが知っていることである．人々に主観的な MB にそって費用の分担を求めることは，人々に彼ら自身の公共財への貢献額を決めてもらうことにほかならない．この状況では人々は自身への便益を少なく宣言する誘惑にとらわれ，真の便益は高くても，費用分担を低くしたいと思うであろう．

　図 2.5 は個人が真の MB を払うより，嘘をついたほうが便益が大きくなることを示している．真の便益よりも低く申請することにより，図 2.5 では公共財 G^* の供給に対して P_1^* を支払うより少ない額 P_2^* ですませられることを示している．

　嘘をつく人たちは不誠実であると感じるかもしれない．このような倫理的な判断はさておき，嘘をつくという行為は，社会にとって非効率的な結果をもたらすことを示そう．図 2.6 には $\sum MB$ が下にシフトする状況が描かれている．それは，多くの人々が偽って自分自身の便益を低く申請し，公共財に対し

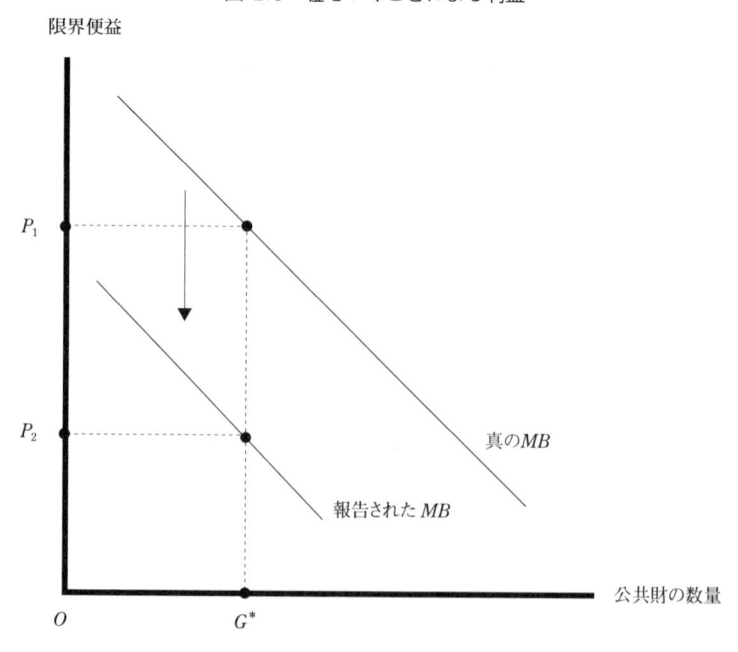

図 2.5 嘘をつくことによる利益

限界便益

P_1

P_2

真のMB

報告されたMB

O　　G^*　　公共財の数量

て，真の評価より少ない額しか支払わないケースである．その結果公共財供給量は G^0 と少なくなる．そして公共財は効率的な数量 G^* に比べて過少供給される．

　もしすべての人が彼らの真の便益のレベルに基づいて自発的に支払うならば，公共財市場は効率的に機能する．アダム・スミスのいう，見えざる手により市場には効率性がもたらされる．それは公共財でも私的財でも同じである．このように公共財において真の自発的な支払いを仮定すれば効率的となるのである．しかしながら自己の利益を追求する個人の行動が私的財の場合には効率性を達成させたが，公共財の場合は同じ個人の行動が効率性達成の妨げとなる．個人の便益は主観的な情報であるので，自発的な支払いが真の便益を反映しているかどうかを知ることは不可能である．

2.1.3　囚人のジレンマと公共財

　公共財の自発的供給は囚人のジレンマのもう１つの例である．私たちは以

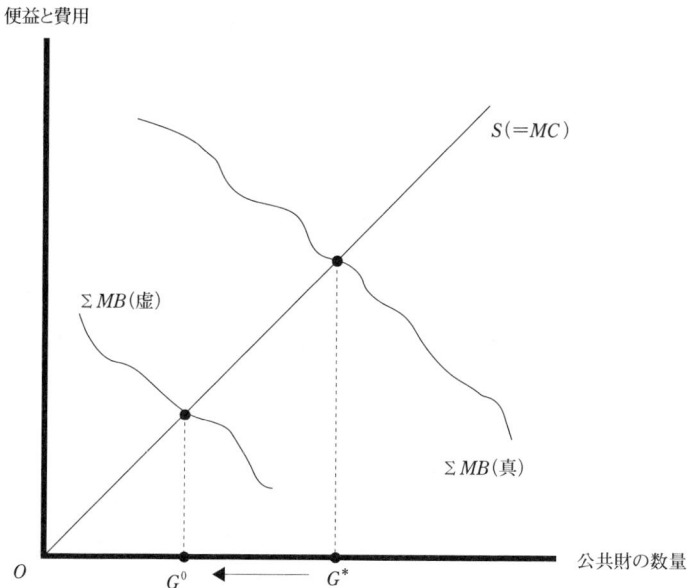

図 2.6 個人の便益が正しく反映されないときの公共財の過少供給

前に囚人のジレンマのケースに出くわしたが，それはだれも見ている者がいないときに，他人の所有物を盗むか，盗まないかという選択に直面したケースであった．公共財の自発的供給のケースは，このような状況のもとにおける囚人のジレンマと構造を同じくしている．表2.1では2人のまったく同じ選好をもった人間が，公共財の費用を負担するか，または嘘をついて負担しないかという選択に直面している．表2.1の最初の数字は個人1の利得を示しており，2番目の数字は個人2の利得を示している．これらの数字はそれぞれの2人の個人について，望ましさの順番も示しており，4は一番望ましい結果であり，1が一番望ましくない結果である．

個人にとって最大の利得4は，公共財が他の人によって負担されるケースである．次に大きい利得3は，2人そろって費用分担をするときである．その次の2は，両者ともに何ら貢献しないときである．最悪の利得1は，自分は公共財負担をするが，もう1人は何も貢献せずにフリーライドするケースである．

それぞれの人にとって，支配戦略は公共財の費用負担をしないことである．

表 2.1 公共財と囚人のジレンマ

	個人 2 が負担する	個人 2 が嘘をつく
個人 1 が負担する	3, 3	1, 4
個人 1 が嘘をつく	4, 1	2, 2

すなわち他の人がどう決定しようとも，自分の最善の戦略は嘘をつくことである．

表2.1では2人ともに，同様なインセンティブをもつ．2人が同時決定すると，ナッシュ均衡は$(2,2)$であり，そのときは，両者ともに公共財の供給をしないのである．

必ず同時に決定されるわけではなく，決定が順番になされることもある．そのときの均衡は再び$(2,2)$である．個人1が最初に決定しなくてはいけないとしよう．すると個人1はもし自分が公共財を供給するならば，個人2は供給しないということを知っている．その場合，結果は$(1,4)$となり，個人1の利得は1であり，個人2の利得は4となる．もし個人1が最初に供給しないと決めたとすると，結果は$(2,2)$となる．このようなときには個人1は，または最初に決定を下す人がだれであれ，供給はしない．そして2番目に決定をする人の最適な反応は同じく供給しないことである．

ナッシュ均衡$(2,2)$は，非効率である．2人ともに公共財の費用負担をし，利得が$(3,3)$になると両者ともより好ましい結果となる．それは$(3,3)$がパレート改善であることを意味している．

効率的な結果$(3,3)$はナッシュ均衡ではない．なぜなら$(3,3)$の状況にある各個人は，公共財の費用負担をしないことによって，利得をより大きくすることができるからである．もちろん他の人が支払いをするという前提ではあるが．両者ともに自己の利益のために公共財の費用負担をやめ，他人に期待すると，結果は$(3,3)$から非効率なナッシュ均衡$(2,2)$へと移ってしまう．

ある人は正直に申告し，彼の真の便益に基づいて支払ってもよいと考えるかもしれない．そのときには正直な人は他の人によって搾取され，フリーライドされてしまうのである．もし個人1が正直者であれば，結果は$(1,4)$となる．

両者ともに嘘の申告をすると，結果としてナッシュ均衡が成立し，$(2,2)$となる．この場合，政府が税金などによって公共財を供給すると，両者とも利得が増え$(3,3)$となる．この場合政府の介入によって，だれもがより大きな利得を得ることになる．

多人数の場合

2人以上の場合には同じような非効率が出現するのだろうか．公共財の自発的供給の場合，個人間の協調がないならば，多人数の場合においても非効率ナッシュ均衡が出現する．多人数の場合，自発的な貢献が，人数が増加するとともにどのような影響を受けるかという問題があるが，これは別の機会に論ずることにする．

所得の分配

所得の分配も公共財の自発的供給に影響を与える1つである．しかしここでは取り扱わないことにする．

2.1.4 ボランティア型公共財

囚人のジレンマが起こる環境のもとで，もし n 人の人が自発的に z_i という量の公共財を供給したとするならば，この n 人が利用可能な公共財の総量は個人の供給量を足し合わせ，

$$G = \sum_{j=1}^{n} z_j \tag{2.8}$$

となる．(2.8)式に示されているように，必ずしも個人 i が供給する公共財の数量 z_i を足し合わせるとは限らない．通常人々はお金を出し合って公共財の供給をする．そのようなときには，公共財の単位価格が P であるとすると，個人が公共財のために提供する額を足し合わせて $\sum Pz_i$ となり，公共財のために使うことができる総額となる．

時には公共財の供給に関しては，(2.8)式のような総和により決まらないときもある．1人が公共財を供給したら，もうそれだけで他の人は何もしなくて良いという場合である．そのようなときには問題は，だれが公共財を他人の便益のために供給するかである．公共財を供給する人は，ボランティアであるが，ボランティアとはいえ，他のだれかが供給してくれるのがよいと思っているのである．

安心や安全は，ボランティア型公共財であろう．政府は個人の安全を保証し，生命や財産を守る義務がある．しかしながら第1章で見たように，政府は個人の生命や財産を保証はしない．助けが必要な人々には，助けが他の人か

ら供給されることがある．たとえば故障した車を道路の隅に動かすためには助けが必要である．盗みや強盗などを取り押さえるためにも助けは必要である．自分がそういう立場になった場合には，助けが与えられたならば嬉しいと感ずるだろう．助けられた人は個人的な利得を得る．助けるという公共財は，必要な人に助けがいってよかったと思うすべての人々に便益をもたらす．助けが供給されたことによってまわりの人々は好ましいと感じるが，助けた人にとっては個人的な負担になる．

似たようなケースであるが，飛行機に乗るために列をつくっている人の中に怪しげな行動をとっている人が目撃されたとしよう．だれもその怪しい人を警備員に報告しないかもしれない．なぜならばその怪しげな行動している人が何でもなかったら，それを指摘することは恥ずかしいからである．警備員にそのような怪しげな人を報告することは，その人には個人的費用となる．しかしながら怪しげな人が警備員に知られ，取り調べを受ければ，本当に怪しいか否かを問わず，すべての人がそのことによって利益を受ける．

ボランティア型公共財のもう1つの例として，道路の上の石を動かすという行為が考えられる．そのために停車し，石を動かす行為はその個人にとって費用となる．しかし彼の行動は他のドライバーの便益となる．問題は，だれがそこに止まって石を片づけるか，ガラス瓶が割れていたとすれば，だれがその割れた瓶を拾って片づけるかということである．映画館でだれかが騒ぎを起こしていたとすると，だれが静かにするように頼むかである．1人の少年が堤防にできた穴に指を突っ込み，洪水が起こるのを止めたというオランダの物語がある．その少年は物語の中では英雄である．というのは，彼が個人的に他の人々を洪水から守るという公共財を供給したからである．しかしこの場合，彼のボランティアとしての行動は，自分自身も助けるという行為でもあり，個人的な利得をともなう行動である．

このように，1人が供給する公共財で十分であれば，n人の人の貢献によって供給される数量は，次のように定義されるであろう．

$$G = \max\{z_1, z_2, \cdots, z_n\} \tag{2.9}$$

1人1人，それぞれの人が使用できる公共財の数量は前と同じである．

$$G = \max\{z_1, z_2, \cdots, z_n\} = G_1 = G_2 = \cdots = G_n \tag{2.9a}$$

(2.9) 式が示しているように，数量 G の公共財がすべての人に供給される．これは n 人の人が供給する公共財の中で最大の量である．最大の貢献をする人が公共財を供給してしまった後では，他の人の貢献は全体の公共財の数量には影響を与えない．最大以下の貢献しかしていない人であっても貢献するには当然費用はかかる．たとえば 4 人の人が $(4, 7, 10, 15)$ の公共財を供給するとしよう．するとすべての人が使える公共財の数量は 15 となり，その他の 3 人の人々が供給した公共財 $(4, 7, 10)$ は全体の公共財の数量には影響しない．

3 人の人が $(4, 7, 10)$ の公共財を供給し，1 人が 15 という公共財を供給する状況は，ナッシュ均衡ではない．なぜならば，ここでは 3 人がそれぞれ $(4, 7, 10)$ を供給しているが，もし 1 人の人が 15 という量を貢献することを知っているとするならば，何も貢献しないほうがより良い選択だからである．ボランティア型公共財においては 1 人の人が公共財を供給することが効率的な結果を生む．したがってフリーライドは効率的である．囚人のジレンマが成立する公共財のケースでは，フリーライドは非効率であった．

ボランティア型公共財の供給が効率的になるために，1 人だけの貢献だけでなく，2 人 3 人またはそれ以上の人々の貢献が必要になるかもしれない．たとえば，故障した車を道の脇に動かすには，3 人の人の力が要るかもしれない．泥棒をやっつけるために 3 人の力が要るかもしれない．ここでは 1 人だけの力が必要なケースのみを取り扱うことにしよう．2 人以上の貢献が必要なケースであっても結論はあまり変わらない．ボランティア型公共財については，すべての人が公共財の供給に貢献する必要がない．そしてフリーライドが効率的になる．ボランティアとはいえ公共財を供給すること自体から個人的な満足が得られるわけではない．だれもが，だれか他人が個人的な費用を払って公共財を供給してくれることを望んでいるのである．

だれがボランティアとなるか

仮に公共財の供給が，たった 1 人の人によってなされうるとすると，だれが自ら費用を払い公共財を供給するのであろうか．公共財から得られる便益が個人間で異なっており，他人が受ける便益がすべて知られているならば，他人より多くの便益を受ける人が公共財を供給するかもしれない．または，人々が公共財を供給する費用は個人間で異なり，すべての人が他人の費用を知っているとするならば，最低の費用で供給できる人が公共財を供給することになるか

もしれない．山登りをしていたグループが道に迷い，助けが必要なとき，一番元気な人が助けを求めに行く．一番元気，すなわち費用が最小な人である．または，特別な薬を必要とする人がいたとするならばその人が助けを求めに行くかもしれない．便益が最大の人や費用が最小の人はボランティアすることによって私的な便益を最大にできる．ボランティアする人たちは，助かるためには自分自身が行くことが一番良いと考えるであろう．ここにおいては，利他主義である必要ない．利己的な行動で十分であり，公共財であるがゆえに他の人々はその行為により便益を受けるのである．

だれもが，もし可能であるならばボランティアをする費用を他人に押しつけたいと思うのであるから，いわゆる，チキンゲームが生じると考えてもよい．そこでは，だれもが自分以外のだれかが公共財を供給するまで待つことになり，だれも公共財を供給しない可能性がある．

ここで2人の人間を考え，公共財が2人の人間に12の便益を与えるとしよう．公共財供給に必要な個人的な費用は2であるとしよう．1人の人が費用2を負担して公共財を供給すれば十分である．

表 2.2　ボランティア型公共財

	個人2が公共財を供給する	個人2が公共財を供給しない
個人1が公共財を供給する	10, 10	10, 12
個人1が公共財を供給しない	12, 10	2, 2

表2.2で示される対称ゲームを見てみよう．両者ともに公共財を供給しないとすると，両者の利得は2である．1人が公共財を供給すると彼の利得は $(12-2) = 10$ となる．最大の利得12は他の人が公共財を供給するケースである．両者とも相手の費用と便益について知っているので，それぞれお互い同士の便益と費用がうりふたつであること知っている．表2.2において，両者ともに公共財を供給したときの利得の和は，$(10+10) = 20$ である．これはナッシュ均衡ではない．なぜならば，1人の人が公共財を供給するときに，他の人は公共財を供給しないならば，より大きな便益12を得るからである．

最低の総利得は $(2+2) = 4$ である．このときは両者ともに公共財を供給していない．これもナッシュ均衡ではない．なぜならば，どちらかが公共財を供給することによって，その人のより利得がより大きくなるからである．表2.2のケースのナッシュ均衡は $(12, 10)$ と $(10, 12)$ である．そこでは1人の人が公

共財を供給し，他の人は供給しない．そこでは，公共財を供給する本人を含め，他の選択をしても，だれもより多くの利得を得ることができない．ナッシュ均衡は効率的である．総利得は最大となり，$(12+10) = 22$ となる．囚人のジレンマのケースとは異なり，効率性のため両者が公共財を供給する必要はない．

囚人のジレンマのケースでは支配戦略が存在した．それは公共財を供給しないという戦略であったが，ボランティア型公共財においては，支配戦略は存在しない．他の人が公共財を供給するのであれば最適な反応は公共財を供給しないことである．

他の人が供給しないのであれば，最適な反応は公共財を供給することである．他人が公共財を供給するか否かは両者ともにわからない．両者とも相手がどんな戦略をとるのかの確率に基づいて自身の決定をしなくてはならない．そして人々が確率的に行動するときには混合戦略の解が出現する．

混合戦略均衡を得るために表 2.2 における個人 1 が直面している状況を考えてみよう．個人として公共財を供給するならば個人 1 は便益 10 を確実に得ることができ，それは個人 2 の決定に依存しない．個人 1 が公共財を供給しないならば，そのときの利得は個人 2 の決定いかんによる．

P_2 を個人 2 が公共財を供給する確率としよう．個人 2 が公共財を供給し，個人 1 が公共財を供給しないとするならば，個人 1 の利得は 12 となる．そして個人 2 が公共財を供給しないとするならば，個人 1 の利得は 2 となる．個人 1 の期待利得は公共財を供給しないとき，次のようになる．

$$12P_2 + 2(1 - P_2) \tag{2.10}$$

個人 1 の混合戦略による均衡は個人 1 が公共財を供給するか否かが無差別になるところで起こる．混合戦略均衡は，(2.10 式) の値が公共財を供給するときに得られる利得 10 と等しくなるときに得られるので，

$$12P_2 + 2(1 - P_2) = 10 \tag{2.11}$$

(2.11) 式を解き，確率 $P_2 = 0.8$ を得る．

このゲームでは個人 1 と個人 2 は対称であったので，個人 1 が公共財を供給する確率 P_1 は個人 2 が公共財を供給する確率 P_2 に等しい．表 2.2 のように利得が得られるとするならば個人は 80% の確率で公共財を供給することに

表 2.3 表 2.2 の結果が表れる確率

	個人 2 が公共財を供給する	個人 2 が公共財を供給しない
個人 1 が公共財を供給する	$(0.8)(0.8) = 0.64$	$(0.8)(0.2) = 0.16$
個人 1 が公共財を供給しない	$(0.2)(0.8) = 0.16$	$(0.2)(0.2) = 0.04$

なる．

もしそれぞれの人が80%の確率で公共財を供給するならば，公共財が供給される確率自体どのくらいであろうか．その質問に答えるためには私たちは表2.2に対応した確率を求める必要がある．すなわち，私たちは2人の人が意思決定をしているときの同時確率（joint probability）を計算する必要がある．その結果は表2.3に与えられている．

その結果，だれも公共財を供給しない確率が4%であることがわかる．他の3ケースでは公共財は供給される．なぜならば1人が公共財を供給すれば十分だからである．したがって公共財が供給される確率は，$(64+32) = 96\%$ となる．公共財が供給される確率がかなり高いにもかかわらず，効率的な結果が生じる確率は $(16+16) = 32\%$ である．公共財がだぶってしまうという無駄な結果が起こる確率は64%である．

もう1つの例

表2.3のケースでは，公共財が供給される確率が非常に高くなった．なぜならば自分が公共財を供給し得られる便益10と比べ，他人が公共財を供給してくれるときに得られる便益12との差があまりないからであった．表2.4はこの差がかなり大きくなるときの例である．表2.2の12の代わりに22となっている．混合戦略均衡は次の式で計算される．

$$22P_2 + 2(1 - P_2) = 10 \tag{2.11a}$$

そして個人が公共財を供給する確率は0.4となる．

表 2.4 他人により供給される高便益

	個人 2 が公共財を供給する	個人 2 が公共財を供給しない
個人 1 が公共財を供給する	10, 10	10, 22
個人 1 が公共財を供給しない	22, 10	2, 2

表 2.5 表 2.4 の結果が表れる確率

	個人 2 が公共財を供給する	個人 2 が公共財を供給しない
個人 1 が公共財を供給する	$(0.4)(0.4) = 0.16$	$(0.4)(0.6) = 0.24$
個人 1 が公共財を供給しない	$(0.6)(0.4) = 0.24$	$(0.6)(0.6) = 0.36$

表 2.5 を見てみると，このケースでは公共財が供給されない確率は 36% となる．もちろん 64% の確率で公共財が供給される．どちらか 1 人が公共財を供給する効率的な結果は，それぞれ 24% であり，したがって効率的な公共財の確率は 48% となる．表 2.3 と表 2.5 を比較してみると，公共財が供給されない確率が上昇し（4% から 36% へ），効率的な供給がなされる確率も同様に上昇した（32 から 48% へ）．それは公共財がまったく供給されない確率の上昇に比べれば，ずっと穏やかではある．

公共財が供給されないときには個人が多大な損失をこうむるケースを考えることができる．表 2.2. においてたとえば両者ともに公共財を供給しないとすると，損失が 88 となるとしよう．すると個人が公共財を供給する確率は $P = 0.98$ となる．このように公共財を供給しないことによって，個人的な損失が非常に大きくなるならば，個人はほぼ確実に公共財を供給する．

ボランティア型公共財の一般形

表 2.6 は，ボランティア型公共財の一般的な形を示している．公共財から得られる便益が b であり，個人的に公共財を供給する費用が c である．もし公共財が供給されないとするのならば，両者それぞれ a の利得を得る．表 2.6 において，個人の利得 $b - c$ は他人の行動に依存せず，得られる利得で，P を他の人が公共財を供給する確率であるとすると，混合戦略による公共財の供給は次の式によって決定される．

$$b - c = Pb + (1 - P)a \tag{2.12}$$

表 2.6 ボランティア型公共財の一般形

	個人 2 が公共財を供給する	個人 2 が公共財を供給しない
個人 1 が公共財を供給する	$b - c, b - c$	$b - c, b$
個人 1 が公共財を供給しない	$b, b - c$	a, a

したがって次式が成立する．

$$P = 1 - \frac{c}{b-a} < 1 \tag{2.13}$$

これらの a, b, c に表 2.2 や表 2.4 で使われた数字をあてはめると，表 2.3，表 2.5 の結果となる．(2.13) 式からわかることは，個人が公共財を供給することによって得られる便益 b が大きければ大きいほど，個人が自発的に公共財を供給する確率 P が大きくなるということである．個人的な費用 c が大きくなると，この確率 P は小さくなる．また同様に，公共財が供給されないときの個人の利得 a が大きくなると，確率 P は小さくなる．

逐次的な意思決定

　私たちはいままで，決定が同時になされるケースを見てきた．そこにおいて，1 個人は他人の決定を知る前に，自分の決定をすると想定してきた．もしも決定が逐次的になされ，便益を先延ばしにすることがさして問題でないとするならば，最初の人は公共財を供給しないという決定を下すであろう．そして 2 番目の人の最適反応は公共財を供給することになる．2 番目の人が公共財を供給するが，これはいわゆるボランティアではない．2 番目の人は公共財が供給されるためにはだれかが費用を負担しなければならないとわかっている．もし他のだれもが供給しないならば，彼が公共財を供給することが彼の利得を最大にする．逐次的な意思決定は効率的な結果を生む．2 番目に決定するひとが公共財を供給する．逐次的な決定は 2 つのナッシュ均衡のうち，どちらかのナッシュ均衡を実現させる．最初に公共財を供給しないと決定する人は次に意思決定する人にそのツケをまわすことになる．

多人数と情報

　多人数で逐次的な決定を下す場合，人々は次の人，次の人へと次の人がいる限りにおいては公共財の供給を任せることができる．もし人数が 20 というように有限であるならば，そのときには 20 番目の人が公共財を供給することになる．最後の人が公共財を供給する理由は，2 人のケースと同様に最後の人は他に押しつける人がいなくなるからである．より複雑なケースになるのは，公共財を供給する人の人数がわからないときである．このときは 19 番目の人は 20 番目の人がいるのかいないのかわからない．このようなケースでは，その

ような個人は公共財を供給することによって確実に得られる利得と，不確実ながら他人が供給するときの利得とをバランスさせるように決定しなくてはいけない．

多くの人々による同時決定というケースも考えることができる．一般的に人々は公共財にまつわる他人の費用や便益の大きさについて知らないであろう．そこにおいては，さらに不確実性が追加され，他の人々が公共財を供給するか否かについて不確実な情報しかもっていないという状況が生ずる．このようなケースでは，人数が多ければ公共財が供給される確率は上昇するのであろうか．私たちは人数が多いほど，少なくとも1人の人が公共財を供給する確率が大きくなることを知っている．と同時に，人数が多くなればなるほど自分以外のだれかが公共財を供給してくれそうであるということもいえる．すなわち，人数が増えるにしたがって，個人が公共財を供給しようとする確率が減り，その意味でフリーライドが増える．この2つの効果のそれぞれが他方の効果をうち消すように働く．したがって両者の効果を考えると，意思決定が同時になされたり，人々が他の人々の便益について不確実な情報しかもたず，他の人々の個人的な費用について不確実なときには，人数の増加は公共財が供給される確率を上げるかもしれないし，下げるかもしれない．

ボランティアと社会規範

ボランティアは自分の利益のために自ら費用を負担して，公共財を供給する．そしてその結果公共財であるがゆえに，意図はしないが結果として他の人々に便益を与える．すなわち，公共財を供給する理由は，他人を喜ばせようとする利他的行為を意味するのではない．もしだれかが困っている人を助けたとするならば，その理由は助けることによって得られる個人的便益 MB が助けるということによる個人的費用 MC を上回るからである．もちろん他のだれかが助けをさしのべる可能性を考えたうえでのことではあるが．もし，だれか他の人が車から降りて道路上の石をどけたならば，それはその個人が車を運転するためには石が邪魔になるからであろう．自分でどけなければ，石はまた明日もそこにあるのであろうし，その人が同じ道を通るのであるから，石をどけるという行為は他人を利することを目的としたものではない．もちろん他人も便益を受けるわけではあるが，ボランティアは他のだれかがボランティアをすることを望むのである．

家庭における集団の利益は，しばしばボランティアタイプの公共財によって表される．例として1人が料理をつくれば十分であろうし，買い物や家を掃除すること，切れた電気やヒューズを取り替えることなどでも同様である．このような場合にはボランティア型公共財の供給の問題は習慣によって解決されることが多い．習慣は家計の中ではそれぞれ毎日顔を会わせたり，だれが何が得意な分野かによるかもしれない．もっと広い社会の中では，習慣ではこれを解決することはできない．しかしながら社会的規範が人々の決定に影響を与えることはありうる．社会的規範は人がある状況のもとにどのように行動するべきかということの目安を与え，それは人々自身の内から来る期待を表している．したがって社会的規範は，個人の決定に外部からの影響を与えることになる．たとえば，映画を見に行く途中で車の中に閉じこめられてしまっている人を見つけたときには，映画に遅れてしまうとしてもそのときは社会的規範という面から，困った人を助けるであろう．そしてそのときには他のだれかがその人を助けるであろう確率がどのくらいあるかなどと考えたりしない．

　社会的規範は他人から冷たくされたくない，また自己の良心に答えるという意味からも，フリーライドという行為を減少させる．したがって社会的規範はボランティア型公共財が供給される確率に影響を与える．個人個人が責任をもってボランティア型公共財を供給することが社会的規範である社会は，そうでない社会に比べて住み良い社会であろう．しかしながらこの場合には，意思決定が同時に行われるときには，不必要な二重の費用がかかることにもなる．

公的負担

　近隣の安全を保つために，警察官が1人だけでパトロールしていればよいかもしれない．しかしながら警察官のパトロールのようなサービスは，個人が自主的に行えるものではない．警察官の給料は公共が支払っているので警察官のサービスという公共財が供給されることについては不確実性はまったくない．政府が供給について責任をもつときには他の人々が公共財を供給するか否かという不確実性は防ぐことができる．公共が費用を負担する場合には，囚人のジレンマタイプの公共財の問題は生ずるが，ボランティア型公共財の問題は生じない．

2.1.5 最弱リンク型公共財

別型の公共財として最弱リンク型 (Weakest-link) が知られている．これは供給される公共財の量が，個人が自発的に供給するなかの最小量となる性質をもっている．すなわち，公共財の量が

$$G = \min\{z_1, z_2, \cdots, z_n\} \tag{2.14}$$

で与えられる．ただし z_i は個人 i の供給量である．囚人のジレンマの場合やボランティア型と同様，供給される公共財 G はすべての人々に同量である．たとえば3人の人がそれぞれ $5, 7, 12$ の量の公共財を供給したとすれば，公共財としてすべての人々に供給されるのは最小の量，5 である．

最弱リンク型公共財を説明するために，ジャック・ハーシュライファー (Jack Hirshleifer)[2] は，島のまわりに防波堤をつくる例を使った．家のオーナーたちは海に面している側に，防波堤をつくった．島を波から護る度合いは各個人がつくる防波堤の一番低い高さで決定される．水はどこからでも進入してくることができ，家々を浸水するからである．最弱リンク型公共財はこのように最低のスタンダードが全体のスタンダードを決めてしまうという性質をもっている．

表 2.7　最弱リンク型公共財

	個人 2 が公共財を供給する	個人 2 が公共財を供給しない
個人 1 が公共財を供給する	24, 24	4, 10
個人 1 が公共財を供給しない	10, 4	10, 10

表 2.7 は 2 人の個人の最弱リンク型公共財による便益の例示である．各人が共に公共財を供給すると，各個人の便益は 24 となる．この場合 2 人ともが海岸線にそって防波堤をつくることになり，島は浸水から免れる．2 人がともに公共財を供給しない場合にはそれぞれの便益は 10 となる．この場合島は浸水されるが，両者ともに何の負担もしていない．個人の便益が最低値 4 となるのは，それは 1 人の人が堤防をつくりもう 1 人の人がつくらないときである．

ナッシュ均衡は $(24, 24)$ のときに起こる．そのときには両者ともに公共財を

---

[2] Hirshleifer, J., "From weakest link to best-shot: The voluntary provision of public goods," *Public Choice* 41, 1983, 371-86 (and 1985, 46, 221-3).

供給している．またもう1つのナッシュ均衡が $(10, 10)$ で起こる．このときには両者ともに公共財を供給していない．すなわち，$(24, 24)$ と $(10, 10)$ の両点において，各個人は意思決定を変更することにより便益を増やすことができない．効率的な均衡は $(24+24) = 48$ の便益を生み出すナッシュ均衡である．このときには両個人共に防波堤をつくる．これは各個人にとっても一番便益が大きい．

このときに支配戦略は存在しない．1人が防波堤をつくるのが一番良い決定であるか否かはもう1人の人が防波堤をつくるか否かにかかっている．個人にとって最良の意思決定は，もう1人の人の決定をそのまま真似ることである．意思決定が同時になされるときは個々の決定がどうなるかは確実にはわからない．混合戦略によってある確率のもとで防波堤をつくることがこの場合も正解である．このとき，両者はある確率で防波堤をつくることになる．

表 2.8　最弱リンク型公共財の一般形

	個人2が公共財を供給する	個人2が公共財を供給しない
個人1が公共財を供給する	b, b	c, a
個人1が公共財を供給しない	a, c	a, a

表 2.8 は最弱リンク型公共財の一般形を示している．個人として最大の利得 b（表 2.7 の例では 24）は両者ともに公共財を供給するときに得られ，個人の最悪の利得 c（表 2.7 では 4）は 1 人の人が公共財を供給し，もう 1 人の人が公共財を供給しないときに起こる．中間の利得 a（表 2.7 では 10）は，両者ともに公共財を供給しないときに起こる．したがって $c < a < b$ である．

混合戦略の均衡を探すためには，前にしたように公共財を供給するときの便益としないときの便益が等しくなるようにする．公共財を供給しないという意思決定は確実な利得として a を生む．公共財を供給するという意思決定は $Pc + (1 - P)b$ の期待利得を生む．ただし P はもう 1 人の人が公共財を供給しない確率である．混合戦略均衡は，これらの 2 つの利得が一致するときに起こり，

$$a = Pc + (1 - P)b \tag{2.15}$$

となる．(2.15) 式を使って他人が公共財を供給しない確率を求めてみると，

$$P = \frac{b-a}{b-c} < 1 \tag{2.16}$$

となる.この場合の意思決定は対称的であるので,この値が各個人が公共財を供給しない確率となる.表 2.7 の数値を使うと,この確率は $P = 0.7$ となる.すなわち個人は 70%の確率で防波堤をつくらない(または 30%の確率でつくる).

表 2.9　表 2.7 の結果が生ずる確率

	個人 2 が公共財を供給する	個人 2 が公共財を供給しない
個人 1 が公共財を供給する	$(0.3)(0.3) = 0.09$	$(0.3)(0.7) = 0.21$
個人 1 が公共財を供給しない	$(0.7)(0.3) = 0.21$	$(0.7)(0.7) = 0.49$

表 2.9 はそれぞれの人が 30%の確率で公共財を供給するとき,各項目が起こる確率を示している.表 2.9 からわかるように,両者ともに公共財を供給するという効率的なケースは確率 9%で起こる.49%と高い確率で両者ともに公共財を供給しないことが起こる.そして,確率 $(21+21) = 42\%$ で,どちらかの人が供給し,どちらかの人が供給しない非効率が起こる.この場合島には公共財は存在しない.なぜならば,1 人の人が公共財を供給しないからである.

最弱リンク型公共財が存在する社会では,すべての人があるレベルの公共財を供給するように調整する問題が発生する.フリーライド問題は起こらない.フリーライドは不可能である.だれもが公共財への貢献をしようとするが,1人の行動だけでは公共財をつくり出すことができない.すべての人がお互いに協力して公共財を供給する必要がある.人数が増えるならば,この調整問題はより難題となる.

逐次的意思決定

表 2.9 においては,意思決定が同時になされることが前提とされている.逐次的な意思決定がなされるときは,調整問題は起こらない.逐次的意思決定をするとき,最初の意思決定者が公共財を供給する決定をする.すなわち,防波堤をつくる.すると,2 人目の個人にとって最適な行動は同様にすることである.したがって逐次的な意思決定は効率的なナッシュ均衡を達成し,公共財は供給され,表 2.7 で示されるように個人の便益は $(24, 24)$ となる.原理的には多人数の場合でも同様に効率的な結果が達成される.最初に意思決定を下す人

はその次の人にシグナルを与えることになり，その結果，すべての人が公共財を供給するという効率的な結果が達成される．合理的な行動をとる限り，逐次的意思決定の結果，すべての人が公共財を供給する効率的な均衡が達成されると期待される．

政府の調整機能

　もしも逐次的な意思決定ができないのであれば，政府にとっては，不確実性を増す確率的手法よりも個人の意思決定を調整するほうが好ましい解決法である．防波堤のケースでは政府は個々人の決定を調整することによって公共に必要な防波堤の最低限の高さを決めることができる．または，政府が税制や財政負担などにより，防波堤を築くこともできる．最弱リンク型公共財に対する政府の調整機能は囚人のジレンマタイプの公共財と似ている．囚人のジレンマタイプにおいては，政府の役割は，フリーライドを排することであった．最弱リンク型の公共財のときにはフリーライドは不可能である．最弱リンク型公共財は，ほぼ私的財と考えてよい．個人が最弱リンク型公共財を供給すると，その個人の利益になる．ただし他のだれもが公共財を同時に供給することが前提ではあるが．

さまざまなスタンダード

　いままでは，人々は同じスタンダードを求めているという立場から，最弱リンク型公共財を記述してきた．防波堤の例ではだれもが同じ高さの防波堤を望む．しかしながら人々はさまざまに異なったスタンダードや異なった最弱リンク型公共財を要求するかもしれない．たとえばある人たちは，津波のように大きな波からも守ってくれる防波堤を要求するかもしれない．高い防波堤を求める人々は低い防波堤を求める人々にお金を支払って，高い堤をつくってもらうことができるが，このことはフリーライドを助長することになる．というのは，実際は高い堤を求めているにもかかわらず，低い堤で良いとし，高い堤を求める人に支払わせることにより利益を上げることができるからである．一般論として，ある人々のスタンダードを引き上げるためにお金が支払われるのであれば，人々は自分のスタンダードを引き下げる．この場合に政府の役割は，一定のスタンダードを設定し，それを遵守させることによりそのような利己的な行動を許さないことである．

2.1.6 公共財としての国防

国防は公共財であり，その便益は自国の防衛支出だけでなく，仮想的な敵国の行動にもかかっている．仮想的な敵国の攻撃力が小さいほど，自国で一定の安全レベルを守るための防衛支出は少なくなる．

表 2.10　2 国の軍事支出と囚人のジレンマ

	国 2 が支出しない	国 2 が支出する
国 1 が支出しない	3, 3	1, 4
国 1 が支出する	4, 1	2, 2

表 2.10 において，2 国の軍事支出決定は，囚人のジレンマを構成する．支出するか支出しないかの決定がなされなくてはならない．表 2.10 では自国にとって最善の利得 4 は，敵国が支出せず，自国が支出するときである．次善の利得 3 は両方の国が支出しないときである．利得 2 が起こるケースは両国ともに支出し，お互いの力を中和するときである．最悪のケースは，自国が支出せずに敵国が支出するときである．支配戦略は防衛のために支出することである．両国とも軍事支出を行い，お互いの力を中和する．結果として両国に利得 2 をもたらす．両国が 3 の利得を得られる効率的な結果は，両国ともに支出しないことが必要である．

国は互いを信用しないかもしれない．秘密裏に兵器を開発しているか否かを監視することは大変難しい．その結果，非効率的なナッシュ均衡 (2, 2) が成立する．(2, 2) のナッシュ均衡は，兵器競争の均衡として知られている．非効率なナッシュ均衡から抜け出すために，軍事支出の削減を協同で行う必要がでてくる．この様な協調政策は通常ある種類の兵器や防衛システムなどを条約という形で制限する．すると，条約に触れないように軍事的な能力を拡大するような努力に結びつきやすくなる．条約は時として守られない．ある国は核兵器や生物兵器を開発した．政府間の条約によればそのようなことはできないにもかかわらず．

軍事同盟

国が防衛費を支出することにより得られる安全は純粋公共財だから，ある一国の軍事支出が他の多くの国々に無償で便益を提供する可能性がある．したがって軍事同盟を結ぶというインセンティブが生じる．そのような同盟関係

では，個々の国は自国のための防衛支出をすることによって他のメンバーに貢献している．ある国は，支出は押さえるが便益はしっかりと受け取るというフリーライド問題が軍事同盟には生じる．フリーライド問題はしばしば，共通の敵は友人であると宣言することによっても起こる．

国内でのフリーライド

防衛支出に関するフリーライド問題は，国内においても起こる．ある個人が自分の信念として防衛に携わることを拒否すると宣言する．もし国防の必要性が差し迫ったものであるならば，この人は他の人々の努力に対してフリーライドしていることになる．このような結果として生じる囚人のジレンマのケースが表 2.11 で示してあり，そこにおいては 2 人の人が国防に対して貢献すべきであるか否かを決定する．ナッシュ均衡は両者ともに貢献しない $(2,2)$ である．

表 2.11　個人が軍事費を負担するか否かの決断と囚人のジレンマ

	個人 2 が負担する	個人 2 が負担しない
個人 1 が負担する	3, 3	1, 4
個人 1 が負担しない	4, 1	2, 2

表 2.11 の国内における囚人のジレンマと表 2.10 における国の間の囚人のジレンマを同時に考えることができる．国内において，人々は表 2.4 のナッシュ均衡 $(2,2)$ におり，防衛支出をしない．同時に表 2.10 における敵国は防衛力の増大のために支出するかもしれない（それが支配戦略であるから）．この場合に，国際間の囚人のジレンマは自国に不幸な結果をもたらす．なぜならば国民がフリーライドしようとした結果，防衛に支出せず，国防自体が存在しないのであるから．

公共支出を防衛費にあてる以外にも政府は時として徴兵などにより，人々を強制的に国の防衛にあてるという方法をとってきた．同時に人々は国の安全が脅かされるときにはフリーライドを求めるのではなく，自らすすんで国の防衛に参加した．

国防にすべての人の力が必要とはされないときには，職業軍人となることを選んだ人々を使って国の防衛がなされてきた．この様な場合には，政府の役割は税制などを通じて職業軍人になる人々への支払いをすることである．ボランティア軍隊というものが存在する．なぜならば，人々が自発的に軍人になるこ

とを選ぶからである．ボランティア軍隊は，ボランティア型公共財ではない．なぜならば，この場合ボランティアといわれる人たちは，他人の利益のために自らコストを負担しているのではなく，支払われる給料のために働いているのだから．

技術と軍事力

表 2.10 による軍事支出のナッシュ均衡 $(2,2)$ においては，それぞれの国は同じ軍事力をもつ対称的な結果となる．大きくてより富んだ国は小さな国よりも，軍事力を増大させるためにより多くの資源を使うことができる．したがって小国は大国の慈悲のもとに存在することになる．歴史上の多くのケースはそれぞれの国が軍事費を支出し，お互いの力を中和することによって力のバランスが出現するような対称均衡にはならず，戦争が起こった．多くの場合，多数の人員を軍隊として動員できる国が戦争に勝利した．しかし時には，動機付けや決意や正義感が人数や資源の量よりも決定的なこともあった．特に外国の部隊が自国に侵略したときにおいてはそれが顕著であった．

技術革新が，国のサイズや資源ということの意味を劇的に変化させた．核兵器や生化学兵器による戦争は，国のサイズや資源をあまり重要としないまでに変化させ，同時に一般市民への危険度は増すことになった．核兵器，化学兵器，生物兵器を取引できる市場の出現が，脅威を増すことになった．

民主主義

民主主義は，戦争を起こさないし，紛争を発生させない．しかしながら時として，民主主義は絶対主義的な陣営から攻撃された．歴史的な前例が示すように，すべての国々に民主主義が成立することが，国際紛争を終了させる手段であり，軍事支出を消滅させる手段となる．

2.1.7 テロを防ぐ

テロとは，通常の生活をしている人々に対する，意図された不当な殺傷行為である．普通の軍備はテロの攻撃に対し無力である．紛争の原因が土地や財宝であるならば，妥協することは可能である．しかしながら，敵が他の人々の信条や価値観について同意できないために相手を傷つけるのであれば，妥協する

ことは不可能である．

テロの個人費用

　テロに対する防衛は，税によって防衛費をまかなう以上の費用負担を人々に強いることになる．このような費用負担は，人々が日々の生活をしていくうえでの不便となって現れる．航空機による旅行はセキュリティのレベルを上げようとすると，費用がよりかかる．危険な微生物入りの郵便物が届いたりするならば私たちは受け取る手紙をいちいち注意深く調べなくてはならなくなる．私たちを傷つけようとしている外国人が，神経ガスを入手できるかもしれないと心配するのも個人の費用である．天然痘のヴィールスやその他の生物兵器，放射性物質や核兵器などを入手しているのではと考えることも大きな費用になる．もちろん最大の費用は人々が命を失ったり，殺傷されたりするときに起こる．

2.1.8　公的費用負担と公的供給

　防衛費の支出や，囚人のジレンマタイプの公共財は（最弱リンク型公共財のいくつかのケースにもあてはまるが）政府による公的な費用負担の必要性を訴える．政府による公的な支出の必要性は政府による公的供給と同じではない．政府による公的費用負担の長所は，政府が強制的な支払いを求める税金を使うことによって，フリーライド問題を解決できるところにある．

　公共財の供給というときには，その公共財を提供するのに必要な投入物を供給するのか，公共財から生じる便益を供給するのかを明確にする必要がある．この違いが重要であるのは，公共財から生じる便益は自然独占であるが，公共財をつくるため投入物は一般にそうではないからである．たとえば，国防から生ずる便益の供給は自然独占である．なぜならば費用を最小化するためには，供給者は1つでよいからである．対して，国防が必要とする投入物の供給は，自然独占ではない．なぜならば競争的な供給者がたくさん存在するからである．私たちが公共財の効率的な供給の条件である $\sum MB = MC$ という式を求めたとき，MC は，公共財の便益をつくり出す投入物の限界費用であった．たとえば MC は追加的な防衛機器を購入する費用である．

　いままで述べてきた効率的な公共財の供給に関しては次のような異なった側

面が存在する.

(1) 効率性の条件が $\sum MB = MC$ と示されているとおりであるが，これは公共財から便益を得るための効率的な投入物の供給を決定する（たとえば，効率的な防衛支出）.
(2) 効率性の第2面は，公共財の便益を受けられるかどうかである．効率的な利用は公共財を消費しようとしているすべての人が公共財を利用できることである．なぜならば利用者の追加は他のだれにも害にはならないというのが純粋公共財の定義だからである．
(3) だれでも自由に追加的費用なしに公共財を利用できることは効率的であるから，その公共財を二重につくることは資源の浪費でしかない．前にも述べたように公共財の便益の供給は自然独占である．

　政府による公共財の直接供給と公共財の費用を負担することは区別する必要がある．前者を容認するためには，そうすることで公共財からの便益がより安く利用できるのか，また自然独占であるかということを考える必要がある．政府は公共財の便益への自由なアクセスを保証したり，私的な独占者がそれを供給できないようにするために，公共財を自ら直接供給することを選ぶかもしれない．私たちは第8章においてまたこの問題に取り組むであろう．現時点においては私たちは公的な費用負担と公的な財の供給とを区別する必要があると覚えておこう．私たちは特に，フリーライド問題の解決や強制的な税の徴収から生まれる便益は，公共による費用負担を支持しているのであって，必ずしも公共財の直接供給を支持するのではない，ということに留意したい．また政府が公共財の費用を負担するときにおいても投入物や材料は競争的な私的供給者によって供給することができるということも覚えておきたい．

2.2 情報と公共財

2.2.1 情報と公共支出

　ここまで，公共財はさまざまな戦略的反応を引き起こすことを見てきた．しかしながら公共財の財政負担に関しては，囚人のジレンマの条件が特に強く現

れた．囚人のジレンマのもとでは供給される公共財の数量は各個人が供給した量の総和となる．n 人が公共財を供給し，それぞれの個人 i が z_i の供給をすると，n 人が利用できる公共財は

$$G = \sum_{j=1}^{n} z_j \tag{2.17}$$

のように表される．公共財の費用が公的に負担されるときは，(2.17) 式に表される量の公共財は税金によってまかなわれる．支払いを義務化することによって，税金は囚人のジレンマによって生ずるフリーライド問題を解決し，公共財が供給される．したがって政府がその力を使い税を徴収し公共財供給を行い，囚人のジレンマ問題を解決するとすれば，それは社会全体の利益となる．

囚人のジレンマによって起こるこのような状況は，政府による公共財の負担という解決策を必要以上に簡単に見せるきらいがある．私たちが見てきたような対称性のある囚人のジレンマのケースでは，各個人は公共財の価値を同等に評価していた．そして効率的な公共財の数量についてもわかっているものと考えた．この場合，政府は各個人に同額の税金を課し公共支出のために必要な資金供給をすればよい．公共財の評価が人によって違うときには，効率的な税負担はより難しくなる．がそれぞれ異なった評価をもつ場合には，効率的な公共財の価格付けはそれぞれの個人への課税額が (2.18) 式を満たさなくてはならない．

$$T_i = MB_i \qquad i = 1, \cdots, n \tag{2.18}$$

T_i の税は，人々が支払うべき価格を表している．ただし，人々がフリーライドするときには，この価格を自発的に払おうとしないので，税という形をとる．

(2.18) 式における税金を決めるときには，政府は各個人の限界効用 MB_i を知る必要がある．しかしながら個人が提供する情報が税負担を決めるならば，個人はこのような公共財への評価の違いを表明するインセンティブをもたない．

また，個別の MB の情報がないときには，政府は効率的な条件

$$\sum_{j=1}^{n} MB_j = MC \tag{2.19}$$

を公共財の効率的供給のために使うことができない．

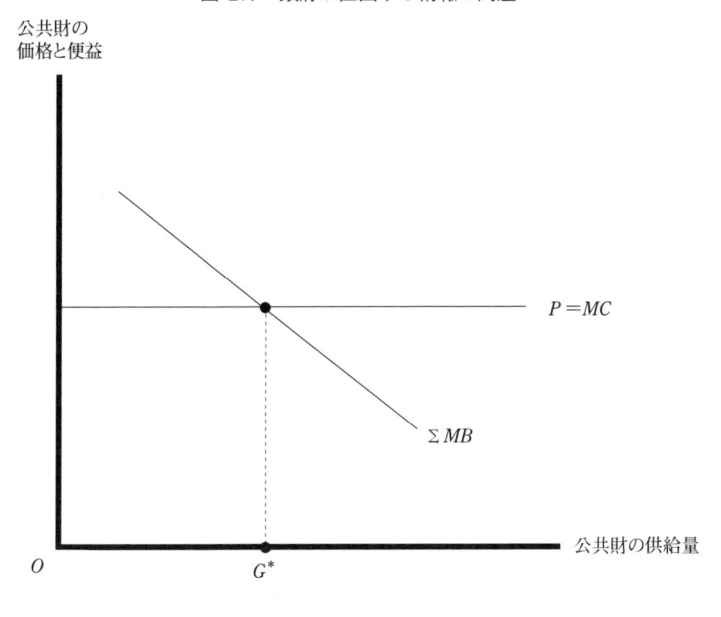

図 2.7 政府が直面する情報の問題

たとえば，図 2.7 においては公共財が競争的に費用一定（$AC = MC$）のもとに供給されるとし，1 単位当たりの価格を P とする．効率的な数量 G^* を求めるには，全体の限界効用の総和 $\sum MB$ が必要であるが，そのためには政府はすべての人々の限界効用を知らなくてはならない．

以前取り扱った特別なケース，すなわち，人々は同質的であり，効率的な公共財の数量が知られているというケースにおいては，必要な税額が同質な人々に同額ずつ割り振られる．これ以外のケースでは政府はここで述べたのと同じ情報の問題を抱えることになる．この問題がそもそも，政府が公共財の数量を決めるための理由になっていたのであるが．

2.2.2 理想的リンダール解と情報問題

ここでは私たちは政府の効率的な公共財支出が明らかになるメカニズムを考え，そして政府が公共財の供給のためにそれを使うことができるような基本的考え方を明らかにしよう．このメカニズムはスウェーデンの経済学者クヌート・ウィクセル（Knut Wicksell）[3]によって考案され，1919 年にエリック・リ

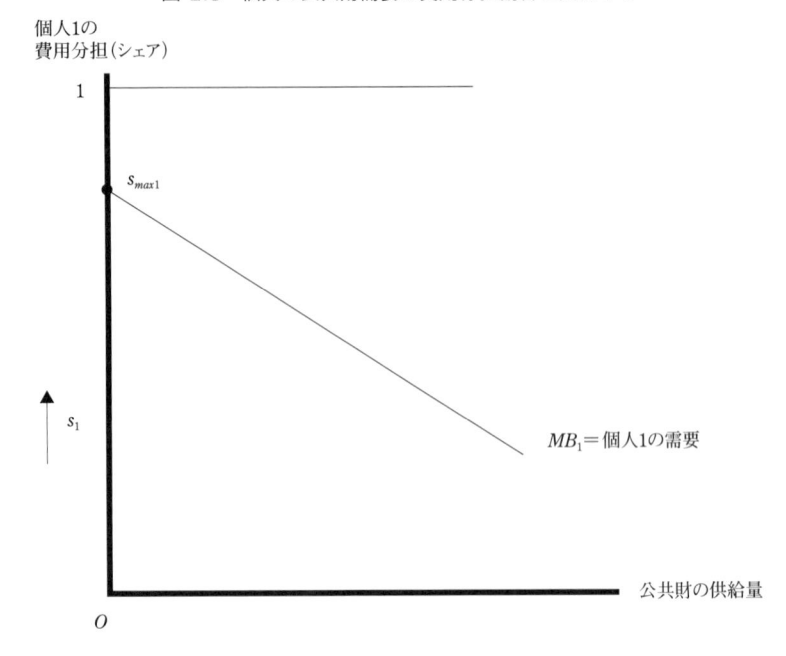

図 2.8　個人の公共財需要は費用分担割合に関係する

個人1の
費用分担（シェア）

s_{max1}

s_1

$MB_1 =$ 個人1の需要

公共財の供給量

O

ンダール（Erik Lindahl）によって発表された[4]．それは私たちが2.1節において考察した公共財市場という概念に立ち戻る考え方である．

図2.8において横軸は公共財の数量 G を計り，すべての人がそれを使用できるとしよう．公共財は価格 P で提供されるとしよう．

2人の人がいる社会を考え，個人1，個人2とし，各個人が公共財の費用を分担するとしよう．個人は分担して公共財の1単位当たり価格 P を負担することにし，それぞれの個人の費用分担（シェア）は図2.8の縦軸で計られており，個人1のシェアは s_1 としよう．個人1のシェア s_1 は個人1の負担する額 P_1 を決定し，それは次のようになる．

---

3) Wicksell, K., "A new principle of just taxation," *Finanztheoretische Untersuchnung*, Jena, 1896. Reprinted in *Classics in the Theory of Public Finance*, R. A. Musgrave and A. T. Peacock (eds.), St Martin's Press, New York, 1967, 72-118.

4) Lindahl, E., "Provision losung, die gerichtigkeit der besteuerung," Lund, 1919. Reprinted as Just taxation - a positive solution. In *Classics in the Theory of Public Finance*, R. A. Musgrave and A. T. Peacock (eds.), St Martin's Press, New York, 1967, 168-76.

図 2.9　自発的支出によるリンダール均衡

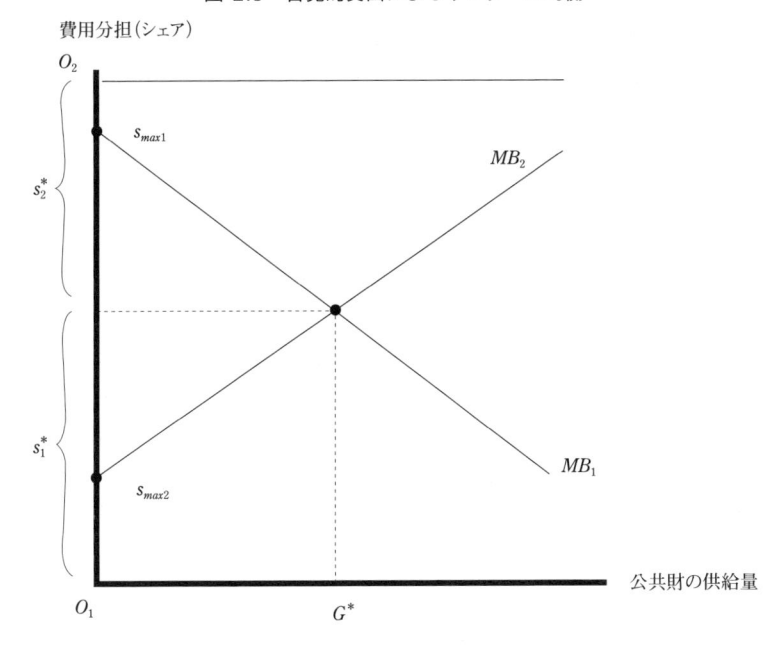

$$P_1 = s_1 P \tag{2.20}$$

図 2.8 において MB_1 は個人 1 の公共財への需要がこのシェア s_1 に応じて変わる様子を示している．ここでは通常どおりの負の傾きをもった需要曲線として表現されているが，個人の需要量が公共財の価格 P に依存するのではなく，個人のシェア s_1 に依存しているところが通常と異なる．図 2.8 において個人 1 は彼のシェアが s_{max1} 以上になっているときは公共財を需要しない．

図 2.9 は個人 2 の需要関数 MB_2 を加えている．この需要関数は原点を O_2 としている．個人 2 の需要は個人の負担が s_{max2} 以上になったときに 0 となる．個人 2 の需要量は MB_2 曲線上で彼の費用分担が少なくなるにしたがって上昇するように描かれている．

2 人の個人の費用分担は足すと 1 になる．

$$s_1 + s_2 = 1 \tag{2.21}$$

個人 2 がこのような MB_2 曲線によって公共財を負担してもよいと表明して

いることは，個人 1 にとっては，その分の公共財の供給と同じである．なぜならば公共財の非排除性により，個人 2 によってもたらされる数量は，個人 1 にも利用できるからである．同様に個人 1 による需要曲線は個人 2 にとっては供給となっている．

したがって図 2.9 には市場の需要と供給が示されていると考えることができる．この市場によって供給される数量は G^* であり，このときには $MB_1 = MB_2$ となっている．G^* のときの個人の費用分担率はそれぞれ s_1^* と s_2^* である．

シェアが s_1^* と s_2^* のときには，2 人の個人が欲しいと思っている公共財の量が一致する．2 人の個人とも G^* の公共財を欲する．この合意はパレート最適をもたらす．合意は 2 人のうちの 1 人が G^* を嫌うことによって壊される可能性があるが，ここではそうならず，分担率が s_1^* と s_2^* のもとで合意があるため G^* の公共財が供給され，両者とも利得がある．それぞれの人について個人的な支払い P_1 は，合意される数量 G^* のときの限界効用と一致し，

$$P_i \equiv s_i^* P = MB_i(G^*) \qquad i = 1, 2 \tag{2.22}$$

となっている．2 人の個人についてこれらを足し合わせることによって次の式を得る．

$$P_1 + P_2 = (s_1^* + s_2^*)P = MB_1 + MB_2 = \sum MB \tag{2.23}$$

もしも公共財の価格 P が競争的市場によって与えられ，それが限界費用 MC に等しいとするならば (2.23) 式により，リンダール合意は公共財の効率的供給の条件式

$$\sum MB = MC \tag{2.24}$$

を満たすことになる．

再び，情報の問題

リンダール・メカニズムによって，公共財の効率的な水準がもたらされるか否かは，個人が自身の限界効用について嘘をつくインセンティブがあるか否かによる．図 2.10 は個人 1 が真の MB_1 から離れて自分の限界効用が MB_1' と報告したときの利得を示している．これによって合意されうる数量は G^* から

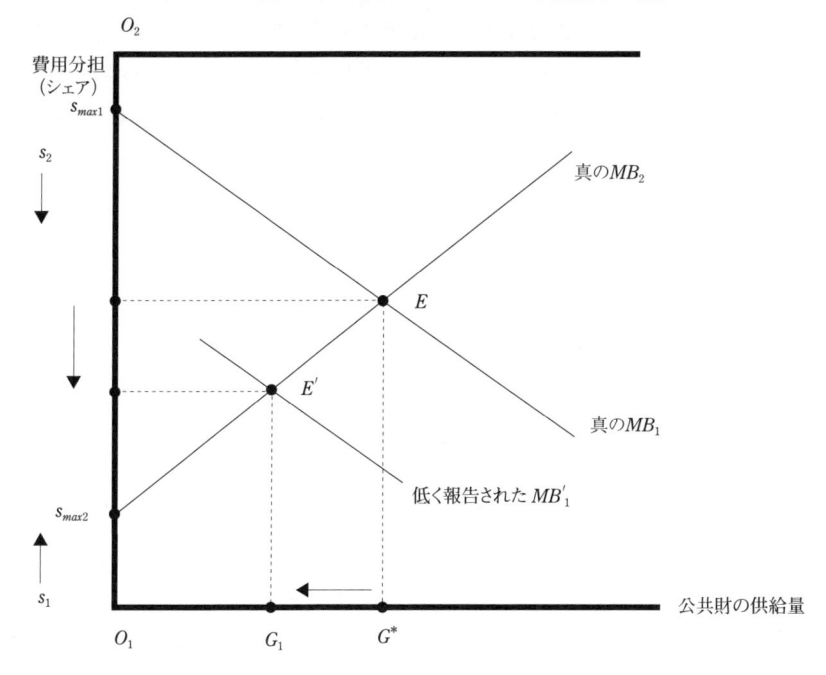

図 2.10 便益を低く報告することによる費用分担の減少

G_1 へと移る．そして，G_1 においては個人 1 は費用分担が少なくなる．個人 2 は費用分担が多くなる．

個人 1 は自分の便益をあまり少なく報告はできない．合意された公共財の数量が供給されるのであり，個人 2 の費用負担が増えるにしたがって彼が同意する量は減るからである．個人 1 が自分の限界効用をあまりにも低く見積もると，個人 2 の費用分担が上がり，その結果，個人 2 が何も供給しないという結果になりかねない．図 2.10 においてはこのようなケースは個人 2 の費用分担が s_{max2} またはそれ以上のときに起こりうる．個人 2 についても個人 1 と同様に自分の便益について嘘をつくインセンティブは存在する．囚人のジレンマのケースと同様にお互いに自分の便益を低く見積もるインセンティブが存在し，再び公共財は過少供給される．

リンダール・メカニズムは効率的な公共財への支出を求める政府にとってその解を提供する．上で見たように，それはまた，政府が効率的な公共財供給を目指すときの情報の問題を明白にする．

リンダール・メカニズムを現実に多くの人々が存在するケースに使うには多くの問題が存在する．多数の人間の存在がリンダールメカニズムの使用を複雑にする．原則論としては，だれもが正しい便益を報告するのであるならば，効率的な負担割合と数量を計算することができるが，公共財の効率的な供給の前に立ちはだかる問題は，個人が個々の便益を過少申告することによって生ずるのである．

2.2.3 費用・便益分析と情報の問題

もしも人々が真の便益を報告するインセンティブがないならば，公共財を効率的に供給するためには，他の方法によって効率的なリンダール解を求めなければならない．費用・便益分析は，効率的な公共財供給のための直接的な計量方法である．図2.11に示されている公共財については，費用・便益分析の目的は $\sum MB$ を計算し，効率的な数量 G^* を求めることである．もしも限界費用 MC が市場からの情報だけでは明らかでない部分があるときには，費用・便益分析の中でその明らかでない費用も直接推計をする．

n 人の人が存在し，図2.11で示されているプロジェクトを考えたとき，このプロジェクトが社会的に有用であるのは，総便益が総費用を上回るときである．すなわち，

$$W = \sum_{j=1}^{n} B_j - C > 0 \tag{2.25}$$

が成立するときである．費用・便益分析の問題は (2.25) 式を最大とするような公共財の供給量を探すことである．(2.25) 式を最大にするには次の条件が成立しなくてはならない．

$$\sum_{j=1}^{n} MB_j = MC \tag{2.26}$$

ただし，(2.25) 式で与えられた純総便益がプラスになっているという条件付きではあるが．図2.11からわかるが (2.25) 式の純便益 W は正の値となっており，G^* は正の値となっている．斜線の部分が最大となる純便益 W である．

図2.11は市場を表しているようにみえる．費用・便益分析は，市場取引からはわからない費用や便益についての情報も使う．

図2.11で示されるプロジェクトは，新しい外国の大使館であるかもしれな

図 2.11　費用・便益分析により効率的プロジェクトを選ぶ

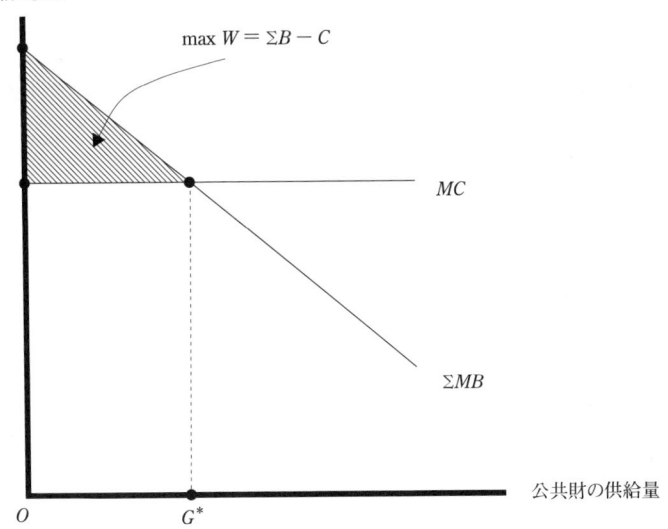

公共財の価格と便益

$\max W = \Sigma B - C$

MC

ΣMB

公共財の供給量

O　G^*

い．大使館の建設費用，人件費，家具や外交上の催しのための費用などは容易に知ることができ，それらが MC の値を決定する．しかしながら，このような新しい大使館によって供給される便益 $\sum MB$ については，情報が得られないかもしれない．市場では，この便益は観察されない．便益を計算するためには，納税者や市民が新しい大使館をどう評価するかにかかっている．図 2.11 によって示されているプロジェクトは，動物園かもしれない．そのときには G の数量は動物の数や動物園の施設のタイプによって決まると考えられる．動物の費用や飼育費などは図 2.11 の費用 MC と考えられる．しかしながら，便益 $\sum MB$ についてはわからないかもしれない．便益を測るためには何人くらいの人々がこの動物園に足を運び，それらの動物を見ることをどのように評価するかを見積もらなくてはならない．貴重な種の動物が動物園で保護されているときに，そのような動物の多様性を保護する便益も計測しなくてはならない．もし公共的なプロジェクトが橋や高速道路であるならば，$\sum MB$ を推定するためには，使用者の人数や，使用している人の時間費用，橋や高速道路によって短縮された時間などが必要である．このようなプロジェクトは公共の安全のためにも必要とされ，事故の減少による便益も推定されなくては

いけない．すると推定に関しては，助かった命の価値やその道路でケガをしたり，事故に遭う確率を減らしたことによる便益も含まれなくてはならない．もし政府が新しいビルをつくり，政府の局を拡張するならば，政府の活動により得られる納税者の便益の推定が必要である．犯罪防止プログラムであるとするならば，犯罪が減少することによって得られる便益の推定が必要である．もしも公衆衛生上のプロジェクトであるならば，人々がさまざまな病気になる確率を減らしたことによる便益の推定が必要である．

　費用・便益分析は非常に複雑になりうる．水の供給を増やすためにはダムをつくることが必要であり，それはその近くに住む珍しい動物の住みかを減らすことになるだろう．その場合にはその動物の生態が崩されることによる費用の推計をする必要がある．ある国おいては，サイの角は媚薬であると信じられている．この信念によってサイが絶滅の危機に瀕している．公的な費用負担によってサイの角に替わる媚薬を開発研究するプログラムから得られる便益は，サイの頭数の減少を和らげることも含む．そしてそのときには（私たち自身と，サイの便益として）サイがより安全に生きることができるようになったという便益を計測する必要がある．

　費用・便益分析は政府の規制についても適用される．車のシートベルトを締めなくてはならないという規制からは，費用と便益が発生する．仕事上の安全規制についても費用を増大させるが，それは傷害や死から労働者を守ることになる．

生命の価値

　費用・便益分析は，しばしば生命の価値の計算を含んでおり，命が助かる確率が上昇することによる便益を含んでいる．生命の価値を計算する1つの方法は，個人が定年退職するまでに得られた所得を合算する方法である．もしある人が不幸にして若死にすると，論理的に考えると，退職後の年金支払いがなされないので，その分を便益として数えるべきなのであろうか．政府がタバコ会社を相手に，タバコ製品により病気になった人々を処置するための医療費を請求する訴訟を起こしたときに，タバコ会社が支払う罰金の額から，タバコによる病気で退職年齢に達する前に死亡したため政府の年金支払額が減少した分を便益として減額するべきであるという指摘がなされたのは，この例であろう．

費用・便益分析では異なった人々の生命の価値を比較する必要も生ずる．たとえば，公的な研究資金を，主に子供が罹る病気への研究に振り分けるか，それとも主に大人や年寄りが罹る病気に振り分けるか決めなくてはならないときである．成人はすでに教育に投資をし，市場価値の高い知識や経験などをもっているかもしれない．子供はまだ教育に投資をしておらず，市場において多くの所得を得られる経験と知識はまだない．失われた所得や，教育投資に基づいて，経済学のアプローチを厳格に適用するならば，子供の生命の価値を低く大人の生命の価値を大きく推定することになるであろう．

生命は経済的な所得や，年金額の減少から生まれる便益以上の価値がある．1つの考え方によれば，生命の価値は無限大である．そして1人の命を救うことは世界を救うことである．なぜならば1人の命を救うことは，その人の世界が救われたのであるから．しかし問題は，命を救うために無限の資源が使えるわけではないということである．

時間を通じての評価

公共財プロジェクトの費用・便益の計算は，通常時間をまたいで行われる．通常の公共財プロジェクトにおいて，費用は今日かかるが，便益は将来数年間にわたり発生する．橋や道路，美術館や外国の公館などがつくられると，その費用はほとんどの場合現在発生し，そこからの便益は将来にわたり発生する．時には便益が今日生まれたり，環境の破壊のように，費用が将来の世代にわたって降りかかることもある．

いまここで最初の年に $\sum(B_0 - C_0)$，そして翌年に $\sum(B_1 - C_1)$ の純便益が発生し，次の年に $\sum(B_2 - C_2)$ が発生し，便益と費用がこのように数年にわたって発生するとしよう．このプロジェクトは公共財としての便益を発生するので，便益 $\sum B_0, \sum B_1, \sum B_2$ などは人口に対して総和をとっている．異時点間の便益をどう評価するかを決める必要がある．これは割引率を使うことでなされる．すなわちある割引率が将来の便益を割り引くために使われる．将来便益を高い率で割り引くことは，現在の費用と便益を高く評価することである．それに対して，割引率が小さいと，将来の価値に高いウェイトをおくことになる．割引率が0であるならば，現在と将来に対して同じウェイトをおくということである．

割引率の選択はプロジェクトが公的な資金を受けられるか否かの決定にも影

響する.自然環境は,ずっと将来にわたり便益を与え続ける.環境を傷つけるプロジェクトならば,使われる割引率が小さいほど,このプロジェクトが拒絶される可能性が高くなるだろう.というのは将来得られるであろう自然環境からの便益に,より大きなウェイトが与えられているからである.

例題として私たちは 1 回だけの費用が今年発生し,便益が一度だけ来年発生するというプロジェクトを考えてみよう.今年の費用は C_0 である.来年の人口全体が得られる便益は $\sum B_1$ である.割引率が i で与えられるときこのプロジェクトを採用するためには,次の式が成立しなくてはならない.

$$W = \frac{\sum B_1}{(1+i)} - C_0 > 0 \tag{2.27}$$

もし $\sum B_1 = 105$, $C_0 = 100$ であり,割引率が 5% 以下であるならば,(2.27) 式の条件を満たす.5% 以上の割引率を使うならば,このプロジェクトは採用されず,5% 以下ならこのプロジェクトは採用される.

このように割引率が公共投資の採否に非常に微妙に関わってくるので,費用・便益分析は,通常感度分析を含めた形で行う.そしてそこでは割引率が変化したとき結論がどう変化するかを見る.もう 1 つのアプローチはプロジェクトの収益率を計算し,その収益率が理にかなっているかを検討することである.この例においては,プロジェクトの収益率は 5% である.

プロジェクトの時間として N 年という時間を考えることができる.それはそのプロジェクトが N 年にわたり便益を与え続け,費用が発生すると考えることである.もしも割引率が 0 ならば,そしてすべて将来の便益や費用があたかも現在の費用と便益と同等に扱われたとするならば,この N 年にわたる純便益の和は次のようになる

$$W = \left(\sum B_0 - C_0\right) + \left(\sum B_1 - C_1\right) + \cdots + \left(\sum B_N - C_N\right) \tag{2.28}$$

将来を割り引くために,私たちは正の値の割引率を選ぶ.それは将来の値を小さくする.正の値の割引率が i とすると,公共投資のための費用・便益の判定基準は次のようになる.

$$W = (B_0 - C_0) + \frac{\sum B_1 - C_1}{(1+i)} + \frac{\sum B_2 - C_2}{(1+i)^2} + \cdots + \frac{\sum B_N - C_N}{(1+i)^N} > 0 \tag{2.29}$$

(2.29) 式はこのプロジェクトの費用と便益の割引現在価値を示している.N

年以降に費用や便益が発生するときには，(2.29) 式に割引率で割り引いた項を追加する．時間が遠くなるほど，将来の便益や費用の現在価値は小さくなる．割引率 i が 0 ならば，(2.29) 式は (2.28) 式で表されたように単純な総和となる．将来に対して施された割引が無限大であるならば，(2.29) 式のすべての項目が，(ただし現在の便益と費用を除いて) すべて消滅する．そしてそのときには，極端なケースではあるが，現在だけが重要であるというケースになる．$i > 0$ であるときには，私たちは次のような定義をすることができる．

$$\delta \equiv \frac{1}{1+i} < 1 \tag{2.30}$$

これは割引率を表現するもう 1 つの方法である．(2.30) 式を (2.29) 式に代入すると私たちは

$$W = \left(\sum B_0 - C_0\right) + \delta\left(\sum B_1 - C_1\right) + \delta^2\left(\sum B_N - C_N\right) + \cdots \tag{2.31}$$

を得る．ここで δ は 1 よりも小さい数であり，将来を割り引いていることがわかる．

特殊なケースとして，同じ便益と費用が毎年繰り返され，それが将来無限に続いているならば，このような無限級数の和は，次のように計算され，プロジェクトの価値として

$$W = \frac{\sum B_i - C_i}{i} \tag{2.32}$$

となる．

割引率はどのようにして選択されるのだろうか．もし市場が人々の選好を反映しているならば，市場利子率を社会的割引率として使用し，将来の費用と便益の計算をする．市場利子率は，人々が今日の消費を将来に延期するときに支払われなくてはならない率である．したがって，それは市場の時間選好を示している．もしも市場利子率と異なった社会的割引率を設定したいときには，資本市場が効率的でないということを証明し，市場利子率が社会的割引率と一致しないことを証明する必要がある．たとえば，自然環境は自然からの恵みであって，それはどの世代の持ち物ではないと考えるので，環境保全のために使われる社会的割引率は 0 であるとするケースである．すなわち，自然環境の価値としては私たちは将来の世代を現在の世代と同等と考えるかもしれない．

社会的リスクと私的リスクの違いは，社会的割引率が市場利子率よりも低いと考えられるもう1つの理由である．資本市場においてはリスクが含まれている．しかしながら，公共投資の提案においては，リスクはすべての人々によって分担されるので社会的割引率は，リスクを含まない低い率となるべきである．

私たちは割引率が将来にわたって一定であるとしたが，割引率は時間とともに変化するかもしれない．公共投資の便益を受ける将来世代の人々は，私たちが設定した割引率では満足しないかもしれない．私たち自身が現在選んだ割引率を将来時点で不満足と考え，他の割引率を選ばなかったことを悔いるかもしれないという時間的非整合性の問題が発生する．私たちがその将来の時点に足を踏み入れたときは，将来にもっとウェイトをおくべきだったと悔いるかもしれない．

時として費用・便益分析はプロジェクトを採用すべきか否かということではなく，いくつかある公共投資の順位付けに使われる．たとえば，地下鉄に投資するか，高速道路に投資するかという選択問題である．表2.12において地下鉄建設は費用として一度に1,400が生じて，それから毎年60の便益がずっと将来にわたって発生すると想定されている．高速道路を拡張することについては，その費用（環境汚染の費用を含め）が10年ごとに400生じて，便益が毎年50得られると想定されている．10年後には高速道路は混雑を始め，高速道路システムとして再拡張されなくてはならない．表2.12からわかるように，50年の年数を考え，将来を割り引かないと考えると地下鉄への投資が選択されるであろう．地下鉄を選択することによって得られる便益は1,100である．期間が100年であるとするならば，地下鉄はより一層価値のある投資となる．そのときには，地下鉄から得られる便益は3,600である．

次に割引率が5%のときの地下鉄と高速道路の便益を計算することができる．その場合は10年おきに道路を拡張するほうが，地下鉄に投資するときよりも有利となる．

私たちの例では，地下鉄への投資と高速道路の拡張投資において，将来得られる便益は一定だと考えたが，現実には将来の便益が増大すると期待していることが多い．特に地下鉄では，需要が増えたときには，長い列の電車をより短い間隔で走らせることができる．このような将来の便益の変化や，地下鉄と高速道路の維持費用の変化や，バスや自家用車による費用などを考えてみること

表 2.12 地下鉄か道路か

	地下鉄	道路
費用 C	一度に 1,400	10年ごとに 400
毎年の便益 B_i	毎年 60	毎年 50
50年間の期間で見ると		
割引前の総便益 $\sum B_i$	3,000	2,500
割引前の純便益 $\sum (B_i - C))$	1,600	500
地下鉄による利得	1,100	
100年間で見ると		
割引前の総便益 $\sum B_i$	6,000	5,000
割引前の純便益 $\sum (B_i - C))$	4,600	1,000
地下鉄による利得	3,600	
割引率 $i = 5\%$		
総便益 $\sum B_i$	1,200	10年毎に 405
純総便益 $\sum (B_i - C)$	-200	10年毎に $+5$

もできる．私たちはまた，高速道路を拡張することによる，環境への負荷やそれにともなう事故によって発生する死傷者の費用，また地下鉄の事故による費用などについても計算の中に入れることができるだろう．これらの費用や便益は私たちの簡単な数値例ではすでに中に入っていると考える．この例の目的は地下鉄システムや高速道路拡張の便益の詳細を提示することではない．そのような詳細な費用や便益に対する計算や評価は実際に費用・便益分析を行うときには必要となるだろう．この例の目的は割引率がどのように公共投資プロジェクトの評価を変化させるかを見ることである．特に費用と便益が発生する時点が異なったプロジェクトである場合，時間的非整合性の問題が起こりうることはすでに述べた．人々は個人的な意思決定において，非常に大きな割引率を選択し，後になって自分の行動がそのように大きな割引率のもとによって行われたと悔いるかもしれない．同じような悔いが生ずる時間的非整合性問題が公共財を供給するための公共投資においても起こりうる．地下鉄を建設する代わりに高速道路ばかり建設してきたのはまずかった．過去において，地下鉄を建設していたらいまになってこのような道路拡張のための税金を払わなくてよかったのにとか，空気の質がずっと良かったであろうと悔いるケースである．この例では 5% の割引率では地下鉄を建設することは絶対ペイしない．そして高速道路を 10 年おきに拡張するほうがよい．

　将来世代が現在世代の支出によって便益を受けることを悔いているのではない．費用・便益分析はだれが便益を受けるかを明白にする．過去に地下鉄が

つくられなかったことを嘆く同じ人々が，過去において地下鉄をつくらないと決定したのである．それは，地下鉄と高速道路の拡張を評価するとき使用された割引率を選ぶときになされたのである．割引率を0にするということは，そのような悔いまたは時間的非整合性を回避するということにつながるのである．

もしも割引率5%が正しいのであれば，正しい選択，すなわち高速道路を拡張するという選択が正しくなされたのである．もしも5%が公共投資をするうえでの正しい正確な収益率であるならば，地下鉄の建設は正当化されない．そして10年ごとに高速道路を拡張することが正当化される．費用・便益分析の結果は変わりうる．そして，割引率が十分に小さくなり，新しい人口推計が地下鉄から得られる便益を上昇させたり，高速道路の拡張にともなう環境破壊が社会にとってより重要と評価されるならば，高速道路の拡張よりも地下鉄が選ばれることが起こりうる．

2.2.4 真実を報告するためのインセンティブ・メカニズム

政府は効率的な公共財の負担と供給を達成するために，公共財から得られる便益をリンダール価格の形で人々に報告させることができる．しかしながら，人々は自分の報告が，支払い額を決定することを知っているならば，便益を過小に報告するであろう．そこで政府は，公共財の負担が一般的な税負担によってなされ，個人が報告した評価は個人の負担と結びつかないという確約のもとで，人々に公共財からの便益を報告させるとしよう．すると，公共財支出が税収からなされるのであれば，税負担の軽い人々は（低所得層である場合が多いが），政府がそのような公共財に多くの支出をしてくれるように，公共財からの便益は大変大きいと報告しがちである．高い税金を払っている人たちでさえ，政府が払っているのだからと考えて，公共財から得られる便益を高く報告をする可能性がある．負担の必要がないとき，便益の報告は，真の便益を過大評価することになり，公共財の過大供給に結びつく．このような公共財の過大供給は，リンダール・メカニズムに基づいて負担がなされる状況下での，過少供給とよく対比される．

では人々が公共財からの真の便益を報告するインセンティブを与える方法は存在するのだろうか．表2.13を見てみよう．そこでは政府が全額費用負担し

たときの個人1と個人2の便益と，個人3の損失が示されている．灯台の建設を考えてもよい．個人1と個人2は船をもっており，その便益は異なるが，灯台から便益を受ける．個人3は船をもっておらず，灯台から出される灯台の光が夜中に自分の家にあたり迷惑となる．

表 2.13 クラーク税の一例

個人1	個人2	個人3
100	70	-80
税 $= 10$	税 $= 0$	税 $= 0$

個人3の損失80は個人1の便益100と個人2の便益70を足し合わせたものよりも少ない．便益を足し合わせた結果，$\sum B = 170$ であるので，総費用 $C = 80$ と比較して費用・便益分析の観点からこのようなプロジェクトは正当化される．

しかしながら，政府は個人1と個人2の便益を知らない．そして個人3にかかってくる費用も知らない．いまここで政府が人々に灯台から受ける便益や費用を，次のようなルールのもとで，報告してもらうことにしよう．

(1) 個人は自分の費用負担や便益を報告し，それが費用・便益分析の計算結果を変化させ，この公共財が供給されるか否かの決定を逆転させるときには税金を支払う．すなわち，人々はその公共財支出がなされるか否かについて決定的な役割をもつとき，人々はそれに対して税金を支払う．
(2) 個人が負担しなくてはならない税金の額は，その個人が公共支出に対する決定を逆転させたときに，そのほかすべての人たちがこうむるであろう純損失額とする．
(3) 集められた税収は，そのプロジェクトの費用負担としては使われず，プロジェクトに関係する人々にはその税金はどんな形にせよ分配されることはない．税収は政府収入となり，それはそのプロジェクトによって便益を受けたりすることがまったくない人々のために使われる．

このような性質をもった税は，クラーク税と呼ばれる．この税は1970年代のはじめに，エドワード・クラーク (Edward Clarke) によって提唱された[5]．ク

---

5) Clarke, E. H., *Deman Revelation and the Provision of Public Goods*, Ballinger, Cambridge, Massachusetts, 1980.

ラーク税は公共財にともなう情報の問題を解決する．クラーク税に直面するときに，人々は自分自身の真の便益や費用を報告するインセンティブをもつのである．

　表2.13を見てみよう．各個人のクラーク税を決定するために，私たちは個人の真の報告が，費用・便益計算を通して，公共財支出がなされるか否かの決定を変えるかどうかを見てみたい．

　個人1から始めてみよう．表2.13を見ると，個人1が費用・便益の評価に加わらずに，個人2と個人3が真の評価を報告したとするならば，費用・便益分析の判断基準は満たされず，公共財は供給されない．個人3にかかる費用80は個人2が受ける便益70を超えるからである．ここで個人1が真の便益100を報告すると，個人1は費用・便益分析の結果を変化させる．個人1が便益を報告することにより，このプロジェクトによる純便益がプラスとなる．というのは $(100 + 70 - 80) = 90$ となるからである．自分の便益を報告し，費用・便益分析の結果を変化させることにより，個人1は個人2に70の便益を与え，個人3に80の損害を与えたことになる．したがって個人1はクラーク税として $(80 - 70) = 10$ を支払うことになる．個人2は税を支払わない．なぜならば，個人2が個人の情報を提供するしないにかかわらず，このプロジェクトは費用・便益分析の判断基準をパスし（個人1の便益は100であり，それは個人3の損失80よりも大きいからである），したがって，個人2の決定は公共財が供給されるか否かに影響を与えない．個人3もまた同様に税を払わない．個人3の情報が加えられなくても，便益の合計は費用を上回るからである．

　各個人の支配戦略は，真の便益や費用を報告することである．個人1は税額10を支払い，このプロジェクトを実現させることによって，利益を受ける．個人1が公共財から得られる便益は100であり，それは税額10を上回る．個人1は嘘の報告をすることによって，彼が支払う税額を変化させることはできない．彼が支払う税額は，個人2と個人3によって報告される純費用によって決定される．税額が個人1の報告によって決定されず，他の2人の評価によって決定されるために，個人1が自分の便益を偽って，100以外の便益を報告する理由はまったくない．

　個人2も同様に自分の評価を偽って報告する理由は存在しない．個人2は真の報告をすることになったとしても，公共財から便益を受けるのであり，税

を支払わない．個人3は80の損失をこうむるが，個人1と個人2の便益の合計が170であるために，個人3は自分の損失が171であると嘘をつくことによって，このプロジェクトを止めることができる．しかし個人3がプロジェクトを止めることは彼の利益にならない．171の損失と報告することにより，個人3はクラーク税として170支払わなくてはならない．個人1と個人2がこのプロジェクトから得られる便益は170であり，もしプロジェクトが遂行されないなら，彼らはそれだけの損失をこうむるからである．個人3が支払うクラーク税170は，プロジェクトが遂行されることによって個人3がこうむることになる損失80を上回ることになる．したがって個人3は嘘をついてこのプロジェクトを止めるインセンティブをもたない．

　したがってだれも自分の便益や費用について嘘をいうインセンティブをもたない．支配戦略は真の便益や費用を報告することであり，そのときナッシュ均衡となる．囚人のジレンマのケースのように，ナッシュ均衡は同時選択の結果として達成される．他のだれもが真の報告をするならば，個人の最適な反応は同じく真の便益や費用を報告することである．

クラーク税における税収の役割

　いままで見てきたように，クラーク税が効果的に働く条件は，税収をその公共財の費用負担のために使わないことである．クラーク税を真の便益や費用を報告させるために使いたいならば，クラーク税収は公共財の費用をまかなうためには使うことができない．

　なぜこの条件が必要かを，表2.13の個人1によって支払われる税額を見ながら考えてみよう．個人1の税額は，個人2と個人3の純損失によって決定されるが，このときに個人1によって支払われる税額が個人2や3の便益となるならば，彼らには個人1が支払う税額を増大させるインセンティブが発生する．たとえば，個人2が嘘を付いて便益が0だと報告したとしよう．便益は70であるのに便益が0であるとした場合，個人1が支払うクラーク税は増加し，80となる．同様に個人3が個人1の支払い税額を増加させるために80以上の損失を報告するごともできる．費用・便益分析の計算によって影響を受ける人々は，クラーク税収から便益を受けることはできないとする条件が，他の人が支払う税額を増やすために嘘をつくというインセンティブを生じさせないための条件となっている．

2 つのプロジェクトの例

　表 2.14 は 2 つのプロジェクト A, B のどちらかを選択する例である．この例においては 3 人全員がこのプロジェクトから便益を受けている．プロジェクト A の総便益は 170 であり，プロジェクト B の総便益 160 を上回っている．したがってもし政府が個々の人の評価を表 2.14 のように知ることができるならば，プロジェクト A が選択されるはずである．プロジェクト A またはプロジェクト B が公共資金によってまかなわれるかどうかを決定するために，政府はクラーク税を使うならば，以下のようになる．

表 2.14　2 つのプロジェクトから選ぶときのクラーク税

	個人 1	個人 2	個人 3
プロジェクト A	70	80	20
プロジェクト B	30	50	80
クラーク税	税 = 30	税 = 20	税 = 0

　もしも個人 1 が費用・便益の計算に加わらないなら，プロジェクト B がプロジェクト A に先行して選ばれることとなる（というのは個人 1 が加わらないとすればプロジェクト A からの総便益は 100 であり，プロジェクト B からの総便益は 130 であるからである）．個人 1 が費用・便益の計算に正しく加わるならば，決定はプロジェクト A に変更される（A の総便益は 170 であり，B の総便益は 160 となるから）．個人 1 が加わることにより，費用・便益の計算結果が変わるため，個人 1 はクラーク税を支払う．その税額は 30 となる．これはプロジェクトが B から A に変更されたときに，個人 2 および個人 3 が受ける純損失に相当する（個人 2 は 30 の利得があるが，個人 3 は 60 の損失になるためである）．

　個人 2 が加わることは，同様にこのどちらのプロジェクトが選ばれるかという決定を変化させる．個人 2 のクラーク税は 20 となる．個人 3 が加わることはプロジェクト A または B の選択に変化をもたらさないので，個人 3 のクラーク税は 0 である．

　前と同様に，支配戦略は再び真の便益を報告することであり，ナッシュ均衡においては 2 つのプロジェクトにおける真の個人の便益が明らかにされることになる．

クラーク税は使えるか

過去において公共財に対する真の便益や損失を表明させるために，クラーク税を使った政府はない．クラーク税を実施するためには，公共財の財政負担によって便益を受ける多くの人々が同時に影響を及ぼし合うことが必要である．

たとえクラーク税の実施に関する困難が克服されたとしても，納税者からの反対が起こるであろう．特に低所得層の人々が高い税金を支払わねばならないような状況においては，不公平であるといった不満が起こるであろう．

加えて，この税は公共財の費用を捻出できない．実際私たちはクラーク税収をその公共財から直接影響を受ける人たちへ提供はすべきではないということを見てきた．クラーク税は人々が自分の評価を正しく報告するインセンティブを与えるメカニズムであり，正しい情報を集めるためにだけ，税金を支払うという考えに必ずしも多くの人々は賛成しないであろう．また政府は政治的な理由によって，クラーク・メカニズムによる個々の人々の税額が不確定であるという事実を好まないであろう．

2.2.5 情報と居住地選択

公共財の情報問題に関するもう1つのアプローチは，人々がさまざまな行政区域の中から，居住地を選択することによって解決しようというものである．それぞれの行政区が税負担によって公共財を供給するとき，人々は公共財負担を支持するか否かを居住する行政区を選ぶことによって，表明することができる．居住地選択による税や，公共財支出を選ぶメカニズムはしばしば，ティブー・メカニズムと呼ばれ，チャールズ・ティブー (Charles Tiebout, 1924-68) が，1956年に公共財の情報問題の解決方法として提案した[6]．ティブーは，フリーライド問題が公共財の自発的・効率的供給を不可能にしているという議論に答えて提案を行った．税金の支払いは義務ではあるが，居住地選択によって税の支払いは自発的になる．なぜならば，居住する行政区から移動することによって，そこでの税金の支払いをやめることができるからである．フリーライドはこの場合不可能である．というのは，ある行政区域に居住することは，そこで徴収される租税と公共支出を認めることになるのだから．

---

[6] Tiebout, C. M., "A pure theory of local expenditures," *Journal of Political Economy* 64, 1956, 416-24.

図 2.12 はこのような居住地選択がフリーライド問題をどのように解決してくれるかを示している．図 2.12 においては公共財から受ける限界便益が低く，MB_L を受ける人と高い限界便益 MB_H を受ける人が描かれている．このような公共財に対する評価の違いは，個人の嗜好の違いによる場合もあるし，2 人の人々の所得の違いにより，所得が高い人がより多くの公共財を需要する場合もある．

初期状態においてこれら 2 人の人々は同じ行政区に居住し，同じ額の税金を支払っているとしよう．両者とも，公共財 1 単位当たり T の額の税金を支払うとしよう．T は公共財 1 単位当たりの単価であると考えればよいであろう．

単位当たりの税が T であるときに，低く評価する人の公共財の需要量は図 2.12 において G_L であり，それは点 J において決定される．そこでは単位税額と個人の限界便益が一致しており，次の関係が成立する．

$$T = MB_L \tag{2.33}$$

図 2.12 の中の面積 VJT は公共財の数量が (2.33) 式によって決定されたときの評価が低い人の便益の最大値を示している．

同じ単位公共財の価格 T に直面している高い便益を受ける人は，より多くの公共財が政府によって供給されることを望み，その量は G_H となっている．それは図 2.2 における，点 Z によって決まり，次式が成立している．

$$T = MB_H \tag{2.34}$$

高評価の個人の理想的な公共財の供給から得られる便益の合計は，RZT である．

このような低評価の人と高評価の人がまざって住んでいる行政区においては G_L の公共財または，G_H の公共財のいずれも供給しないであろう．しかし，異なった 2 つの行政区が存在するならば，これらの数量の公共財を同じ税率 T のもとに供給するであろう．人々は自分に適した行政区に移住することにより，公共財の価格が T であったときにあたかも競争市場によって公共財の数量が決定されるような環境を得られる．それは，自分に適した行政区に移住することにより，人々は自分にとって最適な公共財を選ぶことになるからである．そして両者ともに競争市場から得られるのと同じ最大限の便益を得られ

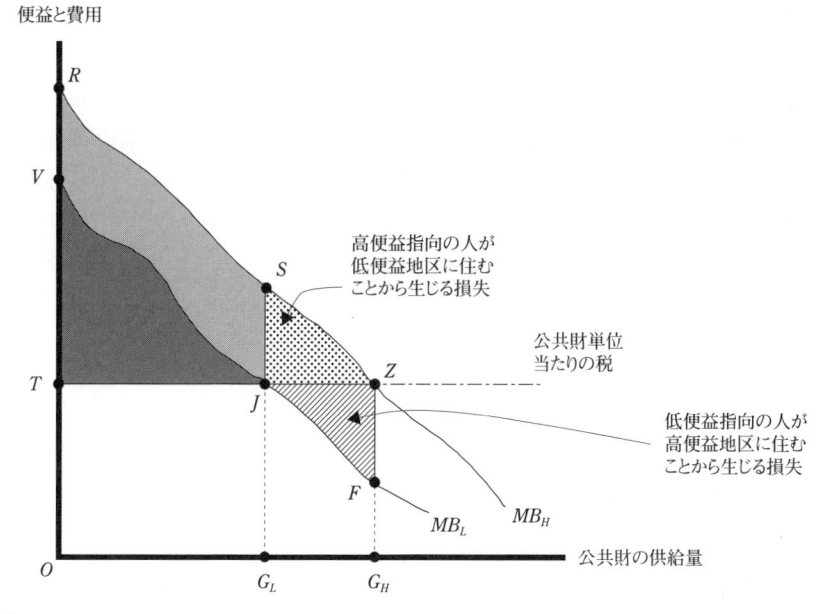

図 **2.12** 居住地選択から見た高便益指向と低便益指向の人

る．

　人々がこのように，自分に適した行政区に移った後には，両者ともに自分自身の公共財に対する評価について嘘の報告をするインセンティブは存在しない．公共財を高く評価し，MB_H の便益を受ける人は公共財に対する評価を MB_L と低く評価することによって便益を受けることはできない．そのようなときには，低いレベルの公共財を供給する行政区へ移住することを必要とする．図 2.12 に見られるように，このようなケースにおいては高い便益を受ける人はこのような移住によって，SJZ の便益を失う．したがって，便益評価の高い人の最適な選択は，高い便益の行政区にとどまることである．

　同じく，公共財の評価を低くする人は，自分の公共財の評価は高いと装うことによって便益を失う．G_H の高い公共財の数量を供給する行政区に移ることにより，低い評価をする人は多額の税金を負担することにより彼が望む以上の公共財の供給に寄与することになる．図 2.12 において低評価の人が高い便益の行政区に移ることによる損失は JZF の面積である．

　したがってこのような居住地選択により，個人は効率的な公共財の供給を受けることが可能となり，嘘をつくインセンティブは存在しない．これが，チ

ャールズ・ティブーによる居住地選択による，公共財供給の情報問題の解決方法であった．

費用分担

ここまで私たちは，評価の高い人々と低い人々が，公共財1単位当たり同じ額の税金 t をそれぞれの地域において支払うケースを見てきた．今度はいかにこの税 t が決定されるかを見てみよう．公共財の価格を P とし，限界費用は MC であるとしよう．公共財1単位当たりの税 T は，この価格を納税者数で割り算して得られる．いまここで n 人の納税者がある行政区に存在したとするなら，

$$T = \frac{P}{n} \tag{2.35}$$

となる．したがって2つの異なった行政区内で単位税額が等しいとするならば，それを負担している納税者の数も等しくなくてはならない．もしも2つの行政区において，納税者の数が異なるなら，納税者の人数が多い行政区においては単位税額が低くなる．なぜならば，より多くの納税者が価格 P を負担しているからである．

2.1節において，純粋公共財は自然独占であった．なぜならば，追加的な人々に与える便益は追加的な支出を必要としないで得られるからである．すなわち，純粋公共財はすべての人々が使用でき，その費用は使用者数に関係ないのである．

このような自然独占という側面を考えると，効率的な費用分担はすべての利用者が1つの行政区内に住むことを必要とする．理想的な結果はリンダール解によって示されている結果である．それはすべての人々が同じ行政区に住み，公共財を彼らの限界効用に応じて負担し，そしてすべての人々が同意する公共財の数量が供給される（リンダール合意による数量が供給される）ことである．しかしながら，リンダール解のためには高評価の人と低評価の人を区別し，それぞれの費用負担を決定する必要がある．一般的には情報の非対称性が存在する．というのは各個人は，自分が高評価か低評価を知っているが，政府は高評価と，低評価の人が行政区内に混在することはわかっていても，だれがそのような評価をしているかはわからないからである．便益の個人情報がない状況では政府はすべての人々に同額の税を課すことができるにすぎない．その

ようなときにはリンダール合意が形成されるどころか，図 2.12 で示されたように，高評価の人と，低評価の人との間での公共財の供給量に対する不合意が存在することになる．

1 つの行政区に居住する人々が n 人とし，n_L が低い評価をもつ人々とし，限界便益 MB_L をもつとしよう．そして n_H が高い評価をし，限界便益 MB_H をもつとしよう．政府はこのような分割を知らないとする．もしも n_L の人々が自分自身の行政単位を形成するならば，単位税額は次のようになるであろう．

$$T_L = \frac{P}{n_L} \tag{2.36}$$

高い評価をする人の行政区内での単位税額は，

$$T_H = \frac{P}{n_H} \tag{2.37}$$

となる．(2.36) 式および (2.37) 式における単位税額はすべての人が公平に費用負担する場合の (2.35) 式よりも高い額となる．

別の行政区域をつくるか否かの決定

公共財の供給される数量が多数決によって決められるとしよう．n 人の人々が，すべて 1 つの行政区に居住しているとき，もし高い評価の人が大多数であるなら（$n_H > n_L$ と仮定するならば），公共財の選ばれる数量は図 2.12 における G_H となる．すると評価を低くする人々はこのような行政区内にとどまるか，そこから移動して彼ら自身で新しい行政区域をつくるかという選択を迫られる．新しい行政区域においては彼ら自身の好みに応じて公共財に対する支出額を選ぶことができる．

高評価をする人々は低評価をする人々が新しい行政区に移ることを希望しない．彼らが去ることにより，高評価をする人々の負担が増大することになる．(2.35) 式による 1 人当たり税額の負担の代わりに，高評価する人は (2.37) 式による 1 人当たり税額を負担しなくてはならなくなる．高評価する人は低評価をする人々に補償支払いをし，行政区にとどまらせることはできない．1 つの行政区内においては，低評価をする人々と，高評価する人々を区別ができないからである．もしもそのような補償支払いがなされるとするならば，もともと高評価の人々が偽って，自分が低評価であるとし，補償支払いを受け取る

かもしれない．低評価の人々がとりうる確実な行動は，低評価の人々の行政区域に移動することである．

また逆に，低評価の人々がこの行政区内で多数を占めるならば，多数決の原理の結果，公共財を図2.12の数量 G_L だけ供給されることになる．高い評価をする少数者は，別の行政区をつくることにより自分たちの好みに合った公共財の数量を得られる支出を選ぶことが正当化されるか否かの問題に直面する．前と同様に費用分担をする人々が少なくなることによっての損失が生ずるため，低く評価する人々は高評価の人が移住することを望まない．

ここで高評価の人と低評価の人が同数である場合を考えてみよう．すると2つの行政区において，単位税額は同じになる（というのは同じ人数の納税者が価格 P を負担しているからである）．図2.13において T が (2.35) 式における単位税額であるとし，これはすべての人々が1つの行政区内に居住したときの単位税額である．人口が異なった行政区に分かれて住むときには，単位当たりの税額 (2.36) および (2.37) 式の値はちょうど $2T$ となる．これは図2.13に示されている（というのは各行政区において人口がちょうど2分の1になったからである）．それぞれの行政区単位においては，それぞれのグループはこの単位税額 $2T$ が，ちょうど彼らの限界便益に等しいように公共財の数量を決定する．したがってこのようなときには低い評価の行政区では，G_{L1} という数量が供給され，それは点 E に対応している．そして高い評価の行政区内では点 D に対応している数量 G_{H1} が選択される．

数量 G_{L1} と G_{H1} は両者ともにそれぞれの行政区域において効率的な供給量である．G_{L1} の数量が n_L の人々に供給されるときは次の条件が成立している．

$$\sum_{j=1}^{n_L} MB_L = MC \qquad (2.38)$$

同様に，G_{H1} が n_H の人口をもつ高い評価の人々に供給されるときには次の条件が成立している．

$$\sum_{j=1}^{n_H} MB_H = MC \qquad (2.39)$$

したがって公共財の支出を妨げている情報の問題は，人々が自分自身の便益を守るために地域を移動することによって解決される．

(2.38)，(2.39) 式で得られる結果は2つの行政区が選択されたときに得ら

図 2.13 課税区を増やすか否かの決定

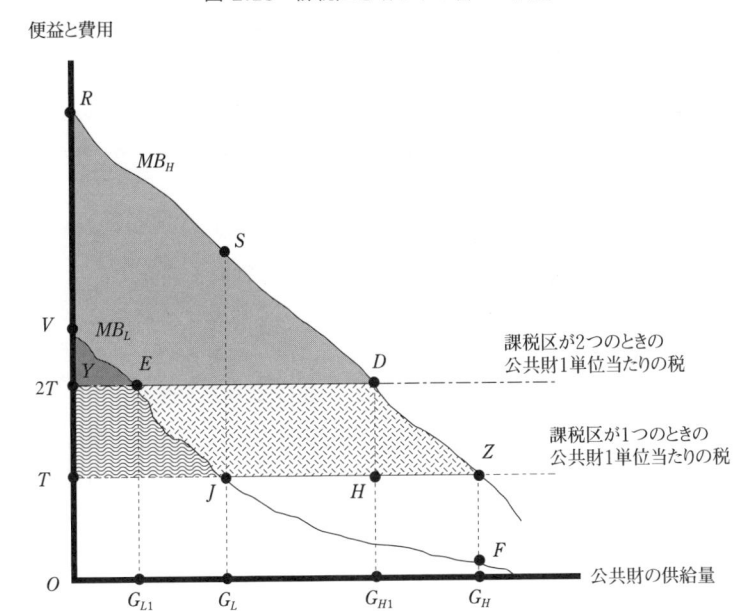

れる状況であるが，すべての人々が同一の行政区内に住み，1 つのグループの好みに応じた公共財の数量を選択することができ，それ以外のグループがその費用分担をしてくれるときにより良い状況が，出現する．図 2.13 において低便益の人々は数量 G_L を選ぶことが最適であり，そこにおいて高便益の人々が費用分担に加わり，その結果単位税額が T となるケースである．税を支払った後の低便益の人々の便益は VJT となり，それは 2 つの行政単位に分かれたときの低便益の人々が得られる便益 VEY より大きい．高便益の人は，低便益の人が費用分担することにより，数量 G_H を得られるときに，最高の便益を得られる．その場合，高便益の人々の便益は税引き後 RZT となり，2 つの行政単位をつくったときの高評価の人々の便益 RDY を上回る．両方ケースとも，すべての人が同じ行政区域に住むときに 1 つのグループが他のグループに自分たちの好みを押しつけることにより利益を得る．

2 つのグループの間の好みが十分に近いならば，両グループとも新しい行政単位をつくり，そこに移るというインセンティブは存在しない．極端な状態においては両グループが大変似通っており，1 つのグループの選択が他のグループの選択とほとんど同じになる．

しかしながら，選好が異なっているときには新しいグループをつくるインセンティブが生ずる．高便益の人々による投票が過半数を占め，彼らが公共財の供給量を決めるようなときには，低便益の人々は新しい行政区をつくるインセンティブが生ずるかもしれない．同様に，低便益の人々が多数を占めるような状況では，高便益の人は新しい行政単位をつくるインセンティブが生ずるかもしれない．

もしも同じ行政区に高便益と低便益の人が一緒に住むならば，低便益の人はいくらかの費用を分担することで高便益の人々の負担を軽くすることができる．しかも，低便益の人は高便益の人がどっちみち供給するであろう公共財から便益を受けることができる．灯台のケースに戻って考えてみよう．大きな灯台は低便益の人々にとっても便益を与える．低便益の人々は小さな船しか所有しておらず大きな灯台が必要なほど遠くへ出かけないので，小さな灯台だとしても便益を受ける．しかし，大きな灯台があったとしても，彼らの目的は達成される．2つの行政単位に分けることは，大きな灯台と小さな灯台を並んで建設するに等しく，大きな灯台は高便益な人々のために使われ，小さな灯台は低便益の人のために使われる．

同じようなケースとして，乗用車とトラックの所有者を考えてみよう．2地点の間にトラックと乗用車が使うことができる道路を建設するとしよう．道路は混雑が起こらないとし，純粋公共財としよう．トラックを所有している人々にとってはより多くの支出をし，トラック仕様の道路をつくったほうがよい．乗用車用と，トラック用の別々の道路をつくることもできるが，無駄である．なぜならば，乗用車もトラックも同じ道を使うことができるからだ．乗用車の人々にとっては，多くの支出をして，トラック仕様の道路をつくるインセンティブをもたない．トラックの所有者は，乗用車の持ち主が乗用車仕様の道路分の負担をすることを提案し，トラック所有者たちはその道路をトラック仕様にアップグレードする費用を負担しようとするかもしれない．乗用車の所有者はこういうかもしれない．トラック所有者はトラック仕様の道路を必ずつくるに違いないから，そのような道路をただで乗用車に使わせればよいではないかと．このような費用分担提案においては，1人当たり税額は低便益の人と高便益の人との間で同じではない．お互いに他のグループに負担を押しつけようとする．もしもトラック所有者が乗用車の所有者にあまりにも多く費用分担を強いるならば，乗用車の所有者には別の道路を建設するインセンティブが生ず

る．もしも乗用車の所有者がフリーライドし，道路の建設に対して費用分担を拒絶するならば，トラックに対して十分な道は，乗用車に対しても十分であるとしてもトラック所有者は彼ら自身の道を建設し乗用車を閉め出すかもしれない．

トラック所有者と乗用車の所有者が１つの道路の建設に対して費用を分担するときには，それらの合算された効率的な支出は各グループが個別に提供できるであろう道路より，高品質の道路を提供することができる．図2.14は低便益のグループおよび高便益のグループにおける効率的な供給 G_{L1} および G_{H1} を示している．それぞれ (2.38)，(2.39) 式によって決定される数量であり，個別のグループがそれぞれの道路をつくる場合である．それに対し，効率的なリンダール解はすべてのグループを１つにしたまま決まる効率的な合意数量であり，それは G^* となる．そこにおいては．両グループの限界便益の総和が価格 P $(= MC)$ と等しくなっている．そこでは低便益の人々が T_L を支払い，高便益の人が T_H を支払うことによって費用分担がなされている．すなわち１本の道路が G^* のレベルの規格に合意され，すべての人々がそれを使い，乗用車をもつ人々は低い費用分担をし，トラック所有者は高い費用分担をする．そのときの G^* の品質は各グループが個別に供給するであろうレベルよりも高くなっている．

道路の例においては人々をトラックをもっているか，乗用車をもっているかで区別できた．したがってリンダール解は可能となる．道路のケースではなく，公共財が警察のパトロールによるサービスだとか，国の防衛などの場合には，このように高い便益を受ける人々と，低い便益を受ける人々とを区別できない．高い便益を受ける人々は，大きな支出を要求し，低い便益の人は低い支出を望むだろう．公共財の情報問題が費用分担の前に立ちはだかる．それが１つの行政区域内での費用分担を妨げる．そしてもしもそれがあるグループにとって望ましいことであるならば，他の行政区域が出現することにもつながる．

人々を異なったグループに分け，それぞれの負担額を決めると納税者１人当たりの費用分担は上昇するかもしれないが，個人にとって最適な選択が，自分自身が望むレベルの公共支出を担保できるようなグループに加わることである場合もある．図2.14は，高評価の人と低評価の人とを区別できないために効率的なリンダール解 G^* を達成できないときには，低評価の人々は別の行政区に移り，G_{L1} の公共財支出と，それにともなう負担をするほうがより良い

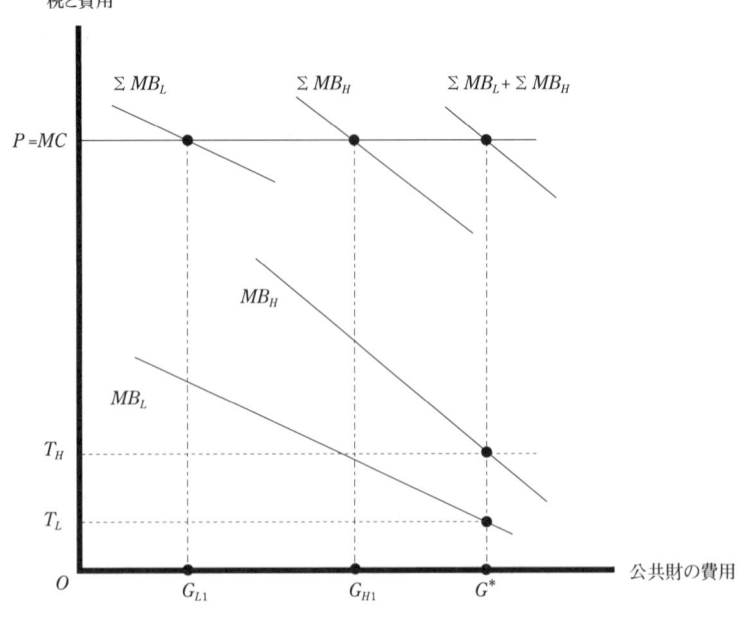

図 2.14 効率的リンダール解と高便益指向・低便益指向の人々

選択にな可能性を示している．または，高い便益の人々が同様に，彼らの好みのレベルの公共財を供給できない行政単位に残るよりも，別の場所で G_{H1} の公共財を供給することを選択する方が好ましい可能性もある．

別タイプの公共財

　異なった人々が完全に異なった公共財を必要とするときには，居住地選択は効率的な費用分担を達成する．仕事を定年で辞めた人々は，税収が学校の支出にあてられないような行政区域に移住することができる．また，子供なしの生活スタイルを望むその他の人々も同様である．年取った人々は，老人のレジャー設備や健康管理に必要な公共財を供給する地域を選ぶこともできる．小さな子供がいる人々は公園やデイケアといった設備が提供される場所を選ぶこともできる．

混雑する可能性がある地域公共財

　人々を異なった行政区などによって，別々の地域に分けることは，公共財が

混雑する場合やそれが存在する場所からの距離に反比例して便益が小さくなるような公共財についても，効率的な費用分担をもたらす．またそのような混雑が起こる地域公共財の供給は自然独占ではない．多くの人が費用を分担することで得られる費用低下分は，混雑のために低下する便益と比較されることになる．同様に使用者が増加して，公共財からより遠くに居住せざるをえなくなることによる便益の減少とも比較されることになる．

居住地選択のメカニズムが成立するための他の要件

もしも公共財の選択が居住地選択を通してなされるならば，職場がその行政区内，あるいはその近隣に存在しなくてはならない．

居住地選択が，競争市場における混雑可能な地域公共財選択の近似であるならば，選ばれる居住地は，競争市場を通してなされる供給を近似できるように多様でなくてはならない．1つ1つの公共財は，まとまって供給されることが多いため，非常に多くの異なった行政区域がさまざまな質と量の公共財を供給する必要がある．行政区域の数がそれほど多くないならば，供給される公共財は競争市場を通して供給される場合に比べ，見劣りすることになるかもしれない．

供給調整のために情報を使う

費用・便益分析およびクラーク税は，政府が公共財の公的費用負担を決定する助けとなる．居住地選択のメカニズムは，これとは異なり個人やグループが公共財を選択するという側面を描写している．

個人の居住地選択の決定をにらみながら，政府は税金や公共支出の決定をすると考えられる．というのは，個人の居住地選択や居住地の移動に関する情報を政府が公共財供給を決めるときに使うと考えられるからである．公共財に対して同じ選好をもつ人々であっても，すぐには彼らの好みを具体化する新しい行政区をつくり出すことはできない．通常行政区域はすでに存在し，それらは歴史的背景をもって決められており，変えるのは難しい．しかし，個人の居住地選択に関する情報は，政府が税金や公共支出を住人の好みに合うように変えることを可能にする．このように居住地選択によってもたらされる情報は，費用・便益分析やクラーク税によって得られる情報と同じように利用され，それらは政府が公共財支出に対して効率的な決定を下す助けとなる．

2.3 公共財のための公共支出

2.2節で見たように，公共財の支出や供給の理想的な解はリンダール合意解であることがわかった．しかし，政府はリンダール解を実施するための十分な情報をもたないこともわかった．費用・便益の計算や，クラーク税，また居住地選択はこのような情報の問題を解決するための方法であった．ここでは，情報の問題をひとまず終え，公共財のための公共支出という問題を考えるとしよう．

私たちは公共財の**費用捻出方法**を考える前に，いくら**負担**するかという情報問題を明確に解決したかったのだが，それに対する明確な答えを出せなかった．したがって私たちはここでは，政府は何らかの方法によって人々の選好や受ける便益を知っており，公共財をいくら負担するのかがわかっているものとしよう．そのような情報は正確な費用・便益分析や，人々の居住地選択によって正確に知ることができたと考えることにしよう．すなわち，ここでは政府は $\sum MB$ を知っており，公共財の限界費用 MC も知っているとする．ただし MC はそれをつくり出すときの投入物価格によって計算されるとする．

さらに，ここで議論する公共財は混雑しないとする．混雑が生ずると，課税が公共財の資金負担ではなく，混雑を減らす目的に使われる．純粋公共財または混雑しない公共財においては，課税の目的は公共財の資金を捻出することである．

公共財は，課税でなく使用料で資金を捻出することもできる．使用料金をとるときには，使用料を払わない人が便益を受けられないようにする必要がある．有料道路や有料の橋はそのような例である．警察官に必要が生じるたびに支払い，使用料によって警察の予算をまかなうことができるかもしれない．このようなときには課税や財政負担の必要は生じない．しかしながら警察の援助が必要なときに使用料金が課せられているとするならば，被害にあった人々は，警察を呼ぶたびに支払わなくてはならず，十分なお金をもっていない人は，法のもとの保護を否定されることになり，社会的に望ましくない状況となるであろう．そして，それは倫理的にも許されない．警察官の出動に対して使用料金をとるならば，人々は犯罪を報告しないようになり，犯罪者は再度犯罪を犯す可能性が高くなる．警察は犯罪を抑止することにより，公共財を供給し

ており，犯罪抑止のための使用料をとるのは不可能である．したがって警察官のサービスに対して使用料は設定されていない．公共財の使用料を支払わない人を除外することができる場合には，課税でなく自発的な支払いによる公共財負担が基本的な考えである．使用料金が課税の代わりとして公共財支出にあてられるケースは，また場所をあらためて議論したい．

ここでは，課税と公共支出が公共財の支払い方法であると考える．公共財が公共支出により供給された後には，公共財からの便益は追加的な支払いなしにすべての人たちが使用できる．以前考慮したように，そのような公共財への自由なアクセスは効率的である，なぜならば追加的な便益を与えることが他のだれの便益をも減少させることはないからである．

2.3.1 課税と公共支出

各個人がリンダール価格を支払うと，公共財の効率的な資金負担ができるが，リンダール解を実現させることはできない．もしも効率的なリンダール価格が実現されたとするならば，それは公共財市場の内部で支払われなくてはならない．すなわち，リンダール価格付けがもし可能なら，それは人々が自発的かつ直接に公共財の費用負担をしたということにほかならない．

このような公共財市場の内部で自発的にリンダール価格を支払う行為は，その公共財以外の財市場で買い手や売り手に強制的に課される税による負担方法と対比される．ここでの課税は，労働市場で人々が得る所得への課税や，私的財への消費支出への課税などが考えられる．これらは公共財の市場ではない私的財市場への介入である．そして介入は社会的費用をともない，納税者の効率性の損失となって現れる．

効率性の損失がどのように現れるか見るために，所得に対する課税を考えてみよう．図 2.15 は個人の労働供給関数 S_L（1 週間または 1 ヵ月または 1 年における労働供給）を表している．労働供給関数は，労働時間と余暇時間の代替関係を示しており，税引き後の賃金率が上昇するにつれて，人々は余暇を減らし労働時間を増やすことにより，所得を得られる活動を増すので，労働供給は増大する．

図 2.15 において課税前市場賃金率 w のときに，個人は L_2 時間働く．一定税率 t の所得税は課税後の賃金率を $w(1-t)$ へと減少させ，その結果個人は労

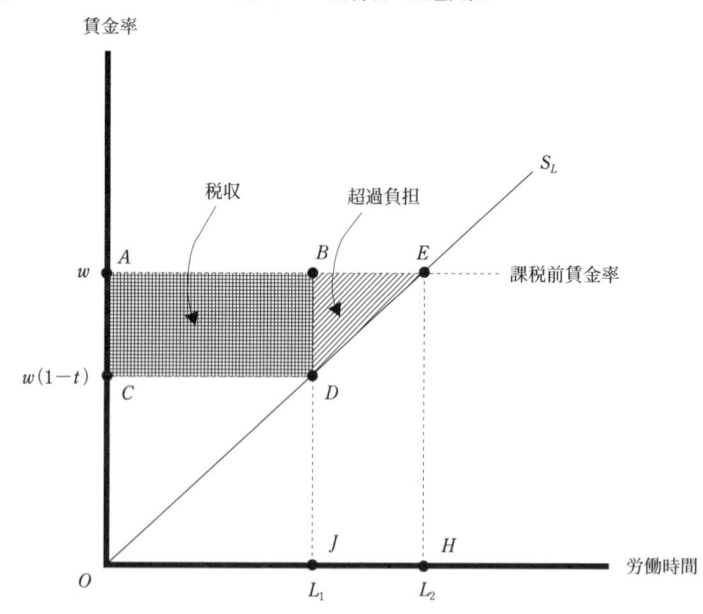

図 2.15 所得税の超過負担

働時間を L_1 へと減少させる．

　税率 t の課税は課税ベースである L_1 時間に課される．課税後において雇用者は競争的な賃金率である w を払い続ける．この労働者の課税前所得は図 2.15 において $ABJO$ であり，課税後においてそれは，$CDJO$ となる．純所得と総所得の差は，$ABCD$ であり，それが政府に税として支払われた額である．図 2.15 におけるように，課税は雇用者にとっての w と，労働者にとっての $w(1-t)$ との間に乖離をもたらしたことになる．課税はまた，市場における人々の行動に変化をもたらし，労働供給を L_2 から L_1 へと減少させる．このような変化は，余暇時間を増やし労働時間を減少させる代替効果によるものである．代替効果が効率性の損失を発生させる．それは図 2.15 に示されている個人に，次のどちらかの質問をすることにより明らかになる．

(1) 政府による課税がなされないようにするために，あなたは政府にいくらまで支払うつもりがありますか．
(2) すでに課税されているとすると，課税前と同等になるために政府はあなたにいくら支払わなくてはなりませんか．

最初の質問は課税がなされていないとしてそのまま課税されないために個人がいくらまで支払う用意があるかを聞いている．2番目の質問は課税がすでになされていることが前提で課税前と同等になるためには，個人がいくら補償されなくてはいけないかを聞いている．

質問に答える前に図2.15の個人は政府に税を支払うという行為からは何ら便益を受けていないとする．すると，その個人は支払った税金が戻ってほしいと思う．しかし，この個人が課税されないためにいくらまで支払ってもよいかというと，それは課税された額以上である．第2の質問に対する答えも，税額以上になる．いずれの場合でも，支払われた税額を超えた**超過負担**が存在しているのである．

図2.15において課税による超過負担はDBFの面積である．図2.15における個人はDBEの額まで，課税を免れるためには課税額よりも多く支払ってもよいと思うし，また課税されているときには同様にDBEの分，課税額以上に保証されなくては満足しない．

課税による損失がDBEとなるのはなぜか

労働供給をするときに個人は余暇時間の減少という対価を払っている．このような個人の費用は労働供給関数S_Lと表現され，それは個人にとって労働供給の私的限界費用MCである．S_L関数の下の領域は，個人が労働供給をするときの総費用に相当する．私たちは次のようなステップにしたがって進むことができる．

(1) 課税前に，個人が市場参加から得られる便益は図2.15のOAEである．それは所得$AEHO$から，L_2時間労働をしたときの総費用OEHを引いた額である．

(2) 課税後には，この個人の便益はOCDとなる．それは課税後の所得$CDJO$と，L_1時間の労働をしたときの私的な総費用ODJの差額である．

(3) したがって課税の効果は，市場参加者の便益を$(AEO-CDO)=AEDC$だけ減少させる．

(4) $AEDC$は2つの部分からなっている．1つは，税収$ABCD$であり，政府に支払われる．もう1つがDBEであり，これが税負担に加えて個人

の負担となっている.

課税による効率性の損失

いままで私たちは,税を支払い,かつ政府に支払った税金から何ら便益を受けてない人を考えてきた.しかし税は公共財へ支出され,公共財は納税者に便益をもたらす.しかし,図 2.15 の超過負担 DBE は,それとはまったく別物である.超過負担は純粋にそして単純に効率性の損失であり,無駄である.

効率性の損失である DBE は,納税者によって負担される.それは直接お金の金額として観察されない.それは個人が課税前には所有していたが課税後には消滅してしまったものである.超過負担分のお金がだれかからだれかの手に渡るわけではない.超過負担はだれも見ることができない.

労働供給関数が,図 2.15 に示されているように,S_L として直線であるならば,DBE は三角形の面積となっている.このときには DBE の面積を計算するのに三角形の面積計算の公式を使うことができ,課税による超過負担の額を計算できる.このときにはそのような計算は次の式で与えられていることがわかる.

$$\frac{1}{2}wL\varepsilon_S t^2 \tag{2.40}$$

この式において,ε_S は労働供給関数 S_L の弾力性である[7].

図 2.16 は税の超過負担が生じないケースを示している.このときには労働時間と人々の余暇時間との間に何ら代替性はなく,供給の弾力性 ε_S は 0 である.したがって課税前と後において人々は同じ時間の労働をする.それは L

---

[7] (2.40) 式を算出するために図 2.15 の三角形 DBE の面積は次のようになる.

$$\begin{aligned}\frac{1}{2}\Delta w \Delta L &= \frac{1}{2}tw\Delta L \\ &= \frac{1}{2}t^2 wL\frac{\Delta L}{\Delta w}\frac{w}{L} \\ &= \frac{1}{2}t^2 wL\varepsilon_S\end{aligned}$$

弾力性 ε_S は通常は一定の値でなく,図 2.15 の X 軸と Y 軸が対数表示されているときに一定となる.そのときには S_L 関数の傾きがちょうど労働供給の弾力性になる.(2.40) 式の超過負担計算式は,税の変化が小さいときに成立する.税の変化が小さいときには労働供給関数にそって少ししか動かない.そのときには私たちは供給の弾力性 ε_S を一定と考えることができる.税の変化が大きいときは,税の変化を小さな部分に分け,それらの影響を足し合わせる(または積分する)必要が生ずる.

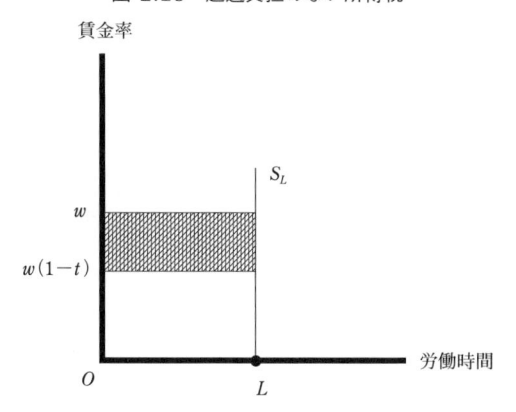

図 2.16 超過負担のない所得税

時間である.

労働供給が課税後の賃金に依存しないために，図 2.16 の個人への課税はその個人の行動を変化させなかった．市場での行動変化なくしては（代替効果による変化がなくしては）超過負担は生じない．$\varepsilon_S = 0$ を（2.40）式に代入すると超過負担の値 0 を得る．

（2.40）式は超過負担が税率の 2 乗に比例して増加することを示している．図 2.17 において税率が t_1 から t_2 に上昇し，税による超過負担は $B_1 D_1 E$ から $B_2 D_2 E$ へと増加する．

税収の変化

税率 t の課税をすることにより得られる政府の税収は，

$$R = twL \tag{2.41}$$

となる．（2.41）式における賃金率 w は市場により与えられており（これは図2.15 や図 2.17 における課税前の市場賃金率である），税率 t が上昇するときには個人の時間に対する代替効果により，労働時間 L は減少する．税率の上昇による代替効果としての労働時間減が比較的少ないのであるならば，税率 t の上昇は（2.41）式による税収を増加させる．図 2.17 によって示されているケースでは $GHD_2 J$ が $B_1 B_2 H D_1$ の面積よりも大きいならば，税率を高くすることによって税収が上昇する．

したがって理論的には税率の上昇は税収を上昇させることも減少させること

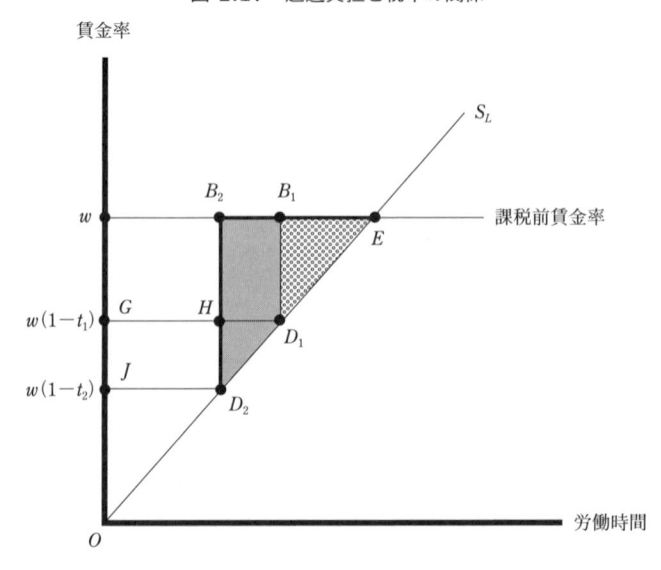

図 2.17 超過負担と税率の関係

もある．しかしここでは税率が上昇したときには税収が上昇するものと考えて議論することにする．これを仮定する理由は，政府は公共財に支出するために税収を得ることに興味があるのであり，税収が上がらないのであれば，政府は税率を上げることに興味をもたないだろうからである．

徴税による効率性の損失

　ここまで私たちは公共財の資金負担に関して，税を使うと生ずる効率性の損失を見てきた．効率性の損失は税の超過負担であり，納税者によって負担される．この効率性の損失は公共財の資金負担を政府の力を借りて行うときに生ずる費用と考えられる．

　ドル，ユーロ，またどんな貨幣に対しても，貨幣 1 単位当たりの効率性の損失を見つけるために (2.40) 式で与えられる超過負担額を (2.41) 式で与えられる税収額で割り算することにより，次の式が与えられる．

$$\frac{1}{2}\varepsilon_S t \tag{2.42}$$

(2.42) 式により私たちは次のことがわかる．

(1) 1ドル当たりの超過負担は所得を得るための労働と余暇との間の代替効果が大きいほど大きくなる．そしてその大きさは個人の労働供給の弾力性 ε_S によって表される．
(2) 1ドル当たりの超過負担は税率に比例して大きくなる．

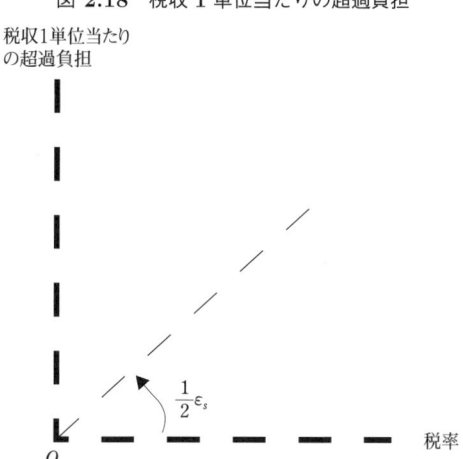

図 2.18　税収 1 単位当たりの超過負担

図 2.18 はこのような関係を示している．

図 2.18 においては，税率が上昇するにともない，1 ドル当たりの超過負担が上昇することが示されている．同様に，どのレベルの税率においても，代替の弾力性 ε_S が大きいほど個人がこうむる超過負担が大きくなる．

税の超過負担と効率的な公共支出

図 2.19 は税の超過負担が公共財支出に与える影響を示している．$\sum MB$ と示される線が公共財から得られる限界便益の合計である．MC は公共財供給の限界費用である．図 2.19 の G_2 の点において，$\sum MB = MC$ となっているのがわかる．この効率性の条件 $\sum MB = MC$ は，税の超過負担による損失を考慮に入れていない．効率性の条件 $\sum MB = MC$ は公共財の市場を通して公共財が自発的に支払われることを前提としており，それは課税による市場介入を前提としたものではない．

図 2.19 の MC_T は投入物の費用だけでなく，公共財が公的資金により負担

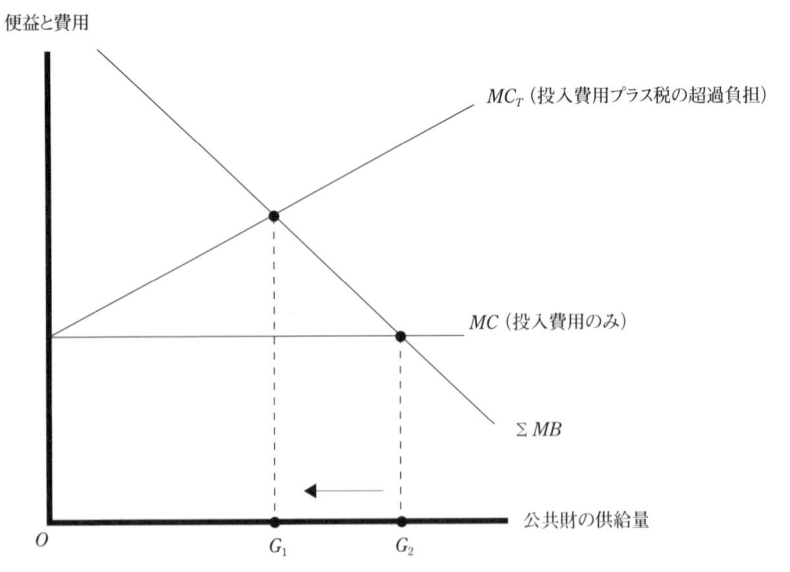

図 2.19 税収によりまかなわれた公共財の効率的水準

されたときの課税による超過負担の費用を含んでおり，もしも政府が正確に $\sum MB$ を決定することが可能なら，効率的な公共財への支出は供給量 G_1 で決定され，そこでは $\sum MB = MC_T$ となっている．課税による超過負担が存在するために，自発的に支払われることを前提にした公共財の水準よりも効率的な公共財の水準は低くなる．

図 2.19 を描くにあたり，次のことが仮定されている．

(1) 公共財の数量を増やすためにはより多くの税収が必要である．税収増は税率の増加によってもたらされる（私たちは税率の増加によって税収が増加しないならば政府が税率を増加させないと仮定した）．
(2) 税収増は（2.42）式で見たとおり課税による超過負担を増加させ，したがって MC_T は公共財の数量につれ，増加する．
(3) より多くの公共財支出をまかなうためにより多くの税収が必要とされるが，それは税率の上昇を必要とする．このとき MC_T と MC との差は公的支出によってまかなわれる公共財の数量が上昇するにつれ，増大する．
(4) 効率的な公共支出は $\sum MB = MC_T$ のときに達成される．

2.1 節において，私たちは，公共財支出を負担するために課税するという政府の役割を論じた．その論拠は囚人のジレンマや，公共財が自発的に負担されるときに受け取る便益を偽って報告するフリーライドのインセンティブが存在するからであった．しかし，課税による超過負担が存在するために，公共財の支出が自主的に行われるときと同じ効率性は達成できない．

図 2.16 のような，特別なケースにおいては，課税の超過負担は存在しないので，図 2.19 の MC と MC_T は一致する．そして G_1 と G_2 も一致する．しかし，課税が人々の選択や労働意欲に影響を与えるときには，課税による超過負担が生じ MC と MC_T の間に乖離をもたらし，公的財政負担を行ったときの公共財の効率的供給量は，私的支出に頼るときの効率的供給量より少なくなる．

超過負担の大きさ

超過負担の大きさを推定することは実証的な問題であり，そのためには人々が労働供給において税の上昇にどのように反応するかを調べなくてはいけない．労働時間と余暇時間の代替性に関する情報は，私たちに弾力性 ε_S の情報をもたらし，そして課税の超過負担を決定することができる．実証研究によれば超過負担はかなり幅のある数値を示している．推定値はかなり低い値から高い値まである[8]．

課税の超過負担を推定するための問題の 1 つは ε_S によって測られている弾力性の値を求めることである．この弾性値は労働市場において直接観察することはできない．その他の情報の問題が課税による超過負担を推定するためには解決されなくてはならない．

---

8) たとえば Browning, E. K. and W. R. Johnson, "The trade off between equality and efficiency," *Journal of Political Economy* 92, 1984, 175-203 は，アメリカにおける所得税収 1 ドル当たり 3.49 ドルの超過負担であると報告した．Ballard, C. L., "The marginal efficiency cost of redistribution," *American Economic Review* 78, 1988, 1019-33 による報告ではアメリカにおける所得税の 1 ドル当たりの超過負担はたった 0.781 ドルであった．これらの研究は異なった接近方法をとっている．Browning and Johnson の推定は税収と同額の補助金の費用・便益比率であり，一方 Ballard の研究では 1 ドルの税収をあげるための限界厚生費用を求めている．Allgood, S. and A. Snow, "The marginal cost of raising tax revenue and redistributing income," *Journal of Political Economy* 106, 1998, 1246-73 はアメリカにおける所得税 1 ドル当たりの限界厚生費用が 13 セントから 28 セントであると推定している．

直接的に税の超過負担を求めるのではなく，経済全体をシミュレーション・モデルとして記述し，労働供給の弾力性 ε_S にいくつかの違った値を選んで計算してみるという方法もありうる．仮に労働者にはあまり選択の自由がなく，ある決められた労働条件にしたがい決められた時間だけ働くと研究者が考えるならば，彼は労働供給の弾力性 ε_S には低い値を想定するだろう．逆に時間や労働条件においてかなり自由がきくと感じている研究者は，課税の超過負担を計算するにあたり，労働の供給の弾力性 ε_S を高い値と考えるであろう．タイプはどうあれ研究者は彼らの考えを事実を学ぶことにより修正することもできる．弾力性 ε_S の値を選ぶことは，課税の変化に経済がどう反応するかを選ぶことになり，推定される超過負担の額に大きな影響を与える．

個人行動と集計

図 2.15 によって個人の労働供給と課税による超過負担を示した．課税の超過負担の測定には，多くの納税者によって支払われた税が関与している．すなわち課税の超過負担の測定は，納税者全体の集計量に基づいている．集計量であるためにある個人の超過負担が大変大きく，ある個人の超過負担は少ないとしてもそれらの事実は表面には表れない．

図 2.19 はある 1 つの公共財支出のケースを描いている．ある 1 つの公共財支出の超過負担は，通常公共支出全体から生ずる超過負担の一部である．すなわち一般に，ある特定の税が，ある特定の公共財支出に対応しているのではない．

課税による超過負担は，納税者全体に関係する集計量である．しかし，課税による超過負担は公共財支出のため税金を納める個人によって負担される．図 2.15 に戻ると，課税の超過負担は個人の反応によって決定される．個人によって負担されるとはいえ，超過負担を課税による社会的費用と呼ぶことができる．なぜなら，超過負担による損失は社会のすべての納税者に課されるからである．

2.3.2 支出への課税

これまで私たちは所得が得られたときの課税から生ずる超過負担について考えてきた．売上税を使えば所得はそれが使われたときに課税されることにな

2.3 公共財のための公共支出

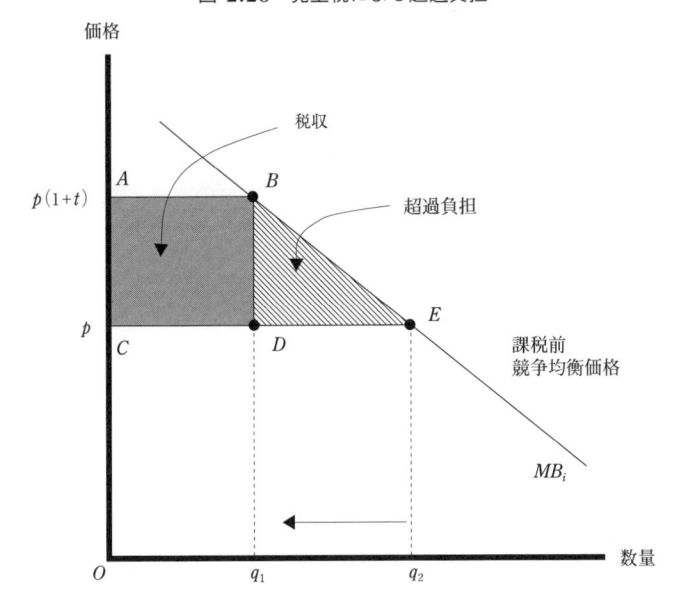

図 2.20　売上税による超過負担

る．税の超過負担の原則は，変化しない．図 2.20 において税収は売上税から得られる．MB_i は個人の需要曲線であり，それは私的便益を表している．そして p は競争的市場によって決まる価格である．市場価格 p に直面するときに，図 2.20 の消費者は数量 q_2 を選択する．税率 t の売上税は個人が支払う価格を $p(1+t)$ へと上昇させ，購入される数量を q_2 から q_1 へと減少させる．図 2.20 における税収は $ABDC$ である．

ここで課税されている個人に対してこの課税をのがれるためにいくらまで支払ってもよいか，または課税前の満足を得られるためには，いくら補償されたらよいかを聞いたならば，両者ともに答えは $ABEC$ である．この値は税収額を DBE だけ上回り，それが売上税による超過負担となる．図 2.20 における DBE の面積は次のようになる．

$$\frac{1}{2}pq\varepsilon_D t^2 \tag{2.43}$$

ただし ε_D は需要の弾力性である．

個人の需要弾力性 ε_D が売上税による個人の超過負担を示す (2.43) 式には現れている．同じように個人の供給の弾力性 ε_S が (2.40) 式に現れた．そこ

では，個人所得への課税による超過負担が示された．所得税が掛けられた労働市場においては，個人は供給者（または売り手）であり，課税への代替的な反応が供給の弾力性を通じて現れた．売上税においては，課税への代替的な反応は市場において個人が購入するときに起こり，そしてそれは需要の弾力性を通じて表現される．

（2.43）式を使って私たちは税収 1 ドル当たりの効率性の損失を計算することができ，それは次のようになる．

$$\frac{1}{2}\varepsilon_D t \tag{2.44}$$

2.3.3 超過負担のない税

図 2.16 で示されたような超過負担の発生しない税は存在するのだろうか．言い換えると，代替的反応を起こさない税は存在するのだろうか．この問に答えるために次のようないくつかの可能性を考えてみよう．

固定資産税

何ら手を加えられていない土地にかかる課税からは超過負担は発生しない．そのような土地の価格は土地の存在する場所によって決まる．課税は土地が存在する場所を変えることはできない．したがって土地は代替することができず，代替することによって税金をのがれることもできない．

何らかの形で手を加えられた土地は超過負担が発生する．手を加えられた土地というのはその土地の上に建てられた資産（住宅や工場など）の価値を含んでいる．そのような土地は，住宅や工場への投資により価値を増している．したがってこのような土地への課税は価値を増すことに対する課税となる．このような課税に対する代替効果は課税額を抑えるために建物などへの投資を抑えることである．

建物や工場への投資への課税はまた，法定減価償却を通じた代替効果を引き起こす．土地の上の資産に投資するときには，税法上の減価償却によって投資家は税の還付を受けることができる．もし税負担が過大になれば，彼らは他の場所で再投資するだろう．このような場合には代替効果が投資場所の変更という形で起こる．

必需品や習慣性のある財への課税

　人々が価格がどうあろうとも需要するような財やサービスへの課税は代替変化を起こさないだろう．たとえば医薬品に対する課税である．そのときには超過負担は発生しない．しかし，薬のような必需品に課税することは倫理上または社会正義の観点から問題を引き起こす．政府はタバコやアルコールなどの習慣性のある財にも課税する．これらの財は習慣性があるがゆえに代替効果が非常に小さいか，まったくない財である．

一　括　税

　代替効果を引き起こさない税金は時として一括税（lump-sum tax）と呼ばれる．「人頭」税は一括税の1つである．人頭税は納税者がそこに「存在する」から（または頭があるから）課税される．人頭税からのがれるための唯一の代替的反応は，税を課している政府の力の及ばないところへ移住すること，いわば「存在をやめる」ことである．

　人頭税は人々を差別する契機を与える．人頭税はそれぞれの頭に対しての課税であるので，税額をだれの頭かによって決めることができる．そのような税金はあまりにも恣意的であり，公平性の原則に反するので望ましくない．

投　票　税

　市場における代替的変化を起こさない税の例としてしばしば投票税（poll tax）があげられる．投票（poll）という言葉は最近ではその歴史的意味を失ってしまったが，本来の意味は投票行動に参加するために税金を払うというものである．言葉通りの意味における投票税は人々を投票行動から回避させる効果をもつ．もしも公共支出の決定が投票によって行われるのであれば，だれが投票するかに影響を与え，公共財の資金負担をどのようにするかという決定にも影響を与える．

さまざまな税

　政府はさまざまな税を使って公共支出をすることができる．所得は課税できるし，支出にも課税可能である．固定資産についても課税可能である．政府は所得税の構造を選ぶことができる．このような税の選択と所得税の構造について第7章で扱う．そこではまた税回避の問題を扱うであろう．ここまでの私

たちの目的は，課税が生み出す超過負担によって効率性の損失が生ずることを指摘することにあった．公共財負担が自発的に行われないとき，フリーライドや囚人のジレンマが発生するとき，リンダール価格として機能する個人的な限界便益 MB がわからないとき，税金による公共財の負担を政府に要請するならば税による超過負担という形で，効率性の損失という費用を発生させる．

2.3.4 税の行政費用と心理的費用

公共支出を税で負担することは，税の超過負担による損失以上の個人的な損失をともなう．法律上，納税者は税を払うための情報を収集し，報告する義務を負う．納税者は税を申告するために時間を割かなくてはならない．会計士・税アドバイザー・弁護士もまた税に関する仕事に時間を費やしている．納税者はプロのアドバイスにより税金を少なくしようとすることはできる．このような納税者の能力または，会計士や税アドバイザーや弁護士の能力を社会にとってより望ましいところに使うことができるだろう．税を受け取る政府側にとっても納税者のファイルや，税務調査などに時間を費やすより，より生産的な仕事に時間を使うことができるだろう．

加えてある人々は税務調査によって他人から法律を盾にして彼らのプライベートな生活を詳細に調査されることに，非常な精神的苦痛を感じるだろう．

このような課税による行政上または心理的な費用は課税の超過負担に加えた費用となる．

2.3.5 繰り延べされた税：政府借り入れ

公共支出は現時点での課税負担ばかりでなく，政府借り入れや国債の販売によっても負担される．政府が国債を販売し，国民から借り入れるときには，政府は利子を支払い，満期には借り入れた額を償還するという約束をしている．利子を支払い，国債を償還することができるためには，政府は将来の財政収入の見通しがなくてはならない．そのためには将来の時点で課税するか借り換えることになる．すなわち，借り入れ金が返済されるためには，課税される必要が生ずる．したがって国債による政府の支出は，繰り延べされた税であり，繰り延べされた超過負担を含んでいる．

課税を将来へ先送りすることにより，国債発行は公共財の資金負担や税による超過負担を将来の納税者に移転することになる．一般的に政府の予算は利子払いや，満期国債の償還支出を含んでいる．利子払いや，国債の償還のための支出は過去の公共財への支出を現在の納税者に負担させる結果となる．

国債による資金負担と利用者負担の原則

公共支出が何世代にも渡り納税者に便益を与えるときには国債や，政府借り入れは利用者負担原則の応用と考えられる．公共財のプロジェクトから便益を受ける将来世代の人々は，まだ生まれていないか，子供か学生であるだろう．国債による政府借り入れにより，将来世代は彼らが便益を受ける公共財の費用負担に将来税金を払うという形で参加することになる．

橋を架けるケースを考えてみよう．橋を架ける費用はその公共投資が行われたときに発生する．費用はそのプロジェクトによって使われた資源の費用である．そのような資源はそのプロジェクトのために他の目的から振り替えられ，橋づくりに使われた．国債により費用負担すると，橋を架けるために使われてしまった資源を将来世代が現代世代に補填することになる．すなわち，それは将来その橋から便益を受ける将来世代の納税者たちに費用を分担させることになる．

2 期間の例

公共プロジェクトを将来世代に分担をさせるためには世代が重複する必要がある．ある公共財のプロジェクトが2つの世代 X と Y に便益をもたらし，それらの世代は2期間の中で1期間重複するとしよう．第1期のときに世代 X が働き，税金 T_X を支払い，政府に B_X を貸し出すとしよう（X 世代が国債を B_X だけ買う）．税金 T_X と国債の売り上げ B_X をあわせてプロジェクトの費用 C にあてるとしよう．

$$C = B_X + T_X \tag{2.45}$$

世代 X は一部は税金として T_X を支払い，残りは政府に国債 B_X を貸すことによって，必要な資源と最初の費用負担 C を提供する．次の期には新しい世代 Y が働きはじめ，税金を納める．世代 Y は税 T_Y を支払うが，それはその世代のこのプロジェクトに対する費用分担である．税収 T_Y は世代 X が購入

した国債 B_X の償還に使われる．

利子率が i であるなら，世代 Y は国債の利子も負担することになり，

$$T_Y = B_X(1+i) \tag{2.46}$$

となる．世代 X はしたがって国債の額面と利子を受け取る．支払われた利子は世代 X が消費を差し控え，公共財のプロジェクトに資源を振り向けたことに対する収益である．国債を使うことによって資金負担は，そのプロジェクトから便益を受け取る 2 つの世代 X と Y に分散されたことになる．

3 期間の例

表 2.15 は公共プロジェクトが 3 期間にわたるケースを示している．3 世代が便益を受ける．各時点において 2 つの世代が同時に生存している．世代 X はこのプロジェクトがスタートしたときに税金を支払い，プロジェクトが使う資源を供出することを通じてプロジェクトの初期費用負担をする．

表 2.15 のプロジェクトの総費用は 1,200 である．簡略化のために利子率は 0 としよう．プロジェクトが始められた最初の期において，世代 X は $T_X = 400$ の税を支払い，政府に $B_X = 800$ の貸し付けをする．これが 1,200 のプロジェクトの費用となる．

第 2 期において世代 Y は税 $T_Y = 400$ を支払い政府に対して $B_Y = 400$ を貸し付ける．金額の合計 $800 = T_Y + B_Y$ は政府によって国債 B_X の償還という形で世代 X に支払われる．世代 X はこの 800 を消費し，世代 Z と世代交代をする．

第 3 期においては世代 Z が税金 $T_Z = 400$ を支払う．世代 Z によって支払われる税 400 は世代 Y が保有している国債の償還にあてられる．

3 期間が終了した後には，それぞれの世代が税負担 400 をこのプロジェクトのために行ったことになる．支払われた税の合計は総費用に等しくなる．すな

表 2.15 公債による費用負担

1 期	2 期	3 期
$T_X = 400$	$T_Y = 400$	$T_Z = 400$
$B_X = 800$	$B_Y = 400$	
	$B_X = 800 = T_Y + B_Y$	$B_Y = 400 = T_Z$
$D_1 = -800$	$D_2 = -400$	$D_3 = 0$
	総費用：$C = 1,200 = T_X + T_Y + T_Z$	

わち $C = 1,200 = T_X + T_Y + T_Z$ である.

　第1期の取引が終わった後に政府は $D_1 = -800$ という負債を抱えている. 負債は政府支出が税収を上回る部分である. 負債の額はその期の世代へ販売された国債の額 B_X に等しくなる.

　第2期において, 政府は800を償還し, 400を借りた. それは第2期の期末において負債額 $D_2 = -400$ となって現れる.

　第3期において400の負債を償還し, 何ら借り入れはしなかった. したがって第3期の終わりに負債額は0になる. このプロジェクトの期間を通してみると, 政府予算収支は均衡しているのである.

　表2.15の例では, 利子率が0であった. 正の利子率があるならば, 世代 Y や Z によって支払われる税額は国債によって生ずる利子払いの分400よりも多くなる.

国債の債務不履行

　世代 Z はプロジェクトの費用分担を拒絶することによって利益を受けることができる. 世代 Z は, 世代 Y が保有する国債は無効であると宣言する政府を選ぶことにより, 費用分担を拒絶できる. すなわち, 国債の償還は政府の責任であるにもかかわらず, 現政府は先の政府の約束した国債は無効であると宣言するかもしれない. しかし, 現政府が過去の政府が発行した国債の利払いや償還を拒絶したとしても, 公共財のプロジェクトはすべての世代に対して便益を与え続けるのである. プロジェクトは第1期に完成されているのであり, 政府が国債の償還を拒絶したときに違いが生ずるのは世代間の所得分配である.

不平等な税負担

　予期されない世代間の所得再分配が, 便益が当初に予想された期間以上にわたる場合に起こりうる. たとえば, 表2.15のプロジェクトが当初は3期間だけ便益が持続すると考えられていたが, 第4期にも便益が続いたという場合である. このとき第4期の世代はなにも負担しないが, 便益は受けることになる.

　世代間の不平等な分担は, プロジェクトの設計段階において起こることがある. 世代 X が利他的な観点からプロジェクトの費用すべてを負担し, 将来世

代には負担なしで便益を与える場合である.

世代 X はプロジェクトすべてを国債によってまかなうこともできる. そうすると, 課税負担をすべて将来世代に負わせることになる.

経済成長がなされているときには, 後続世代は先行世代よりもより生活水準が高くなる. 将来世代が過去の世代が支払った以上に負担すべきであるという決定がされたとすると, 国債を使うことにより, 将来世代の負担をより重くすることができる.

現在世代に便益を与える国債による資金負担

私たちの例題は, 国債を使って将来世代の便益にもなるプロジェクトに資金を提供すると仮定した. しかしながら最初の世代 X は, 国債の売却から得られる資金を自分たちの世代だけの便益のために使うこともできる. すなわち, 国債からの収入を現在世代 X の消費のために所得移転として使うこともできる. とすると将来世代は何ら便益を受け取らないが, 利子と国債償還のために税金を支払う義務だけを受け継ぐことになる.

国債の使用は政治的な難しさもある. 国債を使うことは, 税とそれから生ずる超過負担に反対の声をあげることができない人々（まだ生まれない人々や, 国債が発行されたときに子供だった人々）に負担を押しつけることになる.

国債から得られる資金が, 税負担が生ずる将来世代に便益を与えるプロジェクトに使われるという保証はない. 憲法上の制約として政府の財政赤字に上限を設けたり, 国の負債に対する上限を設けたりすることにより, 将来世代をそのような不幸から守ることができる（国の負債は過去に発行された国債の中で, 償還されずに残っている国債の残高である）. 私たちは政府を憲法により制約するという問題につい第 9 章で論ずるだろう.

税によってまかなうか, 国債によってまかなうか

個人にとって, 政府が公共支出のために税を使ったとしても借り入れをしたとしても, 国債を購入したのと同じ個人が国債の償還のために税金を払うならば, 何ら違いは生じない. ある個人が国債 1,000 ドルを贈られ, それが 10 年後に償還されるとしよう. 国債は利子を生じ（年 5％ としよう）, これと同時にこの個人は 10 年後にその国債の償還のために税負担をしなくてはならないと, 知っているとしよう. そしてその個人は 10 年間の間に国債から生ずる利

子も，支払わなくてはならないとしよう．すなわち，贈与として送られた国債は将来同額の課税義務をともなっている．10年の間毎年その個人は受け取る利子も税により負担しなくてはならない．そして10年目にその個人は1,000ドルを支払い，その国債を償還しなくてはならない．このような国債の贈与はこの個人にとってまったく何の価値もない．

　税による負担か国債による負担かが違いをもつのは，利子払いと将来の国債の償還が将来世代に転嫁された場合であり，上で述べた世代重複のような例である．

　しかしながら，税による負担と国債による負担との等価性は，年寄り世代が若い世代に（自発的に）所得や富の移転を行うことによっても達成される．このような補償的支払いが行われ税と国債による負担が等しくなる状況は，デヴィッド・リカード（David Ricardo, 1772-1823）にちなんでリカードの中立命題（Ricardian equivalence）と呼ばれている．

　リカードの中立命題が成立するのは親世代が自らすすんで世代間の費用負担効果を中和する努力をするときである．若年世代へ自発的に所得や富の移転を行うことにより，若年世代が将来支払うであろう税や国債の元利払い負担を軽減させることができる．

　世代 Y は世代 X の子供たちから成り立っているとする．政府が世代 X の便益になるような公共支出を行い，税負担の義務を将来の世代 Y に負わせるときには，親世代である世代 X は子世代 Y へ贈与や遺産という形で補填することができる．このようにして親世代は子供世代に政府から国債発行という形で受け取った贈与を，返還することができる．

　世代間の利他的な行動は，税と国債の等価性を生み出す．等価になるためには，親世代は親世代が便益を受けた政府借り入れから生じた子世代の将来の税負担額を計算しなくてはならない．このようにして親世代は子世代の将来の税支払い義務に対して，補償的支払いをすることができるのである．

　リカードの中立命題が成立するためには世代間で移動可能となる適当な富が存在することが必要である．教育や経験への投資（人的資本として知られている）は，個人の中に封じ込められているのであり，他の人に移すことはできない．したがって親世代が国債による資金調達から生じた便益を子世代に返還したいと欲するならば，投資の形に影響することになる．というのは，リカードの中立命題が成立するためには，親世代が移動可能な十分な物理的な資産をも

ち，子世代に補償的支払いをすることを必要とするからである．
　政府は贈与や遺産についてしばしば課税する．そのような税金はリカードの中立命題に直接関わる行動に課税することになる．贈与や遺産に対する課税は世代間の利他主義への課税である．贈与や相続に課税することは親世代が富を子世代を含む他の人々に移転するよりも消費することを勧めることになる．

税を選ぶか，国債を選ぶかにおける財政錯覚
　国民は国債の発行が将来の課税義務と結びついていると考えるだろうか．国債発行と，将来の課税負担の関係を認知できないことは財政錯覚の1つである．財政錯覚が存在するのなら，リカードの中立命題は成立しない．人々は国債発行によって世代間の所得移転が起こっていることを認知できないので，将来世代の納税義務を補填するために所得移転を行うことはない．
　財政錯覚のために政府債務から将来の課税義務が生ずると認識されないときには，人々が欲する以上の公共支出がなされるだろう．すなわち政府は財政錯覚を利用して，人々が望ましいと考える現在と将来の課税レベルを超えて政府収入を増やすであろう．
　なぜ政府は財政錯覚を使って納税者が望む以上の公共支出をするのだろう（すなわち納税者が国債発行が将来の増税と結びつくことを知っていたら，望むだろう公共支出の水準以上の支出をするのだろう）．それに答えるためには，政府で働く人々が政府収入を彼ら自身の便益のために使う可能性についても考える必要がある．政府収入を自らの所得の上昇にあてたり，より良いオフィス環境をつくり出すためや，旅行機会を増やしたりするために使ったりすることにより政府内の人々は直接便益を得る．公共支出の増大は政治的決定をする人たちに便益を与えるだろう．政治的な支持をとりつけるために使われたり，将来の選挙資金として使われたりもできるのだろう．このような自分の身内を利するような行動は，納税者が財政に対する政府決定をコントロールできるならば不可能である．しかし第1章で指摘したように，プリンシパル・エージェント問題があるために政府は納税者にその責任を追及されることなく公的支出の決定をすることができるのである．
　納税者は政府収入を彼らの個人的な利益のために使うような政策決定者を選挙で落選させることができる（政府内のキャリア官僚はそう簡単には辞めさせることはできないが）．国債発行による将来の増税に対する財政錯覚は，納税

者の気がつかないうちに収入を絞り出すことを可能とし，選挙を通じた政策決定者の処罰は起こらない可能性もある．将来の政府は将来の納税者とともに，償還の費用と利払いの義務がともなう累積された政府負債に直面することになる．

したがって政府の財政赤字を国債による政府借り入れによって穴埋めすることが望ましくない2つの理由が存在する．第1に納税者はそれが社会的に許されない将来世代の税負担になると知りながら，国債による資金調達を選ぶ可能性がある．第2に財政錯覚を逆手にとり，政策決定者が彼ら自身の便益のために支出できる額を増やすために国債を発行し政府収入を増加させる可能性がある．いずれにしても，過去の政府支出のために新たな課税をしなくてはならない将来の政府は政治的な問題に直面するであろう．

憲法による制約の賛成論

私たちはこれまで国債の発行による政府資金の調達に憲法上の制約を課することに関する議論への賛成論の基礎を見てきた．原則として政府による国債発行による資金調達は，将来世代が公共支出から便益を受け，その支払いに参加するときにおいて正当化されうる．すなわち将来に便益がわたるときそれぞれに異なった世代が受け取る公共投資からの便益への支払いを分担させる手段として正当化されうる．憲法的制約がないならば政府支出がこの目的のためだけに使われるという保証は何もない．

2.3.6 だれが税を支払うのか

政府が公共支出をするためにあるグループに課税したいとしよう．課税負担（および課税の超過負担）をする者は応能原理によって選ばれるかもしれない．または国債による世代間分担の場合のように，便益を受ける人が負担するという受益者負担原理によるかもしれない．どちらの原則に従うにせよ，支払うべきであるとされた人々によって税が支払われるように，政府は税を支払うべき人を識別する必要がある．

リカードの中立命題は政府が国債の発行から生ずる税の負担をコントロールできない可能性を示している．というのはそれは，老人世代が自発的に若年世代に補償的支払いをし，世代間の所得移転が起こる可能性があることを示して

いるからである.

　世代間の所得移転のケースに限らず，ごく一般的に税を実際に支払う人々は法律上税を支払わなくてはいけない人々ではない．真にだれが税を支払うかは，だれが法的に政府に税を納めなくてはならないかによるのでなく，市場での代替反応により決まるのである（同じような代替反応が課税の超過負担に関わっていた）．言い換えれば，税の法的帰着（法律上税を支払わなくてはならないという納税義務）は，（だれが真に税を支払わなくてはいけないのかという意味において）経済上から見た税の帰着に必ずしも対応していない．このことを見るために，図2.21の競争市場を見てみよう.

　課税がなされていないときには図2.21の点Eにおいて価格Pと数量Q_2が決まっている．従量税tが売り手に課されたときには，売り手は税を政府に納付しなくてはならない．売り手はあたかも生産費用が増えたかのように反応する．個々の売り手は彼らが受け取る価格に応じて供給量を決定する．図2.21において売り手が受け取る価格はP_sで示されている．課税がされないときにはP_sは市場価格Pと一致する．課税がなされた後では売り手が受け取る価格の中に限界費用MCと従量税tが含まれている．売り手は政府に税を納めなくてはならない．従量税tが新しい市場供給曲線S'を定めるが，その中には納税義務のための追加的な費用が含まれている．課税後の市場均衡は図2.21の点Hにおいて達成され，それは税を含む供給曲線S'と需要曲線Dとの交点である.

　点Hと点Jが課税後の市場の状況を示している．点Hは買い手が支払う価格P'_bを示し，点Jは売り手が受け取る価格P'_sを示している．その差$VA = AJ$が従量税である.

　納税義務が売り手に課されたのであるが，図2.21を見てわかるように税の支払いは売り手と買い手の両者に分かれている．税の支払いの分割は点Gによって決定される．売り手が支払う税は，$FA(=GJ)$であり，それは売り手価格がPからP'_sへと下落した分である．買い手が支払う税は，$VF(=GH)$であり，それは買い手が支払う価格がPからP'_bへと上昇した額である．図2.21の政府税収は$VHJA$の面積で示されている．この税負担は売り手と買い手によって分担されると考えられ，売り手が$FGJA$を負担し，買い手が$VFGH$を負担する.

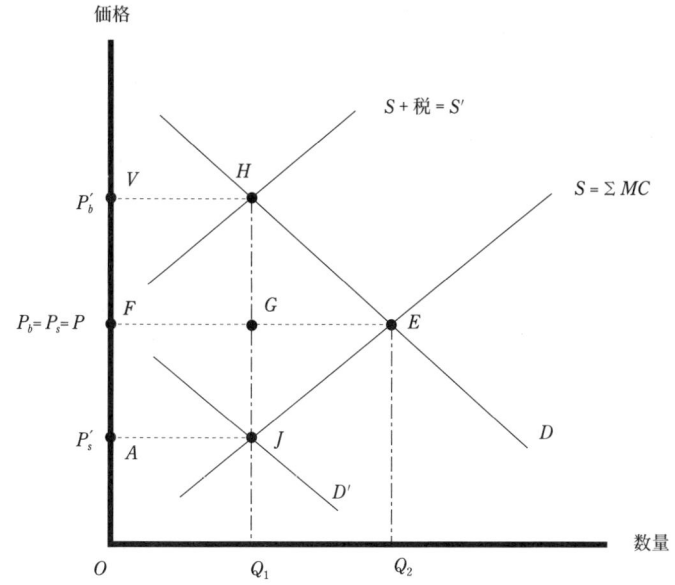

図 2.21 負の税負担は買い手が税を納めるか売り手が税を納めるかとは独立である

買い手に課された税

　法的な納税義務が買い手側にあるときもある．結果は法的な納税義務が売り手にある場合とまったく同じとなる．買い手は需要曲線 D にそってその数量を選ぶ．買い手の需要量は彼らが支払う価格に依存する．そしてそれはいくらが政府に行き，いくらが売り手に行くかとは関係ない．

　しかしながら，売り手は買い手が支払う価格のどれだけを受け取ることができ，どれだけが政府に納税されるかを心配する．というのは供給量を決定するときに，売り手は買い手が支払った額から税を差し引いて彼らが受け取る額を計算するからである．

　買い手に対して納税義務が課されるときは，売り手にとっては買い手の需要曲線が D ではなく，D' となる．すなわち課税後において売り手は課税後において買い手が支払ってもよい額を示している，新しい需要曲線 D' に直面することになる．

　売り手が供給する数量は供給曲線 S と需要曲線 D' が交わるところで決まり，図 2.21 においては点 J である．課税後の均衡点 J において，買い手は価格 P'_b を支払い，売り手は P'_s を受け取る．それは法的な納税義務が売り手に

課されたときとまったく同じである．課税後に売り手が受け取る額と買い手が支払う額がまったく同じであるので，納税の額もまったく同じである．したがって税をだれが実質的に負担しているかは，法的納税義務が売り手にあってても買い手にあったとしても，結果はまったく同じとなる．

再び課税の超過負担

　課税の超過負担についてもう一度考えてみよう．労働市場において課税の超過負担を考えたときに，労働の供給者が直面する賃金率は市場で決定されると考えた．財への課税から生ずる超過負担を考えるとき，同様に買い手が直面する財の価格が市場で決定されると考える．市場賃金率が一定である（課税前後において不変である）ならば超過負担はすべて労働供給する個人にかかってくる．また，供給者にかかわらず，供給価格が一定である財については，それを買う買い手にすべて超過負担がかかってくる．

　図 2.21 は所与の価格に直面している個人の行動を表しているのではなく，税が存在するときの市場価格が需要と供給によって決定されることを表している．図 2.21 においては課税の超過負担は需要サイドと供給サイドの代替効果によって生じている．供給量は供給曲線にそって変更（すなわち代替）され，買い手は需要曲線上で課税に代替的に対応する．図 2.21 における超過負担は，2 つの三角形からなっている．1 つは GEJ であり，これは供給側の代替効果から生まれ，もう 1 つは HGE であり，これは需要側の代替効果から生まれる．総超過負担 EJH はこれらの三角形の総和であり，数式で表すとすると需要と供給の代替効果を示す項の和となる．需要側の代替効果を示す需要の弾力性を ε_D，供給側の代替性の効果を示す供給の弾力性を ε_S とするなら，超過負担は次のように示される．

$$\frac{1}{2}\frac{pqt^2}{\frac{1}{\varepsilon_D}+\frac{1}{\varepsilon_S}} \tag{2.47}$$

(2.47) 式は ε_D が無限大（そのときには市場の賃金率が一定である）であるときには (2.40) 式と一致する．そしてまた ε_S が無限大であるときには財の市場供給価格が一定であるがそのときには (2.43) 式と一致する．

　売り手と買い手は税払いの分担をするのと同様に図 2.21 において税の超過負担の分担もする．点 G で買い手と売り手の税支払いの分担が決まったよう

に，超過負担の分担についてもそこで決定される．超過負担の総額 EJH の中で，GHE は買い手によって負担され，GJE は売り手によって負担される．(2.47) 式はこれら 2 つの三角形の面積の和を表している．

ここまでは図 2.21 を所得が支出される財市場と理解してきたが，図 2.21 を労働市場と読み替えることもできる．税支払いおよび超過負担の分担に関する結論はまったく同じである．

たとえば，労働課税の納税義務が雇用者側にあるとしても，被雇用者側にあるとしても，真の課税負担は同じである．法的にだれが政府に納税するかは，だれが実際に税を負担しているかには関係なく，だれが超過負担をしているかにも関係ない．

税金は代替的行動をとれない人によって真に負担される．課税からのがれるための方法は，代替的行動をとること，または課税されている市場から「退出する」ことである．図 2.22a に描かれている売り手（労働または財の）は，彼らが直面する価格が上昇したときに何ら反応しない．ゆえに彼らは課税をのがれることができず，税は売り手がすべて支払う結果となる．図 2.22a では買い手が支払う価格は課税前と後で何ら変わらない．課税前と後において $P = P'_b$ であり，売り手の受け取る価格は税後に P'_s となり課税分だけ下降する．売り手により何ら代替的反応がないので課税にともなう超過負担は生じない．

図 2.22b においては逆に課税によって需要量が変化せず，買い手が支払う価格が上昇したとしても買い手は税をのがれることができない．課税することによって買い手が支払う価格は P'_b と上昇するが，売り手が受け取る価格は変化しない（すなわち $P = P'_s$ である）．税金は需要サイド（財を求める買い手，または労働を雇い入れようとする雇用者）によってすべて負担される．このとき，前と同様，税を支払う人の代替的な反応がないから課税の超過負担は発生しない．

図 2.21 はより一般的な状況を示しており，そこでは買い手と売り手の両者が課税に対して反応し，税負担に対しても超過負担についても両者で分担される．

支払い能力

ここで 1 つの例として，資金の貸し手が「裕福」であり，借り手が「貧乏」である場合を考えてみよう．応能主義という原則から，政府は裕福な貸し手に

図 2.22a 売り手により負担される税

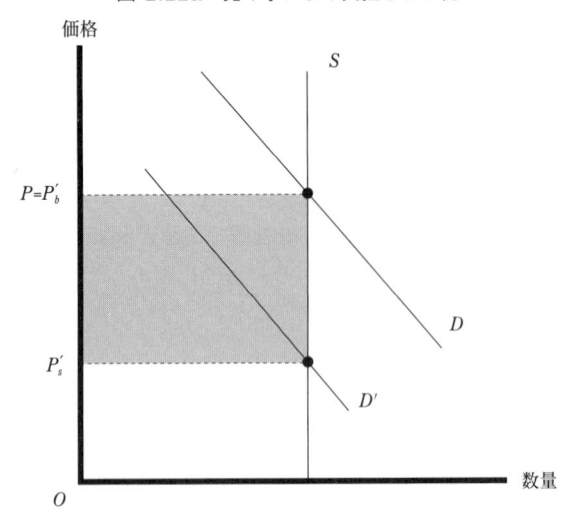

図 2.22b 買い手により負担される税

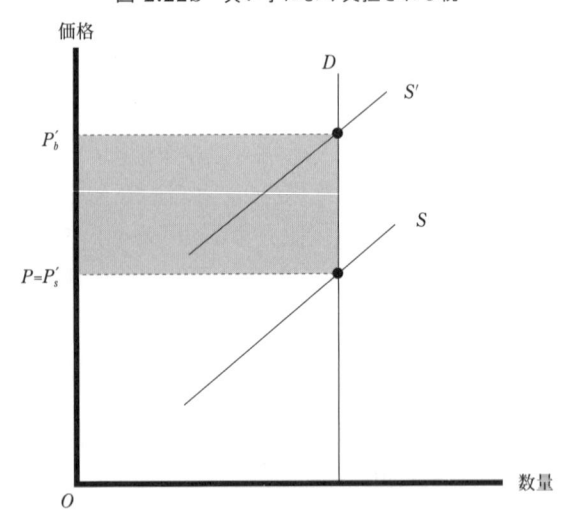

税金を課すと考えよう．しかし貸し手は政府の課税権の及ぶ区域からお金を移動し，課税をのがれることが簡単にできる．裕福な貸し手に「課税」しても貧乏な借り手が実際にそれを負担することになる．図 2.23 がこの場合を示している．

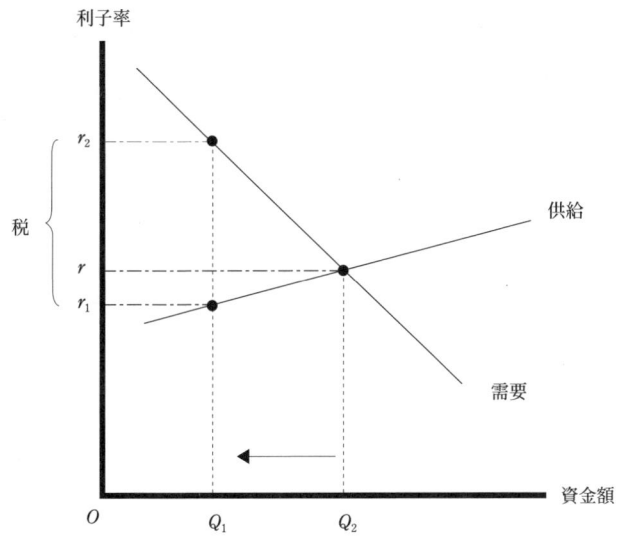

図 2.23 貸し手に税を納める義務があるが借り手がほとんど税負担を負う場合

図 2.23 において利子率が縦軸にとられており，貸し出される資金量が横軸にとられている．課税前は利子率は r である．そして貸し出し量は Q_2 である．貸し手に課税すると，利子率が r_2 へと上昇し，貸出資金の量が Q_1 へと下落する．貸し手が受け取る利子率は r_1 へと減少するが，借り手が支払う利率は r_2 へと上昇する．税は r_2 と r_1 の差である．

政府は貸し手に課税をするつもりだったがその逆にそのほとんどが，借り手によって負担されていることがわかる．借り手がその税金のほとんどを負担する結果となるため，応能原理にしたがった税負担の原則は実現されなかった．またここでは，課税にともなう超過負担のほとんどが借り手によって支払われていることもわかる．

もう1つの例として，政府は応能原理により，労働者の健康保険料を雇用者側が負担すると決定したとしよう．もし労働市場が図 2.22a で描写されるならば，使用者側が法的に納税義務があるとしても，実質は労働者がそのすべてを支払うことになる．図 2.21 のような労働供給と需要が存在する市場では税の支払いは，労働者と使用者の間で分けられる．また，税の超過負担もそうである．また労働市場が図 2.22b になっているなら，使用者は健康保険の支払いの負担をすべて負うこととなる．

市場におけるこのような代替反応は，政府の意図と反対に働くことがありうる．すると，意に反して税の負担や超過負担が，支払い能力の大変低い人たちに落ちることになり，それらを一番負担させたくない人たちに負担させる結果となる．

2.3.7　経済全体への影響

　私たちはこれまでだれが税を支払うか，および税の超過負担について1つの市場に限って議論してきた．課税は所得に影響を与え，それを通じて経済の他の市場へ影響を及ぼす．たとえば資本所得課税を考えてみよう．それは投資を減少させ，他の場所への資本移動を促す．労働者が受け取る所得は，労働者が使う資本量によっている．使用できる資本量が減少するならば，労働者の得る賃金は減少する．したがって資本所得への課税は将来の労働所得を減少させる．

　課税はまた何か特別な能力をもった人々によって提供される財やサービスになされることもある．そのような税はこのような特別な能力をもった人々の所得を減少させることになる．課税はそのような特別な人々へのサービスへの需要を減らす．このような特別な才能をもつ人たちは他の仕事にその特別な才能を使うことはできず，彼らの所得は彼らのサービスに対する需要の変化とともに減少する．

　市場の相互関連は見えにくいときもあり，時として課税は意図しない結果をもたらす．たとえば，歯ブラシに対する売上税は歯医者に便益を与える．課税により歯ブラシの売り上げが減り，歯医者への需要が増大し歯医者の仕事が増える．そこで歯医者がゴルフをする回数が減るならば，ゴルフクラブの需要やゴルフコースにおけるキャディサービスへの需要が減る．とするならば，ゴルフクラブメーカーやキャディは，歯ブラシへの課税から損失を受けることになる．歯ブラシに課税するのではなく，政府が歯に対するケアの水準を増大させるために歯ブラシに補助金をつけたとすると，効果が逆向きに現れることになる．また，政府は国内の製糖メーカーが高い収入を得られるようにするために，外国産の砂糖の輸入を制限するかもしれない．砂糖の輸入制限は歯医者の所得を低下させ，その結果再びゴルフクラブメーカーやキャディの収入に影響を与える．

1つの税が経済全体の所得に影響することを理解するためには，私たちは課税が市場に影響していく様を完璧に追跡する必要がある．そのような関係をトレースするために，経済学者は応用一般均衡モデル (computable general equilibrium model: CGM)，と呼ばれるすべての経済を描写したモデルをつくる．以前私たちはそのようなモデルが経済全体の課税による超過負担を算出するために使われていると述べた．それが，一般均衡といわれる理由はモデルが一般的なすべての市場の描写を含むモデルであるからであり，応用といわれる理由はモデルの目的が市場間の相互依存を定性的描写するだけでなく，課税変化などが起こったときのすべての市場に及ぶ影響を定量的に計算できるからである．

経済モデルは1つの市場での課税が所得に影響し，それを通じて多くの市場における超過負担を生み出していることを描写しようとしている．第1章で述べたように，計画者が市場機能の役割を演ずるときに問題が発生する．経済を計画するときに発生する問題は，非常に詳細なCGMをつくることに似ている．両者の場合に共通しているのは，情報が十分でないこと，そしてそのために推測がなされないといけないことである．しかし，正確な一般均衡モデルの導きがなくしては，政府は情報の限界に直面することになり，ある税が所得にどう影響を与え，それによって経済全体の超過負担がどう変化するかを知ることはできない．

2.3.8 財政黒字が生じたとき

これまで本節においては公共支出を課税によって負担するという観点から見てきた．予期しない好況などや政府収入に対する見通しの計算が狂ったことなどにより収入が支出を上回り，政府財政は黒字にもなりうる．

政府財政が黒字になったときには，それをどうするかという問題が発生する．財政黒字は現在の税を軽減させることに使ったり，過去の政府借り入れを精算するためにも使ったりできる（政府は過去に発行された国債を買い戻すことができる）．財政黒字が減税に使われるときには，その便益は課税の超過負担の軽減も含む税負担の軽減となって表れる．財政黒字が国債の償還にあてられるときには，受益者は将来の納税者たちであり，彼らはより少ない税を支払うことになる．財政黒字が生ずると，政府には現在や将来の課税を減らす代わ

りに，特定の分野にその黒字を支出するようにという圧力が生じる．したがって財政黒字をいかに使うかという決定は多くの場合分配の問題であり，政治的問題となる．

第3章
投票と公共財

公共財は集合的便益を提供するので，公共財への支出はしばしば投票によって決定される．本章では，投票を，公共財に対する公共支出に関する集合的意思決定の手段として考察を行う．さらに，政府官僚による集合的意思決定の実施についても考察する．

3.1 多数決原理と公共財

3.1.1 投票と全員一致

公共財は集合的便益をもたらす．投票は集合的な意思決定を行う手段である．コミュニティすべての人々に対して同量の公共財が供給されるので，投票はその供給される共通の量を決定する手段である．投票による意思決定を行うには，集合的な意思決定がどのように達成されるべきかを示すより詳細なルールを必要とする．

1つの投票のルールは，集合的な意思決定には投票者の全員一致（consensus）が必要だというものである．全員一致ルールによって，個々の投票者はあらゆる提案に対して拒否権をもつことになる．すべての個人に対して拒否権が認められると，全員一致による集合的な意思決定がパレート効率的になる．なぜなら，提案の実現によって状況が悪化する投票者はその提案を拒否することができるからである．

すべての個人に拒否権が認められている全員一致ルールに対して，拒否権を弱めた他の投票ルールが提案されてきた．たとえば，集団の意思形成のため90%の投票者の支持が必要であるというルールが考えられる．全員一致ルールでは1人の投票者でも反対すると否決されるが，90%ルールの場合は，投票者

の10%の反対がなければ否決することはできない．人々は個人的な便益を得るために，機会主義的（目先の利益を求める）に提案に反対することがありうる．つまり，たとえある公共支出計画からコミュニティ全体が便益を得るとしても，個人的には損失をこうむると主張し，その計画を支持する見返りとして個人的利益を得ようとするかもしれない．全員一致ルールのもとでは，すべての投票者が拒否権をもっているので，このような要求を実現するための最大のチャンスが存在する．全員一致を必要としない投票ルールであれば，このような機会主義的な行動はより困難あるいは不可能になる．なぜなら，私的利益の追求を目的とする投票者間の協力が著しく困難になるからである．さらに，もし投票が無記名式で行われるのであれば，投票者たちがそれぞれお互いを認知することができないため，機会主義的な利益追求のための共同行動は起こりえない．

しかしながら，すでに述べたように，全員一致ルールで投票が行われると，公共財の財源調達および供給計画はパレート効率的になる．なぜなら，すべての個人がそれぞれの支払額とその公共支出から得られる個人的な便益を比較して，その計画を支持すると決めたからである．

ここで，全員一致ルールは，パレート効率的な公共財配分をもたらすリンダール均衡解の特徴であったことを思い出そう．第2章では，個人の自発的支払いを通じて公共財の財源調達を行うリンダール均衡解について考察した．個人の自発的な支払いの代わりに強制的に課税して公共財の財源調達を行うことで，投票による意思決定にリンダール・メカニズムを適用できる．

図3.1において，MB_1, MB_2, MB_3 はそれぞれ3人の納税者のある公共財に対する限界便益を表し，$\sum MB$ は公共財の供給量に対する各納税者の限界便益の合計を表している．図3.1が示している通り，公共財は競争的な市場では価格 P で供給される．価格 P は公共財の限界費用（平均費用）に一致する．公共財の最適供給量は，パレート効率的な供給条件 $\sum MB = MC$ が満たされるように G^L に決まる．

政府は，図3.1に示された個人それぞれのリンダール税 T^{L_i} ($i = 1, 2, 3$) をどれだけにすればよいか知っていて，かつ，それらを設定できると仮定しよう．公共財1単位の供給のために各個人に課される税（すなわち，税率）を合計すると公共財の価格に一致する．

3.1 多数決原理と公共財

図 3.1 税がリンダール価格に等しいときの全員一致の供給量

限界便益と限界費用

[図: 縦軸に限界便益と限界費用、横軸に公共財の供給量。P, $MC=AC$, ΣMB, T^{L_3} と MB_3, T^{L_2} と MB_2, T^{L_1} と MB_1, G^L が示されている]

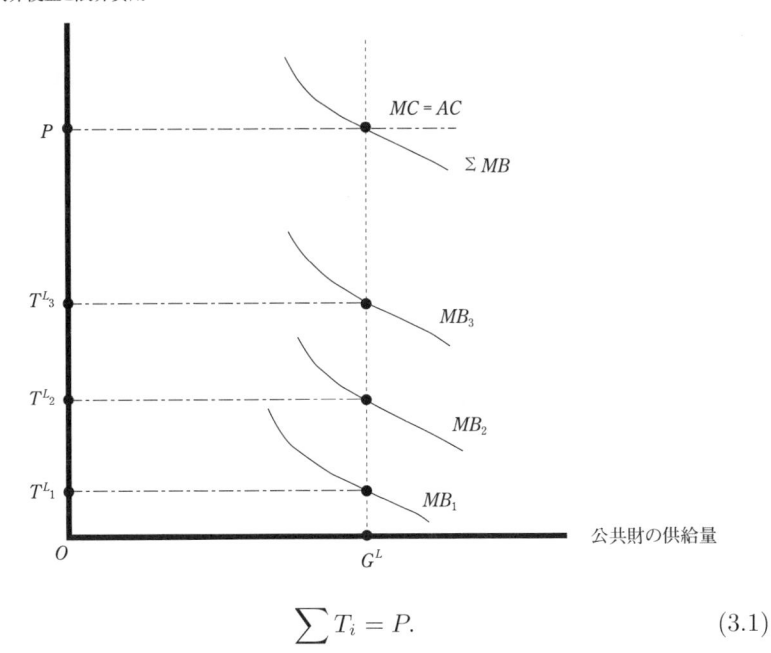

$$\sum T_i = P. \tag{3.1}$$

特に,図 3.1 で示されたリンダール税に基づく納税者の支払い価格のもとで,各納税者は効率的な公共財の供給量 G^L を供給するという提案に投票する.各個人に割り当てられたリンダール税 $T^{L_1}, T^{L_2}, T^{L_3}$ のもとでは,個々の納税者にとってもっとも望ましい公共財の供給量は,正確に効率的な供給量 G^L になっている.個人の納税者にとっての限界費用は,その納税者が支払う税率 T_i となる.納税者にとってもっとも望ましい公共財供給量は,個人の限界費用と限界便益が等しくなる,すなわち,

$$T_i = MB_i \qquad i = 1, 2, 3 \tag{3.2}$$

となるところで決定される.したがって,投票が行われるならば,図 3.1 の 3 人の納税者たちはすべて G^L の公共支出プランに票を投じることになる.

投票が行われる前に,有権者たちが公共財の財源となる税の負担比率が個別のリンダール価格 $T^{L_1}, T^{L_2}, T^{L_3}$ となることを知っているのであれば,有権者は全員一致で効率的な供給量 G^L に投票する.しかし,このような私たち

の想定とは異なり，現実の政府が個人のリンダール価格を知ることは期待できない．したがって，公共財の支出プランに対する投票において，リンダール価格が個人の税率としては設定されない．なぜなら，政府は図3.1で表された MB_1, MB_2, MB_3 の正確な位置を事前に知ることはできないからである．もし個人の限界便益 MB を知ることが可能であれば，それらを合計して $\sum MB$ を計算することができ，さらに，$\sum MB = MC$ という条件を用いて政府は効率的な供給量 G^L を決定し，G^L に対応する異なる個人の MB の値から，図3.1のように効率的な税率 $T^{L_1}, T^{L_2}, T^{L_3}$ が計算できるからである．

しかし，それぞれの納税者のみが図3.1に描かれた自分自身の限界便益関数の位置を正確に知っているだけでなく，その納税者たちは，彼らが提供する私的情報が自分の納税額を設定するために使われることを事前に知っているならば，正直に自分の限界便益を表明するインセンティブは生じない．第2章で見てきたように，支払いが自発的に行われるときには，自分の公共財からの便益を正直に表明するインセンティブは存在しない．個々の納税者の税額と公共財への支出額を集合的に意思決定するための投票が行われるときにも，同様にそのようなインセンティブは存在しないと考えられる．

3.1.2 多数決投票と中位投票者

リンダール税を設定するための情報は一般的に利用可能ではないけれども，公共財を供給するための財源を確保するためには課税が必要である．そこで，政府が公共財の財源調達のために，納税者全員に等しい税率を求めるものと仮定する．実際，課税ルールにはさまざまなものがあるので，他の課税ルールについても後に考察する．n 人の納税者それぞれが公共財の価格（単位当たり費用）P を同率で負担する

$$T_i = \frac{P}{n} \qquad i = 1, \cdots, n \tag{3.3}$$

を考えてみよう．たとえば，図3.2のような限界便益をもつ3人の納税者の場合，それぞれが公共財の供給価格の3分の1ずつを負担する．

税率（3分の1）が等しいとき，図3.2からわかるように納税者1は G_1，納税者2は G_2，納税者3は G_3 の公共財の供給量をそれぞれ望んでいる．このような場合，各納税者が望む公共財の量は異なっていて意見が一致していな

3.1 多数決原理と公共財

図 3.2 多数決投票による公共支出の決定

限界便益と限界費用

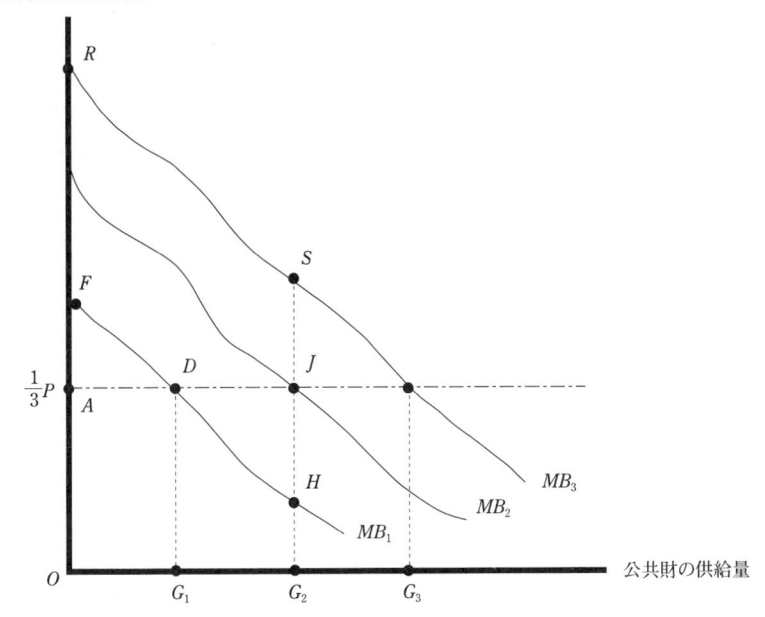

い．この不一致を解消するために，多数意見が集合的な決定となることを投票者に事前に周知して投票を行う．

各納税者が異なった公共財の量を望んでいるため，納税者に対して次のような質問は意味がない．「その公共財をどのくらい供給することが望ましいですか？」と尋ねても，各有権者は G_1, G_2, G_3 とそれぞれ違った答えをするためにどれも多数意見とはならない．

しかし，有権者に次のような別の質問をすることは意味がある．「公共財の供給量が増えることに賛成しますか？」供給量の増加に対して過半数の人が賛成投票すると，供給量は増加する．供給量増加に対して過半数の人が反対であれば，供給量は不変のままで現在の供給量が均衡供給量になる．より形式的に言えば，この場合，公共財の供給に関して**多数決投票均衡**である．

図3.2において，3人の納税者に G_1 以上の供給量増加に賛成するかどうかを質問したとしよう．G_1 は納税者1がもっとも望んでいる供給量である．納税者1は G_1 よりも多くの供給量を望まないので，供給量増加には反対の投票をする．しかし，納税者2と3にとっては G_1 を超える供給量増加による便益

は個別の税率を超えている．すなわち，彼らにとっては，

$$MB_i(G_1) > T_i \qquad i = 2, 3 \tag{3.4}$$

が成立する．そのため，納税者2と3はG_1以上の供給量増加に賛成票を投じるので，供給量増加に対して過半数が賛成することになる．その結果，G_1よりも供給量を増やす提案への支持が過半数となるため，G_1は均衡供給量にはならない．

そして，さらに供給量を増加させるかどうかに関して投票が続くことになる．供給量がG_2のところでは，納税者2は納税者1とともにG_2を超える供給量増加には反対票を投じる．G_2を超える供給量増加に対して反対票が過半数（納税者1と2）となるので，G_2が多数決投票（majority voting）による均衡供給量になる．

中位投票者の選択と他の投票者の費用と便益

多数決投票の結果は，一般に全員一致ルールとは異なる結果をもたらす．図3.2において納税者2が中位投票者（median voter），または，多数決投票均衡を決定する票を投じる投票者（ピボット）である．つまり，多数決投票によって決定される集合的選択G_2は，中位投票者がもっとも望んでいる選択である．全員の意見の一致が得られないことを反映して，公共財供給に関する中位投票者の選択は納税者1にとっては過剰供給であり，納税者3にとっては過少供給になっている．

納税者1のように公共財からの便益が低い納税者は，多数決投票によって決定される供給量では損失をこうむる．図3.2で，納税者1はG_2の供給量からはFHG_2Oの総便益が得られることになるが，その財源として（すべての納税者が等費用負担する）AJG_2Oを各納税者が税負担することになる．DJHの面積がADFより大きければ，納税者1にとっての費用負担はこの公共財から得られる便益を超えることになる．

納税者3のように大きな便益を受ける納税者は，多数決投票で供給量G_2に決まると正の純便益を得る．供給量G_2からの納税者3の総便益はRSG_2Oとなり，彼の納税額AJG_2Oよりも大きくなる．しかし，納税者3は供給量がG_2よりもさらに増加するほど彼が受ける純便益は大きくなり，G_3に達するときに最大となる．

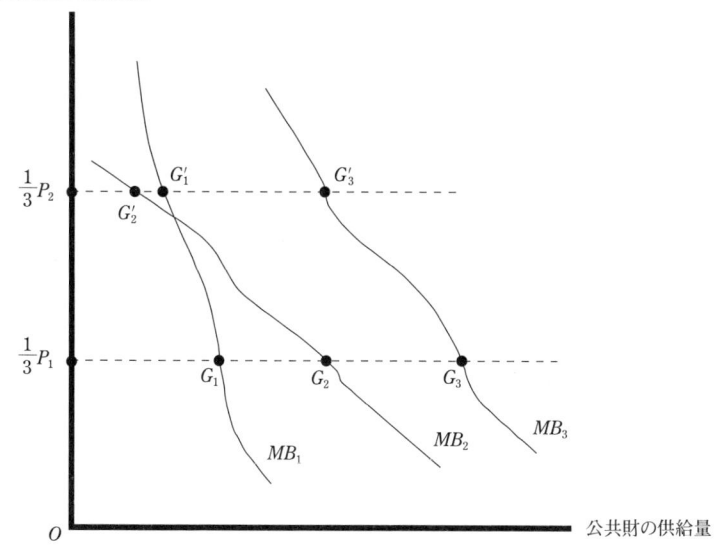

図 **3.3** 中位投票者の主体性は変化する

中位投票者はだれか？

図 3.2 において，納税者 2 はいかなる公共財の供給量に対しても中位投票者である．これはそれぞれの納税者の限界便益（MB）関数が交差しないためである．

図 3.3 では，2 人の納税者の限界便益（MB）関数が交差している．それぞれの納税者の公共財に関する評価は互いに独立しているため，各納税者の MB 関数が交わることもありうる．

図 3.3 から，中位投票者がだれになるかは公共財の価格に依存することがわかる．価格（単位当たり費用）が P_1 のとき，納税者 2 が中位投票者となり，そのときの多数決投票均衡での供給量は G_2 である．ところが，価格が P_2 のときには納税者 1 が中位投票者となり，均衡供給量は納税者 1 がもっとも望んでいる G'_1 になる．

中位投票者はその人の選好が集合的選択を決定するという意味で独裁者のようなものである．人口の大きいコミュニティではだれが中位投票者なのかはだれにもわからない．独裁者のように振る舞う中位投票者の長所は，自分が中位投票者であることを知らないことである．

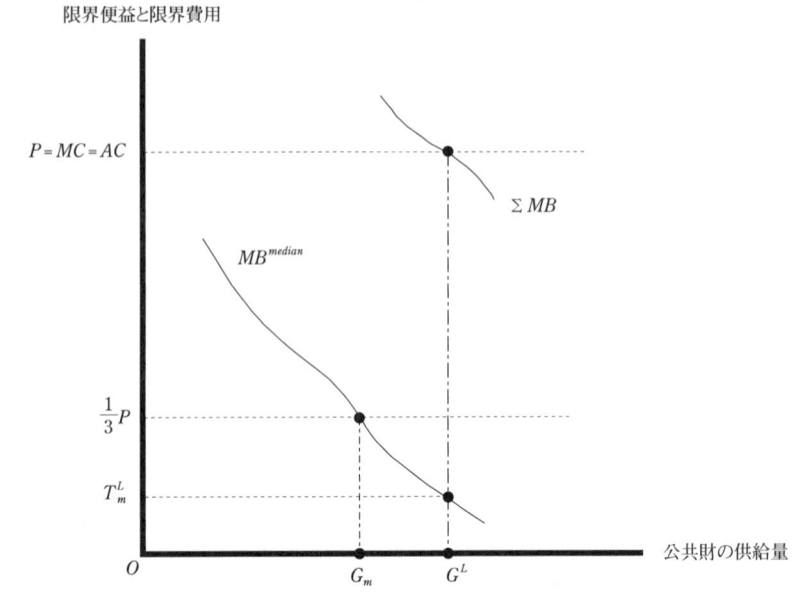

図 3.4 多数決投票は公共財の効率的な支出を保証できない

中位投票者は公共財の効率的な供給を選択できるか？

多数決投票を通じて中位投票者によって決定される公共財支出の選択は，効率的な供給になるのだろうか．図3.4において，効率的な供給は $\sum MB$ が MC に等しくなるように設定されるという通常の方法で決定される．すなわち，効率的な供給量は G^L となる．ところが，中位投票者が選択する G_m は，効率的な供給量 G^L よりも少ないことがわかる．

一般的に，中位投票者の選択が効率的な供給量に一致することを期待すべき理由はない．中位投票者の選択は効率的な供給量より多いことも少ないことも，また，偶然に効率的な供給量に等しくなることもある．

限界便益（MB）の分布

図3.4において，T^{L_m} は中位投票者のリンダールの税率を示している．公共財に対する支出水準を決める投票が行われるときに，もし，中位投票者がこの税率に直面しているならば，彼はパレート効率的供給量である G^L を選ぶであろう．しかし，図3.4での中位投票者の選択はリンダールの税率によって決められるのではなく，投票時に納税者が直面する等しい税率によって決まる．

特別な状況では，効率的なリンダール税に代えて，各投票者が支払う税額が等しい費用分担のもとでも，効率的な公共支出額が選択されることがある．もし，等しい税率のもとで，中位投票者の公共財に対する限界便益がコミュニティ全体の平均の限界便益とちょうど等しいならば，中位投票者は効率的な公共支出を選択する．

これを理解するために，n 人の投票者がいる場合を考えよう．コミュニティ全体における限界便益の平均値は，

$$MB^{average} \equiv \frac{\sum_{j=1}^{n} MB_j}{n} \tag{3.5}$$

となる．等税率の場合，平均値に等しい限界便益を表明する投票者が望む公共財の供給量は，

$$MB^{average} = \frac{P}{n} = \frac{MC}{n} \tag{3.6}$$

で決定される．(3.6) 式において，この公共財が競争市場で供給されるとき，$P = MC$ が成立する．そのため，(3.6) 式は次のように書き換えることができる．

$$n \cdot MB^{average} = MC. \tag{3.7}$$

(3.7) 式は公共財の効率的供給の条件 $\sum MB = MC$ の別の表現である．もし，中位投票者の公共財に対する限界便益が全体の限界便益の平均値に一致すると仮定すると，(3.7) 式は

$$n \cdot MB^{median} = MC \tag{3.8}$$

と表現することもできる．このようにして，中位投票者がたまたま平均の限界便益値をもった人ならば，その中位投票者は公共財の効率的な支出水準を選択することが確かめられる．すなわち，(3.7) 式で示される効率的な供給の条件は，$MB^{average}$ を中位投票者の限界便益 MB^{medien} と置き換えても成立している．

中位投票者の選択が効率的であるかどうかは，コミュニティ内の人々のもつ限界便益の分布に依存する．この分布は個々人の選好や所得を反映している．

図 3.5a では，コミュニティの構成員の公共財に対する限界便益は正規分布

図 3.5a 人々の限界便益の分布が正規分布の場合

平均値＝中央値

公共財の限界便益

図 3.5b 平均値が中央値を超えた場合

中央値

平均値

公共財の限界便益

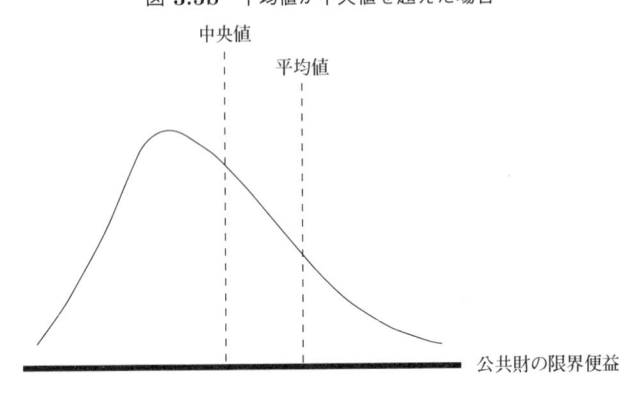

している．この場合，中央値（メディアン）と平均値は一致しているので，多数決投票の結果実現される中位投票者による集合的選択はパレート効率的となる．しかし，コミュニティの中における所得や富の分布は，一般的に図 3.5bのように中央値が平均値よりも小さい値になるような歪みがある．その場合，中位投票者は効率的な値より少ない公共財支出水準を選択する．

　自発的な支払いによる財源の調達は公共財の過少供給をもたらす傾向があることをすでに観察したが，中位投票者が公共財の供給量を選択しても過少供給になる可能性があることがわかる．しかし，後者のケースでは，公共財の費用は各納税者から税によって強制的に徴収されているので，過少供給の理由は「フリーライド (free ride)」ではない．過少供給は，公共財に対する限界便益

がコミュニティ全体の平均値よりも低い中位投票者の選択による結果である．

図 3.5b のように限界便益の人口分布に歪みがあると，中位投票者の選択は過剰供給になる可能性もある．これは，低所得の人々が高所得の人たちよりも公共財の便益を高く評価するときに起こる．高所得の人たちは私的な娯楽施設や私立学校を好むのに対して，低所得の人たちは，公的な娯楽施設や州立の学校のように公的な財源でまかなわれている施設にアクセスすることを希望するからである．その場合には，中位投票者の限界便益は全体の限界便益の平均値を超えるので，多数決投票の結果は効率的な公共財の供給量に比べて過剰供給をもたらす．

累進課税

ここまで公共財の費用負担を税を通じて等しく割り当てることを考えてきたが，図 3.6 は，個人の需要あるいは限界便益とともに税負担が増加する個別税 (T_1, T_2, T_3) の例を示している．公共財への高い需要がより高い個人所得を反映しているのであれば，この税は累進的になる．

図 3.6 で示されるような税構造のもとでは，中位投票者は納税者 3 であって，彼は多数決投票を通じて G_3 の集合的な選択を決定するうえで，ピボットとなる人である．しかし，中位投票者による選択がパレート最適になるのは偶然が重なったときだけである．

政府は，効率的なリンダール税の正確な値を推測しようと努力するかもしれない．公共財の供給量について投票を行って，すべての納税者が同じ供給量（図 3.1 のリンダール均衡での全員一致の供給量 G^L）に投票したならば，政府の推測が正しかったことが確認できる．

多数決投票のもとで公共財の供給量を決定するのは中位投票者なので，政府が中位投票者のリンダール価格を正確に推測できれば，パレート効率的な供給量を達成できる．もし，その推測が正しければ（たとえば図 3.1 の T^{L_2}，図 3.4 の T^{L_m}），多数決投票の結果はパレート効率的な公共財の供給量に一致する．しかしながら，中位投票者が効率的な選択ができるようにリンダール税を正確に推測することは，政府にとっては至難の業である．さらに，たとえ投票が行われる前に中位投票者が特定化されたとしても，その中位投票者が彼の真の便益を表明するインセンティブはない．なぜなら，政府は，中位投票者が表明する情報に基づいて彼が支払わなければならない税額を決定するからであ

図 3.6　累進課税構造のもとでの多数決投票

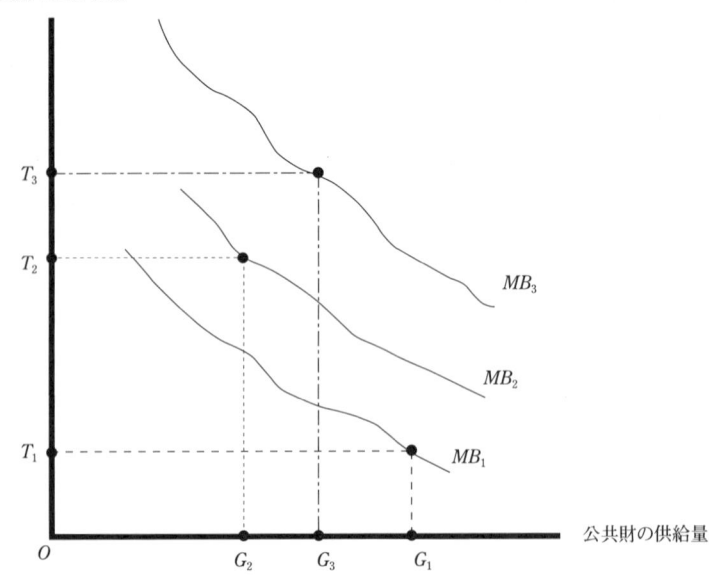

る．

3.1.3　多数決投票の不安定性

ここでは，多数決投票の問題点である**循環** (cycling) について見てみよう．多数決投票では，選択肢の間で無限回の循環が起こるために安定的な集合的意思決定に到達できないことがある．この問題を説明するために，公共財の供給量の選択肢を X, Y, Z に絞って考えてみよう．ここで，X はもっとも小さい供給量，Y は中間の供給量，Z はもっとも大きな供給量とする．図 3.7 は，3 人の投票者の 3 つの選択肢に関する順位付けを表している．表 3.1 も同じ情報を表している．

図 3.7 と表 3.1 の選択肢の順位付けを利用して，納税者たちにこれら 3 つの選択肢の中から 2 つを取り出してどちらかを選ぶという投票を行わせる．投票の結果は Y が X に対して過半数（2 票対 1 票）を獲得し，Y は Z に対しても過半数（2 票対 1 票）を獲得する．どの選択肢と組み合わせても Y は多数決投票において勝利する．このような選択肢 Y はコンドルセ・ウィナー

図 3.7 表 3.1 の納税者による選択肢の順位付け：3 人の納税者の選好はすべて単峰型

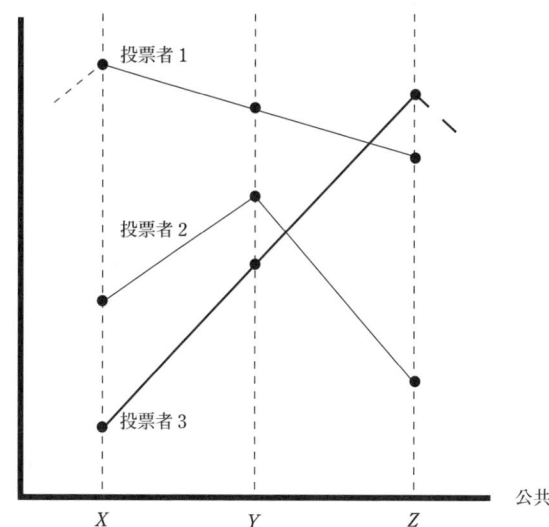

公共財の総評価

投票者 1

投票者 2

投票者 3

公共財の供給量

X　Y　Z

(Condorcet winner) と呼ばれている．これはマルクス・デ・コンドルセ (Marquis de Condorcet) が二者択一の投票について書いた 1792 年の論文で名づけたものである．

表 3.1 と図 3.7 から，すべての投票者の選好は単峰型 (single-peaked) になっていることがわかる．投票者 1 の効用のピークは X にあり，投票者 2 の効用のピークは Y に，投票者 3 の効用のピークは Z にある．

次に，表 3.2 と図 3.8 で表された投票者の順位付けを検討してみよう．この場合，投票者 3 の選好は単峰型ではない．投票者 3 は中間の選択肢である Y よりも両極端の Z と X を好んでいる．表 3.2 と図 3.8 で表されるような選択肢の順位付けのもとでは，多数決投票によって次のような結果が得られる．X は Y に対して過半数をとり，Y は Z に対して過半数をとり，Z は X に対し

表 3.1 公共プロジェクトの選択肢の順位付け

納税者 1	納税者 2	納税者 3
X	Y	Z
Y	X	Y
Z	Z	X

図 3.8　表 3.2 の納税者による選択肢の順位付け：単峰型でない投票者がいる場合

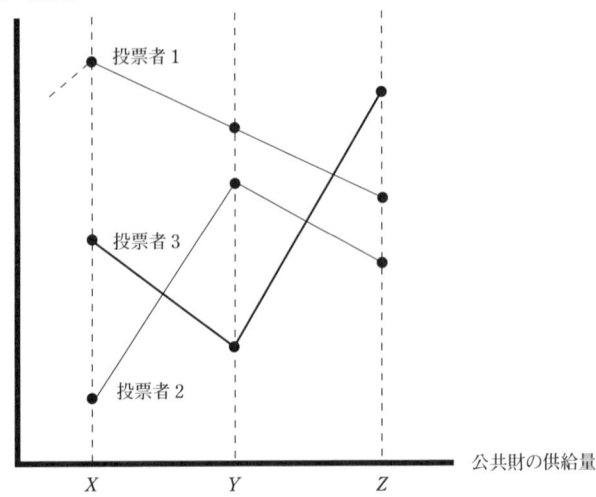

```
公共財の総評価
                    投票者1

          投票者3

                    投票者2
                                    公共財の供給量
     X        Y        Z
```

て過半数をとる．そのため，多数決投票によって安定した集合的選択には到達できない．どの選択肢もつねに別の選択肢に負けることになり，コンドルセ・ウィナーは存在しない．多数決投票が不安定な結果をもたらす原因は，投票者3の選好が1つのピークでなく2つのピークをもっているためである．

選択肢 X, Y, Z は，公共財の量ではなく質を表したものとして見ることもできる．その場合，図3.8で投票者3は中間の品質よりも高い品質を望んでいる．もし，高い品質が得られないのであれば，投票者3はもっとも低い品質を好む．図3.8で表された投票者3のような非単峰型の選好は，同一の公共財について異なる量や質の中から選択が行われる場合だけではなく，完全に異なるタイプの公共財支出計画の中から選択される場合にも起こりうる．たとえば，選択肢（X）教育支出の増加，（Y）海外の大使館に駐在する外交官のための福利厚生予算の増加，および（Z）新たな国立公園の建設の3つの選択肢

表 3.2　図 3.8 の順位付け

納税者1	納税者2	納税者3
X	Y	Z
Y	Z	X
Z	X	Y

から選択を行うとしよう．このような場合，投票者のプロジェクトに対する選好順位がつねに単峰型であることを期待すべき理由はない．

前述の中位投票者の結果

図 3.2 では，投票者全員の選好が単峰型であるため，多数決投票の結果は，中位投票者がもっとも選好する G_2 で安定的であった．投票者の便益は供給量 G_1, G_2, G_3 でそれぞれ最大化されており，すなわち，単峰になっている．

議案審議手順の選択

循環が発生する場合，議案審議の手順，または投票の順序が勝者を決定することになる．納税者の選好順位が表 3.2 のような場合，最初に X と Y の間で投票を行うと仮定しよう．このとき，X が Y に対して過半数を得て，Y は選択対象から削除される．次の投票で，Z が X に対して過半数を得て Z が勝利する．しかし，最初の投票が Y と Z の間で行われたならば，Y が勝って Z を削除し，次の投票で X が過半数を獲得して Y に勝つ．他方，最初の投票が Z と X の間で行われると，Z が X に対して過半数を得て X が削除され，残っている Y が Z に対して勝利する．選択肢の投票順序がだれが勝者になるかを決定する．いいかえると，どの選択肢が勝利するかは投票順序をコントロールすることによって変更できる．したがって，投票順序の手順を設定する権限をもった人物（たとえば議長など）が決定的な役割を果たす．手順の設定が，どの選択肢が最初に削除されるか，その結果，どの選択肢が多数決投票により最終的な勝者となるかを決定する．

それゆえ，循環が存在する場合，多数決投票による集合的決定は投票方法の設定あるいは投票が行われる順序に関する戦略的（あるいは意図的）操作に影響される．選択肢の間で循環が発生したとき，戦略的操作によって投票順序を変更できるような状況において，投票順序に対する追加的な制約を課すことなしには安定的な意思決定には到達できない．たとえば，1 つの選択肢をあらかじめ削除するというような制約を設けることなしには，多数決投票はある選択肢が別の選択肢に必ず負けるという状況の繰り返しとなり，選択肢の間での循環に陥ってしまう．

非単峰型選好のもとでの安定的な結果

以上のように，選好が単峰型でないときには循環が発生する可能性があるが，必ずいつも循環が発生するとは限らない．たとえば，投票者全員が同一の非単峰型選好をもち，ある特定の公共財への支出について中規模な支出額よりも小規模あるいは大規模な支出を好むのであれば，全員一致で安定的な多数決投票の結果に到達できる．

3.1.4　多数決投票と費用・便益評価

本節では，多数決投票の安定性の問題を離れて，「多数決投票は効率的な公共財供給をもたらすか？」という主要な問題に戻ることにする．多数決投票で選ばれる公共財のプロジェクトに対しては，社会の総便益が社会の総費用よりも大きい，すなわち $W=B-C>0$ という費用・便益基準を満たしていることが望ましい．この基準を満足するような公共支出計画に対する財源調達のための課税は，効率的[1]であるという理由で正当化される．表3.1の安定的な多数決投票の決定を再び考えてみよう．表3.1の投票結果は，費用・便益評価に関する情報を与えていない．表3.1が与えている情報は，異なるプロジェクトに対する納税者の順位付けのみである．各プロジェクトの費用と便益の評価に関する情報は提供されていない．表3.1で勝利したプロジェクト Y への公共支出を正当化するためには，そのプロジェクトが費用・便益条件 $W=B-C>0$ を満たしていることを確認する必要がある．

表3.1における3人の投票者のプロジェクト Y に対する便益と費用の評価が，表3.3のように表されるとしよう．プロジェクト Y の総費用は300であり，各納税者が100ずつ等しく費用を負担して，その財源をまかなうとしよう．このプロジェクトからの納税者たちの便益（各納税者の便益は納税者自身にしかわからない私的情報である）は，それぞれ30, 130, 110である．したがってプロジェクト Y からの総便益は270になる．総便益270は総費用300よりも小さい．純便益 $W=B-C$ は -30（負の値）となり，プロジェクト Y への公共支出は正当化されない．しかし，Y は多数決投票のもとでのコンドル

---

[1] この場合の効率的（efficient）はパレート効率的な意味では使われていないことに注意．原著者の用法にしたがって効率的という訳語を用いるが，$B-C>0$ という意味で効率的という用語が本章ではしばしば用いられている．

表 3.3 多数決投票（表 3.1）で勝利したプロジェクト Y の評価

	プロジェクトへの納税者の費用負担	プロジェクトから得られる納税者の便益	プロジェクトから得られる納税者の純便益
納税者 1	100	30	-70
納税者 2	100	130	30
納税者 3	100	110	10
合計	総費用 = 300	総便益 = 270	総純便益 = -30

セ・ウィナーである．したがって，コンドルセ・ウィナーであるプロジェクトは，費用・便益基準 $W=B-C>0$ を必ずしも満たしていないという結論を得る．

表 3.4 は，表 3.1 の多数決投票でプロジェクト Y に負けたプロジェクト X に対する納税者の便益を表している．表 3.4 でこのプロジェクトの総費用は同じ 300 であり，費用を等しく負担すると 1 人当たり 100 になる．プロジェクト X はプラスの便益を納税者 1 にもたらし（表 3.1 では納税者 1 は他の選択肢よりも X を好んでいる），納税者 2 と 3 には損失をもたらす．しかし，総便益 650 は総費用 300 を上回っている．したがって，プロジェクト X からはプラスの純便益 350 があるため，このプロジェクトは費用・便益基準 $W=B-C>0$ を満たしている．すなわち，このプロジェクトへの公共支出は社会的に正当化される．

多数決投票を行うと，社会的に正当化されるプロジェクト X は，正当化されないプロジェクト Y に負ける．Y と X の間で投票を行うと，納税者 2 と 3 は Y に賛成票を投じ，納税者 1 のみが X に投票する．社会にとって正の純便益 350 をもたらすプロジェクト X は，負の純便益 -30 をもたらすプロジェクト Y に負けてしまう．

投票による意思決定は，選択肢に対する個人の順位付けのみに基づいてお

表 3.4 多数決投票（表 3.1）で負けたプロジェクト X の評価

	プロジェクトへの納税者の費用負担	プロジェクトから得られる納税者の便益	プロジェクトから得られる納税者の純便益
納税者 1	100	500	400
納税者 2	100	80	-20
納税者 3	100	70	-30
合計	総費用 = 300	総便益 = 650	総純便益 = 350

り，他の投票者の利益や損失を考慮していないため，このような結果が起きる．異なったプロジェクトからもたらされる便益間の差は，個人の投票行動に影響しない．選択肢間の個人の純便益の値の順序のみが，個々人の投票決定にとって重要である．他の投票者の便益に関する情報の開示がなければ，多数決投票においては，多数派の受益者は小さな利益を受け取り，少数派が大きな損失をこうむるような状況と，少数派が少しの損失ですんで多数派が大きな利益を得るような状況との区別ができない．いずれの場合でも，多数派がプロジェクトを決定する．同様に，多数派である損失者たちは小さな損失ですんで，少数派である受益者が大きな利益を得られる状況と，多数派である損失者は大きな損失をこうむる一方で少数派の受益者の利益が小さいという状況を区別することもできない．後者の場合，いずれの状況でも多数派はこのプロジェクトに反対する．

投票決定において，選択肢の費用・便益評価よりも順位付けが決定的な役割を果たすので，多数決投票による集合的意思決定が，費用・便益評価を基礎とした総費用と総便益の比較による意思決定とたびたび矛盾することは驚くことではない．投票行動は損失者がどれくらい損をして，受益者がどれくらい利益を得るのかに対して反応しない．しかしながら，損失者がどれくらい損をして受益者がどれくらい利益を得るのかということは，費用・便益基準 $W=B-C>0$ によってそのプロジェクトへの公共支出が社会的に正当化されるかどうかを判断するときの本質的な情報である．

選択肢が連続体の場合

ここまで，プロジェクト X, Y, Z の3つの選択肢の中からいずれか1つを選ぶ場合を取り上げてきた．効率性と多数決投票の意思決定に関する同様の結論は選択肢が連続体である場合にも応用できる．

図3.9a で示されるようなプロジェクトを見てみよう．多数決投票のもとでは，税 T_m を支払う中位投票者は，G_m という公共財の供給量を選択する．しかし，このプロジェクトは社会的には正当化されない．なぜなら，$\sum MB = MC$ となる効率的な供給量はゼロになるからである．さらに，中位投票者によって決定された供給量 G_m で公共財を供給すると，社会は図3.9a の影をつけた部分の損失をこうむることになる．

一方，図3.9b では，中位投票者があらゆる供給量に対して反対するという

3.1 多数決原理と公共財   181

図 3.9a　中位投票者による非効率的選択

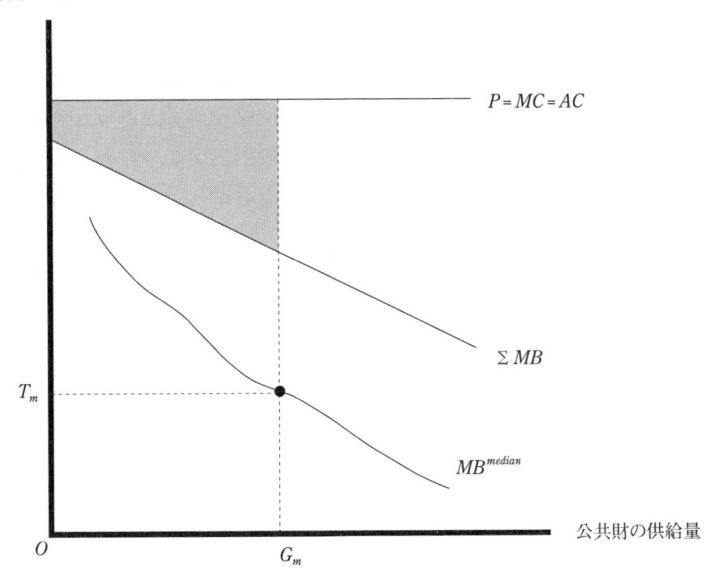

限界便益と限界費用

$P = MC = AC$

ΣMB

MB^{median}

T_m

O　　G_m　　公共財の供給量

図 3.9b　中位投票者は効率的な公共支出を否決する

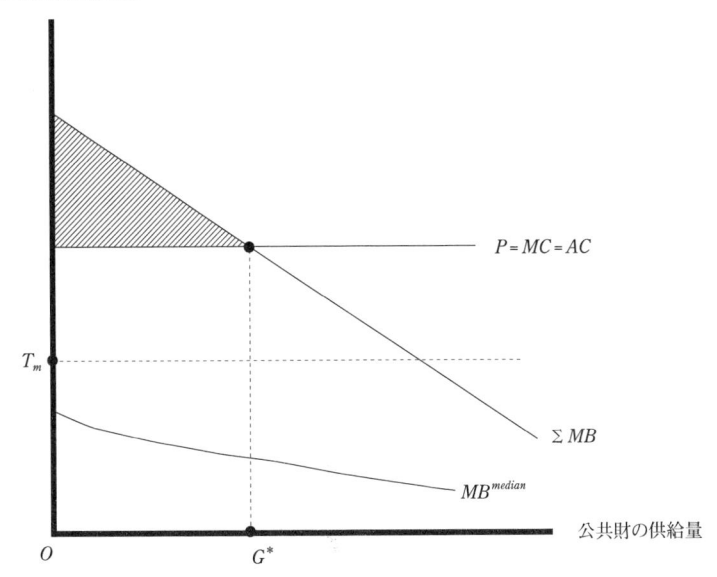

限界便益と限界費用

$P = MC = AC$

ΣMB

MB^{median}

T_m

O　　G^*　　公共財の供給量

状況が示されている．これは，中位投票者がそのプロジェクトから得る限界便益が，その公共財の財源をまかなうために負担しなければならない税額よりも小さくなるためである．このプロジェクトは総便益が総費用を上回っているので社会的には正当化されて，このとき効率的な供給量が G^* で与えられる．多数決投票のもとで集合的意思決定を行うのは中位投票者であるから，このプロジェクトは否決され，社会は影をつけた部分の損失をこうむる．この社会的な損失は，効率的な公的支出が採択されていたならば社会にとって利用可能となっていた便益である．

要約すると以下のようになる．(1) 費用・便益基準からは社会的に正当化されるプロジェクトであっても，多数決投票では否決されることがある．(2) 多数決投票では，社会的に正当化されないプロジェクトへの公共支出であっても承認されることがある．

3.1.5 投票権の売買市場

第1章では，パレート効率性に関する補償基準について述べた．もし，受益者が損失をこうむる人へ補償を行うことができて，なお利益が残るのであれば，その政策は正当化される．しかし，逆に，損失をこうむる人が受益者への補償を行って，その政策の実行を阻止したほうがその損失者の状況を改善できるならば，その政策は正当化されない．補償によって，投票で採決される公共支出計画が，費用・便益分析から判断される効率的な公共支出計画とつねに一致するようにできるだろうか？

補償の役割を考察するために，表 3.3 と表 3.4 において，プロジェクト Y と X のどちらかを選ぶという問題に戻ってみよう．納税者 1 はプロジェクト X から 400 の利益を得て，納税者 2 と 3 はプロジェクト Y から合計 40 の利益を得る．したがって，プロジェクト Y の代わりにプロジェクト X に支出することから得られる社会全体の純利益は，360 である．納税者 1 は納税者 2 と 3 に対してプロジェクト X に賛成するように補償を行っても，なお納税者 1 の状況は改善する．すなわち，納税者 1 が納税者 2 と 3 に補償金を支払った結果，3 人の投票者すべてが社会的に望ましいプロジェクト X に賛成するという全員一致の決定にいたる．

このようにして，投票行動を変更するように人々を誘導するような補償金の

支払いを通じて,すべての投票者の状態を改善するというパレート改善が達成可能である.したがって,もし投票の売買が行われる市場があれば,社会が非効率な状態から脱出することが可能になる.

しかし,投票権の売買市場は一般的には認められていない.投票の結果が高所得者や富を多く所有する個人の意思によって左右されるべきではないという根強い反対があるからである.むしろ民主主義社会では,市民は個人の所得や富に関係なく投票を通じて等しい影響力をもつべきである.すなわち,「1人1票」の原則は投票権の売買市場の存在を否定する.

投票の市場を認めることに反対する第2の理由は,集計された票の価値の重みによる.投票者の人口が大きい場合,合理的な投票者は自分ひとりの票が多数決投票の決定に大きく影響することはほとんどありそうにもないことを正確に認知するだろう.ある人が投票の市場で売る一票の価値はかなり小さい.ところが,票の買い手にとっては,もし十分な数の票を買うことができれば,1票は大変大きな価値をもつ.買い手の手元にある票の数が多くなるほど,その蓄積された票が集合的意思決定においてより大きな役割を演じる.つまり,集められた票全体の価値が,個々の票の無視可能なほど小さな価値の合計を上回ることになるので,集積による付加価値が存在する.このようにして,個人またはグループが少ない費用で票を買収して,課税や公共支出に関する公共政策の意思決定に対して決定的な影響力を行使して便益を得ることは,民主主義の考え方と相容れない.

これらの理由によって,票の売買市場は通常非合法となっている.しかしながら,人々の投票行動を変えるような買収が非合法であるため,多数決投票に伴う非効率性を矯正することができなくなる.

3.1.6 政治的結託とログローリング

票を直接売買する市場は通常は非合法であるが,選出された議員間での票の取引は合法である.議員間での票の取引は次のようなやり方で行われる.「もし,あなたが私のもっとも望んでいるプロジェクトに投票してくれたならば,私もあなたがもっとも望んでいるプロジェクトに投票しましょう」.このような投票取引は,1人で木を伐採できるが,木を転がして運ぶのには2人の協力を得なければならないという意味でログローリング (logrolling) として知られ

表 3.5 効率的なプロジェクトでのログローリング

プロジェクト	議員1	議員2	議員3	純便益
D	110	-20	-30	60
E	-20	100	-30	50
F	-30	-30	100	40

ている.

　ログローリングを通じた投票取引は, 多数決投票の結果としてパレート効率的な公共支出決定を保証するだろうか？ この質問に答えるために, 表3.5を見てみよう. 3人の議員が3つのプロジェクト D, E, F の投票に直面している. もし, それぞれのプロジェクトの投票において過半数の支持があれば課税が行われ, そのプロジェクトが政府の予算を通じて公的に資金調達される. そのため, プロジェクトの採否は択一的な選択ではなく, 仮に, 3つのプロジェクトすべてに対して過半数の支持があれば, すべてのプロジェクトに対して予算がつけられる場合もある.

　表3.5の最終列で, プロジェクトから得られる社会全体の純便益が表されている. 各プロジェクトいずれからも正の便益が得られる. そのため, 各プロジェクトとも費用・便益基準によれば効率的であると判断される.

　しかし, 3つのプロジェクトは各選挙区に対して異なった便益をもたらす. 各プロジェクトとも1つの選挙区にのみ正の便益をもたらす. プロジェクトごとに資金投入すべきか否かの投票を行うと, 議員1のみがプロジェクト D に, 議員2のみが E に, 議員3のみが F に賛成の票を投じる.

　このように賛成票が分かれるので, 多数決投票の結果は2対1となり, どのプロジェクトも否決される. しかしながら, 3つのプロジェクトへの公共支出はいずれも社会的には実施されるべき価値がある.

　2人の議員が結託を形成すると, それぞれの議員が公共支出を望んでいるプロジェクトに対して2人が賛成することになり, 過半数を獲得することができる. 結託する議員の組み合わせとしては, $(1,2),(2,3),(1,3)$ である. それぞれの結託に対して, $(D,E),(E,F),(D,F)$ のプロジェクトの組み合わせが過半数の賛成を獲得できる.

　議員 i と j の組み合わせがプロジェクト m と n に賛成することから得られる便益を次のように定義する.

$$V_{ij}(m,n) = (B_1, B_2, B_3)$$

B_i は議員 i の選挙区がこの結託によって得られる便益を表す．議員 1 と 2 が結託を結成してプロジェクト D と E に賛成した場合，3 人の議員の選挙区の便益は，

$$V_{12}(D,E) = (90, 80, -60)$$

となる．議員 1 と 3 の結託による各選挙区の便益は，

$$V_{13}(D,F) = (80, -50, 70),$$

議員 2 と 3 の結託による各選挙区の便益は，

$$V_{23}(E,F) = (-50, 70, 70)$$

である．上の結果より，2 つの選挙区に最大の便益をもたらす結託は議員 1 と 2 の結託となることがわかる．

議員 1 の選挙区は，議員 2 との結託からは 90 の便益を得るが，議員 3 との結託からは 80 の便益を得るにとどまる．そのため，議員 2 は議員 1 にとってもっとも望ましい結託のパートナーとなる．

議員 2 が議員 3 と結託を形成したときの議員 2 の選挙区の便益は 70 で，これは議員 1 と結託した場合の便益 80 よりも小さい．したがって，議員 1 と議員 2 は相互にもっとも好まれる結託のパートナーである．

このようにして，議員 1 と 2 は協力して投票し，プロジェクト D と E には賛成し，プロジェクト F には反対する．この結果，議員 3 が損失 60 をこうむることになる．

しかしながら，プロジェクト F も社会的には正の純便益を提供するので資金投入されるべきである．ログローリングは 3 つの効率的なプロジェクトのうち 2 つに対してのみ公共支出が行われるような結果をもたらす．事実，社会的にもっとも便益の大きい 2 つのプロジェクトが多数決投票によって採択される．ログローリングがなければ，いずれの効率的なプロジェクトにも資金投入されなかったであろう．

しかし，これは議員 3 の選挙区の支持者にとっては不幸な結果であり，予算措置が行われる両方のプロジェクトから損失をこうむる．議員 3 の支持者

は純損失をこうむる2つのプロジェクトのために税を支払うことになる．

ログローリングが行われるとき，投票に影響を与えるようないかなる金銭の受け渡しも起きていない．結託は投票取引のみに基づいている．もし，議員たちの間で金銭による支払いが許されるならば，3つのプロジェクトすべてが全員一致で支持される．いずれのプロジェクトも正の純便益があり，各プロジェクトの財源調達および施行は，受益者から損失者へ補償が行われればパレート改善となる．すなわち，表3.5において各プロジェクトから便益を得る選挙区は，損失をこうむる他の2つの選挙区を補償しても，なお便益が残る．

たとえば，結託を形成した議員1と2の選挙区に対して，プロジェクトFへの公共支出に賛成するように，議員3の選挙区が金銭を支払う．

実際の受益者と損失者が議員たちの選挙区の人々であるとき，選挙区間で補償を実施する方法も認められる必要がある．しかし，便益を受ける選挙区から損失をこうむる選挙区への支払いを行う際の取引費用（選挙区の住民の意思を統一したり，彼らからお金を集める費用）は，きわめて高額であると考えられる．また，金銭の支払いは，議員たちの議会での投票行動に影響を与えるので，選挙区間の補償の支払いが合法的に行われるかどうかは疑問である．

社会的に正当化されないプロジェクト

表3.6では3つのプロジェクトが示されているが，これらは費用・便益分析によればいずれも社会的には正当化されないプロジェクトである．どのプロジェクトも負の純便益をもたらす．それでも，各議員の選挙区にとって資金投入されると利益をもたらす特定のプロジェクトが存在している．そこで，議員たちは自分の選挙区に便益をもたらすプロジェクトの予算を獲得するために，ログローリングによる多数派の結託形成をもくろむ．

表3.6から以下のことがわかる．議員1と2の結託はプロジェクトDとEへの資金投入を実現して，便益は$V_{12}(D, E) = (10, 10, -60)$である．議員1と3の結託によってプロジェクト$D$と$F$に資金投入されることになり，便益

表 3.6 非効率的なプロジェクトでのログローリング

プロジェクト	議員1	議員2	議員3	純便益
D	50	−40	−30	−20
E	−40	50	−30	−20
F	−40	−30	20	−50

は $V_{13}(D,F) = (10, -70, -10)$ である．議員 2 と 3 の結託ではプロジェクト E と F が選ばれて，その便益は $V_{23}(E,F) = (-80, 20, -10)$ となる．

議員 1 と 2 の結託のみが，結託のメンバーそれぞれに正の便益をもたらす．したがって，議員 1 と 2 の間で結託が形成され，プロジェクト D と E への公共支出が過半数の支持を得る．

ログローリングまたは投票取引は，こうして費用・便益分析では正当化されない 2 つの非効率的なプロジェクト D と E が過半数の賛成を得るという結果をもたらす．

投票が金銭で取引可能であれば，非効率な結果を回避することができるかもしれない．議員 3 の選挙区は，プロジェクト D と E がともに実施されると 60 の損失をこうむる．一方，議員 1 と 2 の選挙区では 2 つのプロジェクトを合計しても 20 だけの便益しか生まれない．議員 3 の選挙区は，議員 1 と 2 の選挙区に対してプロジェクト D と E を実施しないことでこうむる損失を補償しても，なお便益が得られる．しかし，現実には補償の支払いを認めるようなメカニズムは存在しないし，存在しても合法的に実行されるかどうか疑わしい．

3.1.7 退出のインセンティブ

納税者は，公共財の集合的便益の提供を受けるために，集合的意思決定に参加する．もし，集合的便益が提供されないのであれば，納税者にはその集合的意思決定機関に参加する理由はない．ある納税者のグループの損失が構造的につねに生じるものであれば，その納税者のグループはその集合的意思決定機関から退出（secession）するかもしれない．

しかし，第 2 章で述べたように，公共財に関する情報の問題を解決する手段として居住地選択を考えたとき，納税者である少数派がそこにとどまることは多数派にとっても利益をもたらすので，少数派の退出に反対することは多数派の利害に一致する．

退出と全員一致

少数派の退出が可能な場合，その選択肢の存在によって，集合的意思決定ルールは多数決投票から全員一致ルールに変わる．なぜなら，多数決投票の結

果に賛成しない人はすべて退出することができるため，そのような人々はプロジェクトの財源を負担せずにすむからである．すなわち，退出が可能であれば，プロジェクトの資金を負担したい人々はその地域（あるいは，グループ）にとどまって自発的にそれを行い，プロジェクトから損失を受ける人は退出する．その結果，多数決投票によって不利益をこうむる少数派は存在しなくなるだけでなく，多数派が少数派に犠牲を強いるような非効率なプロジェクトも存在しなくなる．

3.1.8 投票と居住地選択

納税者グループの退出は，納税者が地理的に集中しているときにしばしば起こる．不利益をこうむっている納税者たちは，彼ら自身がもっとも望んでいる公共財への予算獲得を実現するために，行政区の独立や財政的な独立を求めたりする．

公共財の公共支出に対して同じような選好をもつ人々からなるコミュニティを実現するために退出が行われる結果，人々は，多数派が少数派に不利益をもたらさない複数のグループへと分割される．このような分割は，異なる供給量や異なるタイプの公共財を供給する行政区域間で，個人が居住地選択 (locational choice) を行うことによっても起こる．また，居住地選択は，多数決投票に付随して生まれる多数派と少数派の問題を解決できる．少数派であるけれども不利益をこうむることなく退出した人々は，自分たちの選好に合った公共財供給のための財源調達が可能な行政区域で多数派を形成することができる．たとえば，子供をもつというライフスタイルを望んでいないため学校を必要としない人々に対して課税することなく，学校の財源負担に進んで協力するような子供をもつ家族が多数派を形成できる．このようにして，より同質な投票者のコミュニティが形成されることで，行政区域間での個人の居住地選択による住み分けは，公共財の供給量と種類に関する多数派と少数派の意見の不一致を解消する．

3.1.9 抑制と均衡

投票がもたらす不平等な結果に対して，ルールの制定などの立憲的な制約を

3.1 多数決原理と公共財

表 3.7　投票と公共財における囚人のジレンマ

	グループ 2 の支払い	グループ 2 の未払い
グループ 1 の支払い	3, 3	1, 4
グループ 1 の未払い	4, 1	2, 2

通じて多数派の投票者から少数派の納税者たちの利益を擁護することもできる．このような立憲的な制約がどのように少数派を擁護し，どのように効率性を保証するのかを理解するために，公共財供給における囚人のジレンマを表した表 3.7 を見てみよう．

表 3.7 は，2 人の個人ではなく，2 つの投票者グループについて表している．個人あるいはグループのいずれであっても，表 3.7 において支配戦略はフリーライドすることであり，独立した個人（あるいはグループ）の公共財に対する自発的支出の意思決定は，効率的な結果である (3,3) にはならず，(2,2) の利得をもたらす．

公共財への公的な財源調達に関する意思決定が，自発的な支出ではなく投票によって行われるような状況を考えよう．(2,2) はいかなる公共財も供給されない場合である．(3,3) では公共財が供給され，両方のグループは対称的に等しい便益を得る．(4,1) と (1,4) では，多数派に便益をもたらすような公共財供給の財源のために少数派が税を支払う結果，少数派が損失をこうむる．

グループ 1 が多数派であるとき，多数決投票による決定は (4,1) となって，グループ 1 は便益を得るがグループ 2 は税を支払わなければならない．グループ 2 が多数派である場合は，多数決投票の結果は (1,4) となり，グループ 2 は便益を受けるがグループ 1 は税を支払わなければならない．

このように，多数決投票の決定は個人の自発的な支出決定とは異なる結果になる．第 2 章における自発的な支出決定では，利得が対称的でかつ非効率な結果 (2,2) が実現されることをみた．多数決投票では，だれが多数派であるかによって，非対称的な利益 (4,1)，あるいは，(1,4) のいずれかが実現する．

そこで，差別的な（すなわち非対称的な利得になる）結果を禁止するルールを導入することができる．このルールによって，(4,1) と (1,4) は認められず，投票は (2,2) と (3,3) の間で実施される．

(2,2) と (3,3) のいずれかの選択に直面すると，両方のグループのメンバーは全員一致で (3,3) に賛成する結果，より高い便益を得る．

このように，公共財の財源調達の問題において多数決投票がもたらす不平等

な結果を禁止するルールは，全員一致ルールと同じ結果をもたらす．このような差別を禁止するルールは，投票者の多数派と少数派に対して差別的な結果をもたらすような選択肢をあらかじめ削除する．いいかえると，差別をしないというルールを通じて与えられた「抑制と均衡」によって，多数決投票のもとで不利益をこうむる少数派を擁護することができる．「抑制と均衡」は，独立した行政区域，二重の規制主体（たとえば国会議員と地方議員），政府の立法府および行政府への分割などによっても実現可能である．

3.2 政治的競争と公共支出

3.1 節における多数決投票の結論は，納税者が公共支出の決定に関して直接投票する場合，あるいは納税者の代表として選出された議員が投票する場合にも応用できる．選出された議員が投票で決める場合，その前段階として納税者の代表として選ばれるための候補者間の政治的競争 (political compitition) が存在する．議員のポストをめぐる競争において，候補者たちはそれぞれの公約を発表して，それに勝利した候補者が投票者（＝議員）に選ばれる．この節では，このような政治的競争を通じた政策決定の特徴を探る．本節での目的は，政治的競争が公共財供給のための課税と公共支出に関する集合的意思決定にとって，望ましい手段を納税者に提供するかどうかを検討することである．

3.2.1 直接民主制と間接民主制

直接民主制（direct democracy）のもとでは，納税者が公共部門の財政問題に関する意思決定を直接行う．たとえば，納税者は，公共支出の財源調達を課税あるいは公債発行のいずれでまかなうべきか，また，課税額をどの程度にするか，課税の形態をどのようにするか，あるいは，公共支出の目的は何かをめぐって投票を行う．しかし，投票者の意思決定は一般的に直接民主制ではなく，間接民主制（representative democracy）のもとで行われる．間接民主制では，投票者は彼らを代表する議員を最初に選出する．

間接民主制のほうが一般的に広く受け入れられているという現状は，個々の問題すべてに対して各投票者に選択を行わせることの費用が高くつくという事実を反映している．また，公共支出の意思決定は，その問題の調査に多くの時

間を割くことができ,そのため平均的な投票者よりも多くの情報をもつことができる議員によってなされるべきだという暗黙の了解も存在する.

近年における情報技術の急速な発展は直接投票の費用の削減をもたらした.インターネットやeメールによる暗号化された伝達方法は,各投票者がそれぞれの問題に対する意見を機密保持のもとで表明することを可能にした.同時に,どの人が有権者であるかどうかや,各案件に対して一度だけ投票したかどうかを検証することも技術的に可能になった.さらに,コミュニケーション技術は,投票者により多くの情報を与えるような手段を提供してきた.インターネットは,間接民主制が最初に確立されたときには想像できなかったほど迅速に情報を提供している.

スイスの経験は,直接民主制と間接民主制の相違について比較可能な事例を提供する.スイスでは,いくつかの州は他の州よりも直接民主制に信頼をおいている.集合的意思決定において両方の投票システムが併用されているスイスの経験から,直接民主制のほうが,争点に関して投票者がより多くの情報を保有していることがわかる.直接民主制のもとでは,投票者たちは投票行動を通じて集合的意思決定に直接参加するので,「合理的無知」であろうとするインセンティブはより小さくなる.情報が有用であるほど,より多くの情報を獲得しようとする投票者の行動は合理的なものになる.投票者たちはより多くの情報を獲得するだけでなく,直接民主制のもとでは集合的意思決定への個人の関わりがより大きくなるため,コミュニティの中での個人の満足感はより一層高いように思われる.直接民主制のもとでは,重要な財政問題も投票者たちの間で日常の議論の対象となる.人々はお互いに次のような質問をする「どれに投票しますか?」「それはどうして?」.

オストロゴルスキーのパラドクス

直接民主制と間接民主制の投票結果は必ずしも一致しない.直接投票と間接民主制のもとでの投票の結果の不一致は,オストロゴルスキーのパラドクス(Ostrogorski's paradox)[2]として知られている.表3.8を用いて,3つの公共支出プラン A, B, C におけるオストロゴルスキーのパラドクスを説明する.たと

---

[2] Ostrogorski, M., "La démocratie et l'organisation des partis politiques," Calmann-Levy, Paris (2 volumes), 1903; Nurmi, H., "Compound majority paradoxes and proportional representation," *European Journal of Political Economy* 13, 1997, 443-54,

表 3.8　オストロゴルスキーのパラドクス

	A = スタジアム	B = 高速道路	C = の美術館
グループ 1 (20%)	No（候補者 1）	No（候補者 1）	Yes（候補者 2）
グループ 2 (20%)	No（候補者 1）	Yes（候補者 2）	No（候補者 1）
グループ 3 (20%)	Yes（候補者 2）	No（候補者 1）	No（候補者 1）
グループ 4 (40%)	Yes（候補者 2）	Yes（候補者 2）	Yes（候補者 2）

えば，プロジェクト A はスポーツ・スタジアムの建設，プロジェクト B は高速道路の建設，プロジェクト C はモダン・アートの美術館の建設であるとしよう．投票者の過半数の支持があるプロジェクトであれば，それらはすべて課税によって財源調達される．

表 3.8 において，投票者は公共支出への選好の違いによって 4 つのグループに分けられている．表の中で「Yes」はグループがそのプロジェクトに賛成していることを，「No」はプロジェクトに反対していることを示す．グループ 1 の投票者たちはスタジアムと高速道路の建設に反対し，美術館の建設に賛成していることが表 3.8 よりわかる．グループ 2 の投票者たちはスタジアムと美術館の建設に反対し，高速道路の建設に賛成する．グループ 3 の投票者たちは，高速道路と美術館の建設に反対し，スタジアムの建設に賛成する．そして，グループ 4 の投票者たちは，3 つのプロジェクトすべてに賛成している．また，グループ 1, 2, 3 のそれぞれには投票者全体の人数の 20% が，グループ 4 には投票者全体の 40% が含まれている．

直接民主制のもとでは，投票者たちは各プロジェクトごとに投票を行う．すなわち，プロジェクト A, B, C それぞれに関して，財源調達のための課税に賛成か反対かという投票を行う．

プロジェクト A（スタジアム建設）に対して公的資金を投入するかどうかの直接投票を行うと，過半数が賛成の票を投じる（賛成派は 40% のグループ 4 の投票者と 20% のグループ 3 の投票者からなる）．プロジェクト B（高速道路の建設）に関する直接投票においても過半数が賛成する（賛成派は 40% のグループ 4 の投票者と 20% のグループ 2 の投票者からなる）．さらに，プロジェクト C（美術館の建設）に関する直接投票においても過半数が賛成する（賛成派は 40% のグループ 4 の投票者と 20% のグループ 1 の投票者からなる）．し

Nurmi, H., *Voting Paradoxes and How to Deal with Them*, Springer, Berlin, 1999 も参照．

たがって，有権者による直接投票が行われると，3つのプロジェクトすべてに対する課税・公共支出計画が支持される．

間接民主制のもとでは，2人の候補者が3つのプロジェクトすべてに関する一括公約を発表する．すなわち，間接民主制のもとでは，すべてのプロジェクトへの公共支出プランは個別に審議されるのではなく，一括に提案されて審議される．投票者は，その一括提案された公約の中で，彼らの選好にもっとも近い公約を提案する候補者を支持する．候補者1は3つのプロジェクトすべてについて公共支出を行うことに反対している．一方，候補者2は3つのプロジェクトすべてに対する公共支出に賛成である．表3.8において，各プロジェクトへの公共支出について「No」と記載されているところはすべて候補者1の公約であり，「Yes」と記載されているところはすべて候補者2の公約である．

投票が行われると，グループ1, 2, 3の投票者は候補者1に投票する．これら3つのグループのいずれもが候補者1の公約の中の2つの提案について賛成しているが，候補者2の公約については1つの提案しか支持していない．他方，グループ4の投票者たちは，すべてのプロジェクトに関して彼らの選好と一致している候補者2に投票する．

政治的競争の結果，候補者1は60％の票を獲得し，40％の票しか獲得できない候補者2に対して勝利する．したがって，3つのプロジェクトすべてに対して公共支出は実施されないことになり，財源調達のための課税および債券発行も行われない．

このように，間接民主制のもとでの公共支出に関する投票結果は，直接民主制のもとでの投票結果とちょうど逆になる．直接民主制においては，多数派がすべてのプロジェクトに賛成する．間接民主制においては，すべてのプロジェクトを実行しないという公約を発表した候補者が，政治的競争によって選ばれる．

どちらの結果が望ましいか？

表3.8の情報からは，直接民主制における投票結果と間接民主制における投票結果のどちらがより望ましいかはわからない．あるグループがあるプロジェクトに賛成するとき，そのグループの投票者にとって，プロジェクトからの純便益は正であると推測される．他方，あるグループがあるプロジェクトに反対

するときは，プロジェクトの実現によって，そのグループの投票者は便益よりも費用を多く負担すると推測される．あるプロジェクトが社会的に正当化されるかどうかを決定するためには，納税者グループそれぞれについて便益と費用に関する追加の情報が必要である．3.1 節では，多数決投票の結果が，そのプロジェクトの費用・便益基準によって社会的に正当化されるかどうかを必ずしも意味しないことを示した．表 3.8 におけるプロジェクトは社会的に正当化されるかもしれないし，正当化されないかもしれない．この結果，オストロゴルスキーのパラドクスが生じる状況が効率的か否かを判断することはできない．

間接民主制は，直接多数決投票の結果採択される非効率なプロジェクトの実現から社会を救うこともできるが，効率的なプロジェクトの実現を阻止することもありうる．オストロゴルスキーのパラドクスが示すように，直接民主制と間接民主制における多数決投票の結果はしばしば矛盾する．

3.2.2 争点が 1 つの場合の政治的競争

オストロゴルスキーのパラドクスは，集合的意思決定の手段としての政治的競争の 1 つの帰結である．次に，政治的競争のより一般的なケースを考えてみよう．まず，もっとも単純な設定から始める．2 人の議員候補者が，1 種類の公共財への公共支出の規模に関して異なる公約をもっている．すなわち，この公共財の供給量の決定が，投票者が直面する唯一の集合的意思決定である．図 3.10 の横軸は公共財の供給量を表している．

納税者は，公共財の財源調達のために強制的に税が課されることを知っている．このような課税負担のもとで，納税者たちは図 3.10 にしたがって，もっとも望ましい公共財の供給量を選択する．

納税者たちの選好は単峰型（3.1 節参照）である．すなわち，各納税者にはもっとも望ましい供給量が 1 つあって，納税者の効用は供給量がこの最適量から離れるにつれて減少する．図 3.10 は，この公共財の各供給量に対応する中位投票者の効用水準を示している．中位投票者の効用は，彼にとってもっとも望ましい供給量 G_m から離れるにしたがって減少する．G^{max} は公共財をもっとも強く需要する投票者が許容する最大の供給量を表す．0 と G^{max} の供給量の範囲内において各納税者のもっとも望ましい供給量は一様分布しており，各納税者は自分のもっとも望む供給量にもっとも近い供給量を提案している候補

図 **3.10** 中位投票者が選好する政策は 2 人の議員候補者にとって安定均衡である

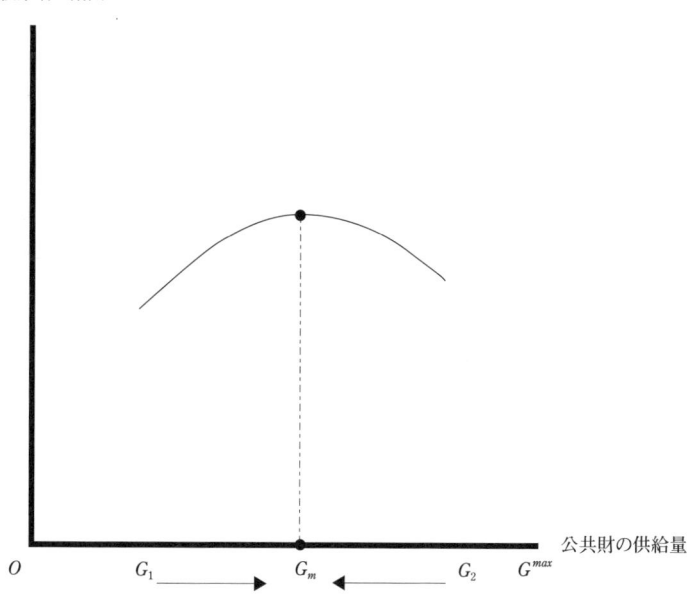

（図：縦軸「中位投票者の効用」，横軸「公共財の供給量」．G_m で効用が最大となる山型の曲線．横軸上に O，G_1，G_m，G_2，G^{max} が示され，G_1 から G_m への右向き矢印，G_2 から G_m への左向き矢印が描かれている．）

者に投票する．すべての投票者が投票し，棄権はしないと仮定する．2 人の候補者は選挙で勝利できるような公共財の供給量を公約として選択する．

はじめに，候補者 1 が供給量 G_1 を提案し，候補者 2 が供給量 G_2 を提案すると仮定しよう．G_1 および G_2 は均衡供給量ではない．なぜなら，私たちは，いずれの候補者もライバルが表明した公共財の供給量を与件として，自らが宣言した供給量を変更しようとはしないようなナッシュ均衡における均衡供給量を考えるからである．

それぞれの候補者の公約で提案されている供給量よりも，少ない（あるいは大きな）供給量を望んでいる投票者は，確実にその候補者を支持する．すなわち，図 3.10 において，候補者 1 が G_1 を提案し，理想として G_1 またはそれ以下を望んでいるすべての投票者は候補者 1 に投票する．また，G_2 またはそれ以上の供給量を理想として望んでいるすべての投票者は，候補者 2 に投票する．G_1 と G_2 の間の供給量を望む納税者は，自分の望む供給量が G_1 あるいは G_2 いずれに近いかによって，どちらに投票するかを決める．

このような状況のもとでは，候補者たちには，中位投票者がもっとも望む供給量に公約を変更するインセンティブがある．したがって，均衡においては，両方の候補者とも中位投票者が求める供給量を公約として提案する．

候補者が選挙に勝つためには50%以上の票が必要である．理論的には，中位投票者の賛成がなくても50%以上の投票者からの支持を得ることは可能である．たとえば，もっとも低い公共財の供給量を求める25%の投票者の支持ともっとも高い供給量を求める26%の投票者の支持を得ることで，合わせて50%以上の投票者の支持を得ようとするかもしれない．このとき，勝利をもたらす多数派には中位投票者は含まれていない．しかし，このような投票者間の結託はナッシュ均衡とはなりえない．したがって，政治的競争の結果として唯一の均衡が存在し，その均衡では，中位投票者がもっとも望む G_m を両候補者が提案する．さらに，その均衡では両候補者の公約に相違はなく，中位投票者が決定的な影響力をもつ．

このような公約の収束のアイデアは，ハロルド・ホテリング (Harold Hotelling, 1895-1973) によって提案されたホテリング均衡のそれと同じである[3]．候補者の公約が収束した結果はナッシュ均衡になる．なぜなら，ライバル候補者によって選択された公約に対して，いずれの候補者も他の公約を提案することで彼の選挙結果を改善できないからである．

棄権と離反

選挙公約のホテリング均衡（＝ナッシュ均衡）への収束は，図3.10において候補者の位置の左側または右側に分布する「不動の (locked-in)」投票者からの支持を継続して得られるという前提に依存している．しかし，機会主義的（目先の利益を求める）である候補者が中位投票者の支持を得ようと自らの公約を中間の位置に移動すると，一部の投票者は離反して投票を棄権するという行動に出るかもしれない．しかし，もし，棄権する投票者があらかじめわかっているのであれば，棄権しない投票者のみからなる新たな選挙区が形成され，その新しい選挙区の中位投票者が均衡公約を決定することになる．たとえば，図3.10で示された範囲の左端に位置する投票者たちが棄権の意向を表明すると，新たに中位投票者になる投票者は右のほうへ移動する．したがって，棄権

---

3) 詳しくは Hotelling, H., "Stability in competition," *Economic Journal* 39, 1929, 41-57 を参照せよ．

の意志が表明されると，均衡公約を決定する中位投票者の位置は棄権した投票者が望む公約からはさらに離れてしまうので，棄権した人々にとっては便益どころかむしろ費用をもたらすような結果が実現する．

しかし，棄権が無作為でだれが棄権するかを事前に候補者が知ることができなければ，候補者はコミュニティ全体の投票者に対して，中位投票者の選好に一致するような公約を宣言する．

第三の候補者

政治的な野心をもった第三者が，2人の候補者が共に中位投票者がもっとも望んでいる公約を提案する状況を観察しているかもしれない．そこで，この第三者も候補者となって，極端な選好をもっている有権者にアピールするような公約を宣言したとしよう．候補者が2人から3人に増えることは，結果の重大な変更をもたらす．すなわち，もはや均衡公約は存在しない．図3.11は，候補者が3人の場合の政治的競争を表している．はじめに，候補者3は中位投票者がもっとも望んでいる公約を自分の公約 G_3 として選択し，候補者1と2は供給量がそれぞれ G_1 と G_2 となるような公約を宣言したとしよう．ところが，候補者1と2は彼らの公約を変更して，中位投票者の望む供給量 G_m に収束するインセンティブをもつ．

図 **3.11** 候補者が3人の場合安定均衡公約はない

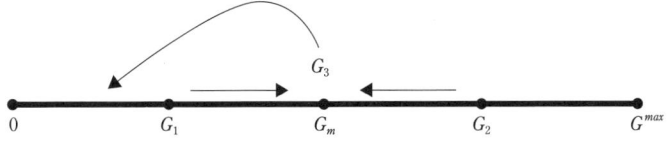

候補者1と2の供給量が G_m に向かって収束するにしたがって，候補者3の公約を支持する投票者の数は減少する．なぜなら，より多くの投票者たちは，中位投票者の求める供給量に近づいていく2人の候補者の公約が，自分たちの望む供給量により近づいていくことを知るからである．候補者1と2が G_m に向かって収束するにしたがって，候補者3の政治的支持が減少するので，候補者3はある段階で左側か右側へジャンプすることを決意する．図3.11は左側へジャンプした場合を表している．候補者3のジャンプによって，候補者1が3人の候補者の中で中間の位置を占める．今度は，候補者2と3が中央値に向かって収束していき，候補者1がジャンプするインセンティブ

をもつことになる．

　中間の候補者による公約のジャンプは，選挙に勝つためには単に中位投票者だけではなく，より多くの支持が必要であるために起こる．勝利のためには，候補者は中位投票者のほかに 50%以上の投票者から支持を得ることが必要である．中位投票者がもっとも望む供給量 G_m を公約として掲げることは，その候補者に選挙での勝利を必ずしも保証しない．実際，供給量 G_m を公約として掲げ続けると，他の候補者たちが中央値に向かって収束することにより自分への支持が離れていくので，その候補者は確実に敗北する．

　3 人の中間で，かつ，中位投票者の近くに位置する候補者は最終的にジャンプするため，3 人の候補者がいる場合の政治的競争均衡は存在しない．

　3 人より多い候補者のケースに政治的競争を拡張したときは，候補者の数に依存して，安定的均衡（すなわち，ナッシュ均衡）が得られる可能性がある[4]．

なぜすべての公約が収束しないのか？

　2 人の候補者の政治的競争モデルで見られるような公約の完全な一致は，現実ではほとんど観察されない．公約の一致（収束）は，投票者に候補者を区別する手段を与えないことから，政治的競争はその意義を失うことになる．

　しかしながら，図 3.10 において，2 人の候補者は，中位投票者がもっとも望む公約を知らないかもしれない．候補者たちは，中位投票者の望む供給量を知ろうとして世論調査を実施するかもしれないが，それでもなお，確実には中位投票者の選好を知ることはできないだろう．それぞれの候補者が異なった投票者を中位投票者として認知した場合は，候補者は異なる公約を選択する．このような状況においては，選挙に勝つ候補者は中位投票者の望む供給量をより正確に知りえた候補者であるといえる．

　たとえ中位投票者の望む供給量がわかったとしても，候補者たちにはその供給量を公約としない他の理由も存在する．複数の候補者が掲げる公約が正確に一致している場合，候補者たちは瓜二つの双子のように彼ら自身を投票者に宣伝することになる．その結果，選挙運動への寄付を募るときにまったく同じ公

---

　4) 詳しくは Selten, R., "Anwendungen der Spieltheorie auf die Politische Wissenschaft," in *Politik unt Wissenschaft*, H. Maier (ed.), Beck, München, 1971, 287-320 を参照せよ．

約を掲げていると，一方の候補者が他方よりも望ましいという理由が存在しないので，候補者たちは選挙のための寄付を集めることが大変難しくなる．したがって，候補者たちには，互いの政策に距離をおいて自らをライバル候補者と差別化することによって，指示者から政治資金を集めようとするインセンティブが生まれる．なぜなら，自分の公約がライバルの公約と異なるほど，候補者が指示者に対して期待できる選挙運動への寄付額は大きくなるからである．

完全に公約が一致しないもう１つの理由は，候補者たちによるイデオロギー上の理由である．公約の収束をもたらす行動仮説は，候補者が選挙に勝つために公約を選択するというものである．もう１つの行動仮説は，候補者は容易には妥協することなく，候補者がもっとも望ましいと思う政策を実現するために選挙に勝つという希望（たぶん絶望）をもって選挙に参戦すべきであるという信念に基づくものである．このような候補者は，自分自身がもっとも望ましいと思う政策（中位投票者が必ずしも望む政策ではない）を自分の公約として発表する．たとえば，図3.10において，G_1を宣言した候補者は，課税と公共支出は小規模であるべきという信念をもっているだけでなく，中位投票者に迎合することでその信念を曲げることはできないと信じている．しかしながら，自分の信念に固執する候補者は，選挙に勝つことを最優先して政策を選択するような柔軟な候補者に対してつねに敗北する．

3.2.3　複数の争点をめぐる政治的競争

次に，２つの異なる争点がある場合の２人の候補者間の政治的競争について考えよう．２つの争点とは，２種類の公共財それぞれに対する公共支出の是非をめぐる問題である．一般的に，政治的争点が１つから２つに増加すると，２人の候補者に対する多数決投票の結果は安定的でなくなる．

２つの公共財供給に対する投票者の選好

図3.12は，２つの公共財XとYの供給量を表している．投票者１にとってもっとも望ましい公共財への公共支出の組み合わせは点１で示される．すなわち，投票者１は，２財の供給量X_1とY_1の組み合わせをもっとも望んでいる．投票者１の効用は，点１からいずれの方向に向かっても距離が離れるほど減少する．

図 3.12　投票者が選好する公共支出の組み合わせ

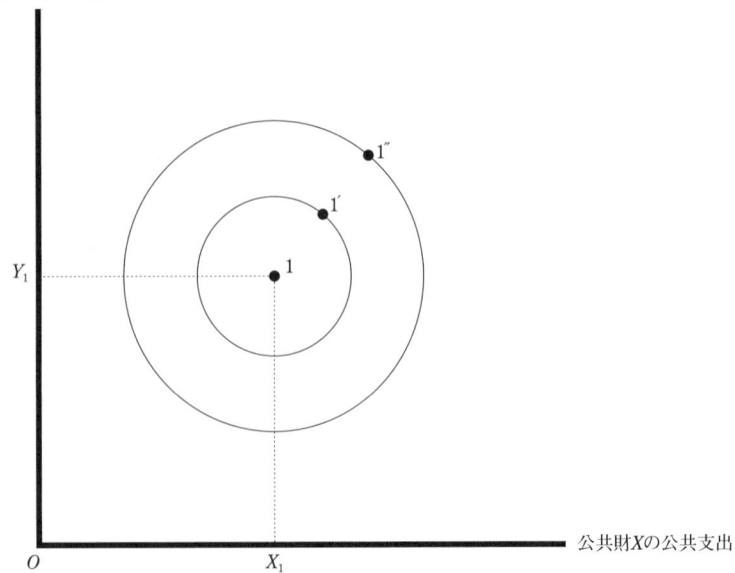

公共財 Y の公共支出

Y_1

1
1′
1″

O　　X_1　　公共財 X の公共支出

図 3.12 において，一定の効用水準に対応する無差別曲線は，点 1 を中心とする同心円で表される．内側の円上の点 1′ では，2 財とも点 1 より多く供給されている．外側の円上の点 1″ は点 1′ よりもさらに 2 財がともに多く供給されている．ところが，少ない供給量にもかかわらず，点 1 は点 1′ や点 1″ よりも高い効用を与えている．通常，財の量は少ないよりも多いほうが望ましいが，図 3.12 ではそのようになっていない．理由は，図 3.12 における投票者は，公共財 X と Y 以外の財からも効用を得ているからである．2 つの公共財以外のすべての財の投票者 1 の私的消費を Z としよう．この投票者は，公共財 X, Y からの便益および私的消費 Z から効用を得ている．図 3.12 は公共財 X, Y の 2 財の便益しか示していない．すなわち，図 3.12 は，両方の公共財から得られる効用と私的消費から得られる効用が分離可能であるケースを表している．

公共財 X と Y に対する公共支出は税によってまかなわれ，その他の財である Z は市場での購入を通じて個人が負担する．公共財の財源となる税を支払った後の残余の個人所得が，私的消費 Z への支出にまわる．図 3.12 に表された投票者 1 の公共財需要には上限がある．なぜなら，投票者 1 は，私的消費

Z への個人支出に利用可能な所得がより多いことを望んでいるからである．私的消費 Z に対する投票者 1 の需要を満足するため，彼は点 1 で示された公共財の供給量をまかなえる程度の税負担を望んでいる．このとき，他の納税者も公共財供給のために負担すべき課税額を支払っている．

議員候補者は，点 1 で示された投票者 1 が理想とする供給量の組み合わせを提案することで，彼の支持を確実なものにできる．もし，点 1 の公共財の供給量の組み合わせと正確に同じ提案をする候補者がだれもいなければ，この投票者は点 1 にもっとも近い公共財の供給量の組み合わせを提案するこの候補者を支持するだろう．

図 3.13 では，点 2 の公共支出の組み合わせをもっとも望んでいるもう 1 人の投票者を新たに加える．投票者 2 は 2 財とも投票者 1 がもっとも望ましいと思う供給量よりも多く供給することを望んでいる（すなわち，投票者 2 は投票者 1 よりも大規模な公共支出を望んでいる）．

契約曲線

2 人の投票者の無差別曲線の接点を結び，これを契約曲線として定義しよう．図 3.13 において，投票者 1 と 2 の契約曲線は点 1 と点 2 を結んだ直線になる．

契約曲線上の点はすべてパレート効率的である．したがって，一度契約曲線上の点に到達すると，少なくともどちらか一方の投票者の状態を悪くすることなしに，公共財供給の組み合わせを変更することは不可能である．

たとえば，図 3.13 において，点 E から契約曲線上を点 1 の方向へ移動すると，投票者 1 の状態は改善するが，投票者 2 の状態は悪化する．逆に，契約曲線上を点 2 のほうへ移動すると，投票者 2 の状態は改善するが，投票者 1 の状態は悪化する．契約曲線から離れていくと，一方または両方の投票者ともに状態は悪化する．

契約曲線上にある公約を選択する候補者は，つねに契約曲線から離れた公約を提案する候補者に勝つことができる．たとえば，2 人の候補者がいて，候補者 1 は契約曲線上にない点 A で表される公共財の供給量の組み合わせを提案したと仮定する．候補者 2 は，図 3.13 の影をつけた部分の中にある公共財の組み合わせであれば，どれを提案しても投票者 1 と 2 の両者からの支持を得て選挙に勝つことができる．なぜなら，影をつけた部分の中のいずれの点で

図 3.13 効率的な公共支出の公約

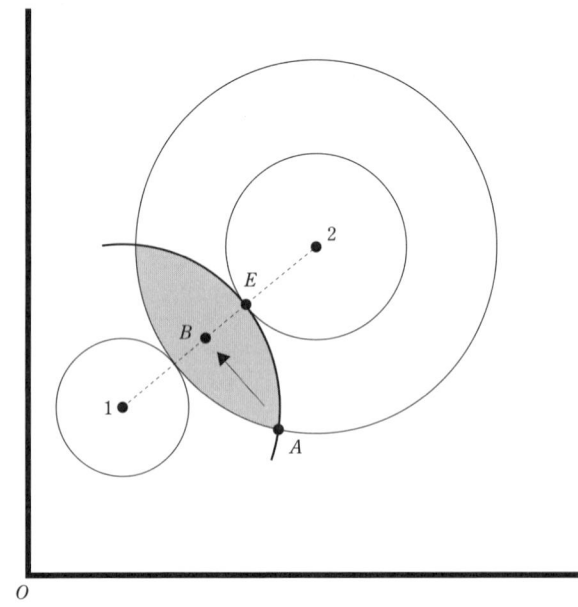

も，2人の投票者がともに点 A よりも高い効用を実現できるからである．

また，候補者2が契約曲線上の点 B のような公約を提案すると，候補者1がどのような公約を提案しても，候補者2が敗北することはない．というのは，これまで述べたように，一度契約曲線上に到達すると，両方の投票者がともに改善されるような公約は存在しないからである．

このようにして，各候補者は契約曲線上にある公約のみを宣言する．各候補者がもうそれ以上公約を変更するインセンティブがなくなる均衡公約を探す場合，契約曲線上の点のみを考えればよいことになる．

投票者が3人の場合

投票者が3人の場合は前述の多数決投票の結果を思い起こそう．図3.14で第3の投票者を導入する．彼のもっとも好む公共財の供給量の組み合わせは点3で与えられる．

したがって，3本の契約曲線が存在する．それぞれの契約曲線は，各投票者にとってもっとも望ましい点を結んだ直線である．これら3本の契約曲線は，

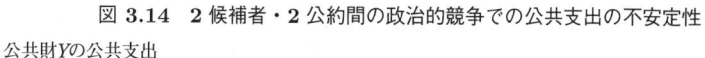

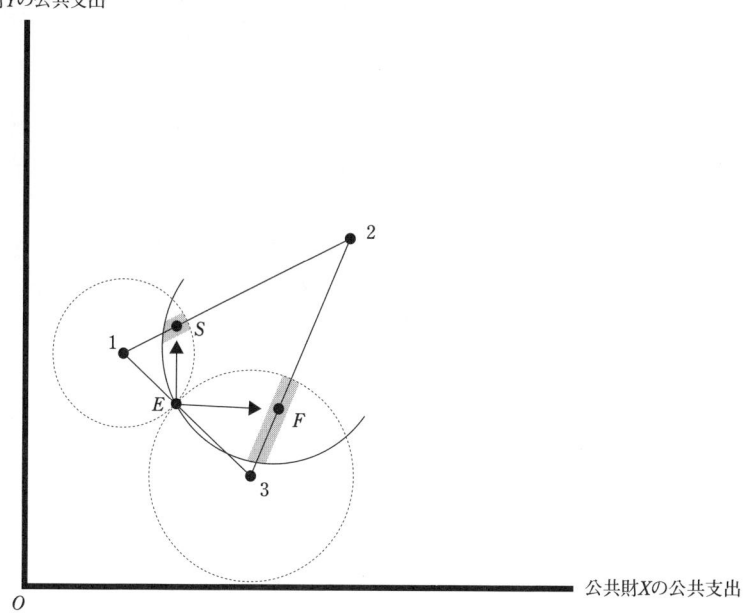

図 3.14　2 候補者・2 公約間の政治的競争での公共支出の不安定性

点 1, 2, 3 を結ぶ三角形を形成する．図 3.14 において，候補者 1 が，投票者 1 と投票者 3 の契約曲線上にある点 E に対応する公約を選択したと仮定しよう．点 E は投票者 1 と 3 の契約曲線上にあるので，彼らの無差別曲線（円）は点 E で接する．

投票者 2 の無差別曲線の 1 つ（実線で示された曲線）も点 E を通過する．投票者 2 の無差別曲線は，他の 2 本の契約曲線上に，候補者 1 の公約 E よりも 2 人の投票者がより望ましいと考える公共財供給の組み合わせを示すために利用することができる．投票者 1 と 2 の契約曲線上における網掛けの部分のすべての点は，両投票者にとって点 E よりも望ましい．たとえば，投票者 1 と 2 は点 E よりも点 S で示される公約を望んでいる．候補者 1 が点 E を公共支出の公約として表明した場合，候補者 2 は点 S を宣言すると選挙に勝つことができる．なぜなら，投票者 1 と 2 は候補者 2 を支持し，投票者 3（投票者 3 にとっては点 S よりも点 E のほうが望ましいので）のみが候補者 1 を支持するからである．

候補者 1 が点 E を宣言したときに，候補者 2 は点 S の代わりに点 F を公約

として表明することによっても選挙に勝つことができる．他方，候補者2が点Fを表明すると，点Eを表明した候補者1は投票者1の支持しか得られない．投票者2と3にとって点Fのほうが点Eよりも望ましいので，彼らは候補者2を支持する．

候補者1の公約Eに反応して，候補者2が公約Sを表明したと仮定しよう．候補者1が最初に宣言した公約Eを維持し続けるならば，候補者2は選挙に勝つことができるだろう．しかし，候補者2がひとたび点Sを選ぶと，今度は候補者1が点Sに勝つ公約を容易に見つけることができる．投票者1と3の契約曲線上および投票者2と3の契約曲線上の両方に，点Sに対して多数決支持を獲得できるような公共財供給の組み合わせが存在する．同様に，候補者1は点Fに対しても勝つ公約を見つけることができる．このようなプロセスは安定した多数決投票の結果がもたらされないまま際限なく続く．

現職議員は有利か不利か？

図3.14の状況において，候補者たちが同時に公約の表明を行うようなゲームではナッシュ均衡は存在しない．それに対して，候補者が公約の表明を順番に行う場合は，最後に公約を表明する候補者がもっとも有利になる．最後に公約を選択する候補者は，他の候補者がすでに宣言した公約を変更しなければ，確実に選挙に勝てる公約を選択できる．したがって，現職の議員が再び選挙に出馬する場合，不利になる．なぜなら，投票者たちはその議員の在職期間中に彼の政策を観察することができるので，ライバルとなる候補者が多数派の支持が得られるような公約を選択する機会を得られるからである．

しかしながら，現職議員が必ずしも不利とは限らない．むしろ，現職議員は勝つべくして選挙に勝つ場合がある．現職の候補者がしばしば再選される事実は，彼の在職期間中の評判が選挙戦に優位に働くことを示している．現職議員の信頼性は既知である場合が多いが，新たな挑戦者の信頼性は未知数である．また，現職が再選される可能性は，在職期間中にのみ獲得できるかもしれない政治的人気によっても高められる．

安定的な中位投票者の公約が存在する場合

図3.15は，政治的競争において安定的な結果が存在する場合を示している．図3.15において，3人の投票者それぞれがもっとも望む公約はすべて彼らの

図 3.15 安定的な政治公約

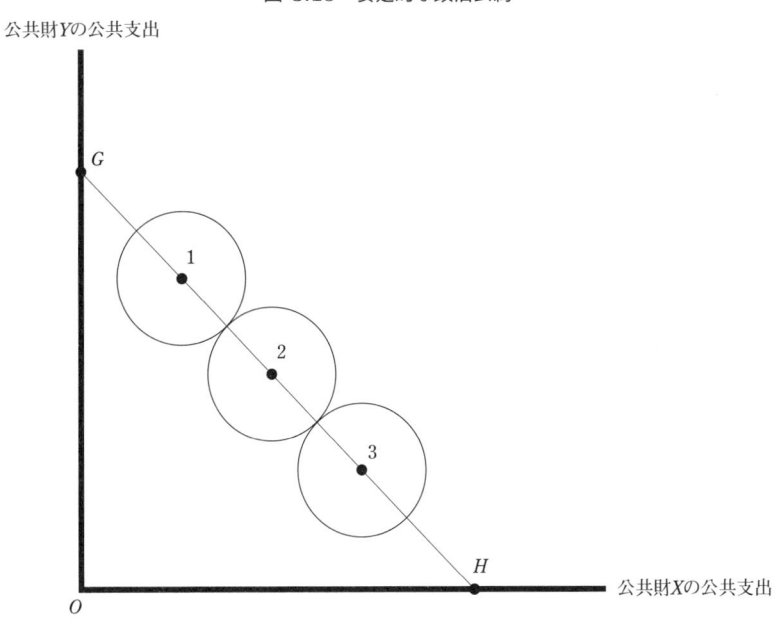

共通の契約曲線 GH 上にある．これは，もちろん偶然にしか起こらないきわめて特殊なケースである．この場合，「財 X にどの程度支出するべきか」および「財 Y にどの程度支出するべきか」という2つの異なる問題は，「GH 上の公共支出のどれを選択するべきか」という1つの問題へと還元される．投票者2は，後者の一次元の問題における中位投票者になるので，多数決投票の結果は投票者2がもっとも望んでいる点2となり，それは安定的均衡になる．

公共財の相対価格と公共支出の総額

　ここで，直線 GH の傾きが2種類の公共財 X と Y の相対価格に等しいと仮定する．この場合，直線 GH は，共通の契約曲線であることに加えて，2財に関する公共支出の水準も表している．図3.15から，投票者たちは，公共支出の総額には同意しているが，公共財 X, Y の組み合わせには不同意であることがわかる．

　一般的に，公共財の相対価格は契約曲線の傾きに等しくはならず，通常両者は無関係である．図 3.16 は，契約曲線の傾きと公共財の相対価格が異なって

図 3.16 公共財の相対価格と契約曲線

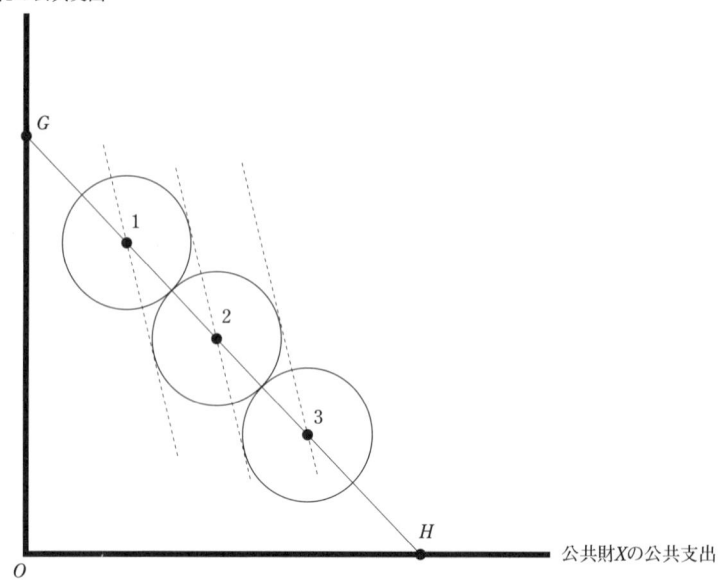

いるより一般的なケースを表している．ただし，公共財の相対価格は点線で描かれた3本の直線の共通の傾きで表されている．

図 3.16 の各投票者は，契約曲線上にある異なった公共財の組み合わせと異なった公共支出の水準を望んでいる．図 3.16 において，安定的な多数決投票の結果は中位投票者 2 がもっとも望む供給量の組み合わせになる．

図 3.15 および図 3.16 で示されたように，多数決投票の結果が安定的になるためには，3 人の投票者の契約曲線が 1 本の共通な直線に一致することが必要である．公共財の相対価格は，安定的な多数決投票均衡の存在に関して何の役割も果たしていない．さらに，公共財の相対価格は，2 人の候補者が2つの公約を掲げる政治的競争において安定的な多数決均衡がないという結論を導くときにも何の役割も果たさなかったことを思い出そう．

3.2.4 信念に基づく政治的行動

これまで，選挙に勝つために多数派の投票者の支持を得られるような公約を

表明する議員候補者の行動仮説について述べてきた．これに対して，議員候補者は自分が実行したい政策について信念をもっていて，選挙に勝とうとするのはその信念に基づいた政策を実現するためであるという異なる行動仮説も存在する．

すでに，1つの争点に対して2人の候補者が政治的競争を行う場合，信念をもつ候補者が多数派の支持を得られないとき，どのような結果になるかを観察してきた．自分の信念に固執し，多数派の支持を得られない公約をそのまま変更しなければ，その候補者は単に選挙に敗北するだけである．

図3.14に戻って，信念をもった候補者が2つの争点に直面したときも，同様な結論が得られることを見てみよう．再び単純化のために，図3.14の点1と点3を結ぶ契約曲線の傾きは2種類の公共財の相対価格に等しいと仮定する．したがって，この契約曲線の位置は，公共財X, Yへの支出総額を表している．投票者2は，投票者1と3よりも公共財への大きな支出総額を望んでいる．投票者1と3は，公共支出の総額については同意しているが，2財の供給量の組み合わせに関しては同意していない．

「政府の規模」あるいは公共支出の財源のために政府によって徴収される税の総額に関して，投票者1および3の2人と投票者2の間ではかなり大きな意見のくい違いがある．投票者2は高い税収と高い公共支出を望んでいるのに対して，投票者1と3は両方とも中程度の規模の税収と公共支出を望んでいる．投票者2は，投票者1や3よりも低所得で支払う税額も少ないため，高水準の税と公共支出を好むのかもしれない．あるいは，投票者2は投票者1と3の2人と同じ程度の税を支払うことによって，私的財は低い支出で我慢する代わりに，より多くの公共財の消費を望むかもしれない．

大規模な歳入および歳出を望む投票者2の選好に対して，自分の信念に基づいて共感している候補者は，投票者2がもっとも望む点2を公約として選択することができる．さらにこの候補者は，選挙で勝てるように公約を変更できる機会があっても，誠実さの明かしとしてすでに表明した公約を守り続けるだろう．

高い税と高い公共支出を望む候補者は，投票者の選好が変化するかもしれないという期待，あるいは，投票者たちが，機会主義的に投票者の選好に反応する候補者よりも信念を貫き通す候補者を望んでいるかもしれないという楽観的な期待をもって，自分の公約をそのまま掲げ続けるかもしれない．しかし，多

数派の選好がライバル候補者の公約に近ければ，信念をもった行動は選挙に勝つ助けにはならない．信念に基づく公約を表明した候補者は，つねに選挙に敗北する．なぜなら，戦略的に公約を選択するライバル候補者は，つねに多数派の支持を得ることができるからである．

投票者が信念をもつ場合

　これまで，投票者は自分にとってもっとも高い便益をもたらす公約を表明した候補者を支持することで，便益あるいは効用を最大化する主体として考えてきた．しかし，投票者は投票を行うときに，個人的な利益を超越した特定の信念に誘導されることがあるかもしれない．投票者が信念をもつ場合，どのようなことが起きるかを，再び図3.14で考えてみよう．投票者1と3を結ぶ契約曲線の傾きが2財の相対価格を表している場合，投票者1と3が自らの信念に基づいて，彼らの契約曲線上よりも高い公共支出水準には賛成しないと決意したと仮定しよう．そのため，投票者1と3は，彼らの個人的な効用を高めるが，大規模な公共支出と課税をともなう公約を提案する候補者ではなく，契約曲線上の公約を提案する候補者を支持する．図3.14でいえば，ある候補者が投票者1と3の契約曲線上の点Eを公約として表明すると，投票者1は，点Eより高い個人的効用を与える点Sの公約を提案する候補者ではなく，むしろ，契約曲線上の公約を提案する候補者を支持するだろう．同様に，投票者3も点Eよりも高い効用をもたらす点Fを公約として提案する候補者を支持しない．投票者1と3はともに，公共支出と課税を抑制しようという信念のために，個人の効用は二次的なものとみなす．

　投票者1と3は，公共支出と課税を抑制するという信念は一致しているが，投票者1は点1で示される公共財の組み合わせを，投票者3は点3で示される公共財の組み合わせをそれぞれ望んでいる．このような状況では，投票者2が決定的な役割（ピボット）を担う投票者となる．図3.17でこのことを見てみよう．

　図3.17で，投票者2の効用は投票者1と3の契約曲線上の点Hで最大化される．点Hの公約は多数決投票均衡である．この契約曲線上において，投票者2と3は点Hから点1の方向への公約の移動に反対し，投票者1と2は点Hから点3の方向への移動に反対する．また，投票者1と3の契約曲線よりも下の点への移動も多数決支持が得られない．さらに，投票者1と3は彼ら

3.2 政治的競争と公共支出

図 3.17 小さな公共支出への選好に基づく結託

公共財Yの公共支出

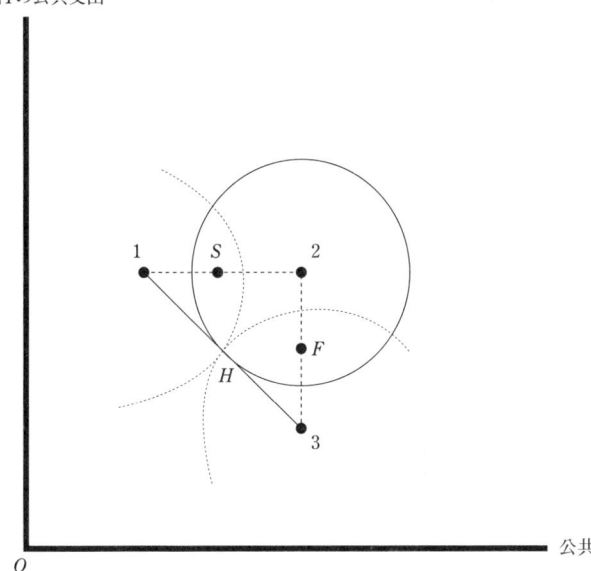

公共財Xの公共支出

の信念から点 H よりも大きな公共支出に反対なので，契約曲線よりも上の点はすべて却下される．このようにして，点 H からのいかなる公約の変更も過半数の支持は得られないことから，点 H が多数決投票均衡になる．

他方，図 3.18 は，投票者 2 が，投票者 1 と 3 よりも少ない公共支出（および少ない課税）を望んでいるという逆のケースを表している．投票者 1 と 3 が信念に基づいて投票者 2 が求めるよりも大規模な公共支出を望んでいる場合，投票者 2 はここでも決定的役割を担う投票者であり，点 H' が安定的な多数決投票均衡になる．

信念に基づく行動による個人の経済的費用

候補者あるいは投票者にかかわらず，ある信念への自己拘束（commitment to principle）は政策の安定をもたらす．しかし，信念の遵守には代償がともなう．信念をもった候補者は公約の柔軟性を否定した結果，選挙に負ける．信念をもった投票者は，個人にとってより多くの経済的利益をもたらすような公約があったとしてもそれを支持しない．そのような投票者の効用関数は自らが消費する財の量のみには依存していない．彼らの効用は，自らの信念（すなわ

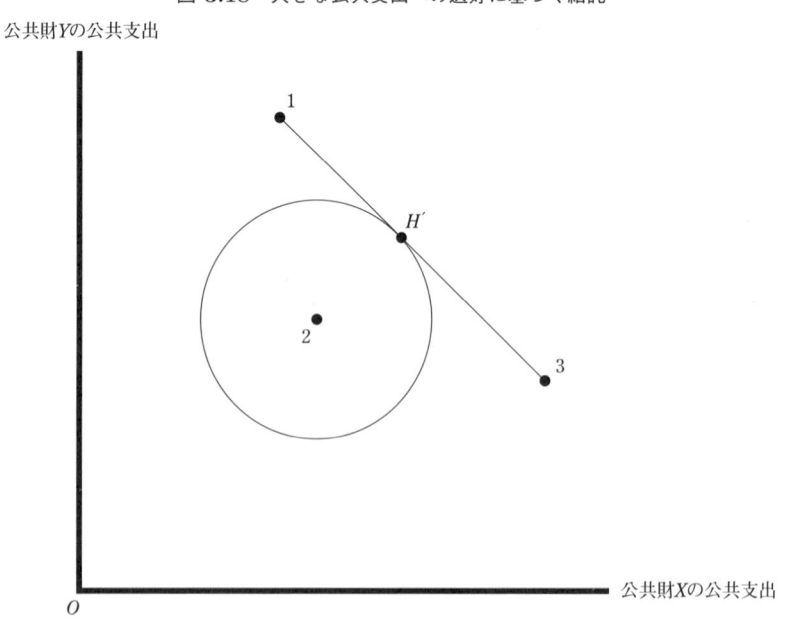

図 **3.18** 大きな公共支出への選好に基づく結託

公共財Yの公共支出

公共財Xの公共支出

ち，政府の規模，税および支出の水準に関する信念）に固執することによる自己抑制に依存しているということを認識している．

政党結成のインセンティブ

図 3.17 および図 3.18 において，投票者 1 も投票者 3 も相手が自らの信念に基づく政治的立場を変更しない保証はない．投票者 1 は，自分の経済的利益に合致する公約を支持するために，公共支出の規模に関する自らの信念を放棄することによって投票者 3 に損害を与えるかもしれない．同様に，投票者 3 も投票者 1 に損害を与える可能性がある．もし，投票者が相互に相手を信用していなければ，政治的競争における多数決投票の結果は不安定になる．なぜなら，信念にしたがって投票するという制約がなければ，多数派に支持され続ける公約は存在しないからである．投票者 1 と 3 の間の相互不信を解消する方法は，「政党」として両者の間で結託を形成することである．政党は，（図 3.17 のように小規模な，あるいは図 3.18 のように大規模な）公共支出に関する信念に対して構成員（党員）の意思を拘束するのに役立つ．さらに政党の形

成は，投票者が課税と公共支出に関する（政党が提案する）特定の信念を放棄することにより，私的な利益に合致するような公約を支持するかもしれないという不確実性を排除することができる．

3.2.5 その他の投票システム

これまでの政治的競争の事例では，候補者は多数決投票によって選ばれた．多数決投票以外の投票システムも利用される．それらについて考えてみよう．

二段階決選投票による排除

しばしば用いられる投票システムとして，二段階決選投票（two-round voting）がある．このシステムは，3人以上の候補者がいる場合，どの候補者も最初の投票で過半数（50%以上の票）を獲得できなければ適用される．1回目の投票でもっとも票を獲得した上位2人の候補者のみが2回目の投票に進み，他のすべての候補者は排除される．

表 3.9 は，3 つの異なるプロジェクト A, B, C に関して3つの納税者グループそれぞれの順位付けを表している．各納税者グループを代表する3人の候補者が1つの議員ポストを争っているとしよう．1回目の投票を行うと，グループ1を代表する候補者は4票を獲得し，グループ2の候補者は2票を，グループ3の候補者は3票をそれぞれ獲得する．1回目の投票では，どの候補者も多数派（50%以上の過半数）を獲得して，勝利することはできない．

表 3.9 二段階決選投票による排除

グループ1の順位付け (4投票者)	グループ2の順位付け (2投票者)	グループ3の順位付け (3投票者)
A	B	C
B	C	B
C	A	A

1回目にもっとも得票数の少なかったグループ2の候補者が排除され，2回目の決選投票が実施される．この決選投票では，グループ2の投票者たちはグループ3を代表する候補者に投票する．なぜなら，彼らはプロジェクト A よりも C を望ましいと思っているからである．したがって，決選投票ではグループ3の候補者が勝利し，その結果，プロジェクト C への公共支出が決定

される．

ところが，表3.9においてコンドルセ・ウィナーはBである（Bは5対4でAに勝ち，6対3でCに勝つので）．このように，二段階決選投票では，必ずしもコンドルセ・ウィナーが選ばれるとは限らない．

単純多数決投票あるいは相対多数決投票

二段階決選による投票システムは，多数決投票を基礎にしている．多数決投票に代えて，単純多数決投票（simple majority voting）あるいは相対多数決投票（plurality）（50％以下の得票であっても最高得票者が勝利する）も政治的競争の勝利者を決めるのに十分である．この投票システムは，投票者はもっとも望ましい選択肢に一度だけ投票して勝敗を決める．

候補者が2人の場合は，相対多数決投票と多数決投票はまったく同じシステムになる．

しかし，候補者が3人以上の場合は，相対多数決投票で勝利する候補者は多数決投票のように50％以上の投票者の支持を得る必要はない．表3.10では，7人の投票者が3つのグループに分かれている．投票が相対多数決投票ルールのもとで行われた場合，グループ1の候補者が勝利する（なぜなら，グループ1の候補者は3人の投票者の支持を得るが，他の2人の候補者はそれぞれ2人の投票者の支持しか得られないからである）．その結果，グループ1にとってもっとも望ましいプロジェクトAが一般財源から公共支出される．

多数決投票を行うと，プロジェクトBはプロジェクトAに対して4対3になり，プロジェクトCに対しては5対2になるので，プロジェクトBが選ばれる．このように，プロジェクトBはコンドルセ・ウィナーであるが，相対多数決投票ルールではプロジェクトAをもっとも望む投票者によって支持された候補者が選挙で勝利を納める．

さらに，相対多数決投票ルールのもとで勝ち残ったプロジェクトAは，多数決投票のもとではもっとも好ましくないプロジェクトである．すなわち，相対多数決投票ルールの勝利者は，次のような意味でコンドルセ・ルーザーになる可能性がある．表3.10で，相対多数決投票ルールで選ばれるプロジェクトAは，多数決投票を行うとプロジェクトBとCのいずれに対しても4対3で敗れてしまう．

相対多数決投票ルールのもとでは，集合的意思決定として選ばれるのは，必

表 3.10　単純決選投票あるいは相対多数決投票

グループ1の順位付け (3 投票者)	グループ2の順位付け (2 投票者)	グループ3の順位付け (2 投票者)
A	B	C
B	C	B
C	A	A

ずしもコンドルセ・ウィナーではなく,コンドルセ・ルーザーが選ばれる可能性すらある.それにもかかわらず,相対多数決投票ルール(あるいは単純多数決ルール)は集合的意思決定の方法として一般的に広く用いられている.このルールは投票の循環による不安定性をともなわない確定的な集合的意思決定の手段を提供する.

承認投票

相対多数決投票ルールのもとでは,1つの選択肢に投票が一度だけ認められている.これに対して,承認投票 (approval voting) として知られている投票システムでは,投票者は信任したい選択肢が2つ以上であっても同時に投票することができる.承認投票は,相対多数決投票ルールと同様に1回の投票で決定する投票システムである.相対多数決投票ルールは,1つの選択肢にしか投票できないという制限をもった承認投票の特殊なケースである.

表3.10で考えてみよう.承認投票のルールでは,3つのグループに分かれた7人の投票者が望ましいと思う選択肢にいくつでも投票することができる.グループ1の投票者はプロジェクトCが選ばれるような結果だけは避けようとするインセンティブをもっている一方,グループ2と3の投票者はプロジェクトAが選ばれるような結果を避けようとするインセンティブをもっている.承認投票では,投票者がもっとも望ましいと思う選択肢に加えて,さらに保険をかけるために2番目に望ましい選択肢にも投票することができる.投票者たちがこのようにして,それぞれ望ましいと思う上位2つの選択肢に投票する結果,投票総数が増え,プロジェクトBは7票,プロジェクトCは4票,プロジェクトAは3票を獲得する.この場合,多数決投票のコンドルセ・ウィナーであるプロジェクトBが勝利する.単純多数決ルールで勝利者だったプロジェクトAは承認投票での得票では最下位になるが,このことは,BまたはCとの多数決投票では負けるという事実を反映している.

表 3.11　4 つの選択肢の承認投票

グループ 1 の順位付け (4 投票者)	グループ 2 の順位付け (3 投票者)	グループ 3 の順位付け (2 投票者)
A	B	C
D	D	B
B	C	D
C	A	A

　次に，表 3.11 は，4 人の候補者（または 4 つの提案）A, B, C, D が選択肢となっている例を表している．投票者は 3 つのグループに分かれていて，グループ 1 には 4 人の投票者，グループ 2 には 3 人の投票者，グループ 3 には 2 人の投票者が含まれている．コンドルセ・ウィナーは B である．

　承認投票によって，すべての投票者が上位 2 つの望ましい選択肢に票を投じると仮定する．その結果，選択肢 D が勝利する．

　投票者が保険を含めた上位 2 つの選択肢に対して承認投票を行うと，集合的意思決定はコンドルセ・ウィナー B にはならない．それどころか，承認投票によって選ばれるのは，どのグループも一番目には好ましいと挙げていない D となる．

　表 3.10 のように 3 つの選択肢に対して，投票者がその上位 2 つに投票できるような承認投票を許すことによって，コンドルセ・ウィナーが選出される結果となった．それに対して，表 3.11 の例のように，選択肢の数が 4 つに増えると，承認投票では必ずしもコンドルセ・ウィナーが選出されないという結果になった．

　投票者が，仮に複数の投票対象に対して同時に投票しないという選択を行えば，もっとも望ましい選択肢 1 つだけに投票することになり，この場合の承認投票の結果は，相対多数決投票ルールの結果と一致する．しかし，この場合には，相対多数決投票ルール（あるいは単純多数決ルール）による投票のところで述べたように，コンドルセ・ウィナーが勝利するという保証はない．

　不確実性や戦略的意思決定が承認投票の結果に影響を与えることもある．投票者たちは，自分以外の投票者の選好に関する情報が不完全であることは十分にありうる．さらに，このような不確実性の影響によって，多数派にとってもっとも望ましい選択肢が選ばれるという集合的意思決定が妨げられる可能性がある．

表 3.12　4 つの選択肢の承認投票

グループ 1 の順位付け （5 投票者）	グループ 2 の順位付け （2 投票者）	グループ 3 の順位付け （2 投票者）
A	B	C
B	C	B
C	A	A

　表 3.12 では，グループ 1 の 5 人の投票者は，A をもっとも望ましい政策として支持する圧倒的な多数派を形成している．しかし，投票者たちは情報が不完全なために彼らが圧倒的な多数派を形成している事実を知らないかもしれない．そのため，もっとも望ましくない C が選ばれる事態を避けるため，グループ 1 の 5 人の投票者は 2 番目の選択肢 B にも投票するだろう．この結果，多数派を形成するグループ 1 が一番望んでいたのは A であるにもかかわらず，B が勝利を納めることになる．

　承認投票は，何人の候補者（何個の選択肢）に投票するかによっても結果が左右される．表 3.12 の例では，グループ 1 の各投票者は，各グループに何人の投票者が属しているのか（特にこの場合，自分のグループに何人属しているのか）がわからないという不確実性があるために，もっとも望ましい選択肢 A に加えて，保険として 2 番目に望ましい選択肢 B にも投票するという意思決定を行う．もし，グループ 1 の投票者たちが A だけに投票をしていれば，彼らにとってもっとも望ましい選択肢 A が勝利していたであろう．

　相対多数決投票ルールによる投票でも，投票者たちは，勝利する可能性が低いという理由から，自分たちにとってもっとも望ましい選択肢に投票しないかもしれない．他方，複数投票が可能な承認投票によって，たとえ勝利の可能性が低くても，投票者は自分が本当に一番望んでいる選択肢に投票することで個人的な満足が得られるかもしれない．承認投票は，2 つ以上の選択肢に同時に投票できるので，投票者が表明できる選好の範囲が広がり，投票者が本当の選好を表明しやすくなるからである．

　承認投票による意思決定と他の投票システムによる結果との比較から次のような点が明らかになった．すなわち，投票者の選好に関する情報だけでは承認投票の結果を予測するには不十分であり，同時にいくつの選択肢に投票するかについての情報も必要である．

比例代表制

比例代表制 (proportional representation) のもとでは，政党はその政党に対する得票数に応じて意思決定機関 (議会など) へ代表者を送ることができる．投票者は一度の投票で1つの政党に投票する．

表3.13で，1万人分の票を獲得するごとに1人の議員が選ばれると仮定しよう．表3.13で示されたような状況で選挙が行われると，政党1（グループ1を代表する政党）は集合的意思決定機関において3議席獲得し，政党2と政党3はそれぞれ2議席ずつ獲得する．

表 3.13　二段階決選投票による排除

グループ1の順位付け (30,000 投票者)	グループ2の順位付け (20,000 投票者)	グループ3の順位付け (20,000 投票者)
A	B	C
B	C	B
C	A	A

プロジェクト A, B, C は，異なる公共支出と税負担の組み合わせを表している．プロジェクト B はグループ2がもっとも望ましいと思っている計画であり，多数決投票を行った場合のコンドルセ・ウィナーでもある．

すべての選択肢に対して同時に投票が行われた場合（コンドルセ・ウィナーを決定するような組み合わせによる投票ではない場合），グループ2を代表する政党2は，単独でプロジェクト B を実施するために十分な票を獲得することはできない．すなわち，どの政党も単独で過半数を得ることはできない．そこで，議会で多数派を形成するためには2つの政党間の結託が必要となる．さらに，結託を結ぶために両者の間での妥協も必要となる．

各プロジェクトを実施するための公共支出額の大きさが $A < B < C$ であると仮定しよう．中規模の支出を望む政党2と，小規模の支出を望む政党1あるいは大規模の支出を望む政党3のいずれかとの結託の形成が自然な選択である．政党2はどちらの政党との結託をより望むであろうか？　表3.13から，政党2はプロジェクト A よりも C を望んでいることがわかる．したがって，政党2と3の結託によってプロジェクト B と C の公共支出を実現することができるので，両者はお互いを結託のパートナーとして選ぶインセンティブをもっている．

政党2が政党3を結託のパートナーとして選ぶもう1つの理由がある．そ

れは,結託する人数を最小にとどめることで,政党2は公共支出に必要とされる妥協の程度を最小化できるからである.いいかえると,政党1と結託を形成すると政党2は少数派のパートナーになる.しかし,政党3との結託であれば,政党2は対等のパートナーとなることができる.

議会で多数派を形成するための結託は,最小人数での結託が望ましい.なぜなら,結託の相手への便益の割譲が最小ですむからである.多数派を形成するための最小結託によって,多数決投票の結果もたらされる費用を負担することになるのは,もっとも規模の大きな少数派になる.

比例代表制のもとでも,結託の不安定性の問題が起こりうる.これを説明するため,表3.13をもう一度見てみよう.ここで,プロジェクト A, B, C は公共支出額が異なるのではなく,異なるタイプのプロジェクトであると仮定しよう.政党2と3は,プロジェクト B に財源の半分を,プロジェクト C に残りの半分の財源をあてるという合意のもとで結託を形成したとする.ところが,この結託から排除された政党1が,結託の一方の政党に結託を離脱していっしょに新たな結託を形成するために「買収」を行うとしよう.すなわち,政党1は政党2と3のいずれかに対して,その政党がもっとも望むプロジェクトに財源の半分以上を投入してもよいという提案を行う.政党1にとって新たな結託から生じる便益は,プロジェクト A への公共支出が実現することであり,結託から排除されている限りプロジェクト A への支出は実現されない.政党3が政党2との結託を解消し,政党1と新たな結託を形成したとしよう.しかし,政党1と3の新たな結託も安定的ではない.今度は,排除された政党2が,さらに新たな結託を形成するために,政党1か政党3のいずれかを同じような条件で買収することができるからである.

効率性と投票の結果

これまで,さまざまな異なる投票ルールを取り上げて,コンドルセ・ウィナーとの比較を行ってきた.3.1節における結論は,公共支出が費用・便益基準 $W = B - C > 0$ を満たす効率的な公共支出をつねに保証するような投票ルールは存在しないというものだった.投票ルールが,二段階決選投票ルール,相対多数決投票ルールあるいは承認投票,比例代表制のいずれであっても,勝利するプロジェクトの総費用が総便益を上回る可能性はつねに存在する.

3.3 政府官僚制による集合的意思決定の実施

投票による集合的意思決定が行われると，次にその意思決定を実行するための官僚制が必要である．代議制のもとでは，選挙で選出された議員は立法府に属し，投票者を代表して課税と公共支出に関する意思決定を行う．政府官僚は行政府に属して，その意思決定を実行する税当局（アメリカでは歳入庁（Internal Revenue Service），あるいは他の国における財務省）は，投票によって決定された税を徴収する．他方，その他の政府機関は，その歳入に基づいて公共支出計画を実施し，管理する．また，規制を担当する官僚機構も存在する．特に，第1章で述べたように，政府の最小限の仕事は，規制を通じて競争市場を維持することである．政府の2番目の最小限の仕事は，法による支配を保証することである．特に，市場が機能するための私的所有権を保証し，擁護することである．この役割は司法の責務であり，裁判所，警察その他の公安システムを管理する官僚も必要となる．このように官僚は，政府にとって本質的な構成要素である．財政と公共政策に関する意思決定は，官僚がいなければ実施することはできない．

直接民主制のもとでも，官僚制は必要である．有権者である納税者は，課税と公共支出に関する直接意思決定を（議員に委託しないで）行う．この場合でも，投票者の意思決定を実施・管理するための官僚が必要となる．

以下では，政府の官僚制についてもっと詳細に見てみよう．本節では，「政府の役人」，「官僚」，「公務員」の用語を交互に用いるがすべて政府の官僚制のもとで採用された公務員を指す．

3.3.1 プリンシパル‐エージェント問題

第1章では，市場を通じた私的消費と政府を通じた公共支出を比較し，納税者と政府の間のプリンシパル‐エージェント問題について述べた．意思決定者であるプリンシパルが，意思決定そのもの，あるいは，仕事の遂行を委託したエージェントの行動を完全にコントロールすることができなければ，プリンシパル‐エージェント問題がつねに生じることを思い起こそう．プリンシパル‐エージェント問題は，(1) プリンシパルとエージェントの目的の相違，(2)

プリンシパルによるエージェントの不完全な監視や不完全なコントロールの結果である．エージェントに対する監視が不十分となる理由は，プリンシパルはエージェントの行動を直接観察することができないか，あるいは検証することができないためである．すなわち，エージェントは自分がどんな行動をしているかについて知っているが，プリンシパルはエージェントの行動を監視したり観察したりすることができないので，両者の間には情報の非対称性が存在する．プリンシパル・エージェント問題は，プリンシパルが望むような行動をエージェントがするようにインセンティブ制度を構築することで解決できる．しかしながら，そのような制度をつねに構築できるという保証はない．

プリンシパル・エージェント問題は，さまざまな状況で共通に観察される．企業内の雇用関係において，雇用主は従業員が最大限の努力をすることを望んでいるが，従業員は少しでも楽をして働こうとすることからプリンシパル・エージェント問題が起きる．また，プリンシパル・エージェント問題は，企業の経営者と株主の間でも生じる．株主は経営者に対して株式市場でのその企業の株価を最大にすることを望んでいるが，経営者は，本業を逸脱するほどの企業の拡大を望んでいるかもしれない[5]．さらに，親と子供の間では，親は子供が試験でいい成績をとることを望んでいるが，子供は勉強したくないと思っているため，プリンシパル・エージェント問題が生じる．子供は自分の不勉強のせいで低い得点をとっても，努力が足りなかったからではなく，試験が難しすぎたとか，えこひいきする先生のせいだと言い訳するかもしれない．この場合，子供は低得点の本当の理由を知っているが，親はそれを知ることができないことによる情報の非対称性が存在する．とりわけ，親にとって，子供がどれだけ真剣に勉強に取り組んでいるかを測定することは大変困難である．

この節では，納税者と政府官僚の間で生じるプリンシパル・エージェント問題を考察する．

独占とレント

防衛部門で雇用された公務員は，国家防衛に配分された政府予算を管理する

---

[5] 経営者は自分が受け取る利益を大きくするために，企業の規模が大きくなることを望んでいる．また，経営者は，特定分野の事業活動の利益の減少に対する保険として，企業活動を多様化することを望んでいる．それに対して，株主は，本業で健全な成績をあげている複数の企業の株式の購入によるポートフォリオを通じて，リスクの分散化を達成することができる．

責任をもつ．外務省の官僚は外交政策に関する公共支出や大使館員および領事館員の配属を管理する．政府の官僚組織で働く公務員は，そのほかにも政府によって予算措置された公衆衛生，高速道路，国立公園など一連の公共財に対する支出決定の実施を管理する責任を負う．このような官僚組織は，あらかじめ定められた責務に関して通常独占状態にある．すなわち，防衛，外交，住民記録，パスポート発行を扱う政府部門はそれぞれ1つしか存在しない．同様に，伝染病や感染症を防止する公衆衛生プログラムを管理したり，道路建設の入札を扱う政府部局も1つだけである．

民間企業による供給が行われる市場では，このような独占状態は独占利潤をもたらす．同様に，政府の独占状態から官僚がレントを得ることも可能である．ここで，レントとは決められた業務の執行のために必要な費用を超えて，追加的に受け取る支払いまたは利益として定義される．独占利潤はレントの一種である．なぜなら，競争企業は，独占企業よりも低い価格で財を供給できるからである．いいかえると，独占利潤は供給のための必要なインセンティブとはならない．むしろ，独占利潤は不必要な超過支払いあるいはレントである．

ある人は民間部門でより高い給料を得られるとしても，政府で働くことを選択するかもしれない．なぜなら，官僚組織で働くことで，より少ない労働努力，より少ないストレスだけでなく，より低い労働負担で利益やレントを得ることができたり，業務に関わるさまざまな役得が得られる可能性があるからである．さらに，官僚組織で働けば私的部門で働くよりも高い給料という金銭上の利益やレントが提供されるかもしれない．第1章で述べたように，官僚機構は破産することがなく，税収による歳入が保証されている．私的独占の所有者にとって，低費用は高い利益を生み出すので，生産費用を最小化するインセンティブがある．他方，これに対して，官僚組織の公務員は公務の執行に際して費用を最小化するインセンティブは存在しない．政府官僚のインセンティブは，まさにその逆，すなわち，費用を最大化することであることを次節でみる．

3.3.2 献身的な官僚

公共の利益に対して奉仕する「献身的」な官僚という見方は，マックス・ウェーバー（Max Weber, 1864-1920）[6]によって最初に主張された．ウェーバーは

納税者のために最良の状態を追求する官僚について描写した．ウェーバーの献身的な官僚は，公共の利益に対して正直で忠実であるという自己イメージをもっている．官僚の行動は，自らを責任ある公僕として認識していることを反映している．彼らは自らの効用を最大化するが，献身的な官僚としての彼らの効用は，公共の利益のために行動することから得られる個人的な満足に基づいている．すなわち，彼らは，政府の官僚組織の中で，自らの努力を通じて社会正義を実践することで効用を得るのである．

　ウェーバーは公共の利益への奉仕の文化を上述のように描写して，さらに，理想の官僚はどのように行動するべきかという規範的な見方を提示した．ウェーバーの理想の官僚に関する規範的モデルでは，公務員の支配的な個人的動機は，唯一（「公僕」の名の示すとおり）公共の利益のために奉仕することである．もし，官僚がマックス・ウェーバーのモデルにしたがって行動するならば，納税者と政府官僚の間にはプリンシパル‐エージェント問題は存在しない．

3.3.3　政府官僚の私的利益

　第1章において，アダム・スミスの見えざる手は，私的財を供給する競争市場における個人の意思決定を通じて，個人の利己主義が社会的に最善な結果を導くことを見た．他方，囚人のジレンマの状況や公共財供給における戦略的な状況において，個人による私的利益の追求が社会的に最善の結果をもたらさないことも示してきた．さらに，投票を通じて個人の自己利益が表明されるとき，必ずしも社会的にもっとも望ましい結果にならないことも示してきた．これらの状況と同様に，官僚組織が私的利益を追求するような意思決定を行った場合も，必ずしも社会に最善の利益をもたらす結果とはならない．その結果，社会的正義のために献身的に行動する公僕というウェーバーの官僚像は必ずしも実現しない．

　もし官僚や公務員が，経済分析で想定するように私的な利益追求のために行動するならば，ウェーバーの見解は当てはまらなくなる．経済分析で通常用いられる行動仮説は，人々は個人の利益を最大化するように合理的に行動すると

---

6)　Weber, M., *The Theory of Social and Economic Organization*, W. Hodge, Edinburgh, 1947.

いうものである.

　私的利益の追求という行動仮説とは異なって，人々は利他的でもありうるし，社会的良心をもって行動することもありうる．また，彼らは自己イメージが倫理的であるということにも関心があるかもしれない．こうして，マックス・ウェーバーが想定するように，官僚は社会的に責任ある行動をとるかもしれない．社会的責任を強く担う行動モデルに執着する限り，政府官僚として働く人々は，その地位を受け入れて，納税者と社会に対する彼らの高潔な義務を履行し，より良い社会のために政府の手足となって働くことにプライドをもつかもしれない．

　それにもかかわらず，政府官僚機構の外側にある市場での経済行動は，私的利益の追求に基づいており，利他主義や社会的良心には基づいていない．第1章で述べたアダム・スミスの観察を思い出そう．それは，個人が私的利益追求以外の動機に基づいて行動していると主張している人々に対しては，慎重に対応すべきであるというものだった．

　人々の動機を説明する際に基礎となる前提が利己主義であるならば，政府官僚組織で雇用される人々も利己主義的な行動をするという考え方のほうが，一貫性がある．もしそうでなければ，官僚が自分自身の利益のためではなく，公共の利益のために行動することを説明するための一貫性のある理論が必要になる．マックス・ウェーバーの描いた官僚制は，（何が起こるかということを予測する）実証的なものではなく，むしろ，（何をなすべきかという）規範的なものである．

官僚の個人的利益

　もし官僚が自分の経歴や所得を高めようとする個人的な動機をもっているならば，個人の私的利益の追求は官僚の行動目的に含まれる．官僚の経歴や所得はしばしば政府予算を拡大することによって高められる．一般的に，ある官僚が管理する予算規模が大きくなるほど，彼の所得と社会的地位は高くなる傾向がある．

　官僚が自らの権限が及ぶ予算の範囲を最大化する目的は，官僚組織内において出世の階段を登ることによって達成することができる．官僚の階層組織が巨大であるほど昇進の機会は多くなる．また，階層組織が巨大であるほど上級官僚が統括する下層組織の規模が大きくなり，利益も大きくなる．また，下層組

織に属する官僚の人数が大きくなるほど，上級官僚の社会的評判も高くなる．

このような理由により，官僚は，自分が統括する官僚組織およびコントロールできる予算の規模を最大化するインセンティブをもつ．しかし，官僚組織の規模や各部門の予算規模の最大化は納税者の利益とは相反する．納税者は，官僚組織が最小限の税負担（あるいは追加的な税負担）で職務を遂行してほしいと望んでいる．納税者の目的と官僚の目的の不一致が，納税者と官僚の間にプリンシパル‐エージェント問題を生じさせる原因になっている．プリンシパルとしての納税者は，官僚が適度の規模で効率的な組織で，かつ最小の費用で集合的意思決定を実行することを求めているが，エージェントとしての政府官僚はまったく反対の目的をもっている．

官僚のための需要の創造

もし，官僚組織で働く人々の厚生が，彼らがコントロールできる予算規模の拡大とともに増加するならば，彼らの管理責任下にある公共財の需要を新たに創造しようとするインセンティブが生じる．このインセンティブがもたらす結果は，納税者や市民に対しては何の利益にもならないかもしれない．たとえば，失業補償手当プログラムを管理する政府官僚にとっては，失業を減少させることにあまり関心がないかもしれない．なぜなら，失業が減少すると，官僚組織が提供するサービスへの需要も減少するからである．また，生活困窮者の世話をしているソーシャルワーカーも，政府の業務として正当化されるような受給者数を維持するために，人々の不幸な状況が持続することに関心があるかもしれない．さらに，外務省の官僚の場合は，彼らのサービスに対する需要を創造するために，大使館や領事館の必要性を正当化することに関心をもつだろう．

需要の創造によって官僚が得る私的利益は，警察にとって犯罪がなくならないことが利益であるとか，消防署にとって火事が発生することで利益があるという考え方とは異なっている．なぜなら，警察や消防が自分たちの仕事のために需要を創造することは違法であるからである．しかし，政府の官僚が新たに仕事を生み出そうと需要を創造することは，一般的には違法ではないし，彼らの仕事に対する需要を減らすような意思決定を阻止しようと行動することも違法ではない．

情報の問題

　たとえば，外務省の官僚が，現在よりも多く外交官のスタッフが必要であること，あるいは，海外の大使館においてより多くの接待費が必要であることを主張したとしよう．そのとき，このような支出増加をまかなうための予算要求が政府官僚（および外交官）の業務として正当化されるかどうかを，納税者が検証することは一般に困難である．さらに，官僚の行動を記録している内部文書が「機密」あるいは「極秘」として分類されている場合には，官僚の予算要求の正当性を外部が検証することはより一層困難になる．

　いずれにしても，納税者は，個人で政府官僚の予算要求が正当化されるかどうかを調査するインセンティブはもっていない．各納税者は，むしろ合理的に無知であろうとする．なぜなら，情報を獲得することによって得られる個人的な利益は限られたものである一方，官僚の予算要求の正当性をチェックするための情報収集には多くの時間や経費がかかるからである．

　一般的に，政府官僚について得た情報に基づいて行動する利益は個々の納税者には帰属しないけれども，官僚がより費用対効果や納税者のニーズに対して敏感になれば，すべての納税者が便益を受けることになる．このような納税者の行動が多くの人々に同時に利益をもたらすという公共財の性質から，個々の納税者は公共財の囚人のジレンマ，あるいは，第2章で述べたフリーライダー問題に直面している．したがって，各納税者には，官僚に関する情報を得たり，その情報に基づいて行動することによって生ずる費用を負担する際に，他の納税者にフリーライドしようとするインセンティブがある．

成果の測定は不明確である

　政府官僚の成果の測定には，つねにあいまいさがともなう．官僚の成果を測定することの困難さは，合理的な無知の問題と情報獲得のフリーライダーの問題を一層悪化させる．

　官僚組織が生み出すアウトプットの測定にともなうあいまいさは，民間部門の企業においても起こる可能性がある．私的企業では，利潤動機と私的所有権が，従業員の監視と彼らの業績の評価を行うインセンティブをもたらす．経営者は，不完全にしか測定できない労働者の成果に対して主観的な評価を行うが，そのような評価を正確に行う能力に対して報酬を受け取る．しかも，そのような評価の正確性は企業利益に反映される．

ところが，成果の評価に対して同じ報酬システムを政府部門に適用することは不可能である．利潤は官僚の効率性の評価基準とはなりえない．なぜなら，政府部門の成果は一般的に市場で売買されないからである．

観察可能な成果

成果を正確に測定する方法がないため，官僚制において被雇用者は生産的な活動ではなく，成果が目で見える活動に重点をおいて努力する．たとえば，たくさんの書類や様式，インターネットでやりとりされる多くの内容のないメッセージ，データファイルの拡張，不必要な会議など，いずれも官僚の行動の構成要素である．すなわち，このような活動は観察可能であり，成果や時間を基準に測定することが可能だからである．また，これらは官僚サービスに対する需要を増加させる手段でもある．

専門家のアドバイス

官僚が公共支出に関する意思決定を行う前に，専門家のアドバイスを必要とするかもしれない．第2章で述べたように，専門家による費用・便益分析は公共支出プランの評価を行う助けとなる．一般的に，費用・便益分析の業務に携わるために政府に採用されることを望む専門家は多い．しかし，費用・便益評価を求める官僚は，自らが提案した公共支出プランに対するアドバイスの独占的な購入者でもある．公共支出額が大きくなるほど，また，より多くのプロジェクトの管理に権限が広がるほど，得られる官僚の私的利益も大きくなるので，官僚たちは公共支出プロジェクトが否決されることを極力避けようとする．したがって，官僚は提案したプロジェクトに対して肯定的な評価が行われることを期待する．費用・便益評価では，自由裁量で判断できる余地が存在する．なぜなら，評価される便益と費用は市場で実現される価値として直接観察することはできないからである．費用・便益分析を行う専門家は，将来再び公共支出プランの評価に関するコンサルタント契約を結ぶ際に，他の専門家との競争になることを予想している．そのため，将来のコンサルタント契約を勝ち取りたいと望む専門家は，公共プロジェクトの費用・便益分析のテストで不合格という結論を出すことには不本意にならざるをえない．

3.3.4 トーマス・ベケット効果

納税者と政府官僚の間のプリンシパル‐エージェント問題は，ウェーバーが想定するような善意の人々のみが官僚を職業として選ぶのであれば解消する．マックス・ウェーバーの社会正義の実践を目指す官僚の精神的風土を支える正義感あるいは利他主義は，民間部門の私的利益追求を目指す行動様式からの転換を必要とする．個人の行動様式の転換が必要であることを説明するためにしばしば用いられる事例は，「トーマス・ベケット効果」と呼ばれているトーマス・ベケットの信念をもった行動の事例である．トーマス・ベケット (Thomas-à-Becket, 1118-70) は，イギリスのヘンリーⅡ世の親しい友人で，1162年，ヘンリーⅡ世は彼をカンタベリー大司教の職に任命した．国王は，ローマ教会との争いにおいて，友人のトーマス・ベケットが自分を支持する従順な聖職者であることを期待していた．しかし，大司教になったベケットは，彼が率いている教会側についた．国王は，「だれがあのおせっかいな聖職者を厄介払いしてくれるのだろうか？」と発言したといわれている．国王の発言は誇張した表現だったかもしれないが，国王の4人の騎士がその発言を命令として受け取って，カンタベリーへ向かった．そして，1170年12月29日，彼らはトーマス・ベケットを殺害した．国王は「おせっかいな」信念をもつ聖職者を排除したのである．

トーマス・ベケットは，任命された公職への信用を裏切ることなく死を迎えた．トーマス・ベケット効果は，官僚に彼と同様に不屈の強い精神力を要求する．トーマス・ベケット効果は，市場において個人の行動を誘導する利己主義は官僚の行動として不適切であることを，官僚自身がしっかりと認知していることを期待する．また，トーマス・ベケットの行動のように，官僚は公共の利益に基づいて行動し，私的利益にしたがう行動を慎むだけでなく，公共の利益に奉仕する責任を果たすことに専念するために，友情や人間関係に影響されない毅然とした行動をとることが望まれる．

3.3.5 納税者と官僚の間の契約

トーマス・ベケット効果が想定するような個々の官僚の意識改革がない場合，納税者と官僚の間のプリンシパル‐エージェント問題の解決のためには，

納税者の利害に一致するような意思決定を行うインセンティブを官僚に与える契約が必要となる．たとえば，官僚が在職期間中に行った節減努力の成果の一部を，個人的に受け取ることができるような契約を設定することであろう．官僚の成果は正確に測定できないが，官僚組織に投入された費用は政府予算を通じて測定可能である．効率性の向上に対する十分に大きな個人的報酬があれば，上級官僚の利己主義を納税者の利益に合致するものへと転換することが可能である．

民間企業の場合，プリンシパル - エージェント問題を解決するためのインセンティブ・メカニズムとして，経営者に対するストック・オプションがある．しかしながら，ストック・オプションは，官僚に対して適用することはできない．なぜなら，官僚は，株式を発行したり取引したりするために必要な私的所有権をもっていないからである．また，納税者と官僚の間のプリンシパル - エージェント問題を解決するためのインセンティブを与えるような費用節減契約を利用することもほとんど見られない．このようなインセンティブ契約を利用するということは，官僚の行動が典型的なマックス・ウェーバーのモデルで説明される行動とは異なっていることを認めることになるからである．ウェーバーの官僚は，公共の利益のために行動させるためのインセンティブ・メカニズムを必要としない．

3.3.6　議員と官僚

納税者は官僚を監視するために，選挙で当選した議員に注目するかもしれない．官僚への監視は，しばしば官僚組織を統率する上級官僚に任命された人や，監視の役割を担う議員によって構成される委員会を通じて行われる．納税者と官僚の間のプリンシパル - エージェント問題を解決するために，その監視が有効かどうかは，監督者にとって利用可能な情報および官僚に対して実施される政治的なコントロールに依存する．官僚組織で働く公務員のほうが，選出された議員よりも長い在職期間をもっている場合，議員による監視は効果的に働かない．

在職期間の長いベテラン官僚は，官僚組織の内部活動，特に，どのように公共支出が実施されるかを決定する舞台裏のメカニズムについて，議員や任命された委員よりも多くの情報を得ることができる．ベテラン官僚の長い在職期間

と情報上の優位性のために，官僚を監督するために任命された委員たちは，情報，特に，政策を実行するために必要な資源に関する情報を官僚に依存することになる．議員，議員の補佐，その他のスタッフもしばしば官僚が提供する情報に依存している．

議員は情報の獲得を官僚に依存しているため，官僚に対する監視や官僚の超過支出傾向を制限するための監視は限られたものにならざるをえない．選挙戦で高い人気を獲得したいという期待から，議員は低い税率を維持し，官僚の予算拡大化傾向を抑制しようとするインセンティブをもつ．しかしながら，もし，情報上の制約（あるいは，非対称情報）のために議員が効率的に官僚を監視できない場合，官僚と議員の間にプリンシパル‐エージェント問題が起きる．この場合，議員がプリンシパルで官僚がエージェントになる．この結果，納税者と官僚の間のプリンシパル‐エージェント問題に加えて，議員と官僚の間にもプリンシパル‐エージェント問題が生じる．

官僚制における政治的成功と昇進の基準

官僚制において，政治的成功と官僚組織内の昇進には，通常異なる基準が適用される．経済問題を担当する上級官僚は，その地位に就くためにしばしば正規の資格（たとえば，博士号など）を必要とする．しかし，官僚組織において政治的に任命される上級官僚（たとえば，大臣）の場合はそのような資格は必要とされない．政治的な任命は，その部局の責任範囲に関する能力や専門知識の反映ではなく，政治的な忠誠心に対する報酬である．したがって，任命を受けて上級官僚となったこのような人々は，ベテラン官僚の専門知識や経験に対してますます譲歩せざるをえなくなる．その結果，議員と官僚の間のプリンシパル‐エージェント問題の原因となる官僚の裁量の余地はさらに広がることになる．

政治システムのタイプ

政治システムのタイプは，議員が官僚に対して実施する監視の仕方に影響を与える．代議制の場合，任期内に交代したり，選挙に当選したり当選しなかったりする議員よりも，官僚のほうが通常長くその職にとどまる．アメリカ合衆国のような大統領制の場合には，政治的地位における在職期間の長さで年功序列が決定されるので，議会の監査委員会での任命の際には古参議員が有利にな

る．したがって，監査委員会は官僚機構の予算をコントロールすることが可能となる結果，生え抜きの官僚には議員の目的に応じるようなインセンティブが与えられる．

もし，官僚を監視する議員の目的が納税者の目的と一致するならば，官僚の行動はマックス・ウェーバーの献身的な官僚のそれに矛盾しない．しかし，もし納税者の目的が官僚を監視する議員の目的と異なるならば，納税者と官僚の間には，プリンシパル‐エージェント問題が生じる．

3.3.7 公共財への過剰支出

第2章では，人々が他の人の支払いにフリーライド（ただ乗り）しようとするインセンティブのために，公共財が過少供給となる傾向があることを明らかにした．ただ乗りのインセンティブは，公共財の予算執行の責任を政府に委任するための根拠になっている．他方，納税者と官僚間のプリンシパル‐エージェント問題のために，公共財供給の予算執行責任の政府への委託は，納税者が望む以上の公共財への支出増加をもたらす．

過剰な公共支出を生み出す官僚のインセンティブは，必ずしも公共財の過剰供給を意味するわけではない．彼らのインセンティブは，より多く支出しようとするインセンティブであって，必ずしもより多く供給しようとするインセンティブではない．支出の一部は官僚組織の拡大のためにも使われる．官僚の利益は官僚が自ら管理できる予算規模とともに増加し，自発的な個人の支払いが過少供給をもたらすのとは異なり，公共財に対する供給責任を政府に委任すると過剰供給になる傾向がある．

3.3.8 貧困な国における官僚

汚職と機会主義的行動の間には相違がある．汚職は違法であるが，機会主義は違法というわけではない．汚職と機会主義は一線を画している．官僚の汚職の原因となる個人的利益の源泉は広範囲に存在している．なぜなら，官僚は徴税による歳入の確保と予算の執行のすべてを管理しているからである．

マックス・ウェーバーが主張した理想的な官僚像のもとでは，汚職も機会主義的行動も存在しない．なぜなら，公務員は公共の利益に奉仕することに対し

てプライドをもっているからである．献身的な官僚であるべきという規範が存在しているとき，ある官僚の機会主義的行動や汚職は，彼の同僚たちからは正道をはずれた行動として批判される．そして，汚職あるいは機会主義的行動をとった官僚は解雇される．汚職を犯した官僚は，さらに刑罰が課されるだろう．

ところが，自らの利益のための汚職行動が，解雇や刑罰の対象となる逸脱した行動としてではなく，官僚組織の規範となっている社会が存在する．貧困な国々の中には，官僚の職を得るために金銭を支払うことで知られている国がある．官職を得るために金銭を支払う動機は，公務員の高い給料のためではなく，汚職から個人が得られる利益（賄賂）への期待を反映している．汚職が蔓延している国では，官僚の公の給料はしばしば最低限に抑えられており，官僚の所得は，財政上の不正な管理を通じて，私的利益を供与することに対する見返りとしての賄賂によって補われるだろう．

ある国の官僚が，個人的利益を追求しているか，あるいは，公共の利益のために奉仕しているのかは，その社会の社会規範や倫理的価値観を反映する．信用できる行動もしくは汚職行為のいずれも社会規範の産物といえる．公共の利益ではなく個人の私的利益のために行動する官僚に対する社会の不寛容さの程度を決定するのは，社会規範である．

第4章
市場の補正

　第3章で公共財の問題について考察した際には，まずある人が孤立して独りで生活している場合から話を始めて，次に人口が増加した場合に生じる，集団的な便益とその費用負担の関係について考察を行った．人が孤立してひとりで生活しているところに他の人が加わった場合に，ある人が他の人に負担させることになる費用や他の人に与える便益が各人の意思決定において適切に考慮されないと，人々の接触によってもう1つ新たな問題が生じることになる．本章ではこの問題について考察し，さらに市場取引の禁止をめぐる公共的な意思決定について考察する．

4.1 外部性に対する私的な解決

4.1.1 社会的な相互作用と市場における外部性

　いまロビンソン・クルーソーがひとりだけ島にいて，川で魚つりをするとしよう．この川の所有者は確定していないが，クルーソーがひとりだけで島にいる場合にはそのことは問題にならない．さて，いま他の人たちが島にたどりついて工場を建てたとする．クルーソーが魚をとっている川の水をこの工場が汚すため，その川からはこれまでほど魚がとれなくなったとすると，漁獲高の減少によってクルーソーは損失をこうむることになる．この場合，工場の所有者はクルーソーに対して負の外部性をもたらしたことになる．一方，その工場が魚のえさになる栄養分を流して，これによってクルーソーのとることのできる魚の数が増加したとすれば，工場の所有者はクルーソーに対して正の外部性をもたらしたことになる．

　その活動が正負いずれの外部性をもたらすかにかかわらず，工場の所有者は

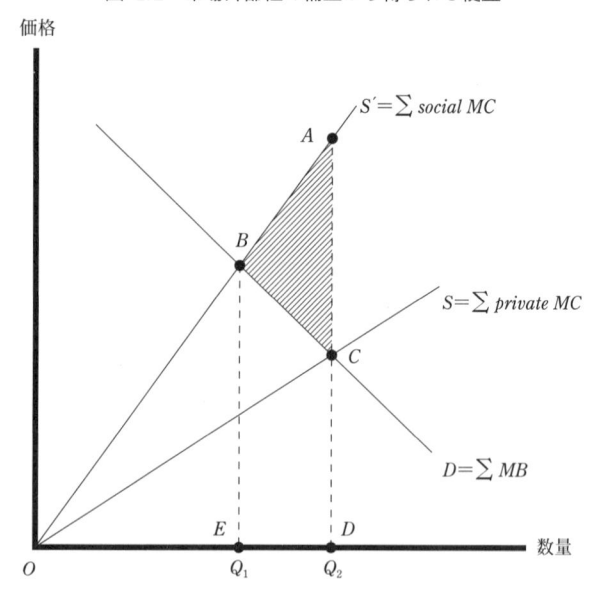

図 4.1　市場外部性の補正から得られる便益

　見えざる手に導かれて私的利益の最大化をはかるよう行動する．しかしながら，その場合に，水質汚染によってクルーソーがこうむる費用を考慮したり，川に栄養分を流すことでクルーソーが得る利益を考慮したりすることはない．工場主はこれらの費用や便益を考慮して行動しないため，市場均衡は非効率なものとなる．

　図 4.1 は負の外部性が生じているケースを図示したものである．市場需要関数は $D = \sum MB$ である．競争市場における市場供給関数 $S = \sum MC$ は生産者が投入物に対して支払った私的限界費用のみに基づいた供給関数であり，環境汚染によって生じる費用は考慮に入れられていない．社会的限界費用は，生産を行うことによって生じる私的費用と環境汚染によって生じる社会的費用の合計として定義される．図4.1 の供給関数 S' は社会的限界費用を足しあわせたものである．社会的限界費用は生産にともなう私的費用と生産を行うことによって追加的に生じる環境汚染の費用を合計したものである．

　私的費用のみを考慮した供給関数 S をもとに決定される市場均衡は点 C で与えられ，この場合の生産量は Q_2 になる．一方，社会全体にとっての費用を反映した供給関数 S' のもとで決まる効率的な生産量は Q_1 になる．Q_2 から生

産量を減らして社会的に見て効率的な水準である Q_1 とした場合の社会的な利益は三角形 ABC の領域で示される．いいかえれば，ABC は生産量が Q_1 ではなく Q_2 であることによる社会的損失を示しているということになる．

ある人の意思決定が他の人の厚生に（市場を経由せずに）影響を与える経路としては外部性と公共財の2つがあり，そのそれぞれについて市場における民間経済主体の自由な意思に任せると非効率が生じてしまう理由がある．とはいっても，外部性と公共財は同じ局面で発生することがしばしばある．クルーソーの魚つりの成果が上流にある工場の排水によって影響を受けるという例では，クルーソーと工場主という2人の人物が登場する．これはクルーソーと工場主という1対1の関係から生じる外部性であり，このケースでは公共財の問題としての側面は見られない．公共財には多くの人たちに同時に便益を与えたり，損害を与えたりするという性質がある．たとえば，川の汚染が多くの人に影響を与えているとすれば，この公害は外部性を発生させているだけでなく，（負の）公共財としての性格をもちあわせているということになる．公害によって不利益をこうむる人が公害問題の解決に向けて行動を起こそうとしている他の人に活動に便乗しようとする場合には，公共財の供給におけるフリーライド（ただ乗り）の問題が生じることになる．たとえば，工場主に対する法的措置が必要とされる場合には，被害を受けている人たちはそれぞれ他の人が訴訟手続きを進めて，訴訟費用を負担してくれるのを様子見して待つということが起こりうる．したがって，外部性によって影響を受ける人が複数いる場合には，外部性の問題を解決するために集合行為の問題を解決することが必要になるのである．

2人の人が川で魚つりをするケースでは，ある人が公害を減らしたりなくしたりするための行動がもう1人の人にも便益をもたらすことになる．川の汚染を減らすという私的な取り組みから集合的な便益が生じるため，この例では公共財供給におけるフリーライドの問題が生じることになるのである．もっとも，公共財の問題と外部性の問題では，当事者がそれぞれ異なっている．公共財の問題は川で魚つりをしている人たちの間の問題であり，一方，外部性の問題は魚つりをしている人たちと川を汚している工場主との間の問題である．

2人の人が川で魚つりをしている場合，もう1つ別の外部性の問題が発生するかもしれない．川でつりをしている人たちが同じ魚をめぐって競合関係にある場合，両者の間には負の外部性が生じる可能性がある．2人は多くの魚を

捕ろうとするあまり,乱獲によって将来の漁業資源を枯渇させてしまうかもしれない.このタイプの外部性は「共有地の悲劇」として知られているものである.「共有地の悲劇」については後ほどまた議論することにするが,「コモンズ(共有地)」は総有または私的所有権が存在しない状態にあることをいい,いま述べている事例では,川で魚つりをすることについて財産権が確立されていないことがこれにあたる.「悲劇」はコモンズの資源(ここでは魚)が枯渇してしまうことを指している.

だれがだれに影響を与えるのか

　工場主と魚つりをする人の例と,魚つりをする2人の人の例はともに2人の生産者の間で負の外部性が生じる例を示している.工場の操業によって大気汚染が生じたり,浜辺が汚されるケースのような環境外部性は,生産者と普通の個人の間で生じる問題である.これらは,ある社会において生産者が負の外部性をもたらしている事例である.生産者が消費者に正の外部性をもたらす事例はあまりない.生産者の行動によって消費者に正の外部性がもたらされる事例の1つは焼きたてのパンのにおいが好きな人がパン屋の近くに住んでいる例があげられるが,個人は生産者の行動からマイナスの影響を受けることのほうが多い.排気や排水のために,空気の質や川・浜辺の水質が悪化したり,トラックや飛行機の騒音が発生したりすることによって人々は迷惑をこうむることになる.工場が建設されることで,同じ通りに住む住民が困惑するといった場合のように,生産活動によって生じるマイナスの外部性は純粋に審美的なこだわりによるものかもしれない.隣家の住人が騒々しいパーティを開いたり,車を運転する人が路上で他の人を危険な目にあわすように,人々が互いに接触する行動もマイナスの外部性の原因になることがある.

明確な意図の欠如

　競争的な市場がどのようにして効率的な資源配分を達成し,社会的に望ましい状態を生み出すのかについては第1章で説明したが,その際に社会的な便益は,私的な利益を追求している個人の,市場における行動の意図せざる結果であることを見た.つまり,人々は市場における売買を通じて自らの利益を追求しているにもかかわらず,それによって生み出される結果は,人々の意図にかかわらず,社会的に見て望ましいものとなるのである.もっとも,他の人に

損害を与えたり，便益を与えたりしようという意図をもっていないという点では外部性を発生させる人々も同じで，正の外部性を生じさせているからといって善意があるとか負の外部性を生じさせているからといって悪意があるということにはならない．熱帯雨林を開墾している農民は，自分の耕作地を増やそうとしているだけで，開墾が地球環境にどのような影響を与えるかについて思いをめぐらすことはない．ある農民が土地を開墾することによる地球環境への影響は，その農民の私的な利益の追求のために行われる活動の意図せざる結果なのである．

外部性の発生に明確な意図が欠如していることは，外部性が社会的便益をもたらす場合にもあてはまる．たとえば，優秀な学生が優秀な教師や教授になり，今度は彼らが優秀な学生を育て，その学生がさらに優秀な教師や教授になり，というように教育からは正の動学的外部性が生じることになる．教育によって生じるこのような正の外部性は，個々の私的な教育活動の意図せざる結果なのである．

騒がしい音をたてるエアコンをもっている隣人は他人にいやがらせをしようと意図しているわけではない．集合住宅の廊下にごみを放置する人や車の運転中に車の窓から車外にビンを投棄する人は，必ずしも他の人に危害を加えたり，迷惑をかけようとしているわけではない．彼らは単に自分がそうしたいからそうしているまでだ．にもかかわらず，負の外部性には他人に対する配慮を欠いた面があるということになるのである．

人々が他人に対する配慮を欠いた行動をとるのは，自分の行動が他の人に与える影響を考慮しなければならないということについて法律上の義務付けがないからかもしれない．たとえば，川の水をよごしたり，騒音を発生させるエアコンを使ったり，車からビンを投げ捨てることが法律上違法とされれば，法律の規定によって外部性が不法行為を構成することになる．法律や規則を守らない人がいたり，法律の強制力が不完全であれば，もちろん法の支配によって負の外部性を回避することはできない．

外部性ではない人的相互作用

人々が交流したり，同じ場所に居合わせたりすると，いつも外部性の問題が生じるというわけでは必ずしもない．砂漠に2人の人がいて，なんとか1人の人だけが生き延びていくことができる程度しか水がないというケースを考え

よう．この場合，1人が水を飲むことはもう1人の人に対して非常に深刻な外部性をもたらすことになると結論づけたくなるが，この状況は外部性が発生しているケースとはいえない．外部性の問題が生じている場合には，非効率が発生しているはずだからである．ある人が水を飲むという行動を変えた場合に他の人の状況を悪化させることなくその人の状況を改善させることはできないので，このケースにおける資源配分はパレート効率的になっている．砂漠の真ん中に2人の人がおり，前方に水の入ったビンを見つけてそのビンをとりに走り出したとしよう．最初にそのビンを手にとった人が水を飲むことができるものとすると，この状況は勝者と敗者のいるコンテストの状況を表しているということになるが，一般的には，勝敗が決まるコンテストを外部性の問題とすぐに結びつけて考えることはできない．個人に便益を与える財の一定量をだれかに配分する場合に，ある人がより多くのものをとれば他の人の取り分はその分だけ少なくなるが，この場合にはそれをなくせば効率性の改善に結びつくというような外部性は存在しないのである．

　ある一定量のアイスクリームを浜辺にもってくるアイスクリーム売りを考えよう．ある日の気温が天気予報で予想していたよりも高くなると，そのアイスクリーム屋が予想していたよりも浜辺にやってくる人出が多くなり，アイスクリーム屋はアイスクリームに対する需要が予想よりも増えるだろうと考えて，アイスクリームの値段を上げることになる．この場合，アイスクリームの価格の上昇を通じて浜辺にやってくる人たちは互いに影響を及ぼしあうことになる．浜辺にやってくる人が増えたことがアイスクリームの値段が上がった直接の原因だとしても，このアイスクリームの価格上昇は外部性の例にはならない．価格の上昇を通じてアイスクリームの市場は需要の増加を内部化しているので，この場合には外部性は生じていない．だが，人々が場所取りをめぐって競合したり，水際にあるいていくときにけりあげる砂が他の人にかかったりする場合，浜辺にいる人たちが生じさせている混雑は外部性の例となる．また，その日の最後に，浜辺にいた人たちが帰宅しようという段になると，海からの道が渋滞することで負の外部性が生じることになる．

　外部性は取引を行う市場が欠落していることの反映であると考えることもできる．正の外部性はある人がそれを得ることができるなら対価を支払ってもよいと思うものであり，一方，負の外部性はそれをなくしたり避けたりすることができるなら対価を払ってもよいと考えるものである．たとえば，ある人が目

の前でタバコを吸い，私たちがそれを不快に感じる場合，もしそれが可能であれば，お金を払ってその人がタバコを吸うのをやめるよう申し出ることができるだろう．逆に，タバコを吸っている人が喫煙によって他の人に迷惑をかけることに対して補償をすることもありえよう．これらの支払いは前者のケースでは「タバコを吸うようにすること」に関する取引において支払われるものであり，後者のケースでは「タバコを吸わないようにすること」に関する取引において支払われるものである．どちらのケースが妥当であるかはだれに法律上の権利があるかによる．つまり，非喫煙者がきれいな空気を享受する法的権利をもっているか，喫煙者がタバコを吸う権利をもっているかに依存している．喫煙者と非喫煙者の接触によって外部性が生じるのはこのような市場が実際には存在しないためである．もしこのような市場が存在すれば，市場によって外部性が内部化されるため，外部性の問題は解決できることになるだろう．このように，市場が欠落してしまう理由は，喫煙者と非喫煙者が，市場が成立するために必要となる法律上の権利を双方とももっていないためかもしれない．喫煙者はタバコを吸わないという約束を売る権利をもっていないかもしれないし，非喫煙者は「喫煙をしてよい」という許可証を売る権利をもっていないかもしれない．

ここまで，(1) 法の支配，とりわけ私的所有権の証明と保護を確実なものとし，(2) 競争的な市場環境を確保することが政府が最低限果たすべき責務であるということを見てきた．外部性の内部化はおそらくそのような最小限の政府によって解決することが可能であろう．本節の以下の議論においては，私的な所有権の確立と市場の創出によって最小限の小さな政府が外部性の問題を解決できるものと仮定することにする．4.2 節では外部性の問題を解決するうえで政府が果たしている，より積極的な役割について見ることとする．

4.1.2 共有地の悲劇と私的所有権

太古の社会では人口に見合う需要に比して天然資源が豊富で，人々は私的な所有者のいない土地で家畜を自由に放牧することができた．これが，「入会地」や「惣有地」である．だが，家畜を自由に放牧できる土地を効率的に提供することができなくなると，負の外部性が生じるようになった．その非効率性は，過剰な放牧という形で現れた．共有地にあまりに多くの家畜が放牧されたため

に，その動物たちに与えられる食料が不足し，牧草が自然に生え変わるのを可能にしてきた自然のバランスが乱れ，「共有地の悲劇」として知られる状況が生み出された．過剰な放牧のために動物たちは共有地で十分なえさを見つけることができなくなり，飢えたのである．

　私的所有権が確立されれば，社会は共有地の悲劇を免れることができる．土地が私的に所有されている場合，その土地の所有者は牧草地の価値を最大化することに関心をもつ．共有地に自由にアクセスすることのできる状態のもとでは，その共有地でかっている家畜の10%を所有している人は，家畜の間に生じる外部性の10%を内部化するが，共有地で育てられている他の90%の家畜に与える負の外部性を顧みることはないだろう．共有地の悲劇のもう1つの例は，私たちがすでに扱った漁業の例である．乱獲が行われると，産卵をする魚の数が減ってしまい，将来の漁業資源が枯渇してしまうことになる．私的な所有者は漁業資源が適切に維持されるよう，漁獲高を制限するだろう．同様に，森林の所有者は森が丸裸になるよりも，再び木が生えてくるように保とうというインセンティブをもっている．私的な所有者は，切り出さずに残しておいた木が将来も自分のものであることを認識しているのである．

　高速道路の渋滞も共有地の悲劇の1例である．高速道路に進入してくるドライバーは，自分が高速道路に入ることによって他のドライバーが目的地に到着する時間が遅くなることを考慮に入れて行動しない．もっとも混雑する時間帯には，高速道路でだれも身動きがとれなくなってしまうかもしれない．高速道路が私的に所有されているのであれば，その所有者は「混雑のない往来」とでもいうべきサービスを売ることによって利益を最大化しようとするだろう．高速道路の私的な所有者は，ドライバーが高速道路を使うのに支払ってもよいと考える金額がその時点における高速道路の利用者数に依存することを知っており，その道路にアクセスするための利用料金（通行料金）を適切な水準で徴収することによって混雑による外部性を内部化しようとするであろう．高速道路を利用するために料金を支払ってもよいという人だけが道路を利用するようになるため，渋滞は緩和されるかなくなることになる．道路の利用者は混雑しないで通行ができる道が確保されるのであれば，自らすすんでその道路の通行料を支払い，それによってその人たちの厚生が改善することになる．料金を支払ってまでその道路を利用しようとは思わない人たちは，代替的な無料道路を見つけるか，利用可能な公共交通機関を使うか，道路がすいていて，道路の所

有者が通行料を引き下げる時間帯に通行することになる．

共有地の悲劇という囚人のジレンマ

共有地の悲劇の問題は囚人のジレンマとしての特徴をもっている．放牧地や漁場や高速道路などの共有資源に対して自由にアクセスできるために，利用者は互いに負の外部性を及ぼしあう．全体としての利用が効率的なものになるように各人が自ら利用量を減らす状況にあれば，それに向けた合意形成がなされることですべての人の厚生が改善される．しかしながら，各個人の支配戦略は共有資源に対する自由なアクセスを活かして自らの利益を最大化するように行動することである．表 4.1 には村の共有地で羊を飼う 2 人の人の間の囚人のジレンマが示されている．効率的な均衡は牧草地に放つ羊の数を制限する状況である（そうすれば，2 人はともに 14 の便益を得ることができ，両者の合計である 28 は達成可能な総便益の最大値になっている）．もし，1 人の羊飼いが共有地で飼う羊の数を制限する一方で，もう 1 人が自由に羊を放つとすると，そのもとでの均衡は自発的に羊の群れのサイズを制限した羊飼いにとって不利なものになる（群れのサイズを制限した羊飼いの総便益は 1 であるのに対し，共有地の私的な利用を制限しない羊飼いの便益は 20 になる）．したがって，それぞれの羊飼いの支配戦略はできるだけ多くの数の羊を共有地で飼うことになる．もし，もう 1 人の羊飼いが自発的に利用を制限するのであれば，それに対する最適な反応は共有地を使えるだけ使い尽くすことである．一方，もう 1 人の羊飼いが羊の数を制限しない場合にも，最適な支配戦略は共有地を使い尽くすことになる．それゆえ，ナッシュ均衡はいずれの羊飼いも群れにいる羊の数を制限することのない状況で，このとき両者の便益は 3 になる．

私的所有は戦略的な行動をなくし，外部性の問題を解決する．共有地の利用者は共有地を私的所有に転換して，それぞれの羊飼いが共有地を所有している

表 4.1　囚人のジレンマの一例としての「共有地の悲劇」

	羊飼い 2 が羊の数を制限する場合	羊飼い 2 が共有地に多数の羊を放つ場合
羊飼い 1 が羊の数を制限する場合	14, 14	1, 20
羊飼い 1 が共有地に多数の羊を放つ場合	20, 1	3, 3

私的企業の持ち分権を受け取るという合意に達することもありえよう．この私企業の持ち分権はすべての羊飼いが自由に共有地にアクセスできることの価値の合計よりも価値が高くなるだろう．というのは，私企業は牧草地への立ち入りに利用料金を課すことで自由なアクセスによる負の外部性を内部化することができるからである．私的所有が採用された後，それぞれの羊飼いには2つの異なる役割が生じる．1つは，私企業の株主としての役割であり，もう1つは放牧地を利用する羊飼いとしての役割である．放牧地への立ち入りはその企業に料金を払うことで可能になり，放牧地の利用に対してなされる支払いから所有者に利益が配分される．放牧地に羊をつれていくことに対する利用料金を支払い，区分所有している会社から配当を受け取ることで，すべての羊飼いの厚生が改善することになる．表4.1に即していえば，自由に放牧をすることが可能な場合にそれぞれの羊飼いが得る便益が3であるのに対し，この会社からは14の配当が支払われることになるのである．

資源の保全とコモンズ

共有地の悲劇における外部性には時間という次元がある．牧場の私的な所有者は将来も羊に草が必要であることを考慮に入れて，放牧が時間を通じて維持可能になるよう，羊が草の根まで食べてしまわないように気をつける．同様に，漁場が私的に所有されているのであれば，将来のために漁場を保全するインセンティブが存在する．私的な所有者には，将来も漁場に魚がいるように，魚が再生産されるよう，乱獲を行わないというインセンティブがある．漁場に自由にアクセスでき，私的な所有権が確立されていない場合には，トロール船の所有者は，将来だれでも漁場に入って自由に魚を捕ることができるから，魚を保全することによって生じる利益のほとんどが他の人のところにいってしまうだろうと考える．このため，漁場にだれでも自由に入ることが可能な場合には，乱獲が生じることになる．森林の例についていうと，私的な所有権が確立されておらず，自由な立ち入りが可能な場合には，木を伐採せずに残しておいても，ほとんどの場合，他のだれかに切り出されてしまうので，今日のうちに森林を丸裸にしてしまおうという私的なインセンティブが存在するということになる．漁業の例と同様に，共有地に自由にアクセスできる場合には資源の枯渇が助長されるのに対し，私的所有は再生産可能な枯渇性資源の保全を促進するのである．

私的所有権の確立によって共有地の悲劇という非効率性の問題は解決されるが、それは同時に分配上の影響もともなうことになる．共有の放牧地では、そうしたいと思う人はだれでも自由に家畜を放牧することができる．だが、私的な所有のもとでは、家畜を放牧する権利に対する対価を土地の所有者に支払わなければならない．従前共有地を利用していた人すべてに持ち分を与える形で共有地が民有地になれば、持ち分権から生じる配当の話ですでに説明したように、従前の利用者は全員便益を享受することができる．しかしながら、従前の共有地に対する私的所有権の割り当てによって特定の者が所有者となる場合には、以前は自由に共有地を利用していたが、私的な持ち分の配分を受けなかったという者は、私的な所有者に対して利用の対価を支払わなければならなくなる．従前共有地であったものが私的所有に代わった場合には、社会的公正の問題が生じるようになることがわかる．しかしながら、共有財産を私的財産に転換すること自体は外部性の問題を解決しようという私的なインセンティブを付与することで資源配分の効率化に資することになる．

みつばちとりんご

ジェームス・ミード（James Meade）[1]は互いに近接して立地している養蜂業者とりんご園の所有者の関係を次のように記述した．養蜂業者とりんご園の所有者はそれぞれの生産活動から生じる外部性からともにプラスの便益を享受することになる．果樹園の所有者はみつばちがりんごの木に花粉を運ぶことでみつばちから便益を受ける．一方、養蜂家は果樹園のりんごが、みつばちがはちみつを生産するのに必要な花蜜を提供してくれることから便益を受ける．それゆえ、それぞれの生産者は互恵的な便益を与えることになるのである．しかしながら、果樹園の所有者がどれだけの本数のりんごの木を植えるか、養蜂家がどれだけの数のみつばちを飼うかを決めるときに、この相互利益を考慮に入れることはない．

図4.2は競争的な市場ではちみつ（生産物）を販売し、みつばち（投入物）を購入している養蜂業者の意思決定問題を示したものである．みつばちの購入価格は P_{bees} で示されている．図4.2では、はちみつの生産者が私的な利潤の

---

[1] Meade, J. E., "External economies and diseconomies in a competitive situation," *Economic Journal* 62, 1952, 54-67. Reprinted in *Readings in Welfare Economics*, K. J. Arrow and T. Scitovsky (eds.), Richard D. Irwin, Homewood, Illinois, 1969, 185-98.

図 4.2 共通の私的所有権から得られる利益

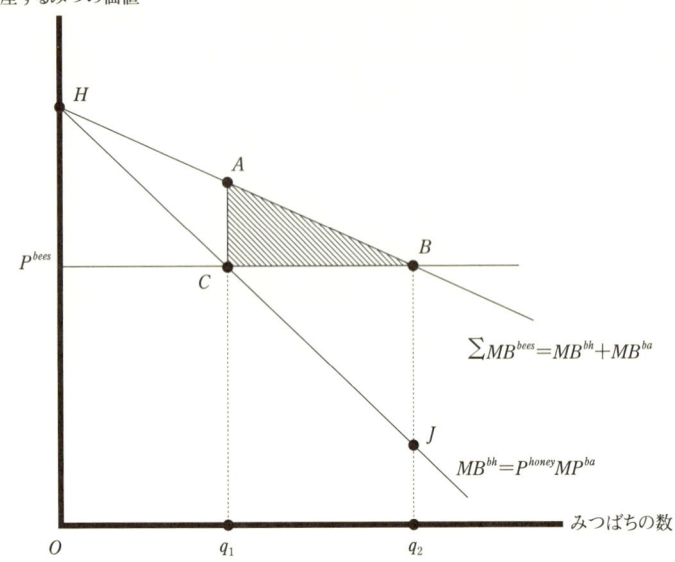

最大化をはかる結果,q_1 の数のみつばちを飼うことになる.私的な利益の観点から見て望ましいみつばちの数 q_1 を決定する際に,養蜂業者は自分が飼うみつばちが果樹園の所有者に与える便益を考慮することはない.q_1 のもとで養蜂業者は HAC の面積に等しい便益を無償で果樹園に与えていることになる.この無償の便益は,正の外部性である.みつばちからもたらされる総便益は,みつばちがはちみつの生産に果たす寄与とみつばちが果樹園で栽培されているりんごの木の授粉に対する寄与とからなるので,これらから生じる限界便益の合計は

$$\sum MB^{bees} = MB^{bh} + MB^{ba} \tag{4.1}$$

と示される.(4.1) 式において MB^{bh} はみつばちが養蜂業者にもたらす限界生産物の価値であり,MB^{ba} はみつばちが果樹園にもたらす限界便益の価値である.養蜂業者はみつばちがみつをつくる活動しか評価しないが,効率的なみつばちの数ははちみつとりんごの双方に対するみつばちの貢献をともに考慮に入れて決められる.

図 4.2 において効率的なみつばちの数はみつばちがはちみつとりんごの木の生産にもたらす限界便益の和がみつばちの価格に等しくなるところ,すなわち,

$$\sum MB^{bees} = P^{bees} = MC^{bees} \tag{4.2}$$

が満たされる q_2 となる.つまり,みつばちの数について効率的な意思決定がなされるためには,みつばちがはちみつの生産と授粉に与える便益の双方を足しあわせて考えることが必要になるのである.みつばちの数を効率的な水準である q_2 まで独自に増やそうとすると,養蜂業者は BCJ の面積に相当する分だけ私的な損失をこうむることになる.養蜂業者が果樹園を買って q_2 までみつばちの数を増やすのであれば,ABC だけの利益が得られることになる.

図 4.2 の ABC は,私的所有権の統合から得られる効率性改善の利益の一部である.私たちはここから思考を進めて果樹園のりんごの木の数を決める段階に進むことができる.このことを考えるためには,図 4.2 における $bees$ という表記をりんごの木を表すものと読み替えて,果樹園の所有者の私的な意思決定について考察すればよい.りんご園の所有者はりんごの価値をもとにりんごの木を何本植えるかを決めるのであって,意思決定を行う際にはちみつの生産における投入物としてのりんごの価値を考慮することはない.みつばちとりんごの木の所有者が別々である場合には,果樹園の所有者は最適な水準よりも少ない本数の木しか植えようとしない.所有者が統合されれば,りんごの木の数がはちみつの生産に与える外部性が内部化されて,りんごの木の本数が効率的な水準まで増加することになる.

みつばちと果樹園の所有者が別々の場合,それぞれの活動が相手に与えるプラスの外部性を互いに考慮に入れずに行動するため,潜在的な便益が失われてしまうことになる.それゆえ,みつばちと果樹園の所有者を統合しようという私的なインセンティブが存在する.私的所有者が統合されたもとでは,所有権者は自らの意思決定にともなうすべての影響を内部化するので,私的な行動が効率的なものになる.所有権の統合のためには,養蜂業者が果樹園を買うこともできるし,果樹園の所有者がみつばちを買うこともできる.また,両者が合併して 1 つの会社になることもできる.統合による利益の価値は所有が統合されたはちみつ・りんご生産会社の市場価値によって明らかになる.私的所有権の統合から得られる利益は,その市場価値をもとに分け合われることにな

る．

　分けられる利益の存在は，両者の生産者にとって利益が得られるパレート改善的な変化が実現しうることを保証するものである．それと同時に，これによって他のだれかに損失が生じることもない．このように，統合された私的所有のもとで，統合された利潤の最大化が行われる場合には，私的利益の最大化を通じて効率的な生産活動が達成されることがわかる．

外部性と合併・買収

　共通の所有のもとで生じる便益については，「外部性」の代わりに「シナジー（相乗）」という用語が用いられることが多い．しかしながら，すべての合併・買収が相互にメリットをもたらす企業間の外部性の存在やシナジー効果によって正当化されるわけではない．経営者が合併相手を探したり，他の企業を買収したりするのには，それぞれ固有の理由がある．企業合併や買収は市場における競争を緩和することで生産者にもたらされる利益によって動機づけられていることもありうる．3.3 節で民間部門どうしの間のプリンシパル - エージェント問題を納税者と官僚の間のプリンシパル - エージェント問題と比較したが，このときに，民間企業の経営者にはさまざまな事業のうちのいくつかがうまくいかなくなった際の自己保険をかけるために，事業の多角化に対する関心をもっているのだということを見た．こうなると，経営者の関心が，専門知識をもっている「コア」の活動から離れてしまうことになるが，それはこの企業の株主に不利益をもたらすことになる．株主はリスク分散の目的で株式を分散投資する傾向にあり，経営者が合併・買収を通じて追い求める多角化を必要としていない．投資銀行も，アドバイザリー・フィーをかせぐために，合併・買収を進めようというインセンティブをもっている．経営者や投資銀行がこのようなインセンティブをもっているということは，2 つの企業が合併したり，ある会社が他の会社を買収したりする場面にでくわしても，それが相互にメリットをもたらす外部性に対する効率的な反応を目にしているわけでは必ずしもないということを示しているのである．

一方向のみに作用する負の外部性

　はちみつとりんごの例では，外部性が，(1) 双方向で，(2) 互恵的であったが，工場による川の水質汚染の例では，外部性は一方向のみに働き（工場は

川での漁業に影響を与えるが，漁業は工場の産出物に影響を与えない），かつ負の外部性である（工場の操業は川でとれる魚の数にマイナスの影響を与える）．この場合の外部性も工場と漁業会社の所有を統合することで内部化することができる．統合された会社は，2つの生産活動から得られる連結利益が最大になるように行動し，その結果，工場の減産が川でとれる魚の数を増やすという形で外部性が内部化されることになる．この外部性の内部化は，川で漁業をしている人たちが工場を買収することによっても，また，工場がこの川における漁業権を買うことによっても達成できる．

共通の所有権のもとでの工場と漁業会社の利益はこの川が魚の住みにくくなる（ほど汚染される）生産水準で最大化されるかもしれない．逆に，工場を閉鎖することで工場と漁業会社の連結利益が最大化されるのであれば，工場を閉鎖するという意思決定がなされることもありえよう．工場を閉鎖する所有者は，審美的な価値のために汚染のない川を求める環境主義者であるかもしれない．

公共投入物と外部性

ここで，公共財の効率的な供給のための条件が $\sum MB = MC$ であったことを思い出そう．外部性の効率的な解決のための条件である (4.1) 式は公共財の効率的な供給のための条件と同じ形をしている．(4.1) 式においてみつばちがはちみつの生産者にもたらす限界便益と果樹園の所有者にもたらす限界便益の合計は，みつばちの数を増やすための限界費用（＝競争的な市場におけるみつばちの価格）と等しくなる．このため，外部性に対する効率的な解決のための条件と公共財の効率的な供給のための条件が同様のものになる．

はちみつの生産に対するみつばちの寄与には，公共財的な性格がある．みつばちははちみつとりんごの生産における公共投入物になっている．みつばちの公共財あるいは公共投入物としての性質は，みつばちによるはちみつの生産がりんごの生産に対するみつばちの貢献を犠牲にして行われているわけではないという特徴に表れている．みつばちははちみつの生産を通じて養蜂家に便益をもたらすとともにりんごの木の授粉を通じてりんご園の所有者にも便益をもたらしているのである．

このように，みつばちは養蜂家と果樹園の双方に集合便益をもたらしている．みつばちは公共投入物を供給するので，みつばちを効率的に利用するため

の条件は公共投入物の効率的な供給のための条件を満たすものと考えることができる．

みつばちは便益をもたらす公共投入物であったが，公共投入物は負の外部性をもたらす場合もあり，生産によって生み出される価値に加えるのではなく，そこから差し引く場合もありうる．川を汚す工場は，工場の生産に（プラスの）影響を与えるとともに漁業に従事する時間からもたらされる利益に（マイナスの）影響を与える公共投入物を使用しているということになる．

私的所有権の統合に代わる方法としての契約

私的所有権の統合は，私的な意思決定を通じて外部性を効率的に内部化することを可能にするが，養蜂業者と果樹園の所有者はそれぞれの所有権を留保したままで，契約による取引によってみつばちの数とりんごの木の本数を効率的な水準にすることもできる．その契約は，りんごの木の本数を増やしたらその見返りに養蜂家が果樹園の所有者にお金を支払うという場合もあるし，みつばちの数を増やすことについて養蜂家が果樹園の所有者から報酬を受けることもありうる．それゆえ果樹園の所有者と養蜂家は外部性の内部化によって得られる利益を分け合うことでそれぞれの利益を増やすことができるのである．だとすると，問題は，所有権を統合してしまう場合と所有権は別個のままで契約上の協定を結ぶ場合のいずれが組織形態としてより効率的（より利益が多くなる）かということになる．

規模の拡大した企業組織の運営に際してモニタリングをしたり調整をしたりする作業がより頻繁なものになることで統合企業の組織運営の費用が増加する場合には，所有権の統合は契約に基づく合意よりも費用のかかるものになる可能性がある．りんごを栽培し，販売するために必要なノウハウがみつばちを飼ってはちみつを販売するのに必要なノウハウとあまり関連性がない場合や統合された企業において経営者が中核となる事業に特化できずに両方のタイプの生産と販売活動を監督しなければならない場合には，経営統合はあまりメリットがないということもありうる．これに対して，それぞれの部門の仕事に専門性の高い知識が利用される場合には，りんごとはちみつは同じ会社の中のそれぞれ別の部門となることもありうる．

契約に基づく解決方法の問題点は，契約が不完備であるかもしれないという点である．完備契約は，起こりうるすべての事象に対して責任と対処方針をき

ちんと決めておくものである.不完備契約は起こりうるすべての事象を含んでいない.たとえば,まれにしか起こらない,予期しがたい天災がりんごの木に打撃を与えたとしたら,果樹園の所有者が災害を避けるのに適切な予防的措置をきちんととっていたかという点について意見の対立が生じるかもしれない.契約上の遵守義務に対する意見の対立が生じた場合,リーガル・コストは高いものになる可能性がある.所有権を統合してしまえば,この費用は回避できることになる.

4.1.3 法的権利・私的交渉とコースの定理

入会地の私有化の例に見られるような共通の私的所有権やはちみつとりんごの例で見たような個々の施設を共同で所有する所有権をもってしては,個人間で生じる外部性の問題を解決することはできない.というのは,ある人が他の人を(共同所有にせよその他の形式にせよ)所有することはできないし,ある人が他の人を買収することもできないからである.だが,人々が対価を払ってお互いの行動を変えるようにすることは可能である.

人々の間で生じる外部性は,合意形成のための費用があまりに高くつくということでなければ,私的な交渉によって自発的に解決することが可能であるということが以前から提唱されてきた.この提案はコースの定理として知られているものである(コースの定理というこの名称は,1991年にノーベル賞を受賞した,シカゴ大学ロースクールのロナルド・コース(Ronald Coase)にちなんでつけられたものである).

コースの定理の背後にある推論を説明するために,教室に2人の人がいる状況を考えよう.喫煙者のS氏はタバコを吸うのが好きであるが,非喫煙者のN氏はタバコを吸うのを好まない.図4.3において,MB_SはS氏がタバコを吸うことから得られる限界便益を表している.限界便益は逓減的であり,タバコの代金を支払った後の(ネットの)ベースで測られているものとする.MC_Nは非喫煙者のN氏が喫煙者からの受動喫煙からこうむる限界費用を示しており,この限界費用は逓増的であるものとする.

したがって,図4.3におけるMBとMCの関数は,それぞれ別の人の便益と費用を表していることになる.喫煙者の便益をB,非喫煙者の費用をCとして,$W=B-C$を最大化すると,効率的な解を得ることができる.効率性を

図 4.3　コースの定理

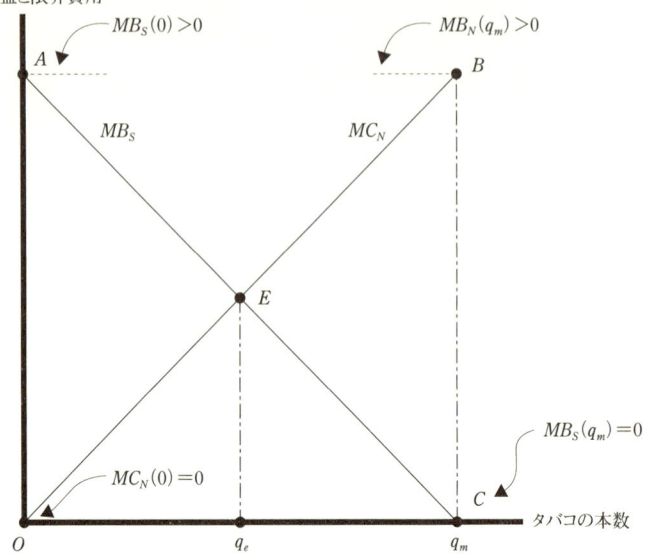

限界便益と限界費用

$MB_S(0) > 0$
$MB_N(q_m) > 0$
MB_S
MC_N
$MB_S(q_m) = 0$
$MC_N(0) = 0$
タバコの本数

追求する際には，喫煙者と非喫煙者の間で便益と費用がどのように配分されるかについて問うことはしない．便益と費用が人々の間でどのように配分されるかにはかかわらず，便益と費用の差が最大になるようにすればよいのである．

喫煙者の S 氏は自分が好きなだけ自由にタバコを吸う権利をもっているとしよう．喫煙者は自分の効用を最大化することだけを考え，喫煙によって他の人がこうむる外部費用を考慮に入れる（内部化する）ことはない．喫煙者が自分の思い通りに意思決定をすることができるなら，図 4.3 で $MB_S = 0$ となる q_m 本のタバコを吸うことになる．効用最大化を行った結果として得られる喫煙者の便益は，喫煙者の限界便益を表す曲線 MB の下側の ACO の領域で与えられる．

だが，q_m の水準では

$$MC_N(q_m) > MB_S(q_m) = 0 \tag{4.3}$$

となることがわかる．つまり，喫煙者が q_m 本のタバコを吸うことにした場合に非喫煙者に課される限界費用は，喫煙者が最後の 1 本を吸うときの限界便益を上回っているのである．この場合，非喫煙者には，喫煙者にお金を払

って，最後の1本を吸うのをやめてもらう余地が生じることになる．すなわち，喫煙者が（タバコの代金を支払った後で）最後のタバコ1本から追加的に得られる満足感は0であり，非喫煙者がいくらかでも金銭の支払いをすれば，喫煙者が最後に吸うタバコを吸うのをやめることから生じる満足感の減少を補ってあまりあるものが得られるのである．したがって，この状況のもとでは潜在的にパレート改善をはかることのできる余地がある．パレート改善となる状況の1つは，非喫煙者N氏が喫煙者S氏に金銭を支払って最後のタバコを吸うのをやめてもらうようにすることである．

このような補償のプロセスは，喫煙者が吸うタバコの量が図4.3のq_eの水準になるまで続けられる．q_eの水準で，喫煙者にとっての限界便益が非喫煙者にとっての限界費用にちょうど等しくなる．q_eよりタバコの本数が少なくなると，非喫煙者が喫煙者に補償をすることのできる余地がなくなり，もはや金銭の支払いによって厚生を改善することができなくなる．したがって，補償を行うプロセスの行き着く先で決まるタバコの本数はq_eの水準だということになる．

q_eにおける均衡は，$W = B - C$を最大化する水準なので効率性が満たされている．図4.3の点Eは，市場均衡の性格をもっていることがわかる．この場合の市場は「タバコを吸わないようにすること」に対する市場である．

タバコの本数をq_mからq_eまで減らすことによって，三角形ECBの領域に相当する利益がもたらされることになる．この利益は，喫煙者と非喫煙者の間で分けることができるが，利益をどのように分けるかは明確でない．「タバコを吸う本数を減らすこと」の市場は売り手1，買い手1の相対取引であり，市場の需給によって価格が決まる競争市場ではない．だが，ECBの分だけの利益が実現できることはわかるので，喫煙者と非喫煙者が利益の分配について合意しないのは不合理なことであろう．ECBの領域によって示される利益を分配する方法はいろいろある．この問題はケーキを取り分ける問題に似た性質をもっているので，そこから導かれる1つの解法は，「あなたがケーキを半分に切って，私がそのうちの好きなほうをとる」というものである．もちろん，このルールにしたがえば，ケーキつまり利益は公平に分けられることになる．

より一般的には，この利益の分割を，喫煙者と非喫煙者の間で合意が形成されるまで，利益の分け方について交互に提案とそれに対する返答を繰り返す動学的な交渉の解としてとらえることもできる．交渉を通じて合意が形成され

るまで長い時間がかかる可能性があると思われるかもしれない．だが，交渉に臨む人たちはプラスの時間選好率をもっているものと想定される．つまり，利益の配分を明日より今日に受け取ることを好むものと考えられる．結論のはっきりしない交渉に関わっていればいるほど，その分だけ取り分は減少してしまう．将来よりも現在の利益を重視するという選好を反映して，配分可能な利益の価値が時間の経過につれて減っていくのだと考えることもできる．それゆえ，両者はなるべく早く合意に達したいというインセンティブをもっているのである．

合意された結果は，両者の交渉力を反映したものになるであろう．交渉力の強さを測る1つの指標は，各人が将来時点まで決着を先延ばしできる忍耐力，すなわち割引率である．より辛抱強く交渉できる人はより低い割引率をもっており（将来のことをあまり割り引かず），合意に達するまでより長い時間待っていることができるため，その分だけ交渉力が強いということになる．

より粘り強く待っていられる人は，将来に結論を先送りすることによってこうむる損失が少ないが，その場合であっても，もし交渉当事者が互いの交渉力あるいは忍耐力について完全な情報をもっているのであれば，両者はともにすぐに利益の配分についての合意を得ようというインセンティブをもつことになる．というのは，ただちに合意に達することによって，結論を先に引き伸ばすことから生じる損失を回避することができるからである．この場合には合意を先延ばしすることによって得られるものが何もないので，合意が形成されるまで待つことによって生じる無駄な損失がなくてすむという点で，即座に合意に達するのが効率的な交渉の解になる．

人々が互いの忍耐力（時間選好率）について不完全な情報しかもっていない場合には，交渉はより複雑なものになる．この場合には，相手の忍耐強さについての予想が重要になる．互いの時間選好率についての情報が不完全なもとでの交渉では，可能性としてさまざまな交渉結果がありえ，人々の合意が遅れる場合には，交渉は非効率なものとなる．

空気の質の確保に対する法的権利を非喫煙者に賦与する法律改正

これまで論じてきた補償支払いは，喫煙者がタバコを吸う権利をもっているという前提に立ったものであった．設定を変えて，非喫煙者が空気の質を決めることのできる権利をもっている場合を考えることもできる．図4.3に戻って

みると，非喫煙者に法的権利があり，喫煙者にタバコを吸うことを一切許可しないということにした場合,

$$MB_S(q_m) > MC_N(q_m) = 0 \tag{4.4}$$

となる．この場合には喫煙者が最初の1本目のタバコを吸うことから得られる限界便益がそれによって生じる非喫煙者の限界費用を上回ることになるから，喫煙者は非喫煙者にお金を払って最初の1本を吸うことを許してもらうことができれば，お金を払ってあまりあるものが得られるということになる．したがって，タバコを1本吸うのを許可するのは1本もタバコを吸うのを認めない場合に比べてパレート改善的である．$MB_S > MC_N$ である限り，つまりタバコを吸う本数が再び q_e になるまで，喫煙者は非喫煙者にお金を払ってタバコを吸わせてもらえるよう交渉する余地がある．

これによって，「タバコを吸うことのできる権利」の市場が創設されたことになる．この市場の創設によって両者が分け合うことのできる利益の合計は，図 4.3 の AEO に相当する部分である．ここでも再び，市場の創設によって両者が分けることができるようになった利益をどうやって配分するかをめぐって交渉することが可能になる．この場合にも，利益を分ける方法を見つけるために交渉を行うことをしないのは非合理的なことである．

コースの定理

さて，ようやくコースの定理として知られている一般的な結論を示すことができる．

(1) 外部性が存在する場合であっても，法的権利を賦与して市場の創設を認め，効率化から得られる利益を分配する交渉を行えば，効率的な資源配分が達成される．
(2) 自発的な交渉によって外部性の問題を解決する効率的な解は，法的な権利がだれに賦与されているかという問題とは独立に決まる．

このいずれのステートメントについても，制約があることを付け加えなくてはならないが，その前に，コースの定理が示唆しているメッセージについて考えてみることにしよう．第1章で見たように，法的な権利（あるいは財産権）

は買う権利を確立し，売る意思に裏づけを与えるものである．コースの定理の示すところによれば，法的な権利が確立されると，影響を受ける2つの集団が外部性を内部化する市場をつくり出すことが可能になり，その市場を利用すれば互恵的な取引を通じて効率的な結果が達成されることになる．コースの定理の (2) の部分は，効率的な解はだれに法的な権利があるかには依存しない形で決定されることを示している．図4.3からわかるように，SとNのいずれに権利があるかにかかわらず，効率的な解はq_eの水準になるのである．

4.1.4 法的権利の賦与から生じる結果

コースの定理の示すところによれば，法的権利がだれにあるかは交渉の結果として得られる効率的な均衡に影響を与えないはずであるが，実際には法的権利の配分がコース型の交渉の結果にさまざまな形で影響を与える可能性がある．

所得効果

法的権利の賦与によってだれが補償金を支払い，だれが補償金を受け取るかが決定されることになるから，法的権利の賦与は人々の所得に影響を与えることになる．補償金の支払いによって大きな所得効果が生じる場合には，限界便益曲線と限界費用曲線の位置に影響が生じることになる．たとえば，図4.4aにおいて，喫煙者に法的権利がある場合，非喫煙者から補償金を受け取ると喫煙者のタバコに対する需要が増加することになる．タバコに対する需要の増加によって喫煙者の限界便益曲線はMB'_Sにシフトし，これによって効率的な均衡はq_eではなくq'_eになることになる．

非喫煙者に法的権利がある場合には，喫煙者から支払いを受けると，きれいな空気に対する非喫煙者の需要が増加する．このことは図4.4bにおいて，非喫煙者の新しい限界費用曲線がMC'_Nになることで表される．この場合，タバコを吸うことを許可する市場において喫煙者が吸うことを許されるタバコの本数は，q_eではなくq''_eになる．

このように所得効果が大きい場合には，外部性の問題をコース型の交渉によって解決する場合の均衡は，だれに権利があるかに依存して決まることになる．前節で述べたコースの定理が成り立つためには，法的権利の賦与にともな

図 4.4a　汚染原因者に権利がある場合の所得効果

縦軸: 限界費用と限界便益

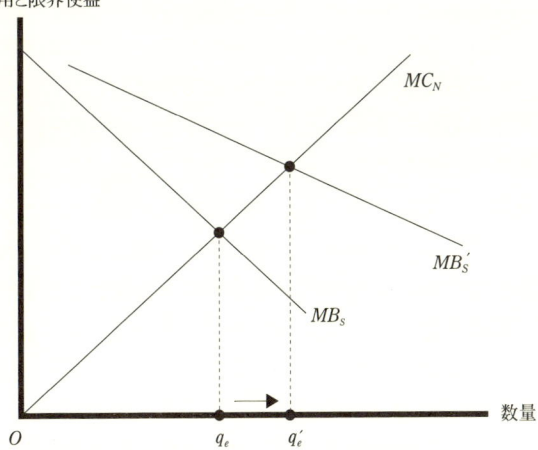

曲線: MC_N, MB_S, MB_S'

横軸: 数量 (O, q_e, q_e')

図 4.4b　被害者に権利がある場合の所得効果

縦軸: 限界費用と限界便益

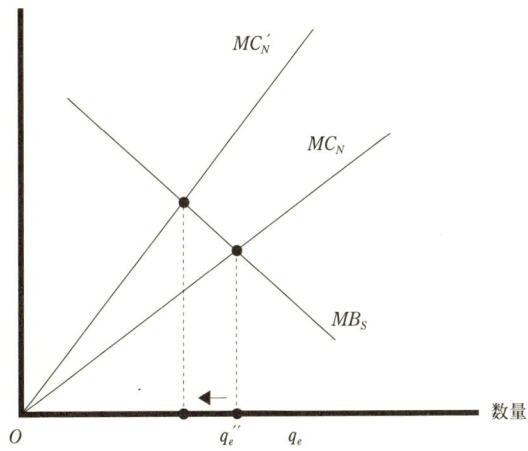

曲線: MC_N', MC_N, MB_S

横軸: 数量 (O, q_e'', q_e)

う所得効果が大きいものではないという条件が必要になる．人々の予算の中で支出シェアが小さな財やサービスに対しては，この前提は妥当である．ここでの例に即していえば，問題は，喫煙者のタバコに対する需要と非喫煙者がタバコの煙を避けるために支払ってもよいと考える支払意思額に関してこの前提があてはまるかどうかということになる．

インセンティブと不作為

コースの定理においては，法的権利の配分は先決のものとして扱われる．私たちが議論してきた例では喫煙者と非喫煙者のいずれかがすでに法的権利をもっており，コースの定理に基づく効率的な交渉解にいたる過程は，その権利の配分状態を出発点として進められることになる．法的権利の配分が効率的なものであるか否かは，外部性によって生じる損害を最小化しようというインセンティブの有無によって定めることも可能である．たとえば，工場の操業によって生じる汚染の程度は，生産者が公害紛争を回避しようと注意しているか否かによって影響を受ける．法的権利が工場主にある場合よりも一般の人にある場合のほうが，配慮を怠ることによって生じる費用は大きくなる．工場主に権利がある場合には，必要な措置を怠って公害を発生させても，その損害に対する賠償義務は生じないので，工場主にとって不作為の費用はゼロである．もう1つ例をあげると，不作為の費用がタンカーの船主に課される場合には，そうでない場合よりも油の流出を防ごうというインセンティブが大きくなる．このように，だれに法的権利があるかが負の外部性が生じる確率に影響を与える場合には，法定権利の配分は重要な問題だということになるのである．

4.1.5 コースの定理の失敗

コースの定理が示すところによれば，存在していたいかなる外部性も，影響を受ける集団相互の利益にかなうように内部化されてしまうため，外部性が補正されずに残っていることはないはずである．だが，実際には，現に外部性が補正されずに残っているのを目の当たりにすることがある．つまり，コースの定理の予想に反して，外部性は依然として存在しているのである．

外部性が解消されずに依然として残っているのは，だれが法的な権利をもっているかについての争いが解決されていないからかもしれない．法的権利が明確に設定されていない場合には，立場の強い者が弱い者に自らの意思を押し付ける無秩序な状況が生じていることもありえよう．もっとも，その場合であっても，強者が自分たちに法的権利を賦与すれば，自発的な交渉によって図4.3の q_e のように効率的な解を達成できるというのがコースの定理の予想するところである．

外部性が補正されずに残っていることについては，損害の額や実際に損害が

生じているかどうかについて争いが生じていることもあるだろう．こうむる損害の価値は主観的なものであり，したがって，観察できないものであることもありうる．混雑したビーチにおける外部性の例を想定して，人々がそこでコースの定理を適用しようとしている状況を考えてみよう．ビーチの人ごみは，それぞれの人の主観的な好みによって評価が負の外部性にも正の外部性にもなりうる．中には，混雑したビーチの雰囲気が楽しくて，近くに大勢の人がいることで新しい友達を見つける機会が得られるのを魅力的なことと思う人もいるだろう．このような人たちにとって，混雑は正の外部性をもたらすということになる．このような正の外部性は，群集効果（人々が，他の人が集まる場所に自分も行くことを好むという考えを反映した効果）として知られる行動様式によって表される．ビーチやレストランの中には，それが有名であるがゆえに人気があるというものがある．これに対し，孤独や内省や私的な空間を求めている人たちにとって，混雑は負の外部性をもたらすものだということになる．そのような人たちは，他の人がその場所から立ち去って自分たちに私的な空間を与えてくれるのならお金を払ってもよいと思っている．便益と費用が各人の主観的な情報になっている状況において外部性の問題を解決するためには，ビーチにいるそれぞれの人が自分の近くに人がいるのを好むか好まないかという私的な情報について，正しい情報を知るための手段が必要になる．したがって，このケースでは，公共財に対する効率的な支出額を決定しようとする際に直面するのと同じ情報制約の問題に出くわすことになる．主観的な情報が必要になるため，コースの定理を通じて両者がともに便益を得るために必要となる交渉は，長い時間がかかる，密度の高い，そしておそらくはあまり愉快でないものになるであろう．交渉費用が，外部性の解決によって得られる便益を上回ってしまうことが予想されるのであれば，人々は交渉を始めようとはしないであろう．

　もちろん，情報の問題は，主観的な評価のみに影響を与えるものである．魚つりの例では，工場ができて川の水を汚すようになる前に得られていた漁獲高について漁民たちが証明可能な記録を残していれば，工場の操業によって川が汚染されるためにこうむる損害の価値を立証するに足る客観的な情報を提示することができるだろう．だが，不満の種が，川の美しさが失われてしまうことや川遊びから得られるレクリエーション的な楽しみがなくなってしまうことにある場合には，それによってこうむる損害の価値がどれほどのものであるかに

ついて不満を表明している人だけが知りうる情報であるために，情報の非対称性の問題が生じることになる．

　取引費用という考え方は，市場価格が定まっていないときに交渉によって値決めをするための費用をはじめ，売り手と買い手の間の市場における交換条件を設定しようとする際に発生するさまざまな種類の費用の1つである．市場がすでにある場合には，市場によって価格が設定されることになるが，市場が存在せず，これから市場をつくろうとする場合には，価格についての情報を与えてくれる場がないことになる．喫煙者がタバコを吸う権利を手に入れるためには，非喫煙者にどのくらいお金を払わなければならないか？　非喫煙者は喫煙者がタバコを吸うのをやめてもらうためにどれだけお金を払わなくてはならないか？　工場主が川や大気中に汚染物質を排出するにはどれくらいお金を支払えばよいか？　仮に工場主に法的権利があったとした場合に，汚染物質を排出するのをやめることで工場主はどのくらいのお金を受け取ることができるか？　これらのことを決めることで，外部性の解決から得られる便益の分け方が価格を通して決められることになるのである．

　情報の非対称性の問題をもたらす主観的な情報が存在すると，機会主義的な行動をとる余地が生まれるため，コースの定理が想定するようなタイプの合意に達するうえで取引費用が生じてしまうことになる．喫煙者に法的権利がある場合には，非喫煙者がお金を払ってくれる「タバコを吸わないでいること」の供給を増やすために，喫煙者は自分が吸おうと思っているタバコの本数を過大に申告するかもしれない．非喫煙者に法的権利がある場合，喫煙者にタバコを吸ってもよいという権利を市場で売却することで得られる収入を増やそうとして，非喫煙者は，受動喫煙からこうむる私的な損失を過大に申告するかもしれない．このように，機会主義的な行動や虚偽の報告をする余地は当事者の双方にある．

　取引費用を最小化し，コースの定理がきちんと機能する市場をつくり出すためには，おそらく法的権利を一方の側のみに賦与するのが効率的であろう．もし，公害の被害者のほうが虚偽の申告や機会主義的な行動をとる余地が少ないとすれば，被害者のほうに法的権利を割り当てるほうが効率的である．この場合，公害によって被害をこうむる人たちに法的権利を賦与するのは，人々にきれいな空気を享受する自然権があるという判断を反映したものではない．きれいな空気に対する権利を被害者に賦与するのは，公害によってマイナスの影響

を受ける人がきれいな空気に対する権利をもっている場合の交渉のほうが，公害を発生させている人が空気を汚す権利をもっている場合の交渉よりも，コースの定理が想定する結果を達成しやすいという，効率性の見地からの判断によるものである．このように法的権利をだれに賦与するかは効率性に影響を与えるから，効率的な結果（資源配分）は初期時点における所有権の賦与の仕方のいかんによらず達成されるというコースの定理の想定は正しくないことが再確認できる．

　人々が私的な情報を自分に都合がいいように利用して，外部性を内部化する市場の創設からより多くの分け前を獲得しようというような意図をもっていない場合にも，取引費用の問題は生じうる．混雑した道路の交差点に，用事があって急いでいる人とそれほどさしせまった用件のない人がいる場合を考えよう．急いでいるドライバーは，時間価値が高く，交差点を優先的に通行させてもらえるのであれば時間価値の低い人にお金を払ってもよいと考えている．この場合，原理的には優先通行権の市場をつくり出すことができることになる．この市場では，時間価値の高いドライバーが時間価値の低いドライバーにお金を払って先に通行させてもらうことになる．この道路を横断しようとしている歩行者もこの市場の参加者に含まれるかもしれない．この市場では参加者の自発的な取引を通じて相互に利益がもたらされることになる．このような市場が存在するためには，参加者のだれかが優先通行券を売る権利をもっていることが必要になるが，交差点の優先通行券を取引する市場は自然独占になるだろう．優先権を売る人が複数いると外部性が内部化されなくなるので，この市場が競争的であることはありえない．もっとも，このような市場をつくることの取引費用は，市場の創設によって得られる利益よりも高くつくので，時間価値の高いドライバーと時間価値の低いドライバーが取引を行う市場は存在しない．人々が便益と費用に関する私的情報を機会主義的に利用することがない場合であっても，優先通行権に対して支払ってもよいと思う額を伝えたり，他の人に道を譲ることで受け取りたいと思っている金額を知らせるのにはしばしば高い費用がかかる．優先通行権に対する支払意思額が高い順にドライバーを並べる（つまり，優先通行権に対する値段を交渉し，支払いを行い，優先通行権を購入した人のために進路を開ける）のに要する時間を考えたら，ドライバーは，コースの定理が想定する市場がない状況で交差点を通り抜けてしまったほうが速いということになってしまうのである．

交差点での優先通行権の例では，主観的な情報あるいは非対称情報の役割を考慮しなかったが，主観的で非対称的な情報が存在すると，交差点を通り抜けようとするドライバーたちは，あるドライバーがこの市場の需要側にいるときに優先通行権に対してどのくらいの評価を与えているかを知ることができないし，あるドライバーが供給側にいる場合に，どのくらいの値段で優先通行権を提供してくれるかもわからないのである．もちろん，ある人が需要側と供給側のいずれに回るかは優先通行権の価格によるのだが，それは未決定であり，それこそがコースの定理に基づく交渉によって決められるべきことなのである．

　外部性があるために，交差点での優先通行権は交通信号によって制御されたり，だれに優先権があるかを示す交通法規によって規定されたりするのかもしれない．外部性の中には，人々が交差点を通行する際に行儀よく順番待ちをすることで解決できるものもあるが，それでも外部性は依然として残っている．順番待ちをするという方法では，時間価値の高い人が優先的に通行させてもらえるのであればお金を払ってもよいと考えていて，時間価値の低い人がお金を払ってもらえるのであれば順番をゆずってもよいと考えている場合にも，時間価値の低い人が時間価値の高い人を待たせてしまうことになるので，やはり外部性が存在するということになるのである．

　喫煙者と非喫煙者の間で生じる外部性の例において想定される市場も一般的には存在しない．昔は喫煙者はどこでも自分が吸いたいときにタバコを吸う権利をもっていたが，20世紀末以降，法的権利が非喫煙者のほうに移ってきた．法的権利が喫煙者のほうにあった頃，非喫煙者が喫煙者にお金を払ってタバコを吸うのをやめてもらったというようなことは滅多になかったし，非喫煙者のほうが権利をもつようになってから，喫煙者がお金を払ってタバコを吸うのを認めてもらおうとするようなことも一般的には見られない．このことからすると，コースの定理が想定している市場をつくることの取引費用は高すぎるということなのであろう．

市場を創設にすることについての個人的なためらい

　高い取引費用がかかるということ以外にも，市場を創設することへのためらいがあるためにコースの定理が成立しない可能性もある．いま，市場をつくる費用が十分に低い例を考えよう．郵便局で人々が行列をつくって順番待ちをしているが，あなたは急いでいて順番を待ちきれない状況にあるとする．先に列

に並んだ人に優先権があるので，ここでも外部性の問題が生じていることになる．この場合には，行列の先頭に並んでいる人にお金を払って順番を代わってもらうという形で市場をつくり出すことができる．行列に並んでいる他の人たちは，この取引によって順番が遅くなることはないはずである．

それでも，人々はお金をもらって順番を代わることに応じないかもしれない．列に並んでいる人たちは，その順番をお金で買いましょうという提案に侮辱されたような気分になり，行列の順番は売買の対象とすべきものではないと考えるかもしれない（いらいらしながら順番待ちをしてようやく自分の番がきたと思っているような場合には特にそうであろう）．お金を払って順番を代わってもらうという提案が正当なものではないと考えられると，その提案は対価の支払いではなく賄賂の提供と思われてしまうかもしれない．

もっとも，行列の順番は売買の対象とすべきではないという考えは，十分なお金を払うことで変えられるかもしれない．だが，そうやって順番が売買されると，その取引によって自分の順番には影響がでないにもかかわらず，列に並んでいる他の人から苦情が出るかもしれない．行列に並んでいる他の人たちは，自分たちの順番は変わらないとしても，その取引が「不公平」だというかもしれない．この不公平感は，「自分はきちんと列に並んで順番がくるのを待っているのに，あなたが後からふらっとやってきて，行列の先頭の場所をお金で買うというのは不公平だ」という意見によって表される．タバコの例でいえば，喫煙者にタバコを吸う権利がある場合に，タバコを吸うのをやめてくれたらお金を払いましょうという提案に対して，相手は同じように気分を害するかもしれない．タバコを吸わないでほしいとうまく伝えてくれれば，その人はお金をもらわなくてもタバコを吸うのをやめてくれるかもしれない．

このように，市場をつくり，権利の売買をすることへの個人的なためらいが，コースの定理が想定する状態の実現をさまたげている．人々は，金銭のやりとりをするのにはなじまないものもあって，状況が適切なものであれば，ただでも喜んでそうしようと思うものがあるのだと考えているのかもしれない．たとえば，事情がもっともなことであれば，お金の支払いがなくても，行列の順番を譲ろうと考えているかもしれないのである．

集団行動

関係者が2人の人（たとえば，果樹園の所有者と養蜂業者，川で魚つりを

する人と工場主，喫煙者と非喫煙者）だけという外部性の問題を論じるとき，私たちは外部性の概念と公共財の概念を別のものとして分けて扱っている．だが，外部性によってある人が影響を受けるときには，他の人たちも同様に影響を受けていることがよくある．環境を汚染する工場は，多数の人に同時に被害を及ぼすものである．同様に，飛行機の騒音が住民を悩ませたり，人々が道端や公園にごみを投棄したり，道路が混雑したりするときには，多くの人たちがそれによって影響を受けることになる．外部性が公共財的な性格をもっている場合には，外部性の解決にフリーライド（ただ乗り）の問題が生じることになる．外部性が関係者が2人の間のものだけで，公共財的な性質をもたない場合にも取引費用は同じように問題となるので，フリーライドの問題と取引費用の問題とは分けて考えるべきものである．外部性によって多くの人が影響を受け，それゆえ外部性が公共財的な性格をもっている場合に，私的な交渉によってコースの定理が想定するような効率的な解決がはかられるか否かは，その外部性によって影響を受ける人たちの間の集団行動がどの程度効果的に行われるかに依存する．たとえば，工場が製造工程を変えて，工場の近くにある学校に通う子供たちの健康に有害な物質を排出したとしよう．子供たちの親はこの問題に強い関心をもつが，それぞれの人が1人で汚染物質を排出する工場に立ち向かうのは適切でないと考えるかもしれない．子供たちの親が集団での行動に向けて組織化をはかるのに要する費用は，子供たちが同じ学校に通っているという共通の属性によって低減される．親たちはすぐにお互いを認識して連絡をとりあうことができ，工場に対して集団で反対運動を繰り広げる計画を練る集会を開くことができるだろう．だが，中には，この問題はとても重要だから，きっとほとんどの人が集団行動に参加して問題を解決してくれるはずで，自分が参加してもしなくても同じだから，自分は集会にいかないですませようと戦略的に考える人がいるかもしれない．もし，多くの人がこのように考えると，フリーライドの問題が生じて，有効な集団行動ができなくなってしまうことになる．

4.1.6 迷惑施設の立地と市場における地価への資本還元

　負の外部性をもたらす施設をどこに立地させるかをめぐって意思決定を行わなくてはならないことがしばしばある．その施設は空港ということもあるだろ

う．廃棄物の貯蔵施設や刑務所，通信用アンテナ，薬物中毒患者のリハビリセンター，交番，学校，高速道路のルートといった施設についてその用地を見つけなくてはならないこともある．住民たちは，これらの施設が自分たちの家の近隣におかれることに反対するかもしれない．そのような施設が立地することによって生じる生活上の不便や迷惑，健康に対する知覚された悪影響は近隣の住民の家屋の資産価値を低下させることになる．

施設の立地を計画している人は，その施設ができることによって生じる不動産の資産価値の下落に対して補償をすると提案することができる．この場合の補償は，住民たちに権利がある場合にコースの定理を適用する事例になっている．家屋の資産価値の低下に対して補償がなされた後も，近隣に負の外部性をもたらす施設があってマイナスの影響をこうむる家屋は，そういうことがない同様の物件よりも市場価値が低いままにとどまることになる．（補償を受けた）元の所有者からその家を購入した人は，負の外部性がない場合よりも安い値段でその家を手に入れることができる．この場合の住宅価格の低下分は，新たに引っ越してきた居住者がこうむる負の外部性に対する補償になっている．

補償を受けることに対する拒否

これまで見てきたように，人々が補償を受けることを拒むために，外部性を内部化する市場の創設が困難になることがある．前節では，行列に並んでいる人がお金を受け取って自分の順番をゆずるのを拒む事例について考えた．負の外部性をもたらす施設を家の近くに立地させるのを認めてくれる代わりに，補償をしましょうという提案に対しても同様の拒否反応が見られることがある．人々は，たとえば家の近くに核廃棄物の処理施設が立地することに対する見返りとして補償を受け取ることに対して，倫理にもとることだと怒ったり，憤慨したりすることもある．

このような憤怒は，その根本に倫理的な価値判断があることもあるだろう．人々はそのような施設が自分の家の近くに立地することに同意してお金を受け取ることを，倫理に反する行為だと感じることもあるだろう．その憤怒は"not in my backyard" の頭文字をとって NIMBY という言葉で知られているものである．処理場にせよ刑務所にせよ，あるいは薬物中毒患者のリハビリセンターにせよ，それらは社会全体の利益あるいは必要性のためにどこかになくてはならないものであるが，そのことについてコンセンサスが得られている場

合であっても，人々はそのような施設が自分のいるところからは離れたところにあってほしいと願うものなのである．

　迷惑施設の立地に対する補償が拒否されるのは，その施設の立地によって起こりうる将来の健康に対する影響がどの程度なのかがはっきりわからないということによる面があるかもしれない．タバコを吸うことは長らく洒落たことだと考えられていて，ごく最近になるまで健康に悪いものだとは考えられていなかった．アスベストは，ガンとの関係が明確になるまで，安全な建築資材と考えられてきた．人々は，廃棄物処理施設や通信用アンテナから出る低濃度の放射能が長年にわたって体に蓄積されることで健康に悪影響が生じることを心配しているかもしれない．このような不確実性が存在するため，迷惑施設が近くに立地することが不快と思われることもあるだろう．また，迷惑施設が近くにある住宅を他の人に売ることに罪悪感を感じる人がいるかもしれない．

なぜ貧しい人たちのほうが負の外部性から影響を受けやすいのか？
　補償を受け取って負の外部性を生じさせる施設の立地を受け入れることは地域社会にとってまれなことである．多くの場合，そのような施設は周囲に人家のないところに置かれることになる．しかしながら，時が経つにつれて，住宅に対する需要が増加し，人家が施設の近くに建ち並びはじめることもある．その施設がもたらしている負の外部性が大きければ大きいほど，その施設のまわりの地価は低くなり，したがって，住宅価格も安くなる．このため，その施設のまわりに引っ越してくる人たちは，高い価格の住宅に住む経済的な余裕のない，貧しく，所得の低い人たちということになる．このため，もしひとたび健康被害の問題が生じたりすると，その影響を強く受けるのは，貧しく所得の低い人たちになることが多いのである．

4.1.7　他者への配慮

　アダム・スミスが提示したように，市場の優れている点は，各人が他者のことを顧みることなく，私的な利益のみを追求することが結果として効率的な資源を配分をもたらすということにあった．それゆえ，利己的で私益のみを追求する行動であっても，それが競争的な市場を通じて行われている限り，各人は良心の呵責を感じることなく，自らの利益のみを考慮して行動することができ

た．外部性の存在は，私的な利益を追求する行動の結果と公益とが等価であるという関係を揺るがすものである．外部性が存在する場合には，利己的な行動ではなく，他者への思いやりが倫理にかなう行動となる．

人々が他者への配慮をもって行動している場合には外部性の問題は生じない．問題はだれがだれのことを気遣えばよいのかということである．法的権利をもっている非喫煙者は，コースの定理が示唆するような補償を求めることなく喫煙者にタバコを吸ってよいとすることで喫煙者に配慮を示すことができる．もし喫煙が非喫煙者に不快な感じを与えるものなのであれば，この場合の気遣いは非喫煙者が自分の健康被害をすすんで引き受けることだということになる．喫煙者にとって気配りを示す行為は，タバコを吸うのを後にするか，だれにも迷惑をかけない場所を見つけてそこでタバコを吸うということである．

4.1.8 社会的規範

外部性を内部化する方法の1つとして社会的規範がある．社会的規範は，他の人がみんな同じようにしているから自分もそれにしたがうというタイプの行動様式のことであり，個人の嗜好に優越し，社会的慣習の基盤をなすものである．人々は，自分のまわりにいる人たちから仲間はずれにされるのを避けるために社会的規範にしたがう場合もあるだろうし，規範や慣習から逸脱した行動をすることを自分自身が好まないということから社会的規範にしたがうという場合もあるだろう．たとえば，社会的規範は，じっとがまんして行列に並んだり押し合いへしあいをしないということだったりするかもしれない．人をおしのけるような人は，仲間はずれにされて，自分の思い通りのことができないかもしれない．行列の順番が割り込み自由で何でもありというのが社会規範になっている場合には外部性は内部化されない．

ある人が個人的には自然保護区のハイキングコースにごみを捨てても別に何とも思わないのだが，社会規範としてはこのような場所でごみをちらかすのが好ましくないということになっている場合には，その人も社会的に非難をあびないよう，他の人がいるところではごみを捨てないようにするかもしれない．この場合，個人の行動を社会規範に合せることで負の外部性が内部化されることになる．コース型の市場をつくり出すことによってではなく，ごみを捨てないという社会規範から逸脱した行動をとっていると人々から思われないように

したいという私的なインセンティブによって，外部性が内部化されることになる．

これに対して，社会規範は他者への配慮に欠けたものであるのに，個人的には他の人への配慮を重視するような価値観をもつというような場合もあるかもしれない．たとえば，社会規範はハイキングコースにごみを捨ててもよいということになっているが，ごみを捨ててもよいというルールが，ある人の個人的な価値観とは相容れないという場合があるかもしれない．この場合，外部性の閾値の問題のためにその人はジレンマをかかえることになるかもしれない．いま，自然保護区のハイキングコースにごみを捨てるのは好ましくないからごみを自分でもち帰ろうと思っている人が，ごみを捨てもかまわないというハイキングコースでハイキングを始めようとしている状況を考えよう．ごみを捨てないようにしようという意思は，自分は責任感があり，社会のことを考え，気遣いのある人間だという自己認識に合致したものである．ハイキングコースの行く先々に他の人が捨てたごみが散乱していたら，この人はどうするだろうか．すでにごみが散乱しているのを見たら，配慮のあるハイカーも，ひょっとしたらそこにあるごみの山に自分もごみを捨ててしまおうと思うかもしれない．その人は，ごみの山にごみを捨てることで，ごみを捨ててもかまわないという社会規範にしたがっていることになる．すでにごみが積み重っているという状況を前提にすれば少しぐらいさらにごみを捨てたところで全体から見ればとるに足らないことである．そのハイカーの個人的な価値観がごみを捨てないということにあるとしても，個人の価値感をそれより劣った社会規範に合わせることは可能であり，他の人が残した大量のごみにごみを付け加えることになるのかもしれない．

もちろん，このような場合であっても依然として個人の価値観がその人の行動を規律づけて，ごみの山に自分自身はごみを捨てないようにしようと思う人がいるかもしれない．その人たちは他の人が捨てたごみを拾って，自然保護区からもち帰ろうとさえするかもしれない．このような反応は，第2章で述べた公共財の自発的供給の1つの例になっている．この場合の公共財は，ハイキングコースがきれいになることで，ごみを自由に捨ててもよいと思っている人たちに提供される便益のことである．

4.2 公共政策と外部性

4.2.1 政府の場合

4.1 節では,外部性に対する私的な解決策について考えてきた.4.1 節では法的な権利を確立するという最小限の役割だけを果たす政府のもとでも外部性が私的に解決できることを見た.と同時に,外部性の解決を私人間の交渉に委ねることには障害もあることがわかった.もし,私的に市場をつくり出すための取引費用が高く,市場の創設によって外部性を解消することで得られる便益を費用が上回ってしまうのであれば,私的に市場をつくり出すことで得られる効率化の利益は存在せず,たとえ法的権利が明確に定められたとしても,市場が私的につくり出されることはないであろう.フリーライド(ただ乗り)の問題や外部性を解決するための市場に参加することへのためらいも,外部性の私的な解決の障害となる.

政府が外部性を補正する責任をもつことについては,政府のほうが私人よりも低い取引費用で外部性を解決できることや,外部性を私的に解決するうえでの障害となるフリーライドの問題を克服できること,特殊な市場に参加することにためらいをもつ人たちの感情的なこだわりを回避できるといったことにその根拠を求めることができる.

政府が公共政策によって外部性の問題を解決しようとする場合,政府は,外部性にともなう主観的で,それゆえ明確に定められない費用と便益の問題に直面することになる.それゆえ,公共政策の実施に必要な情報を提供する手段としてクラーク税にふたたび出番がまわってくることになる.外部性が現に存在する場合には,公共政策の決定に費用・便益分析を利用することもできる.第2章では,公共財の供給によって生じる便益の価値についての情報が費用・便益分析によって明らかになる理由について見た.そこでは,公共財の供給にともなう便益を間接的に計測することが,便益の虚偽申告やフリーライドの問題によって直接的には観測できない私的な便益の価値を近似的に測る方法であった.費用や便益が外部性の形をとる場合にも,同様に市場価格が存在せず,価値を算定するのに費用・便益分析が必要になる.

たとえば,教育にともなう正の外部性は新設される学校の費用・便益を計測

するうえで必ず考慮に入れるべきことであるし，伝染病や感染症の発症率の低下は，公衆衛生に関する事業の評価において便益の一部として考慮されるべき事柄である．道路を拡幅すべきか否かに関する費用・便益評価においては，道路の混雑緩和による負の外部性の減少が便益に含まれることになる．道路の拡幅は動物の生息地を減らすことで生物学的多様性に影響を与える可能性もある．自動車の排気ガスが環境に影響を与えることを通じてこれらとは別の外部性をもたらすことがあるかもしれない．

　費用・便益分析の結果は，本来考慮すべき外部性が考慮されずに計算から除かれていたり，評価が適切に行われていなかったりすることで，結論が変わってしまうこともある．たとえば，動物の生息地や考古学的に価値のある遺跡に十分高い評価が与えられると，ダムや道路の建設が社会的に見て有益なことであるという結論がくつがえる可能性もある．

　もう1つの例としては，原子力発電所の建設にともなう外部性の問題があげられる．この場合に外部性が生じる源は核廃棄物を処理したり貯蔵したりしなくてはならないということにあり，おそらく最終的には原子炉を廃炉にする必要性があるということである．原子力発電所についての費用・便益分析を行う場合，このような外部性の問題は将来のかなり先の時点で生じることになる．将来の費用を割り引く割引率が高すぎると，現時点で原子力発電所の建設計画にプラスの現在価値が与えられたとしても，結果的に将来世代が原子力発電所を閉鎖し，核廃棄物を処理・貯蔵する費用が高くつくことで外部性の問題に直面することになるだろう．

　このように，外部性の形で生じる費用や便益の評価は，しばしば費用・便益分析の対象になる．公共財の問題と同様に，外部性が存在する場合に費用・便益分析を実施する理由は，4.1節で見たように，外部性は市場の欠落を反映したものであり，市場ではその価値が明らかにならないというところにある．

　多くの場合，費用と便益の評価にあたって何を費用や便益に含めるべきかについては（計測が不正確であったり，あいまいであったりするという問題があるにせよ）広いコンセンサスが得られている．たとえば，教育の外部性と同様に，環境や健康に関する外部性についてもこの点に関して幅広い合意がある．

　外部性の源が物事に対する個人的な好き嫌いといった主観的な感情である場合もあるだろう．仮想的な例として紫色が嫌いな人のことを考えよう．このような人は紫色のものを見ないですむことに対してすすんでお金を支払うので，

人々が紫色の洋服を着ないということに対して積極的にお金を払う用意がある．紫色を忌避する人が方々を歩きまわって，紫色の服を着ている人に対して他の色の服に着替えてもらえるよう，お金を払って依頼をしてまわるというのは実際に行うことが難しい．だが，紫色を忌避する人は，自分と同じように紫色を好まない人を見つけて集団行動を行うグループを結成することができるかもしれない．このようなグループは，もしそうしようと思うならば，紫色の服を着ることの是非を選挙における争点にしたり，ロビー活動を行って，政府に紫色の服を着ることを非合法化するよう，法案の作成を働きかけることもできる．

紫色を非合法化するという公共政策は常識からかけはなれたものなので，政府が服の色を規制する法律を策定しようとしたことはこれまでめったになかった．だが，肌の色や民族的な背景に基づく法律上の差別が存在した時代は実際にあった．紫色の服の着用を禁ずるのは迷惑なことであるが，この規則は守ろうと思えば守ることのできるものである．だが，服の色を変えるように肌の色を変えることはできない．親や出自を変えることは不可能なことである．

だが，問題は法令を遵守することがたやすく実行できるかどうかということではない．問題は，外部性の存在を指摘し，政府の責務として外部性の解決を提案することのできる権利に関わることである．成熟した社会では，政府が指摘したり有権者が集団行動を通じて決定できる外部性の範囲について一定の限界が存在し，負の外部性の存在を倫理に反して，あるいは特異な事情から指摘することが憲法（制定が許容される法律の範囲を定めるルールの体系）によって抑止されている．

さて，以下では政府の公共政策を通じて外部性の問題を解決する方法について考えてみることにしよう．外部性を解決するために，政府はさまざまなタイプの公共政策を活用することができ，政治的な配慮が公共政策の決定に影響を与えることがこの考察を通じて明らかになるだろう．

4.2.2　課税と補助金

チャールズ・ピグー（Charles Pigou, 1877-1959）は，著書『厚生経済学』（1920/1962 年）[2]の中で，市場における売り手と買い手が，自らの意思決定が他の人に影響を与えることを考慮に入れないで行動することによって生じる

市場の失敗を補正する手段として，政府が税あるいは補助金を利用することを提案した．（ピグーにちなんでそう名づけられた）ピグー税・ピグー補助金を用いることにより，外部性がどのように解決されるのかを図4.5によって見てみることにしよう．図4.5は，ある産業の生産活動によって，負の外部性が生じるケースを示したものである．市場における需要曲線は D であり，私的費用のみによって決定される供給曲線は $S\ (=\sum Private\ MC)$ である．一方，環境破壊による社会的費用を含めた場合の生産物の限界費用は $S'\ (=\sum Social\ MC)$ で与えられる．私的限界費用と社会的限界費用の差は，追加的に1単位生産を増やすことにともなう負の外部性から生じる損害を表している．図4.5ではこの差額が生産が増えるにつれて増加していく，つまり環境破壊による社会的限界費用が生産が拡大するにつれて増加していくということになる．

生産活動が私的費用のみに基づいて決定される場合，競争的な市場における生産量は図4.5の点 F の水準になる．だが，社会的に見て効率的な生産量は

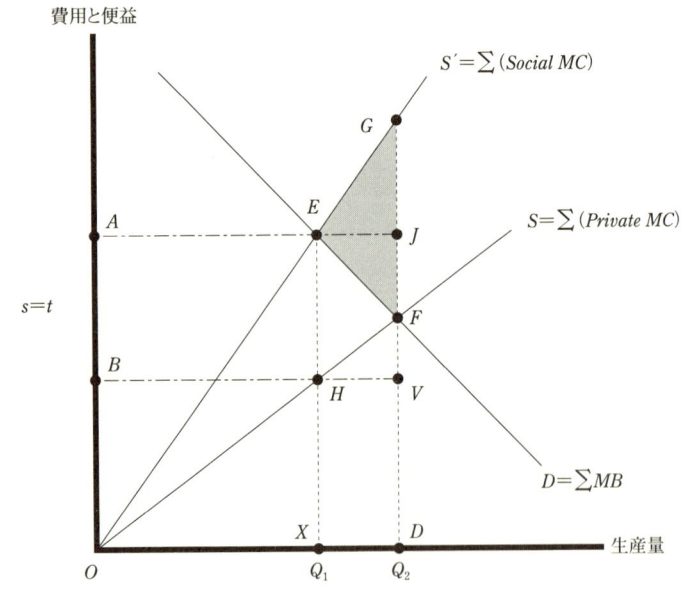

図 4.5 負の外部性の補正手段としてのピグー税・ピグー補助金の利用

---

2) Pigou, A. C., *The Economics of Welfare*, Macmillan, London, 4th edition 1962; first published 1932; 1st edition 1920).

点 E に対応する生産水準である．したがって，効率性が満たされるためには，生産量を Q_2 から Q_1 へ減らすことが必要になる．Q_2 から Q_1 へ生産量を減らすことによって得られる社会的な利益は，網がけで示した GEF の領域で示される．もし可能ならば，自発的な意思に基づく私的な活動によってこの社会的利益が実現されるだろう．このような私人間の自発的な解決が実行可能でない場合には，課税あるいは補助金によって均衡を F から E に移すことができる．

外部性が補正された効率的な市場均衡（点 E）は政府が生産物1単位当たり

$$t = \sum Social\ MC(Q_1) - \sum Private\ MC(Q_1) \tag{4.5}$$

だけの税を課すことによって達成することができる．この税の水準は，図4.5 の $AB\ (= EH)$ で表される．つまり，この税は，効率的な生産水準 Q_1 において評価された，社会的限界費用と私的限界費用の差額に対応している．生産量が Q_1 に達するまで，この財の各単位についてこの税の支払いがなされることになるので，この課税による税収の総額は $ABEH$ の領域に相当する額となる．

この税によって外部性が内部化されることになる．税金を支払うことで，生産者は自分の生産活動にともなって私的に支払う費用以外に社会的な費用が生じているのだということを認識することになる．この税は，環境破壊を生じさせる権利の市場が存在しているとしたなら生産者がその権利に対して支払うであろう対価の代わりとして支払われるものである．

この税は，環境に対する悪影響を生じさせていることに対する課徴金というよりは，あたかも環境破壊を生じさせる権利を取引する市場があるかのような行動を生産者にとらせることによって，生産者のインセンティブを変えるための税であると解される．図4.5に示された競争的な市場環境のもとで，個々の生産者は市場価格と限界費用が等しくなるように生産量を決めており，外部性を補正する公共政策が実施されていない場合には，私的な限界費用が価格と等しくなる水準に生産量が決定される．これに対して外部性を補正する税が課された後には，個々の生産者は $MC + T$ が価格に等しくなるように生産量を決めることになる．すべての生産者が税負担を考慮に入れて生産水準を決定する場合，供給曲線は $S'\ (= \sum Social\ MS)$ になり，この場合の生産水準は効率

性が確保される生産水準 Q_1 になるのである．

生産に対して課税をする代わりに政府は1単位当たり

$$s = \sum Social\ MC(Q_1) - \sum Private\ MC(Q_1) \tag{4.6}$$

だけの補助金を生産者に交付することで，課税の場合と同様に生産量を Q_2 から Q_1 まで減少させることができる．この補助金は，生産の減少分（Q_2 と Q_1 の間の生産量）に関して支払われるものである．つまり，この補助金は効率的な生産水準である Q_1 を上回る生産が行われないように，生産者に対して支払われることになる．図4.5において，この産業の生産者に交付される補助金の総額は $EJVH$ の領域に相当する額になる．

(4.5) 式と (4.6) 式からわかるように，ピグー税とピグー補助金の大きさは等しくなる（生産されなくなる Q_2 と Q_1 の間の生産量に対応する生産物の各単位に支払われる補助金の額は，生産される Q_1 までの生産物の各単位に課される税の水準と等しくなる）．この税と補助金は生産活動にとっていずれも費用となる．課税は明示的な費用である．また，補助金は，社会的に見て効率的な水準を上回る生産物を生産することで，得られるはずの利益を機会費用という形で失うという点で，やはり費用になっている．生産者は生産されなくなる $Q_2 - Q_1$ だけの生産量に対する補助金を受け取ることになる．社会的に見て望ましい生産量の水準 Q_1 を超える生産物を生産することで，生産者は得べかりし補助金を失うという形で費用を負担することになる．

ピグー税とピグー補助金はいずれも生産者のインセンティブに対して同じ効果をもつ．生産に関する意思決定においては，私的限界費用と税負担による追加的な費用の合計が市場価格に等しくなるように生産量が決められる．m 人の生産者がいる場合，生産量に関する個々の生産者の意思決定は，

$$P = MC_j + t \qquad j = 1, \cdots, m \tag{4.7}$$

という条件にしたがって行われる．ここで t は公共政策によって課される追加的な課税である．これに対し，補助金の場合，個々の生産者は

$$P = MC_j + s \qquad j = 1, \cdots, m \tag{4.8}$$

という条件にしたがって生産に関する意思決定を行うことになる．ここで，補助金 s は，公共政策によって追加的に課される税と同様の費用を表している．

(4.7) 式と (4.8) 式において MC_j はそれぞれの生産者の生産費用がそれぞれ異なっていることを示している．各企業の費用条件の違いが，各企業の限界費用の合計に反映されて，産業全体の供給曲線を規定することになる．生産費用は生産者ごとに異なるがピグー税やピグー補助金は生産者によって異なることはなく，すべての生産者に等しく適用される．

　ピグー税とピグー補助金はともに効率的な生産水準を達成する手段であるが，生産者は税を支払うよりも補助金を受け取るほうを好む．だが，税と補助金のいずれが適切な公共政策であるかは，だれに法的権利があるかという点にかかっている．コースの定理を通じて外部性が私的に解決される事例について考察したときに，汚染者が被害者に補償を支払うのか被害者が汚染者に補償を支払うのかは，汚染者と被害者のいずれに法的権利があるかによるのだということを見た．これと同様に，税や補助金についても，一般の人たち（被害者）に法的権利がある場合には，生産者に対してピグー税が課され，生産者に法的権利がある場合には生産者が補助金を受け取ることになる．たとえば，一般の人たちがきれいな川を楽しむ権利をもっている場合には，川の水を汚染する生産者に課税がなされることになる．一方，工場が川の水を汚すことが法律上の権利として認められている中で，一般の人たちが川の水をきれいなままにしておきたいと思う場合には，人々の利益にかなうように，工場の生産量を減らすことで汚染の程度を低くすることに対して，工場に対する補償の意味で補助金が工場主に支払われることになる．

課税による収入と補助金の財源調達

　公共政策の手段としてピグー税が用いられる場合，この課税によって得られる税収は環境破壊の被害者に対する補償のために用いられるべき性質のものではない．この課税による税収は政府の一般財源となる．市場による資源配分を補正する公共政策は，もし仮に「環境破壊を引き起こすこと」に対する市場が存在するとしたなら汚染者が支払うのと同様の負担を，税負担の形で汚染者が負担することを求めるものである．この課税の目的は，生産者の行動を変化させることにあって，負の外部性によって被害を受ける人たちへの補償を求めるものではない．実は，税収を被害者に対する補償にあてることについては，効率性の観点から見て好ましくない効果がもたらされる可能性もある．というのは，人々の中には，被害者になって補償を受け取るべく，公害の発生している

地域に移り住むことが割りに合う人たちがいるかもしれないからである．

外部性がコースの定理によって私的に解決される場合には，法的権利をもっている被害者は被害に対する補償の支払いを受けることになる．この場合に，被害者に対する補償を行う目的は，法的権利と現実との折り合いをつけて，効率的な資源配分が達成される水準までは負の外部性を受忍してもらえるよう，同意してもらうためのインセンティブを被害者に与えることにある．政府に外部性を解決する責務がある場合には，政府が被害者の代理人となって，被害者のために行動することになる．被害者の利益を守るべく行動する場合，政府は生産者の行動を変えるために課税という手段を用いることになる．この場合に得られる税収は，生産者の行動を変えるために課税という手段を用いたことによって付随的に生じたものであり，この税収は政府に留保されることになる．

工場に汚染物質を排出する法的権利がある場合，公害によって被害を受ける人たちは，自分たちでピグー補助金を交付するための財源を調達することはなく，その財源は一般の人たちの代理人として公共政策を実施している政府によって公的に調達される．この補助金の財源は税金によってまかなわれるものではあるが，それは一般納税者から政府予算を通じて調達されるものであり，たまたま公害の原因者となった特定の納税者のみから財源の調達がなされるということはありえないのである．

二重の配当？

PPP（汚染者負担の原則）は，一般の人たちに公害の被害をこうむらないという法的権利を賦与し，環境被害を生じさせている原因者にその行動を変化させるための負担を課すものであるが，PPPの原則が適用されると，実はそれによって「二重の配当」が生じることになる．1つ目の配当は，課税によって望ましい方向に資源配分の補正が行われる効果であり，2つ目の配当は税収である．そして，この税収は環境に対する「（現在ではなく）過去の」損害を賠償することに用いることができる．

「過去の」損害を賠償するために税収を用いることについては，補償によって得られる利益をあてこんで公害の発生している地域に人々が転入してくるという好ましくないインセンティブを生じさせるおそれはない．税収による2つ目の配当は，環境をきれいにするために用いることもできる．たとえば，この税収は公害が発生している地域に投棄されている有害廃棄物をその場所から

移出することに用いることもできるし,やせてしまった土地に草木を再び植えることにも用いることができる.

公害を発生させている人の行動を補正する課税から得られる税収を過去の損害の賠償にあてるのは,社会的正義の考え方に基づくものである.だが,過去に損害を生じさせた原因者にその損害に対する賠償をしてほしいと思っても,過去に公害を引き起こした人たちがもはやそこに立地することができなくなってしまっていたり,破産してしまったりするのであれば,この方法によって賠償を行うことはできない.

課税から得られる2番目の配当,つまり税収の存在によって,過去に生じた環境破壊からの原状回復を行うことの望ましさが影響を受けることはない.費用・便益分析は,環境をきれいにする事業が社会的に見て価値のあるものか否かを立証するものであるが,これは効率性の基準に基づくものである(私たちは $W = B - C$ がプラスであるかどうかを判断することになる).もし,環境をきれいにする活動が社会的に見て価値のあるものである場合には,過去に公害を発生させた人が賠償をするか否かにかかわらず,環境をきれいにする事業は,費用・便益分析において事業実施の判定基準を満たす他の事業と同様に,政府の予算で公的に財源を確保して事業が進められるべきだということになる.

課税と環境破壊

図 4.5 において,OEH の領域が効率的な生産水準 Q_1 のもとでの環境破壊の社会的費用だということになる.では,生産者が支払う総税額が社会的費用 OEH に等しくなるようなピグー税をデザインすることははたして可能だろうか? ピグー的な課税の水準は,生産量とともに変化し,社会的限界費用と私的限界費用の差額に等しくなる.このような課税のもとでは,生産者は生産量の各単位に対応する,環境への限界的な負荷の額にちょうど等しい額の税金を支払うことになる.だが,限界的な損害に基づく課税は実行可能なものではない.それぞれの生産者は一定の順番にしたがって生産量を決めているわけではないから,追加的に生産を増やすことによって生じる負の外部性をどの生産者が生じさせているのかという順序がわからないと課すことができないような税は実行不可能なのである.

生産物の各単位に同じ水準で課税を行うピグー税のもとでの総税収 $ABEH$

は，OEH よりも大きくなる場合もあるし，小さくなる場合もあるが，総税収と被害総額の関係は，効率性の問題を考えるうえでは大きな問題とはならない．効率性が確保されるために必要なのは，効率的な生産量のもとでの税の水準が，(4.7) 式で与えられる t に等しくなるということである．生産者の行動を効率的なものとするインセンティブを与える補正的な課税 t は，生産量 1 単位当たりの税額が一定のものであってもかまわない．同様のことは，補正的な補助金の場合にもあてはまる．

情報制約の問題と税か補助金かという選択

ピグー税とピグー補助金のいずれが必要になるかは，法的権利がどこにあるかによって答えが示唆されるが，その場合にも情報制約の問題によって，税あるいは補助金を利用することが実行可能性という観点から見て困難になることがある．たとえば，「環境破壊を引き起こさない」という活動に対して補助金を交付することは困難である．というのは，政府が補助金を政策手段として用いるためには，仮に補助金がないとした場合に生産者が生産したであろう生産量を知っているという条件が必要になるからである．つまり，図 4.5 において補助金の算定の基礎となる生産水準が Q_2 であることを政府が知っていることが必要になるのである．効率的な生産水準 Q_1 が現に生産されているのであれば，Q_2 という生産量は観察できないことになる．これに対し，公共政策の手段として税を用いる場合には，現実に観察できない情報が必要になるという問題は生じない．情報制約の問題に対処するために税を用いるという解決策は，政策の実行可能性という観点から汚染者負担の原則を正当化することになる．

正の外部性としての教育

図 4.6 は，個人の教育にともなう正の外部性を示したものである．この場合の外部性は，教育の私的便益と社会的便益の差によって示される．教育にともなう外部性の源は，自分より多くの知識をもっている人と交流したり，一緒に働いたりすることから得られる便益かもしれない．教育を受けることで合法的な生業につくことから得られる将来の所得が増えたり，あるいは単に子供たちを街中でふらふらさせずに学校に行かせたりすることで犯罪が減る効果かもしれない．

$(E_2 - E_1)$ の幅で示される教育の質あるいは就学期間を提供する教育が義務

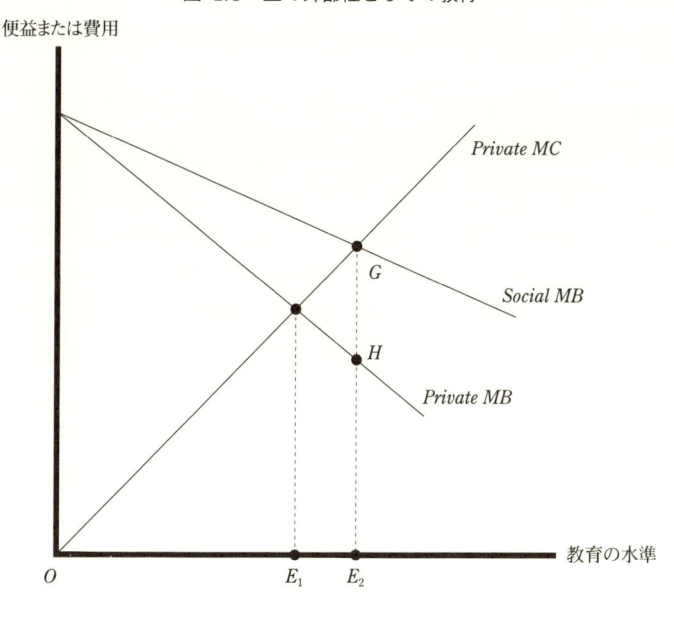

図 4.6 正の外部性としての教育

教育ではない場合にも，GH（教育水準が E_2 のもとでの私的便益と社会便益の差）だけの政府補助金によって，教育の質あるいは就学期間を E_1 から E_2 に増やすことができる．この補助金の交付によって，個人の教育に関する意思決定において教育の社会便益がきちんと内部化され，外部性の問題が解決されることになる．

ピグー的なアイディアに基づく，補助金と代替的な政策手段としては，人々の就学期間が E_2 に満たない場合に税を課すという方法がある．各人は，税金を支払いさえすれば就学を免れることができるので，$(E_2 - E_1)$ の就学期間は義務ではない．

政策手段として補助金と税のいずれを選ぶべきかに関して，課税は社会的正義と整合的でないとの判断がなされるかもしれない．両親が貧しくて，私的に教育の費用をまかなうことができないためにやむなく働かざるをえない青少年が，働きながらその税を支払うということが起こりうるし，正規の学校教育に対する意欲や能力を欠いた若者がこの税を支払わなくてはならなくなるもしれないからである．社会正義の原則からすると，教育の外部性を解決するうえでピグー税とピグー補助金のいずれを政策手段として選ぶべきかということにつ

いては，政府は「教育を受けない」ことへの課税よりも，教育を受けることに対する補助金のほうを選ぶべきだということになる．

負の外部性をともなう原材料

ピグー税とピグー補助金の制度設計における原理原則は，外部性が生産活動の結果として生じるものか，特定の原材料の使用に関するものであるかにかかわらず適用可能である．図 4.7 において，生産者は環境汚染の原因となる原材料 V を使用している．この原材料は，競争的な市場価格 r で購入され，この原材料を利用して生産される生産物は競争的な市場で p の価格で販売される．このとき，環境に対して有害な原材料を用いて生産を行う生産者の私的な純便益は，図 4.7 に示されているように

$$MB = pMP_V - r \tag{4.9}$$

となる．生産者はこの原材料を

$$pMP_V = r \tag{4.10}$$

となる V_4 の水準まで利用したいと考えるであろう．この原材料の使用量を V_4 とするとき，生産者はこの原材料の使用にともなう環境汚染の費用を無視している（内部化していない）ことになる．

この原材料の使用によって n 人の人が被害を受ける場合，社会的限界費用は，図 4.7 に示されているように，

$$\sum_{i=1}^{n}(公害の\ MC_i) \tag{4.11}$$

となる．環境に対して悪影響をもたらす原材料の効率的な使用量は，人々に対する社会的限界費用がこの原材料を生産に使用することで生産者が得る限界便益 MB に等しい，V_2 の水準となる．生産者が得る総便益を B，人々がこうむる社会的総費用を C とすると，V_2 において $W = B - C$ が最大になるので，V_2 に相当する分だけこの原材料を使用するのが効率的だということになる．

このことを例をあげて考えるために，ここでいう環境破壊が湖の汚染であるとしよう．一般の人たちがきれいな湖に対する法的権利をもっている場合，人々はこの権利を利用して，一定の制限のもとで工場主に操業を認める見返りに工場主から補償を引き出そうとするだろう．この場合には，環境に有害な

図 4.7 公害を発生させる生産要素の使用に関する市場での意思決定を補正する手段としてのピグー税・ピグー補助金を用いた場合の公共政策の政策効果

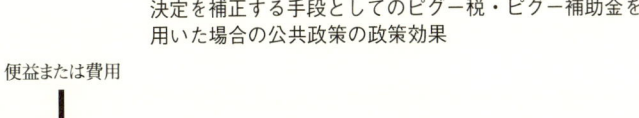

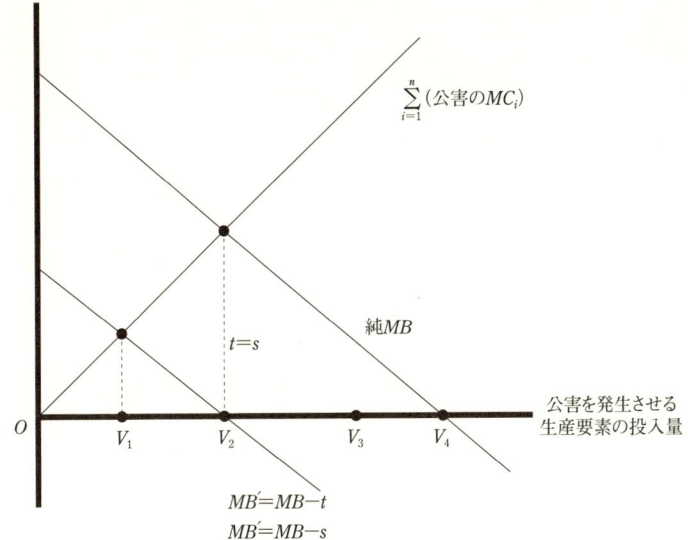

原材料 V_2 の効率的な使用が，生産者と環境破壊の影響をこうむる人たちの間の私的な交渉を通じて確保されることになる．だが，取引費用の存在や集団行動を組織することにともなう困難のために，人々は法的権利を有効に行使することができないかもしれず，公共政策を通じて人々の法的権利を確保するために，政府に対して仲裁が要請されることもあろう．

図 4.7 において政府が公共の利益を考えて行動し，この原材料の使用に対して 1 単位当たり t だけの従量税を課した場合，工場主にとっての課税後の限界便益曲線は

$$MB' = MB - t \tag{4.12}$$

となる．この課税がなされると，工場主は私的利益の最大化の観点から $MB'=0$ となるよう環境に有害な原材料の使用量を再計算し，これによって社会的に見て効率的な原材料の使用量 V_2 が私的な選択の結果として達成されることになる．

V_2 においてこの原材料を使用することから得られる私的限界便益が税金を

含めた原材料の費用に等しくなるから，

$$pMP_V = r + t \qquad (4.13)$$

が成り立つ．この税は，工場の操業が環境に負荷をかけていることを工場主に気づかせることになり，「工場の操業による環境汚染による人々の健康上の危険」に対する市場が存在するとしたならば形成されるであろう市場価格の代わりをすることになる．原材料に対して税を課すという公共政策は，あたかもそのような市場が存在するかのような形で生産者が行動するよう仕向けることになる．

　法的権利の設定方法としては，もう1つ，他の人たちがレクリエーションの目的で湖を利用するようになったり，あるいは湖の水生生物を保護する必要性を人々が認識するようになるより前から湖のほとりに工場が建っていたケースが考えられる．また，環境破壊に対する社会的な許容限度や人々の認識が時とともに変化したり，人家が湖のまわりに建ち並ぶようになったりすることもあるだろう．もし，工場主がその場所で生産を行い，環境に有害な原材料を使用する法的権利をもっているのであれば，補正的な公共政策としては，工場主がその権利を行使しないことに対する見返りとしてこの工場主に補助金を交付することが必要になる．図4.7には，生産物1単位当たりsだけのピグー補助金を支払うことによって，生産者が環境汚染を生じさせる原材料を使用することで得られる限界便益が

$$MB' = MB - s \qquad (4.14)$$

に変化することが示されている．図4.5で見たのと同様に，図4.7において効率性を確保するために必要なピグー補助金sは，一般の人たちに法的権利がある場合の従量税tとちょうど等しい水準になることがわかる．課税は工場主にとって明示的な費用であるし，補助金はV_2を超える量の原材料を使用した場合に，単位当たりsだけの逸失利益が生じるという意味で税と同様の機会費用をもたらすことになる．コースの定理に基づく私人間の交渉を通じた外部性の自発的な解決が，法的権利の所在のいかんを問わず等しく効率的な結果をもたらすのと同様に，ピグー税・ピグー補助金も効率的な結果をもたらすことになるのである．

公共政策と私的な交渉による解決の組み合わせ

政府が原材料の効率的な使用水準（図 4.7 の V_4）を達成するためにピグー税を用い，その状態からコースの定理が想定するような私人間の交渉が行われるということも考えられる．交渉が V_2 を起点に始められる場合，私人間の交渉は，ピグー税の効果が反映された限界便益 MB' をもとに行われることになる．この原材料の使用量を V_1 まで減らすことで，この交渉は，生産者と公害の被害者の双方に利益をもたらすことになる．しかしながら，$W = B - C$ を最大化する，社会的に見て効率的な原材料の使用量は V_1 ではなく V_2 で達成されるから，公共政策と私人間の交渉の組み合わせは結果的に，その原材料の使用を非効率なものにしてしまうことになる．

コースの定理がいわんとする趣旨を表す１つの方法は，法的権利の存在によって私人間の私的で自発的な交渉による効率的な解決が可能な場合には，外部性の問題を解決するのに公共政策を講じる必要はないということである．このような形でコースの定理を述べることから示唆されるのは，私人間の私的な解決と公共政策の順番が重要な意味をもつということである．効率性の基準に照らせば，私的な解決に向けた取り組みが先に行われることが必要だということであり，政府の責務は，私的な解決に向けた取り組みが行われた後にもなお残る外部性の問題を公共政策によって解決することだということになる．

たとえば，図 4.7 において，私的な交渉による解決を通じて環境に悪影響をもたらす原材料の使用量が V_3 まで削減されたとしよう．公共政策を通じて政府がなすべき残された責務は，効率的な水準 V_2 までこの原材料の使用量を減らすことである．

私人間の私的な交渉による解決が先に行われることを前提にすると，コースの定理が示唆するのは，私人間の交渉が行われた後にもなお残っているような外部性については，公共政策が補完的な役割を果たすことができるはずだということである．というのは，私的な交渉によって可能な限りすべての外部性を内部化しておくことが，さまざまな集団の相互の利益にかなうからである．

ピグー税金・ピグー補助金に対する反応としての技術革新

ピグー税は生産者に対し，技術革新を行って課税を回避しようというインセンティブを与える．同様に，ピグー補助金も，得べかりし補助金をふいにしないよう，技術革新を行うインセンティブを与えることになる．このように，技

術革新によって公害を減らそうというインセンティブが生まれることで，ピグー税・ピグー補助金によって当初達成されるはずであった水準以上の環境改善につながる技術が生み出される可能性もある．

ピグー税・ピグー補助金の限界
ピグー税やピグー補助金にはいくつかの制約が存在する．

(1) ピグー税・ピグー補助金を政策手段として用いるためには，市場の需要・供給および私的便益（費用）と社会的便益（費用）の差に関する情報が利用可能であるという条件が満たされる必要がある．これまで取り上げてきた例においては，この情報の利用可能性を当然のこととして扱ってきた．
(2) ピグー税・ピグー補助金による公共政策の実施には，官僚機構が必要になる．官僚機構は税制を決定して，課税を行うとともに，補助制度をつくり，補助金を交付することになる．官僚機構の存在は，3.3 節で指摘した，国民・市民と官僚機構の間の依頼人・代理人関係にともなって生じる問題を再び分析にもち込むことになる．
(3) 公共政策の手段として補助金が利用される場合には，課税によってどこかから補助金の財源を調達してこなくてはならないが，このような課税は 2.3 節で見たように納税者に超過負担（課税にともなう資源配分の損失）をもたらすことになる．
(4) 政府が課税や補助金によって外部性の問題を解決できるというアイディアは，もし仮に売り手と買い手の市場における行動を通じて外部性の内部化がはかられるとした場合に存在するであろう効率的な市場均衡を常に再現できるという原則に基づいている．だが，市場が欠落している場合には均衡価格の存在が必ずしも保証されないので，そのような場合には公共政策を通じた均衡価格の複製は不可能になる．

4.2.3　直接規制

ピグー税・ピグー補助金と代替的な政策手段の中で，利用する情報がより少なくてすみ，官僚機構もより簡素なものですむであろう方法は，外部性に対し

て直接規制を行うことである．直接規制は許可される行為を特定化し，違法行為に対して罰則を課すものである．教育に関する外部性の場合であれば，子供たちが一定の年限に達するまで学校に通うことが義務付けられるということになる．交通信号は，交差点における直接規制の手段であるし，自動車に無鉛燃料のみを利用するよう義務付けたり，自動車からの汚染物質の排出量を減らすために排気ガスフィルターを用いることを義務付けたりすることも直接規制の1例である．熱帯では，夏の暑さでイライラしているドライバーが車の流れに紛れ込むことで他のドライバーに負の外部性がもたらされることがないよう，自家用車にエアコンを搭載することが義務付けられている場合もある．工場が排出する汚染物質については，濾過装置の装着を求めたり，利用可能な技術や原料のタイプに制限を課すことで直接規制を行うこともできる．許容される騒音の限度やごみを廃棄する場所について直接規制が行われていることもある．喫煙については喫煙を禁止する場所を定めることで直接規制が行われている．

コースの定理が示すところによれば，一般論としては，直接規制は外部性に対する効率的な対応とはいえないことになる．たとえば，規制によって教室での喫煙が一律に禁止されてしまうと，非喫煙者も喫煙者も，コース流の交渉によって限定的に喫煙を認めることから得られるはずの利益を手に入れることができなくなってしまう．もっとも，多数の喫煙者が多数の非喫煙者と交渉すると，取引費用や交渉費用やフリーライドの問題が大きくなってしまう可能性もある．授業が始まる前に時間のかかる交渉が行われ，場合によってはひと騒動になるといった事態は，直接規制によって教室での喫煙を禁止することで回避される．

直接規制における規制の変更は，法的権利の所在の変更を反映することになる．喫煙を認める直接規制は，喫煙者に便益を与えるが，法令で喫煙を禁止することによる法的権利の変動は，非喫煙者に利益をもたらすことになる．かつては自由に喫煙をすることができた場所を禁煙にするという直接規制は，非喫煙者に便益をもたらすことになる．同様に，職場でのセクハラの防止を求める権利を女性に与えることは，女性の厚生を改善し，セクハラの加害者の厚生を低下させる．

直接規制を講じるためには，規制されるべき行為の態様について明確で曖昧さの残らない定義が必要になる．乗客が吸うタバコの煙を（間接的に）吸うことによって，飛行機の客室乗務員がガンになる可能性が高くなるという統計的

証拠が明らかになってはじめて，医学的見地から機内での喫煙が禁止されるようになった．セクハラの場合には，禁止されるべき行為を定義するのは，喫煙を禁ずるよりも複雑な作業になる．ある社会では，互いの容姿についてお世辞をいうのが認められるが，別の社会では容姿についてあれこれいうのは疑いと不信の目で見られ，セクハラすれすれの行為と考えられている．このように，セクハラの外部性については，社会によってさまざまな解釈がありうることになる．これに対して，喫煙や工場の排出に対する直接規制に関する公共政策は，より均一的なものになる．

双方向の外部性と囚人のジレンマ

　直接規制はある人の犠牲のもとでしか他の人の厚生を改善することができないものなのかといえば，必ずしもそうというわけではない．双方向の外部性がある場合，直接規制はすべての人の厚生を改善することができる可能性がある．たとえば，自動車の排気ガスによって双方向の外部性が生じている場合を考えてみよう．個々のドライバーは，有鉛燃料を使っている車が1台多くあったところでその車が環境に与えるマイナスの影響はわずかなものであるということを知っているので，他のドライバーに対しては，値段が高くても環境にやさしい無鉛燃料を使ってほしいと思いながらも，自分自身は安くて，環境汚染物質を多く含んだ燃料を使い続けるかもしれない．

　このような状況は囚人のジレンマ的状況になっている．この場合の支配戦略は，値段が安い有鉛の燃料を使うことである（もし他の人が有鉛燃料を使うなら，それに対する各人の最適反応は自分も有鉛の燃料を使うことであり，他の人が値段の高い無鉛燃料を使う場合にも，自分の最適反応は有鉛燃料を使うことだということになる）．したがって，すべてのドライバーが無鉛燃料を使えば，全員の厚生が改善されるにもかかわらず，各人がそれぞれ独立に自らの私的利益に基づいて意思決定を行う場合には，全員が環境に負荷のかかる有鉛燃料を使うことになる．このような場合には，直接規制という形で公共政策を講じ，環境に悪い影響をもたらす有鉛燃料の使用を禁止することによって，囚人のジレンマとしてのフリーライドの問題を解決することができることになる．

4.2.4 数量割当

私たちはこれまで外部性の存在に対する公共政策による対応としてピグー税・ピグー補助金と直接規制について考察してきた．外部性を補正するためにここで考察する 3 番目の（そして最後の）方法は数量割当である．数量割当は許容される生産量や原材料の使用量について一定の制限を課すことで外部性に対処しようというものである．たとえば，図 4.5 における原材料の使用量 Q_1 や図 4.7 における効率的な原材料の使用量 V_2 は直接，計算によって求めることが可能であり，許容される生産量や原材料の使用量に上限を課すために割当の数量枠を設定することができる．

許容される生産量や原材料の使用量に上限を設けることは数量割当に基づく公共政策の最初の段階である．次の段階では，割当量をそれぞれの生産者にどのように配分するかについての意思決定がなされる．割当量の配分の仕方としてあり得る方法としては，(1) オークションをしてもっとも高い指し値を付けた人にその権利を割り当てる，(2) 割当量の権利を競争的な市場で販売する，(3) 割当権を無償で賦与するということが考えられる．

割当権のオークション

割当権がオークションにかけられたり市場で販売されたりする場合，割当権を購入する人には 2 つの意図がある．1 つは，その権利を利用して自ら生産物を生産することである．数量割当のもとでは，ある企業が得た生産枠の各単位については，他の企業が生産をすることができないことになるから，割当権を購入するもう 1 つの目的は，割当権を購入することで他の生産者を生産活動から排除しようというところにあるのかもしれない．

生産枠の全量を確保すれば，競争相手をすべて市場から排除することができるから，割当権を購入しようとする企業は，生産枠を全部獲得するために，独占利潤の価値に相当する金額まで，自らすすんで支払いをしようとする．生産枠の全量について排出権を得た企業は排出権に関する排他的な権利を獲得することによって，生産についても排他的な権利をもつ独占的な供給者になる．ある 1 人の生産者が，割当権の全量を購入し，その産業における独占的な地位を確保するように割当権を使用する場合に，政府は割当権のオークションからもっとも多額の利益を得ることになる．

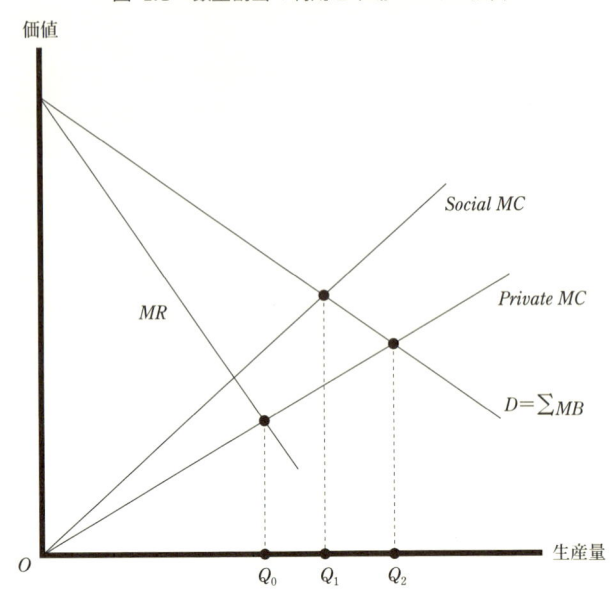

図 4.8 数量割当の利用と市場における独占

図 4.8 には，排他的な割当権を購入することで首尾よく市場を独占することに成功した企業の状況が示されている．この独占企業の利潤が最大になる量は，

$$MR = Private\,MC \tag{4.15}$$

となる生産量 Q_0 となる．

しかしながら，政府が公共政策によって達成しようとしていることは，割当を用いてこの産業の生産量を Q_2 から Q_1 に減らすことのはずである．しかるに，図 4.8 において排他的な割当権の購入を通じてこの産業を独占している企業は，生産枠のうち Q_0 しか利用しないことになる．生産枠のうち $(Q_1 - Q_0)$ の部分は，生産のためではなく，競争相手の生産を妨害するために獲得されている．

盟友としての独占者と環境主義者：セカンドベスト解

市場の独占者は環境保護者の盟友となる可能性がある．人々の中には政府が決めた図 4.8 の水準の割当量では排出量が多すぎると不満をもち，生産量を減

らしてより厳格な環境政策が必要だと考える人がいるかもしれない．図4.8において市場の独占に成功した企業はQ_0の生産量を生産することで，公共政策によって決められたQ_1という生産量よりも厳しい環境基準を適用するのと同じ状態が達成される．Q_0という，より少ない量の生産がなされることは，より厳格な環境主義者にとって喜ばしいことかもしれない．

外部性を補正する公共政策が存在しない場合，独占者は競争的な市場で決まるよりもより効率性が高まる方向へ生産量を動かそうとすることもありうるだろう．図4.8を見れば，独占のもとでの生産量Q_0は，競争的な市場で達成される生産量Q_2よりも効率的な生産水準Q_1に近いところに位置していることがわかる．

「セカンドベスト」の状況における公共政策

環境保護政策がない状況のもとでは，独占のもとにある産業のほうが競争的な産業よりも環境保護の観点から見て社会にとって好ましい場合がありうるという結論は，セカンドベストの理論の一例になっている．セカンドベストの理論は，非効率を発生させている原因が複数ある場合には，片方の非効率のみを解決するよりも両方の問題を未解決のままにしておくほうが，効率性の観点から見て望ましい状態がもたらされる可能性があるということを示唆するものである．ここで扱っている，効率性に関わる2つの問題は，(1) 市場を独占の状態から競争市場に置き換えるとともに，(2) 環境に対する負の外部性を（私的な意思決定によって）内部化する適切な公共政策の実施を要請するものである．もし，社会において非効率を生じさせている原因がこれだけであれば，両方の問題が公共政策を通じてともに解決されれば，社会にとってのファーストベストの解が達成されることになる．

政府が補正的な公共政策を利用して，非効率を生じさせている要因を2つとも解決することが可能でなく，独占か環境外部性の問題のいずれか一方のみを解決することに注力しなくてはならない場合，公共政策の実施が社会の効率性を増進するとは必ずしもいえなくなる．もし，一方の問題が手付かずのまま残されるのであれば，私たちは公共政策によって両方の問題を解決できるファーストベスト解ではなく，セカンドベスト解の状況にいることになる．図4.8において次善の一例を見ることができる．というのは，独占と負の外部性がともに存在していることを前提にすると，外部性の問題が未解決のまま競争

を促進する政策だけが講じられると，Q_0 という生産量のもとで独占が存在することを引き続き許容した場合の結果よりも効率性が劣る Q_2 という生産量が実現してしまうことになるためである．

競争市場における割当権の販売

割当権を競争的な市場で売却し，流通させることも可能である．図 4.9 には，公害を発生させる原材料を使用する権利を取引する競争的な市場の状況が示されている．この権利を，環境汚染を引き起こす物質の排出権であるとしよう．政府は，このような市場で割当権を供給する供給者として行動することができる．生産者は，政府から排出権を購入することができる．また，生産者間でこの権利の取引を行うことも可能である．政府を含む多数の売り手と買い手がいればこの排出権市場は競争的な市場になる．

図 4.9 において政府は V_1 の水準の数量制限を通じて割当権の供給総量に制約を課している．この原材料の使用（あるいは排出量）に対する需要関数は，個々の生産者の需要量の総和を表している．汚染物質を出す原材料の競争的市場における価格は P_V である．この原材料の使用を制限するような公共政策が存在しない場合，この原材料に対する需要の合計は V_2 になる．この原材料の価格が $(P_V + P_R)$ の場合，この原材料に対する需要は，許容される総割当量である供給量 V_1 に等しくなる．

市場価格 $(P_V + P_R)$ のうち，P_R の部分は，競争的な割当権市場で生産者がこの原材料を 1 単位使用する権利を買う場合の費用である．それぞれの生産者は，この原材料の使用から得られる限界便益（この原材料の限界生産物価値）がこの原材料を利用する権利を購入する費用に等しくなるようにこの原材料の使用量を決定する．

$$pMP_V = MB = P_V + P_R \tag{4.16}$$

このように，環境破壊をもたらす原材料を使用する権利が取引される競争的市場においては，原材料の効率的な使用が達成されることになる．(4.16) 式においてこの原材料を使用することの限界便益がその社会的限界費用に等しくなることから，この原材料が効率的に使用されるための条件が満たされることがわかる．競争的な市場における排出権の取引を通じて，汚染の原因となる原材料を使用してもっとも高い利益をあげることができる生産者がこの使用権の価

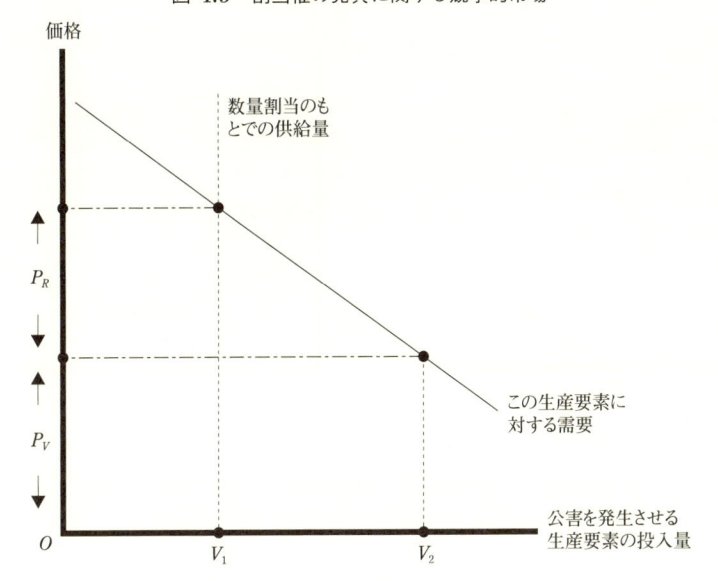

図 4.9 割当権の売買に関する競争的市場

格 P_R に相当する対価を払ってこの原材料を使用することになる．このようにして，この原材料とその使用にともなう汚染物質の排出はもっとも高い価値を生み出すことのできる生産者に配分されることになる．

図 4.9 に示されたような競争市場における割当権の販売を通じて，政府はピグー税・ピグー補助金を利用した場合と同じ結果を複製することができる．この原材料を使用する権利についての，競争市場における割当権価格 PR は，効率的なピグー税・ピグー補助金と等しくなる．

既存の生産者に対する割当権の配分

割当権を売る代わりに，政府は既存の生産者に無償で割当権を与えるという方法を選択することもできる．既存の生産者に汚染物質を排出する権利を無償で与えるか否かの意思決定は，何が公正なことであるかということに対する感覚に依存している．環境破壊が社会問題であるとみなされなかったなら，生産者は生産能力を増強する投資を行ってしまうかもしれない．たとえ，生産者に落ち度がないとしても，環境問題に対する社会的な意識の変化に直面することもあるだろう．

無償で割当権を得た生産者は，市場競争による規律付けからも自由になる．

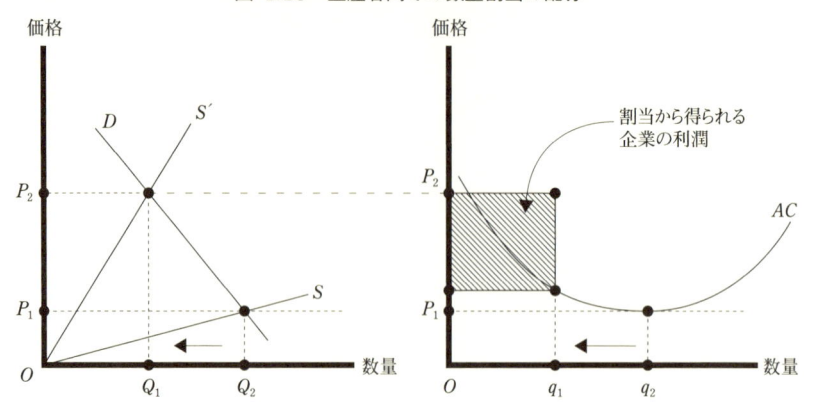

図 4.10　生産者間での数量割当の配分

図 4.10 には環境破壊の社会的費用が認知される前の，産業全体の生産量が Q_2，生産物価格が P_1 である競争的市場の状況が示されている．この産業のそれぞれの企業は個別企業の平均費用が最小になる生産量 q_2 で生産を行うものとする．

環境破壊の社会的費用が認識された後には，この産業の社会的費用を考慮に入れた真の市場供給曲線は $S' = \sum (Social\ MC)$ であると認識されるようになり，この供給曲線のもとでの社会的に見て効率的な生産量は Q_1，生産物価格は P_2 になる．政府はこの外部性に対処する措置としてこの産業の総生産量（あるいは原材料の総使用量）に Q_1 という上限を設けることになる．公共政策を決定する次のステップでは，Q_1 という生産枠が既存の生産者の間で配分されることになる．その配分が，この割当が導入される前の各生産者の生産実績に比例する形で配分されるものとすると，代表的な生産者の割当量は図 4.10 の Q_1 の水準になる．

図 4.10 で見るとわかるように，割当権が無償で配分されると，それ以後個々の企業はもはや平均費用が最小となる生産量の水準で生産を行わなくなる．この産業の各企業は，市場が非競争的であることによって超過利潤を得ることになる．図 4.10 において企業が生産物を販売している P_2 という価格はその生産水準のもとでの平均費用を上回っており，企業は斜線部で表されるだけの超過利潤を得ることになるのである．

本来であれば超過利潤の存在は新たな企業のこの産業への参入をもたらすはずである．だが，新規に参入しようとする企業は生産枠をもっていないので，

超過利潤に対する反応としての参入は生じない．潜在的な新規参入企業は公害を排出する権利をもっていない（許可された生産枠がない）ため，生産を行うことができないのである．競争的な市場参入がない場合，割当を得ることのできた企業は Q_1 という生産水準のもとで超過利潤を獲得し続けることができる．

無償で生産枠の配分を受けた企業は，その割当権を同業他社や新規参入企業に売却することで利益を実現することができる．それゆえ，よりよい製品をつくることのできる企業や優れた技術をもっている企業が生産を行う権利を得て，優れた製品を消費者に提供することになる．

新規参入企業が技術や費用の面で既存の企業と変わらないのであれば，その企業は，生産物を生産する権利を賦与する割当権を購入して市場に参入しても，競争市場で得られるのと同じ利潤しか得ることができない．その企業が購入した資産（環境を破壊する原材料を使用する権利）は，その経済で利用可能な他の資産を購入した場合の，リスク調整済後収益率と同じだけの収益しかあげることができない．この場合，その原材料を使用する割当権が最初に配分された時点でその権利を無償で受け取った企業の所有者が，生産割当の導入によって生じるすべての超過利潤を手に入れることになるのである．

4.2.5 政治的意思決定

これまでの議論で，ピグー税・ピグー補助金と直接規制，生産割当が外部性を補正する公共政策を実施するうえでそれぞれ異なった手段であることを見てきた．生産割当が利用可能な場合には，さらに割当権を売却するか，それとも無償で生産者に配分するかを決定することが必要になる．

では，政府はこれらの公共政策の手段のいずれを採用しようと考えるだろうか？　この問題を考えるにあたっては，税と補助金からなる複数の政策代替案の中から，汚染原因者に対する課税が適切な公共政策として選ばれるように，法的権利が一般の人たちにある場合を考えることにしよう．

外部性が存在する場合，ピグー税，直接規制，割当権の売却，あるいはその無償配布は，いずれも効率的な生産（あるいは効率的な原材料の使用）を達成する手段となりうる．だが，生産枠を無償で配分する方法をとると，図 4.10 で見たように，個々の生産者は平均費用が最小となる生産水準で生産を行わな

くなるため，生産における費用面での効率性が確保されなくなる．

また，生産枠を無償で割り当てるという方法が採用されると，生産者は競争的な市場で得られる以上の利潤を得ることになる．外部性を補正する他の政策手段が用いられる場合には，生産者が競争的な市場で得られる以上の利潤を得ることはない．直接規制が行われる場合には，汚染物質を除去する設備に対する投資が必要になるため，生産者にその分だけ特別な費用が課されることになる．ピグー税が公共政策の手段となる場合，企業は課税前も課税後も競争的な市場における利潤を得ることができる．だが，中には倒産に追い込まれたり，市場からの退出を余儀なくされる企業も出てくることになるだろう．

公共政策が割当権の無償配布の形で実施される場合には，生産者は短期的には損失をこうむることがなく，生産設備の操業停止に追い込まれるおそれもない．環境規制が導入されたときに，その産業で操業していた生産者はいずれも既述の通り存続可能であり，非競争的な市場で超過利潤を得ることができる．

ピグー税ないし生産割当の売却という方法を採用すれば，政府に収入がもたらされることになる．環境規制のための政策を実施するにあたって，割当権を無償で配分する方法を採用すると，政府は得べかりし収入を失い，しかも生産が費用を最小化する効率的な方法で行われなくなる．この産業の既存の生産者は，環境保護政策の実施によって利益を得ることになる．

このように，割当権を無償で配分する方法が採用されれば，既存の生産者はそれによって利益が得られることになるため，外部性を補正する手段としてピグー税よりも生産割当の無償配布のほうを好むことになる．また，生産者は，排出権を対価を払って購入しなくてはならない場合より，割当権が無償で配布される場合を好む．すでにみたように，ピグー税のケースと競争的な市場で割当権を購入するケースは，生産者にとって等価になる．生産者はまた，直接規制が実施される場合には生産者に追加的な費用がかかるため，生産者は直接規制より割当権の無償配布のほうを好む．

ジェームズ・ブキャナン（James Buchanan, 1986年ノーベル賞受賞者）と彼の共同研究者であるゴードン・タロック（Gordon Tullock）は，費用面での効率性が確保されず，ピグー税や割当権の販売をすれば得られるはずの収入が失われるとしても，政府は生産者に対する割当権の無償配布という政策手段によって外部性の問題を解決するだろうという予想を1975年に行った．割当権の無償配布という方法が採用される理由は政治的な要因によるものである．割当権

を無償で配布するという方法をとれば，政府は生産者から環境保護政策に対する支持をとりつけることが可能になる．事実，割当権を無償で配分することによって，政府は生産者が環境保護政策に対する積極的な支持者になることを担保できる．生産者は，割当権を手に入れることで超過利潤を得ることができるようになるため，自分たちに割当権をもたらしてくれる環境保護政策を支持することに関心をもつようになるのである．

外部性を補正すべきか否かをめぐる政治的意思決定

私たちはこれまで環境外部性の問題を解決するための公共政策としてどのような政策手段を選択するかについて考察してきたが，もう1つの問題として，政府がそもそも外部性を補正する政策を実施するのだろうかという問題がある．政府は外部性の問題の解決に必ずしも自らすすんで動こうとするわけではない．大気の質はしばしば悪化が放置されてきた．危険性のある物質の投棄も容認されてきた．農業生産や工業生産から生じる有害な流去水による飲み水の水質悪化はそのまま放置されてきた．行楽地（海辺や川や湖）は汚され，大気についても同様であった．このような環境問題を是正する公共政策が実施されるためには，しばしば人々の抗議行動や環境活動家のロビー活動が必要とされ，そのような運動がない場合には，無視しえないほどの広がりをもった危機が生じてきた．

4.2.6　地球規模の外部性と国際的な協定

国境を越えた広がりをもつ外部性の中にも重要なタイプの外部性がある．二酸化炭素，二酸化硫黄，メタン，亜酸化窒素の大気中への放出と熱帯雨林の破壊は地球温暖化と結びつけて考えられてきた．地球環境保全に必要な公共政策を実施する地球政府は存在しないから，外部性が国境を越えた広がりをもつ場合には，政府を頼みとして外部性を解決することはできないことになる．

熱帯雨林

ある国の政府が，ある熱帯雨林が存在する地域を含む領土全体に主権を有しているとしても，その熱帯雨林の存在は，周辺国をはじめ，世界中の人々にとって，地球的規模で見ても有益なものである．熱帯雨林が伐採されると，温暖

化ガスによる負の外部性が生じ，それは世界全体にとって好ましくない公共財となる．環境保護団体を結成すれば，その団体の所属している国の政府を通じて「熱帯雨林は私たちのものであり，私たちが望む通りに熱帯雨林と関わりをもつ権利がある」と主張することもできる．もし仮に地球規模の権力をもつ世界政府があったとすれば，人々に補償をして，熱帯雨林の木を伐採しないようにしてもらったり，熱帯雨林を買い取って保全することで，熱帯雨林の伐採によって生じる外部性を内部化することが可能かもしれない．

森林や農地や牧草地から得られる私的な利潤のために熱帯雨林を伐採してしまうのを許容する代わりに，ある国の政府は，地球環境保全により高い関心をもっている国の政府に熱帯雨林の所有権を売却することも可能である．もちろん，熱帯雨林の保護に資金を拠出する人は，全世界の人々に公共財的な便益を提供することになるので，このような市場では，フリーライドの問題が顕著な形で生じるこもありえよう．

熱帯雨林を保全する権利を取引する市場を創設するうえでフリーライドの問題がそのネックになることが予想されるのは確かだが，そのような市場は，小さい規模のものではあるものの，現に存在している．たとえば，コスタリカのセントラルアメリカ州政府は，1990年代に熱帯雨林を「伐採しないこと」の国際市場を創設し，この試みは成功を収めた．とはいえ，熱帯雨林を買い取り，その保全を行うことに参加した外国政府はごくわずかであった．世界のほとんどの国の政府は，熱帯雨林の保護に貢献すべきか（資金援助をすべきか否か）をめぐる囚人のジレンマに直面して，フリーライドするほうを選んだのである．コスタリカ政府が創設した市場に参加した，ごく少数の外国政府だけが，この市場に不参加であるにもかかわらず，熱帯雨林の保全という地球規模の公共財供給からメリットを受ける多くの人々（とその政府）に対して，無償で地球規模の公共財を供給したのである．

人々の中には，私財の一部を投じて，熱帯雨林を買い取り，保全しようとしてきた人もいる．このような人たちは，全世界（の人々）に対して公共財を供給してきたのだということになる．

生物的多様性と野生生物の保護

野生生物の保護を通じて生物的多様性を保全することも，もう1つの国際的外部性の問題である．この外部性は熱帯雨林の保護の問題とも関係している

場合がある.

　象はその牙から象牙をとるために捕獲される.サイは既述の通り,粉にして摂取すると催淫剤になると信じている人がいることから,捕獲されている.世界最大の哺乳動物であるクジラは,捕獲によって,絶滅の危機に瀕している.野生生物を保護し,生物的多様性を守ろうという国際的な合意の形成が試みられてはいるものの,すべての国の政府がそれにしたがう意思やインセンティブをもっているというわけではない.

オゾン層

　近年,人工フロンやその他の物質(ハロン,四塩化炭素,メチルクロロフォルム)の排出が南極大陸上空のオゾンホールの原因であるということが認識されるようになった.オゾン層は,太陽光からふりそそぐ紫外線から私たちを守る役割を果たしているが,オゾン層がなくなると,皮膚ガンの発病が増え,また農業生産にも影響が及ぶことになる.

　地球のオゾン層破壊の程度が広く知れわたるにいたって,フロンの削減に関する国際的な協定がなされた.オゾン層の破壊につながる物質に関する1987年のモントリオール議定書の協定のもとで,各国政府はオゾン層を破壊する物質の排出を段階的に削減していくことに合意した.世銀による支援も行われ,世銀は途上国がモントリオール議定書に参加できるよう,必要な資金供与を行った.

囚人のジレンマと国際的な協定に対する障害

　モントリオール議定書の例は,緊急性が明らかである場合,国際的な合意が可能であることを示唆するものである.だが,国際的な合意の形成が困難な場合もしばしばある.環境政策に関する国際的な合意形成の困難さは,囚人のジレンマの話をもとに理解することができる.

　あらゆる国の人々は,汚染者であると同時に被害者でもある.人々は汚染物質を排出するときに消費や生産を通じて私的な利益を得るが,それと同時に他の人にマイナスの影響をもたらしてもいる.つまり,この場合の外部性は双方向のものになっている.双方向の外部性がある場合に,どのようにして囚人のジレンマが生じるのかについては,すでに検討したことがある.

　汚染物質の排出量を減らすことは,地球上に住むすべての人に便益をもたら

表 4.2 国際的な合意の形成における囚人のジレンマ

	政府 2 が排出量の削減に同意する場合	政府 2 が排出量の削減を拒否する場合
政府 1 が排出量の削減に同意する場合	30, 30	10, 40
政府 1 が排出量の削減を拒否する場合	40, 10	20, 20

す公共財である．自国の国民が排出する汚染物質の量を削減することを約束した政府は，より厳しい環境基準に適合するよう調整を行うことで，国民に負担を課すことになるが，ここで囚人のジレンマが登場することになる（この囚人のジレンマは多国間の合意の場合にもあてはまるが，設定を簡単にするため，表 4.2 には 2 か国の政府の場合の囚人のジレンマが描かれている）．両国の政府が合意してともに排出量を削減する場合の，効率的な結果のもとでのそれぞれの利得は (30, 30) になる．40 という自国にとって最善の結果は，相手国が排出量を削減する一方，自国は排出量を減らさず，フリーライドすることで達成される．最悪の結果である 10 は，他国が排出量を削減しない中で自国のみが排出量を減らすときのものである．

この場合のナッシュ均衡は，いずれの国の政府も排出量の削減に同意しない (20, 20) で達成される．外国の政府が排出量の削減に同意するのであれば，ある国の最適反応は，自国の国民に排出規制を課さないことである．他国の政府が排出量の削減に同意しない場合にも，ある国の最適反応は自国の国民に環境規制を課さないことになる．したがって，各国の政府にとっての支配戦略は，他国の排出量の削減にフリーライドすることだということになり，結果として非効率なナッシュ均衡 (20, 20) が生じてしまうのである．

(20, 20) で生じる非効率なナッシュ均衡を回避し，(30, 30) という効率的な結果をもたらすための協調を実現させるためには，(1) 世界全体として削減すべき総排出量の大きさと，(2) それぞれの国に義務づける排出削減量の割当量について，各国政府の合意が必要になる．

次の段階では，各国政府は自国に割り当てられた排出許容量に合致するように，自国の生産者に排出権を配分することになる．世界全体でどれだけの排出量の削減が必要になるかについての意思決定は，地球が許容できる総排出量についての科学的な情報に基づいて行われることになる．各国に対する排出削減義務の割当は，国際的な所得と資産の配分に影響を与える経済上の意思決定で

ある．分配問題のつねとして，各国間でどのように排出権を割り当てるべきかについては意見がなかなか一致を見ないことが予想される．所得水準の高い，工業化の進んだ国々にとっては，現在の排出量に比例する形で排出権を各国に割り当てるというルールが望ましいことになる．他方，所得水準の低い，工業化の遅れた国にとっては，各国の人口に基づいて排出権を配分することとし，現時点における地球環境への各国の環境負荷の程度によらず，すべての人が等しく同じ法的権利をもつというルールが望ましいということになる．

各国への排出権の割当ルールが決定されれば，排出権は国際市場で取引することが可能になる．ある国に排出権市場があることで，その国の国内における効率性が確保されるのとの同様に，排出権が国際間で取引可能なものになることによって，地球規模での効率性が確保されることになる．

排出権に関する世界市場の存在により，他の生産者から排出権を購入することができれば，それを利用してより高い利益をあげることが可能な生産者が，自分より公害の排出権に対する需要が低い生産者を世界中のどこかから見つけてきて，排出権を取引することが可能になるのである．排出権市場の存在によって，豊かな国と貧しい国のいずれに排出権が多く配分されるかにかかわらず，排出権の大部分を豊かで工業化の進んだ国々が用いることが可能になる．コースの定理から予想されるように，法的権利の配分の仕方は，その効率的な使用には影響を与えない．もちろん，法的権利の割当方法のいかんによって，排出権を使用したいと考えているある生産者が，初期時点で法的権利の割当てを受けることができるのか，排出権を他のだれかから購入しなくてはならないのかが決まるから，排出権の割当は所得分配に影響を与えることになる．

各国間の排出権の配分ルールに同意するか否かについて各国政府が意思決定を行う場合には，囚人のジレンマにおけるフリーライドの問題が生じることになる．それぞれの国の政府は，割当てられた排出権の枠を拒否し，自国の生産者に汚染物質を排出したいだけ排出してもよいという姿勢をとり続けてフリーライドすることも可能である．

囚人のジレンマ的状況が生じるための前提条件

国際的な協定によって囚人のジレンマから逃れることが可能になるためには，各国の排出権の割当において満たされなくてはならない前提条件がある．表 4.2 における対称的な利得構造をもつ囚人のジレンマのケースでは，両国が

国際的な協定に参加して十分な排出権を受け取った場合のほうがそうでない場合よりも大きな便益が得られることになるという状況設定がなされていた．すなわち，表 4.2 にある囚人のジレンマの状況にあっては，両国はいずれも大域的に見て効率的な均衡 (30, 30) を非協力ナッシュ均衡 (20, 20) よりも選好するのである．これとは異なる状況が表 4.3 に示されている．

表 4.3　第 1 国の政府に両国が相互に排出権の削減に合意するためのインセンティブを与えることができないような数量割当の提案がなされた場合

	政府 2 が排出量の削減に同意する場合	政府 2 が排出量の削減を拒否する場合
政府 1 が排出量の削減に同意する場合	30, 30	10, 40
政府 1 が排出量の削減を拒否する場合	40, 10	20, 20

いま割当権の配分に関するある提案によって，第 2 国には地球規模での環境外部性の効率的な解決から利益がもたらされる一方，第 1 国についてはそのようなメリットが存在しない状況を考えよう．それぞれの結果から得られる第 2 国の便益は囚人のジレンマのときとは順番とは異なったものとなる．第 1 国の便益についても然りである．第 1 国にとってファーストベストの結果 (40) は，囚人のジレンマの状況のときと同様に，相手国が排出量を削減しても，自分はそれにしたがわず，フリーライドする（排出量を減らさない）ケースであり，最悪の結果 (10) は，相手国が排出量を削減しない場合にも削減を続けるケースである．だが，囚人のジレンマのケースと異なり，国際的な協定がなく，いずれの国も排出量を削減しないケース（右下の欄）のほうが協定があってお互いに排出を削減するケース（左上の欄）よりも第 1 国の厚生は改善することになる．

国際的な協定がない場合のほうが第 1 国の厚生が高くなる理由は，排出権の割当において提案された排出権の分配の方法にある．第 1 国に賦与されている地球規模の排出権のシェアが低すぎるため，第 1 国には相手国と協力して排出量を減らすことが魅力的なものにならないのである．提案された割当権の配分のもとでは，何ら協定がなく，いずれの国も排出の削減を行わない場合の便益 (20, 20) よりも低い便益しかもたらされないのである．

排出権の割当がなされ，排出権取引市場が導入されると，その国の国民は，

これまでであれば自由に行うことができたはずのこと（たとえば汚染物質の排出）をするために権利を手に入れることが必要になる．ある国に十分な排出権の割当がなされない場合，その国の政府は，あらゆる国が排出を抑制するという協調的な解決策に同意するインセンティブがないということになる．

世界全体の効率性の観点からすると，表 4.3 の状況における効率的な結果は，排出量を削減するという国際的な協定が締結されることであり，このとき各国の便益の合計が $(15 + 45) = 60$ になる．最悪の結果は，排出権の削減がなされず，各国が排出量を削減しないケースで，この場合の総便益は $(20 + 20) = 40$ となる．交渉相手国が排出量を削減しないまま，自国のみが排出削減を行うケースでは，総便益として中間ケースである $40 + 10 = 50$ という結果がもたらされることになる．

表 4.3 においては，第 1 国の政府にとって，排出量の削減に同意しないことが支配戦略になっている．他方，第 2 国の政府には支配戦略が存在しない．ナッシュ均衡は排出削減の協定がなされないケースであり，この場合の利得は $(20, 20)$ となる．

国際協調が実現し，地球的規模での効率的な均衡結果が達成されるのに必要な前提条件は，各国が協調して排出権の配分を受け入れることで，それぞれの国の厚生が改善できるような形で排出権の配分がなされるということだということになるが，表 4.3 においては，第 1 国についてこの条件が満たされていない．

両国が地球全体の総便益 60 を平等に分け合うことができるように排出権の配分が行われる図 4.2 の提案ではこの前提条件が満たされている．第 1 国の政府が地球的規模の排出削減に向けた国際協定に参加するインセンティブが与えられている場合には，その協定は実行可能なものとなる．この場合，地球規模の排出削減に向けた国際協定によって世界全体の厚生が改善すると同時に，各国の厚生も改善する．

このような国際的な交渉を通じて，排出削減に向けた両者の合意から得られる地球規模の便益が各国にどのような形で分けられるかが決定される．表 4.3 のケースでは，20 を超える便益を第 1 国に与えるという結果でありさえすれば，いかなる代替案であっても，協調して地球規模の排出を減らそうというインセンティブを第 1 国に賦与することができることになる．

表 4.3 のケースにおいて，第 1 国の政府が地球規模の排出を削減する国際協

定への参加に同意しない場合，囚人のジレンマの状況でフリーライドしようという意図があってそうしているのではなく，むしろ提案を受け入れた場合に生じる各国の排出権の配分が，第1国の政府にとって協定への参加意欲を生じさせるものになっていないためにやむなくそうしているということもありえよう．第1国は，工業化が遅れていて，現時点では国内生産に関して排出権を使用する機会が少ないが，将来的には自国の生産量と豊かな国の生産量の間の格差が縮小していくだろうと予想しているのかもしれない．表 4.3 からわかる，第1国にとっての便益の順番は，将来必要になるであろう排出権の量に基づいて決められていることもありえよう．あるいはまた，第1国は現に豊かな国で，提案された排出権の分割案では自国に賦与される排出権の割合があまりに低いということであるかもしれない．

4.2.7　環境問題に対する感応度の違い

　環境の質の確保は，もっとも豊かな国でもっとも需要が多くなる奢侈財であるように思われる．最貧国においては，大部分の人たちは日々の暮らしを何とか成り立たせていくのに必要な，基礎的な活動に力を傾けがちである．また，このような貧しい国では，民主化が十分進んでいなかったり，あるいは民主主義がまったく根付いていなかったりするため，支配者が熱帯雨林の伐採から得られる私的な利益のみを考慮して，自分たちの営利目的の活動が環境にもたらす影響を考えるより，森林を伐採して材木を売ることばかりに関心をもつかもしれない．

　環境基準の差は，豊かな国と貧しい国の間の緊張の原因になることがある．豊かな国の環境保護論者は，環境基準の引き下げ競争が起きるのを懸念するかもしれない．豊かな国が環境基準を引き下げると，自国内の製造費用を近隣諸国のそれに近い水準に保とうとして環境基準の引き下げ競争が生じることになる．環境保護論者がその発生を懸念している環境基準の引き下げ競争を回避するため，彼らは自由貿易に制限を課す政策を支持するかもしれない．環境保護論者は，外国の製品が流入してきて国内製品と競合することがなくなれば，外国と同じ条件のもとで外国製品と競争するために国内の環境基準を引き下げるべきだという政治的圧力が生じなくなるだろうと考えるかもしれない．

　外国との競争圧力が低下することは，私的な利益にもつながるので，豊かな

国の国内生産者も，外国製品の国内販売を制限する保護主義的な政策を支持することに関心をもっている．前に見たように，厳格な環境主義者は，市場の独占を支持するかもしれない．環境基準の引き下げ競争を回避したいという理由から，厳格な環境主義者は，自由貿易や市場のグローバル化に異を唱える国内企業の側につくかもしれないのである．

国際的な比較優位の源泉としての環境基準

　貧しい国の環境基準を緩和すると，その国の生産者はより厳しい環境基準のもとで生産を行っている他国の生産者よりも低い費用で生産を行うことが可能になる．ある国の国際貿易における比較優位が環境基準の緩さに依存するという考え方については，その賛否が分かれるところである．というのは，貧しい国がその地域の環境に悪い影響をもたらす生産技術を使用するのは，正義にもとり不公正なことだと考える人たちがいるためである．その考え方の立脚点は，すでに貧困のもとにあり，平均寿命が短い状況の中にあって，貧しい人たちがそのうえさらに健康被害をもたらしかねない劣悪な環境のもとにおかれるのは認めがたいという点にある．この場合の関心の対象は，外国の意思決定が地球環境に影響を与えるという点よりは，その国の国内環境にもたらされる影響のほうにある．

　地域の環境に悪い影響をもたらす生産技術の使用の問題に加えて，貧しい人々が環境汚染をもたらす廃棄物の輸入に同意することで利益を得ることを認めるべきかという問題もある．一般には，財を輸入する国はその財の対価を輸出国に支払うものだが，環境汚染物質の場合，その輸入に同意することで輸入国のほうが対価を受け取ることになる．

　1992年に，当時世銀のチーフエコノミストだったローレンス・サマーズ（Lawrence Summers，ハーバード大学を休職してその職にあったアメリカの経済学者）が，貧しい国が環境規制を緩和すれば，それらの国は環境にマイナスの影響をもたらす財の生産に比較優位をもつことができるという実証結果を示したが，このことについては大きな論争が巻き起こった．サマーズはまた，貧しい国が環境にマイナスの影響をもたらす危険性のある廃棄物を輸入すべきか否かという問題提起も行った．これらの論点は，公表予定のない部内資料において提起されたものであったのだが，その資料の存在は報道関係者の知るところとなった．この資料は，貧しい国の人々が国際市場において環境問題の犠牲者に

なることを受忍すべきだという提案と理解されたため，さまざまな異論が示された．貧しい国の政府も他国と同様に公共政策を通じて環境基準を決めているが，貧しい国の場合には，政治が民主制のもとにない場合が数多くある．民主的な手続きで選ばれているわけではない支配者は，環境基準を厳しくしないことが自らの利益になるのであれば，人々の健康に与える悪影響を十分考慮せずに意思決定をするのではないかという懸念がある．

環境基準が緩やかであることが，貧しい国が国際貿易における比較優位をもつうえでの基盤として適切なものであるか否かが問題となる場合には，それと同時に，貧しい社会が自らの地域の環境基準を自分たちだけで決めることが認められるべきかどうかという問題が提起されることになる．つまり，ある国の環境基準の設定に関して，国境を越えた，あるいは国際的な外部性の問題が存在しない場合にも，豊かな国が貧しい国における公共政策の決定に関与することの是非が問われることになる．

同様の問題は，貧しい国における教育の外部性，あるいは教育を受ける権利についても提起されてきた．国によっては，子供たちが学校に通うよりも働いて，低費用の労働力を提供するのがその社会にとって当然のこととされる場合もありえよう．このとき，貧しい国における児童労働は，豊かな国が関心を寄せるべき事柄といえるのだろうか？

外国の社会が，自らの環境基準や社会的規制を自分たちで決めることが認められるべきか否かという質問に答えるにあたっては，とりうる立場に関して動機の問題が生じるかもしれない．既述の通り，豊かな国の生産者は，外国の環境基準や社会的規制が緩やかであることによって，その国の生産者は低い費用で生産を行うことが可能になるため，外国の人たちの社会厚生についての利他的な動機に基づく関心とは別の理由で，貧しい国における環境基準や社会的規制が緩やかであることに関心をもつことがある．自由貿易に制限を課そうと試みたり，グローバリゼーションに異を唱える環境主義者と生産者の結託には，環境基準や社会的規制が緩やかであることによって外国企業に仕事を奪われるのではないかと懸念している，豊かな国の労働者も加わる場合もあるだろう．

この見方に対してとりうる反対の立場としては，ある国の人々が市場における自らの意思決定によって自分の得になる行動を選択している限り，そのことを他人にとやかくいわれずに，売り手と買い手の双方に利益がもたらされる行為がそのまま認められるべきだという立場がある．第1章で取り上げた

例についていうと,アダム・スミスにしたがえば,市場における自発的な意思決定はその人に便益をもたらすものであり,このことを踏まえると,現に生きている人たちがなんとか食べていくためには,自分に比較優位があるものであれば,どのようなものであれ自由に利用することが認められるべきだということになる.したがって,貧しい国の人たちがその地域の環境基準を低下させたり,児童労働を利用して財を生産したり,あるいは危険な廃棄物に囲まれて生活することを受忍することで生計を営んでいるのであれば,その人たちがしたいようにすることが認められるべきだということになる.

　地域の環境や児童労働に対する規制が緩やかなものであることは,貧しい国の政府が,これまで考察してきた外部性の補正手段を用いて外部性を内部化する取り組みを行わないという意思決定をした結果である.貧しい国の政府は,このような負の外部性の発生が続くことを容認するだけでなく,十分な対価を受け取ることを条件に,危険物の輸入を認めることで,自ら負の外部性を自国に招き入れ,拡大させてしまうかもしれない.NYMBY（地域的な負の外部性がどこかで発生するのは仕方がないが,それが自分の家の裏庭であっては困るという意見をもつ人たち）は,直接的な負の外部性が,自発的な市場における補償を通じてどこかよその場所で解決されるのであれば,この結果を歓迎するであろう.一方,より広い視野や感性をもった人たちは,外国の人たち,とりわけ外国の政府や支配者が自発的に,十分な対価と引き換えに負の外部性を受け入れた場合であったとしても,市場が負の外部性を貧しい国におしつける形になることを悲しむであろう.

所得の増加による外部性に対する外国の態度の変化

　所得と資産が十分高い水準に達すると,人々は環境の質に対してより敏感になり,環境の質の改善を求めるようになる.所得が増加するにつれて,競争的な市場と自由貿易が環境の質の改善に対する人々の需要を増加させ,児童労働より子供の教育に対する需要を増加させることになる.

　もっとも,それにもかかわらず,豊かな社会と貧しい社会の間の所得格差が十分縮小しないと,貧しい社会は豊かな社会よりも環境に対する関心が不十分で,児童労働の問題に対する関心も低いものにとどまることになるかもしれない.貧しい国においては,環境基準と労働基準が緩やかなものになる結果,貧しい国の生産施設（もっとも,それは豊かな国の人たちが経営する会社や個人

所有のものであることがしばしばあるが）は，環境破壊につながる生産物の生産において競争優位（あるいは比較優位）をもつことになる．とはいえ，この状況は，貧しい国々が成長し，豊かになるにつれて変化していくものと予想される．

問題は市場か政府か？

　これまで見てきたように，貧しい国の政府はしばしば，民主化された政府ではなく，支配者は人々の健康を守り，生活水準を改善するよりも，私財を増やすことにより強い関心をもっているかもしれない．このような国の政府は，人々を有害な環境にさらしたり，児童労働を禁止する公共政策の発動に後ろ向きであるかもしれない．同様に，この政府は，熱帯雨林を伐採したり，地球環境を保護しようという国際的な協定に参加しようとせず，フリーライドしようと決め込むかもしれない．

　時として，国際市場における自由貿易や市場のグローバル化に対する抗議行動が行われることがある．このような異議申立ては，世銀やIMFやWTOに向けられることが多かった．もっとも，貧しい国の環境や社会問題に対する抗議は，自由貿易を提唱する国際機関に対してではなく，環境問題や教育問題を解決するうえで適切な政策を実施しようとしない，自国の政府や支配層に対して行われるべき筋合いのものであるように思われる．

4.3　市場取引の禁止

　子供が自ら市場で行う取引に関する意思決定や他人（親を含む）が子供のためにすることのできる取引に関する意思決定については，しばしば一定の制約が課されている．たとえば，私たちが暮らしている社会では，両親は自分の子供を学校に通わせる（あるいは学校に代わる適切な教育を提供する）義務があり，児童労働は認められていない．子供にタバコを売ることも一般に違法とされる．本節で考える公共政策は，子供だけでなく大人が行う取引を含め，市場取引に課されているさまざまな規制全般を対象とするものである．この場合の公共政策は，個人が自分の意のままに取引を行うことが法律上認められず，政府が課す制約にしたがって行動しなくてはならないという意味で父権的なものといえる．負の外部性に関連する公共政策はある人が他の人に及ぼす危害に基

づくものであるのに対し，父権的な公共政策は，人々が自分自身を危険にさらすのを回避しようとする措置である．

4.3.1　個人の選好に対する抑止

慣習，中毒と課税

　人々の健康を害するおそれのある財の市場が，慣習の力によって存続し続ける場合がある．タバコが，現在の健康安全基準を満たさなくてはならない新しい製品であったとしたなら，タバコ製品の市場は合法的なものとして認められなくなるかもしれない．だが，タバコの市場は慣習の力によって，また，おそらくは有権者の多くが喫煙者であるためにタバコの市場をなくすことが政治的に困難であるという理由によって，依然として存在し続けている．喫煙とがん，心臓病その他の疾患の間に関連があるという明確な証拠が存在するにもかかわらず，タバコの市場は合法的なものとして存在し続けているのである．だが，タバコ会社は，タバコを自由に購入することができる市場が存在することによって生じた損害に対する補償をするよう求められるようになってきた．タバコには，中毒があるので，タバコの購入は完全に自発的な行為とはいえないからである．

　タバコの生産や消費を抑えるための政策手段としては，しばしば課税が用いられる．この課税の目的は，タバコを吸って健康を害する人が減るように，タバコの消費量を減らすことにあると考えることができる．だが，タバコの市場が存続する中でタバコへの課税が行われることについては税収を得るという意図もある．習慣性のある消費財への課税は，政府に安定的な課税ベースを提供することになるのである．

個人の安全に関する公共政策

　父権的な公共政策のもう1つのタイプのものは，購入の義務づけという形をとるものである．車を販売する際にはシートベルトの装備が求められるし，オートバイに乗る場合にはヘルメットの装着が法令によって義務づけられることが多い．安全の確保に関する政府規制は，さまざまな職種について防護服の着用や目，耳の保護を義務づけている．雇用主は，これらの安全規制を守るために，経済的な負担を負わなくてはならないことがしばしばある．このような

法令遵守の費用は，雇用に対する課税と同様の性格のものであり，課税の場合と同様，その実質的な費用は，納付義務者のみが負担するものではなく，安全規制の適用対象となる職種の，労働市場における需要と供給の弾力性によって決定されることになる．これらの事例においては，人々が自分自身の安全の確保について私的に意思決定をすることが可能と思われるにもかかわらず，政府による規制がなされていることから，この場合の公共政策は父権的なものと考えることができる．

違法な市場取引と合法的な無償供与

　市場取引は違法だが，無償供与は合法的であるという場合がある．移植を待っている人に臓器を提供する市場は一般には違法とされるが，一方，ドナーとして臓器を無償で提供することは合法的な行為であり，社会的に見て立派な行為であると考えられている．

　特殊なケースとして血液の例がある．ある社会では，血液を取引する市場があり，血液の提供者にはその対価が支払われる．別の社会では血液を取引し，血液の提供者に対価を支払うことが違法とされる一方，自発的に献血をすることは社会的な責任を果たす立派な活動として推奨される．

　人々は純粋に利他的な動機から自発的に血液を供給する．この場合，献血をする人は人助けをするという自分の行為から満足感を得ていることになる．血液が市場で取引可能な商品になると，献血をしようという純粋な動機が消え，血液の自発的な供給が停止してしまうことになる．血液を提供してお金を得ている人たちは，所得を得ることのできる最後の手段として血液の市場を利用するかもしれない．そのような人たちは，血液を売りすぎて自分の健康を害してしまうかもしれない．と同時に，外部性の問題が生じるおそれもある．というのは，所得水準と健康状態の間に一定の相関がある場合，売血をする所得水準の低い人の血液は，自発的に献血をする人の血液よりも病気で汚染されている可能性が高くなるからである．

　このように，血液を売る市場が認められないことについてはさまざまな理由がある．1つの理由は，売血をする人が健康を害するのを案じるという父権的な観点からのものである．もう1つの理由は，血液が市場性のある商品となることで生じる外部性の観点からの問題である．血液の取引を行う市場が存在するようになると，無償であれば献血をしたであろう人が血液を売ろうという

気にならず，このため，献血によって血液が供給されていたときに比べて売血市場で供給される血液の量が増加しない（むしろ減少してしまう）ということがあるかもしれない．

　血液を取引する市場が存在すると，悪徳な供給者が，人々の意思に反して血液を集めるといった問題が生じる可能性もある．血液の市場が存在しなければこの問題は生じないことになる．

市場と性交渉

　市場で取引することは違法だが，自発的な供給は適法であるもう1つの例として性交渉の例があげられる．売春が問題となる事由は，売血が問題となる事由と同様である．売春は所得を稼ぐ最後の手段になりうるが，売春行為は売春をする人，特に10代の少女を傷つけることになる．売血と同様に，売春には，性交渉を通じた病気の感染という外部性の問題もある．

　このため，通常，売春は違法行為とされる．もっとも，風俗営業が合法的な市場として許容される範囲は，それぞれの社会の基準によって決定されることになる．法的な強制力は不完全であるものの，売春は違法行為とされるのが普通であり，職業選択に際して売春を業とすることは，公けに考えられる選択肢とはなりえない．売春をすることによる社会的な汚名は，法律上の罰則による抑止以上に売春行為の減少に寄与することになる．

　血液を取引する市場が存在する場合に懸念される，売血を通じた搾取の問題が売春については現実に問題となることがしばしばある．売春をあっせんするブローカーは，稼いだ所得の大部分をピンハネして，女性がこの稼業から足抜けするのを許さないかもしれない．女性が人身売買の取引の対象となり，その意に反して別の場所に移されることもありえよう．

　社会が売春の市場が存在しないことを望んだとしても，売春は非合法の活動として営まれることがしばしばある．売春は世界で最古の職業といわれる．

中　　毒

　血液や臓器の売買や売春の例においては，市場の存在とあわせて供給側に供給のインセンティブがあるために問題が生じていたが，有害なドラッグの場合には，製品それ自体に対する中毒（そのために体が衰弱し，ついには死にいたることもある）のために問題が生じることになる．ギャンブルもまた中毒にな

ることがある．ギャンブルにはまった人は所得を失い，ついには身上をつぶしてしまうことすらある．ギャンブルに対する規制は，ギャンブルをする本人とその家族を路頭に迷わせるおそれがある損失を未然に回避しようと意図するものである．ドラッグやギャンブルにはまる人がいると，それにともなって外部性の問題も生じることになる．ドラッグ中毒者は犯罪を犯してでも金をつくり，ドラッグを買おうとするかもしれない．ギャンブル好きの人たちも，損失を穴埋めするために犯罪行為にはしるかもしれない．ドラッグ中毒もギャンブル好きも，課税で調達した財源による生活保護の必要を生じさせ，社会に対する費用（第2章で見たように，課税の超過負担を含む）を発生させる可能性がある．

4.3.2 時間的非整合をともなう行動

　第1章で見たように，対象となる財が私的財であり（公共財ではなく），外部経済や外部不経済が存在しないもとでは，売り手と買い手の間の自発的な交換によって効率的な資源配分が達成され，それと同時に個人の自由も確保される．だが，この場合の市場における自発的な交換は，時間的非整合性をともなう行動を斟酌したものにはなっていない．第2章で費用・便益分析における割引率の決定について考えた際に，人々が時間的に非整合な行動をとり，過去に行った行為を悔やむようになる可能性があるということについてふれた．人々が将来生じうる後悔を最小化するというルールにしたがって行動する（ミニマムリグレット戦略をとる）なら，彼らは実際に行ったのとはおそらく異なる行動をとったであろう．

　後悔をする原因は，目先の楽しみにぱっと飛びついてしまうことにある．時間的非整合性の問題のために，人々はドラッグ中毒になり，ついには薬物の飲み過ぎで死にいたることもある．HIV陽性になり，ついにはAIDSを発症する人もいる．意図していなかったにもかかわらず，妊娠してしまう（妊娠させてしまう）人もいる．タバコを吸うのをやめたり，お酒の飲みすぎをやめたりするのはつい先延ばしになる．間に合わなくなるまで試験勉強をせずにすごしてしまう人もいる．これらのケースでは，自分がいま行っている行為によって将来困ったことが起こり，きっと後悔するようになるということがわかっていたとしても，目先の楽しみのほうがそれを上回ってしまい，抑制がきかなくな

るのだということになる．

　人々は，自分が現在とっている行動によって将来もたらされるであろう結果を合理的に予見することができるはずであり，時間的整合性を欠いた行動をするのは合理的なことではない．だとしたら，自分自身が将来後悔することがわかっているのに，それでも時間的整合性を欠いた行動を人々がとってしまうのをどのように理解したらよいのだろうか？

　私たちは，時間的非整合性をともなう行動の問題を，物事を考えるうえでの計画期間の短さの問題に結びつけて考えることができる．人々が合理的であれば，将来における生活（あるいは生活の質）について一定のウェイトをつけて行動するものと予想されるが，計画期間が短いと，ある特定の日をこえた先の生活のことはまったく考慮に入れられない．この場合，目先の楽しみが，それによって将来生じる結果に優先されることになる．その短い計画期間は，月単位のこともあろうし，日次や時・分刻みのこともあるだろう．

　計画期間の短い意思決定は，衝動的な行為ということもできる．薬物中毒は感情にかられた行動につながり，中毒者の間で注射針を使いまわすといった行動にもつながる．アルコールが，10代の性感染症や妊娠と関連をもつことも研究によって明らかにされている．

　自分が過去にとった行動を悔やむようになる人たちが将来の費用・便益をまったく考慮していないとは限らない．時間的な整合性を欠いた行動は，たとえ将来の出来事にプラスのウェイトがおかれていても，遠い将来ほど費用・便益がより大きく割り引かれることによっても起こりうる．双曲線的（hyberbolic）な割引率のもとでは，人々が通時的に費用・便益を割り引くのに用いる割引率は一定でなくなる．費用・便益は，それが発生する時期がより先のことであればあるほど，より高い割引率で割り引かれる（したがって，割引現在価値が低くなる）ことになる．

　第2章で政府が公共投資の費用・便益を評価することを考えた際には，割引率が時間を通じて一定であるものとした．この場合，いずれの時点においても現在と将来の費用・便益を比較する際にはつねに同一の割引率を用いて比較が行われた．これに対し，双曲線的な割引率のもとでは，割引率が時間の経過につれて変化し，将来に比べて現在の費用・便益がより高く評価される形で割引率が変化することになる．この割引率は，ある事象が観察される時点との時間的な距離に応じて変化することになる．もし，ある事象が起きるのがずっと

先のことであれば，その事象に関する費用・便益には低いウェイトしか与えられないことになる．その事象が生起する日が近づくにつれて，割引率の変化を通じてその事象に付与されるウェイトが高まることになる．まさにその事象が起きる瞬間には，その事象の便益に対するウェイトが高くなるのに対し，それにともなう将来の費用についてのウェイトは低いままにとどまることになる．その結果，目先の利益を優先した意思決定が行われることになるのである．

　この点を踏まえると，たとえば，人々はタバコを吸う時点ではいつもタバコを吸うことの便益を高く評価する一方，喫煙によって将来起こりうる健康への影響については，それが先のことであればあるほど，高い割引率で割り引く（より低い現在価値しか与えない）ことになる．喫煙から得られる満足感はすぐに実感でき，高く評価されるのに対し，10年，20年先の費用には高い割引率が適用され，その費用の実現が遠い先のことであればあるほど割り引かれる程度が高くなるため，評価が低くなる．このような状況のもとでは，人々は現時点ですぐに高い便益が得られる行動のほうを選びがちになる．時間が経過して将来生じるとされていた費用が現実のものになるにつれて，費用のほうに高いウェイトがおかれるようになる．だが，その時点では過去にとった行動によって生じる高い費用を回避するために何らかの手当てをする時間的余裕がすでになくなってしまっているということになる．この場合に生じる高い費用は，過去の便益を得るのをあきらめれば回避できたはずなのであるが，気づいたときには時すでに遅く，目先の便益を得るという意思決定が行われてしまっているのである．

　いま，例として次のような人たちのことを考えてみよう．将来の健康への影響を考えてドラッグをやめたほうがよいということはわかっている人．減量のために食餌療法を始めないといけないということはわかっている人．試験に合格するためにそろそろ勉強を始めなくてはならないことはわかっている人．老後のために貯蓄をしなくてはならないということはわかっている人．割引率一定のもとで合理的に考えると，通時的な費用・便益を比較してみれば，これらの例において望ましい行動は，ドラッグを利用している人がドラッグをやめ，減量をしようとしている人が食餌療法を始め，試験に合格したいと考えている人が試験勉強を始め，老後の生活を案じている人が貯蓄を始めることだということになろう．一方，双曲線的な割引率のもとでは，目先の利益に高いウェイトがおかれるため，変化に向けた行動を先延ばしにするというのが望ましい意

思決定ルールになる.つまり,いかなる時点における意思決定も,長期のことを考えた場合に望ましい意思決定を行う前に,いつも向こう1期間はこれまで通りのスタンスを継続して待つことが適切だということになるのである.この意思決定ルールのもとでは,ドラッグを利用している人が薬物中毒になってしまったり,ダイエットをしなかった人が肥満による健康への悪影響のために私的な費用に直面することになったり,試験に合格したいと考えていた人が試験で不合格になったり,老後のための貯蓄を怠った人が貧困に陥ってしまったりして,過去に行った意思決定を悔やむことになるのである.

　もし,人々が,「明日まで意思決定をするのを先延ばしにせず,今日の時点で,長期的に見て望ましい意思決定を行う」という意思決定ルールにコミットすることができるなら,それによってこれらの人たちの状況は改善するであろう.父権的な公共政策は,このような裁量の余地のない意思決定ルールを人々に強制的に適用するための1つの方法である.たとえば,ドラッグの取引を禁止することは,もしそれが実効性をともなうものになっていれば,「明日になったらドラッグをやめよう」と(いつも)心の中で誓うという意思決定の悪弊を回避することができる.先送りを禁止すれば,「明日になったら心をいれかえて新しい生活を始めよう」と(いつも)考えるという好ましくない意思決定を回避することができる.公的年金制度は,人々に老後のための蓄えを強制的に行わせる手段になる.これらの事例における公共政策は,人々が「明日なきが如く今日を生きる」という選択をするのを回避するのを意図した政策である.

　とはいえ,公共政策は,時間的非整合が生じるあらゆる事例において有効なものとはなりえない.一般的にいえば,公共政策は人々に対して健康的な食事をするようコミットさせることはできないのである(政府が健康に悪い食品の取引を禁止することは困難であろう).同様に,試験勉強をするのを先延ばしにしないよう,人々にコミットさせる公共政策も残念ながら存在しないのである.

4.3.3　情　　報

　動学的非整合性の問題が生じる原因は,人々が通時的な費用と便益を割り引く際のウェイトが変化することにある.この場合,人々が通時的な費用・便益

について十分な情報をもっていたとしても，時間的非整合性の問題が生じることになる．だが，人々は自分が行った意思決定によって将来どのような結果が生じるかについてそもそも十分な情報をもっていないかもしれない．人々は，正しい情報とかけはなれた主観的な信念に基づいて意思決定を行っているのかもしれない．「自分の身のまわりには悪いことは何も起こらない」というのは，マイナスの影響を与える事象が生じる主観的な確率をゼロと考えていることを示している．人々の意思決定が客観的な確率に基づいて行われない場合，時としてミスが起こり人々は自分が過去に行った意思決定を悔やむことになる．このような判断ミスの例としては飲酒運転による交通事故，性感染症，薬物中毒といったものがあげられよう．

4.3.4　リバタリアンの見解

　リバタリアンは，他人に迷惑をかけない限り，その判断が仮に誤った判断であったとしても，その人が望むものをすべて消費すべき（望むことをすべてすべき）だという考え方である．リバタリアンは，犠牲者がいなければ，ある行為を犯罪とは認識しない．リバタリアンによれば，時間的非整合性が存在したとしても，そのことをもって人々の市場における選択を制約することを正当化できるわけではなく，個人の意思決定は，各人の自由な意思の表明であり，それに対して政府がとやかくいうべき筋合いのものではないと考えられている．

　このことを踏まえると，リバタリアンによれば，人々が強力なドラッグを利用することで健康を害することが懸念されるとしても，それに対して政府は介入をすべきではないということになる．同様に，リバタリアンによれば，検閲を受容できる理由は存在せず，ポルノグラフィは個人の趣味の問題として扱われるべきことだということになる．リバタリアンの見解によれば，政府がなすべきことは，市場取引そのものを禁止することではなく，知られているリスクについて明確な情報を提供することに限定されるべきだということになる．人々は提供された情報に基づいて行動すればよく，もし仮にその意思決定によって自分を傷つけることになったとしても，それは意思決定を行った当人以外の関知すべきことではないというのがリバタリアンの考え方である．

4.3.5 法律上の権利と外部性

市場取引が禁止される事例の1つは，その市場に参加する人の自傷行為というよりは外部性の観点から取引が禁止されるものであろう．外部性は，人々が対価の支払いを通じてある結果を実現したり，ある結果を回避したりする市場が存在しない場合に生じるものである．利他主義（他人のことを思いやる気持ち）を外部性の1つとして定義することも可能であろう．薬物取引や売春の当事者が赤の他人であったとしても，薬物や援助交際を容認している市場をなくすために自分でお金を拠出してもよいと考えている人がいるかもしれない．私たちは自傷行為をする人たちについて直接面識がなくても，いままさに行われている自傷行為そのものを心配することがあるものなのである．

これらの行為を問題だと思う気持ちがとても強いため，補償をしてくれれば倫理的な価値観に反する行為を行っている市場の存在を認めてもよいと思わせるに足る，有限の価格は存在しないかもしれない．コースの定理によれば，外部性が存在する場合に，法的権利が当事者のいずれの側にあったとしても，それには関わりなく同じ効率的な均衡が達成されることになる．だが，有限の価格が存在しない場合には，法律上の権利がどこにあるかが重要な意味をもつことになる．たとえば，もし，児童ポルノの市場の存在を認めてもよいと思われる有限の価格が存在しないなら，コース型の交渉をもってしても，補償を受け取って児童ポルノを制作する写真家に子供をさしだしてもよいという合意が成立し，互恵的な結果が得られることはないということになる．児童ポルノの市場を容認することと社会の倫理的な価値観の間に不一致が存在することがこれらの市場を禁止する公共政策の正当性を示すものになる．

このように，通常の外部性の場合とは違い，市場取引を父権的な観点から禁止する場合には，市場の存在を前提にして法的権利をどのように配分するかを考える状況にはないということになる．コースの定理が示す原理原則によれば，児童ポルノを撮影するカメラマンには市場を創り出す法律上の権利があり，児童ポルノにまゆをひそめる人たちは，そのカメラマンにお金を支払って作品を世にださないよう依頼しなくてはならないことになる．しかしながら，倫理的なことに価値をおく社会では，児童ポルノを外部性の一例として扱うことにはならず，児童ポルノの市場は禁止され，児童ポルノ写真家とロリコン趣味の変質者は犯罪者として扱われることになる．

4.3.6 社会の価値観と社会規範

　ある社会がその存在を容認しない市場取引がどのようなものであるかには，その社会の価値観や社会規範が反映されている．その価値観や社会規範も場所によってさまざまである．飲酒が許可される法律上の年齢も社会によって異なり，年齢によらず，街中の人目につくところでお酒を飲むこと自体が違法とされる場合もある．訪問客がギャンブルをするのは合法とされる一方，地元住民がギャンブルをするのは違法とされることもある．また，避妊具の販売が違法とされてきた国もある．拳銃の取引が，規制の程度に差はあるものの容認されている国がある一方で，その取引が厳しく規制されている国もある．中絶に対する態度もさまざまで，妊娠した場合に子供を産むことにするかどうかは個人の意思に委ねられるべきだという社会もあれば，いったん子供が授かった以上は，人の手によって生命を途中で勝手に絶つことは認められず，中絶手術をする病院は，殺人請負市場の供給者側にほかならないという見方をする社会もある．

　第2章と第3章において，国や地域をまたぐ移動が，市場における価格メカニズムを通じた財やサービスの選択と同様に，課税や公共支出の水準や内容についての個人の選択を可能にするものであることを見た．そこでは，立地の選択を通じて，個人の公共財に対する選好がどのような形で顕示されるのか，また，少数者の選好が反映されにくい多数決による決定を避け，公共財に対する需要が似通った人どうしをグループ分けすることが立地選択によってどのようにすれば可能になるのかが確認された．社会の価値観についての意思決定は，市場取引になじまない事柄に対する多数者の意見を反映して決定されるのが普通である．選好の表明が抑圧されるのは，少数者の側であるのがつねであり，彼らはドラッグやギャンブルについての合法的な市場の創設を望んでいたりするものである．立地選択が可能な場合には，社会規範に反映されるその社会の価値観が各人の個人的な好みと一致するコミュニティを各人が自分で選ぶことが可能になる．

　このように，自分に合った社会の価値観や社会規範を選ぶ手段としての立地選択は，課税や公共支出の水準や内容を選ぶ手段としての立地選択と同様のものとしてとらえることができる．人々は，多数決によって得られた結果が個人的に望んでいたものと異なった場合に，立地選択を通じてそれらを自分の嗜好

にあったものに置き換えることが可能である．

このように，立地選択を通じて，そのコミュニティで容認される市場取引と禁止される市場取引が決定されることになる．このような意思決定は，その地域に住む人全員に影響を及ぼすことになるという意味で公共財的な性格をもっている．通常の公共財については，その供給に必要な投入物の購入を通じて市場での供給費用が生じることになるのに対し，公共財としての社会的価値や社会規範については，そのような供給費用がかかることはない．社会的価値に関する全般的な問いかけは，その共同体なり社会なりが特定の実践を促進する市場をもちたいと考えているか否かに関わる事柄なのである．

第 5 章
社会正義

　この章では社会正義について考えよう．社会正義の観点からは所得分配や所得獲得の機会が問題となる．まずは，社会正義と政府による社会保険の関係から議論を始め，社会給付が人々のインセンティブや所得分布に与える影響について考察しよう．また，政府が存在しない場合でも社会正義が達成されるか否かについても議論しよう．

5.1　社会厚生と社会保険

　前章までは効率性の観点から，公共財の最適供給，外部性による市場の失敗の対処，そして，市場の規制などについて分析してきた．これらの問題は所得再分配に一定の含意をもつ．たとえば，公共財供給が投票による場合，その受益と負担が少数派の犠牲のもとに多数派を利するように決定されるかもしれない．また外部性の統制においては，法的権利の分布によって，租税賦課と補助金交付という異なった政策手段が採用される．さらに，市場規制では，規制の対象が消費者か生産者かによって便益の分布が異なる．これらはすべて再分配に関する問題であるが，前章までは効率性との関連で議論された．しかしながら本章では，社会正義と再分配の問題を中心的なテーマする．第 1 章で見たように社会正義の定義は 1 つではないが，以下ではまず社会正義を保険との関連で定義することにしよう．

5.1.1　保険に対する需要

　私たちはリスクを回避したいから，つまり，リスク回避的であるから，保

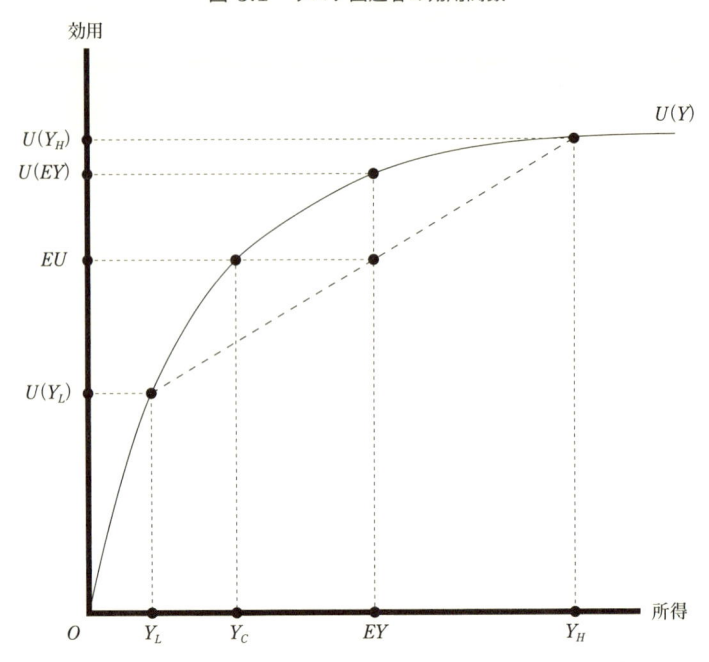

図 5.1　リスク回避者の効用関数

険を必要とする．個人のリスク回避度は，「公平なギャンブル」[1]を避けるために，当該個人がいくら支払う準備があるかによって測ることができ，この支払意思額が大きいほどリスク回避度が大きくなる．なお，その金額がゼロならばリスク中立的という．

　リスク回避的な個人の所得の限界効用は逓減する．つまり，リスク回避的な個人は，所得が一定金額増加することよりも，その金額分だけ所得が減らないこと好む．図5.1では個人所得 Y に依存する効用 $U(Y)$ が描かれており，関数 $U(Y)$ の傾きは Y が増加するほど小さく描かれている．この傾きは限界効用を表すから，この図の個人はリスク回避的である．

　ここでのリスクは所得 Y の変動により表され，2つの所得水準 Y_L と Y_H がそれぞれ50％の確率で実現するとしよう．この所得の期待値は $EY = 0.5Y_L + 0.5Y_H$ となり，この期待値と等しい所得水準から得られる効用は $U(EY)$ とな

---

[1]　公平なギャンブルとは，その賭けによる賞金の期待値がゼロであるギャンブルである．たとえば，50％の確率で1,000ドルを失い，50％の確率で1,000ドルを得ることができる賭けがそうである．

る．また，所得水準 Y_L は $U(Y_L)$ の効用水準を，所得水準 Y_H は $U(Y_H)$ の効用水準を与えるから，期待効用水準 EU は $EU = 0.5U(Y_L) + 0.5U(Y_H)$ と表される．

図で表されたリスク回避的な個人の所得の限界効用は逓減し，効用関数は上に凸の曲線として表されるから，$U(EY) > EU$ となる．一方，個人がリスク中立的ならば所得の限界効用は所得水準から独立し，効用関数は直線として描かれる．この場合，$U(EY) = EU$ となる．

EU と同水準の効用水準を確実に与える所得は，確実性等価と呼ばれる．図における確実性等価は $EU = U(Y_C)$ となる所得 Y_C である．図におけるリスク回避的な個人は，Y_L と Y_H がそれぞれ50%の確率で発現する状況を回避し，確実に所得 Y_C を手に入れることができるならば，最大 $(EY - Y_C)$ の金額をすすんで支払うことがわかる．この期待所得 EY と確実性等価 Y_C の差額はリスクをなくすことの対価であるから，それは保険価格もしくはリスク・プレミアムとなる．つまり，リスク・プレミアムとは，リスクを回避し確実性等価を得るための最大支払意思額である．

大規模集団におけるリスク・プーリング

図 5.1 の状況におかれている大勢の個人からなる集団（社会）では，保険会社との契約によってリスクをプールすることができる．その契約は，個人所得がどのような値になろうとも，実現する個人の所得と交換に，確実性等価 Y_C が支払われるという内容である．半数の個人の所得が Y_L そして残り半数の個人の所得が Y_H となるため，保険会社は1人当たり EY の収入を得，1人当たり $(EY - Y_C)$ の利潤を獲得することができる．

ここでリスクはプールされており，保険会社はリスクに直面していない．ただし，保険市場における利潤の存在は企業の新規参入を誘発し，保険の供給が増加する．その結果，保険価格は $(EY - Y_C)$ より小さくなり，個人が確実に得る所得は Y_C よりも大きくなる．さらに，市場が完全競争に近づくにつれ保険会社が得る利潤は減少し，その分だけ個人所得は増加する．つまり，競争的な保険市場は保険需要者にパレート改善をもたらす．

5.1.2 社会厚生と社会正義

政府も保険会社のように社会保険を提供することができる．政府による保険の提供は社会厚生関数という概念を用いて理解できる．社会厚生関数は社会の全構成員の効用を集計する関数であり，W を社会厚生の水準，U_i を個人 i の効用水準とすると，n 人の個人が存在する社会における社会厚生は

$$W = f(U_1, U_2, U_3, \cdots, U_n) \tag{5.1}$$

と表すことができる．個人の効用が増加すれば，それがだれであっても社会厚生は増加する．つまり，すべての個人 i に対して

$$\frac{\partial W}{\partial U_i} > 0 \qquad i = 1, \cdots, n \tag{5.2}$$

が成立する．この条件は，他の個人の効用水準を固定して，任意の個人効用を増加させると社会厚生は増加することを意味する．つまり，パレート改善は社会厚生 W を増加させる．しかし，この逆は必ずしも真ではない．つまり，だれかの厚生が低下する場合でも社会厚生は増加するケースがある．

パレート改善でない場合に社会厚生が増加するケースは図 5.2 に示されている．ここでは個人 1 と個人 2 からなる 2 人経済を考えている．任意の社会厚生水準を所与とした個人 1 と個人 2 の厚生水準の組み合わせは社会的無差別曲線と呼ばれる．図には任意の 2 つの社会的厚生水準に対して定義された 2 つの社会的無差別曲線 W_1 と W_2 が描かれ，W_2 は W_1 より高い社会厚生水準を表している．W_1 上の点 1 から W_2 上の点 2 への移動は両者の効用水準を上げることになるのでパレート基準を満たし，かつ，社会厚生水準も増加させることになる．点 1 から W_2 上の点 3 への動きも社会厚生水準を増加させる．しかし，個人 2 の効用水準は上がるが，個人 1 の効用は下がるのでパレート原理は満たされない．

また，パレート原理を満たさない変化でも，社会厚生水準が以前と同一の水準に保たれる場合がある．たとえば，W_1 上の点 1 から点 4 への動きは社会厚生水準を変えることはないが，ここでも個人 2 の効用水準は上がり個人 1 の効用は下がることになるのでパレート基準は満たされない．

(5.2) 式は個人の効用が 1 単位増加することによって社会厚生がどれだけ追加的に増加するかを表しているため，同式で与えられる情報は，社会厚生が評

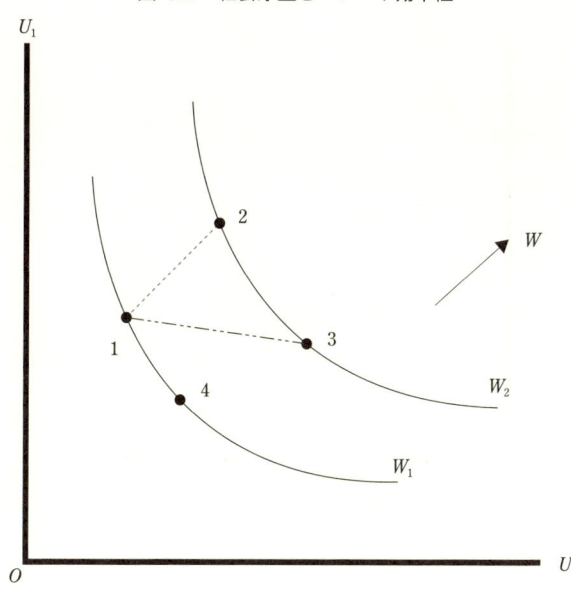

図 5.2　社会厚生とパレート効率性

価される場合の当該個人のウェイトとして解釈できる．この社会的ウェイトは一般的に定数ではない．たとえば，図5.2における各個人の社会的ウェイトは社会的無差別曲線にそって変化する．社会的無差別曲線の所与の点における傾きは，同点における2人の社会的ウェイトの比率であり，一方の個人の効用が変化した場合に，社会厚生を以前と同じ水準に保つためには他方の個人の効用がどれくらい変化しなければならないかを表している．つまり，それは各個人の効用間のトレードオフを社会がどのように評価しているかを表す指標である．

　ここで各個人とも同一の効用関数を有しており，効用の比較が可能であると仮定しよう．図5.3の45度線上で2人の効用水準は等しく，点 A では個人1の効用が個人2の効用よりも高い．さらに2人ともどちらの個人になるかは無知のヴェールの中でわからないが，実現される社会の状態が点 A となることは知っているとしよう．彼らがリスク回避的ならば，実現された点 A で個人1が比較的多くの効用を失うことになっても，個人2の効用が増加することを望むであろう．図5.3では，個人1が AB に相当する効用を失っても，個人2が少なくとも BD に相当する効用を得ることができるならば，両者と

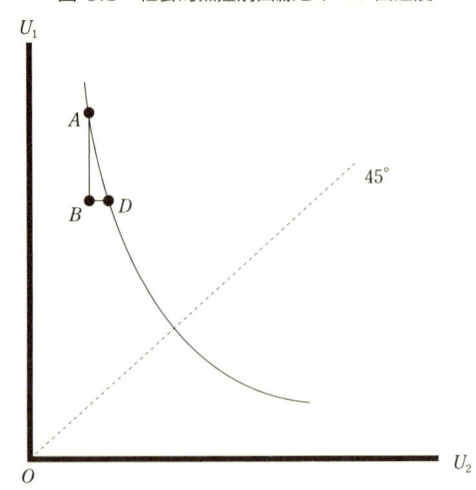

図 5.3　社会的無差別曲線とリスク回避度

もその効用の再分配に同意する．ここで，AB の値が BD の値よりも大きいことは，両人が点 A で個人 2 になるというリスクを回避したいことの現れである．

　特定個人の社会的ウェイトの値が他の個人の社会的ウェイトよりも大きいということは，社会厚生関数の値が前者の効用変化に対して後者のそれよりも敏感で，また，社会厚生関数によって前者の効用損失が後者のそれよりも保護されていることを意味する．したがって，社会厚生関数の形状，つまり，社会的ウェイトの値がどのように設定されるかが重要になる．特に，社会厚生関数は異なった個人を公正に扱い，特定の個人に対して恣意的に高いウェイトをおかないようにすることが大切である．

　無知のヴェールの中で，つまり，将来自分がどの個人になるかを知ることができない状態で社会厚生関数を選択することは，社会厚生関数の匿名性を保証するであろう．というのも，自分がだれになるかがわからない状態では，個人に特定化された自己利益は社会厚生関数を選ぶ社会的選択においては意味をもたないからである．

　図 5.4 は 45 度線を基準に対称となる社会的無差別曲線が描かれている．点 1 は 45 度線上にあるが，同点によって与えられる社会的無差別曲線上にある点 2 および点 3 は，点 1 および原点から等距離にある．この対称性は社会厚生の決定において個人の特定は意味をもたないことを示している．社会的無

5.1 社会厚生と社会保険

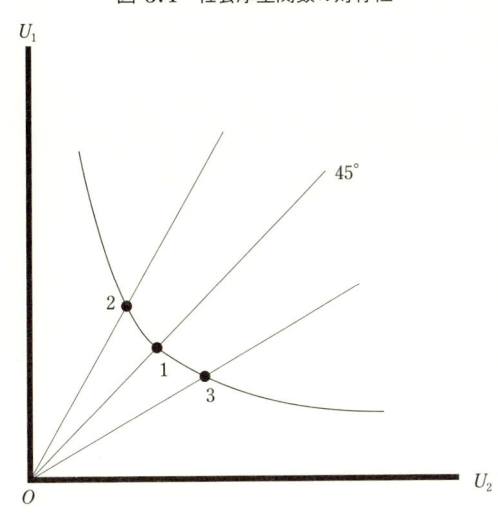

図 5.4 社会厚生関数の対称性

差別曲線の傾き，つまり，個人間の社会的トレードオフの度合いは，同曲線上の所与の点と 45 度線との距離のみに依存し，この特性により無差別性および匿名性が社会厚生関数に保証される．無知のヴェールの中では個人 1 や個人 2 となることに特定の個人的な利得は存在しないから，対称性を保持した社会厚生関数を選択することが同意されるであろう．

ここで政府が金額 Y を個人 1 と個人 2 に分配する問題を考える．とりあえずここでは Y の源泉は問わず，それは分配されるために存在するとしよう．個人 1 と 2 が受け取る所得をそれぞれ y_1, y_2 とすると，

$$Y = y_1 + y_2 \tag{5.3}$$

という関係が成立する．それぞれの所得からの効用は

$$U_1 = U(y_1), \quad U_2 = U(y_2) \tag{5.4}$$

と表される．

ここで無知のヴェールの中にある 2 人の個人を考え，彼らは個人 1 になるか個人 2 になるかわからない状態にあるとしよう．両者はリスク回避的であるとし，これらの効用関数は図 5.1 で描かれた形状をもち，その形状 $U(\cdot)$ は両者とも同一であると仮定しよう．

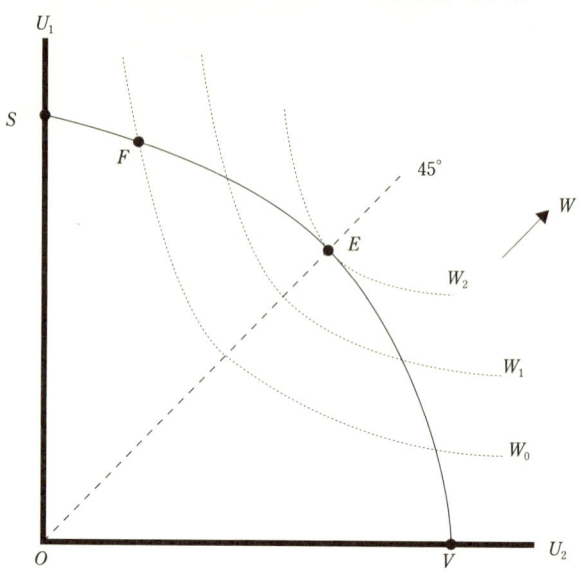

図 5.5 効用可能性フロンティアと社会厚生の最大化

　図 5.5 の SV は，個人 1 と 2 の所得分布 ($y_1, y_2 = Y - y_1$) に対応する両者の効用水準の組み合わせ ($U(y_1), U(Yy_1)$) の軌跡である．この曲線 SV は効用可能性フロンティアと呼ばれる．一方の個人所得の増加は他の個人所得の減少をともなうため，SV 上では一方の個人の効用減少なくして他の個人の効用を増加させることはできない．したがって，SV 上の所得分布はパレート最適である．

　つまり，図 5.5 の効用可能性曲線は，個人の効用関数が同一であるため 45 度線を挟んで対称となり，また，各個人がリスク回避的であるため（所得の限界効用が逓減するため）凹型となる．

　図 5.5 では SV 上の点 E で社会厚生が最大化されている．そこでは所得が等しく分配され，両者とも等しい効用を得る．所得を等しく分けることによって社会厚生が最大化されることは驚くべきことではない．この 2 人の効用関数は等しく，無知のヴェールの中ではその存在は同等である．「等しいものを等しく扱う」というルールがここでも適用されると考えられる．

　第 1 章では砂漠に取り残された 2 人が生き延びるに十分な水が 1 人分しか存在しない状況を考察した．この水は，分けて消費することでだれも便益を受けることができないという意味で不可分であった．図 5.5 の点 E による分配

は，このような水の例における不可分性は想定していない．つまり本章では所得 Y は完全に分割可能であると想定している．

　無知のヴェールの中で自分がどの個人になるかを知らない同質な個人にとっては，平等な所得分布を社会的に正しいものと定義できる．所得 Y が等しく分配される効用分布 E で社会厚生が最大化されるから，等しい所得分配によって社会正義が達成されると解釈され，社会正義の達成は平等化を通じての社会厚生の最大化と同値となる．

個人の効用関数の形状が異なる場合

　少し横道にそれて，各個人の効用関数の形状が異なる場合を考えてみよう．図 5.6 は，同じ条件のもとで個人 2 が個人 1 よりもより大きな効用水準を享受する能力をもっている場合を描いている．すべての所得 Y を個人 2 に与えると OV の大きさの効用を得るが，この値は個人 1 がすべての所得 Y を得たときに享受する効用 OS よりも大きい．このように異なった効用関数のため，社会厚生が最大化される効用分布は効用水準が等しくなる点 E ではない．ここでは，個人 2 に相対的に多くの所得を与えることによってより大きな社会厚生が達成される．図のように，社会的無差別曲線は 45 度線の下方で効用可能性曲線に接し，社会厚生が最大化される配分では個人 2 の効用が個人 1 の

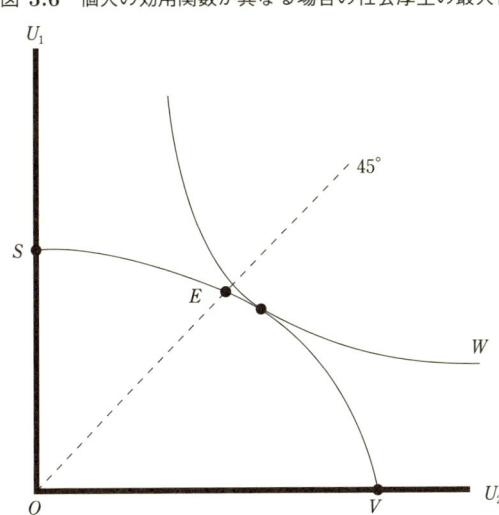

図 5.6　個人の効用関数が異なる場合の社会厚生の最大化

効用水準よりも大きいことがわかる．

おそらく人々が所与の所得水準から得る効用水準は異なるであろう．しかし，同一の所得から特定の個人が得る効用を測定し，それを個人間で比較することは難しい．一方，人々が同一の効用関数を有していると仮定することによって，効用というすべての個人に適用できる共通の測定単位によって，個人間の厚生比較が可能となる．

実際には社会厚生関数は無知のヴェールの中で選択されることはない．したがって，社会厚生関数の選択にはさまざまな問題が生じると予想できるが，たとえば100年後に用いる社会厚生関数を決定する場合では，社会厚生関数の採択と利用との間に十分な距離が存在するため，個人的な私益はその選択には影響を与えないだろう．しかし，そのような時間的乖離が保証されないのであれば，同一形態の効用関数を想定することによって特定の個人が社会厚生関数の選択において自己の効用を他の個人よりも有利に反映させようとする（おそらく多数決投票を通じた）行動を制限することができるであろう．また各個人が同一の効用関数を有すると想定することは，社会厚生関数が対称であることと同じ役割を有する．いずれの場合もそれは，無知のヴェールを脱いで（つまり，この世に生まれて）自分が何者かがわかった時点での私利私欲や特定の者に対する偏りを回避する役割をもつ．

5.1.3 効率性と所得再分配

次の問題は再分配にあてられる財源 Y の入手方法である．ここで政府は分配というよりも再分配を行うことに留意しよう．つまり政府は，一部の人々に対して課税を行い，他の人々に対して移転を行うのである．ただし，課税には超過負担が生じるため，所得再分配には「水漏れするバケツ (leaky buckets)」の問題がつきまとう．

個人2への所得移転のために個人1へ課税されるとしよう．図5.7aには，個人1の労働供給関数 S_{L1} が描かれており，その形状は，税引き後賃金率が低下するにしたがい，労働から余暇への代替が起こることを示している．ここで個人1は，賃金率 w_1 で1日 L_1 時間だけ働いている．政府が所得税率 t を課すと，税引き後賃金率は $w_1(1-t)$ へと減少するため，労働供給は L_{11} へと減少する．個人1からの税収は図の斜線部で表されており，この課税が引き

図 5.7a　課税と厚生損失

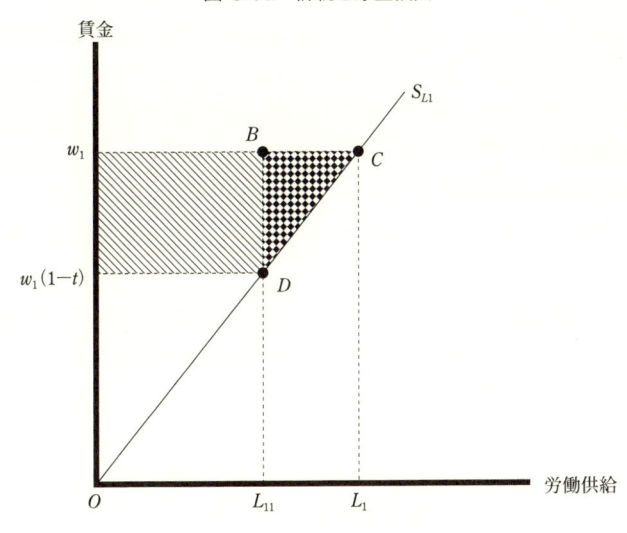

図 5.7b　補助金と厚生損失

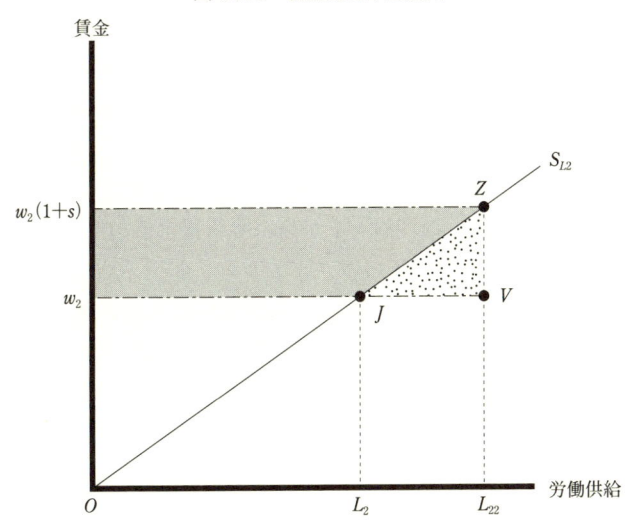

起こす厚生損失（超過負担）は BCD となる．

　個人1が支払う税金は定額で移転される場合もあるが，ここでは個人2の市場賃金率を定率補助するために使用されるとしよう．図5.7bでは個人2の労働供給関数 S_{L2} が描かれており，w_2 は補助金が存在しない場合の個人2

の市場賃金率である．ここで個人2への補助率をsとすると，彼が受け取る実質賃金率は$w_2(1+s)$へ増加することになり，その結果，彼の労働供給もL_2からL_{22}へ増加する．図5.7bでは，個人2に移転される金額は網がけの台形部分と三角形ZJVの合計で表され，この移転額は個人1からの税額（図5.7aの斜線部分）と等しくなる．個人2が得るこの補助金からの純便益は図5.7bの網がけの台形部分で表されるから，この所得移転から個人2が得る便益は移転金額より三角形ZJV分だけ小さい．つまり，移転を受け取る場合にも厚生損失が発生している．

図5.7bでは働くことを前提としているが，所得がないことを受給資格とすることもできよう．この場合，所得移転を受給しようと働くことをやめる者が存在すれば，厚生損失が発生すると考えられる．また，消費補助として移転を受けることもあろう．特に，支払われた税額は，ソーシャルワーカーからのカウンセリング，住宅サービス，教育サービス，医療サービス，もしくは，食事引換券（バウチャー）など受給対象者への現物給付に使用されるかもしれない．このような現物給付の形態をとる場合も，労働への補助と同様の厚生損失が存在することに留意しておこう．

このように「再分配というバケツ」には漏れがある．換言すれば，再分配は厚生損失を発生させる．以下では，この損失が社会厚生を最大化する所得再分配にどのような影響を与えるかを見ていこう．図5.8の点Fは，無知のヴェールを脱いだ個人1と個人2が市場で受け取る所得によって規定される効用分布である．この例では，個人1が高い所得獲得能力を有し，その結果，高所得・高効用を得ている．無知のヴェールの中に存在する2人の個人は，自分が何者かがわかるヴェールの外で社会厚生が最大化されるよう所得が再分配されることに合意しているとしよう．ヴェールの外で点Fが実現することが判明すると，同点では社会厚生は最大化されていないため，ヴェール内での合意にしたがって個人1から個人2へと所得再分配が行われる．

しかし，再分配は，バケツの漏れ，つまり，厚生損失を引き起こすため，点Fからの再分配による2人の効用の組み合わせは，たとえばFAのようにフロンティアFVの内部に位置する．ここで点Fから点Aへ移動するほど再分配の度合いが大きくなり，そのために大きな税収が必要とされる．そして，第2章で議論したように，税収の増加にともない厚生損失も増大する．この厚生損失に相当するものが，FVからの乖離である．

再分配後のフロンティア FA を所与にすると，社会厚生は点 1 で最大化される．したがって，点 F から点 1 への再分配は社会厚生を W_0 から W_1 へと増大させる．つまり，両者ともリスク回避的で，同一の効用関数を有し，社会厚生関数では対称に扱われているにもかかわらず，もはや社会厚生は平等な結果を表す 45 度線上では最適化されない．平等な効用分布は点 A で与えられるが，そこで達成される社会厚生は点 1 で達成される社会厚生 W_1 よりも低い．

所得再分配によって厚生損失が発生しないならば，効用が等しくなる 45 度線上の点 E で社会厚生は最大化される．所得再分配によって効率性が損なわれると，効用フロンティアは SV から内側へ移動する．一方，再分配が効用フロンティア SV に影響を与えないケースは，人々が報酬に関係なく働いている，換言すれば，市場によるインセンティブが個人の勤労に関する意思決定に影響を与えていないケースであることがわかる．

再分配から発生する効率性の損失は，効率性と等しい所得として定義された社会正義とのトレードオフをもたらす．このトレードオフの結果として，平等な効用をもたらす点 A ではなく，不均衡な効用が与えられる点 1 で社会厚生が最大化される．点 1 では点 F よりも，再分配によって効用の差は小さくなっているにしても，個人 1 は個人 2 よりも高い効用を享受している．つまり，所得格差は狭まったとしても，それが完璧になくなるわけではない[2]．

5.1.4 社会保険

政府による所得再分配は社会保険として解釈することが可能である．図 5.9 は図 5.8 を拡張し，起こりうる市場での結果を F_1 および F_2 として描いている．F_1 は個人 1 にとって有利であり，F_2 は個人 2 にとって有利である．これら 2 つの結果は同様の確率で発生し，対称的であるとしよう．

ここでも 2 人の個人は無知のヴェールの中で社会厚生を最大化するような所得再分配に合意したとしよう．初期値が F_1 であるならば点 1 が，初期値が F_2 であるならば点 2 が再分配によってもたらされる．いずれの場合も社会厚生は W_0 から W_1 へと増加する．このような再分配は F_1（F_2）で不利な状況

---

[2] 図 5.8 では，初期時点の格差が小さければ厚生損失も小さくなり，社会厚生水準は高くなることが示されている．ここで初期配分 F' は F よりも平等であり，点 1 よりも高い厚生水準を $1'$ で達成している．

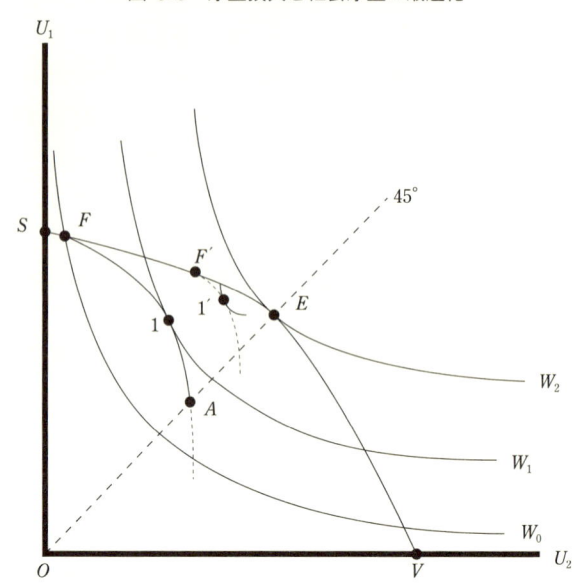

図 5.8　厚生損失と社会厚生の最適化

になる個人 2（個人 1）に対する保険として働く．

　完全な保険は F_1 もしくは F_2 から等しい効用水準がもたらされる 45 度線上への再分配を必要とする．点 1 や点 2 では再分配後の効用水準が均等でないため保険は完全ではない．しかし，この不完全な保険では社会厚生が最大化されていることに留意したい．

　ここで社会正義を完全な保険を要求するものとして再定義しよう．図 5.9 の場合，それは F_1 もしくは F_2 から点 A への再分配をもって達成される．しかし，所得再分配による厚生損失は完全な保険への障害となる．図で示されているように，点 A にいたる再分配による追加的な厚生損失は，点 1 もしくは点 2 を越えた時点で再分配から追加的に得られる社会厚生を上回ってしまうからである．

　ここの 2 人は無知のヴェールの中で社会厚生関数を選択すると同時に，この再分配による厚生損失がさらなる再分配を正当化しえなくなる点も選択している．再分配による厚生損失は，無知のヴェールを脱いだときの逆境に対する保険を整備するための対価である．したがって，この対価が大きいほど，再分配の度合いは小さくなる．

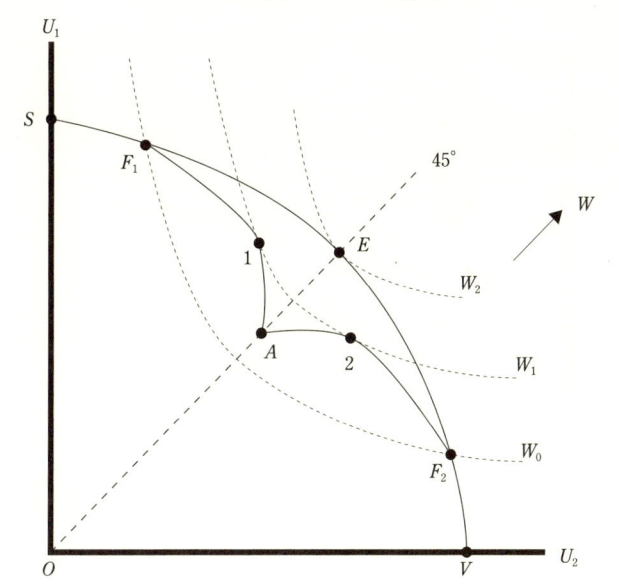

図 5.9 社会保険としての所得再分配

ロールズと最弱リンク

無知のヴェールの中では,多くの(もしくは無数の)対称的な社会厚生関数から1つの関数が選択される.そのような社会厚生関数はどのような特徴を有するのであろうか.哲学者ジョン・ロールズ(John Rawls, 1921-2002)は著書『正義論』(1971年)[3]で,もっとも貧しい人々,もしくは,もっとも不幸な人々の厚生を向上させることに焦点をおいた社会厚生関数を選ぶことを提唱している[4].そして,このもっとも不利な人々にできる最良の施策をとった後,次に不利な位置にある人々に対処するという手続きを繰り返し行うべきだと議論されている.この手続きのもとでは,もっとも恵まれない個人以外の効用は社会厚生の中で考慮されず,社会は鎖のようなものであり,その鎖の強さはもっとも弱い輪(=リンク)によって決定されると考えられる.この最弱リンク(weakest link)はもっとも恵まれない個人であるから,この最弱リンクの強

---

[3] Rawls, J. A., *The Theory of Justice*, Belknap Press, Cambridge, Massachusetts, 1971. (矢島鈞次訳『正義論』紀伊國屋書店, 1979年.)

[4] (訳者注)ただし,ロールズの正義論は非厚生主義的アプローチに基礎をおいているとも理解されている.

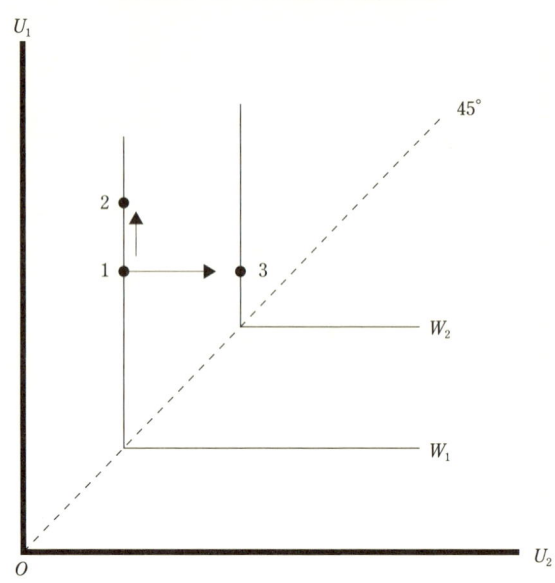

図 5.10　ロールズ型の社会厚生関数

化にすべての注意が払われることになる．

このロールズの社会厚生に関する考えからは，次のような社会厚生関数が導かれる．

$$W = \max\{\min U\} \tag{5.5}$$

つまり，社会はもっとも低い厚生を有する個人を同定し，その効用を最大化し，その作業を繰り返しすべての構成員に対して進めていく，という考えである．このロールズ型の社会厚生関数はマキシミン原理を用いており，社会の中でもっとも不利な個人の効用水準を高めることを目的とする．図 5.10 は，この社会厚生関数によって与えられる社会的無差別曲線が描かれている．それらは 45 度線において直角となる垂直線と水平線からなる．この形状は，豊かな人と貧しい人を助けることに何ら社会厚生上のトレードオフがないことを示している．社会厚生を向上させるのはもっとも貧しい人の効用の向上だけである．

図 5.10 の 45 度線よりも上の部分では個人 1 は個人 2 よりも高い効用を有しているが，ここでは個人 2 の効用が増加しない限り，社会厚生は増加しな

5.1 社会厚生と社会保険

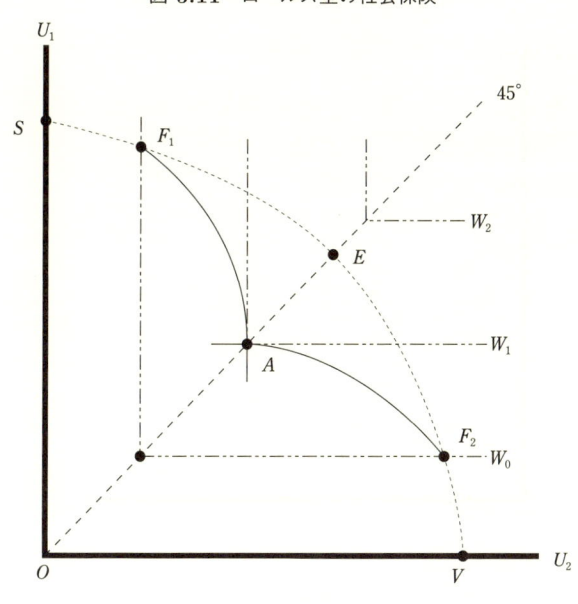

図 5.11 ロールズ型の社会保険

い．したがって，個人1のみの効用が増加する点1から点2への移動は社会厚生を変化させない．しかし，この変化は個人2の効用を減少させないのでパレート改善である．換言すればロールズ型の社会厚生関数は，効用が増加する個人が最弱リンクでない限り，パレート改善を社会改善として認めない．その一方で，個人2のみの効用が増加する点1から点3への移動は社会厚生を増加させる．

ロールズ型の社会厚生関数による社会的選好は辞書式である．そこには，もっとも恵まれない個人の効用の最大化を邪魔するような個人効用間のトレードオフは存在しない．(5.2) 式から理解できるように，もっとも恵まれない個人は正のウエイトを有しているが，他のすべての個人のウェイトはゼロであるからである．

図 5.11 はロールズ型の社会厚生関数を用いた社会保険を図示している．ロールズ型の社会的無差別曲線の形状から明らかなように，社会厚生は45度線上の点 A に到達するような所得再分配を通じて最大化される．したがって，図で例示された効用フロンティアを前提とするとロールズ型の社会厚生関数は完全な社会保険を提供することになる．

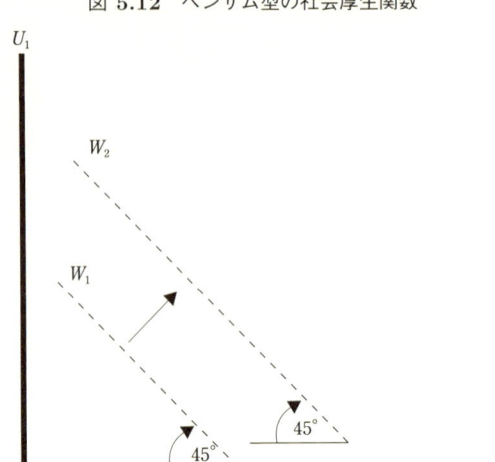

図 5.12 ベンサム型の社会厚生関数

ベンサム型の社会厚生関数

社会厚生関数のいま1つの定式化はイギリスの政治経済学者ジェレミー・ベンサム（Jeremy Bentham, 1748-1832）と関連付けられる．ベンサムは，社会は「最大多数の最大幸福」を追求すべきであると提唱した．社会厚生は，社会構成員すべての効用の合計値として解釈される．つまり，n人からなる社会では，社会厚生関数は

$$W = U_1 + U_2 + U_3 + \cdots + U_n \tag{5.6}$$

となる．ここではすべての構成員は同等の社会的ウェイト（= 1）を有している．2人からなる社会では，社会厚生は

$$W = U_1 + U_2 \tag{5.7}$$

と表される．図5.12の45度の角度をもった点線は，この2人からなる社会におけるベンサム型の社会的無差別曲線の形状を表している．

ベンサム型の社会的無差別曲線は右下がり45度の直線で表される．これは，異なった個人でも個人の効用は，社会厚生の計測において完全な代替関係にあることを示している．つまり，特定の個人が得る効用1単位は，他の個人が得る効用1単位と同等の価値を有しているということである．なお，社

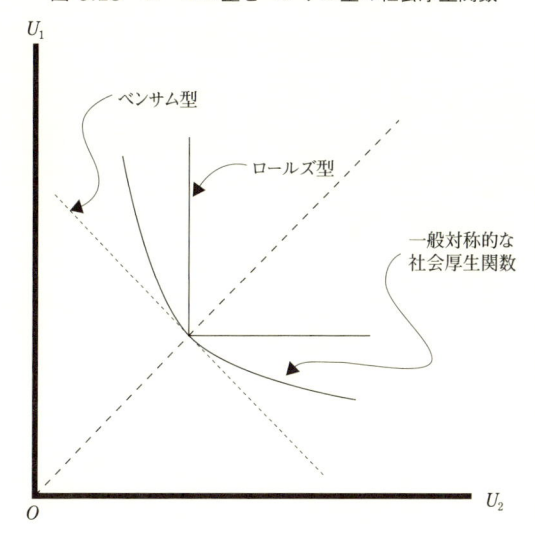

図 5.13 ロールズ型とベンサム型の社会厚生関数

会厚生は等しいウェイトがつけられた個人の効用の総和として表されるので，効用の分布は問題にはならない．

ロールズ型とベンサム型は社会厚生関数の極端なケースである．ロールズ型は単に所得分布ともっとも恵まれない個人にのみに関心があり，所得移転に税収が使用され納税者に再分配による厚生損失が起こっていたとしても関知しない．反対にベンサム型は所得分布には関心がなく，効用の総和を最大化することを望んでいる．

図 5.13 には，この 2 つの社会厚生関数から導出される社会的無差別曲線が描かれているが，個人効用に負の代替をもつ他の対称的な社会的無差別曲線は，両端をなすこの 2 つの無差別曲線に挟まれる形で描かれることになる．

図 5.14 にはベンサム型の社会厚生関数を用いた社会保険のケースが描かれている．効用フロンティアは描かれていないが，ここでも F_1 および F_2 は同様の確率で発生する市場による効用の分布である．$F_1 A$ と $F_2 A$ は再分配によって縮小した効用フロンティアである．もし初期の配分が F_1 (F_2) であれば，点 1 (点 2) で社会厚生は最大化される．この場合，個人 1 (2) から個人 2 (1) への所得再分配が行われることになり，社会厚生は W_0 から W_1 に増加する．図に示されているように，これらの再分配は両者の効用水準を同等の水準まで変化させないため，ベンサム型の場合の社会保険は不完全であること

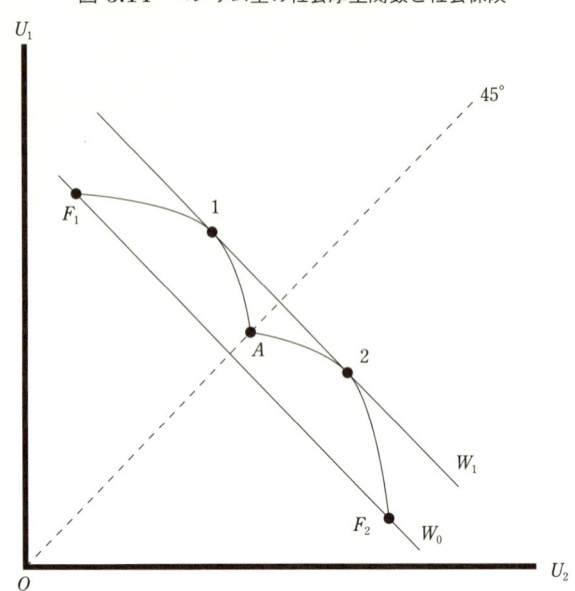

図 5.14　ベンサム型の社会厚生関数と社会保険

がわかる.

社会厚生関数の選択

　無知のヴェールの中でロールズ型の社会厚生関数が選ばれるということは，人々が悲惨な状態に陥ることを極度に心配していることを示している．この心配は非常に強いため，もっとも不利になる個人の効用で社会厚生を測るロールズ型を採択することに合意するのであろう．

　ここで 2 人のケースから n 人のケースに拡張しよう．無知のヴェールの中では，高い所得獲得能力をもつ個人の数が n_1 人，低い所得獲得能力をもつ個人の数が n_2 人になることがわかっている．高い能力をもつ個人の効用を U^H，低い能力をもつ個人の効用を U^L としよう．この場合，ベンサム型の社会厚生関数は

$$W = n_1 U^H + n_2 U^L \tag{5.8}$$

となる．これを全人口 $n = n_1 + n_2$ で割ると，

5.1 社会厚生と社会保険

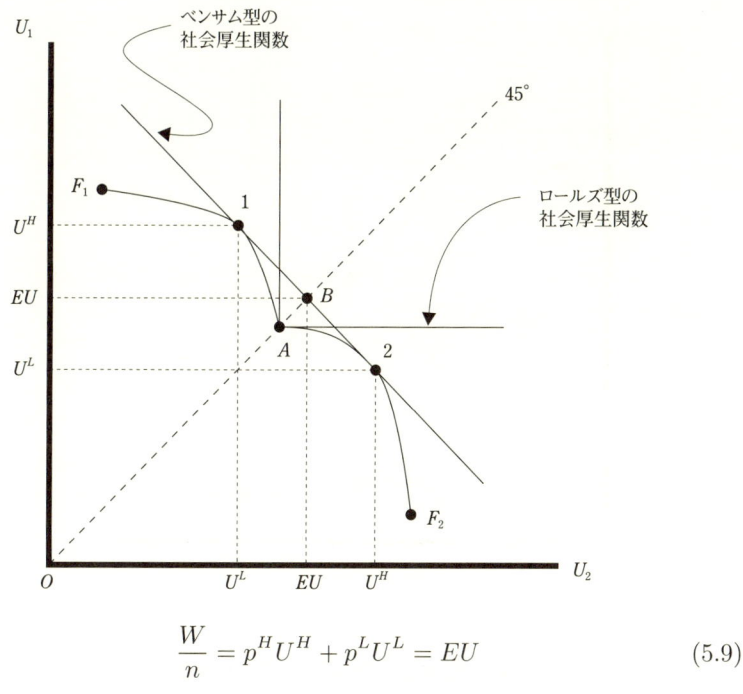

図 5.15 ベンサム型およびロールズ型の社会厚生関数と社会保険

$$\frac{W}{n} = p^H U^H + p^L U^L = EU \tag{5.9}$$

を得る．ここで，上記（5.9）式は高い所得および低い所得を得る確率を含んでおり，

$$p^H = \frac{n_1}{n} = 高い所得を獲得する確率$$
$$p^L = \frac{n_2}{n} = 低い所得を獲得する確率$$

となる．したがって，(5.9) 式のようなベンサム型の社会厚生関数は，無知のヴェールの中での各個人がもつ期待効用と等しくなり，個人の期待効用を最大化することは，ベンサム型の社会厚生関数を最大化すること同値となる．ここで，各タイプの個人効用に付されるウェイトは各タイプになる確率として客観的に与えられる．一方，ロールズ型の社会厚生関数はもっとも低い所得獲得能力をもつ個人の効用のみを最大化する．したがってここでは，高い所得獲得能力をもつ者はカウントされず，上記の各タイプの確率も関連をもたない．

図 5.15 はロールズ型とベンサム型の社会厚生関数に基づいた社会保険を比較している．ここでは2人からなる経済が描かれているが，ここでの議論は

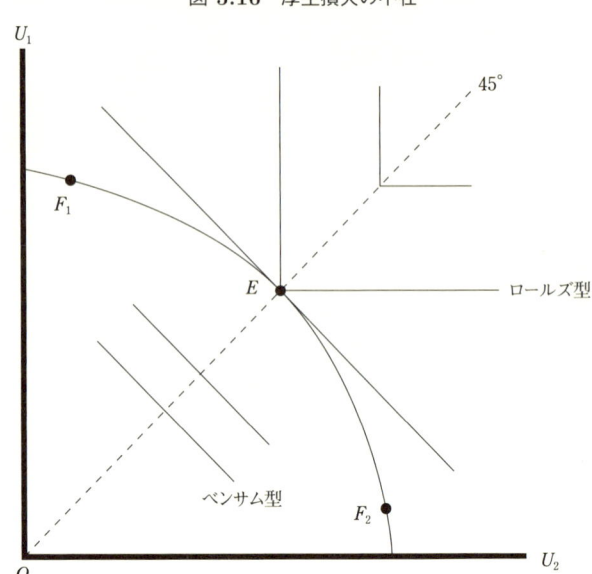

図 5.16 厚生損失の不在

一般的なケースに拡張可能である．ロールズ型の社会厚生関数は完全な保険により点 A の効用分布を達成する．ベンサム型の社会厚生関数は不完全な保険となり，市場での結果が F_1 か F_2 かに依存して点1もしくは点2が達成される．ベンサム型の社会厚生関数で与えられる期待効用は U_H と U_L の平均として点 B で与えられる．点 B は決して実現しないが，それは点1と点2になる確率が同一のくじと同値となる．

図 5.16 では再分配による厚生損失が存在しないケースが記してある．この場合は，市場の結果が F_1 や F_2 になろうとも，そして，社会厚生関数がロールズ型であってもベンサム型であっても，点 E で完全な保険を提供することになる．この結果により，社会厚生関数の違いによる結果の違いは，再分配による厚生損失が原因であることが理解できる．つまり，ベンサム型の社会厚生関数においては再分配による厚生損失を重視するために，効率性と所得の平等性の間にトレードオフが発生し，保険は不完全になる．一方，ロールズ型の社会厚生関数では，所得再分配からの厚生損失をこうむる担税者の効用はカウントされない．したがって，厚生損失がいくら存在しても問題とされず，所得が均等になるまで再配分が行われ，保険は完全となる．

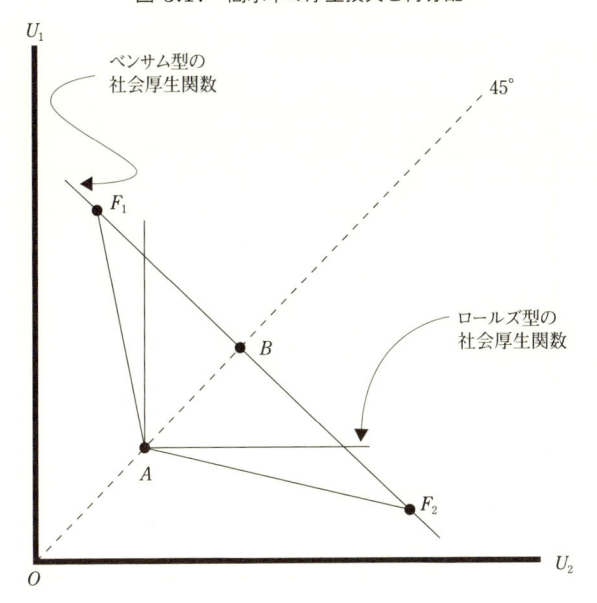

図 5.17 高水準の厚生損失と再分配

(図中ラベル: U_1, ベンサム型の社会厚生関数, 45°, F_1, B, ロールズ型の社会厚生関数, A, F_2, O, U_2)

しかし，図 5.17 のように再分配による厚生損失は非常に高くなる場合もある．同図は，効率性の損失を，急激に屈折している直線 F_1A および F_2A で表している．図から理解できるように，ベンサム型の社会厚生関数は F_1 もしくは F_2，つまり，市場で決定される点で最大化され，再分配はまったく行われない．これは無知のヴェールの中で合意されたことであり，この合意は非常に高い再分配の費用を考慮したものである．一方，ロールズ型の社会厚生関数では厚生損失は問題とならないので，図 5.17 の点 A がどれだけ原点に近づこうが，それが双方の効用水準を同時に低下させない範囲において，効用が均等化するように再分配が行われることになる．

リスク選好の差異と社会保険

図 5.18 はベンサム型やロールズ型ではない，より一般的な社会厚生関数のもとでの再分配を考えている．図で示されているように，社会的無差別曲線が直線となるベンサム型の場合は，点 1 もしくは点 2 で効用分布が決定するが，社会的無差別曲線の曲がり方が大きくなるほどより大きな社会保険が給付され，たとえば点 3 や点 4 のように，両者の効用格差は小さくなる．そして，

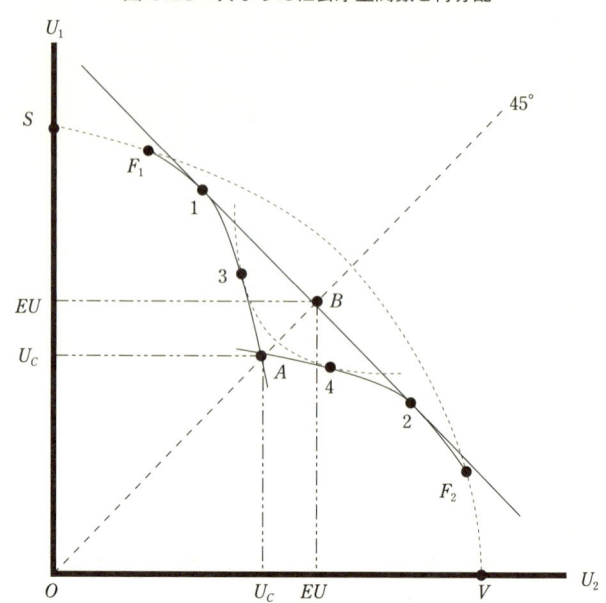

図 5.18　異なった社会厚生関数と再分配

社会的無差別曲線がロールズ型である場合は，だれもが確実に U_c の効用を得る．このような社会は包括的な社会保険プログラムが実施されている社会，もしくは，包括的な福祉国家であり，高い税率による高い厚生損失がもたらされている．再分配というバケツの水漏れが大きくなるほど，社会保険の費用は増大する．ロールズにしたがい社会厚生を定義する社会では平等は至高の価値であるから，図 5.18 の点 A のような完全な社会保険はいかなる費用も受け入れて達成される．

　ベンサム型の社会厚生関数を選択する社会は，人生を一種の宝くじとみなす．図 5.18 において，この宝くじは不完全な社会保険によってもたらされる期待効用 EU と同等の価値をもつ．ベンサム型における所得分布は点 1 や点 2 が示すように不平等ではあるが，ロールズ型の場合よりも厚生損失は小さい．ベンサム型での期待効用 EU はロールズ型での効用 U_c よりも大きい．しかし，後者は確実に得られる効用水準である．ベンサム型はくじであるから，無知のヴェールを脱いだ後では，自分にとって良い結果になるかもしれないし（個人 1 に対する点 1 と個人 2 に対する点 2），悪い結果になるかもしれない（個人 1 に対する点 2 と個人 2 に対する点 1）．

ベンサム型とロールズ型の中間的なケースでも人生は宝くじになる．ただし，図における点3や点4のようにベンサム型のケースよりも不平等は回避されている．しかし，その回避度にしたがい，再分配による厚生損失は大きくなる．つまり，社会厚生関数の形状および社会保険の度合いは，無知のヴェールの中で，所得の不平等や再分配による厚生損失をどれぐらい受け入れることができるかに依存する．

社会厚生の比較

　異なった社会厚生関数で測られた社会厚生水準同士を比べることはできない．ベンサム型やロールズ型の社会厚生関数，もしくは，他のより一般的な社会厚生関数は，効用分布をそれぞれの異なった基準で順位付けしているからである．

　しかし，効用自体は所得に依存するので，社会厚生関数の選択の結果としてもたらされる個人の効用水準は比較することができる．それでも，ロールズの追随者は，所得だけで得られる個人の効用よりも広い観点をもって社会厚生を定義するかもしれない．ロールズ型の社会厚生関数はどのような状況でも妥協すべきではない至高の価値として社会的な平等を規定しているからである．

　社会保険の指針としてロールズ型の社会厚生関数が選択された場合，社会的（もしくは所得の）平等と人々の勤労意欲をどのように調和させるべきかという問題が発生する．ロールズ型の社会厚生関数も，人々が自ら努力し働くことを前提としている．しかし，完全な保険を通じた再分配により，究極的に人々の所得は自己の努力ではなくすべての社会構成員による努力の平均値によって決定されるため，努力して所得を得ようとするインセンティブが損なわれる．したがって，ロールズを信奉する人々は，人々はそれぞれの能力に応じて努力し貢献を行うと（もしくは行わせることができると）望むしかないのである．

5.1.5　市場における保険の売買

　ここまでは，政府の存在を前提として議論を進めてきた．社会保険は社会正義を達成するための手段であり，それがカバーする範囲は政府が選択する社会厚生関数によって規定されると考えていた．しかし，社会保険供給に政府は必要なのであろうか．市場で同様の保険が提供されることは不可能なのであろう

か．

社会保険の目的

　市場による社会保険の提供を考える前に，社会保険の対象となる事象の本質について検討しよう．私たちは社会保険を利用して，主に低所得や剥奪に対して備えることができる．収入が途絶えたときに，社会保険も助けてくれる家族や友人も存在しないならば，生活することすら困難になる．勤労が困難な高齢者，幼児をもった母親，事故や先天的・後天的な健康上の理由による障害者は，特に，このような所得喪失の危険にさらされている．

　また，働くことが可能であるのに職を得ることができない人もいる．賃金を問わなければ必ず何らかの職を得ることができるから，問題は市場が提供する賃金では最低限とされる生活さえもできないということである．法律で決められた最低賃金は，この最低限の生活水準を何らかの形で反映したものである．図 5.19 には法定最低賃金率よりも低い労働の限界生産を有する個人が描かれている．この個人を雇うと雇主は損をする．たとえば，この個人が最低賃金率で L_1 時間雇われるならば，雇主には灰色の部分に相当する損失が発生するた

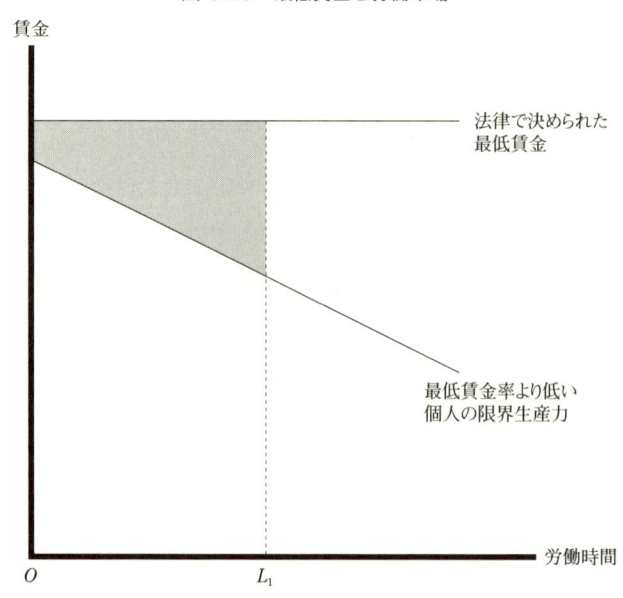

図 **5.19**　最低賃金と労働市場

め，雇主はこの個人を雇わない．また，政府が最低賃金以下で働くことを労働者に対して禁止している場合もある．いずれにせよ，この個人は職を得ることができない．

市場はすべての個人に保険を提供することはできない．しかし，十分な所得を有しているならば，民間の失業保険を購入することができ，けがや健康障害による所得損失を補填することもできる．また，高齢退職後の所得給付や世帯主死亡による家族保障も民間保険によって可能となる．

しかし，民間保険ではすべてのリスクには対応できない．たとえば，生前には保険を買えないので，悲惨な家庭環境に生まれるというリスクに対して保険を利用することはできないし，将来，自分の子供が得る所得に発生するリスクに対しても保険をかけることはできない．さらに，民間の保険会社自体が提供することを好まない保険もある．一般的に，民間保険会社は将来の個人所得を保障することはない．たとえば，子供が増えることによる支出増や離婚による生活苦に対して保険が提供されることはないであろう．また，つねに職をもたない個人に対する保険も提供されることはないであろう．

民間の保険会社が保険を提供することを拒む主な理由は，(1) 逆選択 (adverse selection)，(2) 保険請求事由の検証不可能性，そして，(3) モラルハザード (moral hazard) である．これらはすべて情報の非対称性と関連している．

逆選択

保険の購入者が自身の特性やリスクを保険の提供者よりもよく知っている場合に逆選択は発生する．たとえば，勤労意欲が低い者は，自身の所得を維持するために保険金給付がつねに必要であることを理解している．そのような高リスク者が，雇用保険の対象として勤労意欲が高くつねに所得を得ている低リスク者と同グループに扱われれば，実質的に低リスク者から高リスク者へ系統的に所得が移転されることになる．その場合，低リスクの個人は，自分自身でリスクに対応することが有利であるので，保険市場から退出する．この退出はさらに，残された契約者の保険料を上昇させる．それによってリスクが相対的に低い個人から市場退出が始まり，さらなる保険料の上昇につながる．そして最後は，保険料の上昇に見合った高リスク者のみが保険市場に残存することになる．つまり，低リスク者は高リスク者への実質的な所得移転を嫌い市場から退出し，高リスク者は保険料が上昇するにもかかわらず保険市場に残存する．こ

の逆選択によって，民間保険市場は崩壊する．

　民間保険会社が個人リスクを識別できれば保険市場は維持できる．しかし，その場合は，高リスク者が保険市場から排除されてしまう．たとえば，健康保険が雇用主を通じて提供される場合，雇用されていない者は自ら保険会社と健康保険を契約する必要がある．たとえば，この非就業者が健康上の理由から高い保険需要をもつ傾向にあるとしよう．そうであるならば，保険会社は高い保険料金を設定するであろう．しかし，その高料金のため保険会社は社会的な批判を受けるかもしれないし，そもそも当該保険が売れないかもしれない．そして結局，保険会社は保険を販売しないかもしれない．

　保険会社が個人リスクを識別することができなければ，逆選択を通じて保険市場は崩壊してしまう．しかし，保険会社が個人リスクを識別できれば民間による保険の供給は可能となるが，保険サービスを受けることができないグループが社会に存在することになる．

検証不可能性

　保険会社が保険金給付の根拠となる真の事由を検証できない場合，市場では保険は供給されない．たとえば，心の病による失職に対する保障として保険を購入したい消費者を考えよう．ここで失職の原因が心の病であることを検証することは難しい．心の病自体はランダムに発生する事象ではあるが，本当に心の病で失職した個人と，本当は働きたくないだけなのに心の病で失職したと主張する個人を，個人の申請だけからは区別することはできない．したがって，民間の保険会社はこのようなケースに対して保険を提供することに消極的である．ここでも逆選択と同様，情報の非対称性がある．つまり，保険を求めている消費者は失職にいたった真の理由を知っているが，保険会社はその真の理由を知ることができないのである．

モラルハザード

　保険が適用される対象は，個人が影響を与えることができない予測不可能で確率的に独立した事象である．それは個人の責任に帰される性格のものではない．新しい産業技術の普及や予測できない健康障害によって失職するかもしれないし，家庭の事情で学業を継続することが困難になるかもしれない．また，配偶者の別離・死去によって幼い子供を1人でかかえることになるかもしれ

ない．これらは個人の意思ではコントロールできない事象である．しかし，このような困った事象の発生確率に個人が影響を与えることができる場合がある．「モラルハザード」とは，そのような個人の行動を描写する概念である．望まない結果の発生確率は，その結果が起こらないような個人の努力に依存するかもしれない．この努力が保険会社にとって観察可能ならば，保険会社は努力を怠った個人を保険給付の対象から排除することができる．つまり，「努力」を条件として保険の契約を結ぶことができれば，モラルハザードは回避できる．

しかし，個人の努力を観察できないならば，民間市場で保険は供給されないであろう．保険会社にとっての危険（＝ハザード）は，被保険者に当然期待されている配慮や努力がないことを通じて「倫理に関わる（＝モラル）」ものとなる．一生懸命働くより酒場や海岸での飲酒を好む人がいるかもしれない．働いていないという観察可能な結果に基づき保険金が給付されれば，被保険者は新しい仕事を探さないかもしれないし，自分から失職するような行為をするかもしれない．同様に学業を失敗することによる所得の損失に対して保険が適用されれば，勉強をやめる人が出てくるかもしれない．

このようなケースでは個人の行動が好ましくない結果の発生確率に影響を与える．しかし，その結果はもはや被保険者にとって「好ましくない」ものではない．保険会社が損失を完全に補償してくれるのであるならば，努力することなくして努力した場合と同様の結果を得ることができるからである．

ここでも問題は情報の非対称性である．つまり，好ましくない結果を回避する個人の努力水準は本人にしかわからず，保険会社は努力そのものではなく，その努力の結果しか観察できないことである．

5.1.6　最後の拠り所としての政府

民間で保険が提供されないならば，政府が最後の拠り所として保険を提供することになる．ここで政府は，税を課し再分配を行うことによって保険会社のように振る舞う．しかし，保険を提供する政府も，民間の保険会社と同様の3つの問題に直面することになる．

逆選択

　政府は保険参加を強制することにより逆選択の問題に対処できる．逆選択は低リスク者の退出により生じるが，国民皆保険の強制によりこの問題は回避できる．この皆保険の強制は以下のような無知のヴェールに基づいた議論を利用して正当化できる．

　保険という社会契約は，無知のヴェールの中で，つまり，自分がどのような状態になるかわからないまま結ばれる．しかし，自分が恵まれた立場であることがわかれば，この社会契約から脱退したいと願うであろう．つまり，高額所得者は再分配をおこなう社会契約を反故にすることを試みるであろう．

　ここでの逆選択はある種の時間的非整合性と関連している．無知のヴェールの中では社会契約を結ぶが，自分の立場が明らかになり自己が再分配の給付を受けるのではなく税を負担する確率が高くなるとわかると，そのような社会契約を結んだことを後悔し，その社会保険から脱退しようとする．自分がだれかわかった段階で，社会保険はもはや「保険」ではなく，むしろ，成功した個人の負担で成立する再分配の仕組みでしかない．したがって，脱退が可能であれば，この時間的非整合性は社会保険の崩壊につながる．

　1つの脱退方法は他の政府が管轄する地域への移動である．税率が低く再分配の程度が低い地域に移動することにより，低リスク者は既存の強制皆保険から逃れることができる．その結果，高リスク者のみが残される．したがって，このような地域間の人口移動が発生するのであれば，社会保険にも居住地選択を通じて逆選択が発生する．

検証不可能性

　検証不可能性に関しては政府も民間会社と同様の問題を抱えている．たとえば，政府も失業保険の給付において，心の病によって失業しているのか，怠けたいから失業しているのかを検証することはできない．

モラルハザード

　モラルハザードに関しても政府に有利性が存在するわけではない．ここでも個人の努力が観察される必要があるが，政府にとっても情報の非対称性は存在し，個人努力を検証することは難しい．たとえば，自己がコントロールできない不幸な理由ではなく，単に働くよりは快適だという理由で政府から所得給付

を受ける者もいるだろう．

　社会保険は，モラルハザードを通じて生産性を低下させるかもしれない．社会保険が十分な所得を保障するならば，個人の自尊心や仕事からの満足が重要でない限りにおいて，人々は仕事を探すこともしないであろうし，勤労機会が与えられても働くことはないであろう．

　社会保険によって政府に頼って生活するという風潮が蔓延するかもしれない．社会規範の変化は，モラルハザードと絡み合い社会保障への需要を変える可能性がある．福祉給付に対するスティグマ（恥辱の烙印）が存在すれば，政府に依存した生活をある程度抑止できる．しかし，多くの人々が福祉給付に依存するようになれば，社会規範が変化し，スティグマは消えるだろう．その結果，福祉給付に依存して生活することは極当然のこととして社会的に受け入れられるかもしれない．

　また，生活様式の変化も社会保険給付に影響を与える．たとえば，未婚女性の出産が社会的に認められれば，その数は増加し，彼女らを給付対象とする社会保険の需要は増大するであろう．

　社会保険が母子家庭を対象としないならば，未婚女性の出産や有子女性の離婚は少なくなるであろう．反対に保険の対象となるならば，それらのケースは増えることになる．特に離婚の場合，社会保険が適用されるならば，父親は残される母と子をそれほど心配する必要もない．このように社会保険は人々の選択に影響を与え，モラルハザードを発生させる．

　社会保険の受給資格を得るために人々は自助努力を怠る．このようなモラルハザードは，社会の生産性を低下させ，資源の損失を引き起こす．そのような行動は当該個人にとってはもっとも好ましい選択であるから個人的な便益は発生する．しかし，増加する社会保険給付を調達するために増税が必要とされ，その増税は厚生損失を発生させる．

　以上のように，政府が社会保険を供給する場合であっても，モラルハザードが発生し，社会正義が損なわれる．このモラルハザードによって，社会正義の基準では正当化できない方法で社会保険制度は所得を再分配しているのである．

5.1.7　社会保険と政治過程

　いままでは無知のヴェールの中で結ばれた社会契約として社会保険をとらえてきたが，もちろんそれは実際の社会保険が決定される過程ではない．実際の社会保険制度は，自分が置かれている立場を十分理解した人々が投票や政治過程を通じて決定するものである．多数決ルールのもとでは中位投票者が決定権をもつ．したがって，社会保険の仕組みは中位投票者が直面するリスクに依存することになる．

　原則的には，社会正義の定義，および，社会厚生関数を通じた社会保険の範囲は投票を通じて決定されるべきであろう．しかし，非対称情報の問題（逆選択，検証不可能性，モラルハザード）により，人々の関心は社会保険の設計ではなく，再分配のための自己の税負担へシフトする．たとえば，高所得者や低リスク者は低所得者への再分配のために高い税金を払いたいとは思わないであろう．このような負担回避の志向から，逆選択の背後にある時間的非整合性を垣間見ることができる．無知のヴェールの中では，後に高所得を得る個人は，広範囲の社会保障に賛同したかもしれない．しかし，一旦自分が高所得者であることがわかると，広範囲の社会保険に賛成することはないであろう．したがって，実際の社会保険範囲の決定（もしくは社会厚生関数の選択）は，この逆選択によって影響を受ける．

　受給者がモラルハザードを起こしているか否かという判断も社会保険への投票行動に影響を与える．たとえば，勤勉に働いている低所得者も，他人に依存し怠惰な生活を送っていると彼らか感じる人たちに，自分が支払った税金を渡したくはないであろう．

　受給者が真に公的な支援を必要としているかを検証できないことも投票者の行動に影響を与える．家族が援助できないか否か，本当に受給者が働けないのか，そして，給付を受けながら隠れて働いているのではないかという疑問が起こるかもしれない．

　公的援助を受ける資格がある人と受ける資格がない人の区別が情報の非対称性により不可能である場合，社会保険の範囲の決定において2種類の過誤が生じる．まずは，援助を必要とする人々のために設計された仕組みが，結果として，援助を必要としない人々にも手厚い援助を与えてしまう過誤である．次は，援助を必要としない人々への給付を減らそうとして，援助を必要とする人

が受給できなくなるという過誤である．

5.1.8 地球規模の社会保険

　地球規模の社会保険が存在すれば世界のどこに生まれても，不幸に見舞われたときにはいつでも補償を受けることができる．このような社会保険が存在すれば，基本的な保健サービスや教育サービスを受けることができるだろうし，水や電気もない土床の汚い家に居住することもないだろう．

　地球規模の社会保険が存在すれば，HIV患者が大多数を占める国に生まれ，さまざまな逆境に直面することもないだろう．HIV患者のいる家族の子供たちは，患者の看護のため教育を受ける機会もない．教育が十分でないと将来所得も低くなる．親が障害を有していたり，また，亡くなっていたりする場合は，子供たちはさらに苦しい状況に陥る．

　一部の国では，女性の個人の自由と人間としての尊厳が侵害されている．さらに，女性教育には社会的な偏見が存在し，また，家庭外での女性行動は制約されている．このことから女性の就業機会は制限され，彼女たちの所得獲得能力は低く抑えられている．女性教育に対する偏見は社会規範の反映であるかもしれないが，女性の教育を通じて生産性を高めるという経済上のインセンティブも，女性就業の機会制限によって阻害されていることに留意すべきである．

　上記のような状況を考えると，無知のヴェールの中にある人々はどこに生まれようとも保護を受けられること，つまり，地球規模の社会保険を望むことになるであろう．

　地球規模の社会保険という考えは高所得国や国際機関による海外援助プログラムに反映されている．特に世界銀行や国際通貨基金は低所得国に融資や開発援助を与えることによって貧困を緩和しようとしている．本来保障すべき事象を保険がカバーしているならば，その給付はランダムに発生することになる．しかし，世界銀行や国際通貨基金による援助はランダムに分布する傾向は示さず，むしろ，ほとんどが同一の国に連続して給付されているようである．したがって，この地球規模の社会保険として行動しているように見える国際機関は，既述のモラルハザードによる問題に直面しているようだ．国際機関は低所得国における人々の厚生を向上させるために，公共投資，保健サービス，そして，教育サービスのため資金援助をしてきた．しかし，ほとんど例外なく，多

くの資金が地域住民の役に立つことなく無駄に費やされてきている．

ウィリアム・イースタリー（William Esterly）は，世界銀行の援助は低所得国の低所得者層にとってほとんど役に立っていないどころか，彼らの状況を悪化させている場合もあると議論している．被援助国には，低所得者層の厚生を向上させる政策をとることを条件に資金が提供される．イースタリーは彼の世界銀行勤務の経験から，ここでモラルハザードと呼ぶ現象を指摘する．「援助機関は低所得者の状況を改善したいため，条件が合わなくても結局は援助してしまう．被援助国はそれを予測できるため，改革を行うことなく，また，低所得者層を救うこともなく，ただ座って待つだけである．……つまり，低所得者は援助機関からお金を引き出すための人質なのである．」[5]

低所得国の債務に関してもモラルハザードが存在する．低所得国の債務が膨れ上がり返済が明らかに不可能である場合，一部の債務が免除されることがある．もちろん，そのような債務国に人々が同情し，債務を帳消しにすれば新たな出発を迎えることができる．しかし，債務が免除されても，またすぐに債務は累積し，さらなる債務免除しか手段が残されない可能性もある．これに関してイースタリーは「この高い債務残高をまねいたものと同じ資金運営のミスが，本当に必要としている人々に債務免除という海外援助が届くことを阻害している」と議論している[6]．

低所得国の公共部門はしばしば現地の政治エリートのコントロール下にある．彼らは，自分の国が低所得国でなくなったら，自分のために使用できる世界銀行や国際通貨基金からの資金を得ることができなくなることを知っている．ここからイースタリーが低所得国の低所得者を人質と呼んだのが理解できる．つまり，低所得国の政治エリートは，自国の低所得者を人質にして，自分自身の便益のために援助資金を得ようとしているのである．つまり，彼ら政治エリートにモラルハザードが発生しているのである．

保険給付を受ける確率を増加できる場合，もしくは，その受給が確実な場合に，モラルハザードが発生する．これと同じことが世界銀行や国際通貨基金の援助に発生することはすでに議論した．このモラルハザードはプリンシパル -

---

5) Easterly, W., *The Elusive Quest for Growth: Economists' Adventures and Misadventures in the Topics*, The MIT Press, Cambridge, Massachusetts, 2001, p.116.（小浜裕久・冨田陽子・織井啓介訳『エコノミスト　南の貧困と闘う』東洋経済新報社，2003年．）

6) *ibid.*, p.136.

エージェント問題 (principal-agent problem) に深く関係している．ここでは世界銀行と国際通貨基金がプリンシパルであり，低開発国の政府がエージェントである．エージェントはプリンシパルから渡された援助資金を，プリンシパルが意図する目的のために使用する．しかし，実際には低所得国の政府がプリンシパルとなり，本来なら低所得者のために使用すべき資源を横取りできる．ここでは自国民が貧しいままであることに利得を見いだす低所得国の政府行動にモラルハザードが見られる．それにより将来もう一度低所得者を救うという名目のもと援助を受けることができるからである．この問題のため低所得国の低所得者（低所得国のすべての人々ではない）を援助する地球規模の社会保険は成功したためしがない．

5.2 受給資格とインセンティブ

政府により社会保険を通じて便益が支給される場合，人々は，社会保険契約における受給資格 (entitlements) を授けられているという．それは，現金給付の場合もあるし，医療，教育，住宅，食料などのような**現物給付**の場合もある．このような便益給付は，教育が社会の教育水準を向上させ，医療が疾病率を低下させるように，外部性を有する場合がある．しかし，この節では，これらの給付が有する私的な便益に焦点を絞り，公共部門が私的財を供給する場合を分析対象とする．

特定の個人に給付が行われる場合，所得や資産もしくは年齢が受給資格を規定することになる．特定の人々が受給するように，公的部門による補助や無料給付の対象となるサービスは，市場で供給されるサービスよりも意図的に低く抑えられるかもしれない．これによって，市場でより良いサービスを購入できる人々を公的給付の対象から排除できるからだ．そのような人々を排除するのには，受給のために役所まで出向かねばならないことも役立つだろう．さらに，役所による屈辱的な扱いも，真に公的受給を必要とする人々に対象を絞ることを意図したものかもしれない．

公的給付はそれを必要としている人々をのみを対象とするのではなく，広く一般に開放されている場合もある．一部の国では医療サービスは無料で供給されている．ほとんどの国において教育もそうである．しかし，公的に給付されるサービスの質が劣っていれば，一部の人は自ら質の高いサービスを市場で

購入することになる．このような人々は，公的な無料サービスを受けることなく，費用のみを自らの税金で負担し，かつ，市場で二重に料金を支払っていることになる．

5.2.1　モラルハザードと社会的援助

まずはモラルハザードと所得保障の関係について考慮しよう．前節で，受給資格は受給者の行動を変化させ，モラルハザードが生じる可能性について議論した．そのようなモラルハザードは，就業，妊娠・出産，そして，結婚などの意思決定に影響を与えることがある．たとえば，所得を得ないことを条件にお金が支払われれば，「所得を得ないこと」に補助金が与えられ，「所得を得ること」が抑圧される．同様に，母子家庭への給付は，男親の不在への補助金，そして，男親の存在への課税を意味する．また，未婚出産を福祉の対象とすることは，結婚しないことに補助金を与え，結婚することに課税することに等しい．給付対象者が社会規範に反する行動をとるとき，モラルハザードを原因として，社会と受給対象者との間にプリンシパル・エージェント問題が発生する．この問題はインセンティブを適切に設計することによって，受給者に意図せざる行動をとらせないような受給方法を考える必要がある．

仕事とワークフェア

低所得者層の労働を奨励するように所得税を設計することで，受給資格と労働努力とを関連付けることができるだろう．たとえば，低所得者対象の税額控除は限界税率を負とするので，労働に対する補助金の役目を果たす．その一方で，高所得部分では限界税率は正となるので，この補助金は高所得者に対しては適用されない．また，このような所得税制を利用した給付は，所得申告によるので，受給資格を決定する新しい官僚機構を置く必要がないという利点もある．

ここで Y 円の所得が必ず保障されるケースを考えよう．ここでの問題はその保障をどのように提供するか，ということである．図 5.20 にはある個人の労働供給 S_L が描いてある．この個人は w の賃金率で働くことができるが，w は S_L の下に位置しているから，働くことによる限界費用 S_L はその限界便益 w をつねに上回っていることがわかる．ここで無収入を条件に Y 円の所得を

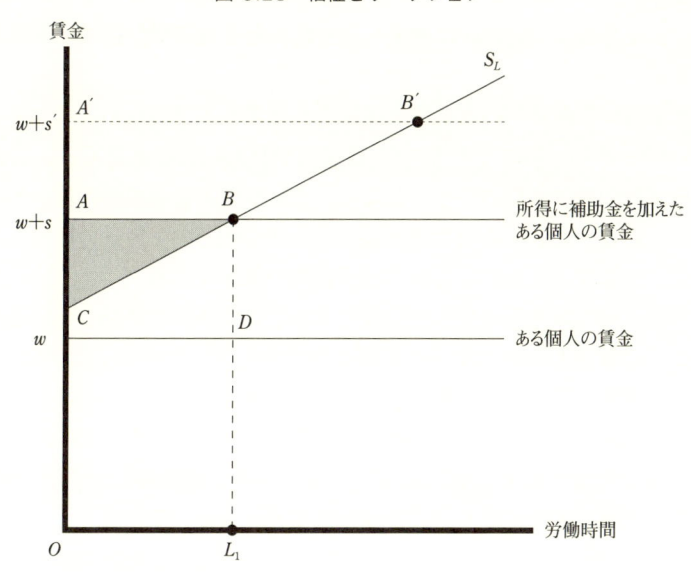

図 5.20　福祉とワークフェア

保障すれば，この個人は働くことはない．その一方で，労働時間単位当たり s 円の補助金が与えられると，この個人は働くことによって時間当たり $(w+s)$ 円を得る．図 5.20 では $(w+s)$ の賃金率に対応し L_1 の労働供給が行われている．ここで Y 円の所得を保障するためには，s の水準を

$$Y = (w+s)L_1 \tag{5.10}$$

となるように設定すればよい．

　無収入を条件に Y 円与えるケースと，市場賃金率に補助率 s を上乗せして結果として Y 円を獲得させるケースを対比しよう．両ケースとも Y 円が保障されていることは同じであるが，後者では前者で必要とされない労働努力が必要とされるため，後者（＝補助金）のほうが個人の効用水準は低くなる．単に Y 円を与える場合は，対価が存在しないので収入 Y 円を表す ABL_1O が丸々純便益となる．その一方で補助金の場合は，収入が ABL_1O であることは変わらないが，勤労の費用 CBL_1O が発生する．つまり，Y 円を手に入れるために対価 CBL_1O を支払う必要があり，その結果，純便益は ABC と小さくなる．

　担税者は後者の補助金のケースを好むであろう．前者のケースでは担税者は

給付額 Y 円とその調達にともなう厚生損失を負担せねばならないが，後者のケースでは給付額は $ABDw$ に減少し，それにともなう厚生損失も小さくなるからである．

　補助率を用いる政策への変更は，受給者の効用を下げるためにパレート改善ではない．しかし，ここで Y 円の所得保障が社会の関心事ならば，受給者の効用の低下は問題ではないかもしれない．その場合，賃金補助が社会的に好ましいことになる．ここでの社会的便益は，wDL_1O 分の生産量の増加，課税水準の低下，および，それにともなう厚生損失の低下である．

　ここでは，個人の意思に反しても働くべきという価値判断をしているわけではないことに注意したい．十分な所得や富を有していれば働くことはないし，勤労時間と余暇時間も自由に配分することもできる．ここでの価値判断は，能力があるのに働かない人を税金で援助する義務はないということである．

　補助率 s は労働へのインセンティブを変化させ，所得移転の受給者を Y 円稼ぐように誘導するだけである．不満があるとすれば，働くことなく受給していた Y 円を，働くことを対価として受給するという，受給者の負担増が考慮されていないということだけであろう．

家族構成に依存した福祉給付

　公的扶助の目的は貧困の回避である．しかし，その受給資格が子供の数や男親の不在などに依存する場合，公的扶助が貧困を引き起こすというジレンマが存在する．たとえば，援助を必要とする母子家庭を支援する政策が，さらに多くの母子家庭をつくり出すかもしれない．換言すれば，母子家庭を対象とする福祉政策が，当該福祉政策から便益を受けるために未婚の母となるインセンティブを生み出すかもしれない．このように福祉政策は，給付対象者の子供や婚姻に関する選択に影響を与える．この問題を解決するのは難しい．特定の子供の数やパートナーとの同居を条件することもできるが，検査のときに子供を隠し，受給のときに「パートナー」を呼び寄せることは可能であるから，そのような条件を検証することは困難である．さらにこのような条件は，パートナーと暮らしたくない人やパートナーにふさわしい人を見つけることができない人にとっては不公平であるし，さらに，政府による個人のライフスタイル選択への干渉にもなる．

社会的規範と公共政策への対応

図 5.20 で説明した補助政策が実行され，安価な託児サービスや親族による子供の世話などの条件が整えば，シングルマザーでも働くようになるであろう．しかし，個人の勤労態度や価値観が政策の効果を無効にするかもしれない．仕事には規律が必要である．また，職場では特定の規範が存在する．たとえば，時間どおりに規律をもって与えられた仕事を指示にしたがって遂行することが重要である．公的援助の対象者が，このような規範に合致しない行動様式や価値観を有していれば，公共政策が効果をもつことはないかもしれない．つまり，公共政策を効果的に実行するためには，個人の規範や行動基準も考える必要がある．

5.2.2 失業保険

失業保険は就業者が職を失った場合に所得を保障する．失業保険給付は通常，雇用者が，時には被雇用者とともに支払う社会保険料（payroll tax）によってまかなわれる．

前節で議論した3つの問題が失業保険に対しても適用できる．

(1) 逆選択：特定の人は雇用者が好む資質（勤勉さ，積極性，時間厳守など）を欠いているため他の人よりも解雇されやすいし，そのような個人はおそらく簡単には就業することはできないであろう．このような個人特性は当該者本人は理解しているが保険会社は知ることができない．したがって，情報の非対称性が発生し，逆選択につながる．
(2) モラルハザード：雇用保険が存在していれば，努力して新しい職を探そうとする確率や提示された職をすすんで受け入れる確率が変化するであろう．
(3) 検証不可能性：ある人は雇用されているのに，職を見つけることができないと主張するかもしれない．特に，法的に認知されていない（したがって，税も支払っていない）「影の経済」における職業に携わっている場合，実際に就業していることを検証するのは難しいだろう．

上記の理由より，いくつかの例外を除き，民間では失業保険は提供できず，政

府によって供給されることになる.

　逆選択の対応として政府は雇用保険を強制加入とする.皆保険の強制により,長期就業の確率が高い個人からそうでない個人に所得が再分配される.また,社会は失業者に就業を要求するが,失業者は無職のまま失業保険給付で満足するかもしれない.このようなモラルハザードに対処するため,通常,失業保険には給付期間の制限があり,また,給付期間の長さに応じて給付額が減少する場合がある.そうして提示された仕事を断る費用を高くし,できるだけ早く職を見つけるように誘導するのである.さらに,給付資格を検証するためには,受給者がどのように暮らしているかを調査する必要がある.

　離職期間からモラルハザードと逆選択に関する情報を得ることができる.過去の離職期間の記録から将来の離職期間を予測できるし,離職期間の予測値から当該個人の将来の保険金支払額(逆選択)や求職努力や就業意思の度合い(モラルハザード)を判断することができる.ただし,このように過去の情報を使用してもすべての情報が得られるわけではない.過去の離職の長さが雇用保険の受給資格の決定に用いられると,本当に努力して求職活動をしているのに長い間仕事を得られない個人は不当に扱われることになる.

　また過去の離職期間に応じて将来の雇用保険料を増加させることも考えられる.この方策は,雇用保険の主要な目的は時間を通じて所得を平均化することであるから過去の給付額は所得が増大したときに払い戻されるべきという考えに基づいている.つまり,雇用保険の給付を払い戻されるべき借金とみなしている.しかし,この仕組みは就業により保険料が以前よりも高くなるので,再就業へのインセンティブが阻害され,再雇用を抑制するという問題があるかもしれない.

　雇用保険は職業のマッチングに資することができる.雇用保険がない場合,貯金などの個人資産の規模によっては,早急に新たな職を見つける必要があり,眼前の職なら不適合な仕事でも受け入れてしまうかもしれない.その一方,雇用保険があれば時間をかけて自分に合う仕事を選べる可能性が高くなる.また,適合していない職を避けることで,その職に適合した他の人の機会も広げることができる.

　政府による強制的な雇用保険が存在しなければ,人々は雇用保険料相当分を自ら貯蓄することで失業に備えることもできるだろう.しかし,そのような備えは職を失った場合にのみ利用されなければならない.つまり,失業するリス

クに対する保険は，失業したときにのみ給付される必要がある．個人貯蓄ではそのような条件付けは不可能であるが，雇用保険では可能である．

　強制的な雇用保険がなければ，失業者は借金をし，就業後に返済しようとするであろう．しかし，貸し手にも，民間の保険会社が保険を供給する場合に直面する問題，つまり，逆選択，モラルハザード，そして，検証不可能性という問題が発生する．つまり，貸し手には，求職者が職業を見つけ，借金を返済してくれる保証はない．ここで離職者が借金をするために家屋と土地を担保しなければならないならば，ある一定の確率で職を見つけられず土地と家屋を手放さなければならない場合がある．ここで雇用保険が存在すれば，失業という逆境にいる人がさらに持ち家を失うという追加的なリスクを避けることができる．

5.2.3　現金給付と現物給付の選択

　給付は現金もしくは現物で行われる．ここでは現金給付と現物給付の選択について考え，現物給付が好まれることを示す．その１つの理由は意図した給付が確実に行われることである．また，給付を負担する人々も税負担が低くなるため現物給付を好むことになる．

　以下では学童を有する２つの家計を考える．これらの家計は異なった所得 Y_H と Y_L（$Y_H > Y_L$）を有するが，同一の選好をもつと仮定しよう．図5.21は両家計の消費選択を表しており，直線 ICC は所得の変化による消費選択の軌跡である．なお，以下では教育と他財の相対価格は一定であると仮定する．政府の介入がない場合，消費選択は L と H で行われる．

　次に政府が最低限度 Q_2 の教育を子供に受けさせることを義務化するとしよう．この消費量は政府介入前の低所得者の選択量 Q_1 よりも大きく，高所得者のそれよりは小さい．この場合，低所得者は $(Q_2 - Q_1)$ 分の現物給付を受け，その消費は L から E に移動する．政府介入前に低所得者が負担していた費用 Q_1 は，政府介入後も同等額が低所得者からの税として教育サービスの費用にあてられるとしよう．

　一方，$(Q_2 - Q_1)$ 分の現物給付の費用 $(S_L - Y_L)$ は，高所得者からの税によってまかなわれるとしよう．その税額は $(Y_H - S_H)$ として与えられる．税引き後の高所得者の所得は S_H であるから，高所得者がもっとも好む消費選択は

図 5.21 現物給付と現金給付

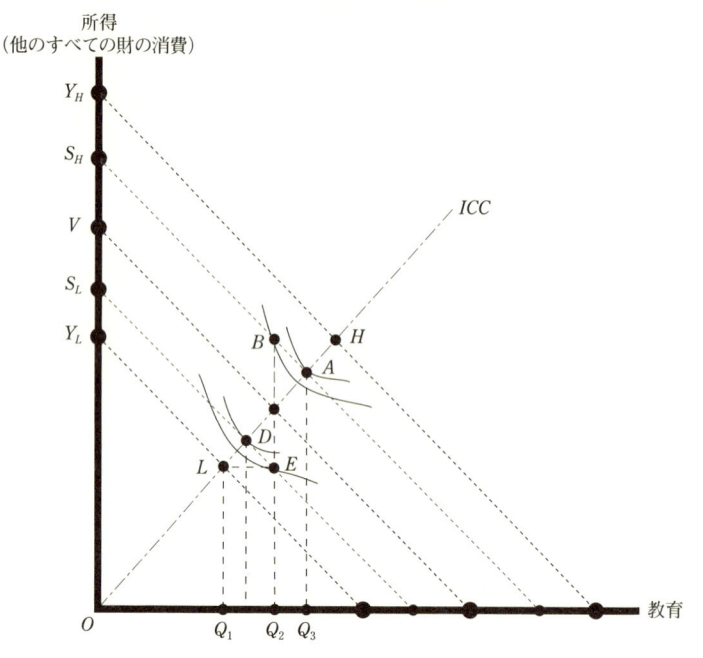

A となる.しかし,教育の量が Q_2 で固定されているため,高所得者の実際の消費は B で与えられる.

上記のような現物給付の代わりに現金給付がなされる場合を考えよう.この場合,低所得者は $(S_L - Y_L)$ 分の金額を受け取る.この金額は自由に使用できるので,低所得者は D で消費をする.D では Q_2 よりも少ない水準の教育しか消費されない.Q_2 の水準を達成するためには,V まで低所得者の所得が増える必要がある.そのためには高所得者が $(Y_H - V = V - Y_L)$ 分の税を負担する必要がある.図 5.21 に示すように,その場合は再分配後の両者の所得は同一になり,両者とも自発的に Q_2 で教育を消費することになる.したがって,均一の教育サービス Q_2 を自発的に消費させる手段は所得の平衡化である.

しかし,Q_2 の教育を低所得者の子供に受けさせることが目的ならば,高所得者にとっては現物給付が好ましい.現物給付の場合は $(Y_H - S_H)$ の負担ですむものが,現金給付の場合は $(V - Y_L)$ の負担となり,さらに課税による厚生損失も発生する.したがって,現物給付はその費用を負担するものにとって

は現金給付より好ましい政策となる．

現物給付は現金給付と異なり受給者の選択に依存しないため，意図通りの効果を得やすい．この点も現物給付が現金給付より好まれる理由である．なお，上記では親の所得が増加すれば，求められる子供の教育の質も高くなると想定してきた．しかし，親がそのような選好を有さないならば，親に現金を給付しても子供が受ける教育の質が高くなるとは限らない．また，場合によっては，「十分なお金がないと子供を学校に送ることができない」と恐喝する親がいるかもしれない．教育が現物給付されれば，親の恣意性を排して，そのような恐喝を回避することができるのである．

将来の所得移転を防止する手段としての現物給付

特に教育や医療の強制的な現物給付は子供たちの将来の所得を増加させる．その結果，彼らが将来，福祉に依存する確率を減らせるかもしれない．したがって，教育や医療により子供たちの所得獲得能力が向上すれば，将来の再分配の度合いを減らすことができる．再分配を負担することになる高所得者は，このような考えから，低所得家庭もしくはすべての家庭の子供に対する現在の再分配政策を支持するかもしれない．

5.2.4 受給資格放棄と再分配

一般的に教育の給付は普遍的であり選別的ではない．つまり，税負担以外は，通常，教育は料金を必要としない．しかし，その受給資格を放棄して，同様のサービスを市場を通じて購入することも可能である．一部の家庭では子供を私立学校に進学させているし，受給資格があるのに公共住宅の入居や公的医療サービスの受給を拒否する人も存在する．以下では，受給資格を放棄するインセンティブと，受給資格が放棄されることの帰結について検討することにしよう．

ここでは所得水準は同じではあるが，選好が異なる2人の個人を考える．先に見た現物給付と現金給付の問題では，所得は異なるが選好が同じ個人を考えていた．そこでは高所得者が低所得者の好むサービスに対して資金提供を行う場合は，高所得者の便益は低下し，低所得者の便益は増加した．その一方，ここで考える同じ所得水準の個人間では，税を原資とした無料の現物給付

はどのような帰結を有するのであろうか．たとえば，パレート改善は可能だろうか．

市場における選択

ここでも教育を例にとり，まずは税も政府も存在しない市場における選択について検討する．図 5.22 では教育は相対価格 P で供給されている．2つの家計は同じ水準の所得を有しているが，選好が異なるため家計 1 は R，家計 2 は F で消費選択を行う．したがって，市場では，それぞれ Q_1 と Q_3 の量の教育サービスを消費することになる．

ここで公的部門を導入し，課税によって同一の教育サービスが給付される場合を考えよう．両者とも所得は同一であるので課税額はともに AC となる．この税は公立学校の使用の如何を問わず課されている．図 5.22 から明らかなように，政府が存在する場合の消費点 G を通る両者の無差別曲線は，政府の介入が存在しない消費点 R と F を通る無差別曲線よりもそれぞれ左下に存在する．したがって，課税を通じて強制的に教育サービスを消費させるより，市場で教育サービスを消費させるほうが各家計ともより高い厚生を得ることがわ

図 5.22　異なった選好をもつ個人間の現物給付

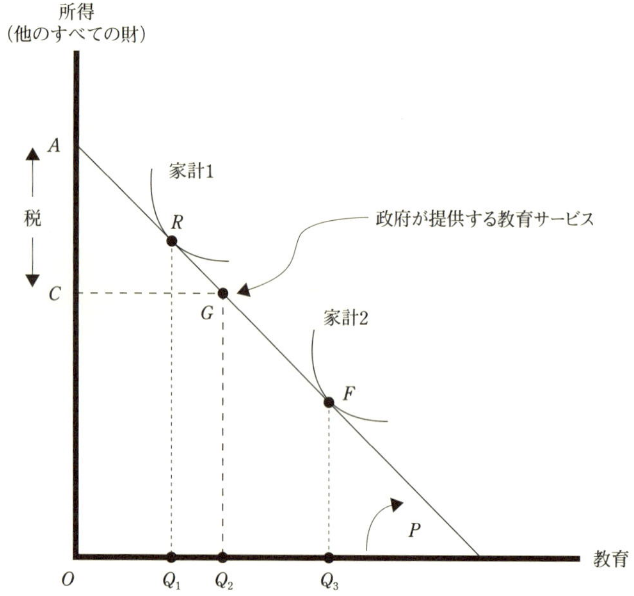

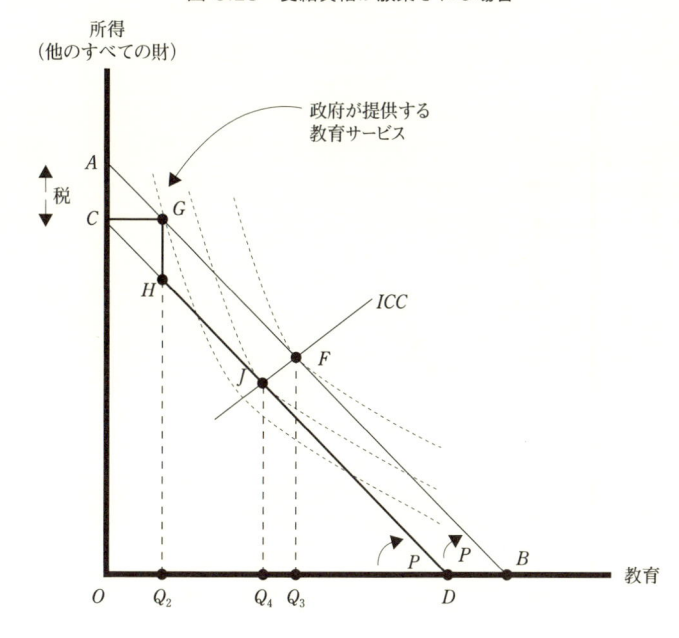

5.2 受給資格とインセンティブ 359

図 5.23 受給資格が放棄される場合

かる．

次に，最低 Q_2 の教育サービスを消費することを条件に，市場で教育サービスを購入できるケース（＝私立学校に通学するケース）を考えよう．私立学校への通学に対して税制上の優遇措置や授業料への補助金が存在しないならば，公立学校に通わないことは，税金と私学の授業料の双方を二重に支払っていることを意味する．

図 5.23 では税 AC により公共教育サービスがまかなわれている．OC は税引き後の所得である．税 AC を支払った後の消費者は，(1) 公立学校を選択し点 G で教育サービスを消費する，もしくは，(2) 私立学校を選択し税引き後の予算制約線 HD 上で消費する．図では私立学校を選択する点 J のほうが，公立学校を選択する点 G よりも高い効用をもたらす．したがって，当該家計の子供は私立学校へ通学することになる．

図 5.23 の家計は公立学校の存在によって損失をこうむる．その度合いは，当該家計が税金の課税をともなう公立学校を廃止させるためにどれくらい支払う意思があるかによって計測することができる．当該家計は AC 分の税額を支払っているが，その対価として公的な教育サービスを受けていない．した

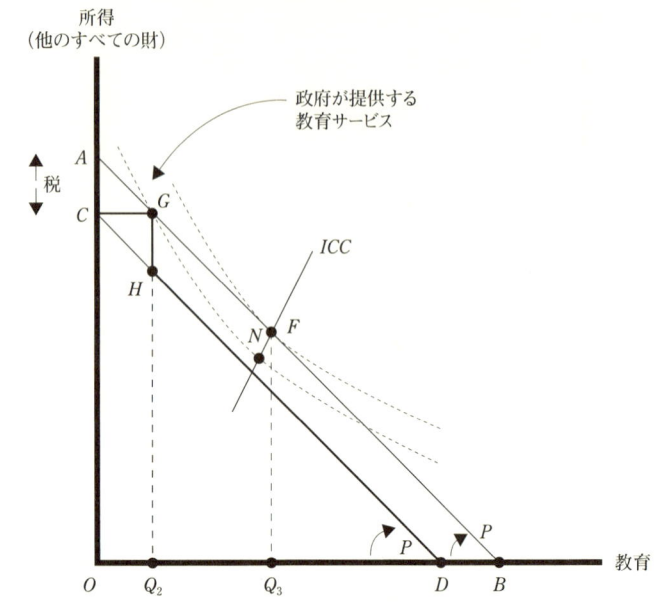

図 5.24　受給資格が行使される場合

がって，当該給付から生じる家計の負担額は，その税額とそこから生じる厚生損失の合計値となる．この負担額（税額＋厚生損失額）を避けられるならば，この家計はその負担額と同額までの金額を支払ってもよいと考えるだろう．したがって，最大支払額は税額と厚生損失額の合計値と等しくなる．

一方，図 5.24 では公的給付を選択している家計が描かれている．ここで，公立学校を選択する消費点 G は，私立学校を選択する消費点が位置する HD が与えるいずれの効用よりも高い効用を与える．これは点 G を通る無差別曲線が予算制約線（の一部）である HD よりも右上に位置していることから理解できる．この家計は，公的給付が存在しない場合，市場で Q_3 の教育サービスを購入し，より高い効用を得る．したがって，私立学校を選択する家計と同様，政府による当該給付を止めさせるための支払意思額を算定することができるが，この場合の支払意思額は図 5.23 の支払意思額よりも小さくなる．

図 5.23 と図 5.24 では，同じ所得を有し同額の税を負担し，公的介入のない市場においては同じ数量 Q_3 の教育サービスを消費する 2 つの家計が描かれている．異なった無差別曲線で表されているように両者は教育サービスに対して異なった選好を有しており，一方は私立学校を選択し，他方は公立学校を選

択するが，両者とも公的給付よりも市場での消費を好んでいる点では共通している．

それにもかかわらず公的給付が存在する理由は，この両者とは異なる図5.22における家計1のような家計の存在である．この家計は市場では点Rで消費するので，政府の介入なくてはQ_2の水準で教育サービスを消費することはない．公的給付は，家計1が市場で教育サービスに対して支払う金額よりも多くの税を課すことによって，家計1の子弟が消費する教育サービスの量を増加させる．ここでは政府が教育を低く評価する家計1の選好に反した行為をとっているが，その行為が政府介入がない場合にQ_2以上の教育を自発的に消費する家計にとっての問題の源泉となっている．つまり，公的給付は，さもなければ低い水準しか選択しない家計の教育サービスの消費水準を増加させると同時に，さもなければより高い水準を選択する家計の教育サービスの消費水準を減少させているのである．

5.2.5 補完的な私的支出

上記では公的給付か私的支出の二者択一で考えてきた．しかし，私的支出で公的給付を補完できるかもしれない．実際に，教育，保険，食料，住宅，安全の分野では，私的支出による補完は一般的に可能である．私的補完が可能で公的給付の質が問題とならない場合は，受給資格はつねに行使される．その場合，図5.23もしくは図5.24の予算制約線はCGBとなり，Q_2分の公的給付が両方の家計によって消費され，補完的な私的支出は$(Q_3 - Q_2)$となる．

図5.21では選好が同一で所得水準の異なる家計を考えていた．高所得家計の税引き後所得はS_Hとなり，当該家計が選択する点AでQ_3の教育が消費される．補完的な私的支出が可能である場合は，この消費量が選択され，公的給付はQ_2，私的支出は$(Q_3 - Q_2)$となる．

補完的な私的支出が可能ならば，公的給付量よりも多くのサービスを消費する家計が増加し，また，パレート改善も可能となる．たとえば，図5.21では，高所得家計がBからAへ消費を変えることによって，低所得者の厚生を損なうことがないまま，高所得者の厚生が向上する．つまり，補完的な支出は自発的な意思決定の結果であるから，その結果は，必ずパレート改善へつながると期待できる．

5.2.6 居住地選択

公的給付の水準が個人選好に一致しないならば，補完的な私的支出では問題を十分に解決できないことが多い．その場合，選好にあった給付が行われている地域に移住することで問題は解決されるかもしれない．たとえば図5.23で公的給付を拒否している家計がこうむる損失は，Q_3 で教育サービスを供給している地域へ移住することによって避けることができる．そこで当該家計は Q_3 のために以前よりも多くの税を支払うことになるだろうが，選好に即した給付により以前よりも大きな便益を得ることができる（しかし，課税による厚生損失はいまだ存在している）．また，図5.24で給付を受容する家計も，その程度は小さいにしても，同様の理由によって便益を得ることができる．さらに，図5.22で子供の教育に優先順位を置いていない家計も，教育サービスと課税水準が現在よりも低い地域に移住するインセンティブを有するだろう．

ここでは税金で調達された私的財が自分の選好に即して供給されている地域への住民移動を考えている．これは別の章で考察した公共財に関する住民移動ではなく私的財に関する住民移動のケースだが，その私的財が税によって調達され，かつ，だれもが受給資格をもつことによって，私的財が集合財的な性格を有し，住民移動のインセンティブになっていることに留意したい．

住民移動には，地域が提供する再分配プログラムの範囲を狭めるという問題もある．既述の公共教育の例では，教育サービスの便益に応じた課税が必要とされるが，その便益に応じて税制を調整することは困難である．また，5.1節で議論したように，公的給付が逆選択を引き起こす場合もある．高所得者は，高い税負担で所得移転を行っている地域から流出するであろうし，その所得移転の受給資格保持者は当該地域に流入するであろう．低所得者に寛容な再分配政策を行っている地域は低所得者をひきつけるであろうし，医療サービスが充実した地域には医療サービスを必要とする人々が流入するであろう．また，寛容な住宅供給を公的に行っている地域は，住宅サービスを必要とする人々をひきつけるであろう．このような逆選択は担税者の負担をさらに増大させ，それがさらに高額所得者を税負担が低い地域へと追いやることにつながる．つまり，ここでの逆選択は地域間の人口移動として発現し，給付便益が税負担より大きい人々は流入し，前者が後者より小さい人々は流出する．地域間移動が存在する場合は，公的給付が地域選択に与える影響とその地域選択が公的給付の

財源に与える影響を考えることなく，受給資格のあり方を考えることはできないであろう．

5.2.7 バウチャー

現物給付はバウチャー（引換券）を用いても実施できる．バウチャーは現金のように使用されるが，その用途は指定されており，また，その総量もコントロールされている．バウチャーは，教育，食料，住宅，医療，保険，職業訓練などの用途に使うことができ，また，それによって失業給付を就業補助金へと自発的に転換することも可能となる．

たとえば，教育サービスを考えよう．バウチャーにより教育費用をカバーできるならば，それによって私立や公立を問わずすべての学校が競争するようになる．さらに，親たちも居住地や所得に関係なく自分の子供にとって最善の教育水準を求めることができる．

バウチャーの最たる特徴は，その資金の調達主体をサービスの供給主体から分離することにある．食事のケースを考えると，政府はバウチャーを発行するものの食事自体は供給しない．食事が供給されるのは市場であり，人々は一定の限度枠内で自己の好みに応じて食事を選択できる．これは教育，住宅，医療，保険などの分野でも同様である．雇用のケースでも，極端な場合は政府自体が職を供給することはできるが，職業バウチャーを用いれば生産性が高くない人々も実質的な補助金を通じて彼らの市場価値に応じた職を得ることができる．

バウチャーを用いれば政府調達の必要もなくなる．公的教育の場合は鉛筆の購入から施設の建設まで政府調達が必要とされるし，公的住宅の場合は住宅が直接調達されなければならない．このような政府調達では役人が経費の使い道を判断する．真面目で熱心な官僚ならば，所定の基準を満たすもっとも低コストの業者を選び，賄賂と引き換えに特定の業者を選ぶことはないであろうが……．一方，バウチャーをもちいると，政府支出の使い道を官僚が判断することはできない．

5.2.8 市場の対応

第2章で議論したように，税の負担者は必ずしも法によって定められた担税者ではなく，公的給付の受益者は必ずしも法によって定められた受給資格者ではない．たとえば，持ち家への公的補助として住宅ローンの利子補給が行われると，住宅需要は増加するであろう．住宅供給が固定されていれば，この補助金の最終的な受益者は住宅需要者ではなく住宅供給者となる．

教育バウチャーも同様である．私学定員が固定されているならば，教育バウチャーの導入は授業料を上昇させる．したがって，結果として教育バウチャーは私学への補助金となる．長期的には，この授業料の上昇を通じて，新たな私学が設立され，または，既存の私学が定員を増設するかもしれない．その場合は，バウチャーの便益は，供給の増加を通じて利用者へと移転されることになる．

産休のケースを考えよう．産後の一定期間有給休暇が認められる場合では，政府が直接当該期間の給与相当を支払うケースと政府が雇主に有給休暇を義務化させるケースがある．後者の場合は，雇主の観点からは，産休の資格を有する個人の雇用に税金が課せられていることと同値となる．したがって，産休をとる可能性がある個人への労働需要は減少し，当該個人への賃金は低下するであろう．したがって，産休の便益の一部は受給者の賃金低下によってまかなわれることになり，当初の目的は損なわれることになる．

最後に雇用補助を考えよう．特定の個人に対する雇用補助は他の個人の犠牲を必要とするかもしれない．雇主は補助金を獲得するために，補助対象ではない個人を解雇し補助対象となる個人を雇うであろう．この行為は法律上は禁止されるのかもしれない．しかし，雇主が補助対象とならない個人を欠勤や能力不足などの理由で解雇したと主張すれば，その検証は必ずしも容易ではない．

5.3 政府の不在と社会正義

前節までは政府が社会正義に対して責任を果たすと考えていたが，以下では政府の存在を前提とせずに社会正義を考察しよう．まずは，民間の自発的な所得再分配を通じて社会正義が達成される可能性を検討する．次に，社会的移動，すなわち，人々が自己の家庭環境と無関係に自己の境遇を向上させること

によって社会正義が達成される可能性を検討する.

5.3.1 自発的な寄付

公的部門は強制的に課された税金を財源にして所得再分配を行う.一方,自発的で私的な寄付によって所得再分配を行うことも可能である.この自発的な所得再分配は,無知のヴェールの中での社会保険契約に依拠するものではなく,各個人が自分の裕福さを知った後に行われることに注意しよう.

個人の慈善行為は利己的な行動と矛盾するものではない.アダム・スミスは『道徳感情論』(1759年) の冒頭で,他人の幸福への慈善的な関心も利己心の一種であると述べている.

> 人はいかに利己的であったとしても,生まれもった性質として,他人の幸運に関心をよせ,それを見ることによって得る喜び以外は何も得ないとしても,彼らに必要な幸福を与えようとする.

アダム・スミスは,人々は互いに同情や共感をおぼえ,慈善的で他人を思いやると考えた.その思いやりの強さは,近い家族や親しい友人に対するように,人間関係の近さによって強くなるだろう.

人が慈善的な傾向をもつという考えは,個人の効用の相互依存関係によって表すことができる.この効用の相互依存とは,ある個人の効用(幸福な気持ち)は,当該個人に関わる事柄だけではなく他人の幸福にも影響を受けるということを表している.ここで個人 1 と個人 2 に金額 Y を分配する問題を考える.y_1 と y_2 をそれぞれ個人 1 と個人 2 が受け取る所得とすると,

$$Y = y_1 + y_2 \tag{5.11}$$

となる.ここでの設定は 5.1 節で社会厚生関数と社会保険について考察した場合に政府が直面した問題で用いられたものと同じである.ここでの 2 人がそれぞれ自分自身のことのみに関心をもつならば,効用関数は

$$U_1 = U_1(y_1), \quad U_2 = U_2(y_2) \tag{5.12}$$

と表される.この設定では,2 人ともすべての所得を手に入れたいと考えてい

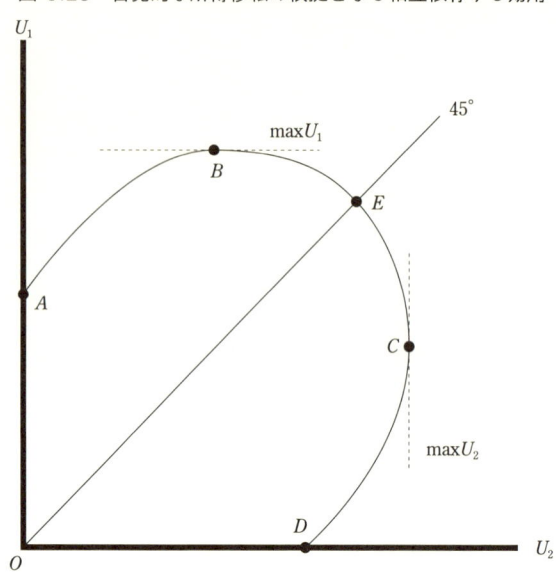

図 5.25　自発的な所得移転の根拠となる相互依存する効用

る．一方，2人が互いに関心をもつならば，効用関数は

$$U_1 = U_1(y_1, y_2), \quad U_2 = U_2(y_2, y_1) \tag{5.13}$$

となる．すなわち，各人の効用は自分の所得だけではなく，他人の所得にも依存している．特に，個人が慈善的であるならば，各個人の効用は自分の所得の増加だけではなく，他人の所得の増加によっても増大する．

なお，(5.13)式のように効用が定式化されている場合，他人に与えるという行為自体が個人の満足をもたらしているのではないことに注意しよう．ここでは，単に他人が貧困から脱却し，豊かになることを知ることによって，個人の効用が増加するのである．

図 5.25 は，相互依存する効用関数 (5.13) を有する個人 1 と個人 2 の効用を図示している．点 A では個人 1 がすべての所得をもっており ($Y = y_1$)，点 D では個人 2 がすべての所得をもっている ($Y = y_2$)．

点 A を始点とすると，個人 1 は個人 2 に自発的に所得移転することによって，自分の効用を高めることができる．しかし点 B を通過すると，個人 2 に所得を与えることによる損失が，個人 2 がより豊かになることによる利得を上回り，個人 1 の効用は減少に転じる．受領側である個人 2 の効用は，BC

にそって所得移転が増加するにつれて増加する．したがって，点 A を始点とすると，個人 1 は効用 U_1 が最大化される点 B まで，個人 2 に対して自発的に所得を移転する．

これと同様に，点 D を始点として自発的な所得移転も考えることができる．点 D では個人 2 がすべての所得をもっているが，個人 2 は効用 U_2 が最大化される点 C まで，個人 1 に対して自発的に所得移転を行うことになる．

初期地点が点 A か点 D かによって，達成される状況は点 B または点 C と異なるが，いずれの場合も政府を介しない自発的な移転によって所得再分配が行われる．ここでは，再分配が行われると拠出者も受領者もより豊かになるため，この所得再分配はパレート改善をもたらし，達成される社会（点 B または点 C）はパレート効率的である．

3 人の社会

上記では，2 人の個人からなる社会を想定していた．多数の人からなる社会を分析する場合，2 人からなる状況を分析すれば十分な場合も多いが，ここで考えている問題では，3 人目を加えると状況が大きく変化する．以下では，個人 1 と 2 が裕福で，個人 3 が貧困状態にあると仮定しよう．個人 1 と 2 は，個人 3 が援助なしでは絶望的な状態であることを知っており，2 人とも個人 3 が救済されなければならないと思っている．個人 1 と 2 の効用は，自分自身の所得と不利な立場にある個人 3 の所得に依存し，次のように表される．

$$U_1 = U_1(y_1, y_3), \quad U_2 = U_2(y_2, y_3) \tag{5.14}$$

貧困状態にある個人 3 は自分のことだけを考えていると仮定し，その効用は自分の所得のみに依存すると考えよう．

$$U_3 = U_3(y_3) \tag{5.15}$$

個人 3 が豊かになれば個人 1 と 2 の効用は上昇する．

すでに述べたように，ここで個人 1 および 2 は自己の寄付行為からは効用を得ない．彼らにとっては個人 3 の状態さえ改善されればよいので，2 人とも相手の所得がもちいられて個人 3 が救済されればと思っている．したがって，個人 1 と 2 のいずれかが個人 3 の所得を増加させるよう自発的な拠出を行うと，両者のうち拠出を行わない個人がフリーライドできる便益を提供すること

になる.つまり,個人1と2の効用関数に現れる個人3の所得 y_3 は公共財の性格を有し,個人3に対する所得移転にはフリーライド問題が生じる.その結果,個人1と個人2は,個人3を救済するための負担を相手に押しつけようと戦略的に行動することになる.

この問題を,いくら拠出するかではなく拠出するか否かを選択する問題として考えることにしよう.すると,2人の潜在的な拠出者は表5.1で表される囚人のジレンマの状況にあることがわかる.両者の最大の利得は4であり,自分が個人3に対して拠出せず,相手が拠出するときに得られる.次善の利得は3で,これは個人3を救済する負担を2人で分担するときに得られる.その次に望ましい利得は2であり,このとき,両者はともに拠出をしない.最悪の利得は1で,自分が不幸な個人3に拠出するが,相手が協力しないときの利得である.

支配戦略は不幸な人に所得を移転しないことである.両者がともに拠出しない状態がナッシュ均衡となる.両者が個人3への所得移転の負担を分担すれば,両者ともナッシュ均衡よりは高い利得 (3,3) を獲得することができる.ここで政府が個人1と2に納税を義務付けてその税収を個人3に対する所得移転の財源とすれば,この効率的な利得の組を達成することができるだろう.

このような囚人のジレンマによって,所得再分配の財源を調達するための課税は正当化できる.高所得者は不幸な人の所得が増加してほしいと思うが,所得移転が公共財の性格をもっているため,フリーライド問題を通じた囚人のジレンマに陥り,自発的な所得移転は効果的に行われない.したがって,政府が課税により調達した財源によって所得移転を行う必要があると議論できる.しかし,上記のような同質な個人間での囚人のジレンマではなく,より一般的な拠出者が同質でないケースではより多くの情報が必要になる.特に必要とされるのは,慈善的な個人が不幸な人を助けることから得る便益に関する情報である.この情報なくしては,政府は所得移転の財源となる適切な税制を設定することができない.

表 5.1 囚人のジレンマ

	個人2が拠出する	個人2が拠出しない
個人1が拠出する	3,3	1,4
個人1が拠出しない	4,1	2,2

与えることから得る喜び

次に，他人に所得の一部を与えることから喜びを得る人を考えよう．囚人のジレンマの状況で想定していた2人の拠出者は，与えることからは喜びを得なかった．彼らは社会的意識をもっており，不幸な人が支援されることを望んではいるが，個人の最大の利得は他人が行う所得移転にフリーライドするときに得られた．

表5.2は与えることから喜びを得る2人の慈善的な個人を表している．個人の最大の利得は10であり，自分が唯一の拠出者で，自分だけが寄付金を拠出しているという満足を得るときに得られる．次善の利得の8は，相手とともに拠出するときに得られる．表5.2で表される拠出者はフリーライドを好まず，相手の寄付金にフリーライドしたときの利得は5である．2人にとって最小の利得の組は$(0,0)$であり，これは両者がともに拠出をしないときに達成される．

表5.2の支配戦略は拠出を行うことである．個人1と2は同質であるから，同じ支配戦略をもつ．ナッシュ均衡は両者がともに自発的な拠出を行う$(8,8)$であり，このナッシュ均衡は効率的である．このケースでは，2人の個人はそれぞれの最適戦略として自発的に拠出を行うため，政府による課税は必要とされず，個人は課税による超過負担を負わずにすむ．

また，同様に2人の拠出者が与えることから喜びを得るが，共同で拠出をすることを好むケースも考えられる．表5.3では，両者の利得が最大になるのはともに拠出をするときで，利得は$(10,10)$である．次善の利得の8は，自分が拠出を行い，相手が拠出を行わないときに得られる．拠出者はフリーライドを好まず，フリーライドするときの利得は5である．利得は両者がともに拠出をしないときに最小となる．今回も支配戦略は拠出を行うことであり，不幸

表 5.2　与えることから得る喜び

	個人2が拠出する	個人2が拠出しない
個人1が拠出する	8, 8	10, 5
個人1が拠出しない	5, 10	0, 0

表 5.3　ともに与えることから得る喜び

	個人2が拠出する	個人2が拠出しない
個人1が拠出する	10, 10	8, 5
個人1が拠出しない	5, 8	0, 0

な人は救済され，政府が課税と所得再分配を行う必要はない．

自発的な慈善的拠出の見込み

　政府を介せずに自発的な所得再分配が行われる可能性は，社会的意識や慈善の気持ちが何を意味しているかに依存している．個人は慈善の気持ちとして不幸な人を心配するものの，その慈善の気持ちが自分以外の人が援助することによってなくなるならば，囚人のジレンマが発生する．この場合政府は，課税と所得再分配を通じて問題に対処しなければならない．その一方，慈善の気持ちが，不幸な人を助けることで個人が満足を得ることを表しているならば，政府は必要とされないであろう．

5.3.2　最後通牒ゲームと独裁者ゲーム

　幸福な人は，自分の得ているものが多く，他人の得ているものが少ないのは不公平だと感じるだろう．もちろん，不幸な人も同様に感じるだろう．しかし，所得を与えるか否かの自発的な決定を行うのは，与えることのできる幸福な人である．

　以下では，最後通牒ゲームと独裁者ゲームと呼ばれる2つの実験的な環境を取り上げ，公平の理念を分析する1つの方法として，この環境における個人の行動を観察する．

最後通牒ゲーム

　最後通牒ゲームでは，2人の個人に分配するべき金額が決まっており，1人が拠出者，もう1人が受領者に選ばれる．2人がそれぞれだれであるかは互いにわからない．

　ここで分配する金額を100ドルと仮定しよう．拠出者はこの100ドルの分配を提案し，受領者は提示された分配案を承諾または拒否することができる．受領者が提案を受け入れれば，100ドルは拠出者の提案通りに分配される．受領者が提案を拒否すれば，2人はともに何も受け取らない．つまり，100ドルは2人から取り上げられてしまう．

　この状況での受領者の合理的な行動は，正の金額を受け取れるならば拠出者のいかなる提案も承諾することである．拠出者が100ドルのうちの1ドルの

みを受領者に分配すると提案した場合でも，受領者はその1ドルを受け取るのが望ましい．提案は受け取るか受け取らないかの最後通牒であり，受領者にとってはたとえ1ドルであっても何も得ないよりはましだからである．

一方で受領者が提案を拒否すると，拠出者も何も得ないことが確実になる．そのため，受領者は提案を拒否することで「不公平な」提案を罰することができる．このとき，受領者は不公平と感じた行動を罰する費用として自分にも罰を課しているが，この罰は効率性基準からすると非合理的である．パレート効率性の原理は「少しでも多いほうがよい」との考えに基づいているからである．

拠出者が，受領者が不公平な提案を拒否するだろうと信じているならば，「公平な」提案を行うか，受領者が拒否するには惜しいような分配案を提示するだろう．そのため，最後通牒ゲームは次の2つの問題を含んでいる．

(1) 受領者は，経済的基準から見て合理的に行動し，拠出者が提示する金額がいくらであっても提案を承諾するのか．または提案が不公平だと思えば拒否するのか．
(2) 拠出者は，受領者は不公平な提案を拒否すると信じているか．

受領者は不公平な提案を拒否するだろうと拠出者が信じていれば，不公平な提案が阻止される．公平性の理念が侵害されれば，受領者は提案を拒否すると拠出者が信じていれば，分配案は適度に公平なものになるであろう．

最後通牒ゲームを通じて公平性の理念が個人の行動に与える影響を考えることができる．公平性が問題とされない場合には，受領者はいかなる正の金額の提示も受け入れる．公平性が問題となる場合には，受領者は不公平な提案を拒否し，不公平だと思う提案を罰するために自らも損失をこうむる覚悟をしている．拠出者が公平な分配案を提示したとしても，拠出者が公平な分配を好む寛大な人間であるのか，不公平な提案に対する受領者の拒否を恐れているのかはわからない．

独裁者ゲーム

次に独裁者ゲームを考えよう．このゲームでも，1人にある金額が与えられ，その金額を他人に分配する方法を決定する．しかし，受領者には選択肢が

なく,分配された金額を受け取るだけであり,拠出者の決定は戦略的に行われない.分配案を決める要因は,利他主義または公正の理念だけである.実験によれば,拠出者(たいていは学生の被験者)はしばしば他人に対して寛大に分配額を決定する.寄贈することによって,拠出者は自分が寛大で思いやりがあるとのイメージを強めることができるからだ.

複数の拠出者が共同で分配額を決定するケースも考えられる.共同で決定すると,たいていは個人で決定するよりも寛大な分配が行われる.自分が寛大で思いやりがあるという自己認識は拠出者の行動に影響を与えているが,共同で拠出するケースでは,集団内の人を基準にして,自分が他人よりも寛大で思いやりがあるというさらに強い自己認識が生じるのだろう.つまり,集団内では,人は他人の行動や提案を観察し,集団内の他人よりも寛大で思いやりのある決定をしようと試みる.その結果,人は個人よりも集団にいるときがより慈善的に行動する傾向をもつ.

稼得所得と不労所得

最後通牒ゲームと独裁者ゲームでは,稼得所得と不労所得を分けて扱うこともできる.不労所得は贈り物であり,稼得所得はゲームの前段階の競争で「勝ち取った」ものである.後者は「稼いだ」所得であるから,それを何らかの形で受けるのは当然であることが強調される.一般的に人は,自分が稼いだと思っている金を手放すときよりも,贈り物として得た金を手放すときのほうが寛大に行動するであろう.

5.3.3 怠け者

ジェームス・ブキャナン(James Buchanan, ジョージ・メイソン大学,1986年にノーベル賞を受賞)は,恵まれない人を助けることに喜びを見いだす慈善的な人と,働かないことを好む怠け者との戦略的な相互関係を考察した.慈善的な人と怠け者との相互関係は表5.4に表される.慈善的な人は怠け者に金を与えるかどうかを決定し,怠け者は生活のために働くかどうかを決定する.表5.4の1つ目の値は拠出者の選好順位(または便益)であり,2つ目の値は怠け者の選好順位(または便益)である.

拠出者が援助せず,怠け者が働かない場合,怠け者は飢え死にする可能性が

表 5.4 慈善的な人のジレンマ

	怠け者（#2）が働く	怠け者（#2）が働かない
拠出者が援助しない	2, 2	1, 1
拠出者が援助する	4, 3	3, 4

あり，これは両者が望まない結果である．その利得は $(1,1)$ であり，拠出者と受領者の両者にとって最悪の結果である．また，拠出者が援助せずに受領者が働くケースの利得 $(2,2)$ は，両者にとって2番目に望ましくない．これは，拠出者は与えることが好きなのに与えておらず，怠け者の受領者は働くのが好きではないのに働いているためである．拠出者は援助をするとともに，受領者が生活のために働いて自立するよう真摯な努力をすることも求めているため，拠出者は所得援助を行い，怠け者は働く場合をもっとも好む．この利得は $(4,3)$ となる．その一方で，受領者は，拠出者から援助をうけ，自分は働かないケースをもっとも好む．この場合の利得は $(3,4)$ となる．

ここで，受領者は支配戦略をもっていない．拠出者が援助しない場合，受領者の最適反応は生活のために働くことであるが，拠出者が援助するときは，受領者の最適反応は働かないことになるからである．その一方で，拠出者には支配戦略が存在する．怠け者が働くか否かにかかわらず，拠出者の最適反応は与えることであり，受領者が働くか否かによって拠出者の利得は3または4に変化する．

受領者は，拠出者の支配戦略を知っているため，生活のために働かないことで $(3,4)$ を確実に獲得する．この，拠出者は援助し，受領者は働かないという結果は，ナッシュ均衡である．ここで受領者は最大の利得を得ており，拠出者は戦略を変更すれば（与えないという選択をとれば）自己の利得を下げてしまう．つまり，このケースにおいては，拠出者と受領者のいずれも単独で戦略を変更して利得を高めることはできない．

拠出者は均衡 $(3,4)$ に不満であり，受領者が仕事を見つけ，生活のために働くことで利得 $(4,3)$ に移動したいと思っている．つまり，拠出者は怠け者に高収入ではないにしてもできるだけの所得を稼得する努力を期待し，そのうえで補完的な所得援助を行いたいと考えている．しかし，怠け者が戦略を変えるためには表5.4の利得構造が変わる必要がある．表5.4の利得構造を変える1つの手段は，怠け者が飢え死にしてもかまわないと拠出者が宣言することである．

表 5.5　拠出者の偽りの選好

	怠け者 (#2) が働く	怠け者 (#2) が働かない
拠出者が援助しない	2, 2	4, 1
拠出者が援助する	3, 3	1, 4

　表5.5では，拠出者がもっとも好むと宣言している利得の組は (4, 1) である．このケースでは，怠け者は寄付金も労働所得も得ないため，飢え死にするかもしれない．拠出者の次の選好は，拠出者が与えて怠け者が働く場合で，そこから利得3を得る．その次は，拠出者が与えないで怠け者が働く場合（利得2)，そして，拠出者がもっとも好まないと宣言するのは，拠出者が与えて怠け者が働かない場合（利得1) ある．表5.5での怠け者の選好は表5.4での選好と同じである．

　今回は，怠け者は働くか否かを決めるにあたって，次のように考えるだろう．働かないことを選択すれば，援助はもらえず，自分は何も得られずに飢えるだろう．しかし働くことを選択すれば，働くことからの収入に加え援助も手に入れることができる．したがって，怠け者は働くことに決定する．表5.5で達成される利得の組は (3, 3) であり，これは拠出者の真の選好である表5.4に基づけば，拠出者の望む結果である．

　利得構造が表5.4から表5.5に変わるためには，働かないと援助が得られず自分は飢え死にするだろうと怠け者が信じることが必要である．拠出者は実際には寛大で慈善的であると怠け者が知っているならば，これは信憑性がない．怠け者が拠出者に対してやれるものならやってみろという態度をとり，働かないならば，表5.5は拠出者の真の選好（表5.4) を表していないので，拠出者は怠け者に所得移転を行うことになる．

　このため，受領者が飢えてもかまわないと拠出者が宣言することには効果はない．ここで政府の官僚制度が存在すれば，この問題を回避することができるかもしれない．官僚制度は，厳格な規則に則って所得移転の受領資格を判断し，与えることができるであろう．官僚が所得移転の供給条件に裁量を加えることができないならば，怠け者が自立する努力を行い所得を稼得しない限り，例外なく所得援助は行われない．このようにして，拠出者の望む結果を官僚制度を介して達成することは可能である．その結果，怠け者は職を見つけ，補完的な所得が移転されるが，この移転は政府によって供給され，その財源は税によって調達されることになる．

政府は，拠出者と受領者を仲介することで，慈悲深い利他的な人々を守り，彼らの親切心が利用される事態を防ぐ．しかし，受領者は今度は社会に対して挑み，働かないと決めて本当に極貧で飢えたままにされるかどうかを確かめようとするかもしれない．

5.3.4 社会的不平等と自発的な慈善

　公的部門によって社会保険が提供されない場合，歴史的には，民間部門の慈善活動がその代替となってきた．宗教団体や地域コミュニティ内の制度によって担われてきたこれらの私的慈善活動は，慈善を美徳とする倫理的な教えに基づたものであり，恵まれている人は，恵まれていない人に施しを与えなければいけないという道徳的な義務感から発生するものであった．しかし，私的な慈善行為に依存するセーフティネットには多くの不備があった．したがって，私的な慈善活動に救われず悲惨な境遇にある人々は，日々を生き延びるために犯罪や売春の生活を余儀なくされることもあった．

　現在では政府が最後の拠り所としての社会保険を提供しているが，それでもなお自発的な寄付が行われている．それは，自分自身で慈善活動をすることによって，恵まれない人を助けたいという願いとともに，拠出者自身が救済する対象者を決定することができるからであろう．また政府も税額控除という補助を通じて，私的な寄付を奨励している．

　慈善団体への寄付によって，拠出者が匿名になることが多い．その場合は，拠出者も受領者もお互いがだれであるかがわからない．拠出者と受領者が互いをだれであるか知っているか否かによって，慈善の程度は異なると議論されている．慈善の程度がもっとも低いのは，拠出者も受領者も互いがだれであるかを知っている場合であり，慈善の程度がもっとも高いのは，拠出者は受益者がだれであるかを知らず，受領者も拠出者がだれであるかを知らない場合であるという．

私的な慈善行為と公的部門による所得移転

　不幸な人に対する拠出を，1度目は政府を介した所得移転の財源として税を支払い，2度目は自発的に自分の財布から支払うというように，複数行う必要はないと考えられるかもしれない．不幸な人を救済する責任を政府が担うこと

になれば，私的な慈善行為は必要ではないかもしれない．その場合，慈善行為を行おうとする人は，ソーシャルワーカーとして適切な政府の支援プログラムの指導に携わるかもしれない．

宣言と行動

　私的な慈善行為には既述のフリーライド問題がつきまとう．したがって，私的な慈善行為が社会の不平等をうまく解決できるかどうかは，社会の結束の強さや人々の相互義務と道徳的責任の感覚に依存することになる．またその成功は，不幸な人を助けるために「だれかが何かをしなくてはならない」と口先だけで宣言するだけではなく，実際に自分の所得の一部を不幸な人に与える意志がある人がどれだけ存在しているのかにも依存する．

受領者の行動

　私的な慈善行為が政府の社会保険の代わりとなる可能性は，私的な慈善行為の受け手の行動にも左右される．受領者がブキャナンが説明した怠け者のように振る舞い，慈善心を利用するならば，拠出者は私的な寄付に対する受領者の反応に幻滅するであろう．

5.3.5　社会移動

　政府が存在しなくても，社会移動によって社会正義を達成することもできる．社会移動は時間の経過とともに個人の環境が向上する機会をもたらす．この機会によって，生まれた時点での所得や財産（両親の所得や財産）と将来における所得や財産との関連をなくすことができる．

　特に教育制度を通じて，低所得の家庭に生まれた個人が高所得を得ることが可能となる．その一方で，相続された土地に基づいて財産や所得が決まり，貧しい家庭の子弟には教育機会が与えられないような社会では，既存の社会秩序が維持されるだけで，貧しい家庭に生まれた人々には社会移動の可能性は与えられることがない．

世代間社会移動の推計

　世代間社会移動の研究では，子の所得（Y^{child}）と親の所得（Y^{parent}）の

表 5.6 世代間の経済特性

経済特性	推定値の範囲	平均値
教育年数	0.14-0.45	0.29
賃金所得	0.11-0.59	0.34
家族の所得	0.14-0.65	0.43
家族の財産	0.27-0.76	0.50
家族の消費	0.59-0.77	0.68

出典：Mulligan, C. B., "Galton versus the human capital approach to inheritance," *Journal of Political Economy* 107, 1999, S184-S224.

関係を次の回帰式で推定する．

$$Y^{child} = a + bY^{parent} + \mu \tag{5.16}$$

μ は誤差項である．$b=0$ であれば，親の所得は子供の所得に影響を与えておらず，完全な社会移動が生じていると考えることができる．$b=1$ であれば，子供と親の所得には完全な相関があり，社会移動がまったく生じていないといえる．b が 0 と 1 の間であれば，世代を経て所得は平均値へ回帰していると解釈でき，高所得の親の子は必ずしも高所得を得ず，同様に低所得の親の子は必ずしも低所得を得ることにはならない．また，理論的には b が負の値をとること，つまり子の所得が親の所得と負の相関をもつ可能性もある．

もちろん，b の推定値は推定に用いられるサンプルに依存する．20世紀後半のデータを用いた研究によれば，アメリカの子と親の所得の関係はおおよそ $b=0.4$ と与えられる．イギリスの b の値はそれよりも高く，アメリカよりも社会移動の程度が小さいという結果になっている．

表 5.6 は 20 世紀のアメリカのデータを用いた複数の実証分析にもとづいて，いくつかの個人属性にかんする世代間の相関の幅と平均値を示したものである．この表から，相関がもっとも低い変数は教育年数であり，もっとも高い指標は消費であることがわかる．つまり，教育水準の高い親の子の教育水準が高いとは限らないが，消費水準の高い親の子は親の消費水準を維持する傾向がある．このように，親の特徴は子の個人所得，財産，賃金よりも個人消費を規定する力が強いため，消費水準の高い人は，習慣となっている消費水準を維持するために世帯の財産を減らす傾向があると考えられる．その結果，時間とともに社会的な平準化が生じることとなる．

また，賃金は個人の力で稼得され，教育に関係していることから，賃金水準

の世代間の相関が低いことも表5.6によって示される.所得には家族の財産からの非賃金収入が含まれるため,世代間の相関は賃金よりも所得に関して高い.同様に,世代間の相関は賃金や所得よりも財産に関して高いが,消費の世代間相関が高いことから財産は減少する傾向をもつ.

平均への回帰

平準化過程または平均への回帰は,フランシス・ガルトン (Francis Galton, 1822-1911) によって議論されている[7].子の特徴が両親の特徴の平均で決まるならば,子の特徴は両親の少なくとも一方よりも人間全体の平均に近くなる.たとえば,人生で成功する意欲を計測できると仮定して,社会の平均値を100としよう.両親の値が120と140のとき,子の値は平均の130であり,これは両親の一方よりも社会の平均値に近い.両親の値が90と110の時,子の値は100であり,これは両方の親よりも社会の平均値に近い.平均化の過程は,時間とともに平等が増していくことを示している.

財産を多く所有する親は子に大きな遺産を残す傾向がある.しかし,3~4世代のうちに貧しい世帯が豊かになり,再び貧しくなることもしばしば観察される.子が親の蓄積した財産を消費しなくても(失わなくても),人の能力の平均値への回帰のために,次の世代で損失が生じる可能性がある.表5.6の推定結果からは,そのような極端な事態が生じるかどうかは判断できないが,それでも実際に社会移動による平準化の傾向は存在している.世代が異なれば,異なる家庭環境をもった異なる人が成功しているのである.

他方で,能力の高い男性が能力の高い女性と結婚し,能力の低い男性が能力の低い女性と結婚するという傾向があるならば,社会は不平等化し,平均へは回帰しない.また,家庭環境が,勤勉さや教育によって成功しようという個人の姿勢に影響を与えるならば(つまり,形質の文化的な伝達があるならば),不平等化の傾向が生じる.また,能力が高く所得が高い女性が,能力が低く所得が低い女性よりも子の数が少ないならば,世帯所得の不平等化の傾向は大きくなるだろう.

---

7) Galton, F., *Natural Inheritance*. Macmillan, London, 1889.

社会移動と社会の安定

社会移動の度合いは社会の安定と関連している．代々にわたり裕福な家の財産は，しばしば制限された社会移動の中で獲得されてきたものである．歴史的に，このような富は革命によって新たに占有されることになるが，公的な教育システムが整っている民主主義においては革命は発生しなかった．約 2000 年前のローマ帝国時代には，大衆の注目を財産や所得の分配からそらすために，豊かな人々（貴族）は貧しい大衆（平民）に「パンとサーカス」を与えた．この結果，大衆の注目をそらすことには成功したが，国は弱体化し，帝国は外からの攻撃を受けて崩壊した．対称的に，フランスの王妃マリー・アントワネットは，貧しい大衆がパンを求めて懇願したことに対する返答で「ケーキを食べさせればよい」と提案したといわれている．マリー・アントワネットは真面目に解決策を提示したのではないかもしれないが，彼女と彼女の夫であった王も，その後すぐに起こったフランス革命を生き延びることができなかった．

社会移動と社会保険

社会移動があるからといって，社会保険が需要されなくなるわけではない．社会保険と社会移動は時間の局面が異なっている．社会保険は早急の需要に対して供給され，社会的移動は世代にわたって生じる．5.1 節と 5.2 節では，社会保険にモラルハザードがともなうことを指摘したが，社会移動にもモラルハザードが発生する．実際，個人の生活環境が向上しないのは，社会移動が制限されているからなのか，もしくは，その個人が社会移動が可能なのにその機会を利用する努力を怠ったからなのかは判断に苦しむところである．

第6章
政治と再分配

本章では，政治過程が所得ないしは資産の再分配にどのような影響を与えるのか見ていく．まず，直接投票から考察を始める．次に，代議制民主主義のもとで，代議員や候補者が主に個人的な目的のために選挙を勝ち抜こうとするとき，公共政策に関する政治的決定がいかなるものになるのか考察する．また，政治的意思決定者から政治的な便宜を引き出そうとするときに行われるレントシーキング行動についても見ていく．

6.1 投票と再分配

6.1.1 多数決投票による所得再分配

多数決投票制のもとでは，制約がなければ，49%の投票者から51%の投票者への所得ないしは資産の再分配が投票を通じて理論上実現されうる．それゆえに，投票は所得ないしは資産を再分配する手段となる．

多数決投票を通じて行われる所得再分配は，社会正義の見地から必ずしも正当化されるものではない．すなわち，少数派の人々を犠牲にして便益を得る多数派の人々が，所得を得る機会を失うという個人的に不幸な経験をしたという理由によって援助されるべき人々であるとは限らないのである．多数決を通じて所得や資産を再分配することを実現する際に問題となるのは，多数をとることだけである．多数派が少数派からの所得再分配を決定するのだから，多数派は独裁者に似ている．多数派が少数派から所得ないしは資産を分配するように投票を通じて要求するとき，少数派の人々にとっては，あたかも独裁者が所得や資産の一部を差し出すよう命じているように見えるのである．

多数派はおおむね，投票者の51%が共有する何らかの属性に基づいて形成

される．たとえば，人口の51%が青い目をもつ人々で占められる社会では，青い目をもつ投票者からなる多数派が，青い目をもたない少数派の人々の所得を自分たちへ分配するよう，決定することができるかもしれない．人の目の色のような個人的属性に基づいた所得分配上の差別は，違憲ないしは違法行為である．だが，老年者が投票者の過半数を占める社会で，社会保障の税負担と給付の水準をめぐる投票が行われれば，課税による世代間の所得移転に制約がない限り，若年者の所得を老年者へ分配する決定がなされることもあるだろう．

6.1.2 公共支出から得られる私的便益

第3章では，公共財への公共支出に関する集合的意思決定手段としての多数決投票を考察した．そこでは，公共財への公共支出に関する多数決投票が，所得分配に影響を与えるであろうことを見た．多数派の人々は，公共支出が自分たちに便益をもたらす公共財に使われ，その財源として国民全体からあまねく徴収した税を用いるような政策に投票することもできるであろう．中には，多数派が選択した公共財への支出からまったく便益を受けることのない納税者もいるかもしれない．

公共支出はまた，公共財の集合的便益ではなくむしろ，私的便益をもたらすこともありうる．公的財源によって調達される私的便益に関する多数決投票を説明するために，ゴードン・タロック (Gordon Tullock)[1] による例を考察しよう．たとえば仮に100人の人々が，各々の自宅から公道へと通じる私道を所有しているとする．これらの人々はいま，自分たちの私道を維持管理するための財源をどうするか，多数決投票で決定するための会議に出席している．会議では，私道の維持管理費は公的な財源でまかなわれるべきであるという案が提出される．全員が賛成する投票によりその提案が認められて，100人全員に課される同額の税を財源に各人の私道の維持管理が行われる．公道へ通じるそれぞれの私道は，1人の個人へ私的便益をもたらすものなので，この決定により私的便益をもたらす財に公的な財源を用いることになる．

第1章で見た通り，私的財の効率的な供給は，競争市場における個人の自

---

1) Tullock, G., "Problems of majority voting," *Journal of Political Ecoonomy* 67, 1959, 571-9. Reprinted in *Readings of Welfare Economics*, K. J. Arrow and T. Scitovsky (eds.), Richard D. Irwin, Homewood, Illinois, 1969, 169-78.

発的な意思決定を通じて達成される．私道はこのケースにあたるのに，100人の人々はなぜ，私道の維持管理に公的な財源をあてる案に投票したのであろうか？　各人は自分の道路の維持管理費を，民間市場を通じて個人的に支払うことができたであろう．私的な支出によって，追加的な財政支出の個人負担を回避できたであろう．また，官僚を管理するための費用のような，課税の超過負担による追加的財政支出が避けられたであろう．そのうえ，公的な財源で私道の維持管理が行われるとき，個々人はそのサービスの費用と質を直接コントロールできなくなってしまう．汚職の問題も起こるであろう．公共政策が財政支出をともなうとき，政府機関は民間業者から道路維持管理サービスを調達する業務を行うことになる．汚職があるところでは，政府機関で働く人々が賄賂（口利き料）を要求したり受領したりして特定の業者を選定し，その受注業者のサービス価格を高く設定することを認めることがあるかもしれない．

　そうであるなら私的便益のために公共支出が使われるべき理由は何であろうか？　社会正義を考察した第5章では，公共支出が私的便益をもたらすことがあってもよいという見解を示した．それは，所得再分配を，自分がどのような人物になるのか未だ知らない人々が合意した社会契約の結果と見なしているからである．それゆえに人々は，私的便益のためであっても，政府によってその財源が保証される権利をもつのである．このような見方に基づくと，公的財源で調達される私的便益の供与は，人々が事前に直面する不確実性に対処するための社会保険と考えられる．しかし，私道に公的財源をあてるケースでは，そのような不確実性は存在しない．上で例示した投票は，私道をもつ100人全員に公的財源を用いて私的便益を与えている．また，私道の維持管理への公共支出を正当化する可能性のある外部性の存在も仮定されていなかった．これらの状況から，多数決投票により公共支出が決定される理由は，社会正義でもなければ，公共政策によって矯正されるべき外部性の存在でもないことがわかる．

　だれもが等しい額の税を納めて，それらをすべての私道の維持管理にあてるとき，私的便益をもたらす公共支出からだれもが等しい便益を享受することになる．したがって，所得再分配は行われない．しかしながら，2回目の会議が開かれれば，51人の投票者が結託して異なる政策を提案できる．51人の多数派は，自分たちの51本の道路の維持管理にだけ公的な財源を用いて，他の49人にはそのための税を支払わせるという提案が可能だからである．そして，こ

の提案は，過半数の支持を得るであろう．多数決投票により，51人の人々は，自分たちに有利になるように課税と公共支出を利用するのである．2つの投票が行われる．最初の投票では，51人の多数派が私的便益のための公共支出を行うように提案してそれに投票する．次の投票では，51人の多数派は彼らの私的便益の財源を調達するために少数派に課税するように投票する[2]．

6.1.3 結託の規模と安定性

　多数派結託のメンバーにとって，私的便益のために公共支出を利用することからの利益を最大化するような結託の最適規模は，51人である．もし多数派結託が52人のメンバーで構成されるならば，48人が52人のために税を負担することになるので，多数派の便益はより小さくなるからである．

　少数派のメンバーは，多数派のための税負担をできるだけ多くの人々で分かち合いたい．また，多数派の人数が多いほど少数派の税負担が増すので，多数派の人数ができる限り少ないことを望む．したがって，少数派のメンバーもまた，多数派と少数派の比率は，52対48よりも51対49を望むであろう．

　多数派は少数派を犠牲にして利益を得るので，利己的な個人はだれでも多数派に属したいと思う．したがって，少数グループの49人は，多数派の中の2人を結託から離脱させ，新たな多数派結託に参加させるために，買収するインセンティブをもつであろう．そのとき，多数決投票を通じて，新たな少数派の犠牲のもとに，新たな多数派へ私的便益が供与されることになる．

　2人が賄賂によって結託を離脱し，新たな多数派結託を構成することができるなら，元の多数派結託は不安定である．新たな少数派結託のメンバーは，新たな多数派の中の2人のメンバーに対し，離脱して自分たちの結託に参加するように買収するインセンティブをもつであろう．離脱者が2人見つかるなら，新たな多数派結託もまた，不安定である．

　人々にはつねに，ある多数派結託を離れ新たな多数派結託に参加するインセンティブが与えられている．たとえば，多数派を構成する51人のメンバー各々には100に利益があるが，49人の少数派メンバー各々は130の損失を負

---

2) Tullock (1959) は，私道に公的な財源があてられる例を示す際に，私的利益の単純な追求こそが，私的便益をもたらす財政支出を決定するために多数決投票が用いられる理由であるという見解を示した．

うものとしよう．（損失は，納税額と課税の超過負担からなる．）このとき，49人のメンバーからなる少数派は，多数派の2人のメンバー各々に対し，結託間を移動すればそれぞれ100を超える利益が受け取れることを保証できるであろう．元の少数派結託のメンバーたちは，結託の転換によって，離脱者2人への買収額が支払われる前の段階では，（−130から+100に転じるので）利益を得る．少数派から多数派へと転換することによる1人当たりの便益が十分あるので，元の多数派にいた2人の離脱者への相当額の買収を支払うことができる．

それでは，結託間の移動が行われないとすれば，それはなぜ行われないのであろうか？　あまりに容易に買収される人々は，日和見的で無節操であるとの評判が身に付いてしまうかもしれない．そのうえ，ある結託が離脱者を買収できるのなら，もう一方の結託は将来同じ人々の票を買収できるであろう．結託を形成する際に固定費用を負担するならば，票が買収された人は，新たな結託への参加費を支払うという形で，無節操な行動はとらないよう拘束（commit）される．それゆえに，新たな多数派結託のメンバーたちは，固定費用の負担を求めることで，将来も自分たちが勝利結託のメンバーでいられるように新規メンバーを拘束できるであろう．

51人の多数派から離脱し，49人の人々とともに新たな多数派を形成する2人は，新たな結託からの便益は今後も結託が団結し続けるかどうかに依存していることに気づく．それゆえに，これらの離脱者たちは，新たな結託が崩壊し，自分たちが多数派の外に取り残されることがないような保証を求めるであろう．有効な保証が与えられないのなら，最初から離脱は起こらず，当初の多数派結託が安定になるであろう．

6.1.4　多数決投票による再分配の限界

ある社会における個々人の能力に関する分布は，たいていは正規分布である．しかしながら，再分配前の所得や資産に関しては，図6.1に示されるように，中位が平均を下回るような歪んだ形の分布が通常である．図6.1において，中位と平均はそれぞれ，y^mとy^aで示されている[3]．

---

[3]　資産や所得に関する分布はしばしば，図6.1で示したものとは異なる形状をもつことがある．全区間で負の傾きをもつような分布もある．一般的な法則としては，図6.1のように，分布の平

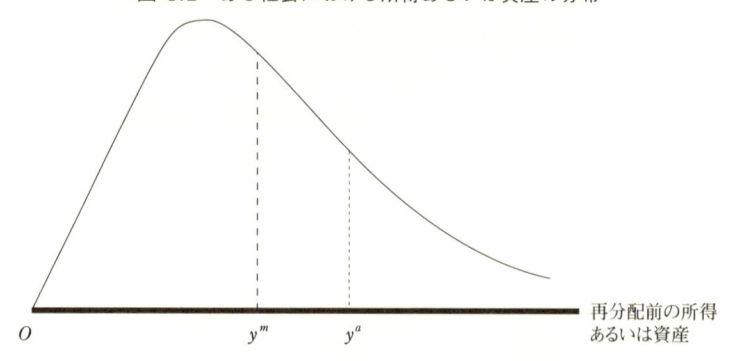

図 6.1　ある社会における所得あるいは資産の分布

横軸：再分配前の所得あるいは資産、y^m、y^a

　平均が中位を上回るとき，平均を下回る所得をもつ人の数が平均以上の所得をもつ人の数より多くなる．したがって，所得 y^m をもつ中位投票者と y^m を下回る所得をもつすべての投票者たちによって，多数派結託を構成することができる．そこで多数決投票を行えば，平均所得を下回る過半数の投票者たちが，少数派から自分たちへの所得再分配を決定することができるのである．

資産を再分配するための投票

　多数派が少数派の資産を自分たち自身の便益のために収奪することができたなら，多数決投票によってある人々がもつ資産のすべてが失われるような前例がつくられるであろう．それは，働いて貯蓄をし，リスクを引き受けて投資をするインセンティブに対して，逆効果を与えるものであると予想される．将来多数決投票を通じて資産が収奪され得ることを人々が知るとき，あまり努力をせずに，少数の資産家の資産を多数の非資産家へと再分配する将来の投票まで，（非資産家として）待ったほうがよいと思うであろう．価値あるものを生み出したり，リスクを引き受けたりするインセンティブに逆効果を与えるので，一般的に実際の社会では個人資産には課税されないか，あるいは，課税されたとしても限定的である[4]．

　　均が中位を上回るということである．
　4)　個人資産に課税している国もある．また，地方税として，住宅という形の資産に課税する資産税が用いられることがよくある．この資産税は，個人資産の一部に対する課税である．このような資産税は，私たちが考えている資産への課税ではない．資産への課税は，資産全体に対する課税のことである．

個人資産を収奪するための投票は，個人の財産権を侵害する．人々は，所得税を支払った後で，課税後の所得を消費するか投資するかの選択ができる．貯蓄されれば，課税後所得は個人資産に加えられる．それゆえに，個人資産への課税は，過去にすでに課税された個人所得に対する**遡及的**な税である．第1章で，市場の基礎としての財産権の役割を考察した際に，遡及的な法律は法のルールに背くものであることを見た．将来資産に課税されることを過去の時点で知っていたなら，人々は資産を蓄えるよりも課税後所得を消費するような選択をしていたかもしれないであろう．

　課税と公的に調達した移転により所得が再分配されるとき，課税の超過負担による効率性の損失が発生する．資産への課税は，少数派に対して不意討ち的に資産の収奪を行うことができるので，超過負担は生じないと考えられるかもしれない．資産を失う少数派は，不意討ちにより代替的な対応をする機会が与えられないので，超過負担は発生しないし，再分配政策が水漏れするバケツのようにもならない．しかしながら，たとえ資産を再分配する時点での超過負担による効率性の損失がなくても，将来における効率性の損失は生じる．資産への課税は，努力をしたりリスクを引き受けたりする気を失わせることを通して，将来の個人の行動に影響を与えるのである．したがって，少数派の資産が多数派に収奪されるという前例は，将来における効率性の損失をもたらすことになる[5]．

所得を再分配するための投票

　資産を再分配する政策はまれであるかもしくは限定的であるが，課税を通じた所得再分配政策は広く行われている．もし投票者が自分の効用を最大にするような課税と所得再分配政策を選択できるならば，そのような利己的動機に基づいた多数決投票を通じて行われる所得再分配は，どの程度の規模になると予測できるであろうか？　その答えは税の方式を決定するルールと課税の効率性損失（これはインセンティブ効果または超過負担と同等であるが）に依存する．

　全体の51％を占める多数派低所得者は，自分たちへ所得を再分配するために，49％の少数派高所得者の所得を収奪することができるであろう．（多数派

---

[5] 大金持ちの資産は自分たちで稼いだものというより，相続したものなので，少数の大金持ちかられしい人々へ資産を再分配すべきであるという議論がなされるときがある．この理由から，政府は，資産が相続人に再分配されるときに個人資産への課税である相続税を課す．

は，少数派が生存のため必要な最低所得は残しておくかもしれない．）そのような収奪は，それまでの多数派高所得者たちを少数派の貧困者集団に変えることになるであろう．明らかに，この所得再分配は非倫理的である．そのうえ，少数派高所得者たちは，多数派による収奪を通じて自分たちの課税後所得が非常に低水準になることを知るならば，働くインセンティブを失う．この状況は，第1章で法のルールからの社会的便益について述べたときに考察した，強者と弱者のゲームに類似している．この場合，多数派が強者であり，少数派が弱者である．

多数派に限定された便益のために少数派の所得を収奪するような課税は，差別的である．その代わりとして，非差別的な課税・再分配計画，すなわち同率の所得税がすべての人々に適用され，税収が人口全体に等しく分配されるような政策を考察することができる．この政策は，少数派に100％の税率を課し，その税収を多数派の構成員にだけ与えるような課税・再分配政策とは対照的である[6]．所得分布のどこに位置しているかにかかわらず，すべての課税前所得に対して適用される税率を t とする．n 人が各々異なる所得 y_i を稼いで税を支払うとき，比例税率 t から，総税収

$$R = t \sum_{i=1}^{n} y_i \tag{6.1}$$

が得られる．この税収は，n 人の納税者全員に等しく再分配される．したがって，この税収から各納税者に対しそれぞれ等しい額の

$$S = t \left(\frac{\sum y}{n} \right) = t y^a \tag{6.2}$$

が再分配される．すなわち，各納税者が受け取る税収の分け前は，人口全体の課税前所得の平均値に税率を掛けたものに等しい．

ここでは，課税の超過負担がないものとして議論を進めよう．この想定はあくまで簡単化のためであり，現実がそうであると信じているわけではない．超過負担がないということは，課税が働くインセンティブに何の影響ももたないということであり，人々はそれぞれの能力にしたがって貢献（あるいは，働いたり努力をしたり）するが，受け取る報酬によって貢献量を変えることはな

---

[6] 累進課税のもとでは，所得に占める納税額の割合は所得水準とともに上昇する．したがって，多数派低所得者にとっての税率がゼロで，少数派高所得者に100％課税する政策は，累進課税の極端な形態である．ここでは，所得再分配のための単一税率による課税について考察していく．

い.したがって,このケースでは,再分配のために利用可能な所得は,税率によって変わることはない.人口全体の平均所得 y^a もまた,図 6.1 で描かれる課税前所得の分布から与えられる.そうではなくて,もし課税に反応して労働や努力の意思決定がなされるとしたら,再分配のために利用可能な所得の分布全体は税率に依存するであろう.このとき,人々は税率を考慮に入れつつ,努力水準や労働時間(あるいは,働くかどうか)を決定するであろう.その意思決定は各々が稼いだ所得額を決めることなので,他者へと移転され得る所得額をも決めることになる.

図 6.1 の所得分布が所得税率の影響を受けず,人口全体の平均所得 y^a も不変なので,税収の再分配によって人々が受け取る所得移転 S は,(6.2) 式より税率 t の選択にのみ依存することがわかる.個々人の再分配後の所得もまた,税率 t の選択にのみ依存する.任意の個人 i について,課税前所得と課税後所得との関係は,以下のように表される.

$$y^i_{after\,tax} = (1-t)y_i + S. \tag{6.3}$$

ここで,y_i は個人 i が稼いだ課税前の所得であり,図 6.1 の所得分布におけるこの個人の位置によって決定されるものである.

(6.2) 式を (6.3) 式に代入すると,課税前と後の所得の関係は,

$$y^i_{after\,tax} = (1-t)y_i + ty^a \tag{6.4}$$

となり,以下のように変形できる.

$$y^i_{after\,tax} = y_i + t(y^a - y_i). \tag{6.5}$$

いま,すべての所得水準に適用される税率 t に関する投票に参加するよう,各人に求めるとしよう.このとき,各人は,(6.5) 式で与えられる課税後所得を最大にするような税率 t に投票する.

(6.5) 式より,課税前所得が平均所得に等しい人(すなわち,$y_i = y^a$ をもつ人)は,どんな税率が選択されても無差別であることがわかる.

平均を超える所得をもつすべての人々は,課税前所得 y_i を維持する税率ゼロに投票するであろう.すなわち,平均の課税前所得を超える人々は,所得再分配をまったく行わない政策に投票するであろう.

他方で,平均を下回る所得をもつすべての人々は,課税後所得を最大にする

ために，$t=1$ すなわち 100% の税率になるような収奪的な課税に投票するであろう．この収奪的な税率のもとで同額の税収再分配がなされると，各人は課税前所得分布における平均所得を得ることになる．これは，(6.5) 式に $t=1$ を代入すれば，

$$y^i_{after\ tax} = y^a \tag{6.6}$$

となることによって確かめられる．

　平均を下回る所得をもつ人々のほうが多いので，多数決投票は収奪的な課税を選択することになる．同額の税収再分配が行われた結果，課税後所得の平等化が実現するのである．

中位投票者

　多数決投票によって決定されるべき問題は，比例税率 t のみである．すべての投票者は，自分たちの個人的な所得を最大にする税率の選択に関して，単峰型の選好をもっている．それゆえに，多数決投票結果の均衡が存在するための条件が満たされる[7]．中位投票者の課税後所得は，

$$y^m_{after\ tax} = y^m + t(y^a - y^m). \tag{6.7}$$

所得分布において中位所得 y^m は平均所得 y^a より低いので，中位投票者は (6.7) 式で与えられる課税後所得を最大にするような収奪的な課税（すなわち，$t=1$）に投票する．中位投票者は，100% の税率に投票することによって，自分の所得を課税・再分配前の y^m から課税・再分配後の y^a へと増加させる．100% の税率が課され，税収が等しく再分配されると，社会の中のだれもが同額の所得をもつことになる．したがって，多数決投票は，再分配後の所得の平等化という結果をもたらす[8]．

---

7) 第3章で見たように，決定しなければならない問題が2つ以上あるならば，多数決投票が集合的意思決定の均衡をもたらすかどうかは確かでない．

8) 多数派は所得再分配の財源を得るために，比例的所得税に投票する代わりに，累進税に投票するかもしれない．累進税により，高所得者は低所得者に比べて所得に占める納税額の割合がより大きくなる．中位投票者は，納税額が税で調達された所得移転の受取額より少なければ，累進税から利益を得る．しかしながら，所得の平等化が目的ならば，100% の税率と同額の再分配によりその目的は達成されうる．

より複雑な所得税‐再分配計画

　一般的に所得税‐再分配計画は，私たちが考察した単一の比例税率と同額の税収再分配のケースよりも複雑である．第7章ではより一般的な課税の選択について考察する．とはいえ，単一税率のケースは，所得税率の差別も税収分配の差別もないとき，多数決投票が完全な収奪的課税と再分配後の所得平等化という結果をもたらすことを教えてくれる．また，課税と再分配の選択が制約されていて，少数派である高所得者の状態を多数派の低所得者よりも悪くできないならば，課税後の平等化は多数派の低所得者が達成できる最善のものであることもわかる．

社会保険による平等化と社会厚生の最大化

　ここでは，課税と再分配による所得の平等化は，多数決投票の結果として実現している．第5章において，課税の超過負担がない，もしくは再分配のバケツから漏れがないという同じ条件のもとで社会厚生の最大化を通して社会保険を考察したときにも，同じ結果が得られた．そのケースでも，課税と再分配の後に所得が平等化された．社会厚生関数の最大化の基礎には，将来自分がどうなるのかわからない，それゆえに自分が稼ぐであろう所得がわからないという人々のための社会保険という考え方がある．対照的に，多数決投票による所得再分配後の平等化は，人々が無知のヴェールの背後にいるときではなく，自分たちの再分配前の所得を知っており，それゆえ図6.1で示した所得分布における自分たちの位置を知っているときに生じている．

インセンティブと課税の超過負担

　第5章で所得再分配を社会保険と見なしたときに行ったように，今度は課税がその超過負担による効率性の損失を招くインセンティブ効果をもつことを考察することができる．所得税率が100%であり，課税と再分配後の自分の所得が社会全体の平均で決められることを知っている人々が，一生懸命に努力をするとは考えられない．これらの条件下では，人々は働いたり努力をしたりすることを怠るであろう．予期された課税後所得の平等化が労働と努力へのインセンティブに与える効果は，図6.1にある課税前所得分布の形状にも反映されるであろう．このとき，社会における個々人の所得がゼロであるような所得分布になることが予想される．

中位投票者は，自分の再分配後所得を最大化する所得税率を選択するとき，課税と再分配が人々の働くインセンティブへの効果，とりわけ課税前の平均所得への効果を考慮することを余儀なくされる．すなわち，中位投票者が選好する税率は，税率 t にともなう課税前平均所得 y^a の低下を考慮に入れたものとなる．このために，多数決投票を行っても，課税の労働に対するインセンティブ効果がないケースでそうであったような，完全に収奪的な課税になるとは予想されない．むしろ，所得再分配が社会厚生を最大にするための社会保険として選択されたケースのように，多数決投票による所得再分配の決定は，効率性によって課される制約の下にある．

社会的に公正な課税の原則

社会的に公正な課税の原則もまた，多数派（または，中位投票者）が裁量的に少数派を差別することに対して，制約を与えている．水平的公平の原則は，すべての国民を平等に処遇することを求める．**垂直的公平の原則**は，「等しくない人々」（等しくない所得ないしは富をもつ人々）に対する公正な税の処遇を求める．これらの課税における社会正義の原則が守られれば，多数決投票によって可能な再分配に制約が加えられることになる．とりわけ，水平的公平の原則は，個人課税の決定において，人種や民族，信仰など課税とは無関係な差別的基準の適用を防いでいる．垂直的公平の原則は，異なる所得や所得の源泉をもつ人々，あるいは，性別，子供の数，既婚者かどうか，世帯の一員であるかどうか，独身世帯であるかどうかによって異なる人々に，同等の負担という基準を課している．水平的および垂直的公平の原則はそれゆえに，多数決投票が課税と再分配を決定するときに，多数派か少数派かということ以外の考慮を求めるのである．

将来の改善への期待

多数派低所得者は，高い社会的流動性によって将来自分たちの立場が改善されることを予想するならば，大規模な所得再分配に賛成票を投じないかもしれない．社会的流動性による将来の利益を予想する人々は，他者からの所得再分配に投票するよりも，個人的な幸運による所得の改善を待つ．忍耐力は低い割引率に反映されるが，その根底には，将来の高所得を見込んで高所得に高い税を課したくないという思いがある．それでも，楽観的な期待が裏切られたら，

人々は不平等に我慢できなくなることもありうる．アルバート・ハーシュマン（Albert Hirschman）[9]は，楽観的な期待が実現しないことによる失望を説明するために，2つの車線で交通渋滞にはまり立ち往生している人々のたとえ話を用いている．一方の車線で車列が流れだしたが，他方の車線はまだ停滞しているとき，停滞したままの車線にいる人々の最初の反応は，楽観的である．他の車線で車列が流れているということは，いま停滞している車線もまもなく流れだす兆候であると解釈されるためである．したがって，停滞している車線にいる人々は我慢して，流れている車線に無理に割り込もうとしない．一定の時間が経過しても車列が流れ出さないとき，その車線にいる人々の感情は楽観的なものから妬みへと変わり，流れている車線への割り込みを始める．このような傾向を所得再分配に適用すると，低所得者たちは，自分の所得がいずれは改善するという楽観的な期待をもち続けている限り，より良い状態にある人々の所得を収奪するような投票行動をとらないということになる．しかしながら，楽観的な期待が持続するには，社会的な流動性が起こるという確証が必要となる．

したがって，高い社会的流動性を実現することが，多数派低所得者が求める高い再分配課税によるインセンティブの阻害と超過負担を避けるための手段となる．将来の向上への期待は，より低い所得をもつ人々や家族が高所得を得る可能性の実感によって支えられており，現在の大規模な再分配に投票するインセンティブを抑制することになる．しかしながら，平均以下の所得をもつ人々が将来の改善へ妥当な期待をもつための根拠を提供するには，社会的流動性についてどれくらい高い見込みをもつ必要があるのだろうか？　さらに，現在の多数派低所得者が将来の低い課税と再分配から恩恵を受けるために必要な社会的流動性は，実現可能なのだろうか？　所得分布において，だれもが同時に高い階層に移動することはありえない．多数派低所得者たちに，将来の重税と大規模な再分配から損失を被るという妥当な予測を与える将来の変化は，どのように予想されうるのであろうか？

将来についての予測は，将来の所得分布の形状に関する予測を含んでいる．現在の多数派低所得者は，社会的流動性が現在の高所得者の将来所得を減らし，現在の低所得者の将来所得を増やすものと予想するかもしれない．この変

---

[9] Hirschman, A. O., "The changing of tolerance for income inequality in the course of economic development," *Quarterly Journal of Economics* 87, 1973, 544-66.

化は平等化をもたらし，今日平均以下の課税前所得をもつ人々が将来平均以上の課税前所得を得る可能性に影響する．すなわち，図 6.1 の所得分布のばらつきが，平均を変えることなく小さくなると期待されるかもしれない．あるいは，将来の平均が低下するならば，今日の所得分布において平均以下に位置する人々は，必ずしも所得分布における位置を移動することなく，将来平均以上に位置することもありうる．このような期待があれば，多数決投票による大規模な所得再分配は起こらないであろう．

将来の所得分布を変えるような移民の流入が予想されるなら，現在の低所得投票者は，重い課税と大規模な再分配に賛成票を投じる気をなくすかもしれない．新しい移民は，平均的に以前からその社会に属している人々と比べて熟練度が低いかもしれないし，それゆえ，その社会において低所得の職にしか就けないであろう．あるいは，移民は，言葉の壁があって低所得の職にしか就けないかもしれないし，高所得の職に就くために必要な社会的ネットワークやコネをもたないことがその理由かもしれない．既存の集団は，移民があるためにその技術を高めることもあるかもしれない．このようにして，既存の集団の所得分布における位置は押し上げられる．再分配的な所得移転が低所得の移民を引きつけるものならば，低所得の投票者もまた，重い課税と大規模な再分配に投票する気をなくすかもしれない．移民の流入によって所得分布における位置が押し上げられると，現在の低所得投票者は，再分配政策によって引き寄せられる移民への所得移転の財源を負担する側にまわるように求められるかもしれないからである．

6.1.5 投票権

投票権は，多数派と少数派の投票結託の構成の決め手となる．より豊かな人々は，より貧しい人々が投票権をもたないか，あるいは有権者登録をしないならば，多数決投票による再分配から保護される．だれが投票するのかもまた，重要である．所得や資産がより少ない人々は，高所得で資産が多い人々よりも投票しそうにないように見える．

歴史的に，民主主義が初めて導入されたときは，投票権は資産の所有者のためのものであった．資産の所有者は，非常に多くの貧しい人々が自分の資産を収奪するような投票行動をとることを心配していた．時が過ぎて，権利はすべ

ての男性に，そしてやがて女性にまで拡大した．選挙権が与えられる年齢も，まもなく（一般的には 21 歳から 18 歳に）引き下げられた．

6.1.6 投票と性差

女性は男性よりも，より高い政府支出に投票する傾向があった．公的に調達される所得移転の増加もまた，女性への投票権の拡大と相関している[10]．

このような投票行動は，女性は男性よりも個人的な逆境に対して傷つきやすかったために起こったものと解釈される．男性が一家の所得を稼ぎ，女性は家に居て子供を育てるという伝統的な家族形態においては，男性が死亡するか，あるいは女性を見捨てると，女性は困窮してしまうことがありうる．離婚したとき，女性は，男性の将来所得に対して十分な請求額を確保できないかもしれないし，男性が生活費の支払いや子供への援助の義務を果たさないかもしれない．それゆえ，伝統的な家族の中では，政府によって提供される社会保険契約が，男性よりも女性にとってより重要なものであった．

伝統的な家族形態がもはや現実にあてはまらなくなるとき，子供をもつ女性にとって，結婚と男性による拘束力のある約束 (commitments) は欠かせないものではなくなる．それでもなお，シングル・マザーの中には，政府から自分の子供を援助するための所得補助を必要とする人もいるかもしれない．この場合，これらのシングル・マザーたちがより大きな所得移転を支持する候補者に投票するのは，彼女たちの利己的な関心によるものである．

女性は男性よりも，所得の不確実さに対してより傷つきやすい立場に立たされ続けてきた．それゆえに，女性はより大きな規模の所得再分配政策に賛成票を投じる傾向があったのである．女性の所得の脆弱性はまた，人口全体における結婚適齢期の男女の割合にも関連している．通常は，生まれてくる男の子の数は，女の子の数よりもわずかに多い．しかしながら，環境によっては，男女比にかなりのアンバランスが生まれることがある．たとえば，19 世紀のアメリカ西部，特にゴールド・ラッシュの時期には，人口全体において男性の数が女性の数をかなり上回っていた．したがって，女性は男性によって非常に尊敬され，「崇め」られた．東部の州では，女性が参政権を求めて闘っていたが，

---

10) Lott, J. R. and L. W. Kenny, "Did women's suffrage change the size and scope of government?" *Journal of Political Economy* 107, 1999, 1163-98 を参照せよ．

女性に初めて投票権が与えられたのは西部の州であった．

　女性が少数派であったとき，あるいは，男女比率がある程度バランスしていて，伝統的な家族の中で定義される婚姻関係と拘束力のある約束によって守られていたとき，男性は一般的に，彼らの家族を支えることへの責任を受け入れていた．扶養すべき子供をもつ母親に対して，公的に調達される所得再分配の必要性は限定的であった．男性が少数派であるとき，事態は変わることがある．男女比のアンバランスがあると，子供がいる伝統的な家庭を得ようと安定的なパートナーを求めるすべての女性が，長期的に拘束力のある約束を自ら進んで結ぶ男性を見つけることができるわけではない．行動規範しだいでは，適齢期の男性は，男女比のアンバランスを利用して安定的な関係なしですまそうとするかもしれないし，むしろ多くの女性と短期的な関係をもとうとするかもしれない．女性の側もまた，安定的で長期間継続する相手を見つけられないために，このような短期的な関係を許容することになる．もし女性が子供をもちたいのなら，彼女の子供の父親（あるいは，父親たち）からの援助の拘束的な約束なしで育てなければならない．それゆえに，こうした環境下にいることを自覚する女性は，政府に対して「最後の拠り所となる父親 (father of last resort)」の責任を負わせるような課税と所得再分配に投票するインセンティブをもつことになる．

　教育水準もまた，女性の結婚機会に影響を与える．高学歴の女性は一般的に，低学歴の男性をパートナーとして選びたがらない．これに対して，高学歴の男性は，男性にとって魅力的と感じる他の属性を女性がもっていれば，低学歴の女性を選ぶことを，高学歴の女性ほど嫌がることはない．したがって，高学歴の独身女性よりも高学歴の独身男性のほうが少ない状況で，アンバランスが生じる可能性がある．このような環境下では，高学歴の女性は稼得能力が高いために，最後の拠り所となる父親としての政府を一般的には必要としない．高学歴の女性はそれゆえに，大規模な課税と所得再分配に投票したいと思わないであろう[11]．

---

11) 私たちは，教育と所得が有権者として登録し実際に投票する性向に影響する傾向があることを観察してきた．より高学歴の女性は低学歴の女性より，登録をして投票をする可能性がより高いという現象が見られた．

6.1.7 世代間の所得再分配

第2章で見たように，政府の借金は，世代間の所得再分配効果をもちうる．公共財への公的支出が政府の借金によって調達されるとき，その費用負担は後の世代まで及んでいく．後の世代までもたらされる便益が，各世代の税負担とちょうど見合うものならば，世代間の所得再分配は起こらない．他方で，現在世代が現在の税を使って，幹線道路網や橋の建設資金を調達するように投票するならば，現在世代の所得が将来世代へと再分配されることになるであろう．

現在世代はまた，政府の公債発行によって，公共事業のための資金のすべてを調達するように投票するかもしれない．この場合は，その公共事業のためのすべての資金調達を将来世代に押しつけることになる．将来世代は，政府の借金の元金と利息分ともに返済する義務を引き継ぐことになり，それは何世代にも及んでいく．過去の世代が，政府の公債発行によって過去の公共支出の資金を調達するように投票したために，後のある世代の納税者によって支払われる税金の大部分が，公債の元金返済と利払いのために使われるという事態が生じ得るのである．借金の元金と利払いのための資金を調達することになる将来世代がまだ生まれていないか，選挙権を得るには若すぎるならば，現在世代は公共支出の資金調達方法を決定するための多数派を容易に形成できる[12]．

投票はまた，働いて労働所得を得ている若年世代から，退職して労働所得がない老齢世代へ所得を移転するような世代間再分配を行うこともできる．現在の若年世代は，将来税で調達された所得移転を受け取るように投票できるし，将来受け取る移転額も特定化できる．この世代が引退したとき，まだ働いている世代は，過去に交わされた社会保障や年金に対する拘束的な約束を履行するために税金を支払っていると気づくことになる．この拘束的な約束は，いまは引退している世代間所得移転の受給者が，彼または彼女ら自身のためにつくりだしたものである．このケースも同様に，投票が行われたときは，将来の世代間移転の資金を調達するための税を支払わなければならない人々は，まだ生まれていないか若すぎて投票ができなかったので，自分たちの将来の便益のために投票する世代は，容易に多数派を形成することができたのである．

---

12) 財政収支均衡を提案する目的は，現在世代が公債発行を利用して，将来世代に税を課すように投票する能力を制限することにある．

6.1.8 憲法上の制約

社会は，投票で決定されるような再分配に制約を加えたいと考えるかもしれない．そのような制約は，憲法の中に明記することができる．憲法は，（憲法それ自身の改正も含めた）特定の問題に対しては，51％より多くの支持が必要であると明示するかもしれない．また，財産と生命に関する基本的な権利を保護するという原則の厳守のような，いくつかの問題に対しては，過半数では何の変更も許されない．また，慣習が不文律となって法律に暗に組み込まれ，多数決投票による変更に法的制約を加えるかもしれない．このような憲法上，あるいは法律上の制約は，以前に考察した資産や所得を収奪するために投票を利用することへの抑制を明言化したものである．

世代間再分配に対する憲法上の制約は，政府の財政赤字の規模を制限することによって適用される．政府の借金が，将来世代を犠牲にして現在世代の便益のための資金調達に使われるとき，政府は財政赤字を発生させる[13]．赤字財政の許容範囲を制限することは，世代間再分配を制限することになる．国民所得に占める政府の累積借金額の割合に上限を設けることも，世代間再分配を制限するもう1つの方法である．

6.1.9 その他の多数派

51％の多数派は，所得分布のさまざまな部分から形成されうる．図6.1の中位所得 y^m より低い所得をもつすべての人々に，中位所得をもつ投票者を加えて形成される多数派については，すでに述べた．このほかに，y^m より高い所得をもつすべての人々と中位所得をもつ投票者が，51％の多数派を形成することも可能である．この多数派は，49％の低所得投票者から51％の高所得投票者へと所得を再分配するような投票行動をとることによって，利益を得ることができる．この多数派はまた，利益を得るためでなく，低所得者の集団の便益のために高所得者の集団に課税することを阻止するために投票するかもしれない．

---

13) 政府の財政赤字とは，当該期の政府支出がその期の税収入を超える分の額である．この超過額ないしは赤字額は，公債を発行し，将来の課税（または，将来の借金）によって利息分とともに返済することによって，穴埋めすることができる．

中位投票者は，低所得者の集団に加わって高所得者の集団に課税するよう投票する多数派を形成するほうが，より良い状態になる．ただし，これは，高所得者の集団が中位投票者を自分たちの集団に参加させるために，中位投票者に対して利益を与えることができないときに限られる．したがって，中位投票者が，最大の利益供与を提示した人がいる集団に参加するという決定をするならば，高所得者の集団は有利になる．中位投票者というよりはむしろ，中流階級といったほうがよいかもしれない．すなわち，貧困者に所得が分配されないような51%の多数派の形成に参加させるために，高所得者の集団は中流階級に利益を与えるであろう．

　所得分布の中程に位置する51%からなる（中位投票者を含む）投票者たちは，分布の端に位置する貧困者と富裕者に対抗する結託を形成することもできるであろう．

　中位所得をもつ投票者ないしは中流階級を含まない多数派が形成されることもあるかもしれない．高所得者の集団は中流階級に対抗して，低所得者の集団と一緒に51%の多数派を形成するかもしれない．このとき，貧困階級への所得再分配はあるが，中流階級への再分配はなされないので，この結託は高所得者の集団にとって有利になる．たとえば，最高所得をもつ投票者の30%は，最低所得をもつ投票者の21%にターゲットを絞った所得再分配に投票するであろう．この所得再分配は税によって調達されるが，この税を支払うのは，最高所得をもつ30%の投票者に加えて，この結託の外にいる49%の中所得者の集団である．社会全体の21%に対する所得移転が，社会全体の79%への課税によって調達されるのである．この結果は，21%の低所得者と30%の高所得者の両方にとって，中位投票者と中位所得より低い所得をもつすべての投票者からなる多数派が形成されるときよりも，好ましいものである．所得分布の両端で形成される結託によって，21%の最低所得者の集団は受取額が増えるし，30%の最高所得者の集団は支払額が減る．すなわち，高所得投票者は，低所得投票者と結託することによって，最低所得者を含む51%の集団へ所得を移転させられるような多数決投票を，先んじて阻止できるのである．

6.1.10　民主主義社会における所得再分配

　ここで，民主主義社会において所得再分配からだれが利益を得るのかに関

する証拠を見ていこう．ある社会において所得再分配を決定するためには，図6.1の所得分布の例で示したような，当初の課税前の，市場で決定された所得分布を知る必要がある．すでに注意したように，この当初の所得分布は外生的ではなく，税水準と所得稼得者の課税に対する反応に依存する．図6.1のような当初の課税前所得分布が知られているとき，この分布を課税後の所得再分配の結果と比較することで，課税によって所得がどのように再分配されたのか見ることができる．

このような課税前と課税後の比較の結果，民主主義社会では，市場が決定する当初の所得不平等度がより大きいとき，所得再分配がより大きな規模で行われることが示されている．そのうえ，中位所得をもつ人は，公的に調達される所得移転の受益者にはならないという傾向が示されている[14]．

投票への参加

投票への参加は，多数決投票の結果に影響を与える．社会の中で中位所得をもつ人が中位投票者となるのは，すべての人々が投票するときのみである．しかしながら，投票を棄権する人々もいるかもしれない．

中位所得をもつ人が再分配から便益を得られない現象を説明できるのは，より高い所得をもつ人々の投票への参加が，より低い所得をもつ人々に比べて少ないケースであろう．このケースでは，投票参加者の中の中位投票者は，社会全体で見て中位の所得をもつ人よりも低い所得をもっているであろう．図6.2においては，投票参加者中の中位投票者は，中位所得 y^m よりも低い y^{m^*} の所得をもっている．y^{m^*} 以下の所得をもっている投票者だけが，多数決投票で決定される再分配から利益を得るので，中位所得 y^m をもつ人は利益を得ないであろう．この点は，所得再分配に関する証拠と矛盾しない．

しかしながら，より低い所得をもつ人々は一般的に，より高い所得をもつ人々よりも投票を棄権する傾向が強い．そのケースでは，図6.2において，投票参加者中の中位投票者の所得 $y^{m^{**}}$ が，社会における中位所得 y^m よりも高くなる．このとき，所得 $y^{m^{**}}$ をもつ投票参加者中の中位投票者に便益をもた

---

[14] 世界銀行のブランコ・ミラノヴィッチ（Milanovic, B., "The median-voter hypothesis, income inequality, and income distribution: An empirical test with the required data," *European Journal of Political Economy* 16, 2000, 367-410）は，24の民主主義社会における政府の所得移転を計測し，これらの結果を見出した．

らす多数決投票は，実際の中位所得 y^m をもつ人にも便益をもたらすことになる．

所得再分配に関するその他の仮説

投票参加者における中位投票者の一方の側にいる投票者で形成される結託では，なぜ中位所得をもつ人が所得再分配から利益を得ないのか説明することができない．それゆえに，中位投票者が課税前の所得分布に基づいて多数派結託を形成するかどうかは，明らかではない．また，中位投票者とより低い課税前所得をもつ投票者に所得を再分配するために，利己的な多数決投票が用いられているかどうかも，はっきりしない．

したがって，投票への参加を，中位投票者が所得再分配から利益を得ない理由の中から除外することができる．

その代わりとして，以下のような仮説を挙げることができる．

(1) 所得再分配は，社会が社会厚生（社会厚生関数は，無知のヴェールの背後で選択される）を最大にする社会保険契約を反映することができ，社会の富裕層によって支払われる税によって調達される所得移転を，貧困層が受け取ることで，社会保険契約が実現される．
(2) 高所得投票者は，公的に調達される所得移転から便益を受ける低所得投票者と結託を形成してきた．

両方の仮説は，民主主義社会において中位投票者は，公的に調達される所得移

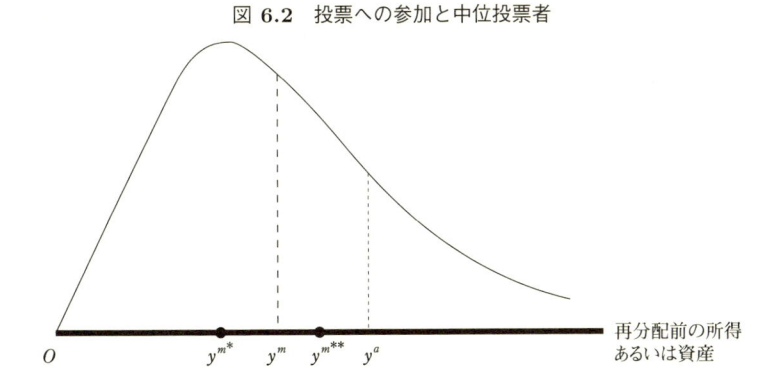

図 **6.2** 投票への参加と中位投票者

転から利益を得ないという証拠と矛盾しない．すなわち，社会保険契約は，低所得者に所得移転の受給資格を与えることと矛盾しない．あるいは，低所得者への受給資格の付与は，高所得投票者と低所得投票者との先取り的な結託があることを示しているかもしれない．

中位投票者と公共支出

中位投票者は公的に調達された所得移転から便益を受けないが，財・サービスに対する公共支出からは，つねに不相応に高い便益を受けているように見える．たとえば，以下のようなものが観察される．

(1) より豊かな人々は，自分たちの子供を私立の学校や私立大学に通わせる傾向があるが，中程度の所得をもつ人々の子供は，公立の学校や大学に通うことが多い．より貧しい家庭の子供がほとんど大学に行かないのであれば，政府の高等教育への補助は，中流階級に対して不相応に高い便益を与えていることになる．
(2) 中程度の所得をもつ人々は，公的な警察および治安サービスから，不相応に高い便益を受けている．貧しい人々は，守るべき資産がほとんどないであろうし，非常に裕福な人々はしばしば，自分で民間の警護サービスを購入するからである．
(3) よく旅行をする人々は，幹線道路や空港からより多くの便益を受ける．貧しい人々は，あまり旅行はしない．よく旅行をする人々はまた，外国で大使館や領事館から便益を受ける．たとえば，パスポートを紛失したときに再発行してもらうことが多いのは，よく旅行をする人々である．
(4) 公営住宅は，低所得の人々のために住居を提供するものである．裕福な人々は，プライバシーが保たれる閑静な場所に住居を構えたいであろうし，そうする金銭的なゆとりがある．中程度の所得をもつ人々は，低所得の人々のための公営住宅から便益を受ける．なぜなら，低所得の人々が住む場所を得ることになり，近所の通りや公園で暮らすことがなくなるからである[15]．

---

15) しかしながら，公営住宅は，問題解決の糸口というよりはむしろ，それ自体が問題となってきた．公営住宅の立地地域は，教育や社会的流動性により成功を収めるような模範となる人々を生み出さないかもしれない．

このように，公共財・サービスへの公共支出は，中所得の集団に対して，不相応に高い便益を与える傾向がある．この種の証拠は，第3章で述べたように，公共支出が中位投票者の便益のために多数決投票により決定されることと矛盾しない．

6.1.11 異なる政治的立場

これまでは投票者を，自分自身の効用を最大にするように課税と再分配政策を選択する利己的な人々と見なしてきた．また，この利己性ゆえに，多数派による少数派への収奪的な課税が行われない可能性があることも見てきた．しかしながら，多数派の投票者たちは，平等を社会における，妥協すべきではない無上の価値と見なすこともありうる．このとき，労働のインセンティブ効果があっても，それが再分配後の平等を達成するための収奪的な課税に賛成する多数派の投票行動を阻止することにはならないであろう．しかし，多数派の投票者が所得の平等化を無上の価値として投票するような例は，ほとんど見られない[16]．むしろ，多数決投票の収奪的な結果を抑える力のほうが，一般的に勝っていたといえる．

再分配の制約に関しては，まだ他に別の見方がある．多数派の投票者たちが保守的であるとき，財産権と個人所得を個人の支出のために保有する権利の保護に高い価値を置き，控えめな再分配が好まれる．多数派が社会的な平等を重視するなら，高い課税と高い所得再分配をともなう政府支出が観察される．大まかにいって，政治的なスペクトルの上に右と左の見解があり，右に位置する投票者は再分配には保守的で，左に位置する投票者の保守性はより小さい．

6.2 政治行動と公共政策

この節では，投票者と政治的意思決定者との間で起こりうるプリンシパル‐エージェント問題を考察し，プリンシパル‐エージェント問題が公共政策にどのような影響を与えるのかについて探る．

---

16) インドのいくつかの州においては，例外が見られる．

6.2.1 公共利益と特殊利益

　政治的意思決定者の個人的目的が，投票者が求める公共政策と異なっているならば，投票者と代議員との間にプリンシパル‐エージェント問題が存在する．政治家の個人的な関心事は，選挙に勝つことである．選挙に勝つからこそ，政治家でいられる．政治家はそもそも，選挙に勝たなければならないのである．さもなければ，彼または彼女は，政治家とは言い難い「失業中の政治家」である．政治家は，選挙に勝つために，投票者からの支持と金銭の両方を必要とする．金銭は政治活動のための資金として必要となる．電話代や郵便料金を支払わなければならない．選挙スタッフへの報酬も必要となる．政治広告にも費用がかかる．政治活動の効果を評価するために，世論調査にもお金をかけなければならない．また，ジャーナリストやレポーターが選挙運動に随行するなら，候補者は価値ある報道をしてくれる彼または彼女の随行者たちの旅費等を負担しなければならなくなるかもしれない．政治家の個人的関心事とは，これらの費用を支払うに足る十分な金銭を得ることなのである．金銭が必要だからこそ候補者は，公共の利益とはならない公共政策を求める利益集団からの政治献金を受け入れることになるのである．

公共利益とは何か？

　「公共利益」はどのように定義されるのか？　個々人の個人的な利害はさまざまなので，公共利益の定義は明白ではない．公共利益を決定するための投票を社会に求めることができるであろう．多数決投票のもとでは，多数派の利益と少数派の利益がある．多数決投票の結果は，中位投票者の利益を反映したものになる．しかし，中位投票者以外のすべての投票者が，他の結果を好むかもしれないので，中位投票者の利益が公共利益を適切に表すものではないかもしれない．公共利益は，投票者の間で合意があるときには，明確に定義することができる．リンダール解においては，公共財への支出に関する集合的意思決定のための合意が得られるが，第2章で注意したように，この解を実行する際には情報の問題が存在する．

　社会厚生関数の考え方を通して，公共利益の定義を試みることもできる．公共利益を定義する社会厚生関数の選択は，総意によって行われなければならないであろう．そうではなく，多数決投票で決定がなされるならば，その決定は

再び多数派の利益や中位投票者の利益を反映したものとなり，公共利益ではなくなるであろう．社会厚生関数に関する合意の根底には，人々が自分の人生がどうなっていくのか知る前の，無知のヴェールの背後にいる状態で選択されるという想定がある．自分が何者かを知った後では，さまざまな社会厚生関数の選択にしたがって所得再分配も変わってくるので，それらの選択に関して意見の相違が生じうるからである．

公共利益を定義することは困難である．しかし，それは公共利益と政治的意思決定者の私的利益との比較のために必要なことである．私たちは，何が公共利益にあたらないのかを考察することで，公共利益の正しい理解に近づくことができる．公共政策を通じた便益に関して何ら道徳的ないしは倫理的問題を感じない集団に対して，政治的意思決定者が差別的な特殊便益を与え，同時にその政策が社会全体に損失をもたらすとき，そのような便益は公共利益にはあたらない[17]．

利益集団の目的

利益集団は一般的に，狭い利己的な目的をもつ．それでも，利益集団が広く社会的な目的をもつこともあるであろう．たとえば，ある利益集団は，ある病気の治療法の開発から恩恵を受ける人々の数が少なすぎて，商業的に行うことができないとき，その病気の研究に対して，公的な資金を求めることがある．また，環境問題に政府の目を向けさせたい利益集団もあるかもしれない．これらのケースにおける利益集団の目的は，社会的にメリットのあるものであり，論争とはならない．

利益集団が社会的な目的を追求するが，その目的が論争となるようなケースもあるだろう．たとえば，（兵器製造産業と連携した）銃規制反対のロビー活動を行う投票者たちは，武器は市民が犯罪に対する自己防衛のために許されるという論拠に基づいて，個人が銃を購入し所有する権利を保護したいかもしれない．他方で，銃の入手が社会の安全性に与える影響について関心をもっている人々もいるかもしれない．

---

17) 社会全体の中でだれひとりとしてその状態が悪化せずに，利益集団の構成員の状態がより良くなるならば，パレート基準を満たしているので，私たちは利益集団に便益を与えることに反対しない．しかしながら，特殊利益は一般的に，他者や公共利益を犠牲にしてより良い状態をもたらすものである．

妊娠中絶（あるいは，妊娠を全期間完結するかどうかを女性が選択する権利）は，人によって見解が異なる社会問題である．公共政策上は，望まない妊娠を終わらせる方法についての情報を提供する病院に公的な資金を与えるかどうか，あるいは，避妊のアドバイスをしたり，養子縁組手続きの支援を提供したりするような施設に財政支援を行うかどうか，という問題になる．

広く社会的な目的をもつ利益集団と異なり，公共政策に影響を及ぼそうとする産業の利益集団は，一般的に狭い個人的利益を目的としている．たとえば，産業に汚染除去装置の設置を求める法律の制定を阻止したい利益集団もあるであろう．トラック業界は，幹線道路網の拡張への公共投資を求めるかもしれない．産業は外国の輸入製品からの保護を求めることもあるし，税制上の有利な措置や政府からの補助金を求めることもあるだろう．タバコ会社は，公共の場での禁煙の立法化を阻止したいであろう．鶏肉を供給する企業は，政府の規制当局に対して，養鶏に関する規定をゆるめるよう求めるかもしれない．金融市場で失敗してしまった金融投資会社は，公的資金による救済措置を求めるかもしれない．利益集団が政治的意思決定者に求める便益のリストを並べれば，枚挙にいとまがない．広い公共利益を犠牲にして狭い便益が求められる，というのがそうした状況での一般的な原理である．

特殊利益は，民間部門にだけ存在するものではない．たとえば，教員組合は，子供が通う学校の選択のために利用できるバウチャーを親に与えることで，公立の学校システムに競争を導入するという提案に反対するかもしれない．また，政府の官僚は，私的な利害のために巨額の政府予算を求めることもありうる．

集合的行動

利益集団は，その目的が何であれ，集合的行動をとるものである．それゆえに構成員は，集団の目的達成への貢献に関して，フリーライド行動を起こしやすい[18]．広範な社会的目的をもつ利益集団は，候補者に対して時折り金銭を

---

[18] 公共財への自発的貢献を行う人々は，他者のみならず自分自身にも便益をもたらすので，自発的貢献には利己的な要素が含まれる．たとえば，一部の人々を悩ます病気の治療法研究に対する公的助成を増やすように要求する利益集団は，何か自分たち自身のためのものを求めることもある．（自分や親戚，友人などがその病気にかかっているか，遺伝子配列の異常によりその病気にかかる確率が高い，など．）それと同時に，その利益集団は，暗黙の社会保険の適用範囲を拡大しようと

与えることもあるが，たいていは投票を通じて政治的な支持を与える．狭い目的に基づいた利益集団は，小さすぎて集票力がないため，金銭や個人的な便宜を提供する．いずれのケースにおいても，利益集団がもつ政治力の実効性は，フリーライド問題を克服する集団の能力に依存する．

レントの源泉としての政治的意思決定

狭い利益集団が政治的意思決定から得る便益を記述するために，「レント (rent)」という用語を用いることができる．レントを獲得し保持するために公共政策に影響を及ぼそうとするインセンティブは，レントシーキング (rent seeking) として知られている．「レントシーカー (rent seekers)」という用語は，レントを追求する (seek) 人々にあてはまる．レントは，家族内ではただで与えられることがある[19]．友人もまた，レントを与えてくれることもあるだろう．家族や友人以外のレントでは，政治的便宜によってもたらされるものがもっとも顕著である．

暗黙の契約

利益集団は，政治的便宜から得られるレントを求め，政治家が選挙に勝つために必要な金銭を提供することで，レントの対価を支払う．利益集団の金銭を受け取る政治家たちは，暗黙の契約を交わして，利益集団に便益ないしはレントを提供するのである．

一般に，利益集団の利益は公共利益とは異なるので，政治家は金銭を受け取ることによって公共利益を損なう．公共利益を損なう行動の根本には，政治的意思決定者と投票者との間のプリンシパル・エージェント問題がある．

6.2.2 投票者

エージェント（代議員）が意思決定をする際に，プリンシパル（投票者）の利益を完全にとり入れるようにするインセンティブ・メカニズムをプリンシ

する．この利益集団の活動が成功するならば，その病気をもつ人や高い発症リスクをもつ人はだれでも便益を受けることになる．

19) 家族が経営する会社に雇われた息子や娘が，他の会社で受け取る以上の所得を得ているとき，家族はレントを与えていることになる．

パルが設計できるなら，プリンシパル‐エージェント問題は解決される．しかし，投票者は，代議員とのプリンシパル‐エージェント問題を解決する際に，さまざまな問題に直面することになる．

集団の規模と集合的行動

争点が直接投票で決着させられるとき，投票数が重要になるので，大きな集団は有利である．しかしながら，代議制民主主義のもとでは，小さな集団のほうが大きな集団よりも効果的な政治力をもつことがありうる．なぜなら，より小さな集団ほど，集合的行動を組織する能力が優れているからである．より小さな集団は，政治献金を集める際のフリーライド問題を，より効果的に克服できる．小さな集団の中にいる人々は，匿名性の陰に隠れることができず，共通の目的のために貢献するよう仲間の圧力にさらされる．代議制民主主義のもとでは，一般投票者や一般大衆の集団はあまりに大きすぎて，逆に不利になることがある．

集団の規模と利害の規模

公共政策に影響を及ぼす際に，小さな利益集団が一般の投票者よりも有利になる第2の原因は，集団の構成員が政策決定の結果に対してもつ利害の大きさである．利益集団の構成員は，個人的な所得（あるいは，レント）が関係しているので，政策決定の結果に対して大きな利害をもつ傾向にある．個々の納税者や投票者は，非常に多くの利益集団に直面して，それらのどれがうまく公共政策に影響を与えようとも，小さな利害しかもたない．投票者にとっての利害が小さいのは，利益集団によって求められる公共政策が，投票者から所得の中のわずかな額を奪い取るだけか，あるいは，課税の超過負担をわずかに増やすのみだからである．

個々の投票者は多くの政治的決定の中に多くの小さな利害をもつが，利益集団の構成員は1つの政治的決定の中に大きな利害をもつので，利益集団の構成員の注意は政治的行動に集中しやすい．個々の投票者の注意は，利益集団に対抗する際に分散させられてしまう．それゆえ，相対的な利害の大きさと，特定の政策の実現に集中できることが，利益集団を一般投票者よりも有利にしている原因である．

選挙による規律付け

投票者は,政治家を規律付けるために,選挙を利用できる.選挙では,現職の政治家を他の政治家に置き換えることができるからである.

選挙を投票者にとっての規律付け装置と見なすことは,私たちがこれまでに見てきた投票の目的についての観点を変えることになる.第3章では,投票者は,選出されたら実行すると公言される政策に基づいて候補者を選択するものと見なしていた.したがって,投票者は将来の政策に基づいて候補者を判断するので,政治家を前を見て評価するものと見なしていた.

政治家を規律付けるために選挙が利用されるならば,投票者は遡及的,あるいは後ろを見て行動することになる.投票者たちは,再選を図りたい政治家の過去の実績を振り返り,次のように問う.この政治家は,過去の選挙で投票者と交わした約束を履行したのか? 選挙民が官僚との問題や規制など政策介入の問題に直面したとき,選挙民の要望に応えるために心血を注いだのか? 特殊利益に応じていないか? 個人的な便宜を施して,見返りに個人的な便宜を得ることで,自分を有利にする目的に役職を利用していないか? これらの問いに対する答えが,現職を再選させるかどうかを決定する[20].

合理的無知

政治行動に関する情報を得るには,しばしば高い費用がかかる.第1章で示した合理的無知の考え方は,個人的な便益が費用を上回るような情報の獲得にのみ資源を投資する個人的インセンティブを表したものである.個々の投票者は合理的無知ゆえに,選出された代議員たちの行動について,十分な情報を得ようとしないかもしれない.

政治家を監視する際のフリーライド

政治行動の監視は,一般大衆がただでその便益を享受できるので,公共財である.政治行動を調査し政治家を監視することによる公共財便益をもたらすために時間を割き努力を払うことを,各々が他の納税者に任せてしまうなら,フリーライド問題が生じることになる.

---

20) 弾劾は,投票者ではなく他の政治家によって,任期途中で政治家を免職させる規律付け装置である.弾劾手続きが存在しないところでは,民衆の圧力が汚れた政治家を辞職へ追い込むことがある.

秘匿された政治的便益

　公共政策は，利益集団にもたらされる政治的便益を，意図的に秘匿することができる．そうなると，投票者たちの無知が増えていくことになる．たとえば，立法者たちは，特殊利益にはほとんどあるいは何も関係のない法律に，利益集団に便益をもたらすものを付け加えることができる．輸入税（import taxes）を輸入関税（import tariffs）と呼ぶなど，用語もしばしば変更される．あるいは，政治的な受益者に対して直接公的資金を配るのではなく，たとえばある産業に対し，免税ないしは減税の特権を与えることもできる．免税ないしは減税特権を付与した結果，税制によって特殊利益がもたらされることをよいことに，非効率な投資決定がなされてしまう．これらの行動は，同じ特殊利益が，政府の予算を通して直接的に所得移転されるケースと比べて，投票者の注意を引きにくい．直接的な所得移転は，政府予算の中の支出項目としてはっきりと見えるものであろう．選択的な免税ないしは減税の特権は，税法の分厚い文書の中に隠されてしまうのである．

争点の数と候補者の数

　一般的に，政策上の問題は候補者の数よりも多い．したがって，投票者は，すべての政策1つ1つに関する自分の選好を反映する候補者を見つけることができないかもしれない．選挙においては一般的に，1つか2つの争点に投票者の注目が集まり，これらが候補者を選ぶための争点となる．注目されずに残された争点は，政治的意思決定者と利益集団との間の取引の機会を与えることになる．候補者は金銭が必要であるかもしれないし，金銭を与えることは，利益集団にとって政策決定に影響を及ぼす方法である[21]．それゆえ，候補者の数と政策上の争点の数との関係によって，投票者は利益集団に対抗しようとする際に不利な状況に置かれてしまう．

投票するかどうかの決定

　投票者が何百万人もいるときには，一投票者の票が選挙結果を左右する可能性は小さい．選挙結果に影響を与える可能性で測った投票からの個人的便益は，投票に時間をかける個人的費用よりも小さいと考えられるので，投票とい

21）票のみが問題であるなら，利益集団はつねに公共利益に敗れるであろう．

う行動は逆説的ないしは非合理的であるといわれてきた．

　投票行動が非合理的であるという考え方の基礎には，人々が時間に正の価値を置くという見方がある．時間の価値が正ならば，人々が予想される便益がゼロになるような活動に時間を割くものと期待すべきではないだろう．しかし，低所得者よりも時間に高い価値を置くであろう高所得者のほうが，低所得者よりも投票に出かける回数が多い傾向がある．なぜ人々は投票するのかを説明するものは，費用と便益の計算ではなく，個人的な価値観であるように見える．人々が投票するのは，投票権を行使することが義務であることを理解するように教育されてきたからである．周囲の人々の圧力もまた，投票に出かけるかどうかの決定に影響する．家族や友人，知人が，投票の義務を果たしたかどうか尋ねるかもしれない．投票者はまた，投票を集団に帰属している自分を確認する1つの手段として見ているかもしれない．投票は，人々があるスポーツチームの成功を自分の個人的な幸せと感じるような類の参加行動であるとも考えられる．

　戦略的な考慮も考えられる．投票する人の数は，投票すると予想される人の数に依存するからである．極端なケースで，他のだれもが面倒がって投票しないと信じる人は，投票する強いインセンティブをもつ．たった1人の投票者であるために，彼または彼女は，結果に対して決定的な力をもつことは間違いない．それゆえに，投票者の集団において，だれもが自分以外に投票する人はいないと信じるならば，自分が決定力をもつ投票者になる可能性が非常に高いと認識するので，おそらくはすべての人々が投票するであろう．

　投票に時間がかかることからくる嫌気は，投票者が政治家を規律付ける際の障害となりうる．利益集団は候補者に金銭を与え，投票者は投票で対抗する．したがって，投票者が投票したがらないと，投票者の政治的に有利な点が少なくなることになる．

任期の制限

　任期に制限を設けることは，政治家たちを規律付けたい投票者の望みをかなえるための1つの方法である．任期の制限とは，政治家が在職できる期間に制限を設けることである．任期に制限を設ける考え方の基礎には，新しい政治家は往々にして，理想主義的に公共利益を追求するものであるという法則がある．すなわち，トーマス・ベケット効果が，新たに選出された政治家を投票者

の利益に対して敏感にするのである[22]．在職して一定期間が経過すると，在職している期間により多くの年功権や公共支出と公共政策への影響力を獲得できたり，利益集団との関係を強めたりすることができるので，トーマス・ベケット効果は徐々に薄れていく．在任期間を制限するねらいは，トーマス・ベケット効果が薄れるほどの時間を与えないことと，利益集団との関係を深める時間を与えないことにある．

報道機関

　政治家を監視する際に投票者は，客観的な情報を提供する報道に助けられる．新聞を売ったり，魅力的なテレビ番組を提供したりしようとするとき，報道機関は大衆の目に焦点を合わせるので，政治家の無分別な言動や日和見的な行動を報道することができる．これにより，政治的意思決定者に関する投票者の合理的無知の程度は小さくなる．

　報道機関が特定の政治的見解に偏っているなら，大衆に情報を提供するという社会的に価値ある任務は果たされない．偏向報道は投票者の信頼を失うので，投票者が投票の決定の際に頼りにできる安価な情報を提供するという任務を果たすことができないのである．

　ある政党の日和見的な行動を暴露するが，別の政党に関してはそうしないような選択的な偏向報道がなされるとき，利益集団は得をする．偏向報道は，利益集団と政党との関係を報道しないことによって，利益集団が公共政策に影響を与えることを容易にするのである．

　記者たちは，新聞やテレビニュースにおける一過性の「ニュースネタ」を用意するように強いられる．新聞の発行もテレビニュースも，すぐに次が待っている．1日経てばすぐに葬り去られるようなネタを用意する努力をしていると，ジャーナリストや記者たちは，自分たちの報道努力の価値に関して冷めた見方をもつようになることもある．したがって，提供される情報の正確さが損なわれることがある．情報が短い単位で測られるとき，内容の深さも損なわれる．

　大体において報道機関は，情報の問題を克服するうえで，投票者の助けとなるのだが，問題も抱えているのである．

[22) トーマス・ベケット効果の基礎にある考え方は，新しく選出された政治家は，職を得ると利己的な行動から公共利益の追求へと変わっていくというものである．

政治的攪乱

　政治家たちは，さまざまな利害関係者から選挙運動への献金を獲得するために，また，投票者全体からの支持を惹きつけるために多様な公共政策を公約したいなら，政策的立場を述べる際にはしばしば柔軟性が要求される．いくつかの問題に関しては，政治家はほとんど政策的な柔軟性をもたないかもしれない．政治家たちは，政党に加わることで若い頃にその政策的立場を固め，政党の立場を主張し，政治的経歴の中で党籍を変更することはまれである．政策的立場についてじっくりと考え評価し，その結果政治家の政策的立場に基づいて支持を変更する投票者がいる一方で，政治家はその政治的立場を固持する傾向が強い．政治家はそれゆえに，政策的立場を堅持しつつ，利益集団に便宜を図るために必要な政策的柔軟性にどのように折り合いをつけていくのかという問題に直面する．政治家が公共利益にあたらない政策を支持するために主義主張を捨て去った証拠が示されるとき，投票者の信頼が失われる場合がある．とはいえ，投票者の合理的無知の程度が大きいとき，利益集団に対する便宜を認めても，それは自分が公共利益を無視したことを自己確認するだけの不要なものとなるであろう．利益集団に便宜を図ってきたという事実が示唆されたとき，政治家はそのような事実を認めるよりはむしろ，その事実を覆い隠すために投票者を「攪乱」するような対応をとることがありうる[23]．不偏不党の報道機関と洞察の鋭い有権者が攪乱を探知できるとき，投票者はより多くの情報をもって，再選させるかどうかの選択をすることができる．

あるプリンシパル-エージェント問題を解決する方法が別の問題を創り出す

　第1章で見たように，経営者の個人的目的が株価の最大化と一致しないとき，経営者と株主との間にプリンシパル-エージェント問題が起こる．経営者にストック・オプション（株式買受権）を与えることは，このプリンシパル-エージェント問題を解決する試みである．優待的な価格で株式を購入する権利を与えることは，企業の将来の利益を経営者個人の将来の利益に結びつけることになる．経営の業績を高めるインセンティブは，株主の利益につながる．しかし，このようなストック・オプション計画やそれに近いものを，投票者と政治的意思決定者との間のプリンシパル-エージェント問題を解決するために利

---

[23]「攪乱」という言葉は，混乱を創り出すことで事実を覆い隠そうという企みという意味で用いている．

用することはできない.

　ストック・オプション計画は，一企業内で経営者の利益が株主の利益に一致するように設計される．他方で，一般株主の集団は，経済全体にわたる多くの企業の多様な株式を保有する傾向がある．経済全体の効率化を促進する公共政策によって，公共利益のみならず，一般株主の集団の利益も満足することになる．しかしながら，ストック・オプションは，経営者に自分たちの企業の利潤を増やすような政策を求めるインセンティブを与えてしまう．ストック・オプションや経営者に対する報酬計画は，株主と経営者との間のプリンシパル‐エージェント問題を解決するであろう．にもかかわらず，それと同時に，経営者を，特殊利益のための政策を求める人たちの代弁者にしてしまう．ストック・オプションの価値（と株価）を高める特殊利益政策の見返りに，法人や個人の資金を候補者に寄付するインセンティブが，経営に中にもたらされる．したがって，ストック・オプションは，株主と経営者との間のプリンシパル‐エージェント問題を解決するために，もう1つの問題──政治的意思決定者と納税者との間のプリンシパル‐エージェント問題──を創り出すことになる[24]．というのも，政治的意思決定者は経営者の選挙運動への献金に応えるために，公共利益にあたらない意思決定をするかもしれないからである．

6.2.3　政治家

　ここでは，投票者が直面するプリンシパル‐エージェント問題から離れ，政治家が直面する問題を考察する．

投票者の支持と利益集団の金銭

　篤志家や親族，友人は，選挙戦を戦うために，「ひもつきではない」金銭を政治家に与えるかもしれない．また，政治家は選挙のために，自分の個人的資産を用意することもあるだろう．これら個人的な資金源からの金銭が，選挙の勝利を確実にするには不十分であるならば，選挙を十分に高い確率で勝利するための選挙運動資金を調達する唯一の手段が，利益集団からの金銭ということ

---

[24] これら2つのプリンシパル‐エージェント問題の間の関係は，Cassing, J. H., "Protectionist mutual funds," *European Journal of Political Economy* 12, 1996, 1-18 によって指摘されたものである．

になるかもしれない．

　候補者はとりわけ，政治広告のための資金を必要としていることが観察される．政治広告は，多様な争点に関する候補者の立場を投票者に伝達する際に，欠かせないものであるかもしれない．それはまた，候補者の名前と顔を投票者に確実に認識させるというねらいもある．十分な政治広告がなければ，候補者の選挙戦の見通しは一般的に暗くなるので，候補者の金銭に対する欲望は強くなる．

　政治広告に費やされる金銭は，投票者と政治家との間に変則的な関係をもたらす．そのような金銭が，どのように投票すべきか投票者に確信させるならば，代議制民主主義におけるプリンシパル‐エージェントの構造は反対になるからである．本来なら，投票者がプリンシパルであるべきだろう．すなわち，投票者は，政治過程を通じて，自分の選好を表すべきであろう．政治広告の存在は，投票者が自分の利益になるものを知覚するには説得が必要であることを示唆している．

政治的便益の持続期間

　政治家は，政策決定からの便益の持続期間によって生じる諸問題に直面する．政治的支持を考慮するときの政治家がもつ時間的視野は，次の選挙までの時間を超えることはないかもしれない．したがって，政治家たちは，政策決定からの便益の持続期間が次の選挙までの期間をあまり超えないことを好むであろう．便益が次の選挙やその次の選挙を超えて持続するのであれば，将来の受益者は政治的便宜を求める必要がなくなるかもしれない．他方で，過去の便宜による便益が，次の選挙のときにはなくなってしまうのであれば，政治家は再度何かを与えることによって，政治的に得をすることになる．たとえばアイスクリームを配ることは，政治家にとっての理想と考えられる．対照的に，幹線道路の建設は，政治家にとって問題を創り出す．なぜなら，ひとたび道路がつくられれば，同じところにもう1つつくる必要がなくなるからである．

政治生活への抑えがたい欲望と飛べないアヒル

　政治家たちは，政治生活への抑えがたい欲望があるために，利益集団から金銭を受け取ることが汚職であるとは考えていないかもしれない．あるいは，政治的成功を勝ち取るためには，そのような金銭の受領は致し方ないことと考え

ているかもしれない．政治家はそれゆえに，私的便益のために日和見的に公共政策を選択する個人的な汚職と，政治生活の必要条件として利益集団に便宜を図り，選挙運動への献金を得ることとの違いを強調する．

選挙に再出馬しないことを決めた政治家は，政治運動の資金調達のために，利益集団から金銭を受け取る必要はない．再出馬しない政治家（再び「飛ばない」ことから，飛べないアヒル（lame ducks）といわれる）と再選されたい政治家との比較により，投票行動においてつねに相違が生じることがわかる．飛べないアヒルたちは，再選を求める現職議員たちより，その政治的立場を公共利益の中に置く可能性がより大きいといえる．

清廉な政治家のジレンマ

選挙運動への献金を政治生活の必要条件とするような環境は，囚人のジレンマの特徴を明確に示している．選挙戦を戦うときに利益集団から金銭を受け取りたくない清廉な政治家たちが，このジレンマに直面する．表 6.1 は，囚人のジレンマを示している．清廉な政治家は他の候補者たちと，利益集団から金銭を受け取らないという拘束力のある取り決めを結ぶことを望むであろう．このときは，(3,3) という結果が得られる．他の候補者が取り決めを守っているときに，密かに取り決めを破る候補者は選挙戦を有利に戦える．この状況では，取り決めを守って金銭を受け取らない候補者の便益が 1 であるのに対し，取り決めを破る候補者は 4 の便益を得る．利益集団から金銭を受け取らないという取り決めを強制するための信頼できる手段がないならば，候補者はともに金銭を受け取り，ナッシュ均衡において (2,2) という結果になる．

候補者が直面する囚人のジレンマを解決し，利益集団による影響力を排除しようとする試みとして，政治献金に対する法的制限がある．しかしながら，政治献金に対し法的制限を加えることは困難である．さまざまな方法で，法的制限をくぐり抜けることができるからである．一資金提供者が与えることのできる献金の上限に関する法的制限をくぐり抜けるために，巨額な資金を流すため

表 6.1 清廉な候補者が直面するジレンマ

	候補者 2 が金銭を受け取らない	候補者 2 が金銭を受け取る
候補者 1 が金銭を受け取らない	3, 3	1, 4
候補者 1 が金銭を受け取る	4, 1	2, 2

の迂回路となる他の名目上の資金提供者を通して，一資金提供者から過剰な献金を取り込む経路をつくることができる．個々の私的な献金に対する制限はあっても，公的な団体による献金が制限されていないと，候補者や政党への献金の経路をつくる目的の組織を設立することによって，法をくぐり抜けることができる．国外の利害関係者からの献金が禁じられているならば，国内の献金経路を見出すことができる．このように，献金の経路をつくるための工夫を必要とするものの，法的な制限にもかかわらず，利益集団の金銭は依然として重要な役割をもつのである．

ジレンマに陥る人々が同質であるという意味で，表 6.1 は対称的な囚人のジレンマとなっているが，これでは候補者の利益や選挙運動への献金を適切に表現していないかもしれない．候補者の政治的支援元が異なるときは，非対称性が存在する．主に投票者の集団からあまねく支持を得ている政治家は，投票者の富裕層から主に支持を得ている政治家よりも，献金の許容限度に法的制限を加えることを好むより強い動機をもっている．富裕層から支持を得ている政治家は，選挙に勝つために，選挙運動への献金により強く依存する．したがって，献金の総額に制限を加えることに反対する動機をもつであろう．富裕層からの献金が選挙に勝つための基盤であるような政治家たちは，個別の資金提供者の献金額や一候補者への献金総額に制限を加えることは，公平なことではないと信じているかもしれない．

投票者は利益集団による政治家への献金を嫌うので，政治家は利益集団からの金銭授受に反対すると公に宣言すれば，政治的に得をする．政治家の過半数は，政治献金の制限を支持することを公に表明するかもしれない．それにもかかわらず，その制限を定める法律は，選出された代議員の中で過半数の支持を得ないかもしれない．

両立しない政策

利益集団から金銭を受け取った政治家は，その利益集団との暗黙の契約によって義務を負わされる．選挙に勝った後，選出された政治家は，利益集団との約束を履行するかどうか決断しなければならない．利益集団と交わした私的な約束は，投票者との公的な約束と矛盾するかもしれない．このとき政治家は，利益集団との約束と投票者との約束のいずれを反故にすべきか選択しなければならなくなる．

図 6.3 定率補助金の効果

P1　　　A　　M　　B　　　P2

　これは，選出された代議員にとって難しい決断になる．将来の選挙のことを考慮すると，投票者と献金をした利益集団の両方から信頼を得る必要がある．その決断は結局，どちらの記憶がより短いのかに関する政治家の確信に基づいてなされるであろう．政治的攪乱がもたらされることもあるかもしれない．

政治的支出の公的な調達

　候補者や政党は，その政治的支出を補うために，公的に調達される補助金が与えられることがある．公的な補助金が政治資金の唯一の源泉であるならば，清廉な政治家による囚人のジレンマは解決される[25]．

　政治的支出の公的調達に関する規定は，国によって異なる．その1つの形態は，民間から受領した献金額に応じた定率補助金である[26]．この定率補助金は，民間の政治献金を助成するものである．公的な補助金額は民間から受領した献金額に依存し，民間からの献金1ドルごとに公的な定率補助金が加算される．したがって，公的な補助金が政治的支出を調達するための唯一の資金源とはならない．それどころか，定率補助金を通じて公的な補助金を受け取るには，民間からの献金が必要となるのである．

　第3章では，資金面での貢献がなく，投票だけで政治的支持を競う2人の候補者を考察した．そこで私たちが見た候補者は，互いにまったく同じ中位投票者が求める政策を提案した．図6.3において，点 M は中位投票者が好む立場ではなく，公共利益を反映する政策的立場として解釈される．点 P1 と点 P2 は，2つの利益集団の政策的立場を表す．民間からの献金にしたがった定率補助金が与えられるとき，候補者は点 M から離れるインセンティブをもつ．このケースでは，利益集団から選挙資金を得るために，候補者1は点 P1 の方向へ，候補者2は点 P2 の方向へとそれぞれの政策的立場を移動する．候補者が点 M から移動しなければ，政策に見分けがつかないので，利益集団から献金を受けることができないであろう．

　候補者が利益集団の好む政策的立場に近づくほど，その集団からより多くの

---

[25] 密かに私的な金銭を受け取る候補者がいないとき，公的な補助金が唯一の政治資金源となる．
[26] これは，アメリカ合衆国において採用されてきた．

金銭を受け取り，政策的立場が点 M から離れるほど投票者からの支持を失うことが想定できる．政治献金の公的調達がなければ，各候補者は政策を選択するとき，金銭上の利益と投票者の支持の喪失との間のトレードオフに直面する．このとき，候補者たちはそれぞれ，政策 A と政策 B のような点 M から離れた点を選択するであろう．定率補助金があれば，利益集団の立場に近づくことがより価値のあるものになる．こうして候補者たちは，利益集団の立場へとさらに近づいていくことになる．

献金額に応じた定率補助金の代わりに，直近の選挙で得た得票数に応じて補助金を与える方式がある[27]．この方式では，より多くの票を獲得した大きな政党が，より小さな政党よりも多くの公的補助金を得ることになる．投票は投票者の政治的支持を表明する手段なので，この方式は投票者に対してアピールすることの便益を増加させるものである．

しかしながら，政治広告を通じて票を買うことができるならば，より多くの票を集め，公的資金をたくさん確保するために，利益集団からの金銭を受け入れるインセンティブをもつことになる．

得票数に応じた公的政治資金は，直近の選挙でより多くの票を獲得した大きな政党を利する．それゆえに，新たな政党や候補者が選挙戦に参入するための障壁となる．規律をもった大政党が，政党の規模や得票数に応じて公的資金を付与する政策を支持することが予想される．対照的に，アメリカのようにより個人主義的な政治システムのもとでは，民間からの献金額に応じた補助金政策が予想され，候補者の新規参入の障壁はより低くなる．

6.2.4 妥　　協

候補者は投票者からの政治的支持を必要とするが，利益集団からの金銭も必要とする．政治家はそれゆえに，公共利益と特殊利益を互いに妥協させなければならないことに気づくであろう．この妥協は，以下に定義される政治的支持を最大にするような公共政策の選択として表される．

$$S = f(U_1, U_2, U_3, \cdots, U_n). \tag{6.8}$$

---

27) これは，ヨーロッパなどでとられてきた方式である．

(6.8) 式の S は，社会における n 個の集団の効用水準に依存している．候補者が採る政策による集団の便益が高いほど，その集団からの政治的支持は大きくなる．すなわち，

$$\frac{\partial S}{\partial U_i}. \tag{6.9}$$

(6.8) 式は政治的支持を定義したものであるが，第5章で紹介した社会厚生関数に非常に似ている．社会厚生も同様に，個々人の効用水準に依存する．私たちは，政治的支持を最大にする政策を選択するときに，政治的意思決定者は社会厚生を最大化すると想定することはできない．政治家は選挙に勝ちたいし，そのためには，公共利益と利益集団の便益との間のトレードオフを考慮しなければならないのである．

公共利益と利益集団からの支持との間のトレードオフは，利益集団がゆるい環境規制を求めるケースで生じる．外部性が効率的に解決されるときに，社会厚生は最大化される．しかし，政治的意思決定者は利益集団から金銭を得るために，公共利益になる環境基準よりもゆるい基準を設定するかもしれない．

図 6.4 は，環境基準と利益集団の便益との間のトレードオフを示している．政治的支持の高さは S_1, S_2, S_3 で表され，同じ等高線上のあらゆる点は同じ高

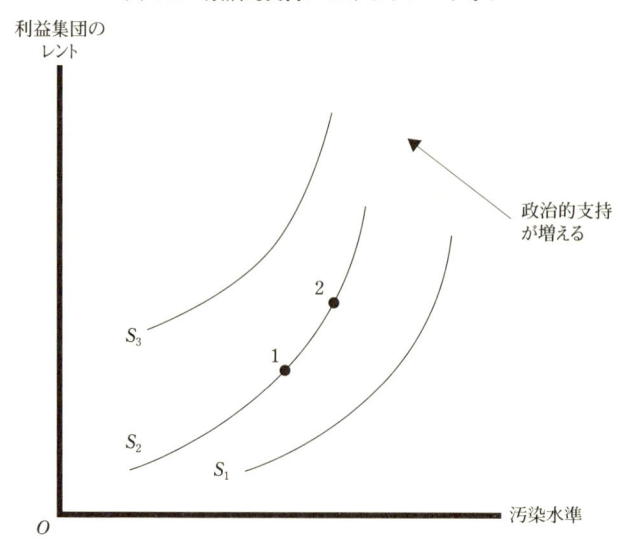

図 **6.4** 政治的支持におけるトレードオフ

さの政治的支持であることを意味する．汚染水準の低下は投票者を喜ばせるので，政治的支持 S を増やす．

産業のレントが増えると利益集団を喜ばせることになるので，この場合も政治的支持が増える．等高線 S_2 上の点1から点2へ移動すると，汚染水準の増大とともに投票者からの支持は低下するが，それを補うように，利益集団からの支持が増加する．したがって，同じ等高線上の点の移動は，政治的支持の水準を変えない．

もっとも高い政治的支持線上の点に到達することで政治的支持を最大化することが，政治的意思決定者の目的である．公共政策の実行可能な選択に対する制約は，図6.5において曲線 OC で示されている．曲線 OC に沿って許容可能な汚染水準が上昇すると，利益集団のレントは増加する．政治的意思決定者は，曲線 OC 上の任意の点に対応する環境政策を選択できる．また，政策決定は，汚染水準と利益集団のレントを決定することになる．

図6.5において，曲線 OC 上の公共利益は点1で定義される．すなわち，一般市民と産業との間で交渉が行われるならば，点1における L_1 はコースの定理の効率的な結果に対応するものである．このときの産業の利潤は，R_1 となる．

きれいな環境に対する法的な権利が一般市民にあるとしても，その権利を守るには政府を頼らざるをえないかもしれない．このとき，社会は政治的なプリンシパル・エージェント問題に直面し，政治的意思決定者は一般市民の権利を守らずに，利益集団からの支持欲しさに環境基準をゆるめるかもしれない．

政治的支持を最大にする政治的妥協点は，図6.5において，政治的支持線と制約線 OC との接点である点2で示されている．点2での汚染水準 L_2 は，公共利益に対応する水準より大きくなっている．公共利益の譲歩によって，利益集団は $(R_2 - R_1)$ のレントを受け取ることになる．

公共利益と政治的支持

図6.5において，政治的支持の水準は，点1における公共利益からどれだけ逸脱したかによって決まる．投票者はその逸脱の程度を見て，政治的な不満を表明する．利益集団は，その逸脱によってもたらされた政治的便益を評価する．点1からの逸脱は，利益集団が受け取る政治的便宜の程度を示している．したがって，政治的支持の水準は，点1からの逸脱 $(L - L_1)$ と $(R - R_1)$ の大

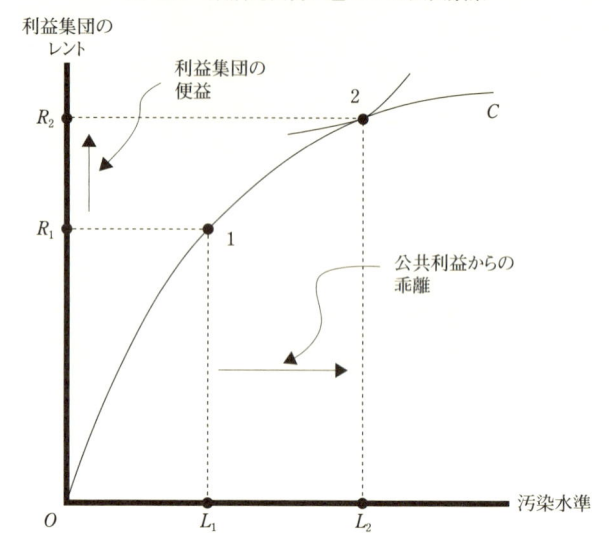

図 6.5　政治的支持に基づいた公共政策

きさによって決まる．すなわち，政治的支持の水準は以下のように測られる．

$$S = S(L - L_1, R - R_1). \tag{6.10}$$

より厳しい公共利益の基準

　過去において環境へのダメージの程度が適切に理解されなかったために，環境基準がより厳しいものに変更されると想定しよう．新しい基準における公共利益は，図 6.6 の点 3 へと移動する．このとき，基準点は点 1 から点 3 に変わり，政治的支持の水準は点 3 からの逸脱の程度で測られる．

$$S = S(L - L_3, R - R_3). \tag{6.11}$$

　政治的支持を最大にする新たな政治的妥協点は，図 6.6 の点 $2'$ で示される．点 $2'$ での政治的支持の水準は S_1' であり，点 3 に対応する新たな公共利益を基準として測られるものとなる．

　この新たな妥協点において，環境基準がより厳しくなり，それゆえに一般市民の厚生が改善されることが観察される．

　それと同時に，利益集団のレントは減少する．にもかかわらず，より厳しい

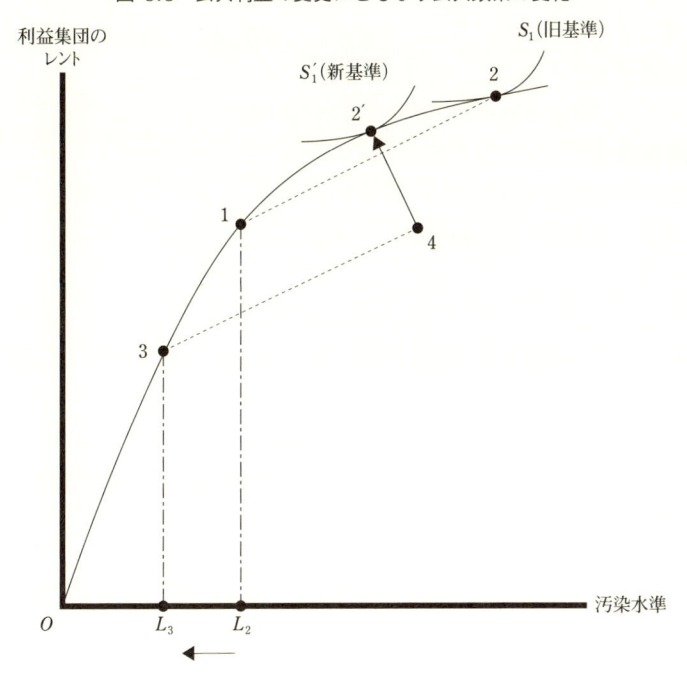

図 6.6　公共利益の変更にともなう公共政策の変化

環境基準のもとで，産業はより多くの利益を得たことになる．

産業はどのようにして利益を得たのか？

　産業がより大きな利益を得たことは，公共利益からの逸脱の程度がより大きくなっていることからわかる．公共利益が点1で定義されるとき，点1と点2の間の距離は，公共利益からの逸脱の程度を表す．これは，図6.6における点3と点4の間の距離に等しい．点4から新たな最大化点$2'$への移動は，産業のレントを増やすことになる．他方，点2から点$2'$への移動は産業のレントを減らす．しかしながら，政治的意思決定者は，点$2'$において公共利益からのより大きな逸脱を認めることで，産業に対してより寛大な政策を選択しているのである．

皆のためになるもの

　したがって，公共利益の変更に対する政策的な対応は，「皆のためになるも

の」をもたらす．より厳しい環境基準は公共利益にかなうものであるし，同時に，産業はより寛大に扱われる．それゆえ，投票者と利益集団の両者が，政策決定者に感謝の念を抱くことになる．

政治的な重要度

ある集団の政治的な重要度は，政治的支持関数におけるその集団の政治的ウェイトによって測られる．政治的ウェイトは，

$$\frac{\partial S}{\partial U_i} > 0$$

で与えられ，集団の厚生の増加に対する政治的意思決定者の感応度を測るものとなる．

政治的意思決定者がある集団からの支持に関して高い配慮を示すならば，その集団のウェイトは高くなる．他方で，その集団をほとんど政治的な色彩をもたない集団と見なすならば，そのウェイトは低くなる．

第5章では，社会厚生関数はすべての人々を等しく処遇するものと見なした．そこには，異なる人々や集団に対する社会的ウェイトが無知のヴェールの背後で選ばれるという前提があった．そうすることで，特定の人々により高い社会的ウェイトを与えるような差別を回避できたのである．しかしながら，社会における異なる人々の間にある差別は，政治的支持に基づいた公共政策の特徴である．利益集団は，政治献金を通じて意図的に差別的な処遇を求めている．利益集団が求める特権は，同じ社会にいる人々の平等な処遇という原則とは正反対のものである．等しいウェイトが無知のヴェールの背後で選択されるのに対し，政治的支持におけるウェイトは，自分が何者であるのか知っている人々による政治献金を通じて，意図的に影響されたものなのである[28]．

---

28) 公共利益から離れて利益集団を利するような公共政策を選択する例として，環境政策のほかに，国際貿易の制限がある．保護主義的な政策によって産業にもたらされる便益は，Jones, R. W., "A three factor model in theory, trade and history," in *Trade, Growth and the Balance of Payments: Essays in Honor of C. B. Kindleberger*, J. N. Bhagwati et al. (eds.), North-Holland, Amsterdam, 1971, 3-21 によって議論された．

6.2.5 確率的投票

政治家は，人々がどのような投票行動をとるのか，確信できないかもしれない．政治家はそのとき，さまざまな投票者の集団の投票行動に対して確率を割り当てなければならない．政治家にとって投票者の行動は確率的であるので，政治的支持の増加は，投票者がある政治家に投票する可能性の上昇という形をとる．図 6.7 は，投票が確率的であるときの公共政策の選択の例を示している．線分 GH は，公的な資金 E を 2 つの目的 x と y の間でどのように分割することができるのかを示したものである．線分 GH 上の点は，

$$E = x \text{への公共支出} + y \text{への公共支出} \tag{6.12}$$

を満たす．投票者 1 と投票者 2 の 2 人だけのケースを考えよう．投票者 1 は線分 GH 上の点 1 の結果を，投票者 2 は点 2 の結果をそれぞれ求めている．候補者 C と候補者 D という 2 人の候補者は，線分 GH 上の公共支出配分に関する政策を選択する．投票者は公約に基づいて候補者を判断し，現職候補者の過去の実績を判断材料とはしないものとする．

第 3 章で同様の状況を考察したとき，投票者は自分が好む政策にもっとも近い政策を表明している候補者を支持するものとした．しかし，ここでは，投票者 1 が候補者 C に投票する確率は，2 人の候補者各々の提案から得られる投票者の個人的便益の差に依存する．

すなわち，投票者 1 が候補者 C に投票する確率は，

$$P_1^C = f(B_1^C - B_1^D) = f(\Delta B_1) \tag{6.13}$$

となる．ただし，B_1^C と S_1^D はそれぞれ，候補者 C と D の政策からの投票者 1 の便益を示し，

$$\Delta B_1 \equiv B_1^C - B_1^D \tag{6.14}$$

である．投票者 1 は候補者 C と D のいずれかに投票し，棄権はしないものとすると，

$$P_1^C + P_1^D = 1 \tag{6.15}$$

となる．投票者 2 が候補者 C に投票する確率も同様にして，

図 **6.7** 確率的投票

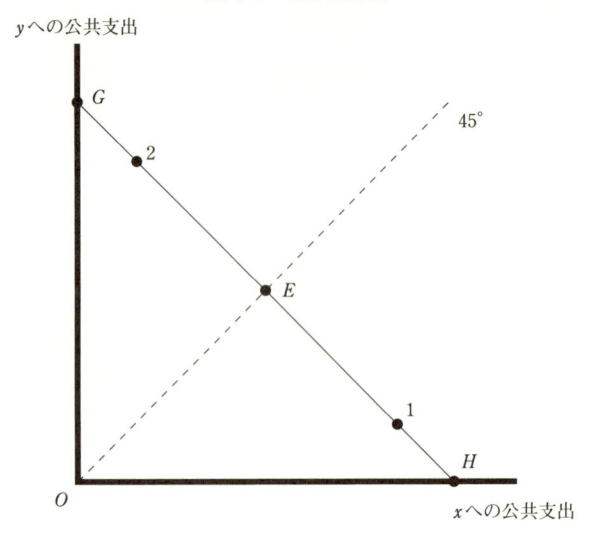

$$P_2^C = f(\Delta B_2) \tag{6.16}$$

となる．

各候補者は，自分の当選確率を最大にする政策を選択する．したがって，候補者 C は，(6.13) 式と (6.16) 式で与えられる確率の合計，すなわち，

$$P_1^C + P_2^C \tag{6.17}$$

を最大にするような線分 GH 上の点を選択する．

図 6.8 において，候補者 C は，以下の条件を満たす点 3 における政策を選択する．

$$a_{C1}ML_1^C = a_{C2}ML_2^C. \tag{6.18}$$

ML^C は候補者が望む政策を選択しないことによる投票者の限界損失を示しており，a_{C1} と a_{C2} はそれぞれ，候補者にとっての各投票者の政治的重要度を示している[29]．

投票者 1（投票者 2）が望む点 1（点 2）における政策が選択されたら，投

---

[29] 図6.8において，ウェイト付けされた限界損失を示す関数が直線で示されているが，より一般的には直線ではない．

6.2 政治行動と公共政策

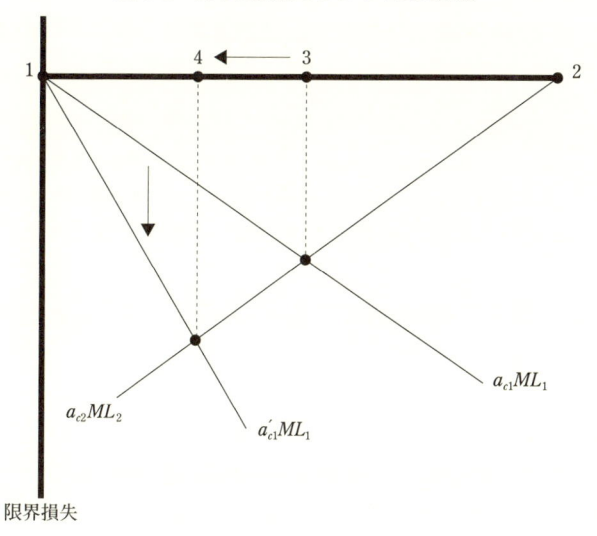

図 6.8 確率的投票のもとでの公共政策

限界損失

票者 1 (投票者 2) にとっての限界損失 ML_1^C (ML_2^C) はゼロになる.

点 1 (点 2) から点 2 (点 1) の方向に移ると, 投票者 1 (投票者 2) を犠牲にして投票者 2 (投票者 1) の状態が改善される.

点 3 における政策は, 2 人の投票者の政治的ウェイトがついた限界損失を均等化している. これらの政治的ウェイトは, 以下のように定義される.

$$a_{C1} \equiv \frac{\partial P_1^C}{\partial \Delta B_1}, \ a_{C2} \equiv \frac{\partial P_2^C}{\partial \Delta B_2}. \tag{6.19}$$

すなわち, 政治的ウェイトは, ある投票者がいずれかの候補者に投票する可能性が, 2 人の候補者の政策から得られる投票者の便益の差にどれくらい影響されるのかを反映したものである. ある投票者に対する政治的ウェイトがより高いということは, その投票者の損失に対する候補者の政治的感応度がより高いことを意味している. ある投票者のウェイトがより高いときは, 候補者はその投票者が望む点からあまり離れたがらないということになる.

第 5 章で見た社会厚生関数における個々人のウェイトと同様に, (6.19) 式における政治的ウェイトも一般的には一定ではない. これにより, 政治的ウェイトの変化の効果を考察できる. たとえば, 図 6.8 において, 投票者 1 の政治的ウェイトが a_{C1} から a'_{C1} に上昇すると, 候補者 C の政策的立場は点 3 から点 4 へと変化し, 投票者 1 にとってより好ましいものとなる.

平等主義的な結果

図 6.7 における 45 度線上の点 E は，投票者が望む政策からの距離が，2 人の投票者の間で等しい政策となっている．投票者たちを無知のヴェールの背後に置き，各投票者は自分がどの投票者になるのか知らないものとしよう．したがって，各投票者は，自分が投票者 1 および投票者 2 になる確率に，それぞれ 50%ずつを割り当てることになる．このとき，候補者 C が点 E における政策を選択するということは，対称的な社会厚生関数を最大化することと同値になる．

候補者 C は，以下の条件が同時に満たされるならば，点 E における政策を選択する．

(1) 政治的ウェイト a_{C1} と a_{C2} は，2 人の投票者について同じ値である．
(2) 点 1 と点 2 はそれぞれ，45 度線から等距離に位置する．
(3) 点 1 および点 2 から離れることによる各投票者の損失は対称的であり，測定可能であり，比較可能である．

私たちはこれまで，候補者 C による政策決定について見てきた．候補者 D も同じく，選挙に勝つという目的をもっている．対称的な状況下では，両候補者ともに同じ政策 E を選択することになる．

このように，確率的投票の考え方は，無知のヴェールの背後で選ばれた社会厚生関数を最大にするような政策の選択を解釈するための 1 つの方法となっている．同時にそれは，政治家が政策を選び，投票者が無知のヴェールの背後にいないときに，政治的支持を最大にするように選択された政策を見る方法でもある．政治的支持を最大にするような政策を選択するという目的は，選挙に勝つ確率を最大にするような政策を選択するという目的に形を変えているのである．

6.2.6 政治オークション

確率的投票は，投票を通して表明される政治的支持に基づいている．しかし，利益集団は一般的に，政治家に対して票ではなく金銭を与えることで，その政治的影響力を高めようとする．

ここでは，利益集団から受け取る金額を最大化したいが，究極的には選挙結果を左右することになる投票者からの支持も気にかけるような政治的意思決定者を考察しよう．政治家はこのとき，公共利益と特殊利益の間のトレードオフに直面する．

多くの利益集団は通常，個人的な利益につながる公共政策を政治的意思決定者に求めるが，他方で政治的意思決定者は投票者を自分からあまり離反させることもできない．したがって，政治的意思決定者が利益集団に与える便益は，限定的なものとなる．

政治的意思決定者は，さまざまな利益集団の代表をオークションに参加させることができるであろう．そのオークションで政治的意思決定者は，利益集団からの金銭の提供を公開すると発表する．すなわち，政治的意思決定者は，ある限定された量の政治的影響力が売却可能であることを明らかにするのである．

さまざまな利益集団の代表は，特殊利益政策のために支払意思のある金額を付け，それらの付け値に基づいて，政治的意思決定者が特殊利益政策を選択する．代表者たちによる付け値は，政治的支持関数の中の利益集団に付けるウェイトを決定するのである．

このような特殊利益政策の公開オークションは，実際この通りに行われているものではない．しかし，政治的意思決定者が用意したオークションにさまざまな利益集団の代表が参加するという考え方は，その過程が政治的影響力に関する市場の中にオープンにかつ直截的に示されているならば，どのように利益集団に便宜を図り公共利益から遠ざかるのかを例示するものとなる[30]．

6.2.7 政治汚職

汚職は，違法な個人的利益のために公職の権利を乱用することと定義される．これまで私たちが取り上げてきたような行動をとる政治家たちは，個人的な金銭的利益のために汚職に手を染めることはない．政治家たちは選挙運動資金を調達する必要に迫られており，彼または彼女らが行う可能性のある唯一の違法な活動は，選挙献金を規制する法律の違反である．特殊利益政策は違法で

---

30) 政治行動に関するこのような見方に関しては，Grossman, G. M. and E. Helpman, "Protection for sale," *American Economic Review* 84, 1994, 833-50 を参照せよ．

はない.

他方で，政治家が政策上便宜を図った見返りとして，個人的な利益のための金銭を受け取るとき，その政治行動はあからさまな個人的不正となる.

政治文化

私たちは，政治汚職とは相容れない政治文化をもち，その結果汚職はまれで，それが起こると大衆の怒りを呼び覚ますような社会を想定してきた.

誠実に民衆に奉仕する文化と伝統が欠如している社会では，政府の中に汚職が蔓延していることがしばしばある．そのような社会における政治文化には，政治家の職は個人的便益や免責特権のために使われるものという前提がある．このような社会では，腐敗した政府を通じて利用できる個人的便益をだれが獲得するかを決める政治的コンテストが行われるであろう．

汚職から個人的利益を得ることができるため，汚職社会の統治者はその職から降りたがらない．汚職社会はたいてい非民主的であり，政府を変える手段は，統治者の死や病気，あるいは，軍事クーデターによるのが通常である．

贈賄のリスク

賄賂が政治文化の一部であるような社会では，政治的意思決定者へ賄賂を贈る行動にともなうリスクはほとんどない．汚職を嫌う誠実な社会では，贈賄は浅はかな行為である．なぜなら，賄賂が受領される可能性が低く，贈賄に対するペナルティーが高いからである．政治的意思決定者が賄賂を求めていることが推測できるような汚職社会では逆に，賄賂を贈らないことが浅はかな行為となる．

裁量的ルールと汚職

汚職政府は，特定の薬物の輸入を禁止できるであろう．このとき，その薬物を入手したい人々は，違法な輸入を認めてもらえるように所轄の大臣に賄賂を贈る以外に方法はない．汚職政府は裁量的な制限ルールを課すことによって，役人のための所得の源泉を創り出すのである．

汚職と公共支出の構成

汚職が公共支出の構成に影響を与えることが，いくつかの研究で明らかにさ

れてきた．政府が腐敗すると，防衛装備，幹線道路，橋やダム，そして有形の公共事業全般のための公共支出が拡大し，教師や公立病院職員の給料などの公共支出が犠牲にされる傾向がある．汚職政府が有形の公共事業に支出を振り向けたい理由は，教育や医療に対する公共支出よりも，業者から容易にリベートを受け取ることができるからである．

政治文化の指標としてのスキャンダル

　政治文化の程度を直截的に測ることはできない．しかしながら，「スキャンダル」となるような活動は，その指標となる．社会にとって有益な政治文化をもつ社会では，政治スキャンダルといえば，大統領や閣僚の異性関係が原因のスキャンダルを指すであろう．他の社会では，個人的利益のための公職の乱用を意味するかもしれない．政治汚職に対して寛容な政治文化をもつ社会では，政治家が個人的利益のために行動しても，それがスキャンダルとはならない．このような政治文化をもつ社会は，政治家の職を個人的利益のために利用することを，さほど問題とは考えていないのである．

6.3　公共政策とレントシーキング行動

　「レント」とは，個人に特定の仕事を遂行するためのインセンティブを与えるために必要な分を超えた個人的便益のことをいう．第3章において官僚組織の中で得られる便益に関連して，また，6.2節において政治的意思決定者による公共政策を通じてもたらされる便益に関連してレントに触れた．「レントシーキング」という言葉は文字通り，レントを追求する行動をいい表したものである．この節では，レントシーキングと公共政策の決定との関係を学ぶ．

6.3.1　レントとレントシーキング

　レントシーカーは，「今日はどんな生産的活動を行えば，所得を稼げるのか？」といった難題を自らに課すことはない．むしろ，「今日私のために行動するように他人を説得するには，どうしたらよいのか？」と自らに問う．レントシーキングに資源（時間や努力，独創力など）を利用することは，社会的に無駄である．財・サービスの生産に利用できたはずの資源が，所得分配に影響

を与えようとする活動に振り向けられるからである．

　法を守るための政府が存在せず，人々が所有権を尊重する原則にしたがわないような無政府状態においても，資源が社会的に無駄な方法で利用される．しかしながら，レントシーキングは政府がないために生じるものというよりはむしろ，政府が存在するために生じる結果なのである．政府関係者が特権的な個人便益（すなわち，レント）を与えて欲しいという要求に応じやすいと人々が感じるときに，レントシーキングが行われる．公共政策と公的な資金調達がもっぱら公共利益を規定した規範的原理に則って決められていることを人々が知っているならば，政治的意思決定に影響を与えることで個人的利益を追求しようとするインセンティブは存在しないであろう．それゆえに，レントシーキング活動の中で資源が無駄に利用されることもないであろう．

社会的に有益な競争と社会的に無駄な競争
　レントが政治的意思決定者への説得やロビー活動を通じて獲得競争の対象となりうるとき，レントシーキングによる社会的損失が生じる．すなわち，レントを争う競争に時間やその他の資源が利用されるために，社会的損失が生じるのである．
　したがって，競争は社会的に有益なものとそうでないものの２つのタイプに分類できる．社会的に有益な競争が財を供給する市場での競争であるのに対し，社会的に無駄な競争は，レントシーキング競争の勝者を決定するために行われるものである．

政府の形態とレントシーキング
　レントシーキングは特権を求める競争である．レントシーキングが行われる範囲は，政府の形態によって影響を受ける．
　世襲の絶対君主制下では生まれながらの継承者がいるので，統治者になるための特権が獲得競争の対象になることはない．したがって，世襲の君主制では，王や女王になるために社会的に無駄なレントシーキング活動が行われないようになっていた．しかし，王位継承権が原因の戦争が起き，その権利を争うレントシーキング活動に資源が費やされるようになった．君主制はまた，君主によって授けられる特権を求めるレントシーキングの砦でもあった．宮殿では，だれに対し香辛料の排他的な輸入権を与えるべきかといったような，王室

の決定に影響を与えるための策謀が張りめぐらされた．

　レントシーキングは，君主制以外の政府の形態においてもまた，個人的利益を追求するための主要な手段であった．第1章で述べた巨大な政府のもとでは，政治的意思決定者が集団の資産から便益を受ける者はだれかを決定した．したがって，そのような政府のもとでは，政治的意思決定者に影響を与えようとするインセンティブや政治的意思決定者になろうとするインセンティブが存在する．

　一般的に，個人的便益が他人による意思決定に依存しているときはいつでも，人々は個人的な便宜を求め，レントシーキング活動に時間と努力を費やすのである．

6.3.2　レントの消失

　レントシーキングは政治的裁量による社会的費用をもたらすので，公的な資金調達と公共政策を研究する際の私たちの関心は，レントシーキング行動に向かう．レントシーキングの社会的費用を測定することが，レントシーキング行動を分析する目的なのである．

　便益ないしはレントが政治的に割り当てられるとき，その政治的裁量がもたらす社会的損失は，レントを獲得する者を決定する競争に費やされた資源の価値で測られる．レントを得るための競争に，レントの価値と等しいだけの資源が引きつけられるならば，レントは完全に相殺される．このようなレントが完全に消失するケースでは，レントシーキングの社会的費用を測るために，レントシーキング競争の「賞金」であるレントの価値を用いることができる．レントシーキングは通常表向きには観察されない活動であり，それゆえにそこに費やされる資源は，一般的に観察することも測定することもできない．したがって，レントシーキングに費やされた1,000ドルの価値をもつ観察されない資源が，観察可能な1,000ドルの賞金（レント）に等しいならば，社会的費用を測るうえで非常に便利になる．

6.3.3　レントシーキングと社会規範

　レントシーキングが恥ずべき行為なのかどうか，あるいはどれくらい恥ずべ

きことなのかは，社会規範に依存する．レントシーキングを社会規範と見なす政治文化があるかもしれない．このとき，便宜を図ることが政治家の職を求める目的であることが，公に認められる．このような社会では，政府関係の職を得ていながら，個人的便益のためにレントを配分しない人々は，常軌を逸していると考えられるだろう．オープンなレントシーキングを認めるような社会規範をもつ社会では，個人の富は努力や勤勉にはあまり依存せず，政治的な説得やロビー活動により強く依存する．レントシーキングに成功して便益を与えられるというのは，不公平であるかもしれない．しかしながら，そのような不公平性だけではなく，資源の社会的に無駄な利用による非効率性も，レントシーキングがもたらす問題となる．レントシーキングを広く認めるような社会規範をもつ社会では，時間や独創力などの資源が生産的な活動に振り向けられない．したがって，政府が公的な資金調達や公共政策を通じて個人的便宜をもたらさないことが社会規範であるような社会と比べて，そのような社会は貧しいのである．

レントシーキングが社会規範に反するような社会では，レントシーカーと政治的便宜の提供者双方ともに，わざとレントシーキングを隠し，それが起こったことを否定するであろう．説明を求められたら，レントシーカーは，生産的な努力で手に入れたものであるとか，道徳的に正当なものであると主張し，政治的意思決定者との個人的な関係から手に入れたレントであることを否定するであろう．

政治的意思決定者は，公共政策を通じて決定した私的便益の供与に関して，客観的に熟考した結果であると主張するであろう．

6.3.4 レントシーキング行動の曖昧さ

レントシーキングの概念を適用する際には，注意を要する．あまりに広く無差別に適用すると，人々の行動に対してあまりに皮肉めいた見方をしてしまう．そのような例を考察しよう．ある人があなたと話をして親交を深めたいので，コーヒーか食事をおごりたいと申し出るとする．この状況にレントシーキングを適用すると，食事をあなたにおごるという申し出は，その見返りにひいきにしてもらえることをあて込んだ前払いであるという見方になる．

レントシーキングの考え方は，個人的な好意の裏に何か疑うべきものものが

あることを示している．ある人が特別なひいきが便益につながることを観察してきたなら，レントシーキングはその特別なひいきをもたらす交換の中に隠された側面があることを示唆する．他方で，レントシーキングの考え方は，なぜある人々はひいきの対象となり他の人々はそうならないのか，あるいは，なぜある人々は他者へ便益を与えるために資源を費やさなければならないのか，という問題を提起させる．

6.3.5 レントシーキングと移転

あなたがポケットの中に100ドルをもっていることに，10人の泥棒が気づいている状況を考察しよう．泥棒は各々，あなたから等しい確率でお金を盗むことができると想定する．泥棒は各々がリスク中立的であるならば，100ドルを盗む企てに，それぞれ10ドル相当の時間と資源を投資することになる．なぜなら，あなたのお金を盗むという競争に参加することから得られる期待便益が，（100ドルの10%で）10ドルになるからである．

窃盗が行われる前に10人の泥棒たちは，100ドルを盗む企てに対し，合計で100ドル相当の資源を投資するであろう．したがって，盗みに成功する泥棒が決まる以前に，その成功者になろうとする社会的に無駄な活動を通じて，100ドルの社会的損失が発生するのである．その社会的損失額は，成功した泥棒が手にする「賞金」100ドルに等しい．

この例では，賞金を争うために費やされる資源の価値が賞金額に等しいので，レントは完全に消失する．

泥棒のうちの1人が100ドルの盗みに成功すると，あなたのポケットからその泥棒のポケットへと金銭の移転が起こる．この移転はすなわち，あなたから泥棒への不本意な所得再分配なのである．

金銭の移転によって，何らの社会的損失も発生しない．効率性の損失が発生するのは，泥棒へと所得移転が行われる前である．盗みを企てるすべての泥棒が費やす資源が，社会的損失となる．なぜなら，泥棒たちが窃盗の準備に費やす時間や道具を手に入れる費用は，社会的に生産的な活動に利用することができたからである．

レントシーキングを考察する際には，成功したレントシーカーが獲得する賞金と，賞金を獲得する以前に費やされる資源とを区別することは大切である．

賞金の割り当ては，所得を再分配することになる．それゆえに，レントシーキングによる非効率性がもたらされるのは，所得移転が行われる前なのである．

独占の社会的費用とレントシーキング

独占権を獲得する機会があることに気づくと，多くのレントシーカーがその権利を求めて争うであろう．レントシーカーたちは，政治的意思決定者が独占者を決定する前に，その決定に影響を与えようとして資源を費やすであろう．泥棒のケースと同様に，独占者になろうと企てる者たちは，独占権を獲得する努力に時間や資源を費やすことになる．成功したレントシーカーは，成功した泥棒と同じく，盗みを働いたことになる．泥棒は直接金品を盗み，捕まって有罪となれば罰せられる．独占者の窃盗行為はもっと遠回りで，社会全般の人々から独占利潤を手に入れることによって成り立つ．なぜなら，社会全般の人々は，完全競争市場であったら支払う必要のないような高い価格を，独占利潤のために支払わされるからである[31]．

したがって，独占による2種類の社会的損失が存在する．1つは，競争市場の結果が得られないことによる効率性損失[32]．もう1つは，独占者の地位を追求する際に資源が費やされることによる効率性損失である．

泥棒も独占者もともに，異なる方法で人々から盗みを働くのであるが，泥棒たちによって争われるレントと潜在的な独占者たちによって争われるレントの間には，相違点がある．潜在的な独占者によって追求されるレントは，独占権を保護する公共政策上の決定によってつくられるものである．これに対し，泥棒たちが求めるレントは，単にあなたのポケットの中に入っているものである．

現代の民主主義社会では，政治的意思決定者は公然とレントを創り，それを割り当てることはしない[33]．しかし，外国企業との競争から国内生産者を保護する政策や，税法上の減免措置，公共支出の決定などを通じて，レントが割り当てられることがある．

---

31) 独占利潤は財の供給にとって不要な便益であり，それはレントのもつ特性である．
32) 独占力による非効率性は，課税の超過負担による非効率性と類似している．
33) 社会的に生産的な方法で独占者になるケースもある．新薬を開発する製薬会社は特許法によって保護され，特許の期限が切れるまで独占権をもつ．特許がもたらす独占は，発明のインセンティブを高めることにより，社会に利益をもたらす．コンピュータのオペレーティング・システム（OS）は，他のOSより優れているとだれもが認めれば，市場で支配的になりうる．

私的合理性と社会的損失

　レントシーキングは社会的費用をもたらす行動であるが，個々の観点からは私的合理性を有している．個人は，いくつかの選択肢に直面して，それらに時間と資源を費やして得られると期待される個人的便益を比較し，レントシーキングがもっとも高い個人的期待便益をもたらすものだとわかったときに，レントシーキングを行う．もちろん，レントシーキングが倫理的にあるまじき行為であるとわかっている人々は，そもそもレントシーキングを選択肢に含めることはないであろう．

6.3.6　レントの創出

　政府が社会保険の受給権を付与することによって人々の行動が変化するとき，ある種のレントシーキングが発生する．すなわち，モラルハザードがレントシーキングによる社会的費用をもたらすことがある．たとえば，政府が片親に対して移転所得の受給資格を与えるならば，所得を得る機会が限られていた人は，子供をもつ決心をするかもしれない．このような制度がなければ，この人が子供をもつという選択をしなかったとしたら，個人的な努力と時間を子育てに費やすことがレントシーキングとなる．また，失業保険の例を考察することもできる．政府が失業保険によって所得の受給資格を与えると，職探しの努力をしている人々を援助することになる．それと同時に，失業保険がもらえるために，熱心に職探しをしない人々もいるかもしれない．失業保険の受給資格が与えられたために，さもなければ得られていた産出物が得られないという形で，レントシーキングの社会的費用が発生するのである[34]．

　上記のケースでは，政府の意図は社会的に有益な社会保険を提供するものであるが，公共政策がレントを創出し，その結果レントシーキングを誘発していることになる．政治的な割り当てを行うために，レントが意図的に創り出されるケースもある．そのようなレントを創り出す公共政策は，社会に非効率性をもたらす．だが，公共政策の目的は市場の非効率性を矯正することであるべきで，レントを創り出すために市場に非効率性をもたらすべきではない．にもかかわらず，政治的意思決定者は利益集団からの金銭を受け取るために，公共利

---

[34]　これに加えて，失業保険の支払額を調達するための課税による超過負担という社会的損失もある．

益から離れた非効率な政策を選択することがあるという点は，すでに指摘したことである．

公共政策が1億ドルのレントを創出し，そのレントは獲得競争の対象となり，6,000万ドルがレントシーキングに費やされると想定しよう．同時に，4,000万ドルが政治献金として，政治的意思決定者の手に渡るものとする．レントシーキングに費やされた資源は6,000万ドルなので，1億ドルのレントはレントシーキングにより完全には消失されていない．4,000万ドルの政治献金は，政治的意思決定者の手に渡っただけなので，社会的費用は発生していないからである．

1億ドルのレントを創り出す公共政策を求める利益集団からの4,000万ドルの移転で，政治的意思決定者が個人的な利益を得るならば，この4,000万ドルは第2のレントシーキング競争における賞金となる．この第2のレントシーキング競争とは，だれが4,000万ドルの政治献金を受け取るのかを決定するものである．この4,000万ドルを獲得するためには政治家の職を得る必要があるので，候補者たちは選挙運動に時間と資源を費やすインセンティブをもつ．

したがって，1億ドルのレントは，2つの別々に行われる競争の中で消失される．一方は，レントの割り当てに関する政治的決定に影響を与える競争で，他方は，だれが政治家の職を得て，金銭を受け取るのかを決定する競争である．民間部門のレントシーカーは6,000万ドルの資源を費やし，政治的意思決定者に4,000万ドルを支払う．政治的意思決定者になるためのレントシーキングが競争的ならば，4,000万ドルの資源がこの政治的競争に費やされる．このとき，レントは完全に消失してしまう[35]．

このように，金銭が手渡しされるとき，レントシーキングの社会的費用の計算に際しては，金銭が第2のレントシーキング競争の賞金であるのかどうか確認できるまで，金銭の移転の過程を追い続けることが必要となる．もしそうであれば，第2のレントシーキング競争に費やされた資源も，レント消失の計算の中で考慮されなければならない．

私たちはまた，政治的意思決定者の利益を最大にするようにレントが創出され，競争が設計される状況を考えることもできる．

---

35) この例において，2つのレントシーキング競争に費やされる資源が6：4に分割されることに関しては，私たちは何の説明も与えていなかった．この分割は，利益集団にとっての最適な意思決定の結果と考えられる．

レントシーキングは，あからさまな汚職と結び付くこともある．官僚的階層構造においては，多層的なレントシーキング競争を通じてレントが創出される．より低い階層にいる官僚たちはより高い階層にいる官僚たちへ賄賂を贈らなければならず，より高い階層にいる官僚たちはさらにそれより高い階層にいる官僚たちに賄賂を贈らなければならないのが，官僚的階層構造である．階層構造における地位のために創り出されたレントによって，各階層における官僚的な地位の価値が決まる．階層構造はピラミッド型になる傾向があるので，より高い階層により大きなレントが流れ，レントシーキングとレントを守る活動がより上の階層ほどどぎついものになる．

6.3.7　失敗したレントシーキングの社会的損失

レントシーカーは，政治的な説得を試みても，レントの創出に失敗することがあるだろう．にもかかわらず，その失敗した活動に資源が費やされたために，レントシーキングの社会的費用は発生する．

レントシーキングは，レントシーカーの目的を阻止しようとする集団による相殺的な力が働いて，失敗することがあるかもしれない．また，レントシーキング活動に対抗するために，資源が費やされることもあるだろう．その場合は，そのような相殺的な活動に費やされた資源が，レントシーキングの社会的費用の一部となる．

6.3.8　超過負担とレントシーキングのインセンティブ

レントシーキングにおける資源の利用から生じる超過負担と損失は，社会的損失の異なる源泉である．超過負担とレントシーキングには関連性がある．個人2の財の消費に対する補助金の財源調達のために，個人1に1,000ドルの税を課すような政策の提案を考察しよう．図6.9は，個人1の労働供給関数を示している．税率tが課されると，個人1が受け取る賃金は，wから$w(1-t)$に低下し，それにともない労働時間がL_2からL_1に減少する．個人1が支払う税額（税収）は長方形$ABDC$の面積で表され，個人2の消費に対する補助金として使われる1,000ドルに相当する．税の超過負担は，三角形BDEの面積で表される．この超過負担は，300ドルに相当するとしよう．このとき，

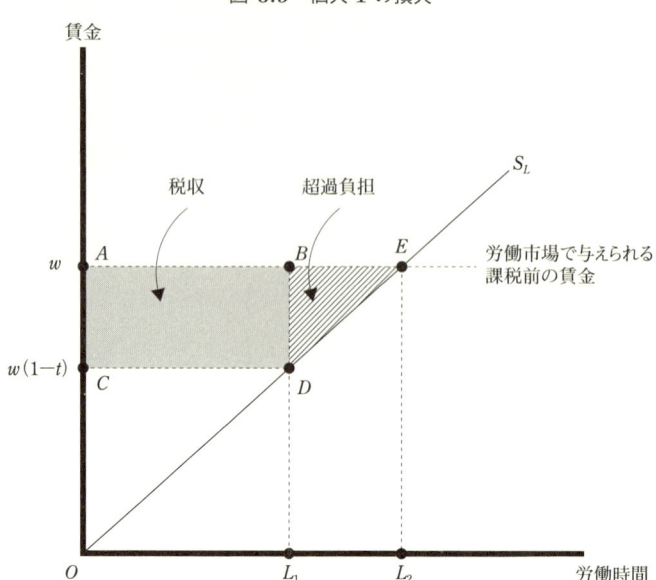

図 6.9　個人 1 の損失

個人 1 はこの政策により，合計で 1,300 ドルの損失を被ることになる．これは，個人 1 にとって，政策決定に影響を与えるためのレントシーキング競争における賞金額に相当し，個人 1 はこの政策を阻止するために，最大で 1,300 ドルを費やす用意がある．

図 6.10 は，補助金の対象となる財に対する個人 2 の需要を示している．補助金により，個人 2 にとっての価格は P から $(P-S)$ に低下し，それにともない購入量は q_1 から q_2 に増加する．補助金の受取額は長方形 $AFEC$ で表され，個人 1 が支払った税額 1,000 ドルに等しい．他方で，個人 2 の補助金の評価額は，台形 $ABEC$ の面積で表される．補助金額と個人 2 の補助金に対する評価額との間の差額は三角形 FEB の面積に相当し，これが効率性損失を表す．三角形 FEB の面積が 200 ドルであるとしよう．このとき個人 2 は，1,000 ドルの補助金に対し 800 ドルの評価を与えることになる．

したがって，個人 2 は政策が実施されるために 800 ドルまで費やす用意があり，個人 1 は政策の実施を妨げるために 1,300 ドルまで費やす用意がある．このとき，政策に反対するための資源が 1,300 ドルであるのに対して，政策を推進するための資源が 800 ドルなので，政策に反対する個人 1 が政治的に有

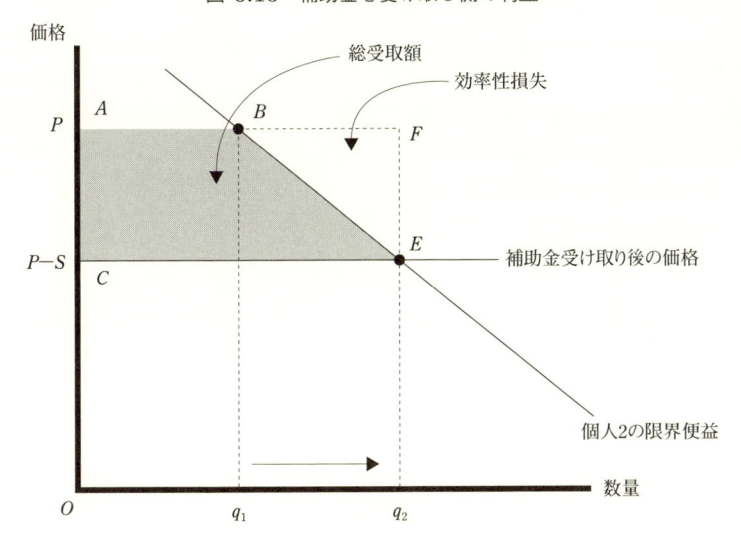

図 6.10　補助金を受け取る側の利益

利になる．この種の競争では，賞金に対する評価が参加者間で異なっており，失う価値がより大きいほう，あるいは，成功したときの賞金がより大きいほうが有利になる．

6.3.9　政治的効率性

個人2への便益のために個人1へ課税する政策が遂行されるならば，政治的意思決定者たちは，効率性損失を最小にするような方法で移転を行うインセンティブをもつ．図 6.9 における三角形 BDE と図 6.10 における三角形 BFE の面積の合計が，達成可能な最小の効率性損失であるかもしれない．効率性損失が小さいほど，すべての人々の分け前が増えるので，だれもが効率性損失の最小化に関心をもつ．効率性の利益が分与されるという考え方は，第4章で見たコースの定理の基礎であった．外部性が解決されると効率性の利益が生まれ，それが当事者間で分割される．政治的意思決定者も同様に，レントを創出し，それをレントシーカーに届けるもっとも効率的な手段を選択するインセンティブをもつのである．

政治的効率性を市場の効率性と比較することができる．第1章では，市場の効率性は見えざる手を通じて達成されると述べた．これに対し政治的効率性

は，見えざる手から離れ，公共政策が用いられるときの効率性に関するものである．

　政治的意思決定者たちは，公共政策によるレントの創出と割り当てを投票者に観察されたくないので，見えざる手をもちたいと思うであろう．所得移転やレントの創出と割り当てを，わかりにくい手段で実行できるかもしれない．ただし，そのような手段はより大きな超過負担をもたらすだろう．レントの政治的な創出を投票者に見えづらくする手段があるならば，政治的意思決定者はそのような効率性の点で劣る手段を選択するインセンティブをもつ．たとえば，公的な資金の手渡しは，レントを提供するためのもっとも効率的な手段であろう．しかしながら，その場合は，レントが政府予算の中の目に見える項目として記載されてしまう．独占のレントや貿易の制限からのレントは，政府予算の項目の中に現れない．そのようなレントは，成功したレントシーカーへ政府から手渡しされるのではなく，買い手により高い市場価格を支払わせることにより移転されるのである．レントが政府予算の中に記載されないとき，政治的意思決定者は，自分たちがレントシーキングに応じていないように見せかけることができると思うであろう．したがって，わかりにくい手段を用いることで政治的な便益が得られるために，政治的効率性が損なわれる．

　レントが公共支出を通じてのみ与えられるために，政治的効率性が損なわれるようなケースもある．第3章で見たように，代議員はログローリングによって，自分の選挙区民に便益をもたらす計画に支出する案への過半数の支持を，他の議員たちから獲得することができる．しかし，その計画が費用・便益分析のテストに合格しているとは限らないし，それゆえ効率的であるとは限らない．計画が費用・便益分析のテストに合格しないならば，その代議員の選挙区民は，その計画に公的な資金を用いるよりも，私的な支出のために直接受け取ることを好むであろう．私的な支出のために，選挙区民に対し公的な資金を直接移転することは，一般的に実行可能ではない．とにかくレントを選挙区民に引き渡そうとするなら，政治的に実行可能な引き渡し方法は，非効率な計画に公的な資金を支出することであろう．

　レントを引き渡す公共政策の政治的効率性は，保証されえないように見える．レントを引き渡す際には，表に見えにくく，効率性に劣る手段が好まれる．非効率的な公共支出はまた，レントを引き渡すための政治的に実行可能な唯一の手段なのかもしれない．

6.3.10 居住地選択

行政区域間の居住地選択により，1つの行政区が同じ公的資金調達と公共政策を求める個々人の集団で構成されるという結果になるならば，レントシーキングは起こらないであろう．なぜなら，投票者が満場一致で選択したもの以外の政策を求める者はいないからである．

しかし，政治家が個々人に対し特別な便宜を図る手段をもっているならば，依然としてレントシーキングは行われるかもしれない．通常は，レントシーキングは集団ごとに行われる．公共支出と公共政策に対する共通の利益に基づいて，1つの集団がある地域を選択したのであれば，集団によるレントシーキングは行われない．

各行政区域内の社会は，公的資金調達と公共政策に対する要求に関して，一般的に一様ではない．とりわけ，実質的な居住地の選択を可能にするだけ十分に多種多様な選択肢がないときは，一様にはならない．それでも，レントシーキングのインセンティブは，居住地選択によって達成される同質性の度合いに対応して，ある程度までは低下することになる．

6.3.11 2つの社会の比較

2つの社会を比較してみよう．1つは，すべての競争が市場を通じて行われる社会であり，もう1つは，政治的に創出されたレントを求める競争が頻繁に行われている社会である．後者のレントシーキング社会は，個人の努力と独創力がレントシーキングに向けられるので，より不幸で貧しい社会である．また，このようなレントシーキング社会では，成功したレントシーカーが莫大な資産を蓄えるかもしれない．

これら2つの社会は，互いに異なる政治文化をもつ．異なる政治文化は，人々が政治家として，あるいは政府の官僚として働く理由の中に反映される．レントシーキングがない社会では，社会の厚生を改善したい欲求から，人は政界に入ることを選択する．レントシーキング社会では，公共政策を通じて便宜を施すことで個人的な資産を増やしたいというのが，政治家や官僚になる理由である．

レントシーキング社会では，レントシーキングでの成功により個人的な成功

を手にするので，より多くの不満や妬みをともなうであろう．人々は政治的意思決定に影響を及ぼすほうが個人的により良い結果につながることを認識するので，自らを改善する個人的な努力がおろそかにされるであろう．

　レントシーキングが行われるのは，政治的意思決定者に影響を与えることができると認識されるためである．政治的意思決定者がこのように認識されると，好むと好まざるとにかかわらず，社会的に無駄なレントシーキング活動に資源を費やすインセンティブが存在してしまう．公共政策に関する意思決定が影響を受けないということが知られているときには，このインセンティブは存在しない．したがって，レントシーキングが行われるかどうかを決める要因は，レントシーカーの行動よりも，政治的意思決定者の行動を規定する政治文化の中にある．政治的意思決定者の行動がレントシーキングへのインセンティブを与えないような社会では，レントシーキングは行われないのである．

第7章
課　税

　政府は，公共支出のために課税収入を必要とする．これまでの章ですでに何度も課税について触れたが，この章では課税の設計に関する問題に焦点をあてる．初めに個人に対する課税を取り上げ，次に政府が選択できる異なる種類の課税について触れる．最後に納税拒否，すなわち脱税と，地下経済について考察する．

7.1　個人課税

7.1.1　効率的課税のためのラムゼイ・ルール

　いま私たちの関心は効率的な税の選択と，社会正義を実現する，あるいは社会正義と整合的な税の選択という2つの目的にある．まず効率的課税から始めよう．この目的のために，一定の税収を必要としている政府を想定する．政府が税収を必要とする理由はここでは重要ではない．（第2章のように）公共財への支出のために必要なのかもしれないし，（第5章のように）貧しい人々への所得移転のために必要なのかもしれない．効率的課税は，一定の税収を得るために，課税の超過負担によって生じる効率性の損失を最小化する課税として定義される．効率的課税の解は，イギリスの研究者フランク・ラムゼイ (Frank Ramsey, 1903-1930) が1927年に導出したラムゼイ・ルールとして知られる[1]．

　たとえば，A と B という2つの財に売上税が課されると仮定する．財 A には税率 t_A が，財 B には税率 t_B が適用され，政府は2財に対する税の効率的

---

1) Ramsey, F. P., "A contribution to the theory of taxation," *Economic Journal* 37, 1927, 47-61.

な組み合わせを求めようとしている．財 A と財 B の市場は競争的で，図7.1 の例のように，供給にかかる費用は一定であるとする．財 i の市場需要の弾力性を ε_{Di} で表すと，効率的課税のためのラムゼイ・ルールによれば，次の条件を満たすように2つの市場で税率が設定されなければならない．

$$\frac{t_A}{t_B} = \frac{\varepsilon_{DB}}{\varepsilon_{DA}}. \tag{7.1}$$

(7.1) 式は，2財に対する税率が，2財の需要の弾力性と逆相関すべきであることを示している．したがって，需要の価格弾力性がより低い財には，税率をより高くすべきである．また (7.1) 式より，需要の弾力性がゼロの市場が存在するならば，税はその市場のみに課されるべきである[2]．

(7.1) 式は，政府が2財に対する税を選択する際の，効率的課税のためのラムゼイ・ルールを表している．ラムゼイ・ルールは，異なる財に対する任意の数の税に関する，一般的なルールに拡張される．ある人の異なる所得内訳あるいは所得源泉に課す税に適用することができるし，同じ源泉から所得を得ている異なる人々に課す税にも適用できる．後ほどこのような場合にラムゼイ・ルールが示唆する点について考えよう．その前にまず，効率的課税のためのラムゼイ・ルールはどのように導出されるのかを見て，ラムゼイ・ルールの基本的論理をより詳しく考察しよう．そのうえで，課税の目的が公共財に対する公共支出の財源を得るためである場合と，所得移転の財源を得るためである場合に，ラムゼイ・ルールがどのように適用されるのかを見ていこう．

ラムゼイ・ルールの導出

第2章で，税の超過負担を次のように導いた．

$$\frac{1}{2}\varepsilon_D pqt^2. \tag{7.2}$$

図7.1は競争市場における超過負担を示している[3]．

---

[2] (7.1) 式のラムゼイ・ルールの表現は，(1)（図7.1のように）財 A と財 B の2財の供給の費用が一定，(2) ある市場への税が他の市場における税収に影響しない（交差価格弾力性がゼロ）という仮定に基づいている．これらの条件が満たされないときラムゼイ・ルールはより複雑になるが，このようなより複雑な状況でも基本的原則は維持される．すなわち，効率的課税においては，市場の弾力性が高いほど税率は低くなければならない．

[3] 繰り返しになるが，(7.2) 式の導出は費用一定の仮定に基づいており，ある市場の税が他の市場に影響を及ぼさないことを前提としている．

7.1 個人課税

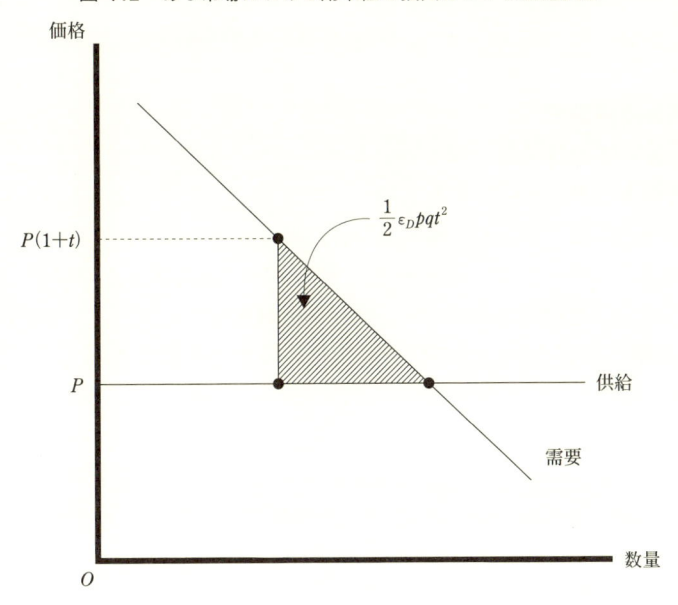

図 7.1 ある市場における効率性の損失あるいは超過負担

税がなければ，市場価格は P になる．税率 t が課されることによって，価格は $P(1+t)$ に上昇する．税の超過負担は (7.2) 式によって与えられる．

財 A と財 B の市場について，図 7.1 のような図をそれぞれの財について，税率を t_A と t_B として描くことができる．税率 t_A と t_B の組み合わせが，税収目標 R をもたらしながら，2 つの市場における超過負担の合計を最小化するとき，課税は効率的となる．

したがって，t_A と t_B の効率的な値は，2 つの市場における超過負担の合計

$$\frac{1}{2}\varepsilon_{DA}p_A q_A t_A^2 + \frac{1}{2}\varepsilon_{DB}p_B q_B t_B^2 \tag{7.3}$$

を政府の税収目標を満足するための制約

$$R = t_A P_A Q_A + t_B P_B Q_B \tag{7.4}$$

のもとで最小化する解として求められる．ただし，$Q_i\ (i=A,B)$ は市場で販売される量を表す．この問題の解が，(7.1) 式で表されるラムゼイ・ルールにほかならない[4]．

(7.1) 式によって税率 t_A と税率 t_B の比が与えられる．(7.1) 式から比がわ

かれば，(7.4) 式に代入することによって，課税の超過負担を最小化し，合計で政府の税収目標 R を満たす t_A と t_B の値が求められる．

効率的個人所得課税

(7.1) 式は財への課税に関するラムゼイ・ルールを示している．そこでは，人々は所得を支出する際に税を支払う．ラムゼイ・ルールは，所得を得たときに人々が支払う税（すなわち個人所得税）にも適用できる．ここでも，税収目標 R を達成しようとしている政府を想定しよう．政府は 2 人の個人に対して，異なる一定の（比例）所得税率 t_1 と t_2 を選択する．ε_{S1} と ε_{S2} をそれぞれの（労働と余暇の代替を反映する）労働供給の弾力性を表すものとすると，2 人に課される効率的な所得比例税のためのラムゼイ・ルールは次のようになる．

$$\frac{t_1}{t_2} = \frac{\varepsilon_{s2}}{\varepsilon_{s1}} \tag{7.5}$$

すなわち，個人所得税率は，それぞれの労働供給弾力性と逆相関すべきである．

効率的課税のためのラムゼイ・ルールの論理

ラムゼイ・ルールの論理を考察しよう．課税の超過負担が発生する原因は，労働（あるいは努力）と自由時間との間で代替が行われるからであり，代替の大きさは，供給あるいは需要の弾力性によって測られる．弾力性が低いとき，代替は小さく，課税の超過負担も小さい．

税が増えるとき，課税の超過負担を通して，納税者側の損失が増加する[5]．損失の増加は，個人が増税に対応して，支出行動や所得を得るための行動を変化させる代替的反応によって起こる．税の増加による，超過負担を通した限界的損失は，すべての税で均等化されるべきであるというのがラムゼイ・ルールの論理である．(7.1) 式についていえば，需要の弾力性が高いほど，税による代替的反応は大きい．したがって，課税の超過負担の合計を小さくするためには，需要の弾力性がより高い財に対して，より低い税を課すべきである．超過

---

4) ラムゼイ・ルールは (7.3) 式と (7.4) 式からラグランジュアン関数を構成することによって求められる．t_A と t_B で微分して $t_A \varepsilon_{DA} = t_B \varepsilon_{DB}$ が得られ，そこから (7.1) 式が求められる．

5) (7.2) 式より，超過負担は税率の 2 乗とともに増加することがわかる．第 2 章も参照のこと．

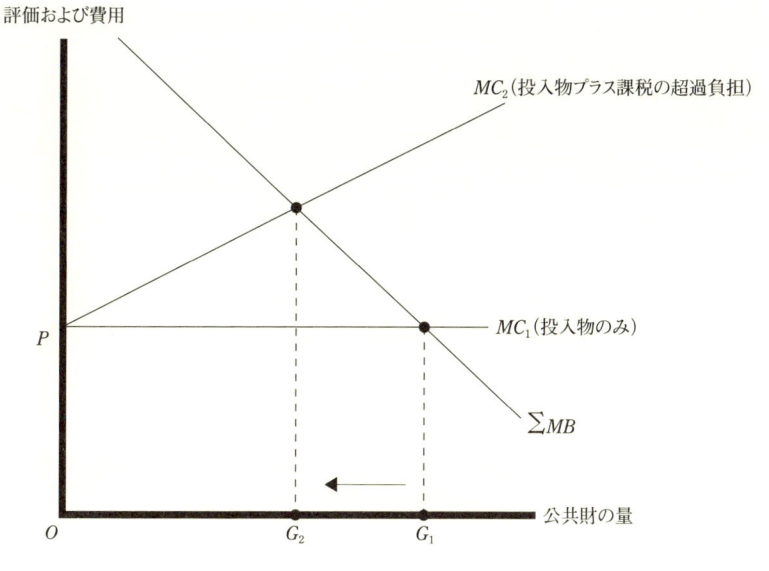

図 7.2 ラムゼイ・ルールと公共財への効率的な公共支出

縦軸：評価および費用
横軸：公共財の量

MC_2 (投入物プラス課税の超過負担)
MC_1 (投入物のみ)
$\sum MB$
P, O, G_2, G_1

負担の合計を最小化するために，税率は弾力性に逆比例すべきである．

ラムゼイ・ルールと公共財への公共支出

　課税の目的が公共財への公共支出の財源を得るためであるとき，ラムゼイ・ルールがどのように適用されるかを見ていこう．図7.2は第2章の図を再掲したものだが，公共財への効率的な支出がどのように決定されるかを示している．公共財への効率的な公共支出のためのルールは，全人口の限界便益の合計 $\sum MB$ が公共財供給の限界費用 MC と等しくなるというものである．ただし，費用は公共支出プラス財源となる税の超過負担からなっている．図7.2の MC_1 は，公共財を供給するために必要な投入財にかかる，一定の市場費用である．MC_2 は課税の超過負担を費用の一部として含めたときの，公共支出による公共財供給の限界費用である．課税の超過負担がなければ，公共財への効率的な公共支出によって，G_1 が供給される．課税の超過負担のために，より少ない G_2 を公共支出によって供給することが効率的となる．

　効率的な公共財供給量 G_2 を求めるために，政府は次の手順にしたがう．

(1) 人口全体の限界便益の合計 $\sum MB$ を決定するために，費用・便益分析

を用いる．政府は公共財供給に必要な投入物の市場における費用から，MC_1 を知ることができるかもしれないし，そうでなければ，投入物の費用を計算するために費用・便益分析が必要となる[6]．

(2) 公共支出の財源として政府が必要とするであろう任意の税収 R に対して，ラムゼイ・ルールを用いて，この収入を得るための効率的な税の組み合わせを求める．それによって，政府は図 7.2 の関数 MC_2 を決定する．MC_2 がわかれば，政府は $\sum MB$ と MC_2 を等しくする効率的な公共財供給量 G_2 を決定できる．

このように，ラムゼイ・ルールは，公共財への効率的な公共支出を決定する過程で用いられる．ラムゼイ・ルールによって，公共財の効率的な供給量が効率的な課税によって実現されることになる[7]．効率性の2つの側面，すなわち，(1) 公共財の効率的な供給量の選択，(2) 公共財の効率的な供給の財源となる，効率的な税の選択，に注目されたい．

ラムゼイ・ルールと所得移転財源

次に，課税の目的が所得移転のための公共支出の財源を確保することであるとき，ラムゼイ・ルールがどのような役割を果たすのかを見てみよう．第5章では，社会保険契約を実行するための手段としての課税を考察した．社会保険契約は，自分がどのような人間になりそうかを人々が知る前に選択され，それは社会厚生関数の選択に反映された．社会保険契約は，政府が幸運な結果に恵まれた高所得の人々に税を課し，より不運な低所得の人々に税収を移転することを取り決めるものだった．図7.3は，私たちが第5章で考察した状況を改めて描いたもので，市場が決定する所得分布の結果に基づく，2人の個人の効用の組み合わせを点 F_1 と点 F_2 で示している．市場の決定によって点 F_1 が結果として生じるならば，社会を点1に移動させるために，個人1は課税され，税収は個人2に移転される．税による所得再分配政策は，社会厚生を W_0 から W_1 に増加させる．同様に，市場の決定が点 F_2 ならば，課税と所得再分配は社会を点2に移動させ，この場合も社会厚生を W_0 から W_1 に増加させる．

---

6) 費用の一部として負の外部性が生じる場合がある（第4章を参照）．また，正の外部性が生じる場合もある．

7) すなわち，効率的な税は図 7.2 の MC_1 と MC_2 の距離を最小化する．

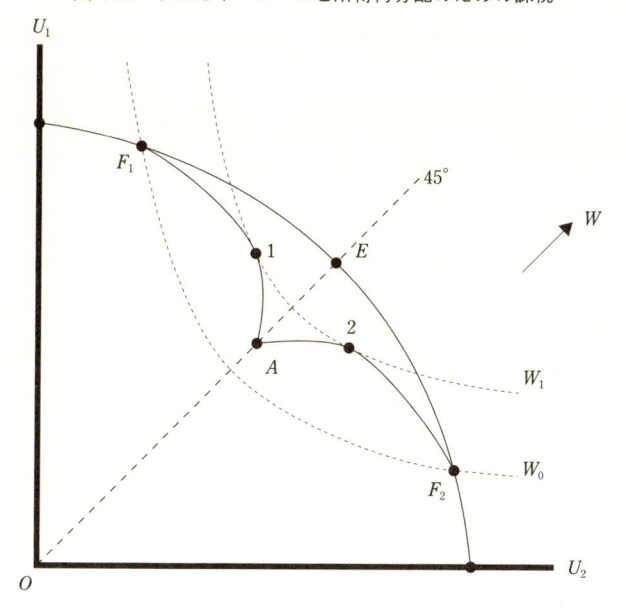

図 7.3 ラムゼイ・ルールと所得再分配のための課税

もっと高い税率は，課税の超過負担を通して損失を増加させる[8]．図 7.3 のフロンティア F_1A とフロンティア F_2A は，税を財源とする所得再分配が行われた場合の個人 1 と個人 2 の効用の組み合わせを表している．再分配のために必要となる税収が大きいほど，図 7.3 のフロンティア F_1A とフロンティア F_2A に沿って達成可能な効用の水準が低くなる．政府がたくさんの異なる課税ベースを利用できるとき，ラムゼイ・ルールは，再分配のための税収を確保するために必要な，異なる税の効率的な組み合わせを教えてくれる．したがって，ラムゼイ・ルールは，図 7.3 における効率的な移転によるフロンティア F_1A とフロンティア F_2A の位置を決定する．

図 7.3 において，市場が決定した課税前所得分布の結果が点 F_1 であると仮定しよう．そのとき，個人 1 は個人 2 への所得移転のために課税されるだろう．個人 1 は税を支払い，税の超過負担を負担する．したがって，個人 1 は課税の超過負担を最小化したいと考えるだろう．同時に，ロールズにしたがって定義される社会厚生の場合を除いて，個人 2 が受け取る所得移転は，個人 1

---

[8] 課税による超過負担がなければ，図 7.3 において所得再分配は社会を点 F_1 あるいは点 F_2 から点 E に移動させる．

に課される税の超過負担にともなって減少する[9]．課税の超過負担が小さいほど（再分配のバケツが漏れにくいほど），個人2が受け取る所得移転は大きくなるので，個人2も課税がラムゼイ・ルールにしたがって効率的であることを望む．税の負担者と移転の受給者の間で，課税は効率的であるべきだという合意が成立する．

7.1.2 社会正義とラムゼイ・ルール

原則的には，すべての人は効率性を好むはずである．したがって税収が公共財への公共支出に使われるにせよ社会保険契約の所得移転に使われるにせよ，すべての人は政府の税収を確保するための効率的な税の組み合わせを求めるために，ラムゼイ・ルールを使用することを望むはずである．

ラムゼイ・ルールは効率性の達成に焦点をあてていて，必ずしも社会正義を実現するわけではない．実際，ラムゼイ・ルールは社会正義の思想と矛盾しているように思われる．

代替財をもたない財の需要の弾力性は低いから，ラムゼイ・ルールによる効率的課税は，そのような財に高い税率を求める．ラムゼイ・ルールにしたがえば，食品や住宅，眼鏡やコンタクトレンズ，歯ブラシ，石鹸，車椅子，ベビーフードのような財に対して高い税率を課すべきであり，一方，デザイナーによる洋服，豪華なレストランでの食事，宝石，ヨット，自家用飛行機，豪華な家に対しては，需要の弾力性（および代替の機会）が大きいという理由から，税率を低くすべきである．

効率性を達成するためには，代替の反応を最小限に抑えなければならない．それゆえラムゼイ・ルールは，課税によって需要者価格が上昇した後も人々が購入し続ける（あるいは購入する必要のある）財やサービスに対して，高い税率を適用することを提案する．ラムゼイ・ルールに基づく財への課税では，生活必需品への支出の割合が高い貧しい人たちが，効率性の達成のために，より大きな負担を負うことになる．貧しい（あるいは所得の低い）人々の支出の重要な構成要素である生活必需品に対して，高い税負担を負わせることは，社会

---

[9] 私たちはすでに第5章で，ロールズはもっとも貧しい個人の効用のみを考慮して，課税による所得移転をもっとも貧しい個人に対して与える際に，課税の超過負担を通して生じる効率性の損失については，考慮しないことを見た．

正義の概念に反する．

同様に，個人所得への課税に関してラムゼイ・ルールが推奨していることも社会正義の思想に反する．2人の個人を考えよう．個人1はすでに豊かであるが，賃金が高いなら働く意思がある．個人2は労働以外に所得の源泉をもたず，生活のためには働く以外に選択肢はない．豊かな個人の労働供給の弾力性は，働かなくてもよいという選択肢があるために高く，貧しい個人の労働供給の弾力性は，生きていくためには労働によって所得を得るほかないから，低い．このように (7.5) 式においては $\varepsilon_{S1} > \varepsilon_{S2}$ となる．したがってラムゼイ・ルールにしたがえば，豊かな個人は，労働供給に関する意思決定を行う際により少ない選択肢しかもたない貧しい個人よりも，低い税率で課税するほうがよいということになる．

図7.3では，2人の個人の間の所得移転を考察した．1人は税負担者となり，もう1人は税を財源とする移転の受給者となった．いま3人の個人がいると仮定しよう．2人が税負担者で，1人が所得移転の受給者である．2人の納税者のうちの1人が，他の1人よりも課税前所得が高いかもしれない．所得の低い個人が所得のより大きな割合を支出するような生活必需品に高い税が課されるとき，また所得の低い個人が，仕事以外で所得を得られる可能性が限られているという理由から，高い所得税率を支払わされるとき，ラムゼイ・ルールは不公平を生じさせる．

効率的課税と性差

次に，男性と女性の所得への課税について，ラムゼイ・ルールはどのような提案をするのかについて考察しよう．家族や子供に関する典型的な考え方に基づいた伝統的な社会モデルにおいては，男性と女性が結婚し，子供をもつのが普通の姿である．子供が小さいときは，女性は労働市場への参加を控えるかもしれない．女性の課税後所得は，女性がいつ労働力として復帰し，どのくらい働くかを決定する．このような状況のもとでは，女性の労働供給の弾力性は男性よりも高い．そのとき，女性には家庭での育児という代替の可能性があるという理由から，ラムゼイ・ルールは効率性の基準に基づいて，男性の所得に対して女性の所得よりも高い税率を求める．女性の選択肢の多さは（あるいは労働供給の弾力性の高さは）子供をもつかどうかの決意にも影響する．

ラムゼイ・ルールから得られる，男性と女性の所得への課税に関するこのよ

うな結論は，伝統的な家族モデルにのみあてはまるものであり，労働市場での活動や家事負担，経済負担について男性と女性が平等であるときにはあてはまらない．その場合，女性が家事と両立できるような職業を選択するとき，あるいは（生物学的な制限にはしたがいながら）男性がすべての負担を分担するとき，ラムゼイ・ルールは男性と女性を個人税上等しく扱うことを求める．

したがって，家族のあり方や性の平等は，男性と女性に対する効率的な所得課税に影響を与える．伝統的な家族形態が一般的であるとき，効率性の基準は女性を税上で優遇することを求めるが，労働市場において性差が重要でなくなってきたときにはそうではない．

能力や個人的属性への課税による効率性の達成

税に対応するための代替の行動がなければ課税の超過負担はゼロである．したがって，ラムゼイ・ルールを解釈する際にすでに述べたように，代替的反応をともなわない課税ベースがあるならば，超過負担が発生せず課税の効率性が達成されるので，すべての税をその課税ベースに課すことをラムゼイ・ルールは提案するだろう．

所得税の支払いは，所得をあまり稼がないことで，すなわち労働を自由時間と代替することで，軽減することができる．代替効果を通じて，課税の超過負担が発生する．しかし，もし先天的な個人の能力に課税できるならば，代替的反応は起こらないだろう．人々は先天的能力を変化させるような代替の決定を行うことができない．したがって，個人の先天的能力に基づく税は，ラムゼイ・ルールによれば効率的である．

第1章で財産の共有というイデオロギーについて触れた際に出てきた行動原則を思い起こそう．この原則は，人々に，受け取る個人的報酬ではなく，能力に応じて負担することを求める[10]．この原則は人間の性質と矛盾するというハイエクや他の人々の見方についても触れた．ラムゼイ・ルールが示しているのは，にもかかわらず個人的報酬によってではなく，能力に応じて負担すべきだと信じている人々が存在するならば，このような人々は課税後所得に関係なく彼らの能力に応じて働き生産し続けるだろうから，政府はこのような人々に重く課税すべきだということである．すなわち，このような人々への課税は

---

10) この原則は，生産や資産が共有され，個人資産が存在しないときに，人々が得る個人的報酬に制限が課されることと整合的である．

代替の行動をもたらさないだろう．

　もし先天的な能力がわかってそれに課税することができるならば，先天的な能力は与件であり変化しないから，代替が生じない．人々は能力に応じて負担すべきであるという考え方と，個人の先天的能力に課税すべきであるというラムゼイ・ルールから導かれる結論との間には，関連があることがわかる．

　先天的な才能は計測が難しい．しかし計測が可能だと仮定してみよう．私たちはラムゼイ・ルールの勧めにしたがって，実際に得た所得に応じてではなく，所得を得るための能力に応じて課税されることを望むだろうか．高い先天的能力をもつ人々は，家族形態と職業との組み合わせについて，異なる選好をもつかもしれない．所得を得るための先天的能力に基づいて課税すれば，家族を大切にするライフ・スタイルを選択する人々も，仕事を優先し，高所得を得ようとしている人々と同じだけの納税義務を負うだろう．このとき，能力に課税することは，他の個人的満足のために自発的に高所得を断念したいと思っている人々の個人的選好に課税することになる．ラムゼイ・ルールが提案する能力への課税は，人々の個人的生活や個人的選択への干渉となるだろう．

　先天的な才能に基づく課税は，人々に，能力が低いふりをして本来の能力を隠すインセンティブをも与えるだろう．親は子供に，本当の能力を隠すように訓練するかもしれない．能力に基づく課税は，このとき，能力を低く見せるために払われる努力によって，重大な超過負担を生じさせるだろう．

ラムゼイ・ルールと容姿への課税

　先天的な容姿は先天的な才能と似ている．容姿の役割については，労働市場において所得を決定する個人的な先天的属性として研究されてきた．研究の結果，「容姿の良い」人々は，優れた容姿によって高い収益を得ることができる職業を選択し，また優れた容姿は様々な職業にわたって個人所得を増加させることが示されている[11]．もし容姿の美しさが生来のもので，美しさに対する市場収益が先天的な能力に対する市場収益と同様であるならば，容姿からの代替は不可能だから容姿への課税は超過負担を生み出さないという理由に基づいて，ラムゼイ・ルールは容姿に応じて課税することを提唱するだろう．すなわち，先天的な容姿の美しさに課税することは効率的である．しかし，もし美し

---

[11] Hamermesh, D. S. and J. E. Biddle, "Beauty and the labor market," *American Economic Review* 84, 1994, 1174-94 による．

さを操作できたり，隠したりすることができるならば，代替効果が生じる．したがって，容姿の美しさに対する個人税から超過負担が生じるだろう．能力が低いふりをするのと同様に，親は子供に対して，魅力的に見えないように振る舞うよう教えるかもしれない．

7.1.3 所得税の累進性と逆進性

課税の効率性の追求から，社会的に公正な課税という目的に視点を移そう．課税における社会正義を考えるために，しばらくの間課税の効率性のことを考えずに議論を進めていこう．したがってここでは，効率的な課税を表すラムゼイ・ルールに基づいて課税のあり方を探ることはしない．実際には課税によって効率性の損失が生じることは知っているが，ここではあたかも効率性の損失がないかのように想定して議論を進める．後で，個人所得税制の設計における効率性の役割に再び戻り，効率性と社会正義の両方を同時に考慮する「最適」所得税構造を求める方法について考察する．

支払い能力

社会的に公正な個人所得課税は，稼得能力に対する課税原則よりも，税の支払い能力に対する課税原則に基づいて試みられることが多い．つまり，一般的に観察不可能な所得を得るための能力に課税するのでなく，観察不可能な個人的能力と相関し，それを反映している，観察可能な個人所得に対して課税することによって，政府は課税における社会正義を実現しようとする．

累進課税

税の支払い能力に基づいた社会的に公正な課税が，累進所得課税と関連づけられることがよくある．所得税構造における累進性は，平均税率を用いて定義される．

$$\text{平均税率} = \text{税支払い}/\text{所得} = R/Y, \tag{7.6}$$

(7.6) 式で表された平均税率，すなわち税として支払われる所得の割合が所得とともに上昇するとき，課税は累進的である．一方，税として支払われる所得の割合が所得とともに低下するならば，課税は逆進的である．税として支払わ

れる所得の割合が一定ならば,課税は比例的である.

累進課税は (7.6) 式に表された平均税率の変化によって定義されるが,所得税体系における限界税率の上昇に関連づけられ,反映されることが多い.課税所得の全範囲を通して限界税率が上昇していくなら,確かに所得税体系は累進的である.

私たちが特に限界税率に関心をもつのは,所得課税の労働意欲への効果や効率性への効果を考えるときである.すなわち,人々は所得税に対して,所得と自由時間についての限界的な選択(あるいは労働と余暇の間の選択)においてどのように反応するかを考えるときである.

所得税体系

所得税体系を示す関数 $R = R(Y)$ はさまざまな水準の課税前所得 Y について支払われる税 R を表す.図7.4は累進所得税関数 $R(Y)$ を示している.課税前所得の増加にともなって平均税率 R/Y が終始増加しているので,課税前所得のすべての水準において課税は累進的である.たとえば,課税前所得が Y_1 から Y_2 に増加したとき,R/Y も増加していることがわかる[12].

限界税率を t として表す.図7.4で限界税率は税関数 $R(Y)$ の傾きと等しく,課税前所得の増加とともに上昇している.限界税率が上昇しているから,平均税率 $R(Y)/Y$ も上昇している.図7.4のように限界税率が課税前所得の増加にともなって連続的に上昇するならば,所得税はすべての範囲で累進的となる.

図7.4の点3では,税体系 $R(Y)$ の傾きは45度であり,限界税率は100%となっている.点3を超えたところでは限界税率は100%を超えており,納税者は所得追加分よりも多くを支払うことになる.

図7.4の45度線上 $(R = Y)$ では税支払いが課税前所得と等しくなる.税関数 $R(Y)$ が45度線上あるいはその下にある限り $R \leq Y$ という制約は満たされ,個人が支払う税総額は課税前所得総額を超えない.

しかし,点3を超えると,個人は限界的に所得よりも多くを税として支払

[12) 課税前所得が Y_1 のとき,税として支払われる額は税関数上の点1で,R_1 として求められる.課税前所得がより高い Y_2 のとき,税として支払われる額は税関数上の点2で,R_2 として求められる.原点から点1と点2にひいた直線の傾きが平均税率を表し,$R_1/Y_1 < R_2/Y_2$ であることがわかる.したがって,所得の Y_1 から Y_2 への増加に対して課税は累進的である.

図 7.4 累進課税

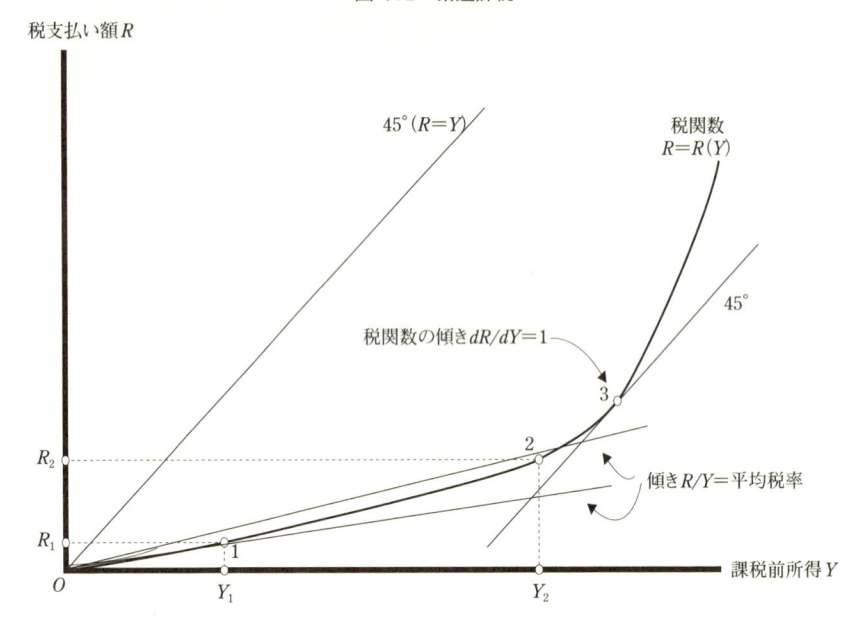

[図: 税支払い額 R を縦軸, 課税前所得 Y を横軸とするグラフ. 45° ($R=Y$) の直線, 税関数 $R=R(Y)$ の曲線, 点 1, 2, 3, R_1, R_2, Y_1, Y_2, 税関数の傾き $dR/dY=1$, 傾き $R/Y=$ 平均税率 を示す]

わなければならない．高い限界税率，特に100％を超えるような限界税率は，労働と余暇の代替を通して，効率性に大きな影響をもたらすだろう．しかしいましばらくは，労働意欲と所得に対して課税は影響を及ぼさないとして話を進めていこう．

税率区分をともなう所得税体系

実際には，所得税体系は図7.4のような滑らかな曲線ではなく，図7.5で表されるように，段階的に税率が変化する，区分的に線形の関数となっている．図7.5中の点1, 2, 3によって分けられた所得の範囲は税率区分に相当している．税率区分内では限界税率 t_i $(i=1,2,3)$ は一定である．図7.5では税率区分にともなって，限界税率が上昇している $(t_1 < t_2 < t_3)$[13]．

第1税率区分では，限界税率は平均税率と等しく $(t_1 = R/Y)$，課税は比例的である．第1税率区分内のもっとも高い所得 ΔY_1 を超えて所得が増加す

---

13) 第1税率区分では，ΔY_1 までの所得は限界税率 t_1 で課税され，第2税率区分では，ΔY_1 よりも大きく ΔY_2 よりも小さい所得については，限界税率 t_2 で課税される．第3税率区分についても同様である．

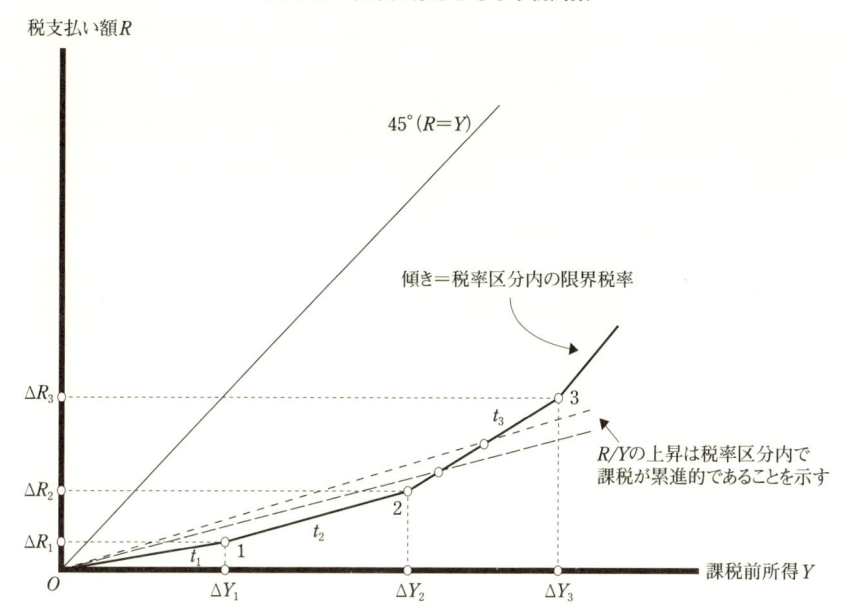

図 7.5 税率区分をともなう税関数

ると，(税率区分間の所得増加についても同一税率区分内の所得増加についても) 平均税率 R/Y が課税前所得の増加にともなって上昇しているので，課税は累進的となる[14]．

図 7.5 は，同一所得税体系が，課税前所得の異なる水準で累進的，逆進的，あるいは比例的な部分をもつという一般的な原則を反映している．

また図 7.5 より，平均税率 R/Y の変化にしたがって定義される累進課税が，必ずしも限界税率の増加を要求していないこともわかる．税率区分間で限界税率は上昇しているけれども，第 1 税率区分内では課税は比例的である．にもかかわらず，私たちは税率区分にともなって限界税率が上昇しているような税関数を累進的ということができる．

もし図 7.5 の第 3 税率区分で限界税率が低下したとしても，平均税率 R/Y の変化に基づく定義にしたがえば，私たちは必ずしも第 3 税率区分内で課税が逆進的だとは推論しないだろう．第 3 税率区分の限界税率 t_3 が前の 2 つの税率区分に含まれる所得 ($\Delta Y_1 + \Delta Y_2$) について支払われる平均税率よりも

---

14) 図 7.5 は第 3 税率区分内の R/Y の上昇を示している．

小さいときだけ，第3税率区分内で課税は逆進的となる（R/Y は所得の増加とともに低下する）．しかし，もし2つの税率区分間で限界税率が低下するなら，私たちはそのような課税を限界的に逆進的であると定義することができる．限界的な逆進性が平均税率の変化に基づく逆進性の定義と一致しない点に注意されたい[15]．

社会的に公正な課税のための原則

　課税における累進性と逆進性を定義したのは，社会的に公正な所得税構造に関する次のような規範的質問に答えるためである．社会的に公正であるために，所得税構造は必ず累進的でなければならないのだろうか．

　この質問に答えるためには，社会正義の意味を特定する必要がある．前に社会保険を参照しながら社会正義を考察した．ここでは無知のベールの向こうの不確実性を導入していないので，かつての定義を用いることはできない．人々が自分がだれであるかを知っているときの課税に適用できる社会正義の原則が必要である．

　社会正義に関係する2つの課税原則が水平的公平と垂直的公平である．水平的公平は等しい人々を公平に扱うことを求める．垂直的公平は等しくない人々を公平に扱うことを求める．したがって課税における水平的公平は，課税における恣意的な差別を排除するために，同じ所得，同じ属性（家族構成，扶養者）の人々が同じだけ税を支払うことを要求する．課税における垂直的公平は異なる所得の人々を税上公平に扱うことを要求する．もちろん，等しくない

---

15) 例として，10,000ドルごとの追加所得について定義される税率区分を考えよう．第1，第2，第3税率区分の限界税率をそれぞれ5，10，5%とする．10,000ドルまでの所得について支払われる平均税率は第1税率区分の限界税率に等しい5%で，第1税率区分で課税は比例的である．第2税率区分内で，限界税率は10%で一定であるが，R/Y が増加するので課税は累進的である．たとえば，12,000ドルの所得について支払われる税額は700ドル（500ドル +2,000ドルの10%），15,000ドルの所得について支払われる税額は1,000ドル（500ドル +5,000ドルの10%）であり，R/Y は5.8%から6.7%に増加する．第3税率区分では，5%の限界税率は初めの2つの税率区分における平均税率7.5%よりも低いので，課税は逆進的である．たとえば所得が24,000ドルから28,000ドルに増加することによって，R/Y は7.1%から6.8%に低下する．もし第3税率区分の税率が7.5%ならば，R/Y は7.5%で一定で，第2税率区分と第3税率区分の間で限界税率が低下しているにもかかわらず，第3税率区分で課税は比例的となる．もし第3税率区分で限界税率が7.5%よりも高い8%ならば，限界税率が低下しているにもかかわらず，第3税率区分で課税は累進的である（R/Y は増加する）．たとえば，所得が24,000ドルから28,000ドルに増加すると，R/Y は7.58%から7.64%に上昇する．

人々を公平に扱う所得税を設計することは,「等しい人に対する公平な扱い」を求めるよりも複雑である.

「支払い能力に基づく課税」原則は,より多くの所得を得ている人々はより多くの税を支払う手段をもっており,よって(規範的結論として)彼らはより多くを税として支払うべきであるという判断によっており,課税における垂直的公平を達成するための1つの接近方法である.

累進課税は,所得の高い人々が所得のより大きな割合を税として支払うので,支払い能力に基づく課税原則と整合的である.しかし,所得の高い人々がより多くを税として支払うための十分条件は限界税率が正であることであり,これは課税が逆進的であっても比例的であってもあてはまる.

だとすれば,どのようにして累進課税は正当化されるのだろうか.垂直的に公平な結果を提示することで,累進課税は社会的に公正だと信じていると,単純にいうことはできない.累進課税が社会正義にかなうかどうかを決定するための根拠が求められる.このような根拠は,課税における公平な犠牲の原則を通して探求されてきた.

公平な犠牲の原則

「公平な犠牲」の原則は,異なる所得の人々が税を支払うときに等しい犠牲を払っている,すなわち等しい効用の損失を被っているとき,所得課税を社会的に公正であると定義する.公平な犠牲の原則は長い歴史をもっている.たとえばジョン・スチュアート・ミル (J. S. Mill) は1848年に「課税の公平性は……犠牲の公平性を意味する」と語っている.

課税に公平な犠牲の原則を適用することの結果を考察するために,所得の限界効用逓減という通常の性質をもつ効用関数を想定する.所得の限界効用が逓減するとき,高所得への追加分は,低所得への追加分よりも低く評価され,また同じことだが,同額の税支払いによる損失は,低所得の人々よりも高所得の人々によって低く評価される.公平な犠牲は,納税者の課税前所得がいくらであっても,所与の税支払い額からの効用の損失が同じになることを求める.より正確に公平な犠牲の原則を述べるために,課税前総所得 Y からの効用を $B(Y)$,課税前所得 Y を得た納税者によって支払われる税総額を $R(Y)$ で表す.このとき,課税後所得からの効用は $B(Y - R(Y))$ となる.公平な犠牲は,どのような課税前所得に対しても,次の条件が成立することを要求す

る．

$$S = B(Y) - B(Y - R(Y)) = 定数 \tag{7.7}$$

ここで，S は税 R を支払うことによって失われた効用で測った「犠牲」である．(7.7) 式を $R(Y)$ について解くことで，税を支払うことによって失われる効用がすべての人にとって同じになるような，公平な犠牲を実現する税関数あるいは税体系が得られるはずである[16]．

税率区分が 2 つの場合の公平な犠牲

実際には一般的に，税関数すなわち所得税体系は図 7.5 で示されたように区分的に線形の関数（あるいは段階的に増加する関数）なので，このような税関数を用いて公平な犠牲の原則を説明しよう．また，同様に説明のために，税率区分内で所得の限界効用は一定であるとする．

図 7.6 では，第 1 税率区分と第 2 税率区分内の ΔY_1 までと ΔY_2 までの同額の所得増加について，所得の限界効用は一定であり，それぞれ MB_1 と MB_2 に等しい．所得の限界効用逓減は $MB_1 > MB_2$ によって表されている．限界税率 t_1 と t_2 は税率区分内で適用され，税率区分内の最高所得を得る個人は，税率区分内の所得について次の税を支払う．

$$R_1 = t_1 \Delta Y_1, \quad R_2 = t_2 \Delta Y_2 \tag{7.8}$$

2 つの税率区分のそれぞれにおける税支払い R_1 と R_2 の例が図 7.6 に示されている．

ここで私たちは公平な犠牲を，税率区分間で効用の損失が等しいこととして定義する．すなわち，犠牲が公平であるために，それぞれの税率区分内の最大の所得について支払われる税 R_1 と R_2 からの効用の損失が等しくなければならない．R_1 と R_2 は，同一人物が 2 つの税率区分に相当する所得について支払う税を表していると考えてもよいし，課税前総所得が ΔY_1 と $(\Delta Y_1 + \Delta Y_2)$

---

[16] たとえば，1 年に 100,000 ドルを稼ぐ個人と 1 年に 50,000 ドルを稼ぐ個人は，それぞれが税を支払うことから生じる効用の損失が等しくなるように税を支払うべきである．もし高所得の個人が 30,000 ドルの税を支払うことによって，低所得の個人が 10,000 ドルの税を支払うことによって失う効用と同じだけの効用を失うならば，この場合は累進課税によって，公平な犠牲の原則が満たされたことになる．

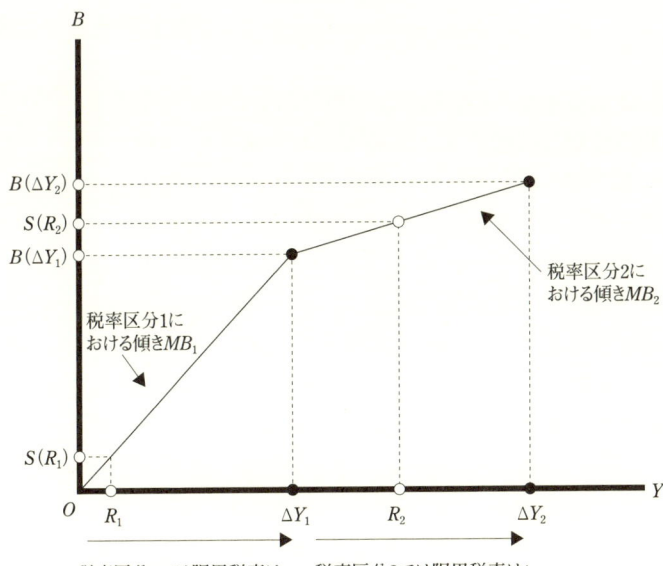

図 7.6　所得税率区分間の公平な犠牲

の，2人の異なる個人が支払う税と考えてもよい[17]．2つの税率区分における効用の損失は

$$S(R_i) = B(\Delta Y_i) - B(\Delta Y_i - R_i), \ i = 1, 2 \tag{7.9a}$$

で，(7.8) 式より，次の式と等価である．

$$S(R_i) = B(\Delta Y_i) - B(\Delta Y_i - t_i \Delta Y_i), \ i = 1, 2 \tag{7.9b}$$

図 7.6 は税率区分内の効用の損失 $S(R_1)$ と $S(R_2)$ を示している[18]．

両方の税率区分で限界税率が等しい（$t_1 = t_2$）ならば，所得税は比例的となり，納税者はそれぞれの税率区分内の所得について同額の税（$R_1 = R_2$）を支払うことになる．しかし $MB_1 > MB_2$ なので，同額の税を支払うことに

---

[17] 課税前所得の第1と第2の追加分を合わせた $\Delta Y_1 + \Delta Y_2$ から納税者が得る総便益（あるいは効用）は $B(\Delta Y_1 + \Delta Y_2)$ で，$\Delta Y_1 + \Delta Y_2$ も $B(\Delta Y_1 + \Delta Y_2)$ も図 7.6 の原点から測られる．図 7.6 で私たちは，課税前所得 ΔY_1 と ΔY_2 を税率区分の中で計測している．$B(\Delta Y_1)$ と $B(\Delta Y_2)$ も同じく税率区分の開始点を始点としており，税率区分内の便益を示す．

[18] S は税率区分内で測られているので，$S(R_2)$ の始点は $B(\Delta Y_1)$ である．

よる効用の損失は，所得の高い税率区分で小さくなる．したがって $S(R_2) < S(R_1)$ となり，比例的な課税は公平な犠牲でなく，むしろ不公平な犠牲を意味する．

税率区分間で税支払いによる犠牲，すなわち効用の損失を等しくするためには，第2税率区分での犠牲 $S(R_2)$ が第1税率区分での犠牲 $S(R_1)$ と等しくなるくらい，第2税率区分で十分に課税されるように，限界税率 t_2 を t_1 よりも十分高く設定しなければならない．したがって，2つの税率区分で税支払いによる犠牲が等しくなるためには $t_2 > t_1$ でなければならず，すなわち，限界税率はより所得の高い税率区分に対してより高く設定されるべきであり，課税は税率区分間で累進的であるべきである[19]．

図7.6で第1税率区分と第2税率区分で支払われる税による犠牲が等しいとき，限界税率の上昇を示す次の式が成立している．

$$t_1 = \frac{R_1}{\Delta Y_1} < t_2 = \frac{R_2}{\Delta Y_2} \tag{7.10}$$

同額の所得増加分について限界便益が一定であるような，区分的に線形の効用関数を用いたことで，効用関数の形状と所得税体系とを一致させることが可能となった．税率区分は，通常は課税前所得への同額の追加分として定義されていない．また，通常は2つよりも多くの税率区分があるが，公平な犠牲を実現する課税が，隣り合う税率区分間での限界税率の上昇として表現される累進性を意味するかどうかを考察するには，2つの税率区分で十分である．

課税前所得と課税後所得

税支払いによる等しい犠牲が実現するための条件を表現するもう1つの方法は，(7.7) 式より次の式を導くことである．

$$B(\Delta Y_1) - B(\Delta Y_2) = B(\Delta Y_1 - t_1 \Delta Y_1) - B(\Delta Y_2 - t_2 \Delta Y_2) \tag{7.11}$$

したがって，課税による公平な犠牲は，(7.11) 式の左辺に表された，課税前所得からの便益あるいは効用の税率区分間の差が，課税後所得からの便益あるいは効用の同じ税率区分間の差（右辺）と等しいような所得税体系を意味す

---

[19] （訳者注）(7.9a) 式は，図7.6より $S(R_i) = MB_i(\Delta Y_i) - MB_i(\Delta Y_i - t_i \Delta Y_i) = MB_i t_i \Delta Y_i$ と表すことができる．公平な犠牲は $MB_1 t_1 \Delta Y_1 = MB_2 t_2 \Delta Y_2$ を意味する．$\Delta Y_1 = \Delta Y_2$ より $MB_1 t_1 = MB_2 t_2$ となり，$MB_1 > MB_2$ ならば $t_1 < t_2$ である．

る．

労働意欲を維持する課税

　図 7.6 の公平な犠牲を実現する課税は，課税前所得と課税後所得の順位を変えない．課税前所得が $(\Delta Y_1 + \Delta Y_2)$ で，第 1 税率区分と第 2 税率区分の両方で課税される納税者は，課税前所得が ΔY_1 で第 1 税率区分内だけで課税される納税者よりも，課税前所得，課税後所得ともに高い．このように課税は「労働意欲を維持する」という性質をもっている．すなわち，だれも，税支払い後に前よりも良くなるために真実の能力を隠し，所得を少なくしようとするインセンティブをもたない．たとえば100%を超える限界所得税率のもとでは，明らかに，有能な人はだれも追加的な所得を得ようとは思わないから，労働意欲を阻害するだろう．

異なる人々に対する課税

　垂直的公平による社会正義は，異なる人々に対する課税上の公平な扱いを求めるが，もし異なる人々が同じ所得，あるいは異なる所得から得る効用を比較することができなければ，特定の税構造のもとで，さまざまな所得の異なる人々が，税を支払うとき等しい犠牲を払っていると結論づけることができなくなるだろう．政府は異なる人々の効用を測るために同一の効用関数を選択することで，税を支払うことによって生じる犠牲，すなわち効用の損失の共通の物差しによって，個人間の比較を行うことが可能になる．

公平な犠牲のためには累進課税でなければならないか

　一般的な効用関数は図 7.6 のように区分的に線形のものではない．経済分析においては，効用は，リスク回避がどのように効用関数の傾きと関係しているかを指摘するために用いた図 5.1 のように，滑らかな増加凹関数として表現されるのがより一般的である．効用関数の傾きの変化，そしてリスク回避の度合いは，公平な犠牲が累進所得税を意味するかどうかも決定する．実際，一般的な効用関数形については，公平な犠牲は必ずしも累進課税を意味せず，原則的には逆進的あるいは比例的課税の場合もありうる[20]．しかし実際には，税関

---

20) 公平な犠牲を定義する (7.7) 式で定数を c で表すと，(7.7) 式から $R(Y)/Y = 1 - B^{-1}[B(Y)-c]/Y$ を得る．所得の限界効用逓減 $(B'(Y) > 0, B''(Y) < 0)$ は $d[R(Y)/Y]/$

数は区分的に線形である．私たちの例では，区分的に線形の効用関数の，限界便益が一定である範囲は，区分的に線形の税関数の税率区分と一致していて，税支払いにおける公平な犠牲は累進課税を意味している．しかし，公平な犠牲の原則は，所得の限界便益の逓減を示すすべての効用関数に対して，累進課税を求めるものではない．すなわち，高所得の人々が課税によって失う所得の価値は低所得の人々よりも小さいから，犠牲が公平な課税は累進的であるべきだという結果は，普遍的ではない．異なる支払い能力をもつ人々による公平な犠牲のための一般的なルールは，高所得の人々は低所得の人々よりも総額で多くの税を支払うというものであり，このために必要な正の限界税率は累進的でない課税のもとでも実現される．したがって特に，公平な犠牲の原則が累進的でない税体系のもとで実現されるような効用関数が存在するという点に注意されたい[21]．

すべての累進課税は公平な犠牲の原則にかなうか

しかしまた同時に，すべての累進税制が公平な犠牲の原則を満たすわけではない．つまり不公平な犠牲は必ずしも非累進的な課税を意味しないし，累進的な課税は必ずしも公平な犠牲を意味しない[22]．

実際の累進課税における公平な犠牲

異なる人々の税支払いによる犠牲を等しくする所得税制（あるいは税関数）はつねに累進的なのかという規範的問いを離れて，実際に用いられている累進所得税制が公平な犠牲の原則を反映しているかという実証的な問題に進もう．すなわちここでは，公平な犠牲を実現する税制が必ず累進的である必要がある

$dY > 0$ が成立するための十分条件ではない．Samuelson, P., *Foundations of Economic Analysis*, Harvard University Press, Cambridge, MA, 1947 は公平な犠牲が累進性を意味するためには，限界便益が所得とともに十分に低下する必要があり，特に限界便益 $MB(Y)$ の弾力性について $Y \cdot MB''(Y)/MB'(Y) < -1$ という条件が満たされる必要があることを示した（この弾力性は相対的リスク回避度を表している）．

21) Young, H. P., "Progressive taxation and the equal sacrifice principle," *Journal of Public Economics* 32, 1987, 203-14 は効用関数が $B(Y) = aY^{1/2} + b$ のとき，公平な犠牲は逆進的な課税を意味することを示した．

22) Mitra, T. and E. A. Ok, "On the equitability of progressive taxation," *Journal of Economic Theory* 73, 1997, 316-34 は，公平な犠牲の条件（7.7）を満たす効用関数が存在しないという点で公平な犠牲を実現しない累進課税の種類を求めた．

かどうかではなく,政府が選択する累進税制について何がいえるかを見ていこう.

特に,政府が選択する累進税制は公平な犠牲を実現しているだろうか. Young (1990)[23]はアメリカ,西ドイツ,イタリア,日本,イギリスの所得税制が公平な犠牲の原則と矛盾していないかどうかを分析した.彼は,(1) 推定された効用関数が一般的な性質をもち,(2) 効用関数から導出される公平な犠牲を実現する税が,政府が選択している実際の税制と一致するならば,公平な犠牲の原則が確認されると提案した.具体的には,公平な犠牲が成立するための条件に相対的リスク回避度一定の効用関数を代入して推定式を導出し,所得と税支払いのデータを用いて相対的リスク回避度と課税による効用の損失,すなわち犠牲を推定した.そして,その推定値を使用して公平な犠牲を成立させる所得税体系を計算し,各国の所得税制と比較した.分析対象となった国では,課税における公平な犠牲と観察される限界税率の間に矛盾はなかったが,いくつかの例外もあった[24].

たとえば,アメリカについては,低所得と高所得について公平な犠牲は成立していないと判断された.低所得の場合,おそらく税収に関する理由から(かなり多くの所得が課税されていない),税率は公平な犠牲を成立させる水準よりも高かった.高所得については,おそらく労働意欲と効率性に関係する理由から,税は公平な犠牲を満たす水準よりも低かった.アメリカとイギリスの両方について,所得税の累進性を弱め,税率区分を少なくする税制改革によって,かつての犠牲の公平性は失われていると判断された(改革は効率性に関する理由から行われ,公平な犠牲の原則が目的としている社会正義に関する理由から行われたわけではない).

Mitra and Ok (1996)[25]では,より多くの先進国が分析対象とされた.累進税制において税率区分にともなって限界税率を高くしていくことが公平な犠牲を実現するための基本であり,限界税率の増加をともなわない税制のもとでは公平な犠牲は実現されないという結論を用いて,アメリカとトルコのみが公平

---

23) Young, H. P., "Progressive taxation and equal sacrifice," *American Economic Review* 80, 1990, 253-66.

24) 対象となった国について推定された効用関数の相対的リスク回避度の値は似ており,1よりも大きかった.このことは,公平な犠牲が累進課税を意味するための条件と整合的である.

25) Mitra, T. and E. A. Ok, "Personal income taxation and the principle of equal sacrifice revisited," *International Economic Review* 37, 1996, 925-48.

な犠牲の原則を満たしていないことを発見した[26]．

累進課税と所得の平等

　上記の研究は，税のデータから効用関数を求め，求めた効用関数を税支払いによる効用の損失の尺度として用いることによって，現実の累進税制における犠牲を近似することが可能な場合が多いことを示している．それでは，政府は効用関数を選択し公平な犠牲を確認することによって累進度を決定するという手続きをとっていないのに，なぜ税のデータは公平な犠牲の原則と整合的なのだろうか．

　累進課税は，高所得の人々から低所得の人々に所得を移転することなく，所得の不平等を減らすことができる．累進課税は，たとえ税収が社会に便益をもたらさなくても，納税者全体の所得分布をより平等にする．もし所得分布の平等それ自体が価値があるならば，代表制民主主義における政治的意思決定者（多数決投票のもとでは中位投票者）は累進所得税を採用すると予想できる．

　ここで，公平な犠牲の原則によって表現される社会正義の概念と，課税後所得分布の平等との関係について触れたい．公平な犠牲の原則は，徴収される税の目的とは関係なく提案された，税支払いにおける社会正義に関する基準である．同様に，課税後の所得分布の平等は，税収の使い道とは独立の，社会正義の定義である．もし公平な犠牲を実現する課税が累進的であれば，公平な犠牲として定義される社会正義が，課税後の平等として定義される社会正義と同時に実現されることになる．このように，公平な犠牲の原則は累進課税に倫理的根拠を事後的に与える1つの手段である．一方，たとえ逆進的な税が公平な犠牲の条件を満たしていても，課税後所得の不平等を増加させる逆進的な所得税は決して選択されないだろう．

効率性について

　公平な犠牲の原則を考察するために私たちが使用した効用関数 $B(Y)$ は課税後所得 Y のみに依存しており，余暇や自由時間からの効用は考慮されていない．したがって労働と余暇の代替，効率性の損失が分析されていない．しかし所得税制の選択に際しては，課税による労働意欲の阻害，非効率性の発生も

---

[26] 分析対象となったのは 1988 年から 1991 年までである．1986 年のアメリカの税制改革（税率については 1988 年に実効となった）によって，連邦個人所得税の累進度が弱められた．

考慮されるだろう．

人々は平均税率や限界税率に反応するだろうか

人々が労働と余暇の時間配分を限界的に調整することができるならば，限界税率の変化に対して反応するだろう．意思決定が，1週間にある定められた時間働かなければならないような仕事を引き受けるかどうかについてなされるならば，限界税率ではなく，平均税率が労働の決定に影響を与えるだろう．

限界税率と代替効果

したがって限界税率は，労働と余暇の限界的な代替が可能な範囲で，労働行動に影響を与える．もしそのような代替が可能ならば，人々は次のように考える．「もし私が余暇を労働と代替し，より多くの所得を得たら，そのうちいくらを手元に残すことができるだろうか．」この問題を考えているとき，人々は限界税率に注目している．したがって，限界税率構造の設計には，労働意欲や効率性に関する配慮が必要である．

限界税率の変化が労働意欲や効率性に与える影響

納税者の労働供給の弾力性を一定とすると，税率区分内では限界税率が一定であることから，税率区分内の所得に対する税による超過負担は税率の二乗に比例して増加する．税率区分とともに限界税率が上がると，（限界税率が一定あるいは低下していく場合に比べて）課税の超過負担による効率性の損失が増加していく．効率性の損失は，限界税率の上昇にともなって労働意欲が減退することによって生じる．

労働供給弾力性が一定である必要はない．ラムゼイ・ルールにしたがって効率的な課税を考察したとき，所得が高い人々のほうが，働かないという代替の可能性が大きいことを指摘した．ラムゼイ・ルールはこのように，高所得に対して限界税率を低くする，あるいは税率区分にともなって限界税率を低下させるような逆進的な課税を提案する．

正の最高限界税率に直面している納税者が，所得がこの税率区分に届かないように労働を調整するとしよう．このとき最高限界税率が適用される税率区分から政府が得る税収はなくなる．納税者のほうは，税による労働からの代替によって効率性の損失を被っている．いまこの限界税率をゼロにしてみよう．労

働と余暇の選択の個人的費用を歪めて課税の超過負担の原因となっていた正の限界税率はもう適用されないから，同じ納税者は労働の調整をやめ，個人的効用を最大化して前より高い効用を得る．政府のその税率区分からの税収はゼロのままで変わらない．限界税率をゼロにすることはパレート改善であり，社会厚生を増大させる．政府の厚生は前のままで，納税者の厚生は改善される．

しかしもっとも所得が高い税率区分に限界税率ゼロを適用することは，ここで犠牲が生じないから，公平な犠牲の原則に反する．（社会正義を目的としている）公平な犠牲の原則は，もっとも所得の高い税率区分に対して，パレート非効率的な正の限界税率を主張する．

逆進的な税と課税ベース

ラムゼイ・ルールに基づく，効率的な逆進課税の説明は，税収が一定であることを前提としている．逆進的な課税には，課税ベースや税収への影響といった別の側面もある．

税は，生産努力から余暇や自由時間への代替を促すことで，課税所得を減少させるので，課税によって課税ベースは変化する[27]．課税ベースの変化は，税収を財源とする所得移転から便益を受ける人々に影響を与える．

次の例は，課税ベースの問題が所得移転の受給者にどのように影響するかを示すためのものである．ゴルフをプレーしたいと思っている歯医者が1日のうちで累進的所得税，あるいは逆進的所得税にどのように反応するかを考えよう．いま税構造が累進的で，たとえば歯医者は労働の最初の1時間による所得に対して10％の税率で課税され，次の1時間による所得に対しては20％，それ以降も同様の方法で課税されるとする．歯医者は8時間労働した後で，最後の1時間による所得について80％の税率で税を支払っているかもしれない．この時点かそれより前で，歯医者は患者を診るのをやめてゴルフに出かけようと決心するかもしれない．

税が逆進的ならば，歯医者のインセンティブは逆になる．たとえば歯医者は労働の最初の1時間からの所得について80％の税率を負担し，それ以降の時間から得られる所得に関しては，税率は下がっていくとする．このとき歯医者の8時間目の労働から得られる所得にかかる税率は10％かもしれない．逆進

---

[27] 個人所得税の課税ベースは課税前所得である．

的な税構造はゴルフから労働への代替を促し，1日のうちより長く働き続けるインセンティブを歯医者に与える．すなわち，逆進的な所得税構造は，累進的な所得税構造とは反対の代替効果をもつ．

　歯医者から政府に支払われた税収は低所得者への所得移転に使うことができる．ゴルフをプレーすることから得られる歯医者の効用は他者に移転することができない．しかし労働から得られる所得は課税を通して移転することができる．逆進的な税は，働いて課税対象となる所得を稼ぎ続けるインセンティブを歯医者に与えることによって，低所得者に移転できる，より大きな税収を生み出す．

　しかしながら，歯医者の行動の描写については留意が必要である．実際に歯医者が逆進的な課税のもとでより多く働き，より多くの所得を得るかどうかは確かではない．逆進的な税のもとで歯医者はより多く働くだろうという結論は，代替効果をその根拠としている．すなわち逆進的な税は，あと1時間働き，ゴルフに出かけないという強いインセンティブを与える．しかし，歯医者のインセンティブに逆に作用する所得効果も存在する．歯医者は数時間働いた後で，すでにその日の患者から十分な（税引き後）所得を得たと感じ，2時には仕事を切り上げてゴルフ・コースに向かうかもしれない．代替効果がこのような所得効果を上回るときだけ，歯医者は逆進的な課税のもとでより長い時間働き，より多くの税収を提供するだろう．

　所得税が逆進的であるとき，低所得の人々も，初めの高税率を逃れるために，十分な所得を稼ごうとしなくなるかもしれない．低所得の人々は高所得の人々からの税収を財源とする所得移転を受け取ることができる．しかし，所得移転は，逆進的な課税のもとで，低所得の人々が働こうとしなくなる点を解決できない．したがって問題は，逆進的な課税のもとでの低所得者の労働意欲の減退を選択するか，あるいは累進的な課税のもとでの高所得者の労働意欲の減退を選択するか，ということになる．

7.1.4　負の所得税と働くかどうかの選択

　個人所得税構造は，働くかどうかの意思決定に影響するインセンティブの問題を考慮に入れて，決定されるべきである．すでに私たちは第5章で，社会保険受給資格の付与の方法がモラルハザードによって労働のインセンティブに

影響し，モラルハザードの解決のためには，福祉受給者の働こうとする決意に課税するよりもむしろ補助金を与えるべきであることを見た．

たとえば，福祉受給者が政府からの支給として1ヵ月当たり1,000ドルを受け取っていて，仕事が見つかったら1,000ドルすべてを失うことが，法律によって規定されているとしよう．このとき福祉受給者は仕事を見つけることに対して1,000ドルの税を課されることになる．福祉受給者が納税者の負担に依存しながら生活していくよりも，自分の力で生計を立てていくほうが好ましいならば，仕事を見つけることに対する税は望ましくない．

1か月の収入が1,000ドル未満の仕事しか見つけられない福祉受給者は，福祉給付が停止されれば個人所得が減少するから，仕事をもって自信を得ることによる満足が，仕事を始めることによる所得の損失を補うのでなければ，働かないだろう．また，収入300ドル分が仕事に行かなければならない不効用を補うのに不十分なら，1,300ドルの収入が得られる仕事も引き受けないだろう．

福祉受給者に働く意欲を起こさせるためには，仕事を引き受けることに価値があるうちは，働こうとする決意に課税してはならない．福祉受給者に働くことを奨励するために，たとえば政府は，1か月に1,000ドルの収入が得られる仕事を引き受ける福祉受給者に，所得補助として1か月に700ドルを支払い続けることができる．かつて福祉受給者だった人の所得はこのとき1,700ドルになる．あるいは福祉受給者が1,300ドルの収入が得られる仕事を引き受けるとき，政府は600ドルの所得補助を支払い続けるかもしれない．このとき総所得は1,900ドルとなる．働くことを選択したかつての福祉受給者は，税を支払うのでなく，政府から所得補助を受け続ける．所得補助は負の所得税であり，市場所得が増加するにつれて減少する．市場所得が十分高くなれば，所得補助をやめることができる．

7.1.5 線形所得税

低所得に対して所得補助が供給されるとき，個人所得税構造は，低所得に対する負の所得税を含むことになる．そのような負の所得税を導入するための1つの方法が線形所得税である．第6章で所得再分配に関する多数決投票の結果を考察する際に，私たちはすでに線形所得税を扱った．ここでは線形所得税

図 **7.7** 線形所得税

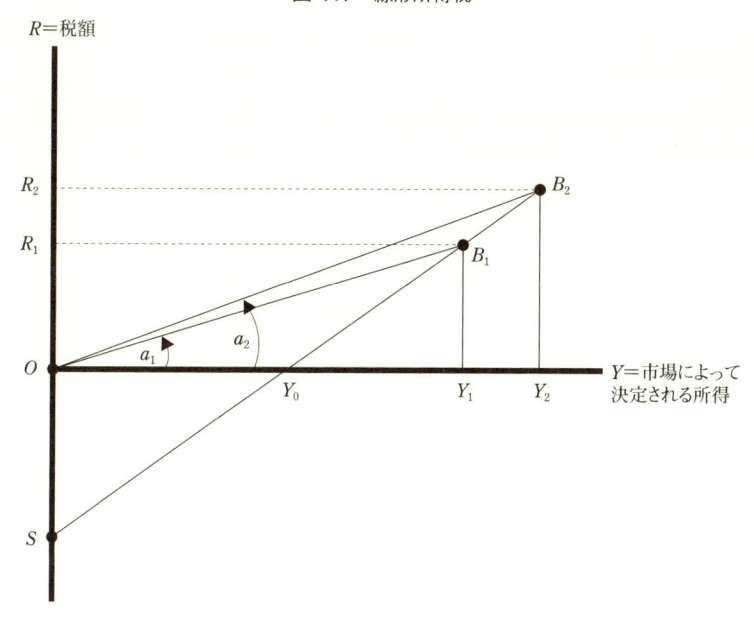

についてより詳しく見てみよう.

図7.7は線形個人所得税を示している. Y は市場で決定される個人所得, R は個人が政府に支払う税の総額, S（あるいは距離 OS）は全員が政府から受け取る所得補助を表す. 所得に対しては一定の比例税率 t が課される. したがって個人が支払う税の総額は

$$R = -S + tY. \tag{7.12}$$

図7.7で示された線形所得税体系の傾きは固定された税率 t と等しい. 全員が政府からの所得移転として同額の S を受け取り, 同じ一定の限界所得税率 t に直面している. 人々の所得はさまざまで, それぞれが個人所得 Y_i に応じて(7.12)式によって決定される税額 R_i を支払う.

図7.7より, 課税前所得が Y_0 の個人の正味の税負担はゼロであることがわかる. この個人が政府に支払う tY_0 の税は, 政府から受け取る所得移転 S にちょうど等しい. 課税前所得が Y_0 より高い人々は政府に正の税を支払う. 課税前所得が Y_0 より低い人々は政府から正味の所得移転を受け取る（すなわち彼らは負の所得税を支払う）.

線形所得税は社会保険を提供する．課税前所得が Y_0 より少ない人々は税制度を通して所得補助を受け取り，課税前所得が Y_0 より多い人々は低所得の人々への所得補助の財源となる税を支払う．課税前所得 Y_0 は，所得補助を受ける人々と他者への所得補助の財源となる税を支払う人々とを区切る境界の所得である．

線形所得税構造の累進性

累進課税においては，課税前所得がより高い人々は，彼らの所得のうちより高い割合を税として支払う．図7.7で，市場所得が Y_1 の個人は税 R_1 を支払うので，平均税負担は

$$a_1 = \frac{R_1}{Y_1} \tag{7.13}$$

となり，a_1 は直線 OB_1 の傾きに等しい．より高い課税前所得 Y_2 の個人はより高い税 R_2 を支払い，直線 OB_2 の傾きによって与えられる平均税負担 a_2 は a_1 より大きい．したがって，限界税率は一定であるが，税構造は累進的である．

労働のインセンティブへの効果

税構造が累進的でも，一定の所得税率は労働意欲に好ましいインセンティブを与える．限界税率の上昇をともなう累進課税がもたらす労働意欲の減退は，ここではない．

最適線形税の選択

最適線形税を選択するためには，税率を求めさえすればよい．税率が決定されれば再分配に利用できる税収が決まるから，全員に支払われる所得移転 S が決まる．所得補助 S が，税構造がもっている保険機能の大きさを表す．S が大きいほど，低所得の人々により多くの所得補助を与えることによって，より大きな社会保険を提供することになるが，同時に，より多くの税収が必要となる．そしてより多くの税収はより大きな課税の超過負担を意味する．所得補助 S の選択は，政府の予算制約を通じて，税率 t の選択と関連している．税収のすべてが所得移転に回されるとき，人口を n とすると，政府の予算制約は

$$nS = t\sum_{i=1}^{n} Y_i. \tag{7.14}$$

n 人全員が政府から移転 S を受け取るから，政府は nS を支出することになる．税率 t が n 人全員の市場所得に適用され，移転支払い nS を可能にする収入をもたらす．

政府が税率 t を選択する際に直面する複雑な問題は，図 7.7 および (7.14) 式の課税前市場所得 Y_i が，税率と供給される所得補助 S に依存するという点である（そして S は t に依存する）．

原則的には，政府は予算制約 (7.14) と，個人の労働供給行動（課税前所得 Y_i がどのように所得補助 S と税率 t に依存するかを決定する）を含む他の経済的特性のもとで，社会厚生関数を最大化する税率を選択できる．

税率の選択，および (7.14) 式を通じて得られる所得補助 S の値は，選択された社会厚生関数によって異なる．たとえばロールズの社会厚生関数を選んだ社会では，ベンサムの社会厚生関数を選んだ社会よりも，より大規模な所得再分配が求められるだろう．ロールズの社会厚生関数はもっとも課税前所得の低い，もっとも貧しい人々の厚生に焦点をあてるので，低水準の所得に対する所得補助のために，より大きな値の S が要求される．それに応じて，大規模な所得移転の財源を確保するために，より高い値の税率 t が必要となる．このとき，高い税率による課税の超過負担から，より大きな損失が生じる．

7.1.6 最適所得課税

線形所得税は所得税を選ぶ際の 1 つの選択肢である．しかしより一般的には，個人所得課税構造は必ずしも図 7.7 に示されているような税率一定の線形である必要はなく，むしろ限界税率は所得水準に応じて異なる値をとることが可能である．現実に採用されているのは後者であり，普通，限界税率は所得とともに上昇する．

私たちはいま，社会厚生関数を最大化する一般的な最適所得税構造を決定しようとしていると仮定しよう．私たちは税率と所得の間の関係を求めようとしており，それは累進的かもしれないし逆進的かもしれない．税率が所得の変化にともなって変化するならば，私たちは次のような最適所得課税体系を求めることになる．

$$t = f(Y). \tag{7.15}$$

図 7.7 のような線形所得税体系が社会厚生を最大化するならば，それが最適個人所得課税の一般的問題の解である．

(7.15) 式によって表される最適所得課税の一般的構造を決定することは難しいと予想される．線形所得税の場合には，政府の予算制約を通して関連づけられる S と t の値を見つけなければならなかった．(7.15) 式の税体系の場合には，社会厚生を最大化する税率と所得との関係を求めようとしている．すなわち，一般的な最適課税問題の解は，すべての所得水準 Y に対してどのように税率 t を設定するかを表す関数である．累進的な税もあれば逆進的な税もあることをすでに見たが，(7.15) 式で表された関係が累進的な課税を示すのか，あるいは逆進的な課税を示すのかは，事前にはわからない．私たちがわかっているのは，最適所得税体系を求めるためには，（公平な犠牲の原則によって）社会正義の観点から望ましい累進的課税と，逆進的課税のもつ効率性と課税ベース上の便益との間で，妥協が必要だということである．

仕事（および努力）と余暇との間の代替効果によって，累進課税は再分配のバケツからの漏れを増加させる．限界税率の上昇に対応して仕事を切り上げ，ゴルフに出かける歯医者の例に戻ろう．代替効果は歯医者に課税の超過負担を負わせるが，累進課税によって歯医者は労働所得の形でなく，余暇の形で，個人的効用を得ることも見た．余暇は課税できないので，歯医者からの税を財源とする所得移転の受給者は，歯医者に，働き続けて課税対象となる所得をもっと稼いでほしいと望むだろう．したがって，税体系を決める際の重要な問題は，納税者は労働・余暇選択において，所得税体系の累進性や逆進性の程度にどのように反応するかということである．この問題に対する答えが，課税後所得のより公平な分布として定義される社会正義のために我慢しなければならない（課税の超過負担による）厚生の損失を決定する．図 7.3 に戻れば，この答えが，課税後所得の公平を実現するために，効率性フロンティアのどのくらい内側まで社会が移動しなければならないかを教えてくれる．

社会厚生関数を選択する際に，社会は効率性，あるいは（課税後の平等に対する選好として表される）社会正義のどちらかを重視することができる．社会による社会厚生関数の選択は社会のリスク回避の度合いを示し，社会保険が完備か（ロールズの社会厚生関数の場合）不完備か（ベンサムの社会厚生関数，

あるいは他の形式の社会厚生関数の場合）を決定することをすでに見た．

非効率の程度，すなわち所得税体系の累進性あるいは逆進性に対する納税者の反応を通して生じる再分配のバケツからの漏れの程度がどれくらいなのかは，実証的な課題である．人々がどのように税に反応するかを知るためには，労働供給行動を観察する必要がある．最大化されるべき社会厚生関数の選択はイデオロギー上の問題である．一部の経済学者や政治的意思決定者は効率性への関心はほとんどなく，社会正義の望ましさを強調し（彼らはロールズの信奉者である），かなり累進的な所得税を望む．その他の人々（ベンサムの立場に近い）は効率性の望ましさを強調し，低い限界所得税率や一定の税率を望む．

労働供給行動の実態は実証分析によって知ることができるが，労働供給の選択がどのように税に反応するかについて，異なる人々が異なった見方や優先度をもっていることが多い．人々は多少なりとも「能力に応じて負担する」という見方をとる経済学者や政治的意思決定者にとっては，税による労働や努力の代替は小さく，課税の超過負担を通じた厚生の損失は累進度のかなり高い所得税を思い止まらせるほどではない．このような経済学者や政治的意思決定者はロールズに近い社会厚生関数を選んでもよいと感じ，高い税率と高い累進度の税体系を実現しようとするだろう．実証分析の結果は労働や努力へのインセンティブが重要であることを示していると解釈する経済学者や政策的意思決定者は，課税による効率性の損失を強調し，低い税率と低い累進度の所得税構造を推奨する．特に後者のグループは線形所得税体系，あるいは税率区分が少なく税率・累進度が低い税体系を推奨することが多い．

マーリーズの問題

正式な経済分析において，経済学者は人々の労働（あるいは消費）と余暇に対する選好を表す効用関数を選択したうえで，社会厚生関数を最大化することによって，最適所得税体系を導出する．そこでは一般的に，個人は労働と余暇に関して同じ選好あるいは同じ効用関数をもっているが，所得を得るための能力は異なると見なされる．所得税は，人々が彼らの異なる能力をどのように生産的努力に使用するかに影響を与え，そして人々が生産する生産物の価値を決定する．

マーリーズ（James A. Mirrlees，ケンブリッジ大学，1996年にノーベル経済学賞を受賞）は1971年の論文[28]において，政府は，所得を得るための個人の能力に

課税することによって，社会厚生関数を最大化したいと考えるかもしれないが，個人の能力は観察できないことを指摘した[29]．したがって政府が能力に課税しようとするとき，情報の非対称性の問題に直面する．個人は自分たちの能力について知っているが政府は知らないという点で，情報は非対称的である．それゆえ，政府は，個人的能力を使用した結果得られる個人所得しか観察できず，個人所得に課税することしかできない．マーリーズは，すべての人々の効用関数は同一だが，観察されない能力について異なるときに，社会厚生を最大化することによって最適所得税問題を解決した[30]．マーリーズの最適所得税問題における政府は，個人が何時間働いたか，どの程度努力したかについても観察できない．しかし，政府は人口全体の能力の分布については知っている．

　マーリーズによって提示された問題は次の通りである．もし政府が人々に共通する効用関数と納税者の能力の分布を知ることができたとしても，人々の所得しか観察することができず，にもかかわらず社会厚生を最大化しようとするとき，政府が選択したい個人所得税はどの程度累進的あるいは逆進的だろうか．この問題に対する答えは，人々の労働供給行動を描写するために選択される効用関数に大きく依存する．効率性と社会正義のトレードオフは課税の超過負担を通した効率性の損失に依存するが，それは代替効果を通して，人々の労働市場での行動を表すために選択される効用関数に依存する．自由時間や余暇が低く価値づけられるような効用関数が選択されるとしよう．このとき税は効率性にさほど影響せず，課税後の所得分布の公平を実現することに焦点を絞って最適所得税を選択できるので，最適所得税はかなり累進的になりうる．もし人々が自由時間や余暇をかなり重視し，高い限界税率に労働時間や労働努力を大きく減らすことによって反応することを表すような効用関数が選択されれば，最適所得税はそれほど累進的でないだろうし，逆進的であるかもしれな

---

28) Mirrlees, J. A., "An exploration in the theory of optimal income taxation," *Review of Economic Studies* 38, 1971, 175-208.

29) もし人々の能力が先天的なものならば（そして教育投資に関する個人的決定によって獲得されたり向上させたりするものでないならば），すでに述べたように，先天的な能力への税を避けるために個人が行える代替的反応はないから，能力への課税は，課税の超過負担による厚生の損失をともなわない課税ベースを提供するだろう．

30) さらに誘因両立性の制約を置くことで，個人は政府が選択する税構造のもとで，個人的効用を最大化するように労働供給を決定する．

い．マーリーズはこの曖昧さを発見した．すなわち，異なる水準の所得に対して所得税は累進的であるべきか逆進的であるべきかという問題に対して，一般的に有効な解答は与えられないだろう．

しかし，マーリーズの最適所得税の解はある明確な含意をもっている．所得税は，能力の高い人々に対して，少なくとも能力の低い人々と同じだけ働くインセンティブを与えるべきであるというものである．能力の高い人と低い人がいるとしよう．能力の高い人は能力の低い人の労働行動をまねることで，必ず能力の低い人と同じだけの課税前所得を獲得し，同じ額の税を支払うことができる．能力が低いかのように振る舞うことによって，能力の高い人は能力の低い人と同じだけの（観察可能な）所得を得るが，そのとき能力の高い人の（観察不可能な）労働時間は能力の低い人よりも短いか，能力の低い人より（観察不可能な）努力を怠っている．このような結果を避け，能力の高い人にもっと努力するよう促すために，最適所得税は能力の高い人に対して，能力の低い人よりも高い水準の課税後の効用を提供するべきである．すなわち，税構造を通して，能力の高い個人に，能力の低い人よりも多くの所得を得ようとするインセンティブを与えることが効率的である．それゆえ税構造は能力の高い人々が能力の低い人々よりも多く働くことを妨げるようなものであってはならない．すなわち，最適所得税構造は，能力の高い人々がより高い課税前所得を得ることで彼らの優れた能力を示すためのインセンティブを与えるものでなければならない．

シミュレーション

マーリーズによって定式化された一般的問題の解が決定的なものでなかったことで，経済モデルのシミュレーションによって所得税の理想的な構造を求めようとする試みが強まった．予想されるように，自由時間と所得を得るための労働活動との間の代替が大きいことを前提としたシミュレーションでは，低い所得税率，低い累進度の所得税構造のほうが社会厚生は大きくなる．フラット・タックス（線形所得税のような一定の限界税率）が，生産活動の阻害がもっとも小さいという理由で，望ましい所得課税の方法であるという結果が得られるときもある．

他方で自由な時間と労働時間あるいは労働努力との間の代替が小さいという前提に基づいてシミュレーションが行われた場合には，所得税における高い累

進度は労働努力をさほど阻害せず,高所得に対してきわめて高い限界税率を課すことで社会厚生が最大化されることを示す結果が得られる[31]．マーリーズ自身のシミュレーションは,理想的な所得税構造はあまり累進的なものではなく,限界税率は最高でも30%から35%を超えるべきではないことを示している．

このようにさまざまな結果や見方があり,結局のところ結論は,税と労働のインセンティブとの関係をどう見るか,所得税を選択する際に社会的公平性に比べて効率性をどの程度重視するかについての個人的な選択に任されることになる．人々がどれくらい一生懸命働き,どの程度の時間を労働に費やすかを決定する際に個人的なインセンティブが重要だと信じる場合には,累進度が高い所得税率や高税率が社会の利益にもっともかなうという考えは受け入れられないだろう．効率性や,課税の課税ベースに対する影響を重視する立場に立てば,低いあるいはほどよい累進度の個人所得税,あるいは税が軽い区分を1つか2つ加えた線形所得税が望ましいと考えるだろう．

税率の高い課税は脱税につながるように思われる．脱税に関しては7.3節で再び触れる．

社会移動と所得税構造

第5章では,社会正義への1つの接近として社会移動を考えた．社会の流動性が高い社会においては,低所得の家族に生まれた人々が所得分布の右端に移動することを妨げるものはない．高い税率と高い累進度をもつ所得税構造は,貧しい家族に生まれた人々の富の蓄積を妨げることによって,社会移動を妨げる．もともと豊かな家族も同じように高額の,累進度の高い所得税を支払うが,これらの家族には生まれながらに賦与された個人的財産からの所得もある．したがって,所得税構造における高い税率,高い累進度は,もともと豊かな家族の地位を持続させる．すなわち,所得税における高い税率,高い累進度は,支払う税の重さと,上方の社会階層への移動を実現するために必要な労働努力に与える悪影響から,低所得の人々が豊かになることを阻害し,長期的に社会的不公平を持続させてしまう．社会移動を妨げないということが,ほどよ

---

[31] たとえば Saez, E., "Using elastisities to derive optimal income tax rates," *Review of Economic Studies* 68, 2001, 205-29 は最高限界税率は50%から80%の間が望ましいことを示した．

い所得課税を望むもう1つの理由である．

7.1.7 税収を最大化する政府

最適個人所得税を見つけるというマーリーズの問題は，政府は市民と納税者に奉仕することだけを目的とし，課税からの収入に利害はないという見方に基づいている．そのため，マーリーズの最適所得税問題では，政府は社会厚生を最大化しようと課税に関する意思決定を行う．

納税者と政府の間にはプリンシパル・エージェント問題が存在しうることについてすでに述べた．プリンシパル・エージェント問題が提示しているのは，政治的意思決定者は税収を必ずしも社会厚生を最大化するために使用しないという点である．

税収はむしろ，政府の人間の個人的便益のために使われるかもしれない．第3章で私たちは，利己的な政府官僚が，納税者が望むよりも多い公共支出から便益を得ることを見た．第6章では，選挙によって選ばれた議員が，政治的な動機によって公共支出の決定を行うことで便益を得ることができることを見た．

政府は，政府と納税者の間のプリンシパル・エージェント問題を認知しているという見方は，借金のための将来世代への課税も含めて，政府は限られた課税権限しかもつべきでないという提案につながる．政府の課税や借金は憲法上の制約によって制限することができる．そのような憲法による制約が必要な政府は，「リヴァイアサン」という用語によって表されてきた．リヴァイアサン政府は社会厚生を最大化するために最適課税を求めるのでなく，むしろ自分自身の利益のために税収を最大化しようとする[32]．すなわち，課税できるmの課税ベース（あるいは活動，財・サービスなど）があるとき，リヴァイアサン政府はそれぞれの課税ベースL_iに対して，次の式で与えられる税収の合計を最大化するような税t_iを設定するだろう．

$$R = \sum_{j=1}^{m} t_j L_j \tag{7.16}$$

課税前所得は代替効果を通して税に依存することはすでに見た．人々はより

---

32)　「リヴァイアサン」とは海獣を意味するヘブライ語である．

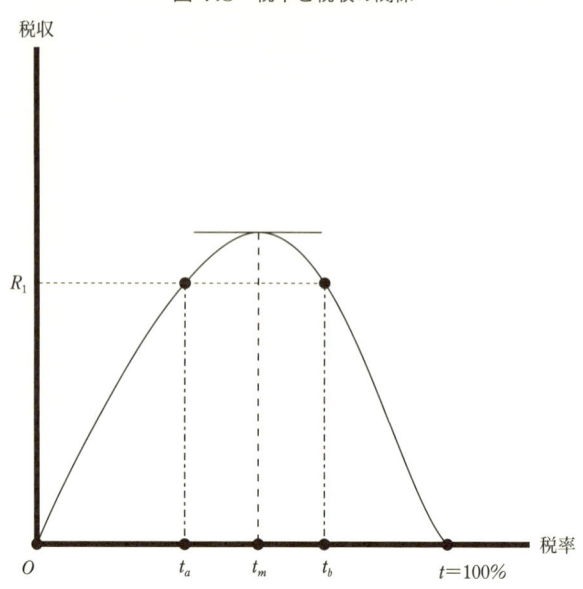

図 7.8 税率と税収の関係

少なく働くことで所得を少なくするという代替的反応によって課税を逃れようとするので,たとえば労働時間で測られる労働供給のような (7.16) 式における課税ベース L_i は,それ自体税の大きさに依存する.

図 7.8 は総税収と所得税率の関係を示したものである.税率が 100% のとき税収はゼロとなる.税率がゼロのときも税収はゼロである.最大の収入を得る税率 t_m はゼロと 100% の間にある[33].これがリヴァイアサン政府が設定するであろう税率である.

ラムゼイ・ルールと利己的な政府

税収最大化という断固とした目的のもとでも,課税の超過負担が許されるわ

---

[33] 図 7.5 における税率 t_m は
$$\frac{\partial R}{\partial t_j} = L_j(1 + \varepsilon_{tL}) = 0$$
から求められる.ただし ε_{tL} は税に対する課税ベースの弾力性を表す.したがって税収は $\varepsilon_{tL} = -1$ となる税によって最大化される.この関係は,ある市場における税が他の市場における行動,そしてそこからの税収に影響を与えないときのものである.より一般的な税収最大化問題では,市場間の相互依存を考慮しなければならない.

けではない．課税の超過負担を理由に，利己的な政府は，税収を最大化する税を単純に設定することを望まないかもしれない．むしろ政府は課税の超過負担を通して発生する効率性の損失に上限を設定し，その制約のもとで収入を最大化しようとするかもしれない．このときリヴァイアサン政府が選択するであろう税構造は，ラムゼイ・ルールによって正確に与えられる．すなわち，税率は納税者の代替の機会を示す弾力性とは逆に変化するだろう．したがってラムゼイ・ルールは経済における税の超過負担に上限を設定するリヴァイアサン政府に適用できる．

あるいは政府は収入目標を置き，ラムゼイ・ルールにしたがって，収入目標を達成する際に生じる課税の超過負担を最小化する税率を選択することもできるだろう．所与の課税の超過負担のもとでの収入最大化問題は，特定された税収目標を達成するという制約のもとでの課税の超過負担の最小化問題と双対性をもつ[34]．

地域移動とリヴァイアサンからの逃避

政府がリヴァイアサンであるとき，地域移動は，政府が法律上独占している課税権を，政府自身の利益のために使用することを制限できる．独占的課税権から発生する政府のレント（あるいは個人的利益）は，課税と公共支出からの便益のさまざまな組み合わせを人々に提示する政府間の競争によって消滅する．人々がリヴァイアサン政府を避けるために移動するとき，リヴァイアサン政府は課税ベースを失う．

しかし政府が移動不可能な課税ベースに税を課すとき，リヴァイアサン政府から逃避することはできない．地方政府が税収を得るために固定資産税を使用することはよくある．固定資産は政府の課税区域から離れることができない移動不可能な課税ベースである．

リヴァイアサン政府が，政府支出の増加によって納税者が便益を得るわけでもないのに，移動不可能な資産への増税を決定するとしよう．リヴァイアサン政府は自らの法的課税権を単に利用しているだけである．増税は住宅の価値に資本化されて資産価値を低下させるので，住宅所有者は増税が告知された後で住宅を売り，他の政府の課税区域に移動しても，増税を逃れることにはならな

---

[34] 税収最大化問題の解は超過負担最小化問題の解と同じである．

い.

　資産価値の低下分は，住宅所有者に対する増税分の支払い義務の現在価値と等しい．もし住宅所有者が住宅を売るならば，住宅価格の低下を通して将来にわたる増税分を支払うことになるだろう．

　同時に，増税が告知された後で住宅を売られた人々は税を支払わないことになる．増税が告知された後の住宅の購入者は，将来固定資産税を支払うときに，政府にお金を納める．しかし購入者は，住宅を購入するときに支払う住宅価格の低下によって，すでに償われているのである．

　課税ベースが移動可能であるとき，（たとえば，転居によって）政府の課税に関する法的独占権から逃れることができる．税が固定資産のような移動不可能な課税ベースに課されるとき，逃避はできない．固定資産に対する税を，固定資産を売ることによって逃れることはできない．

　支出の財源として固定資産税を使用する政府が必ずしもリヴァイアサン政府でない点に注意すべきである．効率的課税のためのラムゼイ・ルールにしたがえば，どのような政府も，移動不可能な課税ベースに高い税を設定したほうがよい．支払う税から納税者が得る便益がないのに，税収最大化を追求するのが，リヴァイアサン政府の特徴である．

超過課税：ラッファー曲線

　税率が非常に高いと，総税収が減少することがある．図7.8では，t_mを超えた税率の上昇は総税収を減少させている．図7.8は所得税，売上税，あるいは（たとえば税に反応して労働時間を少なくしたり，財の購入を減らしたりするように）課税ベースを減少させる代替の可能性があるどのような税にもあてはまる．

　図7.8が表している税率と総税収の関係はラッファー曲線として知られている（アーサー・ラッファー（Arthur Laffer）がアメリカにおける大衆的な議論に導入したことで，そう呼ばれている）．もし税率がt_mを超えると，課税は行き過ぎで，政府はラッファー曲線の「良くない側」にいることになる．これは納税者と政府の双方にとって損害である．

　納税者がラッファー曲線の良くない側にいるとき，彼らは高い税率に対して，総税収が減るほど，課税所得を課税できない自由時間や余暇に代替することで反応している．たとえば図7.8によれば，税収R_1は政府が税率t_aを設

定しても t_b を設定しても実現できる．低い税率 t_a のほうが，政府が同じ収入を得ているにもかかわらず，課税の超過負担は小さい．

脱税とラッファー曲線

税率が t_m を超えて上昇したときの税収の低下は，すでに述べた代替効果による部分もあるが，脱税も原因の1つである．税率があまりにも高いとき，人々は税の支払いを逃れるために，所得を得るための活動の方法を変更しようとするかもしれない．

このような「闇の」あるいは「地下の」市場活動は経済に非効率をもたらす．資源や努力が所得を隠し，わかりにくくするために利用される．したがって一種のレントシーキングが発生する．超過課税が人々の経済活動を地下経済に導くとき，事業が大きくなりすぎて目立つようになると（成功しすぎると）脱税の機会が減るという理由から，事業の成功の拡大に人為的な制約がかかる．

短期と長期のラッファー曲線

減税をして税収の変化を観察することで，それまで税率が高すぎてラッファー曲線の良くない側に達していたかどうかがわかる．しかしラッファー曲線に沿った税収の反応には短期的側面と長期的側面がある．人々が減税に反応するためには時間がかかる．人々が減税にどのように反応するかは，政府の減税に対して長期的な信頼があるかどうかにも依存する．もし人々が将来再び増税されるだろうと信じるならば，新規の投資を行ったり，地下経済から抜け出すことを躊躇するだろう．

7.1.8 政治的な目的

政治的な目的は政府の税の選択に影響を与える．ラムゼイ・ルールを適用しようとするとき，政治的支持という制約を受ける．効率的課税のためのラムゼイ・ルールは生活必需品（すなわち価格弾力性が低く，代替的反応が小さい財）に高い税率を課すことを要求するので，ラムゼイ・ルールによって効率的とされる税は政治的には不人気だろうと予想される．食料，衣服，薬に高い税を課せば，ラムゼイ・ルールを通して効率的な課税を行おうとした政府が，結

果として選挙で敗北することもある．

望ましい個人所得税構造は，限界税率区分が少なく，累進度，所得控除，税額控除が限定的な，簡素なものであろう．しかし，それとは反対に，税構造は複雑で，多くの例外や控除をともなうことが多い[35]．さらに，免除や控除は対象を選別しているように思われる．このような選別主義は，異なるグループの納税者を差別することによって遂行される政治的目的があることを示していると解釈されてきた．

また，複雑な税コードが，税に関して専門的な助言を与えることで所得を得る会計士や弁護士の利益につながっていることが時々指摘される．

税制改革

複雑な所得税体系を簡素化するための変更が時々行われる．このような変更は税制改革と呼ばれる．税制改革の目的は一般的に税制度から非効率と過度の複雑さを取り除くことである．非効率性をなくすことによって，税制改革はパレート改善となる変化（すなわち，税制改革によって，すべての人が前の状態よりも良くなるか，あるいはだれも損失を受けない）をもたらすかもしれない．これが可能なときには，（変更はパレート改善なので）投票者の間に変更への合意が生まれるだろう．

しかし変更は必ずしもパレート改善であるとは限らない．むしろ税制改革は課税後所得分布に影響を与え，一部の人々が得をする一方で他の人々が損をする．もし税制改革が効率的ならば，原則的には，得をした人は損をした人に償ってもまだ前よりも良くなることができるはずである．

税制改革の所得分布への影響が，社会が受容可能な税制改革の種類についての制約となるかもしれない．税制改革に関する所得分布上の制約の1つが，改革はダルトン改善という条件を満たさなければならないというものである．1920年にヒュー・ダルトン（Hugh Dalton）によって示されたこの条件は，税制改革が高所得の世帯から低所得の世帯へ，所得分布における世帯の順序を変えることなく，再分配を行うことを求める[36]．すなわち，改革によって，高

---

[35] 所得控除（tax exemption）は所得税の支払いが免除される所得を指す．税額控除（tax deduction）は政府によって税から控除される費用を指す．

[36] Dalton, H., "The measurement of the inequality of income," *Economic Journal* 30, 1920, 348-61.

所得の世帯が所得分布において低所得の世帯にとって代わられるような結果に終わってはならない．もしこの条件が満たされなければ，低所得世帯が税制改革から利益を得る一方で，新しい低所得世帯が生み出される．このとき税制改革が（特定の社会厚生関数として定式化される）社会厚生を増加させたかどうかを判断するのは難しくなる．

しかし税制改革は社会厚生よりもむしろ政治的目的と関連しているように見えることが多い．税制改革によって税法が再び複雑になることはよくあることである．異なるグループの納税者にもう一度税額控除と所得控除を与える法律が制定される．新しく導入された免除と控除によって税収が減り，税収の落ち込みを補うために税率が引き上げられることはよくある．

複雑な税構造の非効率と不公平がもう一度明らかになったとき，さらに税制改革が行われる．より簡素で，より効率的で，より均一な税構造が再び導入され，税コードは免除と控除によって再び十分に複雑になり，結局新しい改革が必要となる．簡素化のための本質的改革によって所得控除や税額控除を廃止しても，そのことが，特定の人たちからの政治的支持を増加させるような税法の変更のための新しい機会を提供する．また，税制改革の前の，税コードにおける免除や控除を通じた政治的便益は，前の世代の政治的意思決定者によって生み出されたものであるかもしれない．

7.2 何に課税すべきか

7.1 節では個人に対する課税を考察し，中でも個人所得税の性質に焦点をあてた．しかし政府が用いることができるのは所得税だけではない．政府はさまざまな課税方法を選択することが可能であり，何に，どのように課税すべきかという問題に直面する．

たとえば，資本からの所得（利子・配当，キャピタル・ゲイン，賃貸不動産の所有から得られる所得）に，賃金・俸給からの個人所得と同率で課税すべきだろうか．また，法人所得は最終的には法人の株式を保有している個人に帰着するが，法人は一般的に，個人課税とは異なる税率と税法が適用されている法主体である．このことは，法人の利潤は，なぜ個人に対する個人所得課税の一部としてでなく，法人税として別に課税されるのか，という疑問を生じさせる．

「直接税」と「間接税」という用語は，所得を得たときに課される税と所得を使うときに課される税とを区別するためのものである．売上税，輸入税，付加価値税は間接課税である．これらの異なる間接税を比較し，また，個人所得税がすでに最適に設定されているときに間接税を使用する場合があるかどうかについても考察しよう．

くじ，インフレーション，金融抑圧の課税手段としての機能，個人財産は存命中に課税すべきか，あるいは相続税として課税すべきか，一括税あるいは人頭税は望ましいか，等の論点についても触れよう．直接税を個人所得ではなく，個人支出に対する税として課すことも可能であり，個人支出に対する直接税についても考察しよう．

7.2.1 資本所得課税

効率的な課税のためのラムゼイ・ルールは，政府に供給の弾力性と逆比例するように税率を設定することを求めており，資本所得に対して，労働所得とは異なる方法で課税することを正当化している．すなわち，t_L を労働所得に対する税率，t_K を資本所得に対する税率とすると，ラムゼイ・ルールは次の式にしたがって税率を設定することを提案する．

$$\frac{t_L}{t_K} = \frac{\varepsilon_{SK}}{\varepsilon_{SL}} \quad (7.17)$$

ε_{Si} $(i = L, K)$ は供給の弾力性を表す．(7.17) 式の供給の弾力性は，課税区域から移動するのが容易かどうかを反映している．もし資本が容易に移動できるならば，資本の供給の弾力性 ε_{SK} は高い．反対に，もし労働が移動できないならば，労働の供給の弾力性 ε_{SL} は低い．したがって，ラムゼイ・ルールは，資本所得に対する税率を労働所得に対する税率よりも低くすべきであると示唆している．もし課税区域内の資本がより広い資本市場に属していて，そこで取引されることが可能であり，資本所得への課税に反応して容易に移動することができるならば，資本への税率をゼロとすべきことをラムゼイ・ルールは示している[37]．

---

[37] たとえば市場で5%の収益率が得られるときに資本に課税しようとすると，課税区域内の収益率は5%よりも低くなり，投資家は課税区域外に資本を移動させて，5%の収益率を確保しようとするだろう．

投資のホーム・バイアス

資本に課税できるかどうかは，投資家が資産を課税区域外で所有したいと思うかどうかに依存する．現実には，投資家は海外資産を保有することを嫌がる傾向があり，資産保有には「ホーム・バイアス（訳者注：投資家の国内資産への偏向）」があるように思われる．ホーム・バイアスは，投資家が，国内市場のほうが投資に関する情報が多く得られると信じていることに起因しているのかもしれない．また投資家は，所有権の保護の点で，外国政府よりも自国政府を信頼しているのかもしれない．ホーム・バイアスは資本の供給弾力性を低下させるので，ラムゼイ・ルールにしたがえば，効率的な資本所得税率の労働所得税率に対する比を上昇させる．

社会正義

政府は社会正義の観点から，資本所得に対して，労働所得よりも高い率で課税すべきであると信じているかもしれない．しかし，政府の課税区域を超えた資本市場が存在することが，資本所得への課税に関する制約となる．もし資本が税を逃れるために課税区域外に移動できるならば，政府が資本所得に課税しようとすると，ほとんど，あるいはすべての資本が移動してしまうから，政府には資本所得には低い税を，労働所得には高い税を適用するしか選択肢はない．

ポートフォリオ投資と実物資産

人々が消費せずに貯蓄することを選択するとき，貯蓄された資源を，資本を創造するための投資として使用できる．資本は，個人の技術，能力，知識への投資によって蓄積される人的資本であるかもしれないし，物的資本の形をとることもできる．私たちが課税区域からの資本の移動について言及するとき，それは物的資本を指すかもしれないし，人的資本かもしれない．企業が他の課税区域へ機能を移転させるとき，機械や設備が移動するが，高度の人的資本をもつ人々も，税を逃れるために移動するかもしれない．

また，人々が企業の株式を取得し，あるいは政府や企業の発行する債券を購入するとき，彼らは投資を行っていると表現される．このようなポートフォリオ投資は資産の所有者を変化させるが，新しい資産を創造しているわけではない．異なる政府が課税区域に対して異なる税を課すので，人々がどこで個人的

な投資ポートフォリオを所有するかが，彼らの税負担に影響を与える．

人々がどこで資産ポートフォリオを「所有」するかは，法律上のまやかしである．たとえば，アメリカ，ヨーロッパ，日本企業の株式のポートフォリオを，非居住者のポートフォリオ投資からの所得に対して低い税を課す（あるいは税を課さない）カリブ海の島で「所有」することは可能である．カリブ海の島の政府は，「オフショア（訳注：沖合い，転じて租税回避地）」ポートフォリオ管理会社のオフィスを誘致し，それらが得る法律相談料から税収を得る．

非居住者のポートフォリオ投資からの所得に対して低い税を課す，あるいは税を課さない地域は，租税回避地として知られている．租税回避地の存在は，他の政府の，資本の所有から得られる所得に課税する能力に対して，制約となる．資本所得への税が高くなるとき，実際の資本は課税区域から避難することはないかもしれないが，「ポートフォリオ」投資による資産は租税回避地に避難するかもしれない．

したがって，私たちは金融資本への投資と実物資本への投資を区別する必要がある．どちらも移動可能だが，ポートフォリオ投資のほうが，直接投資よりも移動性が高い．

居住地主義課税

資産の海外への逃避によって生じる税収の損失を避けるために，政府は，納税者名義の資産を保有している投資会社のオフィスの所在地でなく，納税者の居住地に基づいて，税負担を決定するかもしれない．しかし，たとえ居住地主義課税が採用されても，海外の銀行が顧客の秘密保持の方針を維持するならば，資産を課税当局の権限の及ばない海外で所有することは可能である．このとき，納税者は海外の租税回避地に資産ポートフォリオを所有することによって，脱税を行っていることになる．

動学的不整合性

資本所得への課税については，動学的不整合性の問題がある．この問題を説明するために，一般的に金融資本は移動が活発だが，投資の結果構築される物的資本は，それほど移動しないという点に注目しよう．物的資本への投資が実施された（工場が建設された）後で，資本が他の場所に移動するのは容易ではない．このとき，投資が実施された後の資本の供給弾力性はゼロである．しか

し，投資が実施される前の資本の供給弾力性は，どこで投資を行うかについて多くの選択肢があること，また投資をまったく行わないという選択肢もあることから，きわめて高いかもしれない．

したがって，投資の決定がなされる前の資本の供給弾力性は，一般的に，投資が行われた後よりも高い．効率的課税のためのラムゼイ・ルールを適用したいと考える政府は，投資が実行される前に，資本の供給弾力性の高さを考慮して，資本所得に対して低い税率を採用することを告知できるだろう．しかし，投資が行われた後は，資本の供給弾力性が低い（あるいはゼロである）ことから，ラムゼイ・ルールにしたがえば，投資からの所得に対して高い税率を課す必要がある．

したがって，資本所得に対して低い税率を課すという政府の告知は動学的に不整合である．今日告知される低い税は，明日政府が適用したいと願う税率とは異なるだろう．したがって，投資が実施されてしまえば税率を上げるほうが政府の利にかなうことを投資家は知っているから，投資家にとって，投資が実施される前に告知される低い税率の信頼性は低いだろう．低い税率の告知に対する信頼性が低ければ，投資家は将来高い税が実施されると予想するから，投資を行わないだろう．

ところで，良い税は古い税だという格言がある．つまり，政府は税を変更しないほうが賢明だということである．安定的な税は，将来政府の課税政策を予測しなければならないという不確実性をなくし，投資の決定を促す．投資には本来不確実性がつきものである．税に関する不確実性は，投資するかどうかを決定する際に企業が直面する不確実性を増大させる．安定的な税であるという評判を得ることは，投資が実行された後で移動不可能になる資本の性質を利用しないというコミットメントを確立し，確実にするための1つの方法である．

したがって，資本所得に対する税率を変更しないで維持することから，政府は便益を得る．資本所得に対する税率を高くすれば，税率は将来再び変更されることはないだろうという信頼が失われ，投資家は投資を実行するのを躊躇するようになる．

同様の考え方が，天然資源への課税にもあてはまる．石油開発会社が油田を発見した後，石油を抽出する以外に資産を使用する方法はないので，石油から得る所得は一種のレントである．レントは供給の弾力性がゼロである投資からの収益なので，ラムゼイ・ルールにしたがえば，レントに対する課税が必要

である．このとき，石油開発会社は，課税の意図に関する時間不整合性の問題に直面していることがわかる．石油開発に必要な資本の供給の弾力性は高く，ラムゼイ・ルールにしたがえば，開発の成功から得られる将来所得に対する税率は低く設定されるべきである．しかし，石油が発見された後は，ラムゼイ・ルールは高い税を要求する．このような時間不整合性の問題があるので，古い（安定した）税は良い税であるというルールは，石油開発や他の天然資源の開発へのインセンティブに関してもあてはまる．

7.2.2　企業課税

　法人税は企業の利潤に対する税である．被雇用者への賃金・俸給や他の費用を支払い，負債に対する利子を支払った後に残る余剰あるいは利潤は，株式保有者，あるいは会社所有への収益である．

　政府は法人税によって，法人の利潤（や損失）と個人所得を税の上で区別している．税率だけでなく税構造も個人と法人の間で異なることが多い．個人所得税は累進課税であることが多い一方で，法人税の税率は一律であることが多い．

　株式会社が得た所得は原則的には株式会社の個々の株主に帰属する．もし個人が個人課税を通して支払う税について調整が行われなければ，法人所得税によって，株式所有から得られる個人所得が2度課税されることになる．はじめに法人所得税によって課税され，それから法人所得が配当として株主に分配されるとき，資本所有から得られる同じ所得が，個人が配当を受け取る際に適用される個人所得税率で再び課税される．

　法人の利潤は最終的には個人に属するので，個人所得税による課税だけで十分なはずである．別に法人所得税を課す必要はないように思われる．あるいは，もし法人利潤税を採用するならば，個人は，法人利潤について支払われる税のための税額控除を受けるべきである．

独立した法主体としての法人

　株式会社は，（株式の売買によって）所有者が変わっても，また経営者が変わっても，実体を維持する独立した法主体である．また株主の有限責任の原則のもとで，株式会社の資本の所有者は出資金の限度までしか損失の責任を負う

必要はない．すなわち有限責任によって，法人の損失に対する株主の個人的義務が制限されており，企業の倒産が株主の破綻につながらないように保証されている．

このように，たとえ株式会社に多大な損失が発生し，あるいは倒産することになった場合でも，人々にその他の個人資産を失わずにすむことを認めることによって，株式会社はリスクのある投資に個人の参加を促すことができる．しかしながら，株式会社や他の形態の企業は独立した法的主体であるが，税負担の上では独立していない．株式会社の税負担は，全体で計算された後，企業を所有している個人の間で配分される．損失や倒産の際には，納税者の負担は，企業に対して行った個人的投資を超えて強制されることはない．

特定の政策

おそらく法人税は，企業の経済活動を促進したり，あるいは抑制する政府の政策手段の1つとして正当化されているのではないだろうか．たとえば第4章で外部性の問題を考察した際，生産活動への税や補助金が効率性を達成するために必要とされるかもしれないことをすでに見た．しかし私たちは法人利潤税を，効率性を達成するために必要な手段の1つとして特定しなかった[38]．

法人利潤税とリスク

賃金・俸給による所得については，個人はあらかじめ決められた額を受け取るので（ボーナスもあるかもしれないが），一般的にリスクはない．一般的に資本の所有者がリスクを引き受けている．法人利潤税はリスクに直面する投資行動に影響を与える．

損失があるとき，損失は将来利潤から発生する税負担が減ることによって相殺されうる．たとえ将来利潤が発生することはなく，投資家によって供給された資本がすべて失われても，利潤の多い企業にとって，蓄積された損失は税を軽減させるものとしての価値をもつ．利潤の多い企業は蓄積された損失をもつ

---

38) たとえば，タバコ会社の利潤に課税することによって，タバコの生産と販売を抑制することが可能かもしれない．タバコの生産と販売への投資の収益に課税できるかもしれないが，タバコの外部性の問題は，タバコ市場での消費や生産に課税することによって解決可能である．タバコ市場に対する政策は，タバコ産業への投資資本の供給に税を課すまでもなく，外部性の問題を解決することができる．

企業を買収し，損失を自らの税負担を減らすために使用することができる．したがって，企業が税負担を減らすために損失を利用できることから，リスクが政府と分担されることになる．

　法人利潤税の規定は，リスクに対する特別な配慮を可能にする．たとえば，石油や天然ガスの開発会社は開発費用を控除することを特別に許されるかもしれない．製薬産業や他の知識集約型産業にとって重大な費用である研究開発費も，法人利潤から控除できるかもしれない．法人利潤から控除される原価償却費についても，異なる産業における工場や機械への投資のリスクの違いを反映するように，個別に定められるかもしれない．

　特定の産業が直面するリスクを配慮するために，個別の法人利潤税が必要というわけではない．利潤を税上の特権や控除を適用したうえで株主に分配し，株主の個人的な税負担は個人所得にしたがって決定されればよいのである．

キャピタル・ゲイン

　法人利潤への二重課税を避ける1つの手段は，法人が支払った税に相当する税額控除を個人所得税で行うことである．このような税額控除がなければ，個人税の支払いを避けるために法人利潤を配当として分配せず，新たな投資のために内部留保しようとするインセンティブを与える．株主に分配されない利潤は企業の資本価値に付加され，個人株主から見れば課税されない投資資金として利用される．もし利潤が再投資される前に個人株主を経由すれば，政府は個人によって支払われる個人所得税を通して，利潤のさらなる部分をとることになるだろう．

　したがって株式会社は，利潤を株主に支払うよりも留保することによって，個々のもつ株式の価値を上昇させ，キャピタル・ゲインの利益を株主に提供することができる．しかし，個人が株式を売却するときにはキャピタル・ゲイン税がかかる．キャピタル・ゲイン税は通常，最高限界所得税率よりも低い一律の税率が適用される．したがって，所得の高い個人納税者は，法人利潤が株式価値の上昇に転換されるとき，キャピタル・ゲイン税がないときほどではないが，得をする．キャピタル・ゲイン税の支払いが個人の限界所得税率に基づいて行われるならば，そのような便益は生じない．

配当はなぜ支払われるのか

　もし法人利潤税として支払われる税に相当する個人税額控除がなく，しかも法人利潤を内部留保してキャピタル・ゲインへと転換させることで株主が税上の利益を得るのであれば，なぜ法人利潤はそれでも配当として分配されるのだろうか．配当支払いがある理由は，情報と，投資家に対するシグナリングに関係しているように思われる．

　配当は，企業活動によって現金支払いを提供できるという経営能力の証明となる．配当を支払わず，代わりに利潤を内部留保すれば，投資家に新たに資本を提供するように説得する必要がなく，企業内部で資本を調達できるから，企業の経営者にとっては都合がよい．配当を支払えば，株式会社はその分，投資のために新しく資本を集めなければならなくなるかもしれない．新規の投資家が企業に資本をすすんで提供するかどうかが，他の投資家に，企業の将来に関する市場の信頼についての情報を提供する．経営者はこのとき，資本市場が彼らの能力に対してもっている信頼に関する情報を提供する，すなわちシグナルを送ることができる．この情報提供の費用は，外部市場で資金を調達するために余分にかかる費用である．

　また，配当支払いがあることによって，株価の下限はより低くなる．もし株価が下落し，配当が一定に保たれれば，株式を購入し，所有することから得られる収益は増加する．利回りが市場利子率とほぼ同じ水準に到達すれば，投資家は，配当支払いによって提供される収益のために株式を購入しようとするだろう．したがって，配当支払いは（維持可能ならば）株価に対する保険として機能する．

外部金融

　法人利潤税においては，企業が債券保有者に支払う利子は控除可能な費用なので，外部から新たに資金を調達するために，新規株式を発行するよりも債券を発行（すなわち借り入れ）しようとするバイアスを生じさせる．たとえば，企業が100万ドル分の債券を発行し，年7%の利子を支払うとする．債券に対する7万ドルの利子支払いは企業の利潤から控除可能な費用である．企業は新しく100万ドル分の株式を販売することによって資本を増強することもできる．この資本投資について企業が受け取る7万ドルの収益は課税所得である．可能な限り株式発行よりも債券発行を選択することによって，企業は法人

税を最小化する．

しかし，債券発行によって企業のリスクは高まる．毎年，支払いに必要なキャッシュ・フローが足りないときでも，7万ドルの利子を支払わなくてはならない．債券発行と株式発行との選択においては，債券発行の税上の有利性と，法人の収益と関係なく債券の利子を支払わなければならないリスクとの間にトレードオフがある[39]．

なぜ法人利潤税があるのか

ここまでの議論で，私たちは法人利潤税を正当化できていない．効率性や社会正義に基づいて存在理由を断定していない．税額控除や所得控除，リスクへの効果，利潤の内部留保，債券発行と株式発行に関するインセンティブなどについても考察したが，法人利潤税を正当化するにいたらなかった．

すでに法人利潤税が存在することを前提にすれば，企業の株式を所有している個々の納税者は，法人利潤税として彼らに代わってすでに支払われている税に相当する税額控除を受けるべきである．個々の企業株主がこのような税額控除を受けていない場合，法人利潤税によって同じ所得が二重に課税されることになる．このとき法人利潤税には，単純に，多くの税収を得たいという動機が働いている．法人利潤税は，法人が得た所得に2度課税することを認めることによって，政府に多くの税収をもたらす．

7.2.3 間接税：売上税，輸入税，付加価値税

政府は収入を得るために，売上税，物品税，輸入税，付加価値税（一部の地域では一般売上税とも呼ばれる）などのさまざまな間接税（所得が支出されるときに課される税）を用いる．はじめに売上税と輸入税を比較しよう．売上税は，特定の市場のすべての販売と購入にかかる税である．輸入税は海外からの輸入品の国内販売にかかる税である．したがって，輸入税は，外国商品を国内で生産された財よりも高価にする差別的な税である．輸入税は輸入財の国内

---

39) 税がなく，さらにいくつかの条件が満たされれば，株主にとって株式発行と債券発行は無差別となる．この結果はモジリアーニ・ミラーの定理として知られる (Modigliani, F. and M. Miller, "The cost of capital, corporation finance, and the theory of investment," *American Economic Review* 48, 1958, 261-97).

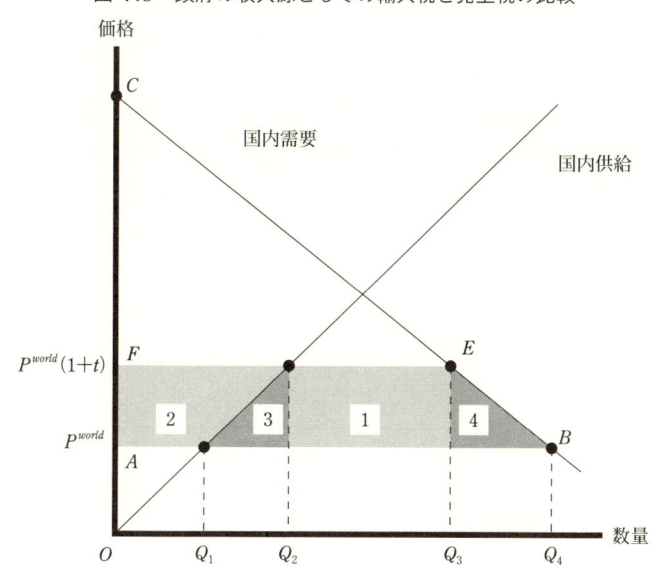

図 7.9 政府の収入源としての輸入税と売上税の比較

販売からしか税収を得ることができないが，売上税はどこでその財が生産されたかにかかわりなく，すべての財の売上から税収を得ることができるので，売上税のほうが輸入税よりも課税ベースが広い．税収の確保が目的ならば，課税ベースが広く多くの税収が得られる売上税が用いられるだろう．

輸入税の効果

図 7.9 は国内市場における財の供給と需要，世界市場でその財を購入できる価格 P^{world} を示している．もし売上税も輸入税もなければ，世界価格 P^{world} が国内価格となる．そのとき国内需要は Q_4 で国内供給は Q_1 である．国内需要と国内供給の差が輸入 $(Q_4 - Q_1)$ となる．

税率 t の輸入税は国内価格を $P^{world}(1+t)$ に上昇させる．輸入財の売り手はこの価格を受け取るが，輸入税 tP^{world} を政府に支払う．国内の生産者はこの高い価格のすべてを受け取り，自分のものとする．この高い価格のもとで，国内生産者はより多い Q_2 を供給し，国内需要者はより少ない Q_3 を購入する．輸入量は $(Q_3 - Q_2)$ に減少する．輸入税は輸入財を選別して課税しており，その結果輸入は減少する．

輸入税が課される前は消費量は Q_4 で，消費者の便益は ABC だった．課税

後，消費量 Q_3 による消費者の便益は CFE である．したがって，課税によって消費者の便益は $(1+2+3+4)$ で表される領域だけ減少したことになる．

図中の領域 1 は政府の税収を表す．領域 2 は輸入税によって国内生産者が得る便益である[40]．領域 3 は輸入税の結果，非効率な国内生産によって生じる社会の損失である[41]．領域 4 は消費が $(Q_4 - Q_3)$ だけ減ったことによって消費者から失われた便益である[42]．領域 3 と領域 4 の合計は，領域 1 によって与えられる税収を政府が確保することによって生じる効率性の損失あるいは超過負担を示す．

輸入税と同率の売上税

輸入税を課す代わりに，政府は同じ税率 t の売上税を設定することもできる．売上税は消費者が支払う価格を $P^{world}(1+t)$ に上昇させるが，生産者が受け取る価格は P^{world} のままである．

消費者が直面する価格は同じなので，消費者にとっては売上税と輸入税の間に違いはない．すなわち，消費者は，売上税であろうと輸入税であろうと，同じ課税後価格 $P^{world}(1+t)$ を支払い，同じ Q_3 を課税後に需要する．Q_4 から Q_3 への消費の減少は，領域 4 に相当する課税の超過負担によって，同じ効率性の損失を消費者にもたらす．

生産者は売上税のもとで，販売によって価格 P^{world} を受け取り，Q_1 を生産する．生産者は財を国内市場と世界市場のどちらでも販売でき[43]，売上税の超過負担はすべて消費者が負う．したがって，生産者は売上税の超過負担を免れるが，消費者はそうではない．売上税はこのようにすべて消費者に転嫁され，消費者だけが超過負担を負う．

---

40) 輸入税が導入された後で，生産者は販売収入 $P^{world}(1+t)Q_2$ を受け取るが，生産には 0 と Q_2 の間の市場供給関数の下の領域によって与えられる総費用がかかっている．輸入税が課される前は，生産者は販売収入 $P^{world}Q_1$ を受け取り，総費用は 0 と Q_1 の間の供給関数の下の領域だった．課税前と課税後に国内生産者が得る便益の差を表しているのが領域 2 である．

41) 輸入税によって，国内生産は $(Q_2 - Q_1)$ だけ増加する．これを国内で生産する費用は，Q_1 と Q_2 の間の供給関数の下の領域で示される．輸入税が課される前は，同じ生産量 $(Q_2 - Q_1)$ は $P^{world}(Q_2 - Q_1)$ の費用で消費者に供給されていた．輸入による供給と比較したときの国内生産の超過費用は領域 3 と等しい．

42) 総損失は需要関数の下の領域 EBQ_4Q_3 で表され，この消費が輸入によって供給されていたときの費用は $P^{world}(Q_4 - Q_3)$ だった．この差が領域 4 である．

43) すなわち，世界市場において国内生産者が直面する需要の弾力性は無限大である．

売上税は国内生産者によって供給される生産量 Q_1 と，国内で販売される輸入財 $(Q_3 - Q_1)$ に一律に課される．売上税からの政府の収入は領域 $(1+2+3)$ である．したがって，売上税は領域2と領域3を政府収入に変える．

輸入税と売上税の比較

輸入税と売上税の比較によって，(1) 税収は，売上税のほうが大きい，(2) 課税の超過負担は売上税のほうが小さい，(3) 消費者にとって輸入税と売上税は無差別である，(4) 国内生産者は輸入税のほうが得をする，ということがわかる．

もし政府が売上税の代わりに輸入税を選択するならば，政府は，(1) 税収を減らし，(2) 課税の超過負担を増加させ，(3) 国内生産者に付加的な便益を与える．

輸入税の利点は，徴税費用が低いことである．輸入税は特定の場所を通過する財への税である．政府の徴税担当者は港や空港で，財が到着するのを待っていればよい．徴税のために少ない人数を配置すればよい簡便さから，歴史的に輸入税は最初の税源になることが多かった．

付加価値税

付加価値税は，生産のさまざまな段階で付加される価値について支払われる間接税である．たとえば，ある人が大工から，300ドルプラス15％の付加価値税でテーブルを買うとしよう．テーブルのために支払われる価格は345ドルで，そのうち45ドルは税である．大工はテーブルの材料として使われた木材に対して100ドルを支払っていたと考えてみよう．大工は木材を買うときに，木材に対する15％の税，15ドルも支払った．テーブルが売れた後で，大工は，テーブルに使用した木材を購入したときの15ドルの税支払いを証明する書類を提出して，45ドル －15ドル ＝30ドルの税を政府に支払う．大工が支払う30ドルは，大工の生産活動によって木材に付加された価値に対する税である．テーブルを作ることによって，大工は（100ドルで買った）木材の価値に200ドル分の価値を付加した．大工は200ドルの15％である30ドルを付加価値税として支払う．

売上税と比較した場合の付加価値税の利点は，付加価値税は，ある生産段階の生産活動をだれが行うかに依存しない点である．一律15％の売上税は，市

場取引が生じるごとに財の全価値について支払われるだろう．このとき，大工は木材販売の際の課税を逃れるために，製材所を所有しようとするかもしれない．付加価値税の場合，税支払いを決定する際に，だれがその段階の生産を行っているかは関係ない．大工による効率的なテーブルの生産水準，効率的な木材の生産水準が与えられれば，大工が製材所を所有することは効率的でないかもしれない．あるいは，大工はテーブルを作るのは得意だが，製材所の経営は得意でないかもしれない．付加価値税は，大工に製材所を所有するインセンティブを与えない．

7.2.4 間接税は最適所得税を補うべきか

7.1 節で考察した最適個人所得税は，効率性と社会正義のバランスをとる．最適個人所得税体系の特徴を正確に特定するのは難しいことをすでに見たが，ここでは，政府は社会厚生を最大化する最適所得税を設計することに成功したと仮定する．そのとき，最適個人所得税のほかに間接税は必要かという問題が生じる．

直接個人所得課税によって，効率性と社会正義の最適なバランスが達成されているならば，追加的な間接税は必要ないと考えるかもしれない．1976 年にアンソニー・アトキンソン（Anthony Atkinson）とジョゼフ・スティグリッツ（Joseph Stiglitz，コロンビア大学のスティグリッツは 2001 年にノーベル経済学賞を受賞した）は，いくつかの条件が満たされるならば，間接税は必要ないことを確認した[44]．それらの条件とは，すべての納税者は所得の支出について同じ選好をもっており，所得を得るための能力においてのみ異なるというものであった（これらはまた，マーリーズが最適所得税問題を提示する際に課した条件であることを思い出してほしい）．また，全員に共通の選好は，労働供給と，財の消費からの効用との間で分離可能でなければならない[45]．

---

44) Atkinson, A. and J. Stiglitz, "The design of tax structure: Direct versus indirect taxation," *Journal of Public Economics* 6, 1976, 55-75.

45) 同一の分離可能な選好および異なる能力という条件のもとで，n 人に関するベンサム型社会厚生関数は次のように表現される．
$$W = \sum_{i=1}^{n} v(l^i) + \sum_{i=1}^{n} u(c_1^i, c_2^i, \ldots, c_m^i).$$
ここで l^i は個人 i の余暇，c^i は個人 i の消費を表す．余暇あるいは労働供給選択の後の個人 i の所

もちろん,すべての人々が消費に対して同じ選好をもっているわけではない[46]．消費に対する選好が異なるとき,間接税は人々に異なる影響を及ぼす．そのとき間接税を,特定の選好をもつ人々を標的にするために使うことができる．

たとえば,喫煙者が支払う個人所得税のほかに,タバコ製品に間接税を課すことは,喫煙者を標的にした課税である．政府が,喫煙者を課税したいグループとして特定するならば,これらの人々しかタバコ製品に対して支出しないので,タバコ税をかければよい．

このように,所得税は所得に税を課すが,間接税はある特定の財に税を課すことを可能にする．第4章では,温情主義的な理由で政府がどのように間接税を課すかを見た．このような温情主義が,最適所得税とともに間接税を使用することの根底にある．

高所得者に対する追加的課税

同じ効用関数（同じ選好）と異なる能力をもつ2人について考えよう．私たちはマーリーズの最適課税問題の条件に戻ったことになる．能力が高いあるいは所得が高い個人を H,能力が低いあるいは所得が低い個人を L で表し,2人のための社会厚生を次のようなベンサム型として定義する．

$$W = U^H + U^L. \tag{7.18}$$

個人 H の効用は U^H,個人 L の効用は U^L で表されている．第5章では,(7.18) 式で定義される社会厚生関数が無知のベールの向こうで選択され,2人の個人が自分は H と L のどちらになるか知らないとき,この社会厚生関数

得は $y^i = w^i \gamma^i L^i$ で,w^i は市場賃金,L^i は労働供給,γ^i は個人の能力を表す．γ^i が大きいほど,個人は所与の労働時間からより多くの所得を得る．最適所得税は異なる余暇選択に基づいて効用の合計を最大化し,それは異なる労働供給選択と異なる個人的能力から生み出される異なる所得を決定した．社会厚生の第2項は財の消費から得られる効用の合計である．最適所得税は効率性と社会正義の間のトレードオフをすでに解決しているので,間接税は社会正義について何の収穫もないまま,課税の超過負担をもたらすだろう．多くは選好の構造に依存する．消費に対するホモセティック選好のもとでは,所得に関係なく,すべての人々の支出割合は同一になり,したがって相対的超過負担という観点から見れば,間接税はすべての人々に対称的な影響を及ぼす．

46) マーリーズは,追加的な間接税を必要としない個人所得税と整合的な,広範な種類の消費選好を考察した（Mirrlees, J. A., "Optimal tax theory: A synthesis," *Journal of Public Economics* 6, 1976, 327-58）．

を最大化することが，各人の期待効用を最大化することになることを見た．

(7.18) 式では，2 人の個人は等しい社会的ウエイト（1 に等しい）を付与されている．能力の低い個人と高い個人に対して，これとは異なる社会的ウエイトを付すこともできる．$(a+b) = 1$ を満たすウエイト a, b を考えよう．社会厚生は次のようになる．

$$W = aU^H + bU^L. \tag{7.19}$$

$a=0$ かつ $b=1$ ならば，社会厚生を決定するうえで能力の低い個人の効用だけが重視されており，ロールズにしたがって定義された社会厚生関数である．

個人は同じ選好をもっているけれども，能力によって所得が異なることから，異なる財を消費するかもしれない．極端な例として，能力の高い個人は財 A（人気が高いレストランでの食事）しか消費せず，能力の低い個人は財 B（自宅で料理をするために使う食材）しか消費しないかもしれない．財 A への間接税は，税支払いと課税の超過負担を通して，個人 H の効用を失わせる．ロールズにしたがって定義された社会厚生は，能力の高い個人の効用の損失にウエイトを置かない．このような場合には，能力の高い個人しか消費しない財 A に間接税をかけることは社会的に見て効率的である[47]．税収は個人 L に移転され，ロールズの社会厚生関数にしたがって定義された社会の厚生は改善する．より一般的には，直接税と間接税の組み合わせによる最適構造においては，能力の高い（あるいは所得の高い）人々の個人支出に占める割合が高く，能力の低い（あるいは所得の低い）人々の支出に占める割合が小さい財に間接税がかけられるかもしれない．

しかし，所得水準と特定の支出構造を結びつけることは可能だろうか．課税前所得がそれほど高くない一部の人々は，人気の高いレストランで食事ができるように，自動車を所有することやフットボール観戦を進んで我慢するかもしれない．おいしい食事は，生活の質を高めるための非常に重要な要素だからである．同様に，低い所得しか得られない能力の人々でも，オペラのチケット料金が映画のチケット料金より何倍も高くても，映画に行くよりオペラを観に行きたいと思うかもしれない．このときレストランでの食事やオペラのチケット

---

[47] たとえば $a = 0.2$, $b = 0.8$ という社会的ウエイトもありうる．このとき社会厚生の観点から見て，能力の低い個人から効用を失わせることは，能力の高い個人から効用を失わせることの 4 倍の費用がかかる．

に高い間接税を課すことは低所得の人々の支出構造を変化させ，彼らは間接税のせいで，人気の高いレストランで食事をすることも，オペラを観にいくこともできなくなるかもしれない．低所得のオペラ愛好家と食通の人々が，支出の代替を通して，課税の超過負担を負うことになる．最適に設計された所得税とともに間接税を使用する場合には，低い社会的ウエイトを付与された高所得の人々だけに間接税を支払わせるよう，高所得の人々だけが高価な食事やオペラに対して支出するという確証を得なければならない．

したがって，最適所得税のほかに間接税を使用する場合，人々を紋切り型に分類することになる．嗜好が多様化した社会においては，所得の高い人々が映画に行きたいと思うかもしれないし，所得の低い人々がオペラに行きたいと思うかもしれない．このときオペラのチケットに高い税をかければ，自己実現的な予想にしたがって，社会の階層化が促進される．間接税はすでに高価なオペラのチケットをいっそう高価にし，所得の低い人々は，本当はオペラに行きたくても映画に行くようになる．オペラのチケットへの課税は，温情主義的な課税（たとえば，タバコは有害であるという根拠に基づくタバコ製品への課税）とはまったく異なる．もしオペラのチケットが課税されれば，オペラを楽しむ低所得の人々は，社会的に正当な理由もなく，オペラ鑑賞をあきらめなければならないかもしれない．

間接税は，課税後所得分布をより平等にする直接税といっしょに用いられるだろう．直接税が課税後所得のばらつきをすでに小さくしているのだから，支出構造によって特定の人々を標的にするために間接税を使用する必要性は小さくなっているはずである．

したがって，人々を所得に基づいて分類することが，支出に関する選好によって階級を分けることにつながるという考え方については，留保が必要かもしれない．むしろ，支出に関して多様な選好をもつ社会においては，間接税は標的を絞ることができない．このとき最適所得税がすでに設計されていれば，間接税は正当であるとはいいがたい，個人生活に対する干渉となる．

収入最大化と政治的計算

課税からの収入を最大化したいリヴァイアサン政府は，間接税と所得税の両方を使用したいと願うだろう．もし政府が個人所得税とともに数多くのさまざまな間接税を課すならば，それは社会的最適性に関心のないリヴァイアサン政

府であるかもしれない．

　異なる税率をもつ間接課税を選択している政府は，政治的厚遇（および冷遇）を与えるのが目的で税を設定しているのかもしれない．たとえば，レンタル・ビデオ店の所有者は，映画のチケットに高い税が課されることを望むかもしれない．スーパーマーケットの所有者は，レストランでの外食に高い税が課されることを望むかもしれない．バス会社は自動車の駐車やタクシー料金に高い税がかけられればいいと希望するかもしれない．

　均一の税は，間接税の選択におけるそのような政治的裁量を制限する[48]．間接税（売上税と付加価値税）は，わずかな例外を除いて均一である．一方，輸入税は通常均一ではなく，特定の利益団体の便宜を図るために政治利用されているとたびたび指摘されている．

7.2.5　く　　じ

　くじは政府が収入を得るための1つの手段である．政府は，くじを直接運営する政府機関を通して，あるいは合法的なくじを運営する権利を民間企業に売却することによって，収入を得るかもしれない．

　くじはギャンブルである．さらに，政府がくじから得られる収入の一部を取るという課税的要素があることから，フェアでないギャンブルである．すなわち，くじに含まれる暗黙の税が，賞金の価値を，くじ券の販売から得られる収入の価値よりも低くしている．フェアでないギャンブルは，くじが政府に独占されているときだけ維持可能である．競争があれば，競争を通して，賞金支払いの価値がくじ券の販売収入の価値に近づくまで，競争者はくじの配当率を上昇させるだろう．

　アダム・スミス（Adam Smith）はくじに関して次のように述べた（*Wealth of Nations*, 1776, Chapter 10）．

　　国営のくじにおいては，くじ券は実際には価格だけの価値はない．賭けでたくさんのくじ券を買えば買うほど，負ける見込みがますます増えるとい

---

48) Sandmo, A., "A note on the structure of optimal taxation," *American Economic Review* 64, 1974, 701-6 は，個人の選好に関する特定の条件のもとで，均一税がラムゼイ・ルールを満たすうえで，どのように効率的であるかを示した．

うこと以上に確実な数学的命題はない．全部のくじ券を買えば，確実に損をする．買うくじ券の数が多ければ多いほど，確実な敗北に近づくのである．

アダム・スミスはまた，くじ券への需要のもととなっているのは，「大当たりのどれかを当てたいという空虚な希望」だけであるとも記している．低所得の人々はくじ券により多くを費やす傾向がある．結局，くじを通した課税は逆進的になりがちである．

7.2.6　インフレーションと金融抑圧を通した課税

　政府は必要な収入を満たすために，通貨発行という手段に頼ってきた．金融抑圧も，政府が収入を得るために利用されてきた．どちらの場合も，政府は独占権を利用して収入を獲得する．

　政府は国内通貨の発行権を独占している．財や資産の利用可能性の増大をともなわない通貨発行は，名目価格を上昇させる．政府は自らが発行した通貨を支出するとき，上昇した名目価格を支払う．しかし，政府は経済に存在する名目資産の実質価値の低下によって利益を得る．たとえば，もし一夜で20％のインフレが発生すれば，眠りにつく前に枕の下に置いておいた100ドル紙幣が，朝には80ドルの価値しかない．100ドル紙幣でいまや80ドルの価値の財や資産しか購入できない．したがって一晩のうちに20％の税が課されたことになる．これがインフレ課税である．

　インフレが税であるためには，インフレが人々にとって予想外のものでなければならない．そうでなければ，国内金融市場は，期待インフレ率を名目利子率に織り込むことによってインフレに対処するだろう．たとえば，インフレが発生しないときの利子率が年3％であると仮定しよう．すなわち，実質（インフレのない）利子率は3％である．次に，年4％のインフレが予想されているとしよう．お金を貸す人々は3％の実質収益のほかに，期待インフレに対処するために追加の4％を望むだろうから，名目利子率は7％に上昇する．

　予期されないインフレはまた，政府の負債の実質価値を低下させ，それによって国債償還のための政府支払いの実質価値を低下させる．予期されないインフレが政府債務の将来価値を低下させるときの受益者は，国債償還のために支

払う税が軽減される将来の納税者である．したがって，予期されないインフレは，現在の国債所有者から将来の納税義務者へ，所得の世代間移転を引き起こす．

金融抑圧は，人々が海外に投資する権利を制限することによって，政府に収入をもたらす．たとえば，国際資本市場で投資家が利用できる利子率が5%であったとしても，政府は人々が海外へ投資するのを許さず，2%の国内利子率を設定するかもしれない．人々が国際資本市場に参加できる場合に借り入れに対して支払わなければならない5%の利子率と比較して，2%で借り入れることによって政府は得をする[49]．国内金融市場の抑圧から収入を得るために，政府は国内金融市場における独占的地位を自ら合法化し，人々の国外での投資を非合法化しなければならない．

政府収入を確保するためのインフレーションと金融抑圧は，主に貧しい国々の政府によって利用されてきた．

7.2.7 富裕税と相続税

土地や固定資産への税は，個人の財産の一部に対する税である．一部の政府はより広い範囲の個人資産に対して課税する富裕税を課してきた．財産は，発生したときにすでに課税されている過去の所得の蓄積である．財産への課税は遡及的であり，同じ所得に2度課税することになる．

富裕税よりも一般的なのは相続税である．相続税の支払いは，信託や，生存中に財産を移転する他の手段によって逃れることが可能な場合が多い．豊かな人々は貧しい人々よりも，財産への税を逃れる方法について，法律上の助言を受けることも，情報を得ることも容易であると想像できる．豊かな人々は信託についても，財産を課税当局の権限が及ばないところで貯蔵できる租税回避地についても知っているだろう．

財産をある特定の資産として所有しているとき，富裕税や相続税を支払うために資産を売却する必要が出てくるかもしれない．たとえば，政府に税を支払うために現金が必要なとき，自宅や農場を売らなければならないかもしれな

---

[49] 政府は自国民から2%で借り入れ，その資金を国際資本市場で5%で貸し出すことによっても，利益を得ることができるだろう．政府が金融抑圧を通して利益を得るもう1つの方法は，自国の金融機関に資産の一部を利回りの低い債券として保有するように求めることである．

い．

　財産権の観点から見ると，所得への税は，個人財産への現在の追加分の一部を人々から奪うが，過去の課税後所得がさらなる課税によって奪われることはない．富裕税や相続税のもとでは，個人の資産のすべてが，課税による損失の可能性にさらされる．

7.2.8　一括税

　一括税は，その定義から，課税の超過負担を生み出さない．一括税の一例として，人々が存在しているゆえに支払わなければならない人頭税がある．ラムゼイ・ルールを適用すれば，税を逃れることができないという理由で，人頭税は効率的である．しかし，人頭税が社会的に公正な方法で使用されるだろうという保証はない．原則的に人頭税は，政治的意思決定者が個人税を設定する際に，人々を差別的に扱うことを可能にする．人頭税は，個人の全所得あるいは全資産を取り上げることができる．人頭税は，個人が所有する財産の範囲でしか税として取り上げることができないということが唯一の制約である点で，富裕税と似ている．反対に，所得税や間接税は匿名性のある市場活動に基づいている．所得税は通常，所得を得た人がだれであるかに依存しないし，間接税は買い手や売り手がだれかに依存しない．所得税は所得がいくらだったかに基づき，間接税は所得がどのように支出されたかに基づく．所得税や間接税では，労働時間を短くしたり支出を少なくしたりして税を避ける権利があることで，個人の自由が維持されている．人頭税にはそのような個人的自由の保証はない．人頭税は使用されないほうがいいだろう．

　しかし，人々が地方政府の課税区域を自由に出入りできるときに課される人頭税については，個人的自由が多少は維持される．課税区域から出ることによって税を逃れることができるならば，税の支払いは個人の選択に任され，税は，課税区域内で提供される便益に対して支払われる，自発的な価格である．地方政府は人頭税を公共支出の財源として用いない．以前にも触れたように，地方政府の課税区域内の税は通常，課税区域を離れることができない土地や固定資産に対して課される．

7.2.9 個人支出に対する直接税

私たちは直接税を個人所得に対する課税だと見なしてきた．個人所得への直接税に代わるもう1つの方法は，個人支出に対する直接税である．個人支出税は財やサービスの購入のたびごとに課される売上税とは異なる．個人支出税は，個人が1年間の支出総額を政府に申告し，年ベースで税を支払う点で，個人所得税に似ている．個人所得税と同様に，累進課税が可能である．個人支出税では，納税者は，(1) 年度の初めの個人財産，(2) 年度の終わりの個人財産，(3) 1年間の個人所得を申告する．個人所得は，資本投資からの収益，企業株式の所有からの所得，キャピタル・ゲイン，固定資産の所有からの所得（すなわち，すべての源泉からの所得）を含む．

納税者が年度の初めの個人財産を10万ドル，年度の終わりの個人財産を12万ドル，1年間の個人所得を5万ドルと申告すると仮定しよう．ここから，納税者は1年間に3万ドル支出したことがわかり，この3万ドルに課税される．貯蓄に回された2万ドルについては，税は支払われない．

もう1つの例として，賃金・俸給からの所得がなく，家族からの遺産で生活している個人を考えよう．この個人が年度の初めに50万ドル，年度の終わりに45万ドルもっていて，1年間の利子所得が3万ドルであったと申告すると，1年間の個人支出は8万ドルであり，彼あるいは彼女はこの額に対して課税される．

所得税の場合は，5万ドルの所得があった最初の個人（個人1）は，3万ドルの所得に対して税を支払う2番目の個人（個人2）よりも，多くの税を支払う．一方支出税は支出された金額に基づいて税負担を決定する．支出税の場合は，個人所得の源泉，すなわち支出されたお金の源泉は重要ではない．支出されたお金は，個人1の例のように所得として稼いだものであったかもしれないし，個人2の例のように投資からの収益であるかもしれないし，あるいは贈与されたものであったかもしれない．あるいはキャピタル・ゲインや株式の配当かもしれない．このように個人支出税では，異なる所得の源泉に対して別々の税を課す必要はない．

社会正義の観点から見て支出税の優れているところは，人々は支出に応じて課税され，生産への貢献度に応じて課税されるのではないという点である．倹約家で生産性の高い個人は，（支出するお金がある限り）浪費し，生産性の低

い人々よりも，税負担が小さい[50]．

個人支出税の問題点

　遺産や贈与がなければ，個人の生涯所得の現在価値は生涯支出と税支払いの現在価値に等しい．所得税と支出税の相違は課税のタイミングである．所得税の場合は，所得を得た際に課税される．支出税の場合は，所得を支出する際に課税される．

　支出は所得に比べて，ある時期に集中することが多い．多くの人々のもっとも大きな個人支出は住宅の購入である．累進的な支出税の場合，住宅を購入した年の税負担が大きくなるので，住宅購入が魅力的でなくなるだろう．同様の問題が，支出は1時点で終わるが便益は時を経て持続する自動車や他の耐久消費財にもあてはまる．支出税は，便益の発生に応じて納税を分割することによって，支出の時期の問題に配慮する必要があるだろう．

　累進支出税による重い税を避けるために，支出の多い人々は支出の少ない人々に税のかからない贈与をし，自分たちに代わって買い物をさせることができる．もし家族内の贈与に税がかからないのであれば，「家族」の範囲が正確に定義される必要があるだろう．だれが同じ家族，あるいは同じ世帯の一員で，だれがそうでないかについては見解の相違があることが想像できる．

　支出が生み出す便益が共有されることも多い（たとえば，たくさんの人々が同じ冷蔵庫を使うかもしれない）．個人支出税は支出による便益の共有の問題を考慮しなければならない．

　所得税から支出税に推移する際に問題が生じる．所得税に代わって支出税が施行された場合，現役中得た所得に応じて税を支払ってきた人々が，退職後は支出額に応じて税を支払うよう求められるだろう．したがって，所得税から支出税への変更は，退職者や，現在は現役でこれまで何年間も所得税を支払い，退職が近づいている人々に，不公平をもたらす．年齢に基づく支出税の免除によって補償することが可能だが，その際には，支出税を免除されており，免除されていない人々に代わって支出しても税がかからない人に，金銭の移転が起きないよう，注意を払う必要があるだろう．

---

50)　支出税の場合，個人貯蓄は課税されない．所得税の場合は，所得は支出されようと貯蓄されようと課税される．

7.3 納税拒否

7.3.1 脱税を防ぐ政策

税の支払いが納税者の自己査定と自己申告に基づいているとき，税の遵守のためには，納税者が正直であることが要求される．政府は納税者の正直さだけに頼っているのではない．納税者の遵守を確実にしようとするさまざまな政策が行われている．

課税当局は，確定申告を1件ずつ細かく調べることによって，税がすべて支払われる確率を最大化できるだろう．このような完全で，系統だった調査の費用は，追加的な税収から得られる便益を超えるかもしれない．したがって，確定申告は通常無作為に調査される．無作為調査によって，課税所得を低く申告した納税者がある確率で検出される．

無作為調査は懲罰をともなう．検出確率と，検出されたときの罰則の組み合わせによって，脱税を防ぐことができる．検出確率を高めるためには，確定申告の調査を担当する人員を増やさなければならないので，費用がかかる．罰を重くするほうが，費用がかからないかもしれない．罰を重くするためにかかる費用は，罰を受ける個人が刑務所ですごす追加的な時間のために費やされる公共支出と，個人が刑務所に入ることによって失われる生産物からなる（たとえば，腕のいい外科医が刑務所に入れば，社会から外科医の技術が奪われる）．もし懲罰が罰金で，刑務所でないならば，これらの費用を避けることができ，脱税者が見つかるたびに，収入は増加する．

脱税は違法であり，脱税する人々は税を少ししか払わない，あるいはまったく払わないことに成功するだろうと信じて脱税を行っている．さもなければ，脱税に対する懲罰の脅威が，彼らが税支払いを回避しようとするのを思い止まらせるだろう．

7.3.2 社会的規範と脱税

脱税は，税が高すぎるという不公平感を反映しているかもしれない．人々は，自分たちのことをほとんど考えず，利己的な目的のために税収を最大化す

るリヴァイアサン政府に税を支払っていると感じているのかもしれない．すなわち，人々は，お金のために一生懸命働き，所得の大きな部分を税として支払っているのに，その見返りはほとんどないと感じているのかもしれない．その結果，脱税が社会的規範になるかもしれない．このような社会的規範が，正直な納税を行おうとする個人の人間性に勝ってしまうことがあるかもしれない．

脱税が社会的規範になっているとき，正直に税を支払おうとする人々は，社会的に疎外されていると感じるかもしれない．納税者による納税義務の自己査定は，正直な納税という社会的規範に依存している．正直に申告するということが社会の規範であるとき，脱税が見つかると，懲罰や罰金という費用に加えて，恥という費用が生じる．反対に，正直に税を支払わないことが社会的規範となっている場合には，脱税が見つかっても恥ずかしくない．

税を支払わないことが社会的規範となっていて，納税があまり遵守されていないとき，脱税防止のための懲罰の脅しは効果的ではない．脱税が社会的規範であるとき，政府が脱税者に対して罰を加えると，脱税者は社会的規範と一致した行動をとったことで責められることになり，懲罰は専横的で不公平であると見なされる．したがって，懲罰は政治的に不人気である．政府の担当者も社会的規範にしたがって脱税しているかもしれず，同じような行動をしている他の人々を罰するために偽善的に振る舞いたくはないかもしれない．

したがって社会的規範は，政府がどの程度まで納税者の納税義務に関する正確な自己査定に頼ることができるのかを決定するうえで重要である．社会的規範は，脱税を防ぐ活動の有効性をも決定する．

7.3.3　脱税の機会

脱税の機会は平等ではない．一部の人々は他の人々よりも多くの脱税の機会をもつ．雇用者が所得税，社会保障税を直接政府に納めるとき，被雇用者にとって脱税の機会はほとんどない．一方，自営業者や雇用者，企業主は実際よりも収入を低く，費用を高く申告する方法を見つけることによって脱税できる．最終購入者と直接取引をする売り手は，もっとも大きな脱税の機会を有している．最終購入者は一般的に税額控除や費用控除を受けないので，売り手の収入を記載した領収書を要求する理由がないからである．たとえば配管工や電気工は弁護士や会計士や歯科医と同じように，客が領収書を請求しなければ，実際

より低い取引額を提出するかもしれない．社会的規範が，そのような提出が行われるかどうか，そのような提出が受け入れられるかどうかを決定する．脱税はサービスの交換という形をとることもある．歯科医は「無料」で弁護士の歯を治療し，弁護士はそれに対して「無料」の法律サービスを提供するかもしれない．

ある種の税は他の税に比べて脱税が難しい．たとえば，固定資産税の脱税は難しい．課税ベースである土地や建物ははっきりと目に見えるし，所有権も通常は明確に定義されている．

7.3.4 罪の意識と税大赦

脱税をしてしまった人々は時々罪の意識を感じる．あるいは罪の意識はないかもしれないが，見つかるのではないかと心配で夜眠ることができない．

税大赦によって，罪の意識と心配を税収を増やすために利用することができる．自主的に脱税を告白し，過去に回避した税を支払えば，懲罰を受けなくてもよいという告知が税大赦である．税大赦には，過去に支払われなかった収入を取り戻すだけでなく，脱税していた納税者の将来所得に，政府が課税できるようになるという利点がある．

7.3.5 課税当局の行動

課税当局の行動は，インセンティブによって影響を受ける．政府の課税当局で働いている人々は税収が増えたことでボーナスをもらえることがある．収入を増やすために，税務官は，所得を得るための能力の推計に基づいて，推計課税（訳注：納税者が記帳義務を怠っていて実際の収入や経費がはっきりしない場合や，調査の際に請求書や領収書の提出を拒む場合に，同業者の所得から推計して課税すること）を適用することができる．たとえば，税務調査官はあるグループの納税者（たとえば弁護士，配管工，タクシー運転手）の平均所得を多少なりとも知っているかもしれない．しかし調査を受けるすべての納税者は，平均所得以上の推計をされるかもしれない．

真実の所得分布の平均よりも高い推計は，課税当局で働く人々のボーナスの予想を上昇させる．真実の税負担が平均よりも低い納税者は，推計について激

しく抗議するであろうし，普通は，推計された課税所得よりも低いという主張の裏づけとなる証拠を提出するだろう．確かな証拠を提出できない納税者は，推計が真実の所得を反映していようといまいと，平均よりも高い推計に基づいた税を支払わなければならないかもしれない．

推計課税が真実の税負担を超過している納税者の一部は，支払う義務のない税を支払うかもしれない．課税当局とのやりとりによる感情的ストレスにうまく対処できないかもしれない．あるいは弁護士や会計士に支払う個人的費用を避けるために，正当でない税を支払うかもしれない．

さらに，税務調査官による調査は無作為なのか，あるいは調査される納税者の選択に偏りがあるような，ある系統だったやり方にしたがっているのか，という問題がある．第3章で官僚の行動を考察した際，官僚は政治的意思決定者から独立していることが可能だが，政治的意思決定者は，官僚の予算をコントロールするための制度的メカニズムを利用して，官僚に対するコントロールを行使できることについて触れた．特に，政治的意思決定者は，所得税当局の税務調査に関する決定をコントロールしたいと思うかもしれない．政治的な敵対勢力に対して，このようなコントロールを（合法的に）利用することができる．

政治的意思決定者は税収を増やしたいかもしれないが，税務調査が厳しく行われたときに有権者や政治的支持者が感じる不快感のせいで，政治的支持や選挙運動への寄付に逆の効果が出ることについて敏感である．可能であれば，政治的意思決定者は厳しい調査によって税の徴収を増加させ，しかし同時に，調査が政治的敵対者の選挙区で，あるいは自分たちの選挙区以外のところで行われるようにすることによって，一挙両得をねらうかもしれない．

実証研究によれば，1990年代の米国内国歳入庁の税務調査は政治的影響を受けていた．個人所得税の還付に関する調査の実施割合は，議会委員会の委員として内国歳入庁を監督する立場にあった政治家の選挙区で系統だって低かった．同様に，アメリカ大統領にとって政治的に重要だった選挙区でも，還付に関する調査の実施割合が系統だって低かったことが実証されている[51]．

---

51) この結果は Young, M., M. Reksulak, and W. F. Shughart II, "The political economy of the IRS," *Economics and Politics* 13, 2001, 201-20 による．彼らは，使用されたデータは主に1人の人間（ビル・クリントン）がアメリカの大統領だった期間のものであり，したがって，大統領にとって政治的に重要な地域に対する有利な扱いはこの大統領だけにあてはまるのか

7.3.6 地下経済

地下経済での脱税は完全である．所得は政府に申告されない．所得税を支払うことはないし，被雇用者の社会保険給付の財源となる社会保障税も支払われない．

地下経済では不正な福祉受給も行われる．地下経済で雇用されている人々は，公式には雇用されていないので，失業給付や福祉給付の受給資格を保持している．このような人々は，所得に対する税を回避していると同時に，政府から（すなわち納税者から）不正にお金を得ている．

地下経済の規模を直接観察することはできず，そのため間接的な計測方法が用いられる．1つの方法は現金に対する需要を観察することである．合法的な経済活動と地下経済における活動では，現金支払いの規模が異なる．地下経済の取引では，追跡不可能な現金支払いが利用される割合が高い．したがって地下経済の活動の程度は，流通している現金と全体的な経済活動との関係を見ることによって推定できる．流通している現金が示唆する経済活動を，実際に報告された国民所得と比較することができる．2つの間の相違が，地下経済の規模の推定値である．税が増加するとき，地下経済に移行する経済活動が増え，申告されない取引の増加にともなって現金に対する需要が増加する．現金への需要の増大が観察されるだろう．もし現金需要と国民所得との関係がわかるならば，現金需要の増加と関連のある，地下経済での生産の増加が推定できる．もちろんこのような間接的な計測方法が地下経済の規模を正確に計算しているわけではない．

表 7.1 は Schneider and Enste（2000）による，各国の地下経済の規模の推定値を示している．数字は，推定された地下経済の規模の，報告された国民所得に対する比を表している．国によって地下経済の規模には本質的な相違があること，地下経済の規模は増大してきたことがわかる．

政府は税収を社会的に有益な方法で使用すると，人々が信頼していないところでは，地下経済の規模は大きいと予想される．表 7.1 に示された国々においては，いくつかの例外はあるだろうが，投票者と納税者は概して，政府全体が腐敗しているとは思っておらず，公共支出は一般的に政府の人々のためでな

もしれないと述べている．

表 7.1　地下経済の規模（国民総生産に対するパーセンテージ）

	1970 年	1980 年	1997 年
ギリシャ	情報なし	情報なし	29[a]
イタリア	11	17	27
ポルトガル	情報なし	情報なし	23
スペイン	10	17	23
ベルギー	10	16	22
スウェーデン	7	12	20
ノルウェー	7	11	19
デンマーク	7	8	18
ドイツ	3	11	15
フランス	4	7	15
オランダ	5	9	14
カナダ	情報なし	11	14
オーストラリア	情報なし	情報なし	14
イギリス	2	8	13
アメリカ	3	5	9
オーストリア	2	3	9
スイス	4	7	8

a：1996 年．

出典：Schneider, F. and D. Enste, 2000. Shadow economies around the world: Size, causes and consequences. IMF working paper 00/26, Washington D.C. and *Journal of Economic Literature* 38, 77-114.

く，すべての人々のために使用されていると見ているようだ．

　政府がだいたいにおいて信頼されている国でも，高い税率は大規模な地下経済のインセンティブとなりうる．たとえば，表7.1のスカンジナビア諸国は税負担が大きく，充実した社会保険制度を有し，地下経済も比較的大きい．しかし，地下経済の規模がもっとも大きいのは南ヨーロッパの国々である．ベルギーは南ヨーロッパ諸国やスカンジナビア諸国と並んで地下経済の規模が大きく，隣国ドイツ，フランス，オランダよりもかなり大きい地下経済を抱えている．イギリス，オーストラリア，カナダの地下経済はそれらの国々よりも小さい．地下経済がもっとも小さいのはアメリカ，オーストリア，スイスである．

　なぜどの国でも，地下経済の規模は時とともに拡大してきたのだろうか．おそらく納税に対する姿勢が変化したか，脱税の機会が変化したことが原因だろう．

　表7.1の国々では，非合法移民の流入もあった．非合法移民は合法的な経済

では働かないので，非合法移民の増加が地下経済の拡大の原因になっているかもしれない．さらに移民が，脱税が社会的規範となっている国から来ているのであれば，自発的な自己査定と納税の遵守という新しい社会的規範に適応するために時間がかかるかもしれない．

7.3.7 脱税の社会的費用

　課税が重すぎると考えている人々には，働かない，あるいは働いて脱税するという2つの選択肢がある．このとき脱税の選択は納税負担からの，また同時に課税の超過負担からの逃避のための1つの手段である．脱税は，高い税に自由時間や余暇を多くとることによって対応せずに働き続けるという意思決定である．

　個人が働き，しかも税を支払わないという選択をしているとき，それは個人的および社会的観点から見て効率的である．労働から自由時間への代替による課税の超過負担が発生しない分，個人はその選択によってより良い状態を実現できるし，政府は，たとえ個人が高い税に働かないことで対処することを選択していたとしても，結局のところ税収を受け取れなかっただろう．

　しかし，税の支払いを拒否する個人は，納税が社会的規範である社会では，脱税者という社会的汚名を着ることになるし，見つかれば脱税に対する罰を支払わなければならないという個人的リスクを負う．

能力を発揮することに対する制約
　なぜ脱税や地下経済が社会的に望ましくないのかについて，個人に違法な活動を行わせるからということのほかに理由がある．7.2節でラッファー曲線を見たときにすでに述べたように，地下経済は，個人や企業による経済活動の範囲を制限する．成功しすぎると，能力を地下経済の中に隠して，課税当局から見えないままにしておこうとする．したがって，地下経済で成功する個人は能力を十分に発揮できない．

非合法な部門での競争優位
　地下経済での活動には，技術上の理由によらない費用優位性がある．税を支払う生産者や売り手は，地下経済の競争相手と比較して，費用の点で不利であ

るとわかるだろう．したがって正直は損をする．もし正直な生産者が，税を支払わない競争相手と競争するために，自分も費用を低くしようとして地下経済に移行するならば，脱税は増加する．

無政府状態と非合法部門での原理
　市民社会では，紛争は法制度を通じて解決される．人々は契約の履行や財産の保護のために，裁判所や法の執行機関に頼る．もともと地下経済そのものが違法なので，裁判所や法の執行機関への訴えが制限される．したがって，地下経済での紛争は個人的に解決され，保護も公的なものではない．地下経済は，第1章で描かれたような非効率な無政府状態である．しかし，泥棒どうしの仁義を規定する類の社会的規範が，地下経済での秩序ある行動の原理となりうる．

レントシーキング
　私たちはレントシーキングを，個人所得や個人的便益を増加させるために，資源を無駄に使用する活動として定義した．脱税は，資源や時間が税を回避するために使用されるという点から，レントシーキングによる社会的損失の一種である．所得の高い人々は脱税からより大きな便益を得るので，所得の低い人々よりも，この種のレントシーキングにより熱心であると想像できる．政府が脱税を見つけるために使用する資源と人員は，脱税に関連するレントシーキングから発生する社会的損失の一部である．

7.3.8　間接税の回避

　私たちは個人所得税の回避に焦点をあててきた．間接税の回避も起こりうる．財が，税の低い地域から境界を越えて密輸されるとき，売上税，輸入税，付加価値税が回避される．課税区域間の間接税に関する協調（あるいは均一化）が，密輸による脱税へのインセンティブを消滅させる．間接税が回避されているとき，資源の浪費であるレントシーキングが行われていることは特に明らかである．政府の課税区域の境界を越えて財を密輸するという誤った方法で，資源が使用されているからである．

7.3.9 移転価格による脱税

　脱税は，税の高い課税区域から税の低い課税区域へ税負担を移動させるという形をとることがある．通常個人には，そうした税をシフトさせる機会は限られている．しかし，さまざまな国にオフィスをもって操業している企業には，そのような機会が多くある．ある財の異なる部品が異なる地域で生産され，部品が組立のために出荷されるとき，その企業の異なる子会社は内部取引を行っている．部品を生産する子会社は部品を組み立てる子会社に価格を請求するが，この価格は市場価格ではない．なぜなら市場取引は行われていないからである．この価格はむしろ企業内の会計上の評価である．企業内で部品や財を移転するための価格の決定は内部決定なので，企業が価格を設定できる．

　企業は，部品や財が税の高い地域から低い地域に出荷されるとき，低い価格を設定し，利潤を税の低い地域に移動させ，税を軽減することができる．反対に，部品や財が税の低い地域から高い地域に出荷されるとき，内部取引に高い内部価格を設定して，部品や財を受け取る税の高い地域の利潤を小さくし，税の低い地域で利潤を保有することによって，支払われる税の総額を軽減することができる．

　税を最小化するために設定されるこのような内部価格は，移転価格として知られている．移転価格の設定は一種の密輸である．移転価格を阻止するために，税の高い地域の政府は，子会社間の部品や財の国際取引のために企業が設定する内部価格を受け入れず，自分たちの評価価格を主張するかもしれない．

7.3.10 囚人のジレンマと脱税

　一部の人々が税の支払いを拒否し，他の人々が正直に支払っている場合，社会的不公平と同様に非効率も生じている．囚人のジレンマのストーリーに置き換えると，税を支払わない人々は，公共支出から便益を受けながら公共支出の財源を負担しないというもっとも望ましい結果を実現する．正直に税を支払う人々は，公共支出から便益を受けている他の人々が負担しないのに，自分たちだけが公共支出の財源を負担するという，囚人のジレンマのもっとも悪い結果に陥る．

7.3.11 節税と脱税

「節税」という用語は，非合法的な脱税と，税を支払わない合法的な方法を区別するために使われる．節税は，税の支払いを軽減するために，税法によって与えられた機会を利用することによって行われる．

たとえば，会社の経費が増えることによって税が軽減されるので，個人は家族や親しい友人とともに会社を設立したほうが，税の上で得をするかもしれない．また，法人税率と個人所得税率の違いによって，税支払いが軽減されるかもしれない．税支払いを節約する信託財産が設定されるかもしれない．信託財産は納税者から独立した法主体であるけれども，納税者は効果的にこれをコントロールできる．所得を生み出す資産が，海外の租税回避地の運用会社に移されるかもしれない．農業専従者や天然資源開発者であることを証明できれば，特別な税額控除や費用控除の適用を受けることができるかもしれない．株主が法人利潤を所得としてではなく，キャピタル・ゲインとして受け取り，所得税率とは異なる，より低い税率の適用を受けるのも，節税のもう1つの方法である．このような合法的な方法を利用できる限り，脱税は起こらない．

節税のためには，通常，会計士や弁護士による助言が必要である．高所得の納税者だけが会計士や弁護士を雇うことができ，あるいは雇うことに価値を見出すかもしれない．したがって節税は一般的に，専門的な助言に対して報酬を支払うことができる（しかも専門的助言に価値を見出す）所得の高い，あるいは多くの資産をもっている人々によって行われる．資産が少ない，あるいは所得の低い人々は，節税のように専門的助言に対する費用がかからない，脱税を選択するかもしれないが，脱税は違法であり，見つかれば罰を受けなければならない．

第8章
利用者料金

　この章では，税ないしは公的な財源調達に代わる1つの代替手段である，利用者料金について考えよう．利用者料金は，税で公共財の財源をまかなうときに欠如する，個人の支払いと個人的な便益の間の直接的な連関を復元する．そこでまず，混雑しえない，あるいは混雑しない公共財の財源調達手段としての利用者料金を考えよう．こうした場合の利用者料金は，非効率的に利用者を排除したり，社会的正義と不整合的になりうる．そして，公共財の利用において混雑があるときの利用者料金を考えよう．このような場合，利用者料金の目的は，利用者を排除することである．その後，自然独占となる私的財に対する利用者料金を考えよう．

8.1 公共財に対する利用者料金

8.1.1 利用者料金の特質

　利用者料金は公共サービスに対する自発的な支払い手段である．それにもかかわらず，利用者料金は，税による支払いという形をとりうる．たとえば，ガソリンに課する税は，道路利用に課す税といえる．自動車に課す税は，道路を利用する選択に対する税といえる．テニスラケットに課す税は，無料で利用できる公共のテニスコートを使用することに対する税といえる．これらの場合では，私的財に対する税の形をとった利用者料金は，公的に財源調達された，無料で利用できる施設を使用することに対して，補足的に徴収する財源となっている．税として設定されているけれども，ガソリンを買わなかったり，自動車を買わなかったり，テニスラケットを買わなかったりすることによって，この利用者料金を免れることができる．それゆえ，これらの場合では，課税が強制

的であるのと対照的に，利用者料金は自発的な支払い手段ともなっている．

他方，利用者料金が，義務的なサービスに対する強制的な支払い手段として設定されるとき，自発的なものではなくなる．たとえば，政府が義務教育の財源を利用者料金で調達すると決めたならば，この利用者料金は実質的には税といえよう．なぜなら，支払わないという選択が存在しないからである．そして，強制的な税は逆進的である（支払いは子供1人当たりに対するものであり，所得とは独立であり，支払った税と所得の比率は所得が高まるにつれて下がる）．利用者料金は，支払いが自発的なときでももちろん逆進的である．あらゆる利用者料金は，逆進的である．

利用者料金に反対する立場

利用者料金に反対する立場の人は，（1つの規範的な主張として）公共サービスを，逆進的な利用者料金ではなく，累進的な税でまかなうべきであると主張する．たとえば，学校は，逆進的な利用者料金ではなく，累進的な税でまかなうべきであるとの判断ができよう．そうならば，地方の固定資産税，これはしばしば公立学校をまかなっているものだが，を確実に累進的にしておく必要がある．

学校に対する利用者料金に反対するもう1つの立場は，通学が義務的だから，学校は（累進性とは関係なく）税でまかなうべきであるという判断に基づいているかもしれない．すなわち，義務教育を強制するならば，無料であるべきだという主張である．さもなければ，ある親が利用者料金を支払いたくないかもしれないし，支払えないかもしれないから，義務教育は真に義務的とはならない．

学校に対する利用者料金に異を唱える，さらなる規範的な主張として，子供たちに対する教育は，利用者料金に対する親たちの支払意思や支払能力とは独立にすべきであるというものがある．すなわち，子供たちは，親たちの所得や選好によって学校から排除されないようにすべきである．

学校に対する利用者料金に異を唱える主張は，社会保険契約を通じて与えられるすべての受給権にも一般化できる．もし受給権に対して利用者料金が必要ならば，受給権の配分は確実にはできなくなる．

利用者料金の選択

　利用者料金はときどき，部分的であり，公共サービスの財源を調達する税と組み合わせて使われる．公立学校に通う子供をもつ親たちは，本や学校の制服のための支払いや，学校の施設を改善するための寄付を求められるかもしれない．高等教育に対する授業料は，利用者料金の形態をとる．高等教育に対して補助金が出されているときは，利用者料金は部分的なものである．利用者料金は，保健の分野でも用いられている．

　保健制度は，完全に利用者料金に基づいているかもしれない．もしくは，政府が税でまかなった保健サービスを供給する場合は，小額の利用者料金がときどき課されることで，十二分に注意を要する病気をもつ人々が利用できるように，需要が抑制される．

　道路と橋の通行料は，利用者料金のまた別の形態である．それぞれの場所において，高速道路や橋は，無料かもしれないし，通行料を課されるかもしれない．同様に，動物園や博物館の利用も，無料かもしれないし，入場料を課されるかもしれない．

利用者料金に賛同する立場

　個々の納税者は，通常，財政における課税や公共支出の決定にほとんど影響力をもたない．しかし，個人や家計は，もし居住地の選択によって政府を選べるならば，彼らが支払う税や彼らが公共支出から受ける便益に影響を与えうる．利用者料金を用いることで，各個人は，公共財や公共サービスに対する支払いやそれらから受ける便益について個人的に選択できるようになるから，個人的な支出と個人的な便益の間の直接的な関連が明確になる．

　利用者料金は，納税者と集団的なサービスの供給者の間の関係についての透明性や説明責任をもたらす．透明性は，支払いとその収入が充当される対象との間の明示的な関連を通じて得られる．説明責任は，支払われたときに暗黙的に約束される便益を通して実現されるものである．

　たとえば，公立学校は一般的に，費用について親たちの限定的な関与しか求めない．しかし，第5章で見たように，政府が与える受給権を考慮するときに，家計は政府が与えるこの無料の受給権を利用することを避け，私学の教育にお金を支払うことを選ぶことができる．この場合，家計は利用者料金を払うことを選択する．その理由として，表面的には，利用者料金を課すことで生じ

る説明責任があるために，より良い質の教育が受けられることがある．人々が直接的に料金を支払うとき，彼らが支払うことで受け取る便益に対してより注意深くなる傾向がある．

財政が無力のときの利用者料金

利用者料金は，財政が無力か存在しないことに対する私的な反応であるかもしれない．たとえば，税源が十分でないために，政府は，子供たちに対する十分な教育をまかなえないかもしれないし，政府がまかなえる教育の質は，ある地域社会にいる親たちが欲する水準よりも低いかもしれない．そのような状況において，政府が財政を通じてよりよく責任を果たすことができるようになるまでは，利用者料金が，子供たちにともかく教育を提供できる，あるいは十分な質の教育ができる唯一の方法かもしれない．

それゆえ，たとえば，貧しい地域で課税ベースが不十分だったり，親たちが教育の質について不満をもっているのに，政府が他の用途に対して財政支出を優先的にあてたりする場合には，学校に対する利用者料金は自発的な反応である．しかし，すべての親たちがこの自発的な利用者料金を支払う準備があるわけではない．利用者料金は公共財をまかなっているので（ある教室にいるすべての子供は1人1人で見れば，学級の中で教育の質に対してとるに足らない効果しかもたない），もし親が利用者料金を支払っていない子供たちに学校に出席することを許すと，公共財にともなうフリーライド行動の問題が再び生じる．さりとて，もし支払っていない親の子供たちが学校に出席しなかったら，非効率な排除が起こる．効率性の基準に加え，排除に対して社会正義の基準を適用することもできる．

利用者料金と市場の不平等

それゆえ，利用者料金は，人々が欲するものに対して集団的に支払うことを認めることと，支払う準備がない人々を排除することとの間に緊張関係をもたらす．この緊張関係は，十分な数の親たちが公立学校に満足せずに私学の教育に対して利用者料金を支払うときに生じる．この緊張関係は，何人かの人々がさらに上質の保健サービスに対して利用者料金を支払う準備があるときにも生じる．すなわち，集団的なサービス（あるいは，公共財）に対する利用者料金は，市場における不平等と排除性をもたらす．

利用者料金と混雑

利用者料金の根拠が，ときどき，公共財のための財源調達ではなく，混雑や過剰利用の緩和に求められることがある．その場合，利用者料金の目的は，排除を確実にすることである．8.2節では，集団的に使われる施設が過密になるときの利用者料金の役割を見ることにする．

自然独占と利用者料金

利用者料金は，電気や水道のような「必需品」を供給する自然独占に直面したり，特定の橋を渡ったり特定の高速道路を使う以外に他に手段がなかったりするときには，まったく自発的なものではなくなる．利用者料金は一般的に，電気や水道に対して課されている．8.3節では，利用者料金と自然独占について考えよう．

混雑のない公共財

ここで，混雑しなかったり混雑しようのなかったりする公共財のための財源調達手段としての利用者料金を考えよう．すなわち，公共財が，第2章で述べたように，追加的な個人が，他の人の便益を減らさずに，便益が受けられるような，「純粋」公共財である場合である．

8.1.2 公共財の利用のための市場

公共財からの便益についての市場があれば，支払意思は便益の前提となる．市場は，公共財に対する自発的な支払いにともなうフリーライド問題を解決する．なぜならば，支払わない人は便益から排除されるからである[1]．

第2章では，公共財の自発的な財源調達のためのリンダール・メカニズムを通じて，公共財の市場を考えた．リンダール・メカニズムは，公共財を無料で利用できることが前提になっている．すべての人は，公共財に対する他の人の個人的な支出から便益を得る．それゆえ，フリーライドは，公共財についての効率的なリンダール市場均衡の一部をなす．支払う他人に依存するインセンティブを通じたフリーライドは，リンダールの自発的支払いのメカニズムを実

---

[1] （訳者注）ここでは，排除可能な公共財を想定している．

際に適用することを妨げる．

　フリーライドは，もし支払わない人を公共財の便益から排除できるなら，避けられるかもしれない．公共財を利用する前提条件として支払いを要求すれば，便益が低いあるいはまったくないと主張し，ほとんどあるいはまったく支払わずに，他人が費用を支払った公共財にフリーライドして便益を受けることはもはやできない．

　そのうえ，支払わない人を排除できないと，利用料金は存立しえない．すなわち，フリーライドを避けるためには，支払わない人を便益から排除することが必要となる．自発的な利用者料金は，そのような排除性なしには適用できない．

　ガソリン税が道路のための財源調達に用いられるとき，ガソリンを買わない人々は道路を使えないという点で排除は容易である．あるいは，テニスラケットを買わない人は公共のテニスコートを使うことはできない．

　すべての場合において，支払わない人を排除する必要性から，低い費用で排除が可能な場合のみ，利用者料金を適用することができる．それゆえ，すべての公共財が利用者料金を適用する候補となるわけではない．たとえば，伝染病をなくす公衆衛生プログラムや，道路事故を減らす交通安全計画や，安全保障や，外国の大使館を維持する支出（個人的な便益があるか否かは問わず）の便益からは，だれも排除されない．排除は，呼ぶと来てくれる個人的な警備サービスや学校での教育，救急車や医療サービスの利用などと同様に，高速道路や普通の道路，橋，トンネル，国立公園，動物園や博物館のような集団的に使われる施設でも可能である．

　第2章で公共財のための財源調達として税を導入した際，原則として，警察は，助けを求めるために呼び出したときはいつでも支払う利用者料金を通じてまかなうことができることを見出した．しかし，被害者に支払わせることは非倫理的であり，警察に対する利用者料金は，犯罪を報告するのを思いとどまらせ，結果として犯人の利益になることについて述べた．また，警察は，排除が不可能で，利用者料金を通じてまかなうことができない抑止力という純粋公共財を供給することにも注意しよう．

　警察のための財源調達は利用者料金に基づかないものの，被告人が費用を支払い，私的に法的助言や弁護を受けるとき，利用者料金は法廷制度を支える（もし被告人が私的な弁護士を用意できなければ，政府は公定弁護人を任命す

るけれども）．利用者料金によることで，人々は，自分で負担できる法的助言や弁護を受けることになる[2]．

利用者料金は，時として利用不可能であり，時として後ろめたさを感じる．それゆえ，利用者料金は，税の代わりとしていつも使うことができるわけではない．

利用者料金が使われるとき，その目的は，原則として，利用者料金の支払意思を通じて彼らの便益を顕示させることによって，効率的なリンダールの自発的価格付けの均衡を再現することである．しかし，すでに注意したように，利用者料金は便益の対価を求める市場原理に基づいているが，他方でリンダールの市場では支払わない人を排除しない．

利用者料金のもとでも，すべての人が支払うことを選択するかもしれないから，排除は生じないかもしれない．ただ，利用者料金はリンダールの自発的支払いの市場とは異なる．なぜならば，利用者料金は，利用の市場において生じるからである．利用の市場は，公共施設それ自体に対するのではなく，利用に対して支払いを人々に求める．たとえば，動物園に入場するために支払う人々は，動物の餌付けや飼育の費用を直接的に支払っているわけではない．彼らは，動物を見るために支払っているのである．美術館に訪れる人々は，美術館が入居する建物の建設費や美術品の収集費用への貢献を求められているわけではない．博物館に入るために支払い，芸術作品を見るのである．動物園や美術館の場合では，支払わない人々は便益を受けない．

リンダールの市場は，利用に関する市場ではない．リンダールの市場において，人々は公共財（美術館における芸術作品や，動物園における餌付けや飼育）の供給のための財源に対して貢献し，だれでもが無料で便益を受けることができる．リンダールの自発的支払いの均衡においては，利用者料金は存在しない．

8.1.3 利用に対する効率的な価格形成

そこで，公共財の利用の市場における効率的な価格形成について考察しよう．あらゆる財やサービスに対して効率的な価格形成は，次の条件を満たす．

---

[2] 弁護士が裁定された損害額の一部を受け取る損害賠償訴訟では，法的な代理人によるサービスは依頼人の財産や，法的サービスに対する支払能力とは独立である．

$$MB_i = P_i = MC_i \tag{8.1}$$

ただし，MB_i は個人 i にとっての限界便益で，MC_i は個人 i にとっての限界費用で，P_i は個人 i によって支払われる価格である．私的財については，競争市場は，効率的な価格形成原理である (8.1) 式と整合的な効率的な価格を保証する．私的財の購入についての意思決定において，個人は消費からの限界便益 MB_i と等しい市場価格 P_i を設定する．同時に，競争的な供給は，市場価格が供給の限界費用 MC_i と等しくなることを保証する．

混雑しない（あるいは混雑しえない）公共財については，利用の限界費用はゼロである．なぜなら，追加的な1人の人間による利用は，他のだれの便益も減らさないからである．それゆえ，公共財の利用に対する効率的な価格形成ルールは，利用は無料にすべきであること，つまり，

$$P_{user} = MC_{user} = 0 \tag{8.2a}$$

を要求する．また，人々は，彼らの利用が他のだれにも影響を与えないから，彼らが欲する量と同じだけの公共財の利用を許されるべきである．すなわち，

$$P_{user} = MB_{user} = 0 \tag{8.2b}$$

が成り立つ．それゆえ，人々はただで制限なく利用できるはずである．

無料での無制限の利用は，明らかにパレート効率的である．無料での無制限の利用は，混雑しない純粋公共財の性質によって，人々の効用を改善させる一方で，だれの効用も悪化させない．

ここで，動物園で象を見たい子供を考えてみよう．子供が象を見る限界費用（子供の時間以外）はゼロである．それゆえ，その子供は象を見るために正の値の価格を支払う必要がないようにすべきである．その子供には，限界便益がゼロに落ちるまで，つまりその子供が自発的に動物園内の他の動物を見に行こうと移動しようとするか家に帰ろうとする時間まで，象を見続けられるようにすべきである．

あるいは，橋の利用を考えてみよう．橋の建設費用はゼロではないが，橋を渡る追加的な1人の人間の利用の限界費用は，まさにゼロである．それゆえ，利用の効率的な価格形成は，橋で川を渡りたい人には無料で渡らせてあげるべきであることを要請する．なぜなら，ある正の値の価格は，橋を使うことから

便益を得られるある個人に利用を思いとどまらせるからである.すなわち,お金をもたない人は,川を渡るのに,車を運転するか,歩くか泳ぐかして渡るのに十分なほど水深が浅い箇所へ遠回りしなければならなかったかもしれない.

利用者料金によって生じる公共財の排除性についてのこうした例は,社会正義の問題ではなく,効率性の問題を示唆しているのである.象を見たい子供の場合には,その子供(あるいはその家族)が動物園の入場料を支払えないために象を見られないことは公正でないといいたいのではない.その子供に象を見られるようにする費用はゼロであり,その子供が象を見ることから正の便益を得るから,その子供が象を見ることから排除されることは非効率である.

利用に対する需要

それぞれの利用者たちは,公共財や公共サービスの利用に対して異なる価値をつける.n 人の人口に対して,公共財である施設の効率的な規模 G は,第2章で証明した次の条件によって決まる.

$$\sum_{j=1}^{n} MB_j(G) = MC(G) \tag{8.3}$$

条件 (8.3) は,図 8.1 における量 G^* において満たされている.

私たちは,関係式 (8.3) は,原則として成り立つべきだということしか知らない.(8.3) 式の中で合計されなければならない個々人の限界便益はわからない.すなわち,(8.3) 式を適用するには,第2章で考察した,公共財の情報の問題が制約となる.

私たちは,利用者料金を適用するとき,公共財から個人的な価値を得る人々に,$MB_i(G)$ の大きさを尋ねていない.すなわち,(リンダール・メカニズムが要求しているような) 図 8.1 における G^* を成り立たせるように,目標を設定しているわけではない.利用者料金を適用するとき,私たちがせいぜいできるのは,全人口の n 人が各自で与えられた規模の施設を利用するためにいくら支払う用意があるかを見ることである.すなわち,施設の利用に対する支払いの選択を人々に示すとき,公共施設の規模 G は所与である.

図 8.1 における効率的な施設規模 G^* は,費用・便益分析を通じて推計することができる.これには,人々の合計された便益 $\sum MB$ を推計する必要がある.便益は,施設が存在し,人々が利用に対する支払意思を示し始めたときだけ顕示される.人々がすすんで支払う利用者料金は,費用・便益分析を用いた

図 8.1　効率的な公共財の決定

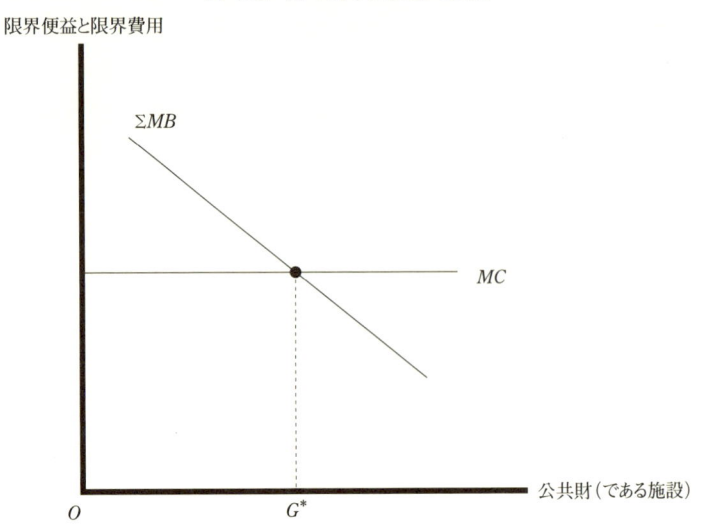

(縦軸: 限界便益と限界費用、横軸: 公共財(である施設)、ΣMB 曲線と MC 水平線の交点で G^* が決定される)

推計が，真の支払意思に対して妥当な近似であるか否かを明らかにするだろう．

　利用の市場における利用に対する需要を求めるために，G^* の規模である公共財たる施設の利用に対する個人の支払意思（それは，費用・便益分析を用いて決まる）で測って，人々を順位付けすることができる．利用に対する需要は，図 8.2 に示されている．人々は，需要関数にそって，利用に対する支払意思で測って順位付けられている．もっとも高い価値 v_1 を与える利用者からもっとも低い価値（ゼロ）を与える個人 n まで並んでいる．見込まれた利用者は n 人である．

　ここでは，需要は需要される量で測ったものではない．需要のもととなる決定は施設を使うか否かである．これは，辞書的なイエスかノーかの決定である．利用者料金の支払いは，施設を利用するときはいつでも生じる．その利用とは，高速道路を走ることや，橋を渡ることや，1 年間を通じて学校に出席することや，動物園や美術館を訪ねることだったりする．

　1 つの近似として，図 8.2 の需要関数は，連続的な線として示される．実際には，人々は，連続的に測ることはできず，離散的に測られる．この連続関数は，人数が多い状況では妥当な近似である．

　実際には，図 8.2 の利用に対する需要関数にそって人々を順位付けることは

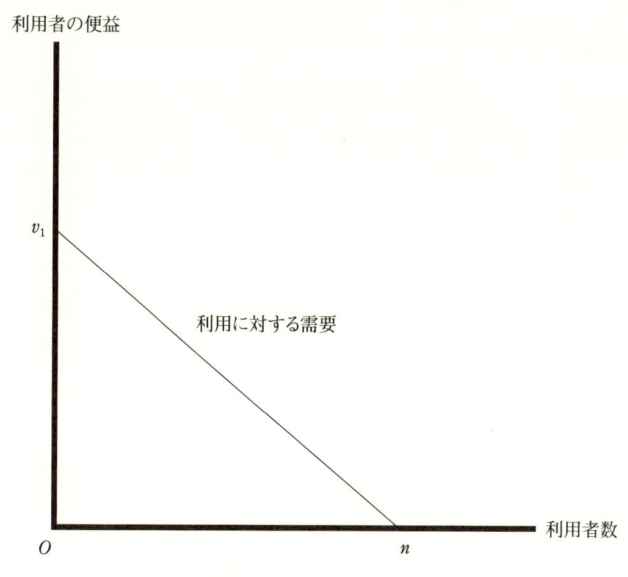

図 8.2 公共財の利用に対する需要関数

できない.なぜならば,個人的な便益についての情報は入手可能でないからである.しかし,利用に対する需要関数は,人々の利用に対する支払意思の順位付けとして存在し,人々の支払意思を通じて顕示される.

すべての利用者は同じ利用者料金を支払う.公共財は利用者料金によって自己負担される.公共財の単位費用は P_G とする.公共財たる施設 G^* の総費用は定額の費用で,

$$C = P_G G^* \tag{8.4}$$

である.自己負担でまかなうため,異なる利用者が支払う利用者料金の合計で,この固定費用がまかなわれなければならない.したがって,自己負担による利用者料金は,利用者1人当たりの平均費用と等しくなければならない.

$$AC = \frac{C}{n} \tag{8.5}$$

この平均費用は,図8.3に示されている.AC 上の任意の点において,公共財たる施設の固定費用は,異なる数の利用者によって自己負担でまかなわれる.たとえば,利用者料金 P_1^{use} を支払った n_1 人の利用者は,固定費用 C をまかなう.利用者料金 P_2^{use} を支払った n_2 人の利用者も同様である.すなわ

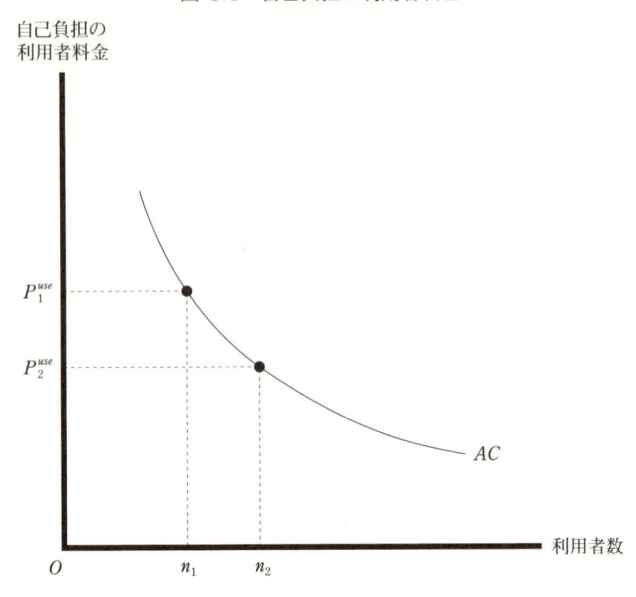

図 8.3　自己負担の利用者料金

ち，AC 関数は，矩形双曲線である．関数の下の面積は，公共財たる施設を供給するための固定費用を反映して，つねに同じである．

8.1.4　自己負担でまかなう場合の利用者料金の解

図 8.3 や図 8.4 において，AC にそったすべての利用者料金と利用者数の組み合わせは，公共財が自己負担でまかなわれることを可能にする．自己負担による解では，利用に対する支払意思が利用者料金と等しくならなければならない．

そのような自己負担の場合の解は，図 8.4 に示されている．そこでは，利用に対する需要関数が AC と交わっている．自己負担でまかなう場合の解では，n_1 人の利用者が利用者料金 P_1^{use} を支払っている．

この自己負担による解は，非効率な排除を生む結果となっている．$(n - n_1)$ 人の潜在的な利用者が，平均費用をまかなうだけの利用者料金を支払いたくない（あるいは支払えない）ために排除され，あるいは自らを排除している．

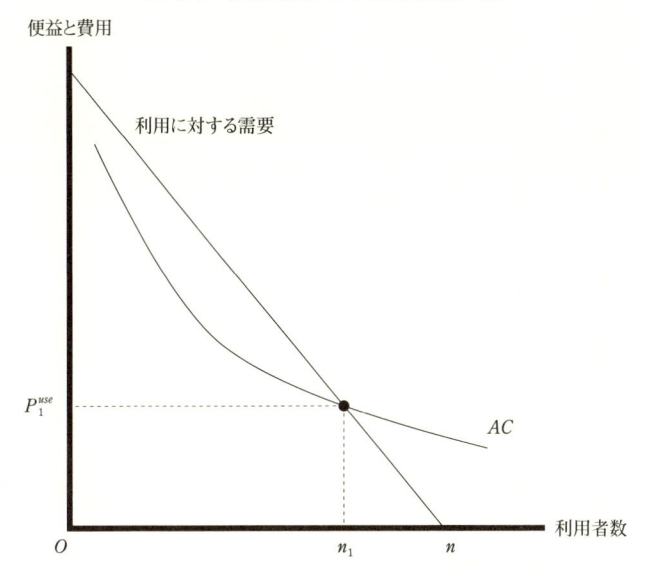

図 8.4 自己負担による利用者料金の解

$(n-n_1)$ 人の排除された利用者に利用を許すことは費用がかからないし，だれも損害を受けない．なぜなら，公共財たる施設の費用は，固定費用の C だけだからである．したがって，排除された人を受け入れることで，だれの効用も下げないである人の効用を高めることができるから，排除性はパレート効率性に反している．

利用に対する需要関数にそって下がって，利用者料金を図8.4 の P_1^{use} より低く下げると，支払意思がより低い人も利用のために支払うが，利用者料金からの収入が総費用 C を下回ってしまう．すべての人が公共施設を利用することを選ぶ水準にまで利用者料金を引き下げると（すなわち，利用者料金を n 人目の人がつけた価値まで下げると），利用者料金はゼロになり，収入はまったくなくなってしまう．

少なくとも図8.4で示した場合では，利用者料金は公共施設の効率的な利用とは整合的でないと結論づけられる．効率的な利用のためには，n 人の潜在的な利用者全員が無料で利用できるようにしなければならない．しかし，この場合では，公共施設をまかなうための収入はなくなってしまう．

自己負担でまかなうための利用者料金は，非効率的な排除をするけれども，利用者料金の利点は，税金がいらないことと，それにより課税による超過負担

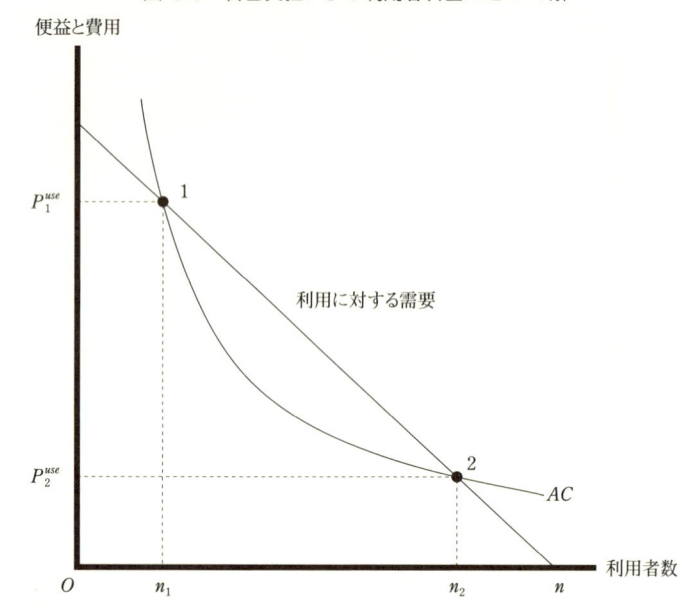

図 8.5 自己負担による利用者料金の2つの解

を通じた効率性の損失が生じないことである．同時に，プロジェクトは，そのプロジェクトが供給する便益に対する利用者の支払意思によって正当化される．

図8.5は，別の利用者料金の解を示している．利用に対する需要関数は，ACと2度交わっている．交点1と2は，両方とも自己負担でまかなう場合の解である．交点1では，n_1人の利用者が利用者料金P_1^{use}をすすんで支払っている．交点2では，より多いn_2人の利用者が利用者料金P_2^{use}をすすんで支払っている．利用者料金が低く，より多くの人が公共財からの便益を得ている2つ目の解がより好ましい．しかし，再び，自己負担でまかなう場合の解では，何人かの利用者を非効率に排除している．もしプロジェクトを公的に財源調達し，利用者が無料で利用できるようにすれば，非効率な排除は避けられよう．

8.1.5 自己負担でまかなえない公共施設

図8.6は，自己負担のための利用者料金の解が存在しないある公的プロジェ

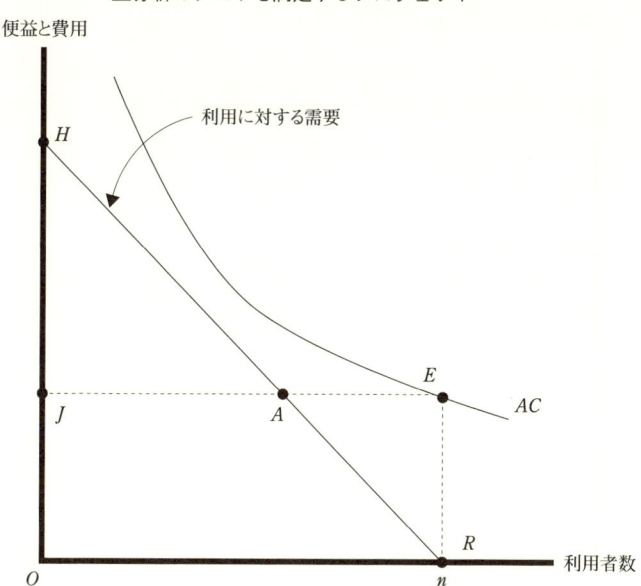

図 8.6 自己負担による利用者料金の解が存在しないが費用・便益分析のテストを満足するプロジェクト

クトを示している．利用に対する需要を通じて表現された支払意思は，どの利用者の人数においても，決して AC と等しくなることはない．

たとえば，この場合では，自己負担を求める美術館，考古学博物館，あるいはおそらく動物園も共同体は支えられない．なぜなら，人々はこのような施設に対して十分に価値を見出していないからである．

すべての n 人が施設から便益を受けるとき，プロジェクトからの総便益は，図 8.6 において OHR である．総費用は $OJER$ である．$HJA > REA$ だから，ある時点における利用の価値付けをもとにすれば，総便益は総費用を上回っている．したがって，このプロジェクトは，費用・便益分析のテストに合格するが，利用者料金を通じた自己負担でまかなうことができない．

図 8.7 は，公的プロジェクトが費用・便益分析を合格するときに，自己負担のための利用者料金の解が存在しない，別の例を示している[3]．

図 8.7 に示された場合では，自己負担でまかなうための利用者料金の解が存在しない理由は，利用者数 n_m 人が少なすぎることである．もし利用者の人数

---

3) n_m 人の利用者による利用に対する支払意思の合計は，図 8.7 において $HRSO$ で，総費用は $OJES$ である．もし HJA が REA を上回るならば，総便益は総費用を上回る．

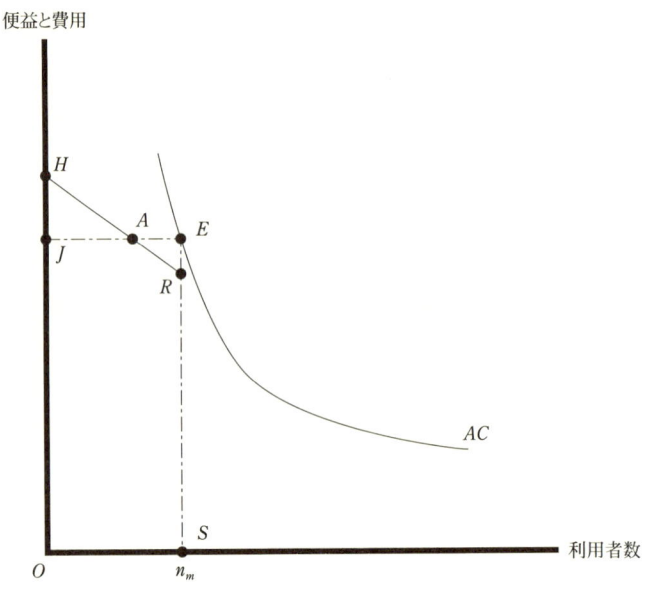

図 **8.7** 潜在的利用者が少なすぎるため利用者が支払う自己負担による解が存在しない

が n_m 人より十分に多ければ，需要関数は AC と交わることができ，自己負担でまかなうための利用者料金の解は存在しただろう．

図 8.7 におけるプロジェクトは，n_m 人の利用者にとって社会的に価値のあるものだから，プロジェクトは租税を通じて公的にまかなわれるべきである．

図 8.6 や図 8.7 に示された場合では，自己負担でまかなうための利用者料金にこだわることは，社会的に価値のある公的プロジェクトを妨げるだろう．

私的供給

利用者料金によって自己負担でまかなわれうるプロジェクトは，民間によって提供されうる．図 8.8 では，利用者料金 P_m^{use} を支払う n_m 人の利用者が，斜線部で示された利潤に相当する収入を提供する．

図 8.8 におけるプロジェクトは，社会的に価値がある．なぜなら，利用者は，費用以上に支払意思があるからである．もし政府が供給者ならば，利潤は政府の収入に加わりうる．しかし，民間の供給者は財やサービスをすすんで供給するだろう．

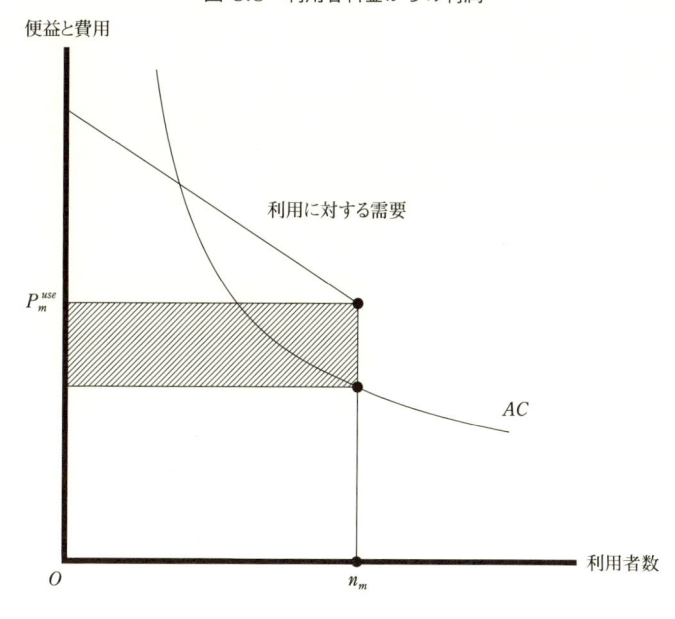

図 **8.8** 利用者料金からの利潤

[図：縦軸「便益と費用」、横軸「利用者数」。需要曲線（利用に対する需要）と平均費用曲線 AC が描かれ、P_m^{use} と n_m で囲まれた長方形に斜線。]

　私的供給には民間の自然独占をどのように扱うかという問題が生じる．自然独占は，利用者1人当たりの平均費用が利用者が増えるにつれて低下するために起こり，このとき公共施設をさらにつくることは，費用効率的ではない．最低費用での供給は，つねに単一の供給者によるものである．すべての混雑しない公共財は自然独占である．追加的な利用者が既存の利用者の便益を減らすことなく加われるとき，複製することはもちろん浪費であり，供給者が単一であることが費用効率的である．自然独占は，この章の最後で扱うこととする．

外部性と利用者料金

　利用者料金による排除は，学校についてはもちろんのことだが，好ましくない外部性の源となりうる．博物館，美術館や動物園への入場が無料のとき，人々は，博物館，美術館や動物園に行くかどうか決めるときに，金銭的な計算をする必要がなくなる．特に，子供や十代の人たちは，他と比べて自分のためになり，社会的にも望ましいかもしれない時間を過ごすための無料の選択肢をもつことになる．

8.1.6 リヴァイアサン政府からの逃避としての利用者料金

　第7章では，リヴァイアサン政府を，自分たちの便益のために税を最大化する利己的な目的をもつ人々からなるものとして定義した．税の代わりに用いられる自発的な利用者料金によって，リヴァイアサン政府の財政からのがれることが可能にする．

　リヴァイアサン政府よりもむしろ，腐敗した政府についても言及しよう．利用者料金を用いることで，ここでもなお，腐敗した政府の財政からのがれることが可能となる．

　利用者料金によって，個人には，払わないという選択や利用しないという選択が存在する．人々は，欲しない公共財の財源調達のために税を支払うことを法的に強制されることはない．

8.1.7 要　　約

　税と自発的な利用者料金は，公共財の財源を調達する際に生じるフリーライド問題に対する，代替的な解決策である．税は，支払いを強制することによってフリーライド問題を解決する．自発的な利用者料金は支払わない人を排除することによってフリーライド問題を解決する．

　公共財をまかなうための理想的な解決策は，リンダールの自発的な価格メカニズムである．この理想的なリンダール・メカニズムは，実現可能ではない．それゆえ，公共財をまかなうために利用者料金をとるか税をとるかの選択に直面する．この選択は，2つの不完全な代替的手段の間の選択である．

　税による財源調達は，支払いと便益の間の直接的な連関を絶つ．税による財源調達は，税による超過負担にともなう非効率性も誘発し，政府の徴税事務の諸費用や納税遵守の諸費用も生じる．

　利用者料金が自発的に自己負担でまかなわれる公共財の市場を形成するときには，課税による超過負担もないし，徴税事務の費用もないし，納税者の遵守にともなう費用も生じない．利用者料金が租税にとって代わるときには，利己的な，あるいは腐敗した政府からの逃避が可能になることについても，すでに述べた．

　しかし，すでに見たように，利用者料金は非効率な排除を生じさせることが

あり，また自己負担でまかなうための利用者料金の均衡が存在しないこともある．

利用者料金は，効率性と公正あるいは社会正義の両方の問題を含んでいる．利用者負担の原則による自己負担での調達は，公共財からの便益を顕示する人々だけ支払うから，公正であると考えられる．税による財源調達は，公共財から便益を得ない人々も支払を強制されるから，不公正であると考えられる．しかし，同時に，税による財源調達は，利用者料金を支払えない低所得の貧しい人々が，無料で（かつ効率的に）公共財を利用することを可能にする．

利用者料金のもとでは，人々は，支払意思がないことによって「彼ら自身を排除する」が，人々が支払えないときにも排除は生じる．たとえば，入場料を課される動物園には行かない2人の人について考えよう．そのうちの1人は入場料を払う余裕はあるが，動物を見ることには関心がない．もう1人のほうは，動物を見たいが入場料を支払えない．利用者負担の原則にしたがえば，前者は自分が行かない動物園をまかなうための税金を支払わずにすむが，動物園に行くことで便益を得，動物園にいてもだれの費用にもならない後者が排除される．

私たちを取り巻く世界では，利用者料金について異なる決定を見ることができる．あるところでは，すべての道路は無料で利用でき，税でまかなっている．別のところでは，利用者料金を課し，高速道路は有料道路となっている．通行料は，ときどき，橋を渡ったりトンネルを使ったりするときにも課される．ある都市では，博物館や動物園は無料であるが，別の都市ではそうでなかったりする．一般的には，地域の公園は無料だが，国立公園に入るのにはしばしば入場料がかかる

こうした異なる決定は，税と比較したときの利用者料金の利点と不利な点に対する異なる考え方を反映している．排除が実行可能で，自己負担でまかなうための利用者料金が存在するときでも，排除は社会的に望ましくないとの判断から，社会は利用者料金を用いないかもしれない．学校から子供を非効率に排除したり，（混雑しない）道路や橋から車を非効率に排除したり，地域の公園や浜辺から人を排除したりすることを望まないかもしれない．排除が望ましくないとき，利用者の支払いは政府の補助金によって補われるかもしれない．たとえば，州立大学の授業料支払いに対して，税で財源調達された補助金が支給されるかもしれない．排除がまったく望まれないとき，税で財源調達された補

助金が全額補助するかもしれない．すなわち，利用者料金でなく税が，そのとき，公共財の財源となる．

8.2 利用者料金と混雑

8.1 節では，集団的に使用される施設が混雑しないときの利用者料金を考えた．しかし，公共施設は，しばしば同じ時間にいる人数を制限してはじめて快適に利用されるかもしれない．入場がある人数を超えると混雑が始まる．収容制約によって生じる混雑は，道路，鉄道，橋，トンネル，空港や公共交通機関で起こる．インターネットのサイトも，多くの人がサイトにアクセスしようとしてサーバの容量を最大限に使うとき，混雑が起こりうる．教育施設は，学級の生徒数が効果的な教育をするには多すぎるとき，混雑が起こりうる．保健サービスの利用も，1つの救急車や1つの病院に1度に多すぎる人が殺到すると，混雑する．

8.2.1 混雑がある場合の効率的な利用者料金

集団的に利用される施設が混雑するとき，効率的な利用者料金はもはやゼロではない．効率的な利用者料金はむしろ，他の利用者に課された混雑を通じた費用を反映する．いま，n 人の既存の利用者がいて，追加的に 1 人の利用者が集団的に利用する施設を利用したいとする．追加的な利用に対する効率的な利用者料金は，その追加的利用者によって既存の 10 人の利用者が負担する費用と等しい．すなわち，混雑があるときの効率的な利用者料金は，

$$P_{use} = 追加的な利用者の利用による限界便益$$
$$= \sum_{i=1}^{n} 混雑の限界費用 \tag{8.6}$$

となる．

効率的な利用者料金は利用についてのパレート効率性を反映している．混雑する施設の利用を許された 1 人の人は利用によって便益を得るが，他の人は混雑することで損失をこうむる．新たな利用者の利用は，もしその新たな利用者のせいで生じた混雑によって損失をこうむるすべての人を補償するのに十分

な利用に対する支払いをすすんで行うならば,効率的である.

8.1 節で考えた混雑しない公共財に対しては,利用者料金は非効率に利用を妨げるという問題があった.公共財が混雑しうるとき,利用者料金の目的は明らかに利用を抑制することである.利用者料金は,混雑によって生じる負の外部性を解消するために設計される.利用者料金を支払うことによって,利用者は混雑の外部性を内部化する.

混雑しうる公共財の利用者料金は,収入をもたらす.しかし,その収入は公共財の費用とは無関係である.(8.6) 式で定義される利用者料金は,公共財の供給費用によってではなく,混雑によって決まっている.

8.2.2 私的供給

可能ならば混雑しうる施設を同様に多くつくることによって,混雑は避けられる.同じような施設を十分に多くつくることによって,競争的な供給に近い結果を実現しうる.そのうえ,私的な所有もありうる.異なる競争的な私的所有者は,競争的な状況下で,同じ公共財を提供しうる.たとえば,インターネットのポータルサイトや,ジム,娯楽施設,交通機関,映画館は,競争的に同じものが複数提供されていることが観察できる.利用者が多いから,多くの混雑しうる公共財が提供される.このように混雑現象を解消するために同様の施設を複数つくることによって,自然独占に対処するための政府の役割は低下する.混雑があるがゆえに同じものを複数つくることは望ましいことであり,同じものを複数つくることは,競争的な民間の供給者による供給の可能性につながる.

図 8.9 は,利用者が n^* 人となるところで最小となる平均費用関数 AC を示している.図 8.9 の平均費用 AC は,サービスあるいは便益の水準を所与として定義される.AC は,集団的な費用を分担することで得る利得がゆえに,まず右下がりとなり,その後混雑費用がゆえに結局右上がりとなる.たとえば,AC は,浜辺においてある所定の水準の安全を確保する救命員たちの平均費用を表しているとすると,追加的な利用者が入ることによって,その追加的な利用者が救命員たちに支払う費用を分担することによる便益を得るものの,混雑によりすでに浜辺にいる人々に新たな費用を課すことになる.図 8.9 において,費用効率的な人数 n^* 人のところでは,費用を分担することによる便益

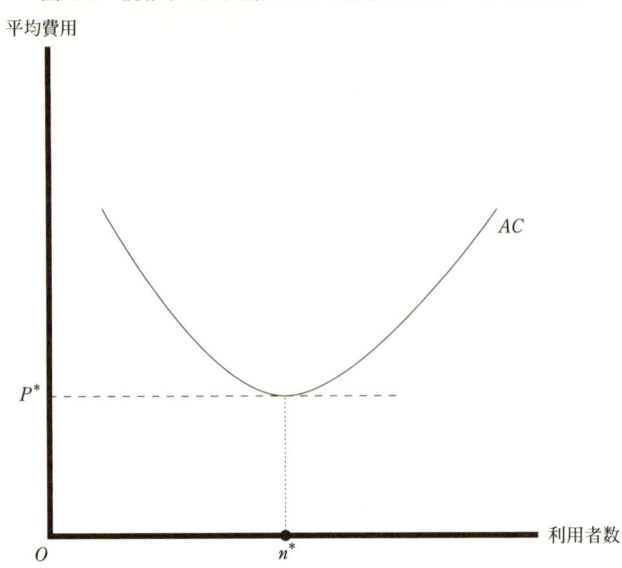

図 8.9 混雑する公共財にとって効率的なグループの大きさ

（縦軸：平均費用、横軸：利用者数、曲線：AC、均衡点：(n^*, P^*)）

と混雑が高まるのにともなう不便が均衡している.

1,000 人の人が浜辺に来ていて, $n^* = 100$ であるとする. そのとき, 同様の施設を 10 個つくれば, 1 組 100 人の人に対して最低の費用で供給できる. この例では, だれも排除されない.

1,001 人の人がいて, 再び $n^* = 100$ であるとする. 不幸にも, 1 人の人は, 効率的に費用分担するグループから排除される. この人は, 費用分担の調整に加わることを拒否される. 十分に多くの人数がいるときには, 排除が起こらない程度に十分に多くの同じものが供給されるに違いない.

十分に多くの民間の供給者が最小費用の人数 n^* 人が利用できるような公共財を提供するとき, 競争市場での条件が満たされる. この競争的に決まる利用者料金を, 図 8.9 では P^* としよう. この P^* は, 最小となる平均費用と等しい. たとえば, 民間の供給者が, パトロールされている浜辺を利用できるように提案していて, もし（パトロールされる浜辺の新たな区画を加える機会を通じて）そのような参入が無料でできるならば, 競争的な供給の条件を満たす. 各所有者は, 公共財（先の例でいえば, 浜辺をパトロールする救命員の数）について利潤最大化する供給量を選択し, 利用による平均費用を最小化するような数だけ利用者を認める. これは, 私的財の完全競争市場での供給条件とま

ったく相違がない．ちょうど競争が私的財の供給における平均費用を最小化するように，ここでも混雑しうる公共財の供給における平均費用を最小化する．各々の民間の所有者は，競争的な収益を得て，利用者料金に基づいた市場を通じて自己負担でまかなうサービスを提供する．

8.2.3 居住地選択を通じた利用者料金

居住地選択を通じた公共財選択のメカニズムは，利用者料金に基づいている．人々は，住むことを選択した地域において利用可能な公共財に対して支払う．地方公共財をまかなうための，居住地選択を通じた利用者料金メカニズムを描写するために，先にあげた浜辺の例を用いよう．浜辺は混雑しうるものとし，浜辺のどの区域にも費用を最小化する効率的な人数の利用者がいるとする．人々は，異なる理由で浜辺に行く．日焼けをしたいだけの人々は，救命員たちに対して支払いたくない．他方，子供たちを連れてきた親たちは，とても良い救命員の監視を必要とするかもしれない．ある人々は，子供たちの存在を疎んじるかもしれない．ある人々は，他の人々が控えめと見たり，逆に必要以上に下品に見える水着を着るのを好むかもしれない．また，ある人々は，性別によって分けられた浜辺があればと思うかもしれない．浜辺が異なる選好に応じて分けられるとき，人々はもっとも適した特性をもつ浜辺の場所を選びうる．そして，彼らは異なる公共財に対して利用者料金を支払い，彼らが求める特定のタイプの便益を受ける．それぞれの浜辺の区域では，人々は，彼ら自身を選別し，彼らの選好に応じて利用者料金を支払う．

より一般的にいえば，浜辺のそれぞれの区域は，分け隔てられた行政区域のようである．異なる行政区域において税は，そこに住む人々にとっては強制的なものであるが，人々が税を支払う地域を選択し，他の地域に移住する権利をもつから，そうした税は自発的な利用料金といえる．

立地のレント

より多くの人々は，その地域が対応できる以上に公共財を得ようとして，その地域に住みたいと思うかもしれない．地域を拡張したり，同じような地域を複製したりすることができないとき，立地のレントが存在しうる．立地の「レント」は，独占レントのように，人気のある地域を利用できることの価値を反

映した，超過した支払いのことである．人々が，住むための要件を満たすことによって，公共財を受ける権利に対する立地のレントを支払う用意があるとき，人気のある地域にある住宅の価値は，立地のレントの資本化された価値を内包している．

ゾーニング（都市計画区分）規制は，その地域に高価な住宅だけを許すかもしれない．ゾーニングは，別の排除の手段である．ゾーニング規制によって要求される最低限の住宅支出をする余裕は，すべての人にはないかもしれない．

所得の差異があるがゆえに，たとえ住宅価格を上げるゾーニング規制がないとしても，すべての人が同じ居住地の選択肢に直面するわけではない．なぜなら，ある人々は，その地域で高価な地方公共財をまかなう税を支払う余裕はないかもしれないからである．同様の支払能力の限界は，あらゆる市場で存在するし，居住地選択の市場だけに限定されない．人々は自らの選好にしたがって市場で購入するが，その選択をする際に所得が制約となる．公共財利用のための居住地選択の市場は，この意味においては，他の市場と何も異ならない．

8.2.4 非営利クラブ

自己負担でまかなうための非営利クラブは，営利目的の私的供給者によって，あるいは行政区域の立地を通じて供給されているのと同様の集団的なサービスあるいは便益を提供できる．非営利クラブを通じた供給は，地方公共財のための地域的市場と似ている．その差異は，自己負担による非営利団体の場合は，公共財の集団的な費用を分担する人々は同じ行政区域に住む必要がない点である．

たとえば，自己負担でまかなう利用者負担の原則は，スポーツ施設の利用権を提供するカントリークラブにあてはめることができる．カントリークラブ以外にも，チェスやフラワーアレンジメントや専門料理，体重管理や減量，合唱，薬物やアルコール依存脱却などといった私的な便益のために，共通の利益をもつ人々が自発的に集まるような多くのタイプの「クラブ」が存在する．

クラブは，混雑の費用と費用を分担することとの便益とのバランスをとることによって効率的なメンバーの人数を求めることができる．また，クラブは，そのメンバーに公共財を効率的に供給するために，メンバーに対して自己負担でまかなうための利用者料金を設定できる．

クラブを通じた自発的な自己負担と私的供給は，ともに課税と公的支出の組み合わせの代替物である．しかし，なぜ非営利クラブは，営利目的の民間供給よりも好まれるのだろうか．

非営利クラブに対する代替物は，利潤を最大化する地域独占かもしれない．非営利クラブの存在理由は，そのような独占を避けることである．「自己所有」が私的企業に任せるよりも好ましいと感じることもあるかもしれない．すなわち，「一家の主になる」ことから満足を感じるかもしれない．

しかし，非営利クラブは，第3章で言及したような政府の官僚に影響を与えるインセンティブ問題と同じタイプの問題をもっている．クラブは利益を追求しないので，雇われたクラブの従業員は，クラブが受け取った収入に見合うように彼らの給料や便益を増やすインセンティブをもっている．クラブのメンバーは，費用や支出をモニターすべきだが，どの個人のメンバーのモニタリングによる便益も，すべてのメンバーにとっての公共財となる．それゆえ，合理的な無知とフリーライドの問題は，費用や支出の効果的なモニタリングを妨げる．もちろん民間の所有者は，利潤を追求するため，費用をモニターしたり管理したりすることにとても気を遣っている．民間の所有者の費用に対する注意が，利用者価格がより低い理由であるかもしれない．

8.2.5 要　　約

8.1節では，混雑がないときの公共財をまかなう手段としての利用者料金を考えた．そこでは，非効率な排除が問題だった．混雑の存在は，利用者料金の役割を，公共財の財源調達から排除を通じた効率的な利用の実現に変える．

排除を防ぐつもりで設定された利用者料金も，その収入の目的が公共財をまかなうことではないが，収入を生む．しかし，同じものを複数つくることによって費用を最小化にした供給を可能にするとき，利用者料金は，混雑しうる公共財の費用とちょうど同じ額の収入をもたらす．

混雑は，公共財についての費用構造を変える．費用分担によって，利用者の人数が増えるときに便益があるが，混雑の費用もある．効率的な利用者の人数は，混雑が高まることにより個人的な便益が低下することと，公共財をまかなうための財源をより多くの人と分担できることにより個人的な便益が高まることとの間のトレードオフを通じて決められる．

個々の民間の所有者が，混雑しうる公共財を同じように複数つくることによって，競争的な私的供給が実現される．それは，交通機関や学校や大学と同様に，映画館，コンサートホール，スポーツイベントにおいて観察されることである．

　居住地域の選択メカニズムが，公共財を選択する手段となるとき，税は公共財をまかなうために支払われるにもかかわらず，自発的な利用者料金でもある．ある地域に住むことによって，人々は公共支出をまかなうための税を支払う意思を示す．

　混雑しうる公共財は，非営利クラブを通じて供給されることもありうる．非営利クラブは，民間の独占に対する解決策かもしれない．非営利クラブは，官僚のプリンシパル‐エージェント問題に直面する．経営者と有給の従業員は，クラブのメンバーによって支払われた利用者料金からの収入に見合うように支出を増やすインセンティブをもつ．対照的に，民間の所有者は費用の最小化を試みるだろう．

8.3　利用者料金と自然独占

8.3.1　自然独占と私的財

　すべての純粋公共財（混雑しない公共財）は，自然独占となる．なぜなら，利用者に対する便益は利用者数と独立だからである．公共財に対する同じ支出は，すべての利用者に恩恵をもたらすから，純粋公共財を同じように複数つくることは無駄なことである．第2章において，1ヵ所に2つの灯台を設置することの非効率性を描写した例を用いた．

　私的な便益を提供する財も，供給費用の大部分が固定費用であるとき（あるいは固定費用だけであるとき），自然独占になりうる．固定費用は，利用者への供給とは独立に発生する．固定費用は，一般的に，多くの利用者の役に立つインフラストラクチャーへの投資において発生する．

　電力供給は，自然独占となる私的財である．固定費用は，電力を利用者に供給するインフラストラクチャーにかかる．他方，電力の生産は，自然独占ではない．多くの競争的な電力の生産者が存在しうる．自然独占は，電力を利用者に配電するところにおいて起こる．水道管を通じて水を届ける事業も自然独占

となる．電力の場合と同様に，自然独占は供給のインフラストラクチャーを通じて生じる．廃棄物やごみの集積場は，集積場を使用する際に固定費用が発生するため，地域的な自然独占となりうる．鉄道の線路は，自然独占になりうるが，輸送や貨物サービスは自然独占ではない．異なる供給者が競争的に線路を使用することができる．線路を所有する自然独占は，維持や，異なる供給者による秩序だった利用に対して責任を負う．バスや航空も，需要が十分に少ない路線では自然独占になりうる．学校も同じ理由で自然独占になりうる．すなわち，自然独占は，競争的に同じものを複数供給するには不十分な需要しかないことによって起こりうる．

技術が変化すると，財やサービスが自然独占とならなくなることがある．電気通信が電話線のみを使用していたとき，電話会社は，インフラストラクチャーを設置したり，ネットワークの適合性を維持したり，物理的に利用者と他の利用者をつなぐ通信インフラを所有したりする自然独占だった．競争は，地域電話会社に長距離通信会社との競争を促すことによって起こった．携帯電話は，長距離通信だけでなく市内通話にも競争をもたらした．インターネットも，パソコンを通じて声による通信を可能にした．

郵便による手紙や小包の配送は，かつては自然独占とみなされた．手紙の分別や配達の費用の点から，単一の供給者にするのが望ましいと考えられていた．なぜ（わざわざ）2人が同じルートで配達すべきだろうか．しかし，手紙は，結局，民間の宅配業者や急行便を通じて競争的に供給されるようになった．FAXの出現も，手で配達する手紙との競争をもたらした．電子メールは，紙に書く手紙の代替物となった．多くの国で，政府が運営する郵便は法律によって独占を維持してきたが，FAXや民間の宅配業者や急行便の登場によって，自然独占ではなく，単なる独占となった．

8.3.2 自然独占における財源対策

公共財や私的財での自然独占における共通の性質は，固定費用あるいはサンクコストがあるがゆえに，すべての利用者にとって共通で，かつ個人の便益と独立に生じる費用があることである．私的財の場合は，生産量が増えるにつれて平均費用が低下する．公共財の場合，利用者が増えるにつれて利用にともなう平均費用が低下する．図8.10は，自然独占において平均費用が低下する性

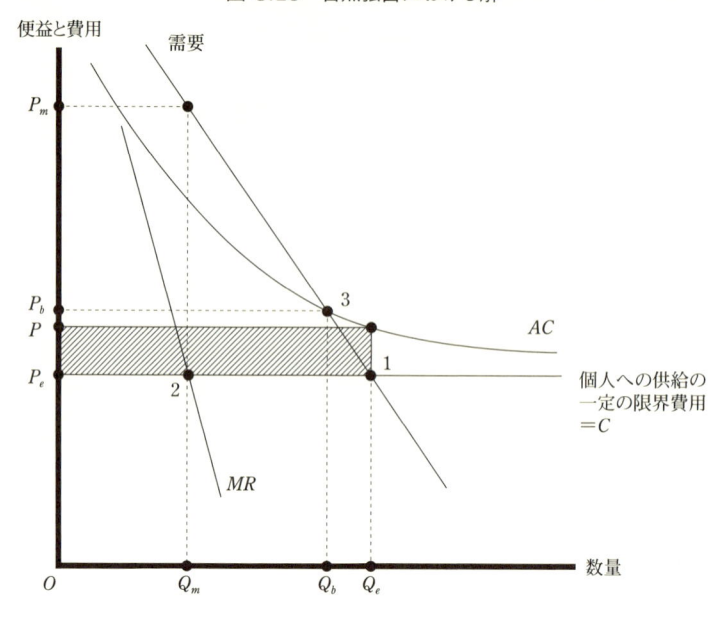

図 8.10　自然独占における解

質を示している．平均費用 AC は，供給量が増えるにつれて固定費用 F をより多くの供給量で分け合うことが可能になるので，低下する．

図 8.10 では，私的財に焦点をあてよう．固定費用に加えて，私的に消費される生産物を買い手に提供するために 1 単位当たり一定の限界費用 c がかかる．すなわち，c は固定費用 F がかかるインフラストラクチャーを利用することにともなう個人的な費用であるといえる．

供給の総費用 C は，固定費用 F と，限界費用 c で利用者へ総供給量 Q を提供するための費用との合計

$$C = F + cQ \tag{8.7}$$

となる．

平均費用は，

$$AC = \frac{F}{Q} + c \tag{8.8}$$

で，供給量 Q が増えるにつれて低下する．逓減する AC によって，自然独占が起こる．

図8.10において，AC はつねに個人への供給の限界費用 c よりも大きくなっていることがわかる．また，AC は供給量が増えるにつれて一定である限界費用 c に近づいていることがわかる．

図8.10は，点1，点2，点3で表されたに，供給のための3つの財源調達の可能性を示している．

効率的な供給

効率的な解は点1である．効率性は，財やサービスを供給することによって総純便益 $W = B - C$ を最大化することによって実現する．総純便益は，点1で最大化されている．点1では，市場の需要が MC 関数と交わっていて，

$$MB = P_e = MC \qquad (8.9)$$

が成り立っている．ただし，P_e は効率的な利用者料金である[4]．

もし自然独占が民間所有であるなら，民間の所有者は効率的な利用料金 P_e を課すことによって損失をこうむる．なぜならば，その価格に対応する供給量 Q_e では，供給の平均費用は価格を超えている．利潤（あるいは損失）は，

$$利潤 = Q(P - AC) \qquad (8.10)$$

として与えられる．図8.10の斜線部は，効率的な利用者料金のもとで民間の供給者がこうむる損失である．それゆえ，民間の供給者による効率的な利用者料金のもとでは，その損失に等しい補助金を政府が与える必要が生じる．

最大利潤

自然独占の私的関心は，利用者価格を P_m，産出量を Q_m とした点2において利潤を最大化することである．この利潤を最大化する産出量は非効率である．なぜなら，産出量 Q_m においては，MB が MC を上回っているからである．

自己負担でまかなうための利用者料金

図8.10で，利用者価格 P_b が平均費用と等しい点3が，自己負担でまかな

[4) 8.1節で見たように，純粋公共財の場合，この価格はゼロである．

うための利用者料金を示している．供給量 Q_b は再び非効率的に過小であるものの，独占利潤を最大化する供給量 Q_m よりも効率的な産出量 Q_e に近い．

政府の補助金に反対する立場

効率的な利用者料金を課すときの政府の補助金の規模は，独占者の生産における平均費用に依存している．そして，費用は，自然独占の経営者の努力（これは一般的には完全に観察できないが）に依存している．

この補助金があるゆえに，自然独占は「ソフトな予算制約」に直面している．（1.3節で見たように）ソフトな予算制約のもとでは，損失は自動的に補填される．

自然独占の場合，補助金は，損失を補填するという特定の意図がある．経営者による努力が低水準だと，自動的に，補助金を増やすことで補填されることになる．それゆえ，費用を減らす努力を行う個人的なインセンティブがない．損失が大きくなることは，自然独占の民間の所有者や経営者にとって個人的な問題ではない．ソフトな予算制約は補助金を通じてすべての損失を補填する．

図 8.10 の点 1 における補助金決定の仕事は，一般的には政府の規制当局が担当する．観察できない経営者の努力とソフトな予算制約のために，規制当局はプリンシパル‐エージェント問題に直面する．自然独占における経営は，観察できない努力を通じて費用を決め，生産者によってではなく規制当局によって決められるべき補助金の規模がそれによって決まる．プリンシパル‐エージェント問題は，政府の規制当局の目的にそって生産者を行動させるインセンティブ・スキームを規制当局が設計し執行できるとき，解決される．経営者の行動が規制当局によって観察できないので，規制当局は，公共支出を必要とする間接的な財政的インセンティブを探すことを余儀なくされる．たとえば，自然独占者の費用削減への報酬などである．

補助金の規模を決める際の第 2 の問題がある．努力とは独立に，もし規制当局が AC 関数の位置についての情報を自然独占者からの自己申告に依存したならば，自然独占者は AC を戦略的に報告できる．すなわち，自然独占者は（信認される範囲内で）費用を偽って提示できる．自然独占者は，真の AC よりも時として高く報告することによって利得を増やすことができる，また時としてより低く報告することが得になるかもしれない（後者のケースは理論的にありうるのか？　費用を過少申告して，赤字を小さく見せることで，ボーナ

スを得るのか？）[5]．それゆえ，規制当局は費用を戦略的に偽って提示する方向についてあらかじめ知らない．

これは，努力が観察できない結果生じる，先に述べたプリンシパル-エージェント問題とは明らかに異なった問題である．費用を偽って提示する問題は，費用が（努力によって操作できるものでなく）あらかじめ決まっているが，規制当局がそれを知らないときに，起こる．供給者は真の費用を知っていて，政府の規制当局は知らない．先のプリンシパル-エージェント問題では，規制当局は費用を観察できるが努力は観察できないものだった．

自然独占に補助金が給付されているとき，「虜囚（capture）」として知られる第3の問題が生じる．規制を受けている生産者が，規制当局が公共の利益を追求しないで，規制を受けている生産者の利益に公共政策を適応させるように，規制当局の目標を覆すことに成功するときに，虜囚は起こる．これは，当事者の意思に反した「虜囚」ではなく，自発的な虜囚である．この「虜囚」は，明らかに，虜囚となった規制当局の官僚の利益にかなっている．

虜囚は，もっとも明白な形としては，賄賂を通じて実現する．賄賂は非合法的であり，あからさまな賄賂よりも，より捉えにくい手段による虜囚が可能である．たとえば，政府の規制当局の被雇用者が，規制当局を退職した後に，規制を受けている企業に優遇された条件で雇われるかもしれない．これも，もちろん，賄賂の一形態である．

虜囚は，政治的な目的からも起こりうる．規制当局は，規制を受けている生産者からの選挙資金や政治的な謝礼としてのその他の表現によって便益を受ける政治的な監督者に対して忠実であるかもしれない．

競争入札

上記のような問題から，民間に所有されている自然独占に対して政府の補助金を出さないようにすることは望ましいといえる．この補助金は，図8.10の点3の自己負担でまかなう状態が選ばれることで回避できるかもしれない．

---

5) 図8.10の補助金は，供給の限界費用 c に関する申告に依存する．真の c より低く申告することで，1単位当たりの補助金は低くなるが，補助金が支給される供給量は拡大する．真の c より高く申告することで，補助金が支払われる供給量は小さくなるが，1単位当たりの補助金は増加する．したがって，真の c より高く申告することで，補助金総額が増えるかもしれないし，また真の c より低く申告することで，補助金総額が増えることもありうる．

それは競争入札を通じて実現可能である．将来の潜在的な供給者が独占者になる権利についての競争入札に応じ，その入札が，いくらの利用者料金を課すかについて行われるとき，落札するのは自己負担でまかなうことができる利用者料金 P_b である．

競争入札で落札する P_b では，利潤はゼロになる．この価格を入札する供給者が，与えられた期間中に排他的に供給を行う権利を得ることができる．

競争入札の結果は効率的ではない．カリフォルニア大学ロサンゼルス校のハロルド・デムセッツ（Harold Demsetz）[6]は，にもかかわらず競争入札が，自然独占者の収入を政府の予算から切り離すために正当化されるケースを示した．

政府は，競争入札での落札から得る収入を最大化しようとしているわけではない．最大の収入は，制約のない独占者になる権利についての入札を実施することで達成される．価格に関する制約を受けずに排他的に裁量的な供給を行う権利を落札した者は，図8.10の点2（価格は P_m で産出量は Q_m）における独占利潤を得る．落札価格は，この利潤の価値と等しい．独占者になる権利についての入札を行い，落札者が設定できる価格を自由にしておくことで，政府は独占利潤を自分に移し，規制を受けない独占者を世の中に送り出すことになる．

収入の最大化という政府の目的は，それゆえ，点3における自己負担でまかなうための利用者料金の解とは不整合となる．点3における利用者料金の結果を導くのは，供給者が利用者に提示する価格についての競争的入札の場合である．

現在の供給者が入札で負けるならば，別の問題が生じる．その後，新しい落札者に対して所有権やインフラストラクチャーの利用権を移転する必要がある．たとえば，ある企業がケーブルテレビのサービスを提供するインフラストラクチャーに投資すると仮定しよう．そのとき，定められた年数の後，次の期間における将来の供給者を決めるために競争入札が実施され，当初の供給者は入札に負けるとする．当初の供給者はインフラストラクチャーを所有しているが，入札に負けた後，もはやケーブルテレビのサービスを供給するべく所有しているインフラストラクチャーを利用する権利はない．新たな供給者にとって，インフラストラクチャーをもう1つつくることは社会的に非効率である．

---

6) Demsetz, H., "Why regulate utilities?" *Journal of Law and Economics* 11, 1968, 55-65.

重複投資は，競争入札の目的を無にする．新しい供給者はそのインフラストラクチャーを買いたいだろうが，その費用は新しいケーブルを敷く費用よりも下回るだろう．インフラストラクチャーの所有権の移転に対する価格について合意にいたるまでには，複雑な交渉が行われ，供給権の移転は遅れるかもしれない．政府の関与，あるいは強制的な仲裁は，インフラストラクチャーの所有権を秩序だって移転するために必要である．移転は強制的であるため，所有権の問題は解決される．

政府がインフラストラクチャーを所有し，落札者にリースすることは，1つの代替案である．その場合，政府は，インフラストラクチャーの維持に責任がある．

インフラストラクチャーが供給者にリースされるとき，将来の競争入札の結果についての不確実性は，供給者がインフラストラクチャーを維持するインセンティブを減らす．政府が所有するインフラストラクチャーを利用することについての政府と供給者の間の契約は，維持のための要件を規定することができる．しかし，契約中にすべての責任を列挙するのが難しいのと同様に，すべての偶発事象を完全に網羅することや，維持のための予防措置を特定することも，難しいかもしれない．

インフラストラクチャーの所有にともなう問題は，すべての潜在的な供給者に利用を開放するという法的必要条件によっても解決できるかもしれない．すなわち，法律によって，どのインフラストラクチャーの民間所有者も，そのインフラストラクチャーを使用することをあらゆる競争相手に認めなければならないこととすればよい．たとえば，ケーブルテレビ会社は，その会社のケーブルシステムを通じたインターネットへの接続を，他の供給者に認めなければならないこととすればよい．接続権は，電力供給網，鉄道，ガスのパイプラインや電話網の利用にも応用できる．このようなケースでは，再び，所有権についての問題は解決される．当初の自然独占者は，投資を行い，インフラストラクチャーを所有している．その後，その所有者に，競争相手によるインフラストラクチャーの利用を認めさせるための公共政策の決定が行われるのである．

それゆえ，利用者料金に関する競争入札を通じて落札者が決まったからといって，必ずしも政府がその場を立ち去るのを許されるわけではない．不完備契約の問題と，所有権の移転やインフラストラクチャーの利用についての問題に対処する責任が，政府には残っているかもしれない．

8.3.3 政府による所有と民営化

ときどき，政府を自然独占の所有者かつ経営者とすることによって，政府と民間所有の自然独占者の間の関係から生じる問題を避けようとする決定がなされてきた．政府による所有は，政府が直接的な供給者だから，民間所有者に対する政府の補助金の規模を決める問題を解消する意図がある．自然独占者としての政府は，効率的な供給にともなう損失を知っている．損失は，政府の予算を通じて直接的に補填される．競争入札における不完備契約の問題も生じない．なぜなら，政府それ自体が供給者であるとき，契約の必要がないからである．所有権の移転やインフラストラクチャーの利用の問題は生じない．なぜなら，所有権の移転が起こらないからである．

20世紀の主な時期を通じて，政府による所有と供給という解決方法は，アメリカを除いて，ほとんどの場所で見られた．アメリカ以外では，自然独占に関する適正な公共政策は，政府が自然独占者となる責任を担うことだった．政府の管理下での自然独占は，しばしば，国有企業の形をとった．しかし，自然独占は，事実上政府の一部門であり，上層部管理職の任命や取締役会の任命はしばしば政治的決定だった．

20世紀の後半には，ヨーロッパや他の国の政府は，民営化の過程，すなわち，自然独占から民間所有への変換に着手した．民営化は，政府の官僚よりも民間所有のほうが優越しているとの認識を反映していた．政府の一機関による供給から民間での供給に変化させることで，費用を抑制するインセンティブが導入された．民営化された企業は，政治的意思決定の領域からも抜け出た．

民営化は，国有企業の従業員からしばしば抵抗を受けた．国有企業の従業員は，しばしば，民間部門の従業員では実現できない給与や雇用の環境を与えられていた．すなわち，国有企業の従業員は，レントを享受していた．レントの規模は，民営化に抵抗する際に従業員がどれだけしつこいかによって顕示された．民営化した後，以前国有企業の従業員が享受していたレントの規模は，民間所有となった企業の利潤によって明らかにされた．

民営化からの収入

民営化によって政府が受け取る収入は，民間の所有のもとで許される自然独占の価格形成行動に依存する．民営化による収入を最大化しようとする政府

は，規制のない独占として利潤を最大化するときの価格が付けられるようにして，自然独占を売却するだろう．それゆえ，民営化から得る収入を最大化することは，何も邪魔されない独占者を世に出すことになる．その結果は効率性と整合的でない．

最初に戻って

自然独占を民営化するとき，この節で考えてきた論点が再び現れる．すなわち，社会は，自然独占に対する公共政策を決定する必要性に直面する．

8.3.4　費用分担の連合と自然独占

ここで，これまで採用してきたことと多少異なる観点で自然独占を考察しよう．固定費用を分担する利用者の間の異なる結託にとっての便益の観点から自然独占をみてみよう．3つの共同体1, 2, 3を考えてみよう．これらの共同体は水道システムの固定費用を分担している．それぞれの共同体では水道に対して所与の需要がある．ここで価格に対する需要の反応は考えないこととする．問題は，所与の需要を最小費用で満たす方法である．ある共同体にとっての供給費用は，共同体の次の選択，つまり自身でインフラストラクチャーに投資するか，他の共同体と共同して費用分担するかどうかに依存している．

次のような費用構造を考えよう．もしある共同体が自身でインフラストラクチャーを供給すると選択すれば，各共同体にとっての総費用は，

$$C(1) = C(2) = C(3) = 150 \tag{8.11}$$

となる．もしそのうちの2つの共同体がインフラストラクチャーの供給費用を分担することにすれば，総費用は，

$$C(1,2) = C(2,3) = C(3,1) = 180 \tag{8.12}$$

となる．もし3つすべての共同体で費用を分担すれば，総費用は，

$$C(1,2,3) = 300 \tag{8.13}$$

となる．

それゆえ，個々の共同体にとって，2つの共同体で連合することが費用を最

小化する．まとめると，次のようになる．

(1) 1つの共同体で供給するときの1共同体当たりの供給費用は，150である．
(2) 2つの共同体で連合するときの1共同体当たりの供給費用は，90である．
(3) 3つすべての共同体が共同で供給するときの1共同体当たりの供給費用は，100である．

それゆえ，2つの共同体は，インフラストラクチャーを供給するために連合を形成するインセンティブがある．それによって，それらの共同体は，1共同体当たりの費用を90で，住民に水道を供給することができる．いま，共同体1と2が水道を供給するための連合を形成したとする．そのとき，3つすべての共同体の水道を供給するための総費用は，

$$C(1,2) + C(3) = 180 + 150 = 330 > 300 = C(1,2,3) \tag{8.14}$$

すなわち，2つの共同体が連合を形成するとき，3つすべての共同体の総費用は，3つの共同体がすべて連合して水道を供給するときのものよりも多いのである．

　3つすべての共同体の供給連合は，供給の総費用を最小化し，それゆえ水道の供給は自然独占となる．しかし，この自然独占は**自発的**な意思決定では**持続可能ではない**．なぜなら，2つの共同体の連合は，すべての共同体がともにサービスを供給するときよりも，1共同体当たりの費用を低くできるからである．

自然独占の定義

　以前に，自然独占を，利用者に供給する生産物が増えるにつれて平均費用が連続的に低下するときに起こると定義した．先の3つの共同体の例においては，平均費用は利用者の人数が増えるにつれて連続的に低下しない．平均費用は2つの共同体の利用によって最小化される．連続的に低下する平均費用が，自然独占の存在条件を意味する．しかし，自然独占のすべての場合で平均費用が連続して低下する必要はない．

パレート改善に向けた自発的協力

先の例を続ければ，排除された共同体は，2つの共同体の連合に近づき，自らは120支払うから全共同体の連合で水道を供給しないかと提案することが考えられる．単独で供給するときに強いられる150の支払いに代わり120支払うことによって，排除された共同体は30節約できるのに対し，2共同体の連合に属する共同体は何も悪化しない．パレート改善する変化の可能性があるとき，その変化は自発的に起こることが予想される．ここでいうパレート改善する変化とは，2つの共同体の連合から3つの共同体による連合への変化である．

もし先に排除されていた共同体が，全共同体の連合において，120支払うなら，この共同体は，パレート改善する変化からの利益をすべて手に入れる．しかし，他の2つの共同体はその利益の分配を交渉するかもしれない．極端な場合として，2つの共同体は，排除された共同体に149支払うことを求める可能性がある．それは，排除された共同体に1の利益を与え，もともとの連合に属していた2つの共同体は29の利益を分け合うことを意味する．

連合の不安定性の問題

自然独占が上記のような環境を形成するとき，多数決投票（第3章や第6章）を考察したときに直面したように，順序に関する連合の不安定性の問題が起こる．2つの共同体の連合は，安定的ではない．なぜなら，排除された第3の共同体は，その連合のメンバーである1つの共同体を逸脱させて新しい連合を形成することに価値を見出させるような支払いを提示できるからである．たとえば，排除された共同体は，連合のメンバーである共同体の費用を90未満に下げて，その代わり新しい連合に入るよう提案することができる．もしその排除された共同体が，2つの共同体連合での費用180のうち100を支払うと提案したならば，その共同体自身は排除されて150支払うときより改善する．勧誘された新しい連合のパートナーは，そこで80支払えばよく，10節約できる．もちろん，先の連合が崩壊した後の新しい2つの共同体連合もまた，不安定である．新たに排除された共同体にとっても，新たな連合を崩壊させる同じインセンティブが存在する．より上位の政府当局は，すべてのメンバーを包含する自然独占連合を強制することで，不安定性を阻止できる．効率的な結果は，3つすべての共同体の住民への供給の総費用が最小化されるときに，維持

される．

8.3.5 要　約

　この節では，利用者料金の役割と自然独占があるときの政府の責任について考察した．すべての純粋公共財は自然独占である．8.1節で見たように，純粋公共財に対する効率的な利用者料金はゼロである．非効率な排除をなくすには，政府が公共財をまかなう財源を完全に調達する必要がある．私的財についての自然独占では，効率的な利用者料金は正の値であるが，もし民間企業が効率的に供給しようとするならば，補完的な補助金が必要である．プリンシパル‐エージェント問題や，政府が民間の供給者に補助金を与えるときに生じる非対称情報にまつわるその他の諸問題を鑑み，自然独占に対する解決策として競争入札について考えてみた．それでも供給は，限界便益が限界費用と等しくなるという通常の基準によれば効率的ではない．それにもかかわらず，政府は民間の供給者に何も支払わなくてもよいから，それを相殺する以上の便益がある．競争入札では，不完備契約にともなう問題が生じ，所有権の移転やインフラストラクチャーの維持に関連した問題が生じることも確認した．

　いくつかの国における自然独占に対する代表的な解決策は，政府による所有である．自然独占が政府官僚組織の一部となるときに起こる諸問題があるがゆえに，民営化が行われた．民営化後に，自然独占から最小費用での供給を導く競争への転換を促すように，技術が変化していないならば，問いは再び私的所有の自然独占に対する適切な公共政策のあり方に戻っている．

　自然独占が，供給の平均費用ではなく供給の総費用を最小化する場合についても考察した．連合の不安定性の問題があるがゆえに，政府はすべての構成員を包含する効率的な自然独占を維持する責任がある．

第9章
政府はどのくらいの規模であるべきなのか

　政府の最適規模を考えるとき，規範的な側面（normative aspect）として政府はいかなる大きさであるべきなのかや，政府の望ましい構造はどうあるべきなのかを考えることになる．また実証的な側面（positive aspect）からは同じ質問に対して，政府の規模やその成長を説明することになる．この章では，政府の構造と規模に関して，規範的な側面と実証的な側面の両面から考察を行う．まず，さまざまな政府が存在することがいかなる結果を導くのかを通して，政府構造のあり方を議論する．その後，社会における協力や信頼が政府の必要性を減らすことにどのくらい寄与しているのかを考察する．最後に，政府部門の成長の経緯を概観し，憲法上の制約（constitutional restraint）の役割を考察する．

9.1 さまざまな政府

9.1.1 政府を選択することから生まれる便益

　これまでの章において何度も述べられたように，個人は地域間を移動することによって政府を選択する．人々が政府を選ぶ機会をもつとき，政府は財政や政策に関して独占者ではなくなる．政府を十分に選択できる状況では，個人は競争市場で需要と供給から競争的につけられた価格を支払うように，税も需要と供給から決められた額を支払うことが可能となる．地域の選択を通して政府を選択する可能性がある状況では，さまざまなタイプの政府がさまざまな結果を生み出す．

　政府が各個人の選好にあわせた形で公共財への支出を行う場合，政府の選択は，市場での財選択のように，公共財を選択する手段となる．政府の選択は，「足による投票」とも呼ばれている．通常，税・歳出などに関して人々の総意

としてしかなされない政策決定が，政府の選択が可能な状況では，各個人の意思による決定となるのである．住む地域を選択することによって，人々が支払いたい税と受け取りたいサービスを選択することが可能であるならば，強制的に徴収される税は，各個人が自発的に支払う使用料と一致する．

政府支出が多数決で決定される状況では，地域選択を通して政府支出に対して同様の選好をもつ人々がグループとなることにより，少数派は，少数派のままの状態から脱却できる．また，地方政府が供給する地方公共財が混雑を生み出す状況では，地域選択は，効率的な費用負担グループを形成することになる．さらに，より同質の選好をもつグループであれば，レントシーキング（利益誘導活動）を行うインセンティブは減る可能性がある．すなわち，地域における全ての住民が政府に対して同じ要求をしたいと思っているならば，政府支出や政策に関して政治的な恩恵を求めることはしないと考えられる．

政府によって財源が調達されている民間財（たとえば，社会保障など）の権利に関しても，各個人には彼の望む税やサービスのレベルにあった地域を探すインセンティブがある．すなわち，政府の選択は，公共財や税と同様，政府の供給する民間財の権利の選択も可能にするのである．また，社会的規範や政策が個人の価値観と一致するとき，各個人による政府の選択は，地域コミュニティ（地方政府）の選択をも可能にするのである．

中央政府と比べ，地方政府は，投票者に対して，より強い責任を果たすことになる．政策決定者や官僚と住民との距離が縮まると，税や政策についての情報入手の費用が減り，「合理的無知（rational ignorance）」を克服することができるのである．すなわち，地方政府は，住民にとって（つねに接している）より身近な関係となる．距離が縮まれば，政府と住民の間の交流もより容易になる．ただし，官僚や政治家の行動に関しての不満を効率的に伝えるためには地方政府レベルで住民や投票者の数が十分少ないことが必要となる．

9.1.2　政府の理想形

政府の理想的な構造は，階層的（垂直的）な政府と，水平的（複製的）な政府の役割を備えていることである．政府に垂直的な構造があれば，公共財を，その最適規模に合わせ，最適規模の階層グループに供給させることで，効率的に費用を分担することが可能となる．公共財が地域選択を通して供給される

とき，理想的な階層的政府は，ピラミッド型である．ピラミッドの頂点には，純粋な公共財を供給する政府が位置する．階層が下がるにつれて，より小さな課税地域（tax jurisdictions）が，より混雑効果の大きい準公共財（congestable public goods）を供給する．また，政府に水平的構造があれば，ピラミッドのおのおののレベルにおいて，競争市場での財供給のように，十分に理想的な地域選択の余地が与えられる．

9.1.3 効率的な地域選択メカニズムの障害

　理想的な政府構造を実現するためには，さまざまな障害が存在する．純粋公共財は，他地域まで幅広く便益が及ぶため，競争市場での財供給のように別の地域政府が同じ財を複製することは，費用から見て効率的ではない．したがって，高い階層レベルでよりも，（外部性の少ない財を供給する）低い階層レベルで，同じ階層で地域ごとに公共財は複製され，その結果，地域の選択が生まれる．国家間では，人々の移動に制約があるため，高い階層の政府（すなわち，国家または連邦）は，法律的に独占状態になりがちである．

　地域政府の外部変化に対する低い柔軟性は，理想的な政府を実現する障害となる．垂直的または水平的な政府が存在したとしても，それは，必ずしも公共財を供給するための理想的なピラミッドを形成しているとはいえない．すなわち，地域間の地理的な境界は，公共財を供給するための効率的な形態にデザインされているというよりは，むしろ通常は，歴史的，政治的要因によってあらかじめ決められている．技術や選好といった外部変化が起きた場合，異なる公共財に対してそれを分担するグループの理想的な規模は変化するが，地域の境界が固定的である場合，その調整が困難である．

　地域選択のメカニズムは，どのくらい地域を移動したいのかに関わっている．個人的な理由によって，人々は移動したくないかもしれない．個人間の人間関係，友達や近所との交流は，住む地域や地域移動に対して共同での意思決定を余儀なくする．個人主義社会であり，個人間の関係や地域社会に依存する度合いが小さくなるほど，公共財を競争的に供給し各個人が自分にあったサービスを選択できるというメカニズムとしての地域選択が，より効果的に機能するのである．

　公共支出政策で供給される公共財はある種の組み合わせになっており，人々

が望むすべての公共財の組み合わせを競争的に供給するほどの地域数は存在しない．組み合わせの問題は，個別の市場決定を通して個別に購入される民間財では生じない．公共財の組み合わせのために，地域選択においての妥協が余儀なくされることもありうる．たとえば，公立学校へ高い支出を行う地域では，税負担者の多くは，高所得者であろう．このとき低所得者は，公立学校での高い質の教育を求めて，その地域に集まるかもしれない．しかし公共財が組み合わせで供給されるために，低所得者は，自分たちにとっては必要ないが，高所得者たちが求める公共サービスの財源を調達するために税を支払わされることに気づくことになる（たとえば，警察への多くの支出は，守るべき十分な財産をもつ人々にとっては適切であろう）．結果として，この組み合わせは，警察の支出と学校での支出を分離することができないために，低所得者にとっては望ましくない公共財を供給することになる．また別の問題も存在する．たとえば，高いレベルの教育によってその地域に魅せられた低所得者は，公園やテニスコートのような高所得者にとって自分自身たちだけで私的にまかないたいサービスを，より公共的に供給することを望むかもしれない．

　このとき，それぞれの公共財が，分離された供給官庁から供給されている場合には，個別に公共財を供給することができるであろう．電気代を電気会社に支払うのと同じように，税支払いを，教育，社会保障，警察などに責任をもつ官庁に支払うことが可能であるかもしれない．それぞれの分離した官庁が個別に公共財供給のための税を徴収すれば，税負担者は，それぞれの公共財に対してどのくらいお金がかかっているのかを知ることができる．それはまさに，説明責任が達成されている状態であり，人々は，そのサービスから得られる便益と，税を通じて支払った費用を比較する手段をもつことになる．そのような情報は，公共支出のある分野において便益以上の費用がかかっているという知らせを税負担者に与えることになる．すなわち，投票者は，公共支出のメリットを再評価することができるのである．このような状況では，公共支出における組み合わせの問題は解決されているが，公共財支出の全体的なあり方に関して，効率的に集合的な決定が行われているのかどうかに関しては，（同質の選好をもつ人々に公共財が供給される場合にはこの問題は軽減されるものの）問題が残されている．

9.1.4 地域間の外部性

これまでのところでは，複数の政府が存在する状況において，地域選択のメリットがあることを見てきた．しかしながら，隣接する地域における規範や公共政策は，負の外部性を生み出すことがある．たとえば，仮に1つの地域が銃の規制を強く行っており，隣接する地域がそれを行っていないならば，犯罪者はその地域で銃を買い，規制に正直にしたがってだれも銃を保持していない地域で，確実に事件を起こすであろう．また，ある地域が環境基準を緩めており，一方の地域が厳しく環境を規制している場合に，環境規制の強い地域は，環境規制の緩い地域から発生した空気環境の低下の影響によって，ダメージを受けるであろう．異なる地域の境界を越えて及ぼす外部性が存在すると，複数の政府の存在のメリットを打ち消す可能性が高くなり，外部性問題を内部化し解決できるくらいの大規模な地域が望まれることになる．グローバルな環境問題は，その外部性が，異なる国家政府の領域を超えて及ぶため，解決されないで残されている．

9.1.5 社会保険と地域移動

グローバルな社会保険のあり方を考えてみよう．私たちがどのような立場で生まれてくるかわからない場合，私たちは，どのような種類の社会厚生関数（すなわち，弱者をどのくらい評価するのか）を選ぶであろうか．このとき，もしグローバルな社会保険契約がない場合，社会保険は，地域選択における逆選択問題によって，その効果を発揮できないと考えられる．すなわち，より貧しい人々は，低所得者に一般的な生活を送る資格を与えてくれるような地域に移住し便益を得るであろう．そのときには，高所得者にとっては，そのような地域から離れることが望ましくなってしまう．地域は，社会保険契約が，地域住民が直面するリスクに対して設定されると期待するが，もし仮に，移住者すべてが地域の社会保険資格を通して便益を要求するならば，そのような制度は供給されないのである．すべての移住者が社会保険の権利を得るならば，地域は供給する社会保険の範囲を制限せざるをえなくなるのである．人々が望む一般的な社会保険の資格は，実行不可能になるのである．

違法な移住者は一般的に，社会保険を得る権利はない．また，一般的に，彼

らは税を支払わない．しかしながら，彼らは，実際には目に見える形で存在し，その国で働き住むことを許されている．その地域の労働者と競争しない職種に彼らを制限することで，違法性が許容されているのである．同時に，違法である限り，彼らには社会保険の権利は与えられない．しかしながら，彼らでさえ，子供に対しては，医療と教育を要求することができる．社会では，子供に対して医療や教育を受けさせないことは一般的に認められないのである．

時間が経つにつれて政府は，違法な移住者に対して，法的に居住を申請する許可を与えるほど寛容になってくるかもしれない．法的に認められた居住は，違法な移住者の所得を影の世界から表に引っ張り出す効果をもつ．そうして，移住者の存在によって必要となる歳出に見合うだけの税を課すことができるようになる．

移住する人々が貧しいとは限らない．高所得者もまた，高い税による寛大な社会保障を避けるために，移出するインセンティブをもつかもしれない．高所得者，特に，テニス選手，ゴルフ選手，F1ドライバーの中には，個人所得への税率が低い租税回避国（tax heaven）に移動する者もいるかもしれない．

9.1.6 連邦構造での所得再分配

税は連邦または国家レベルで課されて，たびたび地域間（regionsやlocalities）で再分配される．そのような税収の共有および再分配は，異なる地域間のリスクを幅広く調整する．たとえば，原油の価格が下落した場合，アメリカのテキサス，アラスカ，およびその他の原油生産州の地域経済は萎縮する一方で，ユーザーであるその他の地域経済は，拡大する．連邦政府を通じた共通の課税ベースや税収の分け合いは，原油価格の変化の際に，得をする地域と損をする地域に対し，リスクをプールすることを通じて，保険として機能する．連邦や中央政府の税収は，資産とリスクを適正に配分した結果として生み出されてきたものとみなすことができる．

集権化された税を地域や地方政府へ再分配している状態では，税や政府支出に関して個々人の地域選択ができているとはいえない．地域選択モデルでは，地域で供給されたサービスの使用料に等しい税が支払われることによって，地方公共支出の資金がまかなわれる．一方で，集権的に徴税しその税収を再分配する場合，連邦や国家政府は使用料の特性をもたない税を課し，それどころ

か，再分配政策を通じて，税収の移転という形で，その地域の使用料を補助しているのである．

政治的支持がどのくらい得られるのかという予測は，税収の地域間分配の決定に影響を与えると思われる．政治的配慮で行われる地域間の税収再分配は，地方政府が完全に自身の課税や支出に責任をもっている状態での再分配とは異なることになる．

9.1.7 住民移動と政府の質

移住することによって，人々は，政府組織を別のものに変えることができる．移住の理由は，恣意的な税制と歳出からの便益に満足しないからである．移住しないでその地域の政府を好むのは，成功した利益団体（レントシーカー）のみである．移住する人々は，一般的に成功した利益団体ではなく，むしろ，生産活動に一生懸命従事することを好む人々であろう．人々は，別の国への移住が合法であろうとなかろうと，移住するであろう．移住者は，よりよい所得を求めるとともに，より良い政府を求めているのである．

国家の境界で2つの町が隣り合って位置していることがある．そこに住む人々が同じ能力をもっているとしよう．ある町では，個人の財産権があり，税は合理的で，税収は，望ましい政府支出をまかなっている．一方の町では，財産権は守られておらず，歳出は社会的な便益を生んでいない．特に，この町の政府は，教育を通じた社会の流動性 (social mobility) を改良することに興味をもたず，弱者よりも，権限を有する権力者への便益のための手段として歳出をとらえているかもしれない．この結果，所得のレベルや所得分配は，2つの町の境界で異なることになる．ある側では，ほとんどの人々は貧しく，ある際立った金持ちが存在することになる．その町では，悪い政府を良い政府ととり替えるために，もう1つの町へ移動したいという希望は絶えないであろう．

9.1.8 ヤードスティック（間接比較）競争

民主主義社会では，投票者は，選挙によって政府を変化させることができる．しかし現実では，投票者は自ら合理的に無知であることを選択して，公共の利益に関心がなく自分の利益に興味をもつような政治家や官僚を見定めるた

めに必要な情報をもたなくなっている．さらに，不確実性があれば，政府の不十分な能力の原因が何であるのかを判断することも困難となる．

複数の政府の存在は，投票者に対して，近隣の政府と，税の費用や歳出からの便益を比較して自地域の政府を判断するための情報を与える．すなわち，複数の政府は，ヤードスティック（間接比較）競争を可能にするのである．ある地域では，地方公共財は高いレベルにあるが税は低く，一方で，他の地域では，税は高いが公共支出からの便益は低い．他の地域の住民に税の費用や便益が見えるということは，比較可能な対象を与え，他の地域の政策決定者のタイプを見極めるヤードスティックとなるのである．比較可能な情報は，投票者に対して，選挙の際，現職者を支持するのか選挙に挑戦する者を支持するのかを決めることを可能にするのである．

異なる地域での帰結からの比較が可能でないならば，「すべての政治家や官僚は，自分の利益実現のために働き，自分のエゴを満足させるための権力を求めて政府で働いている」はずだと，地域の投票者は考えるかもしれない．しかしながら，投票者が，他の地域の政治家や官僚の成果を観察できる場合には，よりよい政府の存在を確認することができる．また，自地域の在職政治家に十分に満足できない場合は，投票者は，在職政治家に反対する，新たな候補者に投票することで，投票者の立場から政治を改良することが可能となる．

同時に，在職の政治家は，投票者が，比較対象者の成果を参考に自身の成果を判断していることに気づくことになる．結果として，より良心的で，社会的責任感のある政治行動を促す，競争的な規律が生まれるのである．

9.1.9　財産税と人頭税

財産は，地域間で移動しないので，地方政府は財産に課税するのが一般的である．すなわち，財産は地域の課税から逃げることはできないという特徴から，財産税は効率的となるのである．

効率的な価格付けに適用する一般的なルールは，ある個人 i に対して，価格 P が，限界便益 MB に等しくなるべきであるというものである．すなわち，

$$P = MB_i \tag{9.1}$$

となる．特に，人々が地域選択を通じて地方公共財を選択する場合には，効率

的な価格付けは，公共財1単位当たり地方政府に支払う税が，限界便益に等しくなる場合に達成される．すなわち，

$$T = MB_i \tag{9.2}$$

となる．ここで，税 T は，人々に効率的な地域選択を促す使用料のようなものとして機能している．

　税 T は，地方公共財への歳出便益に対する，1人当たりの価格とみなすことができる．1人当たりの価格は，いわゆる人頭税に対応する．すなわち，その地域にいるという理由で，すべての人が，供給された公共財からの便益に対して支払う税である．人々が地域の選択に直面するとき，人頭税は，移住によってのがれることができるため，一括税ではない．それゆえ，ある地域の人頭税は，選択可能な他の地域の人頭税と比較され，個人や家族によって選択されることになる．人頭税が選挙権に基づいて課されるならば，その税は，選挙権税（poll tax）となる．

　人頭税は，公共財が地域選択を通じて決められるとき，結果として，効率的な価格付けを可能とする．人頭税は，地域における公共財からの個人便益に対する個人価格となるのである．

　それでもなお，一般的に歳出をまかなうために，人頭税ではなく，財産税が用いられる．財産税が用いられれば，公共財をまかなうための課税ベースは，土地や住宅などの資産に限定される．

　同じ地域で同じ財産税が課されている2つの住宅を考えよう．ある住宅には2人が居住し，もう一方の住宅には，6人が同居している（人数の違いは，子供の人数による違いではないとする）．地方公共財の財源を調達するために課された財産税では，2人で居住する人々には，家を6人で居住する人々よりも，政府に対する同じサービスに対して3倍もの税を支払う．

　ここで，同じ便益に対する税負担の差を，水平的または垂直的公平を通した社会的税負担の基準から正当化できるのかどうかを考えてみよう．財産税のもとでは，居住者の数ではなくて，財産の価値で課されるので，1人当たりの支払額は同居する人数が増えるにつれて減少する．

　1人で住むことが可能な人は，多くの税を支払うことが可能である人といえるかもしれない．すなわち，そのような人は，より多くの税を支払う能力を備えているのである．しかしながら，実際のところ，独居人の中には，所得は少

ないが，長年住んでいる家に住み続けている人もいるであろう．彼らは，（家を貸すことも売ることもできるだろうから）その所得の大部分を，家に住むことに対して潜在的に支払っているのでる．

　豊かな高所得者は，よい家に住む余力があるという前提のもとに，その支払い能力に基づいて累進的に財産税を課されている．同時に，財産税は，未亡人（配偶者に先立たれた独居人）に対しては特別な配慮をしている．このような，住み慣れた環境にとどまることを選択する未亡人への配慮に対しては，「未亡人は独りで住むべきでない」という批判も多くある．

　未亡人は財産税のすべてか一部を控除されるかもしれない．そのとき，その家は，公共支出からの便益に対して，補助を受けることになるので，未亡人はその家を（隠れて）人に貸すインセンティブがあるかもしれない．

　財産税のもとでは，ある1つの家に，少人数で住む世帯は，大人数で住む世帯に対し補助をしていることになる．投票する年代の人が多く家に住むほど，家にいる有権者の数が多くなる．それゆえ，公共支出の財源を調達するための手段の選択が多数決でなされる場合，使用料としての支払いとしては，人頭税（選挙権税）よりも財産税が好まれる．

　財産税と人頭税の選択は，また，住宅の自己所有と，公営賃貸住宅を通じた所得分配にも影響を与える．仮に，財産税が人頭税に変更されるとすれば，住宅の自己所有者はもはや，財産価値に基づく税の支払いをする必要はない．財産税から人頭税への変更は，民間住宅の価値に資本化され，住宅価格を上昇させるであろう．同時に，公営賃貸住宅に住む人々は，まったく財産税を支払わないであろう．彼らは，自己所有の住宅の市場価格を支払う能力がないために，住む家を所有せず，補助された借家に住むのである．しかしながら，その一方で，公的賃貸住宅に住む住民は，人頭税を支払うことになる．

　このような財産税から人頭税への変更は，地方財源を，応能主義から使用料主義（応益主義）に変える．公共支出から便益を受ける地域のすべての人々が，同じ地域に住むほかの人と同様に同じ額の税を支払わせられるという意味で，人頭税は，使用料主義に対応している．一方で，人々はその地域に建てられた家に住むことによって公共財から便益を受けるが，財産税の負担は，その人々の数に応じてではなく，家の価値に応じて決まるのである．

財産税から人頭税への政策転換の失敗

1988年，人頭税は，イギリスにおける地方公共財サービスをまかなう手段として，財産税の代わりに導入された．しかしながら，その試みは失敗に終わり，1991年に廃止された．

人頭税の撤廃と財産税の復活は，人頭税に対する幅広い抗議と不服従によるものであった．人頭税によって導入された使用料主義は，平均的人数以上の人と同居する世帯および公的賃貸住宅に居住する世帯に対して，新たな税を課すことになった．また，低価格の住宅に住む世帯にも増税となった．結果として，無視できないほどの数の人々が人頭税に反対した．政府は政策を変えるべきでなかったということが，財産税への政策の回帰で明らかになった．人頭税を導入した同じ政府が，人頭税を廃止し，財産税を再び導入した．イギリスの人頭税導入の失敗は，地方公共財に対して使用料を導入することに対する抵抗の成功例である．

9.1.10 移動可能な課税ベースと租税競争

第7章では，ある課税ベースは他のものよりも，地域間での移動をしやすいことを学んだ．資本は，特に移動可能な課税ベースであり，移動して再投資される．税がなく，完全競争であり，さらにリスク調整が可能な世界では，2つの地域で資本は同じ収益率を達成する．もし，ある地域が資本税を課すならば，資本の純収益率（税引き後収益率）は，その地域で下がるであろう．資本は，他の地域と比較して，収益率が同じになるまで，その地域から流出することになる．図の9.1は，この状態を示している．$O_1 O_2$ で示された資本の絶対水準は，競争市場を通じて，2つの地域に配分されていく．資本の量 K_1 は，地域1に配分された資本量を，K_2 は，地域2に配分されたものを表す．すなわち，

$$K = K_1 + K_2 \tag{9.3}$$

となる．

地域1に対する資本は O_1 からの距離で測られ，地域2に対する資本は O_2 からの距離で測られる．それぞれの地域で税が課されていない状態では，資本の2地域間の配分は，点 A で決められる．点 A では，資本の限界生産物が両

地域で等しくなっており，また，収益率も等しくなっている．すなわち，

$$r_1 = r_2 \tag{9.4}$$

である．

ここで，地域1の政府は，その地域で資本が生み出した所得に対し税tで税を課す決定をするとしよう．税は，資本の所有とは無関係に課される．税が課されると，資本は，地域1から地域2に流出する．その結果，新しい配分は，税引き後の収益率が2つの地域で等しくなる点Bで決定される．点Bでは，地域1での所得に対する税支払いを考慮したうえで，2地域間の資本の収益率は等しくなっている．ここでは，税が課された後に，

$$(1-t)MP_K^1 = MP_K^2 \tag{9.5}$$

が成立している．すなわち，資本は，税引き後の収益率が等しくなるように配分されるので，以下が成立している．

$$r_1^*(1-t) = r_2^* \tag{9.6}$$

税に反応して，資本は，ABの量だけ，地域1から地域2へ移動する．このとき，課税ベースは地域1で縮小し，地域2で拡大している．

地域1での資本所得への課税は，(9.4)式の収益率から(9.6)式の収益率に，両地域での資本の収益率を下げる．網掛け部分（DEC）が税による超過負担である．

図9.1は，ある地域での移動可能な財への課税が，その地域からその財を追い出すことを通じて，課税ベースを縮小させるということを示している．公共財に対する効率的な支出は，地方の課税ベースを用いて公共財の財源を調達する際の税の効果を考慮して決定されなければならない．第2章では，「税の超過負担が，効率的な公共支出水準を減少させる」ことを学んだが，ここでも，「公共財の財源を調達するために使われる課税ベースが移動可能であれば，効率的な公共財水準が減少する」という同じ結論になる．移動可能な財に課税することによって公共財の財源を調達する際の付加費用は，その地域の課税ベースから資本が逃れるために発生するのである．

図9.1では，地域1の政府は，斑点部分に等しい税収をあげることができる．税収は，

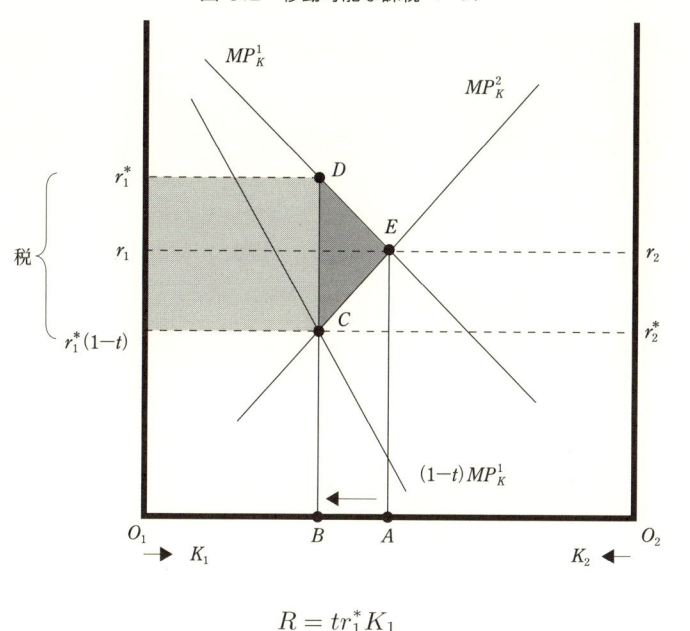

図 9.1 移動可能な課税ベース

$$R = tr_1^* K_1 \tag{9.7}$$

となる．もし，地域 1 に残る資本 K_1 の量が税に敏感に反応するならば，税は減少することになる．その減収は，十分な資本が地域から流出すると，大きな問題となる．

図 9.2 には，競争的な国際市場で得られる資本の収益率 r^* が示されている．投資家は，いつも資本の収益率 r^* を得ることができる．税は，この収益率に影響を与えない．図 9.2 からわかるように，地域 1 の政府による課税は，その地域から AB にあたる分の資本を流出させることになる．さらに税を上昇させると，資本はさらに流出し，十分に高い課税は，結果として資本をすべて流出させ，地域内の課税ベースを消滅させることになる．

移動可能な財に課税する場合，その税収でまかなわれる支出には，それが公共財供給であれ，所得再分配や社会保障であれ，上限がある．政府は，その地域の移動不可能な人々に課税するときに比べて，幅の狭い選択を迫られることになる．なぜなら，移動可能な財は，増税の告知に対して，その税が及ぶ範囲から逃れる反応をするからである．

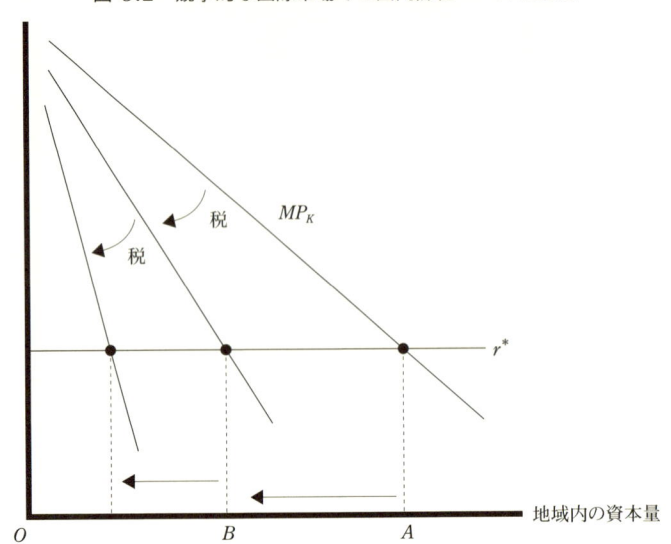

図 9.2 競争的な国際市場での国内課税ベースの変化

居住地主義課税と源泉地主義課税

税を支払う義務は，納税者の居住地か，所得の発生した場所によって決定される．源泉地主義課税のもとでは，資本の所有者は，資本からの所得が発生した場所で政府に税を支払う．したがって，資本をどこに投資するかの決定は，地域間の税引き後の収益率を比較することによってなされる．それゆえ，投資決定は，異なる地域の異なる税に感応的である．これが，ここで考える問題である．

居住地主義課税のもとでは，資本がどこに投資されていようとも，その資本から発生した所得の受け取り人が，その人が住む地域に税を支払う．したがって資本の所有者は，世界中から，その国の税を支払ったうえでもっとも高い収益率が得られる場所を居住地として選択する．すべての場所で，税が居住地主義で課されているならば，すべての税は，資本が投資された場所ではなくて，納税者が住んでいる地域で課税される．投資家が居住している地域の政府によって課される税は，資本を外国に投資することで逃れることはできない．税を逃れるためには，投資家自身が，他の地域に移住しなければならない．

二重課税の協定

仮に，居住地主義課税と源泉地主義課税の両方が課されている場合には，投資家は，投資した資本が生み出す所得に対して，投資した地域で課税されるとともに，同じ所得に対して，彼らの住む地域の政府によっても再び課税される．二重課税の協定は，このような課税による二重負担を避けるためになされる．二重課税の協定は，ある地域で支払われた税額を，もう１つの地域での課税の際に控除できるというものである．このような協定がない場合には，他の地域に投資することが魅力的でなくなる．なぜなら，資本が投資された地域と自地域の両政府が同じ投資からの収益に課税することになるからである．この協定は，他の政府に支払われた税に対し，それを埋め合わせるように税を軽減する仕組みを提供する．

租税競争と租税協調

高税率は，資本を大幅に流出させる．低税率は，資本を引きつけ，課税ベースを拡大させる．このとき，政府は税に関して競争状態にある．また政府は税率引き下げが課税ベースを増やすための資本を引きつけることを，正確に認識している．

資本を引きつけるための競争の結果，政府は資本に課税しないばかりか，おそらく，補助することにすらなる．資本に対する税の引き下げ競争は，政府がお互いに資本への課税を一方的に引き下げないことに同意する租税協調によって避けることができる．

その一方で，政府がそのような租税協調を求める際には，囚人のジレンマという問題が発生する．政府にとっては，他の地域が税を低くすることで協調を裏切っていないときには，自地域で税を引き下げることが望ましい行動となる．ナッシュ均衡では，それぞれの政府は，税を引き下げることになる．表9.1では，地域２の政府が税を変化させないことを決めるとき，地域１の政府にとっては，税を引き下げることが望ましい反応である．もし，地域２の政府が税を下げるときには，地域１も税を下げることが最適な反応である．すなわち，税を引き下げることが，どのような状況においても望ましい戦略なのである．したがって，税を引き下げることがナッシュ均衡となる．一方で，税を引き下げないという租税協調が，政府にとってもっとも良い結果をもたらすことになる．

表 9.1 囚人のジレンマでの租税競争

	地域 2 は税を変えない	地域 2 が税を引き下げる
地域 1 は税を変えない	3, 3	1, 4
地域 1 が税を引き下げる	4, 1	2, 2

租税協調を実現する方法は，課税権を国に集権化することである．連邦政府が課税し，地方政府にその税収を配分する．これは，中央政府が課税し，地方政府にその税収を配分している現実の現象に対する1つの説明であろう．これまでは，この現象に対して，中央政府によってプールされた課税ベースによるリスク回避や，政策決定者の政治的支持を得るためと説明してきた．租税協調による利点も，これらの説明に加えることができよう．

間接税

政府間の租税協調問題は，間接税に対しても生じる．近隣の地域において，酒に低税率を課された場合，ある人は酒を飲むためにその地域まで出かけるであろう．そして，飲酒運転して自宅に戻るかもしれない．または，罰金のリスクを考慮しても，違法に酒を運搬したい衝動に負けるかもしれない．租税協調はこのようなインセンティブを変化させると考えられる．

租税競争と政府のタイプ

政府が直面する租税協調問題を解決することは，必ずしも納税者にとって望ましいとは限らない．表9.1での便益は，納税者のものではなくて，政府のものである．租税競争が納税者にとって悪であるのか善であるのかは，納税者が政治の代表者や政府の官僚との間に，プリンシパル - エージェント問題を抱えているのかどうかに関わっている．この問題があれば，（納税者と政府の間で歪みが存在するために）囚人のジレンマにおけるナッシュ均衡は，租税競争による低く保たれた税によって，納税者に便益をもたらす．なぜなら，租税協調は，納税者が便益を得ないような高い税率を可能にし，納税者に不利に働くからである．

したがって，租税競争が，納税者や住民にとって善なのか悪なのかは，政府のタイプに依存している．もし，納税者と政府の間に，プリンシパル - エージェント問題が存在しないのであれば，租税競争は，その地域の政府および納税者にとって悪であろう．プリンシパル - エージェント問題が存在するならば，

租税競争は，政府にとって悪であるが，人々にとっては善である．すなわち租税協調は，リヴァイアサン政府を，従順に手助けしているだけなのである．

9.2 政府に替わるものとしての協力と信頼

9.2.1 人々と政府のあり方

前の節では，複数の政府という観点から，政府の規模を考えてきた．ここでは，人々と政府の間の関係のあり方(nature)を考えてみよう．ここであげる疑問は，「われわれの社会は，政府が人々に対して権力を行使するものなのか，人々が政府に対して権利を行使するものなのか」である．この質問に対して相反する回答が，トーマス・ホッブス(Thomas Hobbes, 1588-1679)とジョン・ロック(John Locke, 1632-1704)の記述に現れている．異なる回答は，人々の行動（道徳性（モラル）の有無）に対する彼らの異なる考え方によるものである．

拘束(imposed order)に対するホッブスの考え方
1651年に出版されたホッブスの『リヴァイアサン』(Leviathan)という書物の中で，彼は，人々に対して絶対的な権力を行使できる政府を考えている．また彼は，男女がもともと残酷で，お互いに軽蔑しあっていると考えている．そのような感情をもつ男女を制御するために，彼は，リヴァイアサンによる規制が必要であると主張する．さらに彼は，リヴァイアサンによって規制が課されないならば，無秩序（無政府）状態が起きると主張する．その状態では，人々は，お互いの資産のために殺し合う．その結果，人生は残酷なものとなり短くなる．法律もなく，個人の財産権は守られず，すべての人々は，物を奪い合うことになる．

人間に対する彼の認識は，すべての人は貪欲であれ怠け者であれ，他の人々を支配する力を求めているというものである．社会における平和や静寂は，人々が他の人の仕返しを恐れるときにのみ生じる．平和は，人々の善意で生まれるものではなく，他人の陰謀に対して，自身の財産を守るための防衛や防護への投資の結果でのみ生まれる．彼の考える絶対的な支配者，すなわちリヴァイアサンは人々に対して支配力をもつ文明社会を構築しようとする．このと

き，リヴァイアサンはすべての資産を保有することになる．その支配力は永遠であり，世襲である．またその力はだれにも争われないので，リヴァイアサンに対してのレントシーキングなどに対しては，だれも資源を使おうとしなくなる．人々がそもそもお互いに信用しないということは，リヴァイアサンへの降伏を生み出すことになる．彼にいわせれば，それが守られた文明社会で生きたい人々にとって，唯一の合理的な行動なのである．

囚人のジレンマの議論が正式に組み立てられる何世紀も前に，彼はこの問題を指摘していた．自発的に課される拘束力が生活を改善する状況であっても，各自の独立した行動にゆだねられる場合，人々は非協力に行動し，お互いに害を及ぼしあう．

彼は，世襲の君主による政府を正当化するが，多数決による意思決定への補助人として，人々が参加する状況にも彼の議論はあてはまる．人々がリヴァイアサンにしたがうように，多数決のもとでは，少数派の意思が多数派の決定に支配される．それが，絶対的なリヴァイアサンの権力のもとでなされたのか，民主的な多数決のもとでなされたのかにかかわらず，人々は，他者の権力にしたがうことになる．

自由を尊重する政府を考えたロックの考え方

ジョン・ロックは，1690年に出版した *Two Treatises of Government* の中で，人々に対して責任感のある政府を考えた．彼は，そもそも人々は自由であり，他の支配からのがれて自由になる権利があると主張する．

ホッブスと同様に，彼も，彼の立場を正当化する理由を明らかにしている．そもそも文明化社会は，無秩序ではなく，殺し合いなどないと考える．人々は，そう考えるとき，他人の生活と財産を尊重する．そのとき，人々は自然に，もし他人の財産や生活を尊重しないならば，他人は自分自身の生活や財産に対しても尊重しないであろうと考える．すなわち，彼は，無秩序という囚人のジレンマによる非効率な帰結は，相互の理解によって避けられるであろうと考える．もちろん，彼もホッブスと同様に，囚人のジレンマのモデルを構築しているわけではなかったのであるが．

政府の権力の代わりに，人間がもつべき自由の権利が存在するのである．政府は，人々によって生み出されるものであり，人々に仕えるものである．それ以外の何者でもない．それゆえ，政府による支配は，人々に支えられている．

政府は，政府に同意しない人々を服従させる権利をもたない．政治の決定者は，人々に説明責任をもち，政治決定者がおろかであるならば，人々は，財産や自由を守る決定を実行するために，その意思で，政治決定者を選択することができる．

規制と自由の選択

　政府のあり方を考えるうえで，ホッブスとロックは，異なる目的をもっている．ホッブスは社会を，無秩序から秩序あるものにするという立場でとらえている．無秩序は，望ましいものではなく，支配者である政府が秩序をもたらすのである．一方，ロックは社会を，個人的自由を抑制するものであるととらえ，その目的は自由の達成である．したがって，政府の権力は，個人の自由の権利にしたがうものであり，究極の権力は，個人に備えられており，政府にはない．

　ロックの考え方は，もし人々が自発的に囚人のジレンマから抜け出すように協力するならば，正しい．ホッブスの考え方は，もし人々が自発的には協力をせず，政府なしでは，無秩序状態からのがれられないのであれば，正しい．もし，社会で信用と協力に対する幅広い根拠が構築されているならば，ロックの立場（集団全体から見て合理的な帰結は，政府の弾圧なしで個人によって達成できる）を具体化させることができよう．その場合，本章のタイトルである「政府はどのくらいの規模であるべきなのか（How much government）」という問いに対しては，政府による権力という意味で，小さい政府が答えであるといえる．

9.2.2　政府の介入なしでの協力

　ホッブスとロックの相反する立場の背景には，第1章で考えた無政府（無秩序）という考え方がある．すでに見たように，囚人のジレンマは，無秩序の状態で生じる．そこでは人々は，囚人のジレンマの問題を合理的に解こうとはしない．逆に，そもそも合理的に行動した結果として，ジレンマに陥るのである．

　囚人のジレンマの状況は，ほかにも存在する．たとえば，囚人のジレンマは公共財の自発的供給時にも生じる．公共財は，外部性を発生させるので，囚人

のジレンマの問題は，外部性を解決する問題と同じである．また，自発的な所得再分配も，囚人のジレンマをもたらす公共財的側面をもつ．さらに，選挙に受かりたいが，利益団体からの献金は受け取りたくないという政治家候補が直面する問題も，囚人のジレンマのケースである．

囚人のジレンマの状態で自発的な協力ができれば，無秩序，公共財，外部性，社会的正義，公共的目的からの政治的乖離などの問題は，解決するであろう．囚人のジレンマを解決するため，自発的な協力を行わせる方法はたくさんある．

信頼できるコミットメント

もし，人々が協力に対して信頼できるコミットメントを行うことが可能ならば，囚人のジレンマの状態においても自発的な協力が達成される．協力への約束は，協力が個人にとっての最適選択となるように追加的な便益や費用を導入することによって，信頼できるものになる．そのような便益や費用の例としては，第1章での無政府（無秩序）の問題を解く際に考えたように，協力しない場合における，政府によって課されるペナルティーが考えられる．囚人のジレンマを解くもう1つの方法は，第2章の税を用いた公共財の財源調達の問題で考えたような，政府による協力への強制である．しかしここでは，囚人のジレンマを解決することを政府に期待しているわけではなく，政府が介在しない自発的な協力を求めている．

信頼できる協力へのコミットメントは，あらかじめ第三者にお金をまとめて預託するという形をとることで実現できる．協力するという約束を破った人はその預託金を失う．もちろん，預けるお金の量は，協力しないときに個人が得る利益を上回るものでなければならない．以前にも人質の交換や政略結婚で，協力的な帰結が持続可能になっていたことがある．これによって，人質は決して殺されることはなかった．人質をとることの目的は，協力することが個人の合理的な行動になるように変え，非協力時に損害が生まれる可能性を生み出すことにある．

人質の交換または，外部へのお金の預託は，現代社会では，個人間の自発的な協力を強制する実効的な手段ではない．社会の相互作用は，このようなスキームによって問題を解決するのには，無秩序すぎる．あまりにも多くの人々がお互いに作用しあっている．社会のすべての構成員が他人と協力するための

信頼できるコミットメントを構築する方法を見つけなければならない．この複雑な状況で必要とされる外部預託の相手として政府がまず浮かんでくるが，それ以外の方法はないだろうか．

繰り返される出会い (repeated encounters)

自発的な協力を模索するもう1つのアプローチは，囚人のジレンマの状況が繰り返されるかもしれないと認識することである．第1章で見たように，相互作用が連続的に時間を通じて繰り返されるとき，協力することが個人的に合理的な行動となる．たとえば，公共財をまかなうために個人的貢献をするかどうかに関する決定を毎日行うことが課されている2人がいるとしよう．この繰り返しゲームでは，囚人のジレンマゲームが繰りかえし行われる．ここで，この2人の間の相互作用に対して以下の条件を加えてみよう．

(1) ゲームは，無期限で未来に続く．
(2) 個人は，将来をそれほど割り引かない．すなわち，両者にとって，将来の状態も相対的に価値がある．
(3) ゲームに参加する人々は同じままで，人々は，囚人のジレンマ状態にあることを知っている．

このような状況では，合理的な個人は協力するであろう．協力的という評判を得ることが，両者の利にかなうようになるので，囚人のジレンマから脱却できるのである．おのおのが，もう1人の人もつねに協力する人物であるということを知り，相手も自分が協力する人物であるという評判を知っているという状況では，それぞれの協力的という評判が，相手を同様に協力する状態に導くのである．

囚人のジレンマから脱却することが合理的な選択となるためには，同時にこの3つの条件が満たされていることが必要である．もし，条件1, 2, 3が同時に満たされないのであれば，協力的な均衡の達成に向けて，まず，おのおのに本来，人は非合理的に行動するということを認識させることから始めなければならない．なぜなら，1回限りの囚人のジレンマゲームでは，協力することは非合理であるからである．3つのそれぞれの条件は，繰り返しの囚人のジレンマゲームにおいて協力を保障する役割を果たすものである．

第1章で述べたように，個人間の相互作用に限りがあるなら，最後の行動での評判は意味をもたない．なぜなら，協力するという評判が価値をもつ，未来の相互作用が存在しないからである．したがって，協力は相互交流の最終段階ではなされない．それがわかっていると，最後から2番目のゲームでも協力は意味がなくなる．それは，最初の段階まで影響する．人々が何回の相互交流があるのかを知らない状態では，評判は価値をもつので，評判が価値をもつかどうかの不確実性が協力する傾向を導く．

協力するための2番目の条件は，人々が，現在と比較して将来の便益に十分な価値付けをしていることである．大幅に将来を割り引く個人は，現在の決定が将来に及ぼす影響をあまり気にしない．今日協力することから，明日価値をもつ評判が得られるが，将来を重要視しない人々は，評判を構築するために協力する理由をもたない．即座の満足を求める我慢強くない人々は，協力をしないのである．

3番目の条件は，人々がお互いに相互交流している相手を認識しているということである．もし，交流が顔の見えないものであるならば，協力することでの評判に価値をもたないであろう．

囚人のジレンマの非効率な状況から自発的に脱却させるような，協力へのインセンティブが生まれるためには，お互いに知り合っている（ことを知っている）こと，さらに，未来に無期限で交流しあうことも知っている小さいグループであることが必要である．しかしながら，社会は，多くの顔の知らない人々から構成されている．自発的な協力への主要な障害となる，顔の見えない状態からの脱却が必要なのである．

報復（retaliation）と互恵（reciprocity）

お互いに知り合いであり，将来を気遣う合理的な人々は，無期限繰り返しの囚人のジレンマゲームでは，協力するはずである．それにもかかわらず，2人の間の相互関係では，ある個人は，フリーライドによって便益を得るために日和見的に振る舞うかもしれない．そのような日和見的な行動を防ぐ方法は，tit-for-tat（おうむ返し，しっぺ返し）として知られる戦略である．これは，行動が互恵的となる戦略である．人々は，他人が協力するなら，協力し続ける．しかし，相手が，日和見的に行動し，フリーライドすることを選択するならば，協力を中止し，報復する．報復は，与えられた将来の交流の間，ずっ

と継続する．仕返しがあるという予告は，「もしあなたが日和見的に行動するなら，私もずっとそうするであろう，将来ずっと．」という宣戦布告となる．もし将来の便益が十分に価値付けられるならば，仕返しによって生み出される損失は，協力を個人の合理的な反応として継続させることになる．

　仕返しが効果的な抑止となるためには，人々は自分がだれと交流しているかを知っていなければならない．そうでなければ，仕返しによる罰（脅し）は，価値のないものになってしまう．仕返しによって協力を実現できるかどうかは，繰り返し交流において，顔を知り合っているかどうかに依存している．報復は個人的でなければならないので，同じ人が交流しなければならない．仕返しによる脅しは，個人的な交流には有効だが，顔を知らない人々の間の社会的交流では有効でないように思われる．社会のレベルでは，仕返しは，囚人のジレンマ問題を解決しないであろう．

自 尊 心

　ホッブスの，人々の本姓に関する考えとは異なり，また，囚人のジレンマの予想とも異なり，顔の見えない人々が協力しあい，慈悲深く，社会的責任を果たしながら行動するケースも見られる．たとえば，人々はお金を公共のラジオ局やテレビ局に寄付する．ごみを撒き散らさない．いじめが顔の見えないものであり社会的に体罰を受けるわけではないとしても，弱者や障害者をいじめるわけではない．投票に行く．そして，環境保護のような幅広い社会目的をもつ活動グループに参加する．人々は，囚人のジレンマが予想するよりも小さなフリーライドしか行わないようである．

　顔の見えない大きな社会の中で協力することを独自に選択するとき，人々は，個人の評価を得ることを求めているのでもなく，ほかの人に良い印象を与えようとしているわけでもない．そのとき，「合理的には協力しないことを選ぶべき社会状況である，顔の見えない囚人のジレンマに遭遇しても，人々が協力的に振る舞う」という現象は，合理的に説明しにくい問題である．

　以下では，人々が，そのような協力的な行動をとるということを説明したい．1つの可能性としては，最適行動が何であるのかを知らないために，そのように協力的に行動するのかもしれない．実際，学生によってなされた実験において，囚人のジレンマの要素を教えられた学生は，そのようなジレンマの内容を教えられていない学生よりも，協力をせずにフリーライドする傾向にあ

る．たとえ彼らが合理的で最適な反応を知らないとしても，繰り返すうちに，彼らは，それらを学んでいくのである（ただその場合でもすべての人が，合理的と思われる行動をとるわけではないのである．そのとき以下の疑問が残される）．なぜ合理的な人々は，フリーライドすることが望ましい戦略となる状況で，協力をするのであろうか？　また，なぜ，彼らは，非協力が最適な戦略であるということを説明してもらう必要があるのであろうか？

　フリーライドすることを選ばない理由の1つは，個人の価値観や自分への敬意である．彼らは，他人の支出からの便益で喜ぶタイプではなく，協力的なタイプの人間であるということから喜びを感じるのかもしれない．道徳上の制約もしくは，自分への敬意は，報酬に対する考え方を次のように変化させる．すなわち，個人的な便益は，もはや，他人の支出にフリーライドすることではなく，他人と協力することで得られるのである．

社会的評価

　個人的な価値や評判が行動に影響を与えるならば，人々は，評判や尊敬を感じるために，協力するであろう．また，暖かい心をもつ協力的な人であるという評判から社会的報酬がある場合，どのくらい彼らが理解されるのかに応じて，協力は生み出されるであろう．人々は，社会的評価を得るために，寄付や，公共財への貢献を，目に見える形で自発的に行うかもしれない．他人の評判から生まれる社会的報酬は，他の人には，負の外部性を生み出さない．それゆえ，社会的評価と社会的報酬は，個人の評判が重要視される場合には，自発的な協力を生み出すのである．もし，社会的評価や社会的報酬に基づいて協力的な行動がとられているならば，人々は，だれも相手のことを知らず，相手が何を考えているのかもわからないような顔の見えない社会においては，協力的行動を行うことができなくなってしまう．

9.2.3　互恵行動

　独立な人々によるナッシュ的な行動は，他人の決定を与えられたものとして自分の決定を下すことを前提とする．このような行動のもとでは，ある人の決定は，ある一度の出会いだけでは，ほかの人の決定に影響を与えない（繰り返される出会いでは，人々は，評判や，報復，互恵を通じて，時間を越えてお互

いの決定によって影響を受ける)．ナッシュ的行動は，囚人のジレンマのナッシュ均衡の基礎をなす．

　ナッシュ的行動が，個人が相手の決定とは独立に決定を下すことを前提としている一方で，人々は，実際このように行動せず，むしろ自分の行動がどのくらい相手の行動に影響を与えるかを考慮するかもしれない．すなわち，人々は，相手がどのくらい自分の決定に応じて反応するかについて考察し，相手の行動についての推測を，今後の行動の参考にするかもしれない．このようなナッシュ的行動からの逸脱は，人々の高度な合理性のためである．高度の合理性は相手が自分の決定に対してどのように反応するかを考えるのであり，ナッシュ均衡で考えられているように相手の決定を所与とみなさないということである．

　公共財に寄付をするかどうか，また，いくら寄付するかを決めるとき，人々は，次の方向で考えるであろう．すなわち「自分が寄付するとき，自分の行動は，ほかの人の公共財のコストを補助することになる．他人は，自分の補助によって，価格が引き下げられるので，もっと支出をするであろう．」と考える．おのおのがこのように，個人の寄付の増加は，他人の寄付の増加とリンクしていると推測するとき，この補助と費用低下のプロセスは，リンダール効率的な個人間の費用分担が達成されるまで継続し，効率的で同意の得られたリンダール均衡が導かれる．たとえ，リンダール的結果が正確に導かれないとしても，他人は寄付を増やすであろうという信念と，この信念を確信する他人の行動があれば，自発的な協力は増えるであろう．

9.2.4　社会的規範と信頼

　上で述べたような行動は，自分たちの貢献の増加に応じて他人が反応するという具体的な確信を必要とする．自分たちの貢献の増加に対して他人が反応しないなら，貢献を増加させることは，相手のフリーライドを助長させるだけで，結局，多く支払う羽目になってしまう．自分たちが，相手も自分たちの貢献の増加に反応すると信じているとき，たとえ相手がそのように行動しないとしても，その相手に対して補助をすることになる．

　重要なことは，信頼が具体化するだろうということを信じているということである．信頼が具体化されるかどうかは，人々がお互いにもつ期待に依存して

いる．期待とは，行動についての社会的規範（social norms）の一部である．もし，社会的規範が，慈悲深く互恵的であるなら，そして，人々が，社会的規範にしたがうなら，信頼が具体化されるであろう．

社会的規範が信頼（trust）を実現するとき，だれと交流しようと違いはない．そのとき，協力は，大きな顔の見えない人口社会でも持続可能であろう．また，人々の評判への信頼なしで，協力的な解が実現するであろう．社会的規範は，協力をつくり出す土台として，人々の評判に替わるものとなるのである．

人々は，けなされたり，馬鹿にされたりすることを好まない．個人の価値や，社会的規範は相互的な協力で生じるという確信を理由に協力する人は，もし他人の行動が日和見主義的であったり，搾取的であったりすれば，協力的に振る舞うことをやめるようになると考えられる．社会的規範が協力的である社会から，日和見主義的である社会に移動した人々を考えてみよう．そのような個人は，協力することに慣れているが，搾取の意図をもった行動が社会的規範となる社会では，即座に，他人への信頼をやめ，協力することをやめるであろう．

他の状況として，個人が，フリーライドや搾取が社会的規範である社会から，協力が社会的規範である社会に，移住してくる状況を考えてみよう．そのような新しい転入者は，個人の行動を，新しい慈悲深い社会的規範に適合させるかもしれない．

しかしながら，そのような新しい転入者は，古い，非協力的な日和見主義的行動の習慣をもち続けるかもしれない．十分な数の転入者がやってくると，その地域の人口は，多数の日和見主義的な個人と，人を信頼しやすい個人とで分断されるかもしれない．2種類の個人が，お互いに，時間を通じて不規則に会い，交流し，相手が慈悲深いのか日和見主義的なのかを見分ける手段をもたないとき，どのような結末になるのであろうか？

日和見主義的な個人は，人を信頼しやすい人々に会うとき，彼らから便益を搾取する．このような悪い状況が多く起きると，人を信頼しやすい人々は信頼することをやめるであろう．たとえば，支払いに，クレジットカードや小切手を受け入れたり，約束を信じたりすることはなくなるであろう．市場での経済活動の費用は増加し，信頼と公共財は追い払われ，不信が信頼にとって代わるからである．

協力的な人間であるという自尊心は，結果として，憤慨や屈辱感によって押さえ込まれる．もともと信頼するという性質をもった十分な数の人々が他人を信頼することをやめるとき，日和見主義的行動という新しい規範が，信頼という以前の規範にとって代わるのである．「人に施せ」（Do unto others）という互恵のルールは，日和見という新しい社会的規範のもとで，行われることになる．もし，搾取的な人々が少ないならば，不運にも，搾取的な人々と十分に出会った信頼しやすい人々を失望させながらも，慈悲深い協力という社会的規範は持続するかもしれない．

信頼を社会的規範とする社会は，不信や日和見主義を社会的規範とする社会よりも豊かになる．信頼する価値のある人々は，自発的な行動の慈悲深い協力的な結果から便益を得るであろう．一方で，不信や日和見主義が社会的規範である社会では，冷笑や疑念に囲まれながら生きることになる．

信頼への実験

人々が信頼をもつのかどうかの証拠は，次の実験から確かめられる．相互に顔の知らない2人が，2つの分かれた部屋にいるとしよう．彼らはお互いにまったく知らない．

個人1は，お金を100ドル与えられている．個人1は，お金を保持するか，個人2に与えるかを選択できる．どんなお金の移転も匿名で即座に行われる．

もし仮に個人1が個人2に100ドルを与えたなら，その100ドルは，個人2の手元で，300ドルになるとする．お金を受け取る個人2は，その300ドルを保持するか，その一部を個人1に与えるかを選択できる．両者は，そのゲームのルールを知っている．

個人1による個人2への移転は，個人の相互の資産を増加させる．そして，300ドルの分配は，お互いを豊かにさせる．

個人1がはじめに資産を増加させるような移転を行うかどうかは，互恵の行動に対する期待があるかどうかを意味している．期待は，社会の社会的規範から生まれる．もし，個人1が，個人2が互恵的な行動をとる人物であると信じるなら，移転をするであろう．もし，個人1が，個人2はそのような人物でないと信じるなら，初期の移転は行われないであろう．

個人1の確信は，彼のこれまでの経験を反映している．互恵的な慈悲深い行動を社会的規範とする社会では，個人1は，個人2に移転をするであろう．

もし，互恵的な行動が，具体化されるなら，個人2は慈悲深くそして協力的に行動し，(たとえ，顔を知らないとしても) 個人1に利得の一部を分け与えるであろう．

もし，個人2が公正を考慮して行動しているならば，個人2は個人1に少なくとも100ドルを与えるであろう．個人2は，合計で300ドルあるうちの半分である150ドルを与えるかもしれない．または，もともとの100ドルを戻し，さらに，個人2を信頼するという個人1の決定で生まれた200ドルの増加の半分を戻すかもしれない．

個人1は，匿名の見知らぬ人を信頼するかどうかを決めなければならない立場にある．個人2が人を信頼するのか，日和見的に振る舞うのかどうかということが，個人1の社会的規範の理解に影響を与え，将来の行動に影響を与えるのである．

資産を増加させる移転を行うであろうという十分な信頼がある社会は，そのような移転がなされない社会に比べて豊かになるであろう．もし，移転がなされ，個人2が合理的なだけのお金を個人1に分配するなら，信頼が具体化し補強されることになる．

不信，そして社会の分離

日和見的な人々が多数を占めているとき，本来信頼しやすい人は，顔の見えない人との交流で，他人を信頼することをやめる傾向にある．しかしながら，信頼は，評判が確立され，規律が守られている小規模な社会では，守られるであろう．信頼は，そのような血縁社会を超えては，広がらない．このような限定された小社会は，協力を保障する特別な絆をもつ人々の間で，また，日和見的な行動に対しての罰則や規律が存在している人の間で，つくられる．このグループ内の協力の根底にある特別な絆は，共通の郷土愛もしくは，共通の人種愛なのかもしれない．また，(このようなグループが形成されているとき) 社会は分断されているといえる．さらに，分断は，お互いに信頼しないグループの間でなされている．

このような状況では，相互に信頼しあう人々のグループは，信頼しない社会的環境にいる一般的なグループよりも豊かになるであろう．互恵の信頼があるグループにいる人々は，お互いにビジネスを行う際にもより低い費用で取引ができる．その場合，彼らの言葉は，日和見的な行動に対して警戒をすること

なしにビジネスの取引を成立させるための十分な根拠となる．お互いに信頼を継続させようとする人々は，社会全体に対して経済的な便益を及ぼす．なぜなら，彼らの低い取引費用は，供給の費用を減らすからである．相互に信頼するグループが存在しない場合には，取引費用は高くなりすぎで，市場活動自体が行われないかもしれない．

表9.2では，市場の取引において，お互いに信頼するかどうかの決定に直面している2人の間の戦略的相互作用を示している．相互に信頼する場合に取引は行われ，それぞれ10の便益が効率的な結果として生まれる．相互に信頼しない場合には，取引は行われず，それぞれの便益はゼロとなる．

ある人が相手を信頼するが，その信頼がお互いになされていなければ，信頼する人は，8を失う．それは，信頼しない人の利得となりゼロサムになっている．すなわち，ある人の利得は，他人の損失になっているといえる．相互に信頼する場合には，相互作用は正の合計利得を生む．（すなわち，それぞれ10の利得で，合計が20となり）両者にとってもっとも良い状況となっている．表9.2において，(10, 10) と (0, 0) がナッシュ均衡となっている．前者の均衡は，相互に信頼する場合で，後者は，相互に信頼しない場合である．

表9.2 信　　頼

	個人2は信頼する	個人2は信頼しない
個人1は信頼する	10, 10	$-8, 8$
個人1は信頼しない	$8, -8$	0, 0

ナッシュ均衡は，相手の決定を所与として自分が決定を下すことを前提とする．より高い合理性によって，お互いは信頼するようになる．相互に信頼することが相互の利得になるという共通の認識に基づいて，たとえ両者が独立に決定をするとしても，協調的な行動が実現される．

人々がお互いに相手を識別する場合での信頼の欠如

表9.2で述べたゲームは，1回限りであり，匿名で行われている．人は，お互いに相手を知らないし，個人的な評判は何の役割も果たさない．

いま，個人1と個人2が，お互いを認識している状況を考えてみよう．つまり彼らは，個人的にはお互いを知らないかもしれないものの，他人のグループの考え方を知っているのである．

もし，2人が同じグループにいるならば，2人で相互に信頼しあう，違うグ

ループにいるときには信頼しないと仮定しよう．2人が同じグループにいるとき，結果は，相互に便益を得るという「良い」均衡になる．2人が違うグループにいるとき，両者の利得がゼロとなる「悪い」均衡となる．相互の不信が両者を協力させなくするのである．

信頼と正直

表9.3は，個人2が，個人1と取引するかどうかを決める状況を考えている．取引をしない場合には，個人2は，何も失わないが，何も得ない．個人1も同じ状況である．

個人2は，「正直に行動しないほうが正直に行動するよりも個人1に便益をもたらす場合には個人1は正直に行動しないであろう」と信じると仮定する．また，もし，個人2が取引し，個人1が正直に行動しないなら，個人2は200を失うとする．

個人2が取引に参加するかどうかの決定は，もし個人1が正直に行動せず取引を行う場合，個人1への利得xについての個人2の信念に依存してくる．個人2は，xの値を知らないが，個人1は，それを知っている．個人1は，個人2にxの値を報告することもできないし，間違った解釈を行うこともできない．

しかしながら，個人2は，取引が行われ，さらに個人1が正直に行動しない場合に生じる自分自身の損失を知っている．個人2は，もし取引が行われ，個人1が正直に行動しないならば，個人1への利得であるxは，だいたい200ほどになると判断するかもしれない．したがって，個人2は，xは，取引で生じる10を超えていると信じるであろう．

もし，「個人1にとって正直に行動しないことが望ましいときには個人1は正直に行動しないだろう」と，個人2が信じるなら，個人2は個人1を信頼しない．また，過去に個人2が個人1を信頼した場合の不運な経験のために，信頼しないかもしれない．このようなことを，個人1と個人2はお互いに知っている．一方で，個人1と個人2は，不信頼の経歴をもつ，識別可能なグ

表 9.3　信頼と正直

	個人2は取引する	個人2は取引しない
個人1は正直に行動する	10, 10	0, 0
個人1は正直に行動しない	$x, -200$	0, 0

ループに属しているかもしれない．いずれにしろ，取引は行われず，市場取引から生まれる便益は失われる．ちょうど，財産権を保障する法律がないために市場取引の価値が失われるようなものである．市場取引から便益を生み出すためには，信頼が確立されなければならないのである．

　信頼と正直に関する2つの観察結果がある．まず，正直な行動での取引経験がない限り，信頼を確立することは困難か，不可能である．個人2が，取引しないことを決めている限り，個人1が信頼しやすいとしても，取引は行われないであろう．第2に，一般的な人間の行動原理ではないとしても，少なくとも，ある人々の行動としては，ホッブスの考え方は正しいのかもしれない．つまり，個人2と個人1の間に過去の取引があり，個人2が個人1と取引をしようとしたときに，その過去の取引で悪い経験（個人2が，繰り返しの協力を確立するための手段として，仕返しを導入しようとして失敗したのかもしれない）をもっている場合，個人2は，取引相手としてほかの人々を探すであろう．

9.3　政府の拡大と憲法上の制約

9.3.1　独裁的な社会

　19世紀はじめ，財政と公共政策は，ほとんどの人々の生活にとって，小さくて影響力のないものであった．21世紀には，政府によるそれらの決定は，人々の生活に絶大な影響力をもつようになっている．

　まず，税が存在しない社会の時代に戻ってみよう．そのときには，政府の借金を支払うため将来課税することができないので政府には借金も存在しない．税も借金も存在しない場合に，私たちはどのような社会を期待するのだろうか？

支配者の所得源

　農業社会では，所得は主に農作物から生まれる．王，王妃，限られた貴族が，土地のほとんどを所有している．税が存在しない場合，支配者は，異なる財やサービスを所有する権利を民間人に売ることで収入を得る．支配者は，国への外国財の流入は，支配者の独占力だけでなく，支配者が売る所有権の価値

も脅かすかもしれないので，それを制限することになる．

　そのとき，支配者は，金や銀と交換という形で，外国人に対してその生産物の一部を売りたいと考えるようになる．なぜなら金や銀は，支配者に収入をもたらすと考えられるからである．その収入は，外部的・内部的な安全保障に使うことができる．また，金や銀は食物や服になるであろうし，敵に対する武器にもなる．武器は，近隣の支配者を攻撃し，土地を奪い，その土地で生じる所得をも奪うことができる．さらに，支配者は，戦争で新しく得た資産からの収入を担保にして，戦争を行うために銀行家からお金を借りることもできる．

　「輸出は資産を増やす一方で，輸入は支払いが外国人に行くため資産の浪費である」という考え方は，**重商主義** (mercantilism) として知られている．すべての支配者が売りたいと願い，どの支配者も買いたいと願わないとき，市場取引は成立しないし，市場取引からの利益も生じない．重商主義は，アダム・スミスが退けようとしていた経済的観念である．アダム・スミスは，「支配者の手」の望ましい代替物として「市場の見えざる手」を提案し，市場の自然な秩序が，金や銀に群がる支配者よりも，人々に利益をもたらすのにいかに効果的であるのかを説明したのである．

　収入を上げるとともに外国財の流入を防ぐために，支配者が課すことのできる唯一の税は，輸入関税である．物品税は，お茶，砂糖，塩，その他のスパイスに課される．

　重商主義の支配者は，土地や資源への支配力を拡大するために，外国に植民地をもちたいと考えていた．植民地におけるアメリカ革命は，「代表なくして課税なし (no taxation without representation)」という考え方，および外国の支配者が税を課そうとしていた茶をボストン湾に投げ捨てたボストンでの茶会事件から始まったものである．

公共財供給

　支配者は，外部からの脅威に対して，自分自身および自身の資産を守るための防衛としての公共財を供給するインセンティブをもつ．支配者は，また，資産を守るために，内部での安全を確保するインセンティブももつ．すなわち，支配者にとっての公共財とは，私的財なのである．支配者は，財を移動させるための道ではなくて，反乱や外国からの侵略時に兵士を移動させるために道路を必要とする．支配者にとっては，すべての外部性を内部化することができる

と考えられる．慈悲深い支配者は，障害者や老人，働けない人々に所得を分配するであろう．効率性や社会的正義は，支配者個人の問題なのである．慈悲深く，社会問題が個人の関心であるような，すべてを包み込む支配者こそが，ホッブスが考える支配者である．

9.3.2 政府の拡大

民主的な政府が絶対的な支配者を追放した後，税と財政についての政策決定が，主に税負担者によって，また直接民主主義ではない場合には実質的に選挙で選ばれた代表者によって，集合的になされるようになった．重商主義の支配者がいなくなった当初，税や財政で測られた政府の規模は，小さかった．また，長距離の道や運河も，使用料を必要とするという意味で，支配者の私有物であった．財を運ぶ私有の道路や運河は，私有の線路（または列車）によって補足されていた．海上交通は，長距離輸送の主要な手段であり，私有船で行われた．このとき，灯台もまた私有物であった．

産業革命と新しい中流階級

産業革命は，資産の源は主に土地であるという主張に終止符を打った．動物や人間，自然エネルギー（風車や帆船で用いる風力）は，生産でも交通でも，蒸気エネルギーに取って代わられた．そして，資産は，新しい中流階級の人々によって幅広く所有されるようになった．そのような階級は，「税を支払うなら投票権をくれ！」と主張した．産業革命と投票権の拡大は，政府と財政の拡大プロセスが始まるきっかけとなった．

所得の増大と公共財への需要

所得が増大するにつれ，人々は，外部性問題を解決するための公共政策に加えて，公費でまかなわれた公共財を求めるようになった．また，法や秩序も公的に提供されるようになった．公的な道もつくられた．子供たちは，公立学校に通うようになった．そして政府は，環境や公衆衛生の外部性にも配慮するようになった．ある一定期間，だまされやすい人々は，まやかしのものや，どんな病気も治すという薬を売られたりしたが，最終的には政府が，医薬品や薬，麻薬を規制し，取引に介入した．

政府は，人々が社会保険を求めるようになるにつれても拡大した．高い所得や資産は，豊かな社会においてまったく資産をもたなくなることに対するリスクのために，保険をより強く必要とするのである．貧困層や障害者への所得移転も，一種の公共財としてみなすことができる．社会が豊かになるにつれ，社会的平等のために政府は拡大するのである．

人口統計と健康

政府の拡大は，また，人口統計や健康によっても影響を受けた．医薬の改良は，寿命を延ばした．防腐剤や抗生物質が利用できないために，かすり傷からの感染症や喉の感染症が引き起こす合併症の結果として死にいたった時代には，アルツハイマー病や癌はほとんど問題ではなかった．定年まで生き続ける人々が多くなったいまでは，政府に，高齢者に尊厳をもって生きるように保障することが求められている．健康維持のための費用は，医療受給権を確保するための財政需要の増大により，高齢者の寿命が延びるにつれて増大した．

女性への投票権の拡大

第6章で見たように，女性の投票権の拡大は，政府の規模を拡大させる．一般的に，女性は，パートナーの死や家出の際に1人で子供を育てることが必要となるというリスクのために，男性よりも社会保険をより必要とする．

拡大する課税機会

拡大する課税機会は，政府の拡大を促した．所得の拡大は，新しい課税主体を提供した．経済成長とともに，低所得者も，課税されることが可能な，必要最小限の生活レベルを上回る余剰所得を得たのである．

増大する市場活動もまた，課税対象を広げる要因となった．以前は，人々は自給自足で生活を送っていたが，いまや，自分や家族の生活を，広範な市場取引を通じて維持するようになった．

また，交通や通信の発展も，以前，政府の税徴収人から免れていた人に対して，課税を可能にすることで，税収の拡大に寄与した．

多数決

多数決はそれ自身，政府の拡大につながる．少数派が税の主要部分を支払う

場合，公共支出内容を決定できる多数派には，より大きな財政にむけた投票を行うインセンティブが存在し，その結果，税や公共支出が増大することになる．

政治的なプリンシパル‐エージェント問題

政治的なプリンシパル‐エージェント問題もまた，政府の拡大に影響を与える．所得の成長とともに，人々は，どのようにして所得を稼ぐのかを考えるようになった．人々はもはや，孤立した農場や村で自給自足の生活をしていない．市場を通して，彼らは所得を得るためにできるもっとも得意なことに，特化していくようになり，所得は市場を通して，消費を多様化するために使われる．アダム・スミスは，この専門性の増大を「労働の特化 (the division of labor)」と呼んだ．各個人の専門化や，労働の特化は，政策決定者からの利益を得ようとする利益団体を形づくるベースとなった．専門化が進むにつれ，また，より多くの利益団体が公共政策によって増大する特定利益を求めて現れるにつれて，政府に影響を与えるための能力や需要も増大した．同時に，政治資金の必要性のために，政治家や立候補者もそのような利益団体からの献金を受けようとした．

税負担者と政府官僚との間のプリンシパル‐エージェント問題もまた，公共支出の増大からの政府官僚の個人的便益を通じて，政府の規模を増大させる傾向をつくった．

9.3.3 政府の規模の計測

政府の規模を測るたくさんの方法がある．1つは，国民所得に占める税や支出の割合を見ることである．しかしながら，そのような指標は，政府の規模の下限をとらえているにすぎない．税収や公共支出は，社会における政府の関与度を十分に示しているわけではない．たとえば，高い税は，市場での活動を低下させ，税収を低下させると考えられる．

政府の関与度を表す，より正確な指標は，税の超過負担である．この指標は，増税が税収を低下させ最終的にゼロになるときにさえ，正であり増加する．しかしながら，この指標は，容易に観察可能ではない．すでに述べたように，超過負担は，目に見えない，つまり，評価に際しての計測問題が存在す

る．

　政府規模の指標には，国債の規模も含めることができる．政府規模に国債の規模を含めることによって，過去の支出のために，どのくらいの税が未来に延期されたのかを考慮できる．

　政府規模の指標は，政府の所有度だけではなく，政策自体も含む．政府規模の指標は，個人の自由度の指標も含むべきと考えられる．その指標は，レントシーキング活動の範囲やレントシーキングによる社会的損失に関わる政治的・官僚的文化をも反映したものでなければならない．政府に汚職が存在する場合には，その帰結を含むものでもあるべきである．政府がさまざまな方法で，経済活動や経済の意思決定に影響を与えているために，総合的な政府規模の指標を考えることは，手間のかかる取り組みとなっている．その複雑性のために，政府規模としてたびたび使われる近似指標は，国民所得と，支出・税の関係なのである．

9.3.4　社会的便益と政府の拡大

　表 9.4 では，1960 年から 1990 年の GNP に対する公共支出の割合が，1990 年での政府の規模で大規模，中規模，小規模の 3 つの国のグループに分けて示されている．それぞれのグループにおいて，政府規模は，1960 年から 1990 年の間で増加してきている．

　表 9.4 における消費額は，政府自体の消費を表しており，その中には，政府の一般的な政府支出と，官僚への賃金支払いが含まれる．政府の消費は，すべてのグループの国で増加していることがわかる．

　表 9.4 での移転と補助は，所得を再分配するために，政府によって公的にまかなわれた支払額である．その額も，大幅に，すべてのグループの国で増加してきたことがわかる．

　表 9.4 での利子とは，政府の借り入れに対する利子支払いである．これも，大幅に増加してきていることわかる．

　表 9.4 での公共投資とは，公共サービス提供のための建設事業やインフラ整備に関わる支出を示している．公共投資は，相対的に公共支出の小さい部分を占めている．この投資は，大規模や中規模の政府においては減少し，小規模政府に関しては一定のままとなっている．

表 9.4 政府と支出の規模

	大規模政府[a]		中規模政府[b]		小規模政府[c]	
	1960	1990	1960	1990	1960	1990
政府支出	31.0	55.1	29.3	44.9	23.0	34.6
政府消費	13.2	18.9	12.2	17.4	12.2	17.4
移転と補助	11.9	30.6	10.4	21.5	6.9	14.0
利子支払い	1.5	6.4	1.3	4.2	1.3	2.9
公共投資	3.1	2.4	3.2	2.0	2.2	2.2

a：大規模政府とは，GNP に占める政府支出の割合が 50％を超える国で，ベルギー，イタリア，オランダ，ノルウェー，スウェーデンである．

b：中規模政府とは，GNP に占める政府支出の割合が 40 から 50％である国で，オーストリア，カナダ，フランス，ドイツ，アイルランド，ニュージーランド，スペインである．

c：小規模政府とは，GNP に占める政府支出の割合が 40％以下である国で，オーストラリア，スイス，イギリス，アメリカである．

出所：Tanzi, V. and L. Schuknecht, *Public Spending in the 20th Century*, Cambridge University Press, New York, 2000.

結果として，表 9.4 から，20 世紀の後半には政府規模は大幅に増大してきたこと，また，この増加の主要な要因は政府それ自身への支出，所得再分配の目的のための支出，政府債務のための利子支払いであることがわかる．しかし，公共財に関連した公共投資の影響は小さく，むしろ減少している．公共投資が減少していることから，利子支払いの増加は，公共消費，移転や補助，世代間移転をまかなったことが要因であることがわかる．

政府消費は，税負担者への便益を生み出すことなしで増加しうる．移転や補助は，社会保険の一種である．しかしながら，社会保険の支払いは，モラルハザードや逆選択を生み出すかもしれないし，成果を観察することが困難であるために，すべての移転が社会的に便益を生み出すとは限らない．公的な所得移転は，幅広い社会便益というよりはむしろ利益団体への配慮から政治的便益を得るために導入された，公共政策の結果なのかもしれない．政府の拡大の大きな部分は，あまり社会的便益を生み出してないようである．

ゼロベースの政府予算

政府の拡大からの便益を評価するためには，すべての税支払いや公共支出に対する詳細な費用・便益分析を行わなければならない．費用・便益分析のため

の情報を得るためには，ゼロベースの政府予算が必要である．ゼロベースの予算によって，政府支出の費用と便益が，最初の1ドルの支出から評価することができる．

政府の拡大からの便益と政府のあり方

政府のあり方は，政府の拡大からの便益にも影響する．政治的政策決定者が公的な利益にかなう政策のみを選ぶ場合や，政府の役人がマックス・ウェーバーがいうところの献身的な官僚である場合には，政府の拡大からの便益について余計な心配をする必要はないであろう．そのとき，政府の拡大は，政府責任の追加的な増大を反映している．政治家と税負担者の間の，また，政府官僚と税負担者の間のプリンシパル‐エージェント問題は，政府の拡大が社会的便益を生み出すかどうかの障壁となる．

9.3.5 政府における憲法上の制約

政治的なプリンシパル‐エージェントの問題は，ホッブスやロックの議論に関わっている．9.2節の終わりで，ホッブスのいう自己拘束のルールは，政府の権限者が社会の最適を目指す慈悲深い人々で構成されているときに意味があるということを述べて，ホッブスやロックの比較を行った．ホッブスが信じるように，人々がお互いに守られなければならない状況で，政府の役人が，お互いを信じない集団の中から選ばれているならば，問題が生じる．政府の役人は，残された人と同様に，邪悪な本能をもつかもしれないからである．

ホッブスの問題への解決法は，トーマス・ベケット効果を生じさせることである．すなわち，トーマス・ベケット (Thomas-á-Becket) が述べたように，政府で働く人は，個人の私的利益を後回しにして，公的な便益だけを追うように，利他的になるというものである．さらに，トーマス・ベケット効果は，政府の権限で，個人的な利益団体を保護することはしないであろう．

ホッブスのいう，すべての人間や物を所有する絶対的支配者とは，社会の資源が有効に使われることを求め，自分にとって望ましい決定がなされるようにする．しかしながら，効率的決定がなされるための土台となる情報を提供するために，市場は存在していなければならない．市場での決定は，個人の買い手と売り手によってなされており，中央集権的ではない．市場は，絶対的支配者

とは一致せず，個人の自由を供給する．市場はまた，各個人に所有権も与え，それは絶対的支配者によるすべての所有とも矛盾する．ホッブスのリヴァイアサン的な考えは，社会的に望ましいとは必ずしもいえない．近年の例に加えて，歴史的な前例は，絶対的な政府の権限を実行する人々は社会的正義や個人の自由などをほとんど気にかけないということを示している．

　ロックの考える政府でも，投票者と，選ばれた代表や官僚との間にプリンシパル・エージェント問題が生じる．プリンシパル・エージェント問題は，政府が住民へ説明責任を果たす際の障害となる．すなわち，ロックが望むように，建前上，政府が住民に説明責任を果たしているとしても，実際のところ，政府の説明責任は達成されているのであろうか．特に，政府が社会に便益をもたらさない場合，社会は，どのようにして政府の拡大から自分自身を守れるのであろうか？

憲　法

　政府の拡大や政府の政策決定を拘束するのは，憲法である．憲法は，政府の役人に何ができて何ができないのかを定義している．もっと基礎的には，憲法は，政府が課税手段を通じて法的な拘束力での支配者となることを制約し，市民を守る．憲法は，また，多数決を通じた逆進的な帰結を制限することによって，少数派の権利を守る．あたかも，政府自身が国民たのめに行動ルールを定めるように，憲法は，政府の役人を行動ルールにしたがわせることによって，政府の権限を制限する．コンスティテューショナル・エコノミックス (constitutional economics) として知られる政治経済学の分野において，憲法が政府の行動をいかに拘束するのかについての研究がなされている．

　憲法は，2段階の集団的意思決定過程の1段階目である．政府の行動や決定を拘束するルールは，集団的意思決定の最初の段階である憲法によってデザインされる．許容される政府活動の範囲が憲法によってデザインされたあとで，第2段階において，政治における意思決定者は，憲法で許される代替策の間から，政策を選択する．憲法は，政府の意思決定の第2段階において，官僚や政治的意思決定者による日和見主義的な行動を許さないことを通じて，慈悲深く，正直な政府を実現するのである．

　憲法を変更するために要求されるものは，第2段階において政府の決定や法律を変更することよりも厳しい．憲法の意思決定の段階には，より大きな不

変性や安定性があるのである．憲法は，政府から国民を守るとともに，それ自身が政府から守られているのである．憲法の修正は，新しい状況や社会の基礎となる価値観が変化したときになされるのである．

時間のかかる憲法上の選択

　憲法は，個人自身の利害とは独立したものであるべきである．しかしながら，憲法が人々によってデザインされる限り，社会は，絶対的な権力者の誠実さに関してホッブスが直面したものと同じジレンマに直面する．憲法の作成者が率直で，正直であり，自分自身の利益よりも公的な便益を優先するということを，どのくらい確実視できるであろうか？

　憲法制定には時間がかかるが，これがかえってメリットとなる場合がある．すなわち，憲法は実行されるまでに，ある一定の時間がかかる．これは，憲法制定者の現在の利己的な関心を憲法に反映させることを阻むことになる．利己的な利益のために現在の政府をコントロールしている人々でさえ，憲法により政治的な裁量が制約されることは将来世代に便益を及ぼすであろうことを認識し，将来の政府を制約する憲法の導入に同意するであろう．ただ，そのような人でも，自分の政府内での在職期間中は，（自己拘束的な）憲法の実行を支持したがらないであろう．憲法の策定と適用との間の時間のずれは，現在の個人的・政治的な関心から憲法を時間的に切り離すことによって，憲法の長所を守っている．

　憲法は，生まれたときにはその憲法が決まってしまっている将来世代の行動を縛ることになる．理想的には，憲法は，まだ生まれていない将来世代がその策定に参加していたとしても，賛同できるような性質を備えているべきであろう．憲法の長所は，過去の時点からの遺産であり，そのため，自分に有利なように憲法を変えたいと思う現代の利益団体が憲法を都合よく変えることができないという，まさにその点にある．

　もし憲法が，特定の利益団体に便益を供与しないようにすべての政治家を縛るなら，利益団体が探すべき，政治的に生み出される差別的な便益がないのであるから，特定利益は供与されず，レントシーキングも起きないであろう．それによって明らかに，政治家は，社会的に責任のある行動を選択するであろう．したがって，政治家は，自分の行動に課された憲法上の制約によって便益を得るのである．なぜなら，憲法は，正直な政治家が正直なままでいることを

可能にするからである．したがって，憲法は，政治家が自分の便益を求める手段を縛るのである．

　憲法は，社会に対する保険の機能をもつ．選挙に臨む人々は，社会に対して忠実であるかもしれないが，選挙で選ばれている人は，法に触れることなく，公的支出を個人的な利得の手段として政治を利用するかもしれない．憲法は，政治的決定における利己的な関心の実行を制限する役割を果たすのである．

第10章
健康，教育，退職

　これまでの諸章で，市場がもたらす不十分な結果に対して，それを補正する多様な公共政策を考察してきた．それらは，法律を規定する政策，環境を保護し，かつその他の外部性の問題を解決する政策，さまざまな公共財の財源を確保し，それらを供給する政策，個人の時間的不整合性問題を回避する政策，社会保険の受給権に対する財源調達およびその付与を行う政策などを含む．この最終章では，健康保険と医療サービス，教育，および退職して所得が得られなくなる時期の生活保障についての公共政策をより詳細に考察する．これらいずれの事例においても，個人は政府に頼ることなく，自ら市場で意思決定することは可能である．しかし，政府は，公的資金と公共政策を通じて，これら全般に関与している．

10.1　健康保険と医療サービス

10.1.1　市場と政府

　政府が存在しなくても，市場で医療サービスと健康保険を提供できる．この節では，これまでの章で明らかになった種々の論点が，医療サービスと健康保険に関して，市場あるいは政府の公的資金調達および公共政策のどちらかを選択する際，どのような影響を与えるか検討しよう．
　病院やクリニックは共同で使用される施設のため，医療サービスが公共財の場合は，使用料を課すことができる．個人が利用する医療サービスもまた，万一の必要が生じたときに需要されることから，公共財の側面をもっている．したがって，民間の健康保険を使って医療施設を利用するという選択に対しても，使用料を課すことができる．この使用料によって，市場が機能を果たすこ

とが可能となるのである．

医療サービスは外部性をもちうる．病気の中には伝染性や感染性のあるものも含まれているので，必然的に外部性を含む．したがって，私たちすべてが健康でいるために，他の人も健康であってほしいという広い社会的（あるいは集団的）な思いがある．予防接種や研究を通じて，予防医学は，伝染性や感染性のある病気の負の外部性を除去することにより，公衆の健康という便益をもたらしている．私たちは，たとえば，公共交通機関や教室で偶然に接触する人々や，日常生活で繰り返し接触することになる健康な人々全体から，個々に便益を得る．人々の安全性や労働条件の安全性に対する政府の規制は，健康に関わる外部性に向けられたものである．

健康に関する事柄は，市場を禁止する根拠となりうる．そして政府は，その職能として人々が選んだ行動が健康にどう影響を与えるかに関する情報を全体に広めるであろう．さまざまな麻薬の市場は，健康上の理由で禁止されている．喫煙，過度な飲酒，安全でないセックス，不健康なダイエットなどについての情報も，政府に求められる公共サービス（公共財）である．

政府は，財政を通じて，私的部門に依存していては達成できない基本的な医療サービスに対する受給権を人々に保障することができる．この権利は，予見できない逆境への備えとなる．そうした逆境は，出生時から健康に問題があり，それにより引き起こされることもあろう．あるいは，人生の途上で遭遇する不運な病気や事故により，衰弱し，自分では対処できないこともあろう．受給権としての基本的な医療サービスは，（ヨーロッパやその他の国々のように）すべての人に提供されることもある．あるいは，アメリカ合衆国のように，受給権は，（支払うことのできない）貧困者や（年をとるにつれて起こる身体的変化のため，その費用がかかる）高齢者を対象とすることもある．政府はまた，乳幼児に対して予防接種を強制し，多くの場合，それに補助金を出す．

医療サービスはまた，自然独占を必然的にともなう．緊急の救命治療が必要なとき，もっとも近くにある病院の救急治療室は自然独占である．自然独占は，専門的な医学的知識の形で現れることもあろう．地域の病院は自然独占であり，そこに住む住民は，特定の分野にほんの1人の専門医しか必要としないと考えてよかろう．

政治的配慮もまた，医療サービスに影響を与える．政府は，特定のグループに便益が生じるように狙いをつけた医学研究に助成金を出すことがある．それ

は，そのグループが求めている政策および公的資金と引き換えに政治的支持を取りつける場合である．

10.1.2　医療サービスの特殊な性質

　医療サービスは特殊である．なぜなら，私たちは，病気やケガをした人が，治療について，競争的な医療サービスの市場で意思決定をしなければならない事態を望まないからである．病気やケガをしている人は，競争市場の条件のもとで，医療サービスの決断ができるような心理状態にあるとは思えない．そのような人が，市場が供給する治療の選択肢を評価する時間や平静さ，または決意をもっているとは期待できないし，不健康やケガからくるストレスにより，どちらの選択肢を選ぶか，理性的に考えられるとは思えない．患者は，その状態を緩和するため，あるいは治すために，治療してもらえることを願うだけである．病院の救急室で，治療費について異なる医師たちと交渉しなければならないとすれば，ひどく戸惑うことになろう．

　医療を必要としている人に市場での決定を強いるべきでないというもう1つの理由は，患者は，一般に治療費に多額の金を支払う用意があることである．緊急に必要な医療サービスに対する需要は，一般に価格に反応しない．命が助かるという見込みがあれば，全財産を投じてもよいと思うであろう．どうしても治してもらいたいという気持ちがあるため，市場を通じてただちに治療を受けようとしている人は，法外な治療費をふっかけられる可能性に直面することになる．

　治療の質に関して，情報の非対称性もある．患者が，市場の提供する選択肢の長所を判断することは困難であろう．医療制度は，病気をもった人々を診断し，治療する．人は，医療を要すると思わせる症状にはっきり気づいたとき，助言か治療が必要であるという結論を下す．また同時に，治療を要するような兆候が現れるまでは自分の健康を当然のことと考えている．病気になったとき，なぜ病気なのかその理由がはっきりわからなくて，医学的助言を求めることもあろう．また，自分の抱えている医学上の問題を解決するもっとも効率的な治療がわからないため，医療サービス提供者の助言に頼らなければならない場合も考えられる．このような状況において存在する情報の非対称性のため，医療提供者による便宜主義的な態度，ごまかしや詐欺行為の可能性が生じる．

健康にとって有益というより，効果のない，もしくは有害な治療を施されると考えてよかろう．情報の非対称性と強要，あるいはごまかしや詐欺行為の可能性があるため，医療サービスは政府によって規制されている．規制は，治療を施してもよい者を認定し，薬や医薬品の効能を認可するといった形をとっている．専門の団体を通じて，医療を行う者自身による自己規制もある．

　規制は，時には厳密でない科学である医療サービスのために複雑な形をとる．情報は，知識をもつ医師と知識をもたない患者との間で非対称なだけでなく，医師の側にもまた，患者の医学上の問題の理由がわからないという非対称性がある．特定の症状が，多くの異なった病気に符合することはよくある．たとえば，のどの痛みは，それぞれ異なる治療を必要とする数多くの医学上の症状に合致する．診断や検査室での検査において間違いを犯すこともあろう．規制および自己規制に求められることは，やむをえない間違いと無能力や過失による間違いとを判別することである．

医療費抑制の問題

　医療サービスの特殊な性質は，費用抑制を困難にし，長期的に費用増大という結果をもたらす可能性をもつことである．医学研究の進歩は，新薬や新しい機器，高額の投資を要する新しい治療方法を生み出す．長い年月の間に，新しい高額の治療方法は普及し，医師にはいっそう馴染むものとなっていく．そして，新しい医療機器が病院や医院に導入されていく．新しい治療方法や新しい機器から便益を受ける人の数が拡大し，医療費もそれに応じて増加する．新しい治療法が一般化し，標準化されてくると，その治療方法を，たとえば，高齢者や赤ちゃんに対して，あるいは以前であればリスクが大きすぎるとみなされていた胎児にすら用いることが可能となる．適用できる人口の幅が増大するにつれて，費用が増加する．新しい治療方法の使用を制限するか，新薬使用を制限することによって費用の抑制をはかろうとすると，倫理的な反対にあう．

　医療行政官僚による費用抑制に対抗する障害もある．医療サービスを提供する行政の経費を削減する試みが，患者に対する配慮を減らし，本来の趣旨をゆがめる可能性がある．医療サービスに対する予算削減が提案されると，費用の削減は，役人の給料を減らすよりも，子供たちへの生命維持のための薬物治療を停止するという形をとる可能性が考えられる．

　医師は，医療ミスの結果として負わなければならない金銭的問題に備えて，

自身で保険を購入する．医療費は，過失をめぐる法的訴訟や医師のための高い保険料も原因となって増大している．

　人口構成の変化は，医療費を増加させる．人が長生きをし，高齢者が人口の大半を占めると，国民所得に占める医療費の負担は増大する．医療サービスと医療費の経済的および道徳的ジレンマは，とりわけ人生の終期に向かうにつれ大きくなる傾向がある．生涯にわたる医療費の大部分は，人生の最後の数ヵ月に集中しがちである．慢性的不治の病をもつ人々が過ごす人生最後の数ヵ月の間，積極的な治療を認めないとすれば，実質的に医療費を減少させられるであろう．一般に人が耐えなければならないと思われる状態を超えて苦痛に耐えがたくなったとき，安楽死を認める社会もある．人生の尊厳ゆえに，熟慮すべき明らかに倫理的な問題がここにある．

支出の増加は治療効果を増すであろうか？

　支出を増加させることは，つねに治療効果を増すことにはならない．一般の財・サービスから得られる便益は，人々が市場で正しい情報に基づいて個人的に購入する場合，支出額とともに増加する．このとき，自分の意思でより多く出費をすると，通常，より多くのものを受け取る．医療サービスの場合には，情報の非対称性のため，私たちが何を購入しているのか明らかではない場合がある．

　（医療行為者の給料や所得を高くするのではなく）治療方法を追加していくことにより医療サービスに対する支出を増大させていくことが医療の質を高めるかどうかについて，調査研究がなされてきている．結論は，支出の増加が必ずしも医療の質を向上させないということである[1]．

　　　メディケアの支出（アメリカ合衆国における高齢の退職者に対する公的資金による支出）は，……国（合衆国）のさまざまな地域間で相違がある．その違いは，地域によっては，非常に費用のかかる治療方法を特に多用することと関連している．だが，支出の少ない地域と比較して，支出の多い地域で人々がより健康であるようには見えない．……
　　　国際比較も同じ結論に達している．（先端技術を備えた）ハイテク病院

---

1)　次の要旨は，Cutler, D. M., "Walking the tightrope of medicare reform," *Journal of Economic Perspectives* 14, 2000, 45-56 による．

の近くに住む患者は，遠く離れた所に住む患者よりも，ハイテク医療を受ける傾向があろうが，それでも両者の患者グループの治療結果は，比較的類似している……

10.1.3　健康保険市場

　医療サービスは，通常，健康保険の購入をともなっているため，治療を受けることと，その場で治療費を支払うこととの分離が可能である．保険があれば，医療サービスが必要なときに，金銭的な配慮は主要なものとはならない．病気やケガをした人は，治療費を払う余裕があるかどうか心配する必要がない．また，治療する医療機関は，治療前に患者の支払い能力を確認することなく，ただちに必要な処置を施すことに集中できる．保険はまた，大きな予見できない医療費に対して保障を与えることにより，危険を分散する．

　民間の保険市場は，第5章で指摘した民間保険の失敗のために，個人の傷病の費用負担を保障する手段とはならないと考えてよかろう．

立　証

　病気の中には，立証することの困難なもの（たとえば背中の痛みや幻覚）がある．心気症の人や，外見上はわからなくとも外科手術をどうしても受ける必要のある人の事例がそれである．これらの人々は，健康保険会社に課せられる費用を人為的に増加させている．しかしながら，この立証の問題は些細なことであって，民間の健康保険市場が崩壊するという心配の種とはならないと思われる．

モラルハザード

　もし被保険者が，健康に影響する危険を前よりも一層多く冒すように行動を変化させるなら，モラルハザードは健康保険に影響を及ぼすことになる．たとえば，健康保険により，スキーヤーがとくに危険な急滑降をする可能性を増すようになれば，モラルハザード効果があることになる．同様に，健康保険のために，車の運転者は急なカーブを曲がるとき，スピードを上げるとすると，モラルハザードが表れたことになる．しかし，医療費へのモラルハザードの影響は小さいように見える．おそらくプロのスタントマンやスタントウーマン以外

の人々は，ふつう，健康保険があるからといって，ケガや病気になるようなことはあえてしないものである．

逆選択

　健康保険市場にとってより重要なことは，逆選択問題である．逆選択は，個人の健康に関する情報の非対称性のため生じる．医療サービスを受ける確率が平均より高いことを前もって知っている人は，より熱心に保険を探すことになる．そのような人は，確率が平均より低い他の人にずっと医療費を負担させていく．平均より健康であると自覚している人は，医療が必要だと思っている人々と同じ保険の共同グループに加わることを避け，自分と同じような低いリスクの人々と一緒に保険の共同グループをつくろうと願うであろう．もしこれができなければ，自らの責任を選ぶはずである（すなわち，健康保険を購入しないということである）．

　たとえば，HIVや肝炎にかかる確率が高くなるライフスタイルの人は，全体の母集団より，将来，より高い罹患の危険に直面することを知っている．健康のリスクの低いライフスタイルの人は，これらの人々と一緒に保険の共同グループに加わりたいとは思わないであろう．

　逆選択は，民間の健康保険を強制加入にすることと，社会全員に対して，受給権として政府が健康保険を提供することにより回避できる．強制であるから，リスクの低い人々は，リスクの高い人々も加入している保険の共同グループから抜けることができない．そのため，前者は，後者の医療費に補助金を出し続けることになる．

　2000年に人間の遺伝子構造を完全に近いところまで染色体上に位置づける作業が完成した．これによって，逆選択の範囲は拡大する．なぜなら，人間のゲノムに関する情報により，個人の将来の健康についての予測が可能になるからである．保険の目的は，人に無作為に影響を与える出来事による「リスク」をプールすることである．遺伝子の配列が知られるようになると，無作為性は，多くの健康問題から除外されるようになる．人々は，遺伝子傾向を検査してもらうことができ，もし，その結果が良好な健康の見込みを示すなら，それを民間の保険会社に知らせて，より低い保険料率を要求するであろう．あるいは，彼らは，特定の病気に罹患する確率が低いことが遺伝子的にわかっている人々と一緒に，保険グループを形成しようとするであろう．個人の検査結果

を公開しない人々には，将来医療費が嵩む遺伝子傾向が明らかになり，その結果を秘密にしておく理由があると，保険会社は推測できる．そこで，保険会社は，健康に関わる遺伝子傾向を公にしない人々を保険に入れようとはしなくなるであろう．こうして，個人の遺伝子の特徴に関する情報を利用すると，民間の保険市場の範囲は限定されることになる．

　逆選択の問題を克服する方法は，個人間で健康保険料支払いを差別化することである．たとえば，リスクの高い人々については，より多く支払わせるか，あるいは，同じようなリスクの人々の加入する共同グループに組み入れる．民間の保険業者は，保険の申込者を，ライフスタイル，それまでの健康記録，年齢，性別，そして遺伝子情報にしたがって選別し，相応の個別の保険料を設定することができる．自動車保険の場合，保険料の差別化は合法であり，年齢や安全に関する運転記録に基づいて差別化がなされている．自動車保険で見られる不公平は，慎重な運転者と無謀な運転者が同じ保険料を支払い，保険料の差別化がないときに生ずる．これと同様に，医療サービスを必要とする可能性の高い人々に，健康保険料をより多く支払うよう要求すべきであろうか．

　健康保険における差別化は，ときに女性に対して行われる．妊娠と出産に関係する医療費は別にして，女性は男性よりも生涯にわたる医療費が一貫して高い．差別化はまた，高齢者に対してもときどき行われる．概して高齢者の医療費は人口全体の平均を上回るからである．無謀な運転者は，自分の意思で無謀運転をしないようにできる．しかし，人は，病気，たとえば，糖尿病のような病気にかかる遺伝子を選択したわけではない．老齢者もまた，年をとり，高齢の病気になりやすくなることを選んだのではない．だがそれでも，さまざまなリスクをもつ人々の間の保険料の差別化は，逆選択による民間の保険市場の崩壊を防止する唯一の方法となろう．

10.1.4　社会保険としての医療サービス

　これまで，市場を通じて供給される医療サービスと健康保険を考察してきた．市場に代わるものとしては，社会保険の受給権として，公的資金による医療サービスの提供がある．第2章で，公共財を公的資金で供給しても，それは，政府が公共財の供給に責任をもつ必要性を意味するものではないことを見た．たとえば，開業医や民間の病院も医療サービスを提供できる．そしてそ

の費用は，社会保険の受給権として公的資金によってまかなわれる．医療施設は，民間あるいは公共いずれもが所有できるから，いずれの所有する施設であっても，公的資金による無料の医療サービスは，市場を通じた医療サービスでは十分な治療を受けることのできない人々を守る．

医療サービスが無料である場合，医療サービスを受けようとすると，通常，列をつくり，待たなければならない．治療も，均一的なものになりがちである．高所得者や金持ちは，列に並ぶことや待ち時間を避けることを望み，社会保険の受給権として提供される均一な医療サービスよりも，治療がすぐに受けられ，それぞれの個人により即応した診察がなされ，質の高い医療サービスが行われる市場で提供される別の選択肢をしばしば求める．人々が私的な市場を通じて医療サービスを求めるようになれば，無料の医療サービスは所得再分配の一形態となる．なぜなら，公的な医療サービスの財源となる税を支払っていながら，中には税でまかなわれた無料の医療サービスを受けないことを選ぶ人がいるからである．すなわち，第5章で考察したように，同じ所得の人でも，選好が異なれば受給資格を受け入れたり，拒否したりすることがあり，その例をここに見ることができる．さらに一般化していえば，所得の違いと支払い能力が，無料の受給権を使うか，使わないかを決める根拠となるであろう．

10.1.5 健康と市場

ここで政府から離れて，健康保険と医療サービスをめぐる民間の市場に戻ろう．市場でさまざまにとりうる選択肢は，保険者と医療提供者とが同じ民間の経営体であるか，あるいは異なった民間の経営体であるかによって，異なった形をとる．

異なる民間企業が健康保険と医療サービスを別々に提供する場合，医療サービスの提供者と患者は，保険会社のほうに治療費の支払い義務があることを知っている．医師または病院にとっての有効な費用，および患者にとっての追加の治療や薬の費用は，したがってゼロである．この例では，保険会社は過度の医療費の危険にさらされる．なぜなら，実際の限界費用はゼロではないからである．過剰な出費を避けるため，保険会社は，通常，異なる治療法それぞれにどれだけの費用がかかるか，そしてどのような投薬が処方できるかについて指示を出す．

医師の対応と患者の治療についてのガイドラインを設定する際，民間の保険会社はプリンシパル・エージェント問題を解決しようとする．もし保険会社による監視が行われることになり，指示が費用を抑制するように設定されるなら，保険会社は自らが医療提供者となり，医師を雇い，さらに病院を所有することにより，プリンシパル・エージェント問題と取り組もうとするであろう．

　保険会社が医療提供者となれば，もう1つ別なインセンティブ問題が生じる．利潤を最大にするために，統合された民間保険会社と医療提供の会社（HMO（健康管理組織））は，最小限のサービスを提供するインセンティブをもつ．そこで人々は，費用抑制を通じた利潤最大に焦点を合わせていない健康管理組織間の競争に頼ることになる．人々のもつ不完全な情報のため，医療サービス提供者の提案を，個人で比較して評価を下すことは難しい．患者は，どの治療と投薬が認められているかのみ知らされ，別の選択肢があることについては，わからない．なぜなら，別の選択肢は費用抑制の方針により認められていないからである．

民間保険会社による逆選択対策

　民間の健康保険会社は，逆選択に対抗する方策をとっている．リスクの高い人々を被保険者の母集団から排除しようとすることは，その一例である．人々のリスクは，過去の健康記録や私的な行動を通してわかるであろう．リスクは広い指標によって判断できるが，もっとも明白なのは年齢である．あるいは，もう1つの方策として，人々を保険から排除するよりも，むしろリスクの高い人々に，より高い保険料を課すということもあろう．間接的な方法もまた，逆選択に対抗するために用いられる．たとえば，子供をもつ家族は，年配の人々よりもリスクの面で都合の良い被保険者なので，健康管理組織は，小児科医を重点的に揃え，老人医療の専門医をほとんどもとうとしないであろう．医療の世界の門番とでもいうべき一般医もまた，患者を専門医に紹介することを控えるように指示されることも考えられる．これらの逆選択問題を解決しようとするやり方は，医療費を抑制し，民間の健康保険市場の崩壊を防止できる．しかしながら，民間の市場は，社会全体の人々に適切な医療サービスを提供できないのである．

10.1.6　市場を通じた普遍的な健康保険適用

　健康保険が民間市場で提供されると，健康保険の適用を受けない人々が出てくる可能性がある．アメリカ合衆国では，たとえば21世紀の初めに，人口6人に1人が健康保険をもっていなかった．無保険者および保険がかけられない人々に対して，何をなすべきであろうか．

　1990年代，クリントン政権下，民間の医療サービスの提供を通じて，全米に全員加入の普遍的な健康保険を導入しようとしたアメリカの試みは検討に値する．その試みは失敗した．普遍的な強制健康保険であれば，それは，政府が医療提供者への支払い額を決めることで，医療サービスの提供に関与することになったはずである．医師やその他の医療従事者の所得は，政府による規制のために，低下してしまっていたであろう．医療従事者は，市場で決まる所得を得るという期待に基づいて，過去，教育に個人的な投資を行った．したがって，彼らは，政府による所得規制は，さかのぼって課税されることに等しいと主張できよう．その遡及課税に対する補償への提案はなかった．政府はまた，薬品市場に介入する必要があったであろう．医療費を抑制するためには，使用できる薬品を指定し，製薬会社に許可する販売価格の上限を設定することが必要となる．しかしながら，その結果，製薬会社は新薬を開発するインセンティブの低下という問題に直面する．同時に，製薬産業に対する規制は，製薬会社の株を所有している人々に，低利潤（あるいは低利潤の思惑）が株式価格を下げるため，金銭的損失を与えることになる．製薬会社の株主は，これら損失を補償されることはない．製薬会社の株主は，必ずしも「損失を受け入れられる」ほど社会の富裕層であるとはかぎらない．むしろ，製薬会社の株式を，投資信託あるいは個人退職貯蓄プランを通して直接または間接に所有している人々である．

　普遍的な強制健康保険は，民間の健康保険を購入できない人々，または雇用者が提供する医療保険の適用を受けていない人々に，所得を再分配するものである．普遍的で強制的な医療保険は，財源が必要である．保険料を払えない人がいれば，他の人がその分を負担するのである．

　このような健康保険を適用すれば，人々が医療サービスの質を選択できる範囲を制限し，個人的損失も招くことになる．質の選択機会が減少することは，規定の治療範囲を超えた医療サービスを得るだけの財力のない者を直撃す

る．

　したがって，広い層の勢力が結束し，政府主導の普遍的な強制健康保険に反対することは予想できる．この保険の適用から便益を受ける人々は，あまりに貧しくて民間の市場で健康保険を購入する余裕のない人々であり，皆保険のもとで無料または多大な補助を受けて医療サービスを提供してもらうことになる人々である．この健康保険制度を導入するためには，大多数の有権者の合意，あるいは有権者の代表の合意が必要である．1990年代のアメリカにおいて，大統領職の威信と政治的後援という支持があったにもかかわらず，大多数の一致を見ることはできなかった．

普遍的強制適用と民間の競争

　それでもなお，民間の医療サービスの市場に普遍的な強制健康保険が導入されると想定しよう．そうなれば，政府は，各市民の受給できる医療サービスと医薬品のリストを決定し，認定診療費と治療を設定し，政府指定の医療サービスを提供できる者の間の市場競争を認める．医療サービスの提供者は，慢性病の患者，高齢者，あるいは予測される平均的な医療費用よりも高くつくライフスタイルの人々の保険利用を拒否できない．もし拒否すれば，政府指定の普遍的適用はなくなってしまうからである．市場の要素は，いまや最小になってしまっている．保険会社は，保険適用の医療サービスの内容を決めることはなく，やって来た者はだれでも受け入れる義務があるため，だれが被保険者となるかを決められないのである．医療提供者は，保険診療費が規定されているので，料金を決めることはない．全住民にとって加入は強制であり，強制的に決められた健康保険料が支払われる．

　健康保険への加入は強制であり，適用が原則的に万人共通になされる場合であっても，だれもがその受給権を利用するという保証はない．事実が示すように，万人のための無料で受けられる医療サービスが提供されていても，低所得者は健康についての関心がそれほど高くなく，医学的アドバイスを求める傾向が少ないからである[2]．

　強制的な健康保険のもとでは，保険会社と医療提供者は，医療サービスを求

---

[2] Katz, S. and T. Hofer, "Socio-economic disparities in preventive care persist despite universal coverage," *Journal of the American Medical Association* 27, 1994, 530-4 参照.

めるすべての人々を受け入れざるをえないので，起こりうるあらゆる損失を政府は補填する責任がある，と主張できる．そこで，政府は最後の拠り所である資金供給者の役割を求められることになる．こうして，健康保険会社と医療提供者は，ソフトな予算制約に直面する（1.3 節参照）．すなわち，前もって，彼らはいかなる損失も補填されることを知っていて，それが費用を抑制するインセンティブを低下させるのである．行政担当者の俸給の支払い増を通して，便宜主義的な費用増大を目指すインセンティブが存在する．もし，政府が医療提供者の赤字を補填することを拒否して費用抑制を実行しようとすれば，医療提供者は治療を拒否することで医療サービスの危機を引き起こすことができる．こうして，医療費の抑制と医療提供者を補助しないことを目指した政府の目的は，果たせないことになる．このような状況が続く限り，ソフトな予算の非効率性も同様に継続することが予想される．

10.1.7　社会化した医療

　政府が健康保険と医療サービスを社会化すると，人々は政府から直接，税でまかなわれる無料の治療を受けることになる．政府が運営する医療制度では，医療提供者は，政府の職員となる．政府は，いまや，直接，政府予算を背景とした最後の財政的拠り所である．さらに加えて，生命を救い，人々を健康な状態に戻すという社会的価値に直面し，ソフトな予算制約が現れる．医療サービスを提供するのは政府の直接の責任であるので，もし医療サービスが政治化されると，ソフトな予算はとりわけ深刻な問題となる．医療制度のあらゆる失敗は，政府に直接帰せられることになり，政治家が医療の問題に直接関わることになる．医療費の管理はお役所仕事の一部となり，その支出は，お役所仕事の思惑に左右されることになる．医療制度のソフトな予算は，お役所仕事のソフトな予算によって，さらに悪化する．

　社会化した医療費を抑制しようと試みると，結局のところ，質の劣る医療サービスになったり，あるいは，適切なときに受けられたら効果の大きな治療も，長く待たなければならなくなったりする．社会化した医療の目的は，だれに対しても等しい治療を提供することであり，原理的には，それと並立する民間医療市場は不要なものとなるべきである．しかしながら，診察と治療に長い待ち時間があり，そして非人間的な医学的手当が続くと，人々は民間の医療

サービス市場を好み，政府が金を出す社会化した無料の医療を無視するようになると考えてよかろう．したがって，2つの医療レベルが存在する．すなわち，政府の医療サービスを利用する人々の受ける劣ったレベルの治療と，民間の治療費をまかなうことができる，あるいは喜んで支払おうとする人々の受ける優れた治療である．

　社会化した医療は，もし政府組織に雇用されている医師が，同時に私的に治療を行っているなら，逆のインセンティブをもつことになる．その場合，社会化された医療制度のもとで，無料ではあるが劣った医療サービスの質と長い待ち時間は，これらの医師にとっては絶好の状況となろう．なぜなら，彼らは，自らが並行して行っている私的な医療の場で，より質が高く，迅速さを求める患者の需要に応え，そこから利得を得るからである．もし患者が，並行して行われている私的な治療を求めないのであれば，社会化された医療を管理している役所内で，治療を待つ患者に順番を飛び越す可能性を与えるという形での汚職のインセンティブが生まれる．管理している役人との間に個人的な関係があることによって，待ち時間を減らすこともできるのである．

10.1.8　結　　論

　民間の市場には，逆選択や健康保険に加入できない人々を排除するという問題がある．そして，保険会社と医療提供者が同一の主体であるかどうかによって，相反するインセンティブをもっている．このため，民間の市場で医療サービスを提供することには反論がある．その反論は，すべての人は医療サービスについて基本的な受給権をもっているという信念に基づいている．

　とはいえ，政府が医療サービスを提供することになると，医療サービスは社会化され，公的資金による無料の受給権として，直接，政府雇用の医師と管理スタッフによって提供される．医療サービス支出を管理する政府の役人が，医療サービス支出予算のソフト化に拍車をかける．さらに，非効率性，待ち時間と治療の質の問題，そして個人の選択肢が限られる等の批判が起こる．

　こうして，社会的に望ましい医療サービスの提供を実現することは，ジレンマを生じさせる．いかに医療サービスを提供するかについて，それぞれの社会は，さまざまに異なった決定を行う．ある社会では，主として市場における自由意思による決定に頼ることを選択し，別な社会では，かなりな程度の政府の

関与を選択する．いずれにしても，市場と政府との間のジレンマがこれほどまでに見られるところは，健康保険と医療サービスの分野以外にはおそらくないであろう．

10.2 教　　育

医療サービスの場合と同様に，教育も私的に供給することが可能である．この節で私たちは，教育における財政と公共政策の役割を検討する．

10.2.1　私的教育から公立学校へ

歴史的に見ると，子供の教育は，裕福な家庭や貴族が私財を使って行った贅沢であった．中産階級をもたない社会では，人々は，相当な金持か極貧かのどちらかである．裕福な人々は，私的財としての教育に金を使う余裕がある．一方，私費に頼ることは，往々にして貧困者の子供を教育の機会がないままにしておくことになる．

高等教育に関しては，家庭で私的かつ個人的に教育が行われたのではなく，集団的あるいは公的に行われた．ヨーロッパの初期の大学は，必要な基礎教養（ラテン語の読み書き能力）をもった学生に向けて開かれたものであり，家庭教師による私的教育をあらかじめ受けられる特権を有していることが，その要件であった．

読み書き能力と教育に対する需要は，封建社会の終焉とともにいっそう広がり，家庭外で教育が提供されることになった．イギリスでの「パブリック・スクール」という言葉は，こうして始まった外部の学校を表している．学校は，家庭の外で教育を行うので「パブリック」であったが，私立学校であった．それは，現在でもそうである．裕福な家庭だけが，子供たちをパブリック・スクールに行かせる経済力をもっていた．パブリック・スクールは，子供たちが学ぶだけでなく生活する「寄宿学校」でもあった．寄宿学校が児童期と青春期，そしてそれ以降の人生を通じての選好と価値を形成したのである．

次の段階で，政府が関与することにより，親が教育費を負担する意志があるか支払い能力があるかにかかわらず，教育は，子供にとって，公的資金を裏づけとする受給権となった．学校教育は，一定の年齢に至るまで義務化され，そ

れに応じて，児童労働が不法と定められた．政府は，学校と先生を提供し，かつ学習内容を決定した．

政府は，このようにしてその権限を用いて，公的資金による学校教育を義務とし，子供たちの教育の学習内容やカリキュラムを決定したのである．教育における政府の広範囲な関与は，これまで考察してきた政府の果たすべき責任の一環をなす．

集団の利益

効率的なクラスの規模は，生徒が2人以上いることである．これにより，教育は，集団の利益と費用の分担という特徴をもつ公共財ととらえることができる．クラスの規模が大きくなり，教育効果が減少し始めると，教育は，混雑状態を呈する公共財となる．公共財としての教育は，公的資金を財源として無料で提供するか，あるいは私費の使用料を前提とした市場を通じて提供することもできる．すでに見てきたように，最初の学校は私立であり，受益者負担の原則のもとで教育を提供した．

しかしながら，使用料を課すことにより，親に支払い能力がないか，または支払う意思がないとき，子供たちを学校から排除する可能性が生じてくる．すなわち，使用料に反対する論拠は，第8章で見たように，集団の利益からの非効率的な排除である，という点である．

それでも，公共財が混雑したとき，容易に同じような施設を繰り返し建設することができれば，私的供給を行い，使用料を課すことによって，効率的な教育に近づくことができる．たとえば，映画館が私有であって，受益者負担を基盤に経営されているのとまったく同じように，学校も私立で，受益者負担による資金調達がなされることは可能である．このように考えると，歴史的にいかにしてパブリック・スクールが始まったかがわかる．

学校教育は，排除と使用料負担による資金調達を通じて提供することができる．したがって，教育が公共財の特徴をもつのは，それが公的資金調達により公立学校で提供されているからではない，といえよう．供給が私的であっても，貧困家庭の子供たちは，政府が私立学校の授業料に対して公的資金を充当するバウチャー（就学保証金証明書）を親に提供することにより，教育を受ける機会を与えられるのである．

自然独占および強制された独占

　政府が子供たちの学校教育に関与するのは，どのような理由によるのであろうか．私たちは学校が自然独占であるかどうかを調べることで，この問題を考えることができる．子供たちが自分の家に一番近い学校に通うことを目的とすれば，教育は，地域自然独占である．毎日，遠距離通学をしなくてもよいように，地域の子供たちの要望を満たす場所に学校の所在地を決めることができる．もしそうであれば，自然独占問題の解決のため，政府は，子供たちが家の近くの公立学校で，公的資金による無料の教育を受けられるようにすればよい．

　政府が所有する学校の自然独占を解決するもう1つの方法は，競争入札の過程を経て，民間による教育の供給を導入することである．政府が学校を所有し，入札に成功した民間の供給者に支払うことは可能であろう．

　教育水準を確実に満たすために，政府は，学校教育を自然独占する民間の供給者を規制することは可能である．しかしながら，教育の質を管理する際には，さまざまな問題が生じる．

　成績評価のインフレが問題となろう．民間の供給者は，高い教育業績を印象づけようとして，生徒に高い成績評価を濫発する可能性がある．成績評価のインフレの問題は，すべての学校に第三者の作成した共通試験を課すことで解決できるであろう．

　モラルハザードはもう1つの問題である．民間の供給者の努力が目に見えない以上，生徒の不十分な学業成績は，不適切な授業の結果か，または生徒自身の能力不足の結果といえよう．ここに民間の供給者によるモラルハザードが生まれる．そしてこれは，政府と自然独占の民間の供給者との間でプリンシパル・エージェント問題を引き起こす．親は，民間の供給者の乏しい教育成果の責任を政府に問う傾向をもちがちである．このプリンシパル・エージェント問題の根底にあるモラルハザードを克服する試みとして，政府はみずから教育に乗り出そうとするであろう．そこで政府は，学校における被用者（管理運営者，先生，用務員）の行動を監視する．

　しかし，民間の供給者なら，利益を得るために，当然，経費節約の動機をもつであろうが，政府の役人には節約しようという意識がなく，むしろ浪費する衝動にかられる傾向がある．政府が学校を所有し，管理運営者や教員に直接給料を支払うとき，またしてもプリンシパル・エージェント問題が起こる．学校

を管理する役人と教員組合は，教育方針を「手中に収める」ことができるのである．役人は，また，生徒に管轄外の学校に通うことを認めることで，競争が拡大するような変化にも抵抗するであろう．なぜなら，競争は，独占から生まれる超過利潤を減じるからである．そこで役人は，学校が自然独占であり，子供たちは指定された学校に通う以外に選択はないとすべきである，という考えに賛同する．

小さな町では，学校は事実上ほとんど自然独占である．しかし，大きな町や都市では，子供の数が十分に多く，適当な通学範囲の中に別の学校があり，子供が選択できる場合がよくある．それにもかかわらず，子供たちの自由な選択を否認し，あらかじめ割り当てられた学校に通う義務があると強いるとき，学校は自然独占ではなく，むしろ行政上強制された独占となる．

外部性と教育

第4章で外部性の概念を導入したとき，便益をともなう「外部性」の例として教育を用いた．そこでは，高学歴の市民が，職場や社会生活において，高度の知識をもち教育程度の高い人々と交流する際に社会的便益が生ずることを述べた．知識と教育はまた，時の経過とともに外部性を通じて，経済成長を促す基盤である．そしてまた，より良い先生はより良い生徒をつくり，より良い生徒はより良い先生をつくるなど，社会の知識の基盤を拡大していく．

このような社会的便益は，教育に対する政府の補助金や公的資金による無料の教育を正当化する根拠となる．同時に，教育は負の外部性をもつ状況（たとえば，教育から得る私的便益が社会的便益を上回る状況）がある．就職の際，学歴が採用を大きく左右するが，学歴に学力がともなわず，採用された企業の生産性向上に貢献しない場合，負の外部性が存在する．すなわち，負の外部性は，卒業証書を得るためだけに勉強する場合に起こる．したがって，教育はレントを求める一形態である．レントは，一流校の卒業生がつくことのできる特権的な仕事から得られる．だが，勉学それ自体の過程は，長期にわたる便益をもたらすものではなく，社会的には非生産的であり，したがって教育の社会的収益は低い．しかし，個人的収益は高く，社会的に非生産的な学校教育に資源は用いられているのである．

政府のパターナリズム

　学校教育に関する公共政策は，義務教育の必要性のほうが，子供たちの教育を強く願う親の気持ちよりも優先するため，パターナリスティックである．親の中には子供の教育に投資することに積極的でないか，または投資できない者もいるであろう．子供を学校に行かせる資力がないか，あるいは，家計の足しにするため子供を働かせるほうを望む親もいると考えてよかろう．義務教育の公共政策は，政府が干渉して，親に代わって子供の教育の決定をすることである．

　義務教育に対するパターナリスティックな主張は，教育水準がより高い社会から社会的便益が生まれるとする立場とは異なる．それは，教育がどの子供にも私的な便益を与えるため，だれもが教育に対する受給権をもっているという立場である．義務教育は，子供たちがその受給権から便益を得ることができるよう無料とする．親には，子供を学校に行かせるという法的義務があり，子供が教育の受給権から便益を得られるようにする以外に選択の余地はない．

　子供たちの中には，学校は退屈で面倒だと思う者がいる．そのような子供は，学校は時間の浪費だと親を説得しようとする．しかし，義務教育は，子供を学校に通わせることに関しては，親に何らの意見もはさませない．学校教育は，無断欠席をしてはならないという規定をともなう法的義務となっている．

モラルハザードと社会保険

　私的受給権として教育をパターナリステックに供給することは，社会保険にかかわるモラルハザードを解決することでもある．教育を受給権として提供することにより，社会は，成長した子供たちが，自身の生産活動と雇用により自活し，将来の政府による所得移転に依存しなくてすむことを期待する．もし教育が義務ではなく，個人的な決定事項であるとすると，モラルハザードが生じる可能性がある．それは，子供たちや十代の若者たちが，社会には社会保険があり，将来，低所得とならないよう保護してくれると知っていて，勉強しないことを選ぶ場合（あるいは親が子供のためにそう決める場合）であろう．

なぜ公立学校なのか？

　集団の利益，自然独占，外部性，パターナリズム，受給権，社会保険，これらすべてが，なぜ公立学校があるかという問いに対する解答を与えてくれる．

とりわけ，暗黙のうちに社会保険契約の一部となっている教育の受給権は，教育が公立学校によって直接管理されるからこそ，保障されるのである．公立学校が自然独占である理由は，子供たちが学校の近くに住んでいるからではなく，第一義的にはパターナリステックかつ規制的な重要性に基づいているのである．たとえば，親が，子供を働きに出していて，子供が学校に在籍している記録を残すために私立学校の授業料を払う，という懸念がある．あるいは，私立学校で子供たちが虐待される心配もあろう．親は，学校の質について適切な情報をもっておらず，教育の市場で，ただ単に子供にとってふさわしい学校を選び出すことができない，とみなされている．あるいは，親が子供の学校教育について決定する際，節操がなくまた事実に基づいていない教育業績の広告に左右されているという懸念もあると考えてよかろう．

10.2.2　教育の質を決定する要因

それぞれの学校が，異なった質の教育を提供している．学校の設備やクラスの規模は，教育の質に影響を与えることは予想できる．しかしながら，生徒同士の交流は，勉強に対する態度や学業上の達成も含めて，それぞれの学校ですでにでき上がった基準に基づいている．ある学校では，個人の評価は，習得した知識で判断されるのではなく，人気，容姿，独創性，あるいはきらりと光る服装の選び方といった点で判断される．極端な場合には，公立学校にいる子供たちのだれもが，勉強して人生において成功している者を知らないこともあるだろう．

家庭環境や親の態度もまた，子供の勉強に対する姿勢に影響する．教育に価値がおかれ，教育が奨励される家庭の子供たちのいる学校は，高い水準を達成し，高い評価を受ける．そのような学校に通う子供たちは，勉強を奨励しない親が極端に多い学校の子供たちよりも有利である．

葛藤や意見の不一致をいかに解決するかという社会規範もまた，学校間で異なる．生徒同士の葛藤や意見の不一致は，妥協や柔軟性によって解決することができる．あるいは，許しがたい記憶として残る暴力によって解決することもあろう．

良い学校は，比較的有能な管理運営者や十分な資格をそなえ教育への意欲のある先生を有している．良い学校の先生は，学習への動機付けをもった子供を

教えるので，全般的に教えることを楽しんでいる．そのような先生は，何年も似たり寄ったりの同じ基礎教材を繰り返し教えることから生ずる疲労と無関心に陥る傾向は少ない．

　良い学校では，先生はまた，子供の教育により深い関心をもつ親との交流から恩恵を受ける．そこでは，先生が生徒の成績や行動について話し合いたいと望んだとき，親は自分の子供の学業成績や学校での行動に関心をもってこれに応じる．

　公立学校にも良い学校はあってもよい．しかしながら，しばしば良い学校は私立学校である．子供の友達や仲間が目標達成に対する意欲を決定づけるうえで重要であるので，親は，子供を私立学校に行かせるほうを好むであろう．余分の授業料を払うことで，子供は，より良い教育を求めて，同じように喜んで支払う親の子供たちと一緒にいることができる[3]．

　良い学校教育，さらに教育業績の評判が，私立学校の売り物である．私立学校の評判は，卒業後の就職見込みが公立学校より優れていることから，それ自体価値をもつ．学業成績のかなり劣っている生徒の場合，在籍する私立学校の評判がいっそう価値をもつ．なぜなら，生徒の成績表での評価よりも意味をもつのは，成績表に記されている学校名であろう．私立学校に在籍することにより，将来，仕事のうえでの昇進や政治家としての経歴に役立つ人脈が得られる可能性もある．

追加的な支出が，必然的に教育の質を改善するだろうか？

　私立学校は，公立学校よりも生徒1人当たり，より多くの資源をもっていると思われがちだが，必ずしもそうとは限らない．資源を追加することが，必ずしも教育の質を改善することにはならないのである．教育への投資の客観的な尺度は，教育予算の規模，子供1人当たりのコンピュータの数，クラスの規模，さらに先生の正式な資格といったものを含む．教育の質とこれら変数との関係が正であることを期待するが，一方，金銭だけでは補整できない教育の質に対する逆作用がある．必要以上の職員を置く学区行政や不適格で無関心な

---

[3] アメリカ合衆国において，公立学校の先生は，過剰な程度に自分の子供を私立学校に行かせている．20世紀後期に，アメリカの子供の10%は私立学校に行っていたが，先生の子供の22%が私立学校に行っていたのである（Schansberg, D. E., *Poor Policy: How Government Harms the Poor*, Westview Press, Boulder, Colorado, 1996, p.82）．

先生に対して給料を増やすことは，支出を増加させるだけで，学校教育の質を改善することにならない[4]．生徒が勉強や学習の習慣を身につけないなら，学校がより多く支出しても生徒の成績はほとんど向上しないであろう．

社会が先生に与える報酬が不十分であると感じていれば，先生は無気力や無関心になりうる．その一方で，先生の教育に対する意欲が不十分であるという問題は，いくら多くの金を投入しても克服できないであろう．教えることへの意欲は，当面のことに満足し，勉強の長期的な便益にはほとんど目もくれない生徒の典型的な行動によって，くじかれることもあろう．良い学校には，学習を奨励し，先生を尊敬する規範が教室にあふれているため，先生は教えることから満足を得ることができる．このため，公立学校よりも低い給料ながら優秀な先生を引きつけることができ，ひきとめていることがしばしばある．

それゆえ，教育に対する支出を多くすることは，必ずしも学校教育の質の向上という結果を生まない．むしろ，支出と学校教育との関係は，とりわけ，悪い学校で教えることに対して，先生に償わなければならない必要があるため，負であるといえる．

10.2.3 所在地の選択と教育

居住地を選ぶことによって，学校教育の質を選ぶことができる．居住地を選ぶ競争の結果，公立学校で提供される学校教育の質が改善されることが期待できる．

しかしながら，居住地の選択は，所得によって制限される．良い公立学校は，悪い公立学校と同様に，学区内にある住宅の価格に現価計上される．悪い学校のある地区に住む人々は，家を売って，良い学校のある地区に移ることができないであろう．家を売って受け取る価格と，良い学区の家を買うために支払う価格との間に差があるからである．同様に，(住宅の異なる価格を反映する)アパートや家の賃料の差額は，居住地を選ぶうえで障害となる．加えて，人々は良い学区への移動を選ぼうとするが，そこで購入できるのは，より高く，質的に劣った住宅であり，それを受け入れる気にはならないであろう．良

---

[4] たとえば，ニューヨーク市では，20世紀末，公立学校は，カトリック系学校よりも，生徒1人につき，10倍以上の人を雇い，管理運営者の数も60倍以上であった (Schansberg, 1996, p.85).

い公立学校のある地区の都市区画法のために，低所得者が購入できるほどほどの住宅はないと考えてよかろう．それゆえ，単に居住地を選ぶことで，質の悪い学校から自動的に逃避できるものではないのである．居住地を選ぶことが学校へのアクセスの手段となれば，教育の不公平が予想される．このような学区をめぐって行われる居住地の決定は，不公平な教育水準を背景にしてなされてきたといえよう．

学校割り当てについての居住地規則の変更

　居住地間の不公平については，学校を割り当てる際に，居住地規則を変更することによって対応できる．学区の中で子供たちを編成し直したり，あるいは，学区を併合したりすることもできる．

　居住地規則を変更することにより公立学校間で子供たちを編成し直すことは，住宅所有者の中での所得と富を再分配することになる．学校の質が住宅の価値に現価計上されるため，その代償は，良い公立学校のある地の住宅所有者に課せられる．そして，劣った学区内の住宅所有者は得をする．こうして富の移転が起こる．

　富の移転に対する反応として，社会正義の反訴が予想できる．良い学校の学区の親は，次のように主張しよう．「わたしは一生懸命働いて，良い公立学校がある近所に家を買うため多額の金を支払いました．学校割り当ての居住地規則が変更になったため，わたしの子供は，もう地元の学校に入ることを許されず，おまけにわたしの家の価値も下がってしまいました．」悪い学校のある近所か学区に住む親は，次のように主張できる．「すべての子供は，公平な教育の機会を得るべきです．だから，わたしたちの子供は，ほかの場所にいる子供とまったく同じ機会を与えられて当然です．」

　学校割り当ての居住地規則の変更によって子供を編成し直すことは，劣った学区内の住宅所有者は利益を得て，良い学区内の住宅所有者は損をするため，パレート効率性の基準により正当とは認められない．もし，得をした者の利益が損をした者の損失分よりも大きいとすれば，得をした者は，原則として損をした者に埋め合わせをして，なおかつより裕福でいられるであろう．

　しかしながら，得をした者は，実際には損をした者に埋め合わせすることができないであろう．その便益は，改善された教育の機会を得た子供が高い所得を得ることにより，将来もたらされることになる．

教育の機会が改善した子供の親が，損をした親に自発的に埋め合わせをするため，自分の子供の将来増える所得を担保にして借金できるとは思えない．モラルハザードの問題のため，親はローンを組むことを避ける．さらに，親は，もし自分の子供がローンを返していくことを想像すれば，モラルハザードの問題に直面することにもなるので，そうしたローンを組むことを望まないであろう．

　損をした者に埋め合わせをするために，課税が考えられよう．良い学校の特定の地域に住んでいる高所得者に対する移転支払いのため，悪い学校の特定の地域に住んでいる低所得者に課税しなければならなくなる．

　自発的な補償も，実行可能な課税を通じての補償もないならば，富の再分配が起こる．第1章で，パレート効率性を公共政策の変更の正当な根拠として導入したとき，効率性は，だれも損をしないようにするために実際の補償をすることなく，総損失を上回る総便益として解釈できることを述べた．

　教育の機会を均等にするという政策は，社会保険を基盤とする社会的正義により正当化される．第5章で，教育の機会を社会保険の受給権の一部分であると考えた．社会保険は社会に適用される．社会保険のもとでの受給権の資格要件を決定するためには，社会の範囲を決定することが必要である．社会は学区を越えた大きな存在であるので，社会保険は，学校割り当ての居住地基準を変更することを通して教育機会の均等化に正当な根拠を与える．もし親の支払い能力や意思が子供の教育の機会を決定できるとするなら，社会保険の根底にある社会契約は，教育に熱心でない親をもった子供のリスクに対する保険も含んでいる．

　富の移転が現在価値化を通じて起こる場合と同様に，住宅価格を通じて起こる富の変化は，学区を併合したり，学校の割り当てを住宅の居住地と無関係にしたりする，といった公共政策の変更を告示した時点で，住宅所有者にだけ影響を与える．政策変更後，住宅価格は，学校と切り離され，家を購入する者は，（不公平な教育機会はもはや住宅価格に現価計上されないので）新しく決まるより公平な住宅価格を支払う．以前の良い学区内にある家の所有者は売却の際に損をして，以前の悪い学区内にある家を売却する者は利益を得る．

学校の質の変化

　勉学に対する姿勢，喧嘩をおさめるための暴力，生徒の人気の基準，十代の

妊娠に対する態度，日常会話での話題，宿題をする傾向，そして，生徒の課外活動など，これらは社会規範に含まれる．学校を取り巻く社会規範は，将来の人生の成功の可能性を決定するので，子供の将来を気にかける親は，子供が通う学校の規範に敏感であろう．

親はまた，子供が通う学校のほかの親の行動にも敏感である．学校活動を監視し，改善することに時間を割く親は，すべての子供たちに公共財的な便益をもたらす．このような親の貢献は，公共財の私的供給の一例なので，費用を負担せず便益を得るフリーライド問題が生じるといえる．さまざまに異なった親の行動は，フリーライド問題の範囲を定める．

子供たちが親の居住地に関係なく学校に通うとき，学校の質はどうなるかという問題が生ずる．学校の質は，以前に居住地で指定されていた学校の平均値であると考えてよかろう．しかし，社会規範の変化により，学校の質が以前の平均並みに達しない結果となることはありうる．社会規範というものは，それにしたがわないと落ち着かない不安な気持ちになることから，子供たちの行動に影響を与える．勉強し，良い成績をあげることが社会規範であるかもしれないし，あるいはまた，学業成績を強調する子供を村八分にして，社会的にのけ者にすることが社会規範であるかもしれない．したがって，社会規範は，他の者が何をして，どのような行動をとるかということからあまり逸脱しないようにするインセンティブを通じて，個人の行動に影響を与える原動力をもつ．

親や子供たちが，公立学校は不十分な質の教育しか提供していないとみなしたとき，公立学校から私立学校に移るという決定をすると考えてよかろう．そのような場合，私立学校に切り替えた家庭は，公立学校の通学規則の変更によって，2倍の損失をこうむる．すなわち，家の価値が下がったとき損をし，今度は私立教育に支払うことで再度損をする．

10.2.4　私立学校と逆選択

私立学校の存在は，学校教育に逆選択を導入する．逆選択は，次のようなとき生じる．すなわち，公立学校から私立学校へと移動が進むと，公立学校で親が果たす支援の平均的な質が減少し，公立学校にとどまる子供の社会規範に逆向きに影響するときである．私立学校へ連続的に移動が進むと，それは公立学校の質をたえず低下させ，さらに移動を促すよう仕向けるという古典的な逆選

択が起こっていく．私立学校に行かせる余裕のない親の子供たちだけ，あるいは質の劣った教育に満足している親の子供たちが，結局は公立学校に残る．学校割り当ての規則の変更による教育の機会均等という目的は，逆選択のために成し遂げられず，公共政策の目的であったはずの社会統合もまた，達成されていない．

投票と公共支出に関する政治的決定

　子供たちが逆選択によって公立学校から出て行くことは，公立学校から便益を得る投票者の数がより少なくなっていくことを意味する．もし，中間所得者層の親が子供を私立学校に移したことにより，公立学校がもはやこのような親の役に立っていないならば，これらの投票者は，公立学校に対してせいぜい最小限の支出しか賛成しないであろう．このため，投票と公共支出に関する政治的決定は，公立学校への公共支出を減少させるという結果になる可能性がある．投票は，もう1つの逆選択にいたる道である．より多くの子供たちが公立学校から出て行くにつれて，公共支出が減少し，さらに，それが学校の質に影響を与えるようになり，質の低下が進む．そこでさらに多くの子供たちが公立学校から離れ，公共支出と質の低下が進行していく．

　中位投票者や中間所得層の投票者が公立学校を軽視することは，近視眼的である．そもそも，教育の受給権を提供する動機は，不十分な教育を受けてきた人々が，将来，社会保険を請求する事態を防止することである，とすでに述べた．そこで，公立学校に対する公共支出が減少し，不十分な教育しかなされていない状態では，やがて所得移転を求める人々が出てきて，将来，増税の必要が出てくるという可能性を含んでいるのである．

10.2.5　教育と所得分配

　第6章で私たちは，能力は人口全体に正規分布しているが，所得と富の分布には歪みがあることを指摘した．無知のヴェールの背後から，人は，能力が高く，所得が高い者としてよりも，能力が高く，所得が低い者として現れがちである．能力が高く低所得の子供が，能力が高く高所得の子供と均等な教育の機会を得ることを拒否されると，家計の所得格差は永続し，社会的流動性は起こらない．

教育バウチャーは，教育の質と，親の私立学校に授業料を支払う能力や意思，あるいは，住宅の所在地とのつながりを絶つ．そこで，それぞれの学校への子供たちの振り分けは，子供を受け入れるという学校の意欲によって決められ，親の支払い能力によるものではなくなる．他の学校よりも良い学校があると，より良い学校に入るための競争があるだろう．もし，入学許可が学業成績しだいであるとすると，バウチャーは，成績の良し悪しに応じて生徒を振り分ける傾向がある．そのためバウチャーは，家庭の所得に関係ない能力主義を招く．能力主義は個人の教育実績に基づいている．そして，それは，親の私立学校に対する支払い能力や，家庭の所得や富に応じて決まる居住地の学区などに基づいて，子供たちの通学する学校を指定する従来のやり方にとって代わるものである．

　バウチャーがあると，子供の進学校は学業成績のみで決まってくる．そこで，家庭環境が学力に影響を与えるとすると，教育に熱心でない家庭の子供たちは，高い能力か高い意欲をもった同年輩の子供たちのいる学校で学ぶ機会が与えられないことになるであろう．社会分割は依然として起こるのである．そして，子供たちの学業成績が親の学業成績と相関関係があり，また，低所得者の親が低い学業成績であるなら，社会的流動性はないことになる．とはいえ，教育を得ることが，もはや親の支払う意思や能力に依存することでなくなる．バウチャーがあるので，低所得の家庭であっても，成績の良い生徒は，その意欲と能力に応じて教育の便益を提供されるのである．

選好の多様性

　子供に受けてほしい教育内容について明確な選好をもっている親もいるであろう．しかし，公立学校は，このような親の求めている教育を提供しているとは限らない．このため，私立学校が選ばれる．親が特に裕福である必要はない．自分の子供が通っていない公立学校の資金を調達するために税金を払うことについて，そうした親は，自由の権利への侵害であると主張することが考えられる．市場原理に基づく公立でない学校教育と公的資金を財源とする教育とを併用させることにより，バウチャーは，こうした親にとっての子供の学校教育に対する二重払いの問題を解決する．

　バウチャーは，学校教育に自由選択と競争とを導入するが，一方，正当な教育内容についての問題は別に生じる．たとえば，地球は平らであるとか，太陽

は地球のまわりを回転していると子供たちに教えてほしいと望む親がいるとするとどうであろうか．テロは正当化できるとか，家柄の良さや信条により優れた人もいることを子供たちに教えてほしい，と望む親もいるであろう．私立学校に対する公的資金を使ったバウチャーは，2002年夏の連邦最高裁により法的に有効であると認められた（ゼルマン対シモンズ-ハリス訴訟において，最高裁は，バウチャーが合衆国憲法修正第1条と矛盾しないという判決を下した）．しかしながら，バウチャー計画に参加している学校は，生徒を受け入れるとき，民族や宗教に基づいて差別することはできないし，敵意を教えることも，あるいは社会のいかなる人の特性や権利を傷つけることもできない．

資産価値とバウチャー

居住地による公立学校の割り当てを行う代わりに，教育バウチャーを導入するという公共政策の変更は，学区を統合する公共政策と同様の影響を資産価値に与える．両者とも政策の変更後，住宅の所在地は，もはや学校教育の質を決定しなくなる．教育バウチャーに反対する意見は，バウチャーがもち込む競争に反対する公立学校の管理運営者から出ることは予想できる．同様に，良い学区内に家を所有し，その現価計上された金銭的価値を享受してきた人々（親とは限らない）は，バウチャーの導入に反対する．

10.2.6 公立学校の民間管理者

公立学校組織は，民間管理者によっても運営できる．公立学校を民間で管理することは，第8章で考察した自然独占の解決策の1つである入札を実行する手段となる．民間管理者に，費用や教育業績の指標を付して入札することを求めることができる．あるいは，民間管理会社は，費用削減や質の向上を達成してきたそれまでの実績をもとにして，学区運営の契約を得るため入札することができる．

公立学校を民間で管理することは，バウチャーの導入を容易にし，学校間の競争を刺激する．すなわち，バウチャーは，公立学校に，生徒勧誘の面で，私立学校との競争を迫る．一方，私立学校では，生徒が増えることで納入金が増加するため，成果をあげる管理者や経営者は，バウチャー制度から個々に報酬を受ける．公立学校では，管理職にある役人の給与が政府の雇用条件によって

固定されているため,生徒を多く勧誘しても金銭的報酬を受けることはない.しかしながら,彼らは,公立学校組織が,私立学校との競争により縮小し,雇用やおそらくは結果として管理職にある役人の所得を減らすことになるという危険に直面する.そのために,特にバウチャーへの変更が提案されるとき,その不確実性を心配する親の不安をかき立てて,バウチャーによって引き起こされる競争を回避しようとする.このようなとき,たやすく雇用でき,そして解雇できる民間管理者が公立学校を運営することになれば,安全な立場に身を置いている役人は,制度の変更に反対することはないのである.

10.2.7 初期の不平等と機会均等

積極的差別撤廃措置は,家庭の事情に帰せられる不平等を補償することを目的とした公共政策である.初期の不平等の問題は,子供が異なる能力をもっている場合にも生ずる.

積極的差別撤廃措置

積極的差別撤廃措置は,初期の不平等や教育的不利益を補償する目的で,大学の限られた入学枠を優先的に与える措置である.バウチャー制度のもとでも積極的差別撤廃措置を適用することは可能である.あらゆるレベルの優良な学校に,子供たちの初期条件の相違を補償するような調整をすることを要請できるであろう.

しかし,積極的差別撤廃措置には論争の余地がある.この措置の論拠は,次の点にある.すなわち,歴史的に不利な立場に置かれた人々は,教育を優先的に受ける機会を得ることにより,過去の不公平に対して補償されるべきであるというものである.また,別な論拠として,入学許可基準が,特定の家庭環境に育った子供に有利な知識と理解力に基づいてきたという点もあげられよう.

もし積極的差別撤廃措置が個人の家庭環境の詳細な評価に基づいていなくて,民族や姓のような大雑把な基準によるとすれば,本人の困窮度にしたがって差別撤廃措置を適用することはむずかしい.

本人自身が優秀で大学入学基準を満たす学生で,優先枠に入っているとすれば,積極的差別撤廃措置は自分の価値を貶めるものであると感ずることがあろう.自分の成功は自分自身の努力と成績の結果であるのに,差別的な特典から

便益を得たと想像されるからである．

積極的差別撤廃措置は，賛成論者と反対論者が，それぞれの側に正義があると主張するので，複雑な論点である．反対論者は，大学の内部では，個人の評価は個人の成績と個人の優秀さに基づいていると指摘する．それゆえ，入学許可は同じ基準に基づくべきであると考える．賛成論者は，家庭の背景が原因である初期の不公平を考慮に入れないことは，教育を通じての機会均等の原則と矛盾することを指摘する．

子供の能力における相違

子供たちは能力に相違がある．習得の早い子供も遅い子供もともに，特別に注意を払われることにより便益を受ける．学習障害をもつ子供たちは特別に配慮されるべきであるが，習得が早く，通常の授業の進度に退屈する子供たちにはその必要はないのだろうか．もし子供たちの適性や能力が「平等」でなければ，教育機会の均等は，だれにとっても同じ教育方法と授業の進度を意味するだろうか．個人の能力の違いに取り組むため，幼年期に子供たちをふるいにかけ，能力の高い子供たちを通常の授業より早い進度の特別クラスに入れる学校組織もある．他のところでは，生徒たちを能力と無関係に一緒のクラスに入れる．これは，よくできる生徒を特別クラスに選別することは，通常のクラスの水準を下げることになり，特別クラスに行けず残された生徒を不利にするという理由による．習得の遅い子供や学習障害をもつ子供もまた，時には普通クラスから切り離して，彼らにふさわしい特別な方法によって教え，クラスの他の子供たちは先に進ませるということもある．このように，子供たちの異なる習得能力に応じて，教育方法も異なっているのである．

10.2.8 高等教育への財政支出

教育に対する公共政策は，また，次のような問題に直面している．もし政策の目的が教育の機会を提供することであれば，政府の責任はどこで終わるのであろうか．教育は，高等学校の終わりまで無料で義務とすべきか．それとも無料の教育は，大学まで延長すべきであろうか．高校卒業後も勉強を続けたい者は，だれでも公的費用でそうすることが許されるのであろうか．あるいは優秀な生徒だけが公的費用で大学に通うことが許されるのか．大学院はどうな

のか，または，法律，経営学および財政学，医学における専門教育はどうなのか．換言すれば，公的資金調達による教育の機会均等の原則は，高等教育まで継続するものだろうか．あるいは，市場原理と私的支出が引き継ぐべきか．もし子供たちが高校を終えることよりも，電気技師や配管工や秘書や美容師の資格を得るために，むしろ学校を退学することを選ぶとすれば，政府は，こうした種類の修得に資金調達すべきなのか．これらの疑問に対する答えは，高等教育のためにとられた公共政策によって与えられる．

機会均等を提供する方法としての学生ローン

　無料で公的資金を財源とする教育を受ける以外にとりうる方法は，個人負担である．しかしながら，学生は，教育費を支払う資力に欠け，それをまかなうため借金を望む．民間の貸主はこの種のローンに気が進まない．学生ローンの問題は，モラルハザードを生じさせる情報の非対称性にある．情報の非対称性とは，学生は自分自身の努力の投入量とやる気がわかっているが，貸し主は，努力もやる気も観察できない，ということである．ローンの返済は，将来の収入の見込みに基づいている．それで，貸し主にとっての債務不履行の危険は，学生が試験勉強をする際の観察できない努力に左右される．モラルハザードが生じるのは，次の理由による．すなわち，教育がローン返済を可能にするような所得をもたらすかどうかは，学生の観察できない行動が決定するからである．

　このモラルハザードがあるため，政府が学生ローンに関与するようになる．政府は，政府機関や政府発行の有価証券を通じて，民間の貸し主にローンの返済を保証することができる．しかしながら，第5章で特に言及したように，政府は，モラルハザードの問題を解決するうえで，民間市場より優位に立っているのではない．

　他の問題もある．たとえば，ある人が勉学を終えた後，労働力から退くとするなら，ローンは免除されるべきであろうか．あるいはローンは家族が負う債務となるべきか．ある女性が家庭を築くために労働力から退くとすると，夫は妻の学生ローンを返済する責任をもつべきであろうか．夫婦がその後離婚したら，ローン返済の責任はどうなるか．自分のローンを返済している学生は，支払いを怠った他人のローンの返済の責任もあると判断されるべきであろうか．もし学生ローンの利子率が債務不履行の危険を含んでいるとすると，ローンを

返済している学生は，返済していない者に補助金を与えていることになる．

無料または補助金支給による高等教育

　教育が無料であるか，あるいは十分な補助金が支給されているとき，学生ローンは必要ではない．無料および補助金支給の高等教育は，「無料」の機会を利用できる余裕のある人々の便益となる．より貧しい人々の中には，どうしても常勤の仕事をしなければならないため，無料の教育機会を利用できない者がいる．所得格差は，中流（および上流）階級出身の学生がずっと無料の教育の便益を受け続ける場合に増大する．

奨 学 金

　学生ローンを保証することと，無料および補助金支給の教育を提供するという公共政策は，あらゆる学生に適用される．奨学金は，優秀な学生を対象とし，優れた学業成績に対する報酬である．しかしながら，奨学金の基準を決定する際，学業成績とともに，低所得および勉学上不利な他の個人的事情とのバランスに配慮して判断すべきことも忘れてはならない[5]．

10.3　退職への備え

　いつか人々は退職し，人生の中で所得を得てきた活動をやめる時期に到達する．強制退職という場合もあるが，退職は，個人の選択の問題でもある．人々が最終的に退職するとき，それ以降の働いていない人生の消費を支える所得源が必要となる．この退職後の消費をもたらすために，通常，政府が登場する．退職後の消費を支えるために，政府が関わってくる理由を考察しよう．また，政府の関与がどうして必要なのか問題提起をしよう．というのは，人々は，ゆくゆくは所得を得ることのない人生の段階にいたることを予測でき，こうした状況を見越して個人的に蓄えることができるからである．さらに，退職者の消費をまかなう際に生じる問題は，退職者だけでなく，若い人にも影響を及ぼすことを見よう．

---

[5]　しばしば奨学金は，政府による資金調達によらないで，大学によってまかなわれる．奨学金の基準は，そのため，運動競技能力を含む学業成績ではない才能も含める可能性がある．良いスポーツチームは，大学の名声にとって主要な要素となりうるからである．

10.3.1 世代間の社会契約

まず，高齢期の消費を個人的にまかなう手段として，民間の貯蓄や投資が利用できない状況を考える．これは，食料が保存できない社会や，退職期の消費をまかなうために保有し，将来売ることのできる金融資産も実物資産もない社会において起こる．原始的な狩猟採集社会がその例である．そこでは，食料は動物を狩猟することと，荒野に生えている果物や野菜を採集することにより得られる．この社会の高齢者は，若年者が食料を与えてくれる場合に限り，生き延びることができる．

若年者は，高齢者が何か見返りを渡しさえすれば，高齢者にすすんで食料を提供するであろう．しかしながら，高齢者は，もはや働いていないし，就労期に食料や資産を蓄えておくことができなかったので，若年者に支払うものは何ももち合わせていない．

ここで貨幣または消費に対する受給権証書を導入しよう．これによって，高齢者は若年者と食料を交換することができる．若年世代は，自分たちが高齢になって生産的な活動から引退したとき，もしその証書が後に食料と交換できれば，喜んで食料と交換にその受給権証書を受け取るであろう．

高齢者の消費に対する譲渡可能な受給権証書は，就労世代がつねに退職世代に食料を提供する社会契約を認めることになる．社会契約のもとでは，2つの世代は双務的な交換をすることはない．消費の譲渡は，任意の時点で，働いている若年者が退職した世代に対して，つねに片務的に行われる．

社会契約は，現在まだ生まれていない世代を必然的に含み，将来，高齢者から受給権証書を受け取り，高齢者に食料を提供し，自分たちが年老いたら食料を受け取る．まだ生まれていない世代は，もちろん，社会契約の条件が設定されたときには存在していない．

社会契約は，高齢者に提供すべき食料の量を規定している．社会契約を締結する決定にたとえ参加していなかったとしても，現在まだ生まれていない世代は，食料を定められた将来の時点に譲渡するという契約にしたがわなければならない．

各世代のだれもが社会契約から利得を得る．社会契約のおかげで，すべての人々が老齢になったとき世話を受けられるのである．

万一，就労世代が高齢者に食料を提供することを拒否して社会契約を破った

とすれば，拒否した世代は，就労期に消費できる食料をより多くもつことになる．しかしながら，狩猟採集社会では，社会契約を破った世代は，食料は保存できないので，自分の退職期までもち越すことはできない．高齢になると，自分たちの食料を確保するため，次の世代に頼らなければならないのである．彼らは，次世代の若年就労者が，自分たちがしたような行動，すなわち高齢者への食料提供を拒否する行動をそのまま真似しないよう願わなければならない．もし，若年世代が高齢者に食料を提供するという社会契約を再構築しなければ，社会は不幸な状況になってしまう．高齢者は飢え，やがてはだれもが高齢になるのであるから，すべての人の寿命は短くなる．

世代間移転の先例を継続していくことは，就労世代自身にとって将来の生存の源泉であるので，世代間の移転の連鎖を就労世代が断ち切ることは，明らかに自己のためにならない．契約を破棄することは，どの世代をも経済的にいっそう苦しくさせる．すなわち，世代間移転の社会契約を取り消すことは，パレート効率に反するのである．

世代間移転の社会契約のない社会はこれまでにもあった．これらの社会では，高齢者に食料を提供しないことによって，若年就労世代は自らの早死の先例をつくることになる．

デモンストレーション効果

世代間の契約の内容は，高齢者を世話し，養っていくという先例を継続していくということである．その先例は，デモンストレーション効果に基礎を置くことができるであろうか．デモンストレーション効果のもとでは，現役世代は，自分たちが高齢になったときに生存の基盤となる，模範とすべき手本を示す意図で，現在高齢者を養っている．すなわち，高齢者を養っている現在の世代自体が高齢になる将来において，若い世代が模倣すべき例として高齢者を養うのである．

もし，デモンストレーション効果が世代間移転の理由であるならば，この移転はやがて守られなくなるであろう．若年の就労世代は，こう推論する．「自分たちが年とったとき，子供たちが私たちを養ってくれることを目的に，高齢者を養う必要はない．どんなことがあっても，子供たちは，私たちを養ってくれるであろう．子供たちが私たちを養いたいのは，私たちを養うことにより，若い世代に移転を行っているという行為を示し，したがって若い世代が将来自

分たちを養ってくれるであろうと思うからである.」

　もし，各就労世代がこのように思うならば，まったく世代間移転は起こらなくなるであろう．したがって，デモンストレーション効果は，若年者から高齢者への世代間移転の合理的な基盤とはならないのである．

倫理規範の世代間伝達

　若年者から高齢者への現行の移転の基盤として，デモンストレーション効果に代わるものは，高齢者を養うという倫理規範の世代間伝達である．倫理規範により，若年者は自分たちが高齢になったとき世話をしてもらえる，ということを保証する有効な契約の連続性を確実にできる．すなわち，高齢者を養うという倫理的な行為は，若年者に有効な結果をもたらすのである．

社会契約と賦課方式移転

　両親を尊重することは，家族内に高齢者の生活を支えるという倫理規範をもたらすことになる．政府は，若年者に課税し，その税収を退職した人々に移転することによる世代間移転を社会全体に広げることができる．そのような公的資金による世代間移転は，高齢者の消費をまかなう賦課方式として知られている．賦課方式のもとでは，就労世代の支払った税は，その世代の将来の消費をまかなう資産を蓄えるために用いられるのではない．すなわち，自分たちが高齢になったときの消費をまかなうために蓄積された資金はないのである．むしろ，就労世代の税の支払いは，退職した世代の消費をまかなうために，退職した世代へじかに移転されるのである．

フリーライド問題解決法としての課税

　賦課方式による就労世代から退職者への世代間移転は，私的財を集団的に供給する場合である．その集団的供給とは，若い就労世代によって支払われた税からそのまま高齢者にもたらされる所得のことである．

　生産活動に従事する人々全体から退職者への所得移転にともなう集団性は，フリーライドのインセンティブをもたらす特徴をもっている．すなわち，若年者の中には，高齢者に移転する資金の供給を他の若い人々に任せてしまう者が出てくる．高齢者に移転するよりも，むしろ，自分の生産したすべてを自分で消費することを選ぶのである．その一方で，自分が年をとって退職したとき，

「社会的セーフティネット」として用意されている,税金でまかなわれる消費に頼る者が出てくる.生産活動期の人々に対する強制的な課税により,そのようなフリーライド行為は先手を打って回避することができる.

10.3.2 世代間移転の人口統計学

世代間移転の賦課方式は,人口構成の変化に敏感である.この方式は,もし勤労者の数が,所得移転を受けている人の数と比べて減少したなら,成り立たなくなる.

勤労者の数は減少することがあり,所得移転を受けている退職者の数は,年金や社会保障給付が人々に早期退職を奨励することから,増加することがある.若年者に課せられる納付義務もまた,健康水準が向上し,人々が退職後も長生きすることになれば,増大する.勤労者の数と退職者の数の不均衡はまた,出生率の低下によっても生じる.

ここで,世代間移転の賦課方式の人口構成の問題をもっと詳しく見てみよう.この問題を考えるにあたって,高齢者は若年者が食料を提供することによってのみ生存することのできる狩猟採集社会の枠組みを引き続き想定する.

賦課方式は,人々が働いているときに負う拠出金,または退職時に受け取る給付金,あるいは拠出金と給付金の両方を確定することが可能である.就労者の拠出金が確定され,退職時に受け取る給付金は確定されていない場合に人口の変動が及ぼす影響から始めよう.

確定拠出

単純化のため,同一世代の全員が同一の所得を得ている状況を検討する.税率 t が就労世代の各人の生涯所得 y に課せられるとする.この税の目的は,もっぱら,退職者への移転をまかなうためである.したがって,各就労者は,税引き後,$y(1-t)$ の所得を就労期に得る.

n_b 人からなる若い就労世代 B を考える.世代 B から集められる税総額は,$n_b ty$ である.この額は退職した世代 C に移転される.退職した世代 C の個人の退職後の移転受け取り額は,

$$\tau_{bc} = \frac{n_b ty}{n_c} \qquad (10.1)$$

ここで，n_c は退職世代 C の人数である．

(10.1) 式において，退職者の受け取る移転額は，退職人口の規模と比較した就労人口の規模，すなわち，比率 n_b/n_c に依存している．退職者は，その世代の人々の数が少なければ少ないほど，そして就労世代の人口が多ければ多いほど，いい暮らしができるのである．

さて，世代間の人口増加率を g で表そう．すなわち，

$$n_b = n_c(1+g) \tag{10.2}$$

である．(10.2) 式を (10.1) 式に代入することにより，退職世代 C の個人が受け取る移転額を別な形で

$$\tau_{bc} = (1+g)ty \tag{10.3}$$

と表すことができる．世代 C の個人は，就労期には税として $t \cdot y$ を支払い，退職したら (10.3) 式で与えられる額を受け取ることになる．

人口増加率 g は，世代間の賦課方式における収益率である．世代間で人口規模に変化がなければ，すなわち $g = 0$ のとき，世代間移転方式からの収益率はゼロである．または g が負であれば，賦課方式からの収益は負になる．

たとえ g がゼロまたは負であっても，世代間移転方式は有益である．移転によって，就労期の消費を，その人の退職期へ繰り延べることができるのである．世代間移転の方式がなければ，退職した人々は飢えてしまうであろう．

人口が増加しているとき，すなわち，$g > 0$ のとき，賦課方式による世代間移転は，正の収益率をもたらす．その場合には，退職した世代のそれぞれはボーナスを受け取る．退職者は，高齢期の消費を与えられるだけでなく，当初払い込んだ以上の額を受け取る．

これまで，若年の就労人口が確定拠出をする世代間移転の賦課方式を見てきた．確定拠出額は，所得に課せられる税率 t によって定められている．実際には，この税金は，社会保障税のような別の名称が与えられている．

退職者に対する確定給付

賦課方式による世代間移転は，若年の労働人口による確定拠出よりも，退職者への確定給付額に基づいて設計することも可能である．たとえば，すべての退職者は，具体的に決まっている退職後の所得または年金 P を受給する資格

があるとする．退職者の人口規模 n_c に対する総年金支給額は $P \cdot n_c$ である．

退職者に対する確定給付額 P の費用調達に必要な就労人口（就労人口は n_b とする）1 人当たり支払う税額は，

$$T = \frac{Pn_c}{n_b} \tag{10.4}$$

である．税額 T は，両世代の相対的規模，または人口統計学に依存する．

たとえば，$n_c = 100$ および $n_b = 800$ を仮定してみよう．その場合，各退職者に対して，年金または社会保障給付 P の費用を分担して調達する 8 人の就労者がいる．

この方式のもとで，就労人口にかかる税負担は，もし，人口が長い年月の間に一定である（それゆえ，たとえば，各退職者の年金に対して，費用調達する就労者が 8 人であることに変わりない）ならば，不変である．

もし，人口が増加していれば，1 人の退職者につき，就労世代ではより多くの人が働いており，人口統計上の変化の影響により，長期的に就労人口の税負担を減少させることになる．しかしながら，もし，人口が世代ごとに減少すれば，時間の経過とともに，各就労世代の負担は増加する．

退職者に対して高く設定した給付は，世代間移転の賦課方式発足時の最初の参加者を利することになる．最初の受給者は，何も払うことなく（その方式は，彼らの就労期には存在しなかった），就労世代が支払う拠出金から給付を受ける．

高く設定した給付金を退職者に支給する賦課方式の社会保険と年金制度は，ポンジ方式と似たものになりうる[6]．最初の投資家は利得を得て，後に参加した者は損失をこうむる．だが，ポンジ方式と世代間の賦課方式との間には，本質的な相違がある．ポンジ方式への参加は任意であるが，税を財源とする社会保険の世代間移転への参加は強制である．

早期退職や退職者の寿命が伸びること，そして低い出生率により，退職者への給付をまかなうための税負担が増加することなどから，就労者たちは，退職者への給付額の下方修正を提案する．退職者や退職の近い人々は，給付を減額

---

6) ポンジとは，最初の連鎖手紙の犯人であるチャールズ・ポンジ（Charles Ponzi）に因んで名づけられた．ポンジ方式では，最初の投資家への高い収益は，他の投資家から高い利子率で借り入れたお金で融資される．この方式は，高い利子でその前の投資家に融資するために，もはや投資家を見つけることができなくなったとき崩壊する．

する提案に反対するであろう．そのような提案は，世代間の社会契約を不当に侵害するものであるとみなされよう．退職者は，働いて税を支払っていた頃，当時定められていた水準の給付額を調達していた．退職し，もはや働いていないとなれば，高齢者は，上の世代のために調達していたときと同じ給付額を受け取ることを期待する．

若年層の人々は，また，自分たちの税負担を減じるために，退職者の受給開始年齢を上げるように提案する．退職の時期に近づいている人々はこの提案に反対するであろう．

賦課方式による退職者への給付のための税負担を軽減する別な方法は，就労人口の生産性（または生産力）を上げるよう努めることである．生産性の上昇は，就労人口の税引き前1人当たり所得 y を上昇させる．たとえ人口が減少していても，生産性が十分に上昇すれば，世代間の移転方式により，正の収益をもたらすことができる．したがって，より少ない若年層が，より多くの高齢者を支えることになるのであるが，しかし，もし若年者が1世代前の就労者よりももっと生産的であれば，それは，退職者給付を支える納税者の数が減少することを償って余りある．したがって，就労世代の生産性を高める教育への投資の増大により，人口統計上の問題は解決できるか，あるいは緩和できる．将来退職して便益を得る就労世代は，若年者の教育に対する支出増大を支持するインセンティブをもっている．

若年就労者の増大する税負担問題のもう1つの解決策は，就労期にある年代の移民を通して世代間移転のための課税ベースを拡張することである．世代間移転方式のもとでの確定給付を維持するために，数多くの移民が必要となろう．その場合，世代間の人口統計上の不均衡問題の解決策としての移民の受け入れには，地元の住民が数多くの移民を喜んで迎えるという受容力が必要である．

究極的には，移民自身が退職し，世代間移転の受給資格者になるであろう．高齢者がすでに当たり前と思っている給付を持続するために，この先ずっと移民の増加が必要となろう．

移民は，解決策の1つとなるのに対し，移住は問題である．人口統計上の不均衡が原因で高くなった税に直面し，若くて生産力のある人々は，世代間移転を支える税が低い課税区域への移住を選ぶ可能性がある．そのような移住は，人口統計上の不均衡をさらに悪化させる．

生産性の高い若年者が外へ出て行く社会には，逆選択の問題が生じる．多くの生産性の高い若者が離れていけばいくほど，あとに残った生産性の高い若者の税負担は増大する．そこで，残っていた者も，移住を考えるようになろう．そうなれば，残っている者の上に税負担がいよいよ重くのしかかることになる．異なる政府の課税区域が移住の機会をもたらすことにより，高齢者を支えるのに必要な生産性の高い若年者人口は成り立たなくなってしまう可能性がある．

人口統計学的な囚人のジレンマ

　単なる仮説として，子供たちは本来の個人的な恩恵を親に何ら与えないとし，子供を産み，養育する費用はもっぱら親の肩にかかってくるとしよう．しかしながら，子供たちは成長すると高齢者すべてのための所得移転をまかなう税金を支払う．そのとき，囚人のジレンマの条件が表れてくる．それぞれの人は自分では子供をもたないでおこうと願い，子供をもつ重荷を他人に押しつけようとする．支配的な戦略は，自分が年とったときの支援を他人の育てた子供に求め，フリーライドしようと試みることである．そして，囚人のジレンマのナッシュ均衡では，だれもが子供をもとうとしないことになる．この社会は，生殖の欠如のために，いつかは消滅するであろう．そこでは特に高齢者が飢えてしまうことになる．

　すべての人々の子供たちが，世代間移転の費用調達を担う集団となっている賦課方式をやめると，人口統計学的な囚人のジレンマから免れることができる．その場合，子供たちは，世代間移転をもたらす集団的な手段ではなく，個人的な手段となる．各家族は，世代間移転を内部化し，成長して働く子供たちは，自分たちの年老いた親だけを世話することになる．そうなると，子供をもたない人々は，高齢になって食料をもたらしてくれる子供がいないので，早死を余儀なくされる．

　世界の中でそれほど発展していない地域では，社会保障は，大家族に基盤を置いている．政府は社会保障を提供してこなかったので，子供たちが，大家族の中の個人的な保険の役割を担っている．大家族によってもたらされる収穫は，家族全員の間で分けられる．

　大家族が社会保障を提供する手段である場合，子供たちの中には，自分の両親を養わないで，高齢となった親を窮乏のままの状態にしておく者もいると

考えてよかろう．単に子供をもたない人もいるであろう．人によっては薄情な子供をもつことだってあるし，自分に何の落ち度もないのに子供がいない場合もあると考えてよかろう．このため，高齢期を生き延びるために，自分自身の子供にすべて依存することは，あてにならないことであり，理にかなっていないといえる．政府は，すべての子供の拠出金を高齢者の消費をまかなうためにプールする世代間移転の集団的な方式を通して，子供のいないことに対する保険を提供することができる．すなわち，政府は子供のいないことで人々が出会うリスクに対して社会保険を提供するのである．しかしながらその場合，社会は，子供をもったことから得る便益を集団化するゆえに，人口統計学的な囚人のジレンマに直面する．高齢者の社会保険を提供する政府は，人々がなぜ子供をもたなかったかの理由を正確に特定化することはできない．したがって，子供をもたないことを選択した人々のフリーライドは，政府が保障する世代間移転の賦課方式の一部をなす．

　家族を通じた民営化された社会保障は，人口統計学的な囚人のジレンマに対する答えであるが，いま見たように，それは，高齢のときの扶養を家族に頼ることのできない人々がいるため，満足のいく回答ではない．しかしながら，子供をもたない人々は，子供をもつ人に補償することができるであろう．子供の数に応じて税金の控除をすることや，直接の移転支払いのあることに気づく．移転はまた，補助金が支給された学校教育や子供の保健サービスの形で行われる．子供のいない人々は，子供の教育や医療サービスをまかなう税を通して他の人々の子供の費用を負担しているのである．

　賦課方式の社会保険を通して，子供をもつ利得は，他の人と共有される．子供のいない人々が，もし，学校の費用を負担する必要がなく，国あるいは連邦レベルの政府を通して退職後の給付を受けられる地域に住居を定めると，高齢期の生活保障を子供のいる人々にフリーライドしていることになる．

　子供をもつ人々ともたない人々との居住地振り分けがなく，したがって，子供がいる人もいない人も共に同じ課税区域にいるとする．その場合，もし子供をもち，養育の諸費用の多くが私費であり，親の負担になっているとすれば，子供をもたない人々のフリーライドの問題はなおも存在する．

世代会計

　寿命の伸びや早期退職だけでなく，子供をもつことの魅力の変化と囚人のジ

レンマによるフリーライド問題は，世代会計からみた不均衡を引き起こす．そしてこの不均衡は，世代間の所得再分配を映し出す．特に賦課方式制度発足の最初の世代は，拠出せずに給付を受けるだけなので，当然この方式から利得を得る．ところが，方式が破綻する前の最後の就労世代は，この方式に拠出しても，まったく給付を受け取れないので，全面的な損失をこうむることになる．

表 10.1 は異なる世代あるいは年代別，また男女別に，合衆国社会保障制度から受け取る利得と損失を示している．

数字は，納税による拠出額と退職後の受給額から算出した，合衆国社会保障支出を通じて行われる投資の純税支払い額を 1998 年における現在価値に直した額を示している．投資というのは，各個人が就労時に社会保障税を支払うことで政府にお金を貸し，退職時に，その制度からの収益率に応じてその払い戻しを受けることを指す．

表 10.1 の純税支払いが正の値は，拠出が給付を超える損失を意味する．負の値は，給付が拠出を超えた利得である．表から以下のことが読み取れる．

(1) 1998 年に 60 歳以上の女性は，70 歳以上の男性と同様，利得を得る．その年代以外のだれもが損失をこうむる．
(2) 60 歳以下の男性にとって，社会保障への強制加入は，純税支払いが正となる．税負担は，50 歳以下の人には大きなものとなる．
(3) 50 歳以下の女性にとっても加入は価値あるものではない．しかしながら，女性は平均して支払額が比較的少ないため，損失は小さい．
(4) 賦課方式からの明らかな受益者は，年配の世代，すなわち賦課による世代間移転制度への早期加入者である．

賦課方式による世代間移転の実行可能性は，世代会計の問題として検討することができる．この制度が維持されるためには，政府の税収の現在価値が，政府の将来における債務の現在価値以上でなければならない．もし，政府が将来支払うと約束している額の現在価値が，税収の現在価値を超えるなら，世代間移転の賦課方式は技術的に破綻するであろう．この方式の実行可能性を回復させるためには，税収の増大，受給額の削減，あるいはこれらの組み合わせが必要である．

表 10.1 では，税を支払っている世代への収益は，すでに負である．増大す

表 10.1　合衆国社会保障による世代間の利得と損失（1998 年の 1000 US ドルによる現在価値）

1998 年時点の年齢	純租税支払い	
	男性	女性
0	122.1	61.1
10	169.4	82.0
20	238.2	109.4
30	268.1	111.4
40	236.9	77.8
50	152.8	10.5
60	10.8	−95.6
70	−92.4	−135.9
80	−83.6	−112.3
90	−61.5	−74.3
1999 年以降の出生	142.5	71.3

注：割引率 6%，労働生産性の成長率 2.2%．
出所：Gokhale, J., B. Page, J. Potter, and J. Sturrock, "Generational accounts for the United States: An update," *American Economic Review Papers and Proceedings* 90, 2000, 293-6.

る税はさらに就労世代の損失を増幅させる．受給額の削減は，退職者層から抵抗を受けるであろう．それでも，拠出額と給付額との均衡は，達成されなければならない．

表 10.2 は，諸外国における世代会計を示している．列（1）は，拠出額の現在価値と退職後の消費のための給付額の現在価値の差額を，国内総生産の百分比として示したものである[7]．すべての数字が負になっている．したがって，表 10.2 のすべての国の退職制度は保険数理的に破綻する．

より高い生産性の成長とより低い割引率により，拠出額の現在価値と受給額との間の不均衡は減少する．退職制度が始まったときに規定された定年と給付水準も，不均衡の程度に影響を与える．表 10.2 の列（1）からわかるように，アメリカ，イギリス，そしてアイルランドの不均衡は，他の諸国と比較して好転できる可能性がある．

列（2）は，1995 年度について，公的年金支給額を GDP の百分比で表して

---

[7]　1994 年の GDP を基準年として，2070 年までの数値を計算している．各国の生産性の伸び率を年 1.5%と設定し，現在価値を算出するために用いた割引率は 5%である．

表 10.2 年金制度の各国比較

国	不均衡 (GDP の 百分比) (1)	公的年金給付 (GDP の百分比)		純負債を一定に 保つために必要な 税/GDP 比率の増加	
		1995 (2)	2030 (3)	2005 (4)	2030 (5)
デンマーク	−234.5	6.8	10.9	−1.9	3.8
ニュージーランド	−212.8	5.9	8.3	-	-
ベルギー	−152.6	10.4	13.9	−2.0	5.9
スウェーデン	−132.3	11.8	15.0	−0.6	4.0
ノルウェー	−124.1	5.2	10.9	−2.7	3.8
ポルトガル	−109.2	7.1	13.0	0.5	8.2
スペイン	−108.6	10.0	14.1	0.9	7.4
フランス	−102.1	10.6	13.5	0.8	7.1
カナダ	−100.7	5.2	9.0	−3.2	3.6
オーストラリア	−96.7	2.6	3.8	−1.3	2.4
オーストリア	−92.5	8.8	14.4	3.8	15.4
日本	−70.0	6.6	13.4	3.5	9.6
ドイツ	−61.6	11.1	16.5	2.8	9.7
イタリア	−59.7	13.3	20.3	1.8	11.4
イギリス	−23.8	4.5	5.5	1.7	3.5
アメリカ合衆国	−23.0	4.1	6.6	−0.3	5.3
アイルランド	−17.8	3.6	2.8	−0.3	1.8

出所:Kotlikoff, L. J. and N. Ferguson, "The degeneration of EMU," *Foreign Affairs* 79, 2000, 110-21.

いる.列(3)は,2030 年度において,GDP に占める公的年金支給額の予測である.アイルランドを例外として,すべての国々で GDP に占める公的年金のシェアは増加している.

列(4)と(5)は,政府の負債を増加させずに,世代間の貸借勘定を均衡させ,賦課による世代間移転方式をまかなうために必要な税の調整を示している.増税しなければ,政府は社会保障または公的年金の支払い義務をまかなうために,借り入れをしなければならなくなる.もし税も借り入れも増加しなければ,最後の拠り所として,インフレ的な金融または単に紙幣を印刷することによって,支払い義務と歳入との均衡を達成しなければならない.(第 7 章で検討したが,それもまた,税である.)

列(4)は,2005 年とそれ以降も,1995 年度の負債/GDP 比率を一定に保つため 2005 年に必要な対 GDP の税の増加を示している.列(5)は,もし増税が 2030 年まで延期された場合の数字である.2005 年に不均衡問題に直

面するか，問題を 2030 年にまで繰り延べするかの両者の間には，必要な増税の規模に大きな相違のあることがわかる．

2005 年に調整することは，それが 2030 年まで延期された場合より，異なる世代に増税の負担を課すことを意味する．増税は，政治的に不人気である．2005 年に政治的支持を求める政治家は，2030 年に不均衡問題に直面する政治家と同じではないのがふつうである．

10.3.3 個人による退職期のための自発的準備

これまで考察してきた世代間移転賦課方式は，高齢期の消費に備えて，個人的に蓄積できる金融資産も実物資産もない狩猟採集社会における高齢者扶養の唯一の手段である．金融資産や実物資産が存在するところでは，高齢期の消費をまかなう，世代間移転賦課方式に代わる手段がある．それは，金融市場を通じて，退職に備えて各個人による自発的な準備を行うことである．

まず，長い年月をかけて価値貯蔵をもたらす貨幣，金，または銀が存在する社会を考えるために，狩猟採集社会から一歩踏み出そう．ここには，食住の市場もある．就労期には，人々は自発的に自分の高齢期に備えて貯蓄する．そして高齢になると，食料や住まいを購入するために貯蓄を使う．こうして，市場は，就労期から退職期への消費の異時点間の移転を可能にする．

さらに歩みを進めて，政府の公債のような金融資産を導入することができる．人々は，人生の就労期に公債を買い，退職後の消費をまかなうために退職期にそれを売ることができる．政府に売ることもあろう．すなわち，政府は公債を償還する．公債はまた，就労者や，将来の退職期に備えたいと願う人々に売ることもできる．したがって，公債市場での取引によって，就労期から退職期へと消費を延期することができるのである．

公債は，世代間移転賦課方式と同じ機能を果たす．しかしながら，若年者から高齢者への異時点間移転は，いまや市場を通じた自発的なものである．高齢者は公債市場で自分の公債を売ってお金を得て，それを食料の購入に使う．後に，公債は，それを購入した就労世代によって退職期の消費をまかなうために，再び売られるであろう．

公債市場の自発的な取引を通じる異時点間移転は，すでに見たように，世代間移転賦課方式に影響を及ぼす人口統計上の問題に左右される．若年者は，な

お，自分自身と高齢者のために生産する．もし，どの時点をとっても，若年者が高齢者と比べて少なければ，その社会の１人当たり消費に向けられる量は少なくなる．

負の利子率

　人口が減少している社会で，50 歳の時点で，20 年後の 70 歳のときの消費を確保したいと願う人々を考えよう．もし彼らが 20 年後に 100 ドルで償還してくれる 100 ドルの債券を買えば，債券の利子率はゼロである．債券の目的は，長い年月の間に消費を移転することを可能にすることであり，消費を将来へ繰り延べすることを願う人であれば，債券の利子率がゼロであってもそれを受け入れる．

　さて，債券を購入するとき，パンは１ドルであり，20 年後，消費するため債券を売るときに，パンは２ドルであると仮定しよう．価格上昇は，インフレーションによって起きたのではなく，人口統計上の変化により生じたのである．人口は減少しているので，就労者と退職者の両方を支える生産を行う生産性の高い若年者は，将来，もっと少なくなっているであろう．

　したがって，債券の発行期間中，実質利子率は，マイナス 50% である．負の実質利子率はあらかじめわかっていると仮定しよう．それにもかかわらず，人々は，なお 50 歳のとき債券を購入し，70 歳になって売りたいと思うであろう．なぜなら，70 歳（そのときには働いておらず，所得もない年齢）になって間違いなく生き延びることのできる唯一の方法は，長い年月にわたって消費を繰り延べできる債券市場を使うことであるからである．

　人口の減少にともない，税金でまかなわれる世代間移転賦課方式は負の収益率となることがわかった．人口統計上の問題は，強制的な世代間移転賦課方式に限って生じるものではない．債券市場を通じた自発的な異時点間の移転の収益もまた，強制的な賦課方式が負の収益を生じさせるのと同様の統計学的な理由により負となることもありうる．いずれの場合にも，人々は将来の消費に対する備えがある．そして，どれだけのものが消費できるかは，若年者のみが働き，若年者も高齢者もともに消費する場合，消費する人々の数に比した，働く人の数に依存しているのである．

耐久生産資産

　耐久性のある生産的な資産の私的所有を導入してみよう．これまで，狩猟採集社会を見てきた．金融資産を導入したが，私たちの描く社会は，私的に保有される耐久生産資産を含んでいなかった．私的に保有される耐久生産資産によって，高齢者はその資産から所得を得ることができるため，退職期の消費のために若年者に頼る状態から脱することができる．

　狩猟採集社会からの最初の変化は，一般に，農業社会への変化である．農地を私的に所有することによって，高齢者は耕作する若年者に支払い，土地から得られる余剰生産物によって生きることができる．現代社会では，住宅や株式市場が，資産保有を通じて，同様に高齢者の消費を可能にする．

　耐久生産資産が存在するとき，利子率は一般に正である．利子率は，長い年月をかけて資本がもたらす限界便益（あるいは資本の限界生産力の価値）に等しく，正である．

　それでもなお，人口が減少し，そのため，長期にわたり就労期の人々が次第に少なくなっていくと想定しよう．資本あるいは生産的な土地と比較して活用できる労働力が減少することにより，労働者の実質所得は上昇し，利子所得で暮らしている人々（高齢の退職者）の実質所得は下落する．人口統計上の問題は，依然として存在する．若年層と高齢層の総人口を支えるために働く人の数がいよいよ少なくなり，耐久生産資産に対する市場収益は，高齢者から若年者へと所得を再分配するよう変化していく．

強制貯蓄か自発的貯蓄か？

　金融市場の存在と，民間資産保有により，高齢期に備える私的な自発的貯蓄が可能になるが，だれもが退職期を支える十分な財産を有することを保障するものではない．十分な所得を得ていなかったので，就労期に貯蓄できなかった人もいるであろう．

　また，退職に備えた貯蓄をしないと決めた人もいるであろう．貯蓄をしない理由は，退職後の消費を支える必要を認識できないことによるものと考えてよかろう．20歳のときに60歳や65歳のときのことはいうまでもなく，30歳や40歳のときに必要となるものを思い描くことは難しいであろう．人は，いつか自分が年老いるとは考えたくないものである．将来は，はるか遠い先のことのように思えよう．そして，現在の生活の楽しみがきわめて魅力的であるの

で，所得のすべてが現在の消費に使われる．そのため，人は，「私はすべてほしい，そしていまほしい」という主義にしたがって生活しがちである．時間が経過していってもなお，高齢と退職は依然としてはるか遠い先のことに思えて，退職期に備えて貯蓄するという動機をもてないであろう．退職期の消費に備える必要性をはっきりと認識するときには，退職生活の全期間にわたり相応な生活水準を維持するだけの十分な貯蓄をするには遅すぎる．

　モラルハザードが現れることもある．人々は貯蓄しないことに決め，むしろ，高齢になったとき，窮乏から救ってくれる社会の良心に頼ろうと考えるかもしれない．

　自発的に高齢期に備えることができない人々は，高齢になったとき，食住を民間の慈善か，政府の財政のどちらかによって提供してもらわなければならない．財政は課税を必要とする．納税者は，就労世代や，自分の高齢期のために貯蓄してきた思慮深い退職者であろう．

　高齢期の備えをしていなかった人々のために税でまかなう支出の必要性を回避するため，高齢期に備える個人による貯蓄は強制的であるべきだ，と社会は決定できる．すなわち，退職後の所得をもたらす年金基金への投資を法的な要件とすることは可能である．

　しかし，強制貯蓄と年金基金への投資は，高齢期に備えて貯蓄できる資産を欠いている人々の問題を解決するものではない．そのような人々は，若い頃に政府から移転所得を受け取っていたのは，ほぼ確実であろう．そして，後年になってもまた，税によってまかなわれる移転所得を受け続けることになろう．

プールされた貯蓄か，個人の貯蓄か

　高齢期に備えて貯蓄することが強制的であるとしても，それは全体でプールされたものか，それとも個人の貯蓄であるべきなのか，という次の問題に遭遇する．プールされた基金や個人の退職基金は，異なる種類のリスクに対する保険機能を果たす．

　個人支払い方式は，寿命測定のリスクから身を守る．寿命測定のリスクとは，個人または扶養する家族のだれかが，所得をもはや稼ぐことのできない年齢に達するほど長生きするリスクである．これは個人的なリスクである．

　プール方式は，不安定な家庭生活，教育投資の欠如，失業，そして就労期の病気から人を保護するものである．したがって，プール方式あるいは集団的方

式は社会保険である．

プール方式に関していえば，社会保険のモラルハザード問題と逆選択問題に立ち返ることになる．プール方式では，所得再分配が保険およびモラルハザードを通じて起こる．所得再分配はまた，人が亡くなり，社会保障によって世話される被扶養配偶者や子供を残すときに生じる．何度も結婚を繰り返した人が亡くなると，世話すべき自立していない子供のいる元配偶者が複数いることがあり得る．

すべての人々は所得を稼いでいるときは，プールされる基金に払い込むが，だれもが支給の始まる年齢まで生存しているとは限らない．したがって，短命の人から長生きする人への所得再分配が起こる．もし，金持ちのほうが貧しい人よりも長生きする傾向があるなら，貧困者は，支給を受ける退職年齢に達する可能性はより低いので，所得再分配は貧しい人から裕福な人へと行われる．

資力テスト

プール方式のもとでは，退職者に対する給付は，資力テストを条件とすることができる．それは，「必要」に応じて退職者への支給額を決定するものである．必要性は，退職者が得るその他の所得と個人の富によって規定される．こうなると，財産やその他の資産の所有権を放棄して資力テストを避けようとするインセンティブが働き，生きている間に子供やその他の受け取り人に譲渡する可能性がある．資産を放棄しないときは，累進課税と組み合わさった資力テストは，人が生涯にわたり税を多く支払えば支払うほど，報酬として戻ってくる額は少ないという結果をもたらす．金銭的に成功した個人または家族は，所得のかなりの部分を税金として払い込んできたであろう．しかも，資力テストのために，退職年齢に達したとき，ほとんど，あるいはまったく給付を受けないと考えてよかろう．金銭的に成功しなかった個人または家族は，ほとんど税を支払わず，退職するときにはそれほど資力がないので，年金や社会保障制度からかなりの受給金を得ることになる．

貯蓄と成長に及ぼす影響

賦課方式を通じて世代間移転が起きるとき，人々は，支払った税が，やがて退職のときの支給源となる資金をつくるために「投資されて」きたと考えるであろう．しかしながら，この方式のもとでは，将来，退職したときの受給額

は，移転の「資金の積み立てのない」方式に基づいている．なぜなら，彼らの拠出した税は直接に高齢者への所得移転に使われてきたからである．自分が将来高齢になったときに支えとなる世代間移転があるので，人々は，高齢期の消費のために，貯蓄をし，個人資産を蓄積する必要はないと，まったく合理的に思うと考えてよかろう．すなわち，賦課方式のもとでは，人々は社会保障や納税を通じて，高齢期のための貯蓄をしていると感じると考えてよかろうが，実際のところ，彼らの貯蓄は高齢者の消費に移転され，真の投資ではないのである．他方，資産が高齢期の消費をまかなうために蓄積されるとき，貯蓄は，将来の消費に備える生産的な資産をつくるために投資される．したがって，成長は，世代間移転賦課方式により高齢期の消費がまかなわれるときよりも，個人貯蓄が蓄積され，それが生産的な資産形成に用いられるときのほうが高いのである．

リスク分散

　賢明でない投資決定あるいは運が悪かったことから，個人貯蓄が失われるリスクがある．そのようなリスクは，一般に，多様な個人投資をすることによって私的なリスクを分散することで避けることができる．投資信託や個人年金制度により，投資決定を専門家に委任することができるだけでなく，投資を多様化することも可能である．あるいは，広範な株式指標にリンクした資産を買うこともできる．長期的には，株式の多様なポートフォリオは，経済成長のファンダメンタルを反映する収益をもたらすのに役立つ．

政治的決定

　高齢期に備えた個人貯蓄または社会保障基金への払い込みは，個人の拠出を通じて蓄積された個人財産である．この私的財産を収用し，再分配する政治決定は，容易には行われない．課税でまかなわれる公的年金支給は，個人の拠出に基づいていない．政府が基盤となっている集団的年金制度のほうが，個人の拠出を確認し記録する方式よりも，政治決定を通じて，はるかに変更しやすいのである．

10.3.4 世代間依存からの移行

世代間移転賦課方式は投資の対象の１つである．もし人口成長率 g が資産投資の市場収益率を超えると，個人は，金融資産や生産的な資産よりも世代間移転賦課方式に「投資する」ことを好むであろう．資産投資からの収益を r で表す．したがって，世代間移転方式は，もし

$$g > r \tag{10.5}$$

ならば好まれる投資である．人々が子供を増やし，人口成長率 g が高いとき，この方式は魅力がある．私たちが考察してきた人口統計上の問題が存在し，r が g を超えるようになると，若年者の好む投資は，金融市場または資産市場である．特に，市場収益率 r は，世代間移転からの収益 g が負となるときでも，正となりうるからである．これらの状況で，若年者は世代間移転の社会契約から，市場収益率をもたらす個人的な資産蓄積に基づく積立投資に切り換えようとするインセンティブをもつ．

市場収益率を生む資産に投資するために，若年者は，賦課方式による高齢者への移転を削減しようとすると考えてよかろう．そうなれば，若年者と退職者の世代は，分配上，対立してくる．

若年就労世代と退職世代は，ともに社会正義に訴えることができる．退職した世代の人々が社会正義を主張する根拠は，自分たちが就労期に所得を得ていたとき，世代間契約を尊重していたということである．若年世代による社会正義の主張は，自分たちが退職する将来においても，まずまずの生活水準を望むが，賦課方式が継続していくと，そのようなほどほどの生活水準はもたらされないであろう，というものである．若年世代はまた，退職世代への給付を決定する際，自分たちは参加していなかったと主張もでき，また，彼らが同意していない取り決め，とりわけ退職者への確定給付が法外に高いように感じられたら，それを尊重する義務はないと思うと考えてよかろう．

若年者はまた，退職世代の困難な状況は当然のことであると主張することもできる．なぜなら，退職世代は，世代間移転を通じて退職後の自分たちを十分に支えてくれる将来の就労世代となるべき子供を必要なだけ育ててこなかったからである．さらに，次のような主張も考えられる．すなわち，退職世代は十分な数の子供を育ててこなかったことを知っており，私的な貯蓄で社会保障

税を補うべきであった．子供の養育に必要な高い個人費用を負担しなかったので，私的貯蓄はできたはずである，という主張である．

世代間賦課方式を廃止することは，パレート効率を侵すことになろう．若年世代はより豊かになるであろうし，退職世代は経済的にいままでよりは一層苦しくなるであろう．就労世代は退職世代の損失を埋められない（または埋めようとしない）であろう．

低い，あるいは負の人口成長率 g のもとでは，世代間移転の賦課方式から積立方式への移行があるとすれば，人口成長率で決定される収益率 g よりも，個人の投資から生じる収益率 r を受け取るすべての将来世代のためになるであろう．

課税の超過負担

課税がさまざまな世代間に所得を再分配するとき，課税の超過負担による効率性の損失が生じる．効率性の損失は，社会保障税の支払いを必要とする賦課方式による移転から，課税を必要としない，高齢期に備えた自発的な貯蓄へ移行することによって解消できる．

税の超過負担をなくすことによって，利得を得るのは納税者である若年世代である．若年者は，世代間移転を自発的貯蓄に置き換えることにより，移転のための税負担がなくなるだけでなく，税の超過負担も避けることができる．高齢者は賦課方式から積立方式への変更により，もはや賦課方式による給付を受けられなくなるため損失をこうむる．

若年者は高齢者が失う額よりも大きな利得を得る．しかし，若年者は高齢者を補償できない．たとえば，賦課方式のもとで，若年者は 1,000 の税を支払っているとしよう．そしてそれが高齢者に移転される．若年者に対する課税の超過負担は 300 である．世代間賦課方式を廃止することで，若年者には 1,300 の利得が生じ，高齢者は以前の移転 1,000 を失う．そこで高齢者を補償するためには，1,000 を与えることが必要で，このため若年者に 1,000 の課税を求めなければならず，このことは再び 300 の超過負担を招く．

すなわち，高齢者を補償することは，結局のところ，世代間移転の現状に戻ることが必要なのである．そして，このことは以前の税の超過負担による非効率性への復帰となってしまい，除去しようと試みた超過負担とともに元に戻ってしまうのである．若年者は，賦課方式の廃止に対して高齢者に補償すること

はできないが，税でまかなわれる世代間移転から自発的貯蓄方式への変更は，超過負担を除去するという理由で，社会全体にとって効率的である．しかしながら，若年者は変更による利得をすべて獲得し，高齢者は変更にともなうすべての損失を背負うことになるのである．

変更の費用を分散させる財源となる債券

もし，高齢者の消費を維持するために債券を財源とする方法を実施することができれば，世代間移転賦課方式を廃止させる費用は，もっと均一に分散させることができる．したがって，債券を財源として耐久公共財を供給すれば，その費用を将来世代に分散するのと同じ方法で，未来の納税者は，制度変更の費用を分担することになる．政府は，債券を発行し，その収入により退職世代の消費を支えることができる．債券は，就労世代によって購入され，退職時に償還される．この債券の償還の財源のため，新しい就労世代に課税することは可能である．

変更のための投票

賦課方式を廃止するかどうかの決定は，投票に付されることになろう．退職者は，賦課方式を保持することに投票をするであろう．働き始めた人々は賦課方式廃止に投票するであろう．その中間にいる人々はどうであろうか？

過去に賦課方式の移転制度に払い込まれた個人の拠出は，退職した世代がすでに使ってしまっており，もはや取り戻すことはできない．それゆえ，中年層は，過去に個人で拠出した社会保障税はすでに使われており，拠出を示すものは（賦課方式のもとで将来，給付を受けるという証券以外は）何もない．

たとえば，人口成長率を超える投資の市場収益率のもとで，24歳で働き始める人を考えよう．この人は，資産への投資をすることでより高い市場収益率を得ることができるので，賦課方式を廃止するよう投票するであろう．

44歳の人は，退職まではまだ時間があるが，世代間移転賦課方式を継続するよう投票すると考えてよかろう．44歳では，将来の賦課方式移転の受給権による退職後の受給額の現在価値は，市場収益を得るために私的な資産蓄積に変更することから生じる便益を超えるであろう．結局は将来が重要なのである．賦課方式のもとで，社会保障税の支払いを通じて行ってきたすべての過去の「投資」は，すでに失われている．

したがって，就労人口の中からも，たとえ資産市場の投資からの収益が賦課方式の移転からの収益より大きいにもかかわらず，賦課方式を存続させようとする大多数の支持がありうる．

投票結果は，さまざまな年齢集団の投票者数を決定する人口統計上の傾向によってもまた影響を受ける．人口が減少し，人々が長生きすれば，多数票によって結果を決める際に，高齢人口が政治的優位性をもっている．

賦課方式は，したがって，たとえ実物資産または金融資産への投資から得られる収益より劣った収益しか生み出さないとしても，大多数の支持を得て存続することが可能である．

10.3.5 世代間リスク分担

ある世代全体は，所得に対する逆方向のショックをこうむることがある．そのような逆風は，たとえば，1930年代の大恐慌の時代に起こった．そのとき，人口の大部分は暮らしていく手段もなく高齢に達していた．アメリカの賦課方式による社会保障制度が導入されたのは，この時期である．そして，退職者は，所得を得ている就労者の支払う賦課方式の税の恩恵によってただで退職者給付を受けた．

社会は，たとえば人々の蓄積した資産価値を完全に消滅させる地震のような自然災害から，逆方向のショックを受けることもありうる．世代間移転賦課方式は，そのような可能性に直面したとき，リスクを世代間で分かち合うことのできる制度である．資産が消滅してしまった人々の生活水準（あるいは生活）は，彼らが退職年齢に達してから以降，ずっと維持される．

世代Aは，資産を完全に消滅させる逆風にさらされてきたと仮定しよう．世代Aが退職するとき，就労期にある若い世代Bは，賦課方式を通じて，消費のための財を世代Aに移転する．しかしながら，退職した世代Aに消費を移転することで，世代Bにはリスクを分担することによる利益はない．若年の就労世代は，高齢の退職した世代Aを襲った厳しい結果をこれまで目の当たりにしてきており，確実に保険を必要とすることがすでにわかっている世代Aとともに被保険者集団にいたことから（その場合，保険ではない），損失をこうむっている．

ここで逆選択の問題が生じる．世代Bに属する人々は，世代Aへの消費移

転をすることなく，自分の生涯所得を最大にしようとするであろう．課税を通じて強制的な所得移転を実施する政府が存在しなければ，そして，さらにもし，若い世代が世代間の社会契約を固守するように行動しないならば，逆風のような特異な世代間ショックに対抗する保険としての社会保険は崩壊する．

10.3.6 結　論

　政治的なインセンティブを反映する寓話で，この節を結ぼう．かつて王様は，10年以内に王様の犬が話せるように教えた者に莫大な褒美をとらせるといった．しかしながら，その責務と報酬を承諾した後で失敗したときの罰は，厳しいもの（死）であった．長い間，だれもあえて王様の犬に話すことを教え込むという挑戦をしようとはしなかった．やがて，ついに，1人の男（政治家）が進み出て，自分が犬を話せるように訓練すると申し出た．王様は，挑戦を受けたこの政治家に褒美を与え，政治家はその犬を連れて宮殿を去った．宮殿の外に集まっていた一群の人々は，政治家に尋ねた．あなたはなぜそのような不可能な課題に同意できたのですか．政治家は答えた．忍耐あれ．10年のうちに，犬は死ぬと考えてよかろうし，王様だって，あるいは私も死ぬと考えてよかろう．そうでなければ犬が話すことを学ぶと期待するしかないだろう．犬に話すことを教えることは，世代会計における不均衡にもかかわらず，賦課方式の社会契約を維持していくという挑戦である．犬の死や王様の死は，説明されない原因（あるいは希望的思考）から起こる問題の自然発生的な解決である．政治家に対する即座の褒美は，犬は話すように教えることができるという期待の実現可能性を宣言することによって，次の選挙で勝利することにある．もし，王様が生存していて，もし犬が生きていながら話すことを学ばなかったら，問題が起きる．しかしながら，犬に話すことを教える義務は，次の政治家，または将来の政府に受け継がれていくであろう．

訳者あとがき

　本書は，*Public Finance and Public Policy: Responsibilities and Limitations of Government*, Arye L. Hillman: Cambridge University Press（2003）を翻訳したものである．原書は，経済学者ヒルマンによる財政政策と公共政策の分野での新しいタイプのテキストであり，投票や政治的プリンシパル・エージェント問題といった政治経済学的アプローチを駆使して，政府の守備範囲とその限界に関して示唆に富む議論をしている．日本語版への序文で著者が強調しているように，本書で提起される基本的な問いは，（1）政府に財政と公共政策に関する責任を付与するのが望ましいのはどういうときか，（2）政府が財政と公共政策を通じて統制力を行使することを許されるとき，何が起こるのか，というものである．とくに，市場を機能させ，法による支配がなければ生じうる非効率で改善可能な無政府状態を防ぐことができる所有権の役割について考える第1章，政府の連邦構造や政府間の租税競争について考察し，多層構造の政府を持つことの便益と費用を評価する第9章，健康（医療），教育，退職（年金）の分野について，市場を通じた民間による供給決定，支出決定が可能であるにもかかわらず，財政活動と公共政策を通じて政府が関与しているのはなぜかを考察している第10章は，類書にないユニークな記述が多く，多くの読者にとって興味深いと思われる．

　20世紀の大きな対立軸は，市場での自由な経済活動の活力を重視する資本主義と結果の公正を重視する社会主義・共産主義の勢力争いであった．こうした考え方の対立は，政治的にはアメリカと旧ソ連の2大超大国による核兵器開発による冷戦となり，経済的には第3世界を巻き込んだ経済成長・経済発展の競争となった．こうした対立軸の勝敗は誰の目にも明らかであろう．旧ソ連は崩壊し，東欧諸国は西欧諸国に凌駕され，東ドイツは西ドイツに吸収された．中国でも市場化の波は著しい．市場の価格メカニズムを軽視した社会主義・共産主義の経済システムが長期的に維持可能でないことを，20世紀の歴史は示した．しかし，だからといって，市場メカニズムは万能ではない．社会

主義・共産主義ほど極端でなくても，市場の欠陥を是正するために，政府の役割は大きいのではないだろうか．こうした疑問をもつ読者も多いだろう．

本書は，こうした問題意識を背景として，政府と市場のあるべき関係，特に市場の機能とその欠陥是正を中心テーマとして取り上げて，そうした観点から政府にどのような役割が求められているのかを，政治経済学の最先端の概念を用いて，しかも直感的にわかりやすく説明している．公共経済学の優れたテキストは最近数多く出版されているが，本書は，それらのものと比較して以下の特徴を持っている．まず，従来の公共経済学の理論に加えて，近年発展した政治経済学の理論を多く取り入れている点である．とくに，公共選択理論のさまざまな最先端の理論（たとえば，投票理論，レントシーキング，官僚の行動理論など）をわかりやすく解説している．この点は，セカンドベストを中心とする従来の公共経済学とは大きく異なる．また，公共選択理論や政治経済学の理論を踏まえて，公共政策のやり方やその限界について，より批判的に解説している．すなわち，政府は単なる市場機構の補完である（市場の失敗を是正する）という従来の公共経済学より一歩踏み込んで，政府の政策決定も必然的に多くの失敗をともなうことを丹念に説明したテキストである．

その意味で，本書は経済学の初歩的な知識のみを前提としている入門レベルのテキストでありながら，より専門的な知識を持つ大学院生や研究者にも十分読み応えのある内容も多く含まれており，アカデミックな世界でも高く評価されている希有なテキストである．なかでも，最近多くの大学で設置されている公共政策大学院におけるテキストとして最適であるといえよう．また，単なるテキストにとどまらず，官＝政府と民＝市場との役割分担について，世界各国の現状をふまえながら議論しており，実際の公共政策を評価する際の指針も提供している実践書にもなっている．本書は，公共政策に関心のある人だけでなく，政府の守備範囲に関心のある多くの読者に有益な情報をもたらすだろう．

ところで，ヒルマン教授は1947年にドイツで生まれたユダヤ人であり，他の兄弟すべてがアウシュビッツでナチスの犠牲になったという悲惨な経験をもっている．両親とともに，1952年にドイツからオーストラリアに移住し，1967年にオーストラリアのニューキャッスル大学を卒業，1973年にアメリカのペンシルバニア大学で経済学の博士号を取得した経済学者であり，現在はイスラエルのバーアイラン大学経済学部教授として，政治経済学，公共政策の分野を担当している．同教授は，第一級の学者としてアカデミックな学術論文

および著書を多数公刊し,学術ジャーナルの編集委員として活躍するとともに,現実の政治経済問題,環境問題などに対しても積極的に発言している.なかでも,1982年に *American Economic Review* に公刊した論文(Declining industries and political-support protectionist motives)などの一連の研究では,衰退産業の保護政策を取り上げて,政治的な目的が経済政策の決定にどのように影響するかを理論的に解明し,その後の政治経済学の発展に大きな影響を与えている.

なお,原書を訳出するにあたっては,第1章から第10章までの各章を巻末リストにある各翻訳者がそれぞれ分担して翻訳し,最終的な表現や文章の調整を井堀と寺井が行った.その過程で訳者相互間で用語や文章の統一を図るために,活発な意見交換を行った.その意味で,本書全体の訳出に対して訳者全員が責任をもっている.また,ヒルマン教授とは,原書における不明個所,誤植の照会などについて,メールによる情報交換を行った.彼の回答は非常に的確であり,不明な個所の訳出に有益であった.そうした作業の結果,本書が全体として,読みやすい日本語訳になっていることを訳者としては期待している.ただし,原書では抽象的な表現やアメリカやイスラエルなどでの事例紹介も多くある.それらをすべて読みやすい日本語に置き換えることに,完全には成功していないかもしれない.また,原著が800ページほどの大著であるため,一部翻訳を省略した箇所もある.最善を尽くしたつもりではあるが,場合によっては,思わぬ誤訳が残っているかもしれない.そうした場合には,読者からのご指摘を参考にしつつ,今後とも改善していきたい.

翻訳は,実際に作業を始めてみると,予想以上に時間のかかるものであった.寺井教授をはじめ,各翻訳者の積極的で迅速な協力なしには,本書全体の訳出は困難であった.原書がこうして訳出できて,日本語訳が公刊されることは,訳者にとって望外の喜びである.原著者から日本語版に対する興味深い序文の提供を受けたことにも,感謝したい.最後に,勁草書房編集部の宮本詳三氏には,本書の翻訳企画から出版に際してまで周到かつ入念なご助力をいただいた.厚くお礼の言葉を述べたい.

2005年11月

訳者を代表して 井堀 利宏

索　引

ア　行

足による投票　559
安全　303
安楽死　605
イースタリー，ウィリアム　348
一括税　145, 507
移転価格　518
移民　639
医療サービス　601
医療費　605
インセンティブ　76, 471, 474, 611
インセンティブ・メカニズム　116
インセンティブ問題　610
インフレ課税　505
インフレ誘発による財源調達　27
後ろ向き帰納法　38
売上税　496-498
エンゲルス，フレデリック　60, 66
応益主義　568
応能原理　153
応能主義　568
おうむ返し　580
応用一般均衡モデル　161
オークション　283
汚職　26, 229, 429, 430, 439
オストロゴルスキーのパラドクス　191
汚染者負担の原則　274
汚染者負担の原則（PPP）　272
オゾン層　293
オフショア　490
温情主義　501

カ　行

海外援助　347
外部金融　495
外部性　231, 233, 234, 236-238, 240,
　　242-245, 252, 260, 264, 265, 269,
　　274, 311, 602, 618
　　双方向の—　282
皆保険　354
確実性等価　317

学生ローン　631
確定給付　637
確定拠出　636
確率的投票　425, 428
課税　303
課税権　483
課税当局　512
課税による効率性の損失　136
課税の超過負担　445, 451, 474, 499, 507
課税ベース　470
家族　453
合併・買収　244
株主の有限責任　492
ガルトン，フランシス　378
環境基準　298-300
慣習　303
間接税　488, 496, 500, 517
間接民主制　190
完全競争　5
完全競争市場　5, 8
感度分析　112
官僚制　218
機会の平等　19
企業統治　25
技術革新　279
規範的な問題　12
義務教育　619
逆進課税　470
逆進性　456
逆選択　341, 563, 595, 607, 625, 640,
　　654
キャピタル・ゲイン　494
ギャンブル　312
教育　274, 275, 615
強者　43-56
強制貯蓄　647
競争市場　59, 67
共有地の悲劇　234, 238-240
居住地規則　623
居住地主義課税　490, 572, 573
居住地選択　121, 188

金融市場　27, 28
金融抑圧　506
くじ　504
くじ引き　19
クラーク税　117, 119, 265
繰り返しゲーム　38, 39, 53, 54, 56
繰り延べされた税　146
クールノー，オーギュスタン　34
契約　246
契約曲線　201
結合確率　49
結託　184, 384, 385
限界税率　457, 469
限界的な逆進性　460
限界便益　164, 242
現金給付　349
健康管理組織（HMO）　610
健康保険　601, 606
　普遍的な強制―　611
源泉地主義課税　572, 573
現物給付　349
憲法上の制約　559, 589, 596
憲法上の選択　598
憲法的制約　153
公共財　70, 233, 245, 292, 449, 616
　混雑のない―　525
　最弱リンク型―　93
　―の自発的負担　75
　ボランティア型―　83
公共財の自発的供給　264
公共投入財　74
公共投入物　245
公共利益　220, 404-407, 413, 414, 419-424, 429
公衆衛生　26
拘束　575
公的扶助　352
高等教育　631
公平性　371
公平な犠牲の原則　461
公平なギャンブル　316
効用可能性フロンティア　322
効用の相互依存　365
公立学校　621
効率性　3-6, 9, 16, 22, 42, 50, 60, 452, 476
効率性の損失　445, 469, 652
効率的　8, 15, 17
効率的課税　445
効率的な公共支出　449

効率的な費用負担グループ　560
合理的な無知　409, 560
国際協定　297
互恵　580, 582, 584, 585
互恵行動　582
個人支出税　508, 509
個人所得税　448
個人的自由　10
個人的属性　454
個人年金制度　650
個人の自由　60, 67
コースの定理　247, 251, 254, 258, 261, 279
固定資産税　144, 483
コミットメント　578, 579
コルナイ，ヤーノシュ　66
混合戦略　46, 47, 49, 50, 53, 54, 56
混合戦略均衡　87
混雑　525, 540
混雑現象　71
コンスティテューショナル・エコノミックス　597
コンドルセ・ウィナー　174

サ　行

財産権　29, 31, 32, 40, 41, 57, 58
財産税　566-569
財産の共有　454
最弱リンク　329
最小の政府　12
財政錯覚　152, 153
最適個人所得税　500
最適所得税　475, 477
最適反応　35, 37, 40, 46
再分配　324
再分配のバケツ　452
　―からの漏れ　476
仕返し　581
時間選好　113
時間的非整合性　114, 306, 307, 344, 346
シグナリング　495
市場規制　315
市場均衡　10
市場経済　63
市場の効率性　11
市場の失敗　23
市場の見えざる手　590
慈善　365
自然独占　73, 525, 537, 546, 602, 628
自然の秩序　11

索引　663

自然発生的な秩序　10
失業保険　353
実証的な問題　12
実物資産　489
しっぺ返し　580
私的供給　541
私的限界費用　232, 268, 273
私的所有権　11, 28, 238
私的な交渉　279
私的便益　275
児童ポルノ　311
シナジー（相乗）　244
支配者の手　590
支配戦略　35, 40, 41, 46, 81, 239, 294, 368
自発的貯蓄　647
自発的に結ばれる契約　56
支払意思　522, 530
支払意思額　76
支払い能力　456
慈悲深い　581, 584, 585, 591, 596, 597
資本所得課税　488
社会移動　376, 480
社会（的）規範　91, 263, 312, 313, 350, 434, 511, 583-585
社会契約　624, 633, 655
社会厚生関数　318, 391, 450, 475
　　ロールズ型の——　330
社会正義　3, 4, 6, 15-20, 22, 23, 31, 42, 51, 57, 60, 65, 67, 452, 456, 460, 476
社会的ウェイト　319
社会的限界費用　232, 268, 273, 276
社会的責任　566, 581
社会的セーフティネット　636
社会的に公正な課税　460
社会の費用　288
社会の評価　582
社会の報酬　582
社会的無差別曲線　318
社会的流動性　392, 393, 627
社会（的）便益　6, 11, 13, 17, 275
社会保険　563, 564, 595, 609, 624
社会保険契約　450
社会保険料　353
社会保障　653
弱者　43-51, 53-57
集合的行動　406, 408
私有財産　60, 61
私的財産権　58
私有財産権　59
私有財産制　63-67
重商主義　590, 591
囚人のジレンマ　32, 36, 39, 41, 42, 44, 45, 80, 189, 239, 293, 295, 368, 416, 417, 518, 576-581, 640, 641
重大な欺瞞　64
集団行動　260, 267
集団所有制　60-62, 64-68
集団による意思決定　3
集団の利益　616
住民移動　362
従量税　277
受益者負担　616
受益者負担原理　153
主観的な情報　255, 258
受給権　609, 624, 626
受給権証書　633
受給資格　349
寿命測定　648
需要の価格弾力性　446
循環　174
純粋公共財　71
純粋戦略　46
純税支払い　642
奨学金　632
承認投票　213
情報制約　274
情報の非対称性　26, 256, 341, 478, 603, 605, 631
使用料　616
使用料主義　568, 569
所得移転　450, 470
所得格差　632
所得効果　252, 471
所得控除　486
所得再分配　381, 392, 450, 564
　　世代間の——　397
所得分布　450, 468
所得補助　472
所有権　20, 21, 28, 29, 31, 50, 51
所有権の統合　243, 246
所有の自然権　32
私立学校　621
資力テスト　649
シングルマザー　353
人口増加率　637
人口統計学　636
人頭税　507, 566-569
信頼　485

信頼性 491
推計課税 512
垂直的公平 392, 460
　—の原則 392
水平的公平 392, 460
　—の原則 392
数量割当 283
スティグマ（恥辱の烙印） 345
ストック・オプション 25
スミス，アダム 3, 39, 61, 63, 64, 365
税額控除 486
生活必需品 452, 485
性差 395, 453
生産割当 289, 290
政治的競争 190
政治的支持 419-422, 424, 425, 428, 485
政治文化 430, 431, 443, 444
税制改革 486
税大赦 512
税の超過負担 139
税の法的帰着 154
生物的多様性 292
生命の価値 110
税率区分 458
セカンドベスト 284, 285
世代間再分配 398
世代会計 641
節税 519
説明責任 562, 577, 597
選挙権税 567, 568
線形所得税 472
選別的 357
総税収 273
相続税 506
遡及的な税 387
租税回避地 490
租税競争 569, 573-575
租税協調 573-575
ゾーニング 544
ソフトな予算制約 66, 68, 550, 613
ソロモン 21

タ 行

耐久生産資産 647
退出 187
代替効果 454, 471, 476, 485
代替財 452
代替的の反応 448
代替の反応 452
多数決 576
多数決投票 168, 381-387, 390-392, 394, 398, 400, 401, 403
　相対— 212
　単純— 212
　—の不安定性 174
多数決投票均衡 167
脱税 485, 510
ダルトン改善 486
タルムード 18
単峰型 175
地域移動 483
地域自然独占 617
チェルノブイリ 63
地下経済 514
地球温暖化 291
地球規模の社会保険 347
チキンゲーム 86
逐次的な意思決定 90
中位投票者 168, 385, 390, 392, 399-401
中絶 312
中毒 303, 305
超過課税 484
超過負担 324, 387, 391, 439, 442, 652
超過利潤 618
徴税費用 499
直接規制 281, 282, 289, 290
直接税 488
直接投資 490
直接民主制 190
通貨発行 505
積立方式 652
罪の意識 4, 9
ティブー・メカニズム 121
適者生存の原理 20
デモンストレーション効果 634
天然資源 491
動学的外部性 235
動学的不整合性 490
同時確率 88
投資信託 650
盗賊
　定住した— 52-57
　流浪する— 52-54, 56, 57
投票権 394
　—の売買市場 182
投票税 145
特殊利益 404, 406, 410, 414, 419, 429
独占 219
独占企業 284
独占禁止局 9

匿名性　320
独立した法主体　492
特権　65, 67
トーマス・ベケット効果　226, 411
取引費用　256, 257
奴隷制度　52
トロツキー，レオン　62

ナ　行

内部化　236-238, 243, 252, 264, 269
内部取引　518
ナッシュ，ジョン　34
ナッシュ均衡　34, 37, 39, 42, 44-47, 195,
　　294, 368, 640
ナッシュ均衡点　36
二重課税　573
二重の配当　272
二段階決選投票　211
ニーチェ，フリードリッヒ　51
入札　628
妬み　22, 65
熱帯雨林　291, 292
年金基金　648
能力　454, 477

ハ　行

ハイエク，フリードリッヒ・フォン　61,
　　64, 65, 454
売血　304
排出権　294, 295
売春　305
排除性　72, 526
配当　495
バウチャー（引換券）　363, 616, 627
パターナリズム　619
パブリック・スクール　615
パレート，ヴィルフレート　13
パレート改善　244, 249, 251, 318, 486
パレート基準　16
パレート効率　634, 652
パレート効率性　13, 14, 17, 19, 623, 624
パレート効率的　236
パレート非効率　36
反トラスト局　9
非営利クラブ　544
非協力ゲーム　34
ピグー税　268, 270, 273, 276, 279, 287,
　　289, 290
ピグー補助金　268, 270, 276, 278, 279,
　　287, 289

非効率性　50, 51
非対称情報　21, 24
費用・便益評価　178
費用・便益分析　108, 266, 442, 529, 535
日和見　586
日和見主義　584, 585
比例代表制　216
フォーク定理　56
付加価値税　499
不可分性　323
賦課方式　635, 637
ブキャナン，ジェームス　372
福祉政策　352
父権的な公共政策　303, 309
不公平　371
負の所得税　471
負の利子率　646
ブフォー，ハインツ　30
普遍的　357
富裕税　506
フリードマン，ミルトン　27
フリーライド　72, 233, 260, 282, 292,
　　367, 581, 582, 584
フリーライド問題　538, 625
プリンシパル‐エージェント問題　23-26,
　　152, 218, 348, 403, 404, 407, 408,
　　413, 414, 481, 550, 593, 596, 610,
　　617
フレイ，ブルーノ　30
平均税負担　474
平均税率　456, 469
ベンサム　332, 475, 476
封建社会　59
封建制度　52
法人税　492
法的権利　251, 252, 256, 258, 271, 276,
　　295
法の支配　12, 28-30, 32, 36, 39-43, 50,
　　51, 57-59, 67
報復　580, 582
保険請求事由の検証不可能性　341
母子家庭　350
補償　14-17, 43, 182, 249, 261, 271
ホテリング均衡　196
ポートフォリオ投資　489
ホーム・バイアス　489
ポワティエの戦い　30
ポンジ方式　638

マ 行

マーリーズ 477
マルクス，カール 60
見えざる手 4, 39
水漏れするバケツ 324
ミル 461
民営化 554
無政府 575
無政府状態 58, 517
無秩序 575, 577
無知のヴェール 320, 391
無知のままでいるほうが合理的 24
無法状態 32, 41
名声 37, 38, 56
モラルハザード 341, 437, 472, 595, 606, 617, 619, 624, 631, 648

ヤ 行

ヤードスティック 566
ヤードスティック（間接比較）競争 565, 566
輸入税 496, 497
容姿 455

ラ 行

ライフ・スタイル 455
ラッファー曲線 484
ラムゼイ・ルール 445, 448, 483
リヴァイアサン 481, 575, 576
リヴァイアサン政府 503, 538
利益集団 405-408, 410, 412-414, 416-422, 424, 428, 429
利益団体 565, 578, 593, 595, 596, 598
リカードの中立命題 151
リスク 607
リスク回避 574
リスク回避的 315
リスク中立的 316
利他主義 152, 372
立地選択 312
リバタリアン 310
虜囚 551
リンダール 527
リンダール解 103
リンダール価格 146
リンダール均衡解 164
リンダール合意解 132
リンダール税 171
リンダール・メカニズム 116, 164, 538
倫理規範 635
累進課税 456, 468
累進性 456
レーニン 62
レント 219, 407, 554, 618
レントシーカー 565
レントシーキング 381, 407, 431-440, 442-444, 517, 560, 576, 594, 598
労働意欲 465, 469, 471, 474
労働供給の弾力性 448
労働の特化 593
ログローリング 183, 442
ロビン・フッド 31
ロールズ，ジョン 329, 451, 475, 476

ワ 行

ワークフェア 350
割当権 286-288, 290
割引率 250
　　双曲線的な── 307, 308

翻訳者紹介 (翻訳順)

滝田　公一 (たきた　こういち)　　　　　　　　　　　　　　　　　　　　第 1 章
1949 年生．慶應義塾大学大学院経済学研究科博士課程満期退学．現在，駒沢大学経営学部教授．主著，「関税競争と政策協調について」(『駒大経営研究』2004 年)，「比較可能なナッシュ均衡の大きさについて」(『駒沢大学経営学部研究紀要』2002 年)．

福島　隆司 (ふくしま　たかし)　　　　　　　　　　　　　　　　　　　　第 2 章
1949 年生．ニューヨーク州立大学経済学部博士課程修了 (Ph.D. 取得)．現在，政策研究大学院大学教授．主著，『漸進的政策勧告の経済学：租税と租税改革の厚生経済的評価』(創文社，1993 年)，"Some Empirical Evidence on Demand System and Optimal Commodity Taxation" (*Japanese Economic Review*, 2006 (with A. Asano))．

板谷　淳一 (いたや　じゅんいち)　　　　　　　　　　　　　　　　　　　第 3 章
1955 年生．ロチェスター大学大学院経済学研究科 Ph.D. コース修了 (Ph.D. 取得)．現在，北海道大学大学院経済学研究科教授．主著，"Inflation, Transaction Costs and Indeterminacy in a Monetary Economy with Endogenous Growth" (*Economica* 70, 2003, pp.451-470 (with K. Mino))，"Fiscal Reconstruction and Local Government Financing" (*International Tax and Public Finance* 70, 2004, pp.1-20 (with T. Ihori))．

谷村　孝子 (たにむら　たかこ)　　　　　　　　　　　　　　　　　　　　第 3 章
1960 年生．北海道大学大学院経済学研究科修士課程修了．現在，札幌市役所職員．主著，「介護保険見直し論に関する考察：集合的介護形態と費用の効率化」(『北海道地域福祉研究』2005 年)．

中里　透 (なかざと　とおる)　　　　　　　　　　　　　　　　　　　　　第 4 章
1965 年生．東京大学経済学部卒業．現在，上智大学経済学部助教授．主著，「長期停滞と 90 年代の財政運営」(浜田宏一・堀内昭義・内閣府経済社会総合研究所編『論争日本の経済危機』日本経済新聞社，2004 年)，「高速道路整備の現状と課題」(井堀利宏編『公共部門の業績評価』東京大学出版会，2005 年)．

林　正義 (はやし　まさよし)　　　　　　　　　　　　　　　　　　　　　第 5 章
1965 年生．クイーンズ大学経済学部博士課程修了 (Ph.D. 取得)．現在，一橋大学大学院経済学研究科／国際・公共政策大学院助教授．主著，"An Empirical Study of Inter-

governmental Tax Interaction: The Case of Business Taxes in Canada" (*Canadian Journal of Economics* 34(2), 2001, pp.481-503 (with R. Boadway)), "Country Size and the Voluntary Provision of International Public Goods" (*European Journal of Political Economy* 15(4), 1999, pp.619-638 (with R. Boadway)).

橋都　由加子（はしづめ　ゆかこ）　　　　　　　　　　　　　　　　　第 5 章
1977 年生．東京大学大学院経済学研究科修士課程修了．現在，東京大学大学院経済学研究科博士課程．主著，「付加価値税導入と政府間財政関係―オーストラリアにおける 2000 年税制改革―（上）（下）」(『自治研究』第 79 巻第 4 号・6 号，2003 年).

佐野　博之（さの　ひろゆき）　　　　　　　　　　　　　　　　　　　第 6 章
1968 年生．北海道大学大学院経済学研究科博士後期課程中退．現在，小樽商科大学商学部助教授．主著，"Exit from Rent-seeking Contests" (*Japanese Economic Review* 54, 2003, pp.218-228 (with J. Itaya)).

寺井　公子（てらい　きみこ）　　　　　　　　　　　　　　　　　　　第 7 章
1962 年生．東京大学大学院経済学研究科博士課程修了（経済学博士，東京大学）．現在，法政大学経営学部助教授．主著，"Redistribution under Proportional Representation" (*Social Choice and Welfare* 22(2), 2004, pp.371-389),「選挙制度改革と地域間所得再分配」(『日本経済研究』No.46, 2002 年).

土居　丈朗（どい　たけろう）　　　　　　　　　　　　　　　　　　　第 8 章
1970 年生．東京大学大学院経済学研究科博士課程修了（経済学博士，東京大学）．現在，慶應義塾大学経済学部助教授．主著，『三位一体改革ここが問題だ』（東洋経済新報社，2004 年），『入門公共経済学』（日本評論社，2002 年).

赤井　伸郎（あかい　のぶろう）　　　　　　　　　　　　　　　　　　第 9 章
1968 年生．大阪大学大学院経済学研究科博士課程単位取得（経済学博士，大阪大学）．現在，兵庫県立大学経営学部助教授．主著，『地方交付税の経済学』（共著，有斐閣，2003 年），"Fiscal Decentralization and Centralization under a Majority Rule: A Normative Analysis (*Economic System*, forthcoming (共著)).

朝日　譲治（あさひ　じょうじ）　　　　　　　　　　　　　　　　　　第 10 章
1948 年生．東京大学大学院経済学研究科博士課程満期退学．現在，明海大学経済学部教授．主著，『経済学概論ⅠⅡ』（共編著，開成出版，2005 年），『高齢社会の公共政策―生活環境と自然環境をめぐって』（日本優良図書出版会，2004 年).

監訳者略歴

1952 年生．ジョンズホプキンス大学大学院経済学博士課程修了（Ph.D. 取得）．
現在，東京大学大学院経済学研究科教授．
主著，
『財政赤字の正しい考え方』東洋経済新報社，2000 年．
『公共事業の正しい考え方』中央公論新社，2001 年．
『あなたが払った税金の使われ方』東洋経済新報社，2001 年．
『財政再建は先送りできない』岩波書店，2001 年．
Government Deficit and Fiscal Reform in Japan, Kluwer, 2002.
『課税の経済理論』岩波書店，2003 年．
『公共経済学入門』日本経済新聞社，2005 年．
Public Goods: Theories and Evidence, Springer, 2005.

入門財政・公共政策　　政府の責任と限界
2006 年 4 月 20 日　第 1 版第 1 刷発行

著　者　アリエ・L・ヒルマン
監訳者　井　堀　利　宏
発行者　井　村　寿　人
発行所　株式会社　勁　草　書　房
112-0005 東京都文京区水道 2-1-1 振替 00150-2-175253
（編集）電話 03-3815-5277／FAX 03-3814-6968
（営業）電話 03-3814-6861／FAX 03-3814-6854
大日本法令印刷・鈴木製本

©IHORI Toshihiro　2006

ISBN 4-326-50279-7　　Printed in Japan

JCLS ＜㈱日本著作出版権管理システム委託出版物＞
本書の無断複写は著作権法上での例外を除き禁じられています．
複写される場合は，そのつど事前に　日本著作出版権管理システム
（電話03-3817-5670、FAX03-3815-8199）の許諾を得てください．

＊落丁本・乱丁本はお取替いたします．
http：//www.keisoshobo.co.jp

H. ヴァリアン／佐藤隆三監訳
入 門 ミ ク ロ 経 済 学 ［原著第 5 版］　　A 5 判　4,935 円
　　　　　　　　　　　　　　　　　　　　　　　　　95092-7

H. ヴァリアン／佐藤隆三・三野和雄訳
ミ ク ロ 経 済 分 析　　　　　　　　　　　A 5 判　6,300 円
　　　　　　　　　　　　　　　　　　　　　　　　　95092-7

三浦功・須賀晃一編
公　　共　　経　　済　　学　　　　　　　　A 5 判　近刊
現代経済学のコア　　　　　　　　　　　　　　　　　54781-?

N. ハンレー, J. ショグレン, B. ホワイト／
(財)政策科学研究所環境経済学研究会訳
環　　境　　経　　済　　学　　　　　　　　A 5 判　5,775 円
　　　　　　　　　　　　　　　　　　　　　　　　　50269-X

伊藤秀史・小佐野広編著
インセンティブ設計の経済学　　　　　　　　A 5 判　3,990 円
契約理論の応用分析　　　　　　　　　　　　　　　　50243-6

R. トリソン, R. コングレトン／加藤寛監訳
レントシーキングの経済理論　　　　　　　　A 5 判　5,040 円
　　　　　　　　　　　　　　　　　　　　　　　　　50231-2

J. ブキャナン, R. マスグレイブ／関谷登・横山彰監訳
財　政　学　と　公　共　選　択　　　　　　46 判　3,465 円
国家の役割をめぐる大激論　　　　　　　　　　　　　55045-7

――――――――――――――――――――――――勁草書房

＊表示価格は 2006 年 4 月現在，消費税は含まれております。